饮之太和

中国美学名著选讲

朱良志 著

人民文学出版社

图书在版编目（CIP）数据

饮之太和：中国美学名著选讲／朱良志著. —北京：人民文学出版社，2023（2025.1重印）
ISBN 978-7-02-018177-3

Ⅰ. ①饮… Ⅱ. ①朱… Ⅲ. ①美学—著作研究—中国 Ⅳ. ①B83

中国国家版本馆 CIP 数据核字（2023）第 149088 号

责任编辑 陈彦瑾
装帧设计 陶 雷
责任印制 张 娜

出版发行 人民文学出版社
社　　址 北京市朝内大街 166 号
邮政编码 100705

印　　刷 河北延风印务有限公司
经　　销 全国新华书店等

字　　数 551 千字
开　　本 890 毫米×1290 毫米 1/32
印　　张 19.25 插页 17
印　　数 9001—12000
版　　次 2023 年 10 月北京第 1 版
印　　次 2025 年 1 月第 3 次印刷

书　　号 978-7-02-018177-3
定　　价 79.00 元

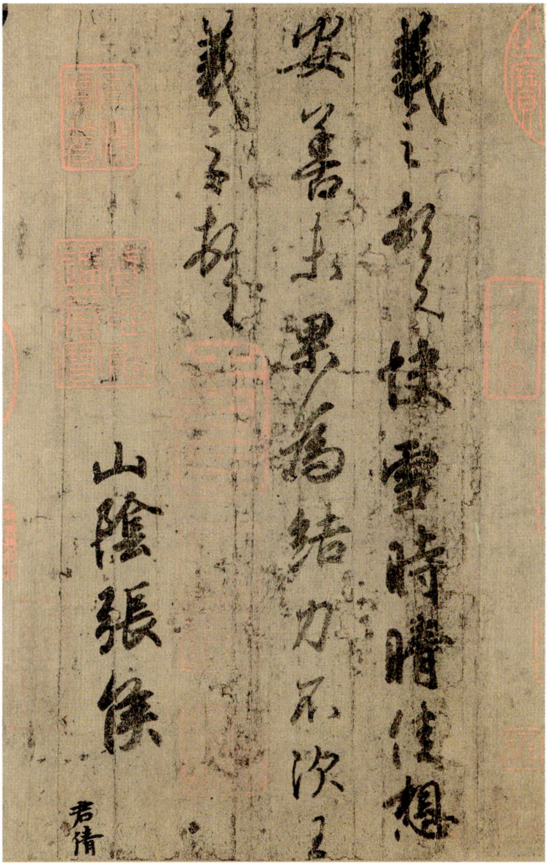

［东晋］王羲之《快雪时晴帖》｜台北故宫博物院

歡不可以瀆寵不可以專〻實生慢愛則極
遷致盈必損理有固然美者自美翩以
取尤冶容求好君子所仇結恩而絕寔
此之由

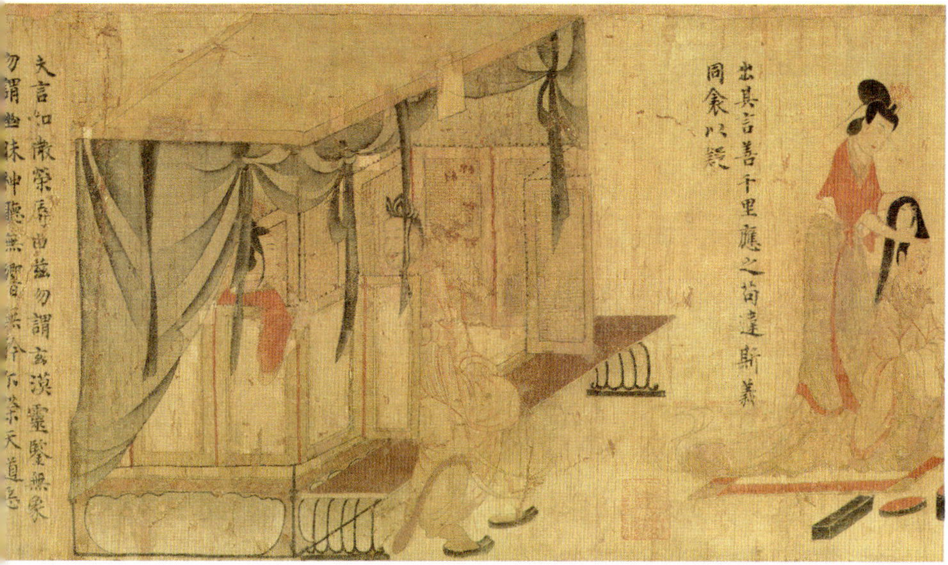

［东晋］顾恺之《女史箴图卷》（隋唐官本，局部）| 故宫博物院

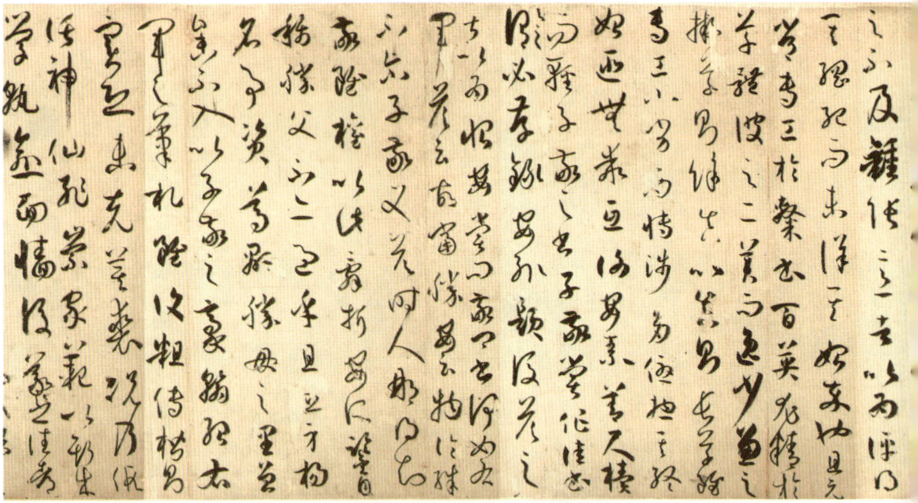

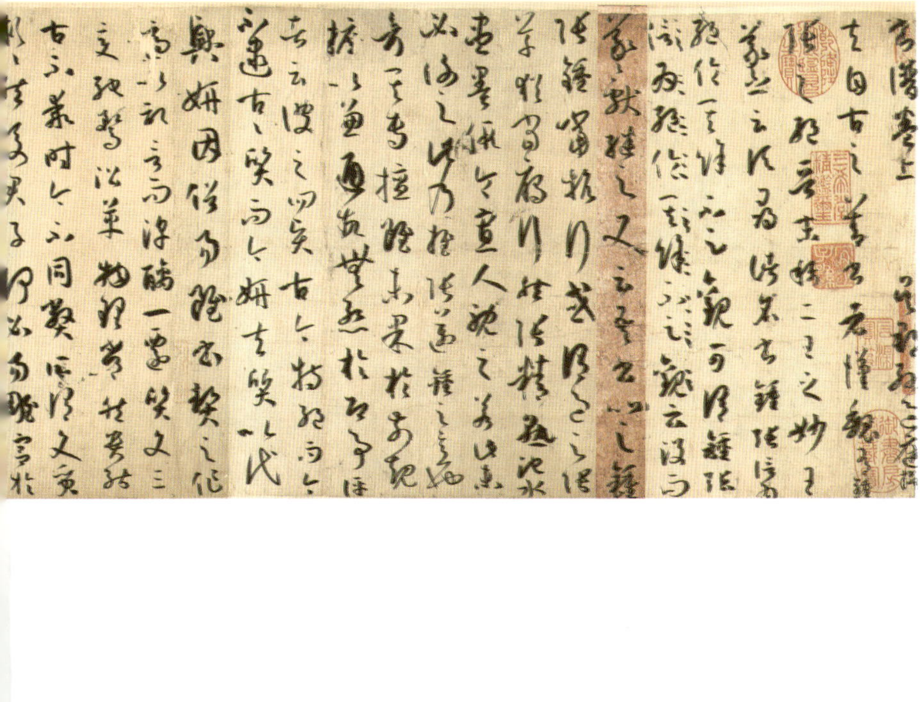

［唐］孙过庭《书谱卷》（局部）｜台北故宫博物院

［五代］荆浩《青绿山水页》（传）｜美国弗利尔美术馆

［北宋］李成《晴峦萧寺图轴》 | 美国纳尔逊－阿特金斯美术馆

［北宋］惠崇《雁图卷》｜东京国立博物馆

［北宋］郭熙《早春图轴》 | 台北故宫博物院

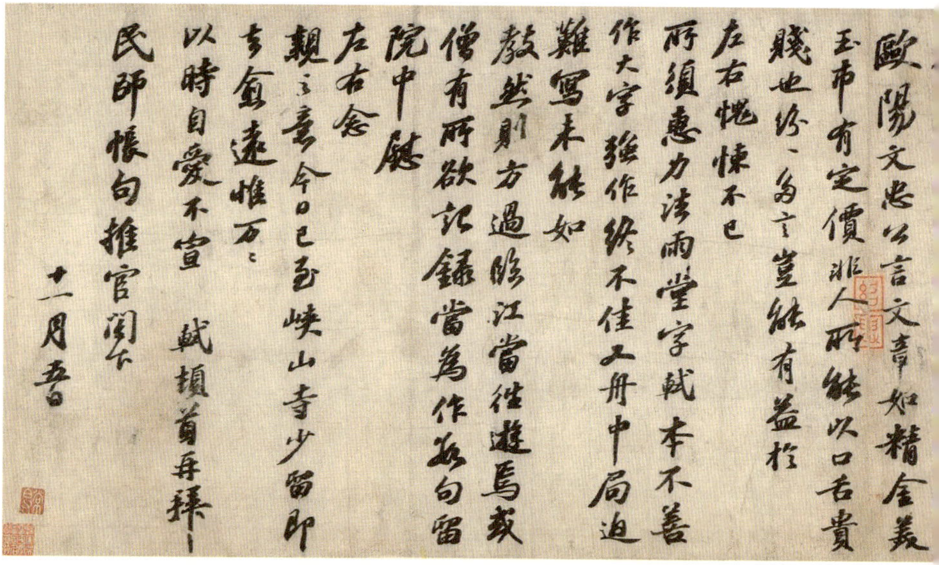
歐陽文忠公言文章如精金美
玉市有定價非人所能以口舌貴
賤也紛紛多言豈能有益於
左右愧悚不已
所須惠力法雨堂字軾本不善
作大字強作終不佳又舟中局迫
難寫未能如
教然則方過臨江當往游焉或
僧有所欲記錄當為作數句留
院中慰
左右念
親親之意今日已至峽山寺少留即
去愈遠惟萬萬
以時自愛不宣　軾頓首再拜
民師帳句推官閣下
十一月五日

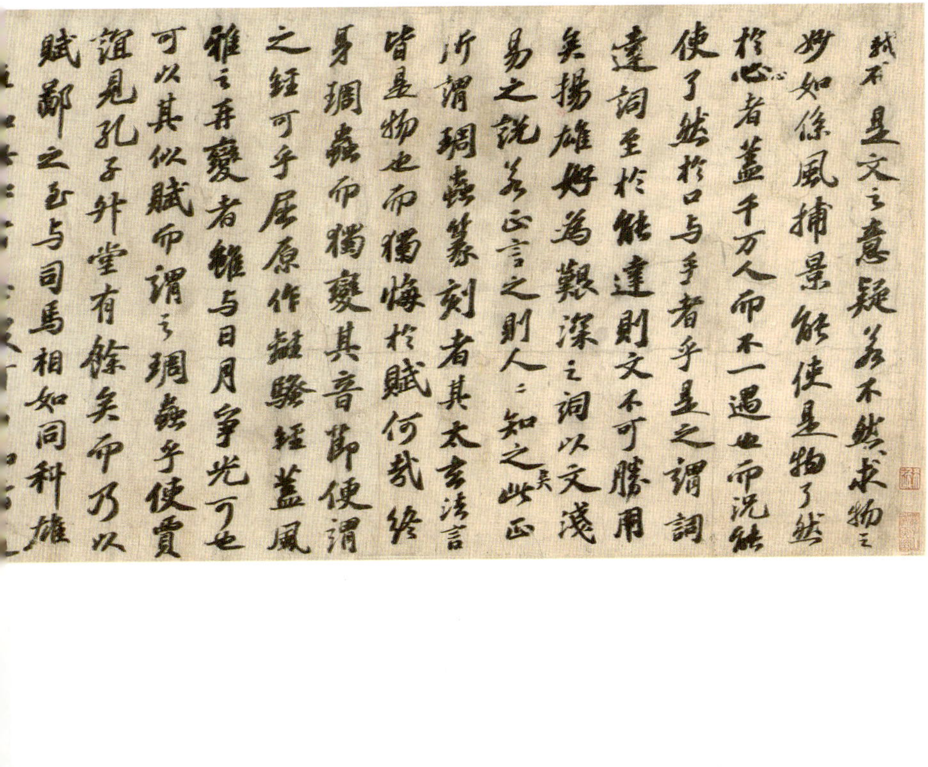

［北宋］苏轼《答谢民师帖卷》｜上海博物馆

［北宋］赵佶《听琴图轴》｜故宫博物院

[南宋] 马麟《静听松风图轴》｜台北故宫博物院

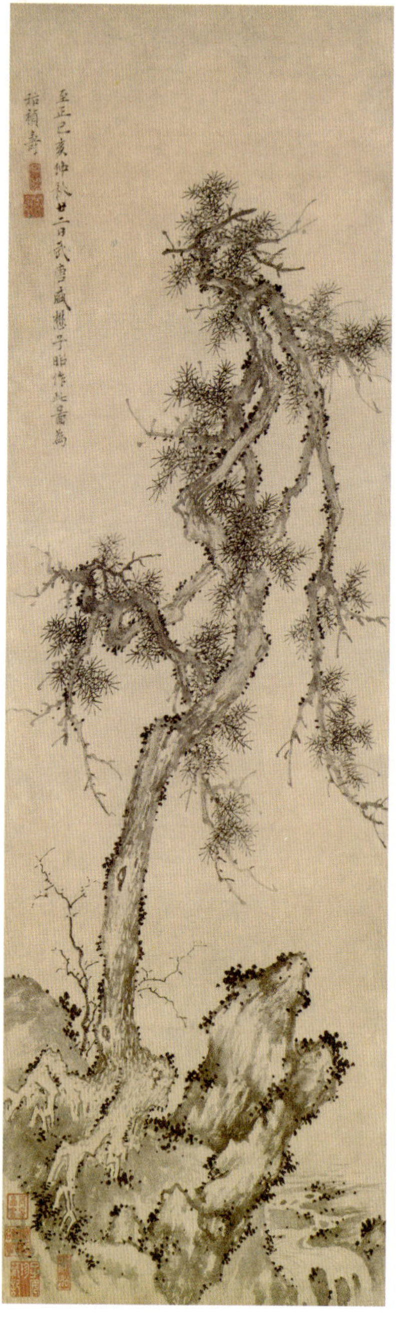

［元］盛懋《松石图轴》 | 故宫博物院

［元］王振鹏《伯牙鼓琴图卷》丨故宫博物院

董北苑好作
烟景烟云变
没即米画也
余于米芾潇
湘白云图悟墨
戏三昧 丁卯三月
思翁

［明］董其昌《潇湘白云图卷》｜辽宁省博物馆

[明] 徐渭《牡丹图轴》 | 故宫博物院

[明] 王履《华山图册》（局部）| 故宫博物院

[清] 邹一桂《盎春生意图轴》 | 台北故宫博物院

［清］佚名《雍正十二月行乐图轴》｜故宫博物院

苏州拙政园长廊（上图）　苏州网师园半亭（下图）

苏州留园冠云峰

扬州个园假山

目　录

引　言

编写此书的想法，是教学中形成的。在我接触的对中国美学颇为关注的朋友中，有不少对阅读原著有浓厚兴趣，但他们又常常苦于找不到合适的读物。目前中国美学方面的著作除了研究性专论之外，主要有两类，一是美学史著作，此类著作有助于把握中国美学发展的梗概，但不能提供较为完整的美学文本；另一类是资料汇编性的，此类图书可以提供文本，但多为零星的节录，其优点是有比较大的涵盖面，缺点是较为零散，如摘录《书谱》的一些段落，分别置于不同的类别之下，简括而明了，但读者却无法获得对《书谱》的完整印象。所以，选择最值得阅读的中国美学的基本典籍，在文本辨析、文字注释的基础上，加以适当的理论阐述，以方便读者阅读，并为其进一步研究提供必要的参考资料，这样的想法萦然脑际久矣。现在终于有机会来做这项工作，真是非常高兴。

但此书编写过程中，遇到的困难远超出我的预想。首先碰到的是哪些可以算得上中国美学著作这个最基本的问题。中国美学的价值越来越为世所重，但对中国美学的研读却并不容易。理论本身的玄奥与博大是一个原因，其理论形态特点也是一个原因。在中国，美学学科的形成是 20 世纪的事，20 世纪之前，罕有专门性的美学著作，有关美学的见解，往往如吉光片羽，散见在浩瀚的典籍之中。

也许有人会问：本书题目中的“中国美学名著”，本身就有问题，中国古代罕有专门性的美学著作，又何来如此多的“美学名著”？从严格的意义上说，这些作品的确不能算是纯粹的美学著作。从我所选的著作看,有的属于哲学著作,有的是诗文评,有的是艺术论,有的是随笔。但之所以将其选入冠以“美学名著”的此书中,则是出于这样的考虑:所论之内容一定具有重要的美学价值;一定涉及关键性的美学问题;在中国美学史上一定具有重要影响。它们虽不能称为纯粹意义上的专门性美学著作,但在广义上,也可以称为美学著作。

其实在西方美学的研究中,也会碰到类似问题。我们一般称为美学著作的,大致有两种形式,一是专门性的美学著作,如康德的《判断力批判》、黑格尔的《美学》、席勒的《谈美书简》;二是并非专门性的美学著作却涉及重要的美学问题,其中有哲学著作,如叔本华的《作为意志和表象的世界》,有论述文学艺术的著作如莱辛的《拉奥孔》,有对话、随笔如《歌德谈话录》、维科《新科学》,等等。我们一般也将此类著作称为美学著作,纳入美学研究的视野。

我碰到的另外一个比较棘手的问题是,既然要给读者提供中国美学的原著读本,那么这些读本必须是可靠的,这是一个最基本的要求。但做到这一点恰恰非常困难。因为中国古代典籍中的问题实在太多了。在编写的过程中,我真正感觉到心细如发的重要性,你必须细心面对每一个字,甚至每一个句读。像谢赫“六法”的句读不同,就有可能得出完全不同的解读。在所选的近三十篇文献中,就存在着这样那样的问题。有的是作者问题,像《乐记》《二十四诗品》,因为作者的时代和学术背景,直接影响到对其美学价值的判断。对此,本书增加了辨析的内容。有的是文本内容问题,如顾恺之的画论著作,内容文字丛脞,名称也与内容不相符,对此类问题,本书也进行了校核,提出了有关文本处理的新想法。有的文本存在着较大的争议,如董其昌《画禅室随笔》和莫是龙《画说》的内容交叉,石涛《画语录》和《画谱》两个传承谱系的问题,《笔法记》的真伪问题,对于这些问题,我尝试提出自己的意见。这一切努力,都意在使读者能够在稳实的心态中,咀嚼其美学精华。但不知我做得如何,还需要读者检验。

在具体篇目的选择上，也颇费踌躇，最后确定的这些篇章，我以为，都是中国美学的代表性著作。我在考虑选入这些文本时，注意到以下问题：一是反映中国美学史发展的脉络，体现一定的时代特点，如顾恺之的“形神”说、谢赫的“六法”说，体现了六朝美学发展的特点，这些观点在中国美学史上也有重大影响；二是考虑体现中国美学自身的特点，如意象、意境、妙悟等是体现中国美学特点的一些核心范畴，因此本书选择了一些对这些专门问题有理论发现的篇章；三是考虑一定的覆盖面，如在艺术类美学中，选录了书法、绘画、音乐、园林等方面的代表性著作。小说和戏曲等方面也有不少具有美学价值的著作，如金圣叹的小说评点，王骥德、李渔等的戏曲理论，因受篇幅限制，被割爱了。需要说明的是，像《老子》《论语》《庄子》《坛经》等哲学著作，具有丰富的美学思想，对中国美学发展的影响也很大，但考虑到本书的篇幅，这些内容暂不列入本书的选择范围。

本书注意对学术界研究状况的介绍，给读者研读原著提供必要的背景，了解学界的研究重点，提示值得注意的学术问题，并对其中的疑难问题予以交代。各篇之后还附有参考文献，以备读者进一步研究之需。所选的大多数篇章，国内外都有很多研究成果，本书不可能一一涉及，只是介绍一些与核心论题相关的内容。所介绍的一般是比较成熟的观点，避免读者陷入不必要的理论纠缠中。

本书在介绍学界研究情况的同时，针对一些重要问题，也尝试谈谈自己的阅读体会，尤其是对一些争议较多的问题，我一般会陈述自己的判断。对于自己的一家之言，文中都加以注明，以供读者研读时参考。由于本人学术水平限制，许多意见并不成熟，欢迎读者批评。

本书的撰写参考了国内外的研究成果，叶朗先生亲自指导本书的选题和编写，本书初版得到北京大学出版社王立刚等老师的热情帮助，近二十年后修订此书，又得到人民文学出版社孔令燕、陈彦瑾等老师的悉心指导，他们的渊博学识、专业眼光和卓具责任感的态度给我留下极深印象，也是本书能以此面目呈现给读者的背后支撑力量，在此表示衷心的感谢！

作者记于2022年早春

乐　记

[西汉之前] 佚名

《乐记》作者到底属谁，至今无定论。20 世纪围绕《乐记》作者的争论，主要是由对传统材料不同解读所造成的。有三个问题影响了对其作者的判定。

一是典籍中对《乐记》作者的不同交代。《汉书·艺文志》认为《乐记》为西汉河间王刘德、毛生等编纂，书中说："武帝时，河间献王好儒，与毛生等共采《周官》及诸子言乐事者，以作《乐记》，献八佾之舞，与制氏不相远。其内史丞王定传之，以授常山王禹。禹，成帝时为谒者，数言其义，献二十四卷记。刘向校书，得《乐记》二十三篇，与禹不同，其道浸以益微。"而《隋书·音乐志》引南朝沈约于天监元年（502）给梁武帝《奏答》中的一段话，涉及《乐记》作者问题，《奏答》云："窃以秦代灭学，《乐经》残亡。至于汉武帝时，河间献王与毛生等，共采《周官》及诸子言乐事者，以作《乐记》。其内史丞王定，传授常山王禹。刘向校书，得《乐记》二十三篇，与禹不同。……案汉初典章灭绝，诸儒捃拾沟渠墙壁之间，得片简遗文，与礼事相关者，即编次以为礼，皆非圣人之言。《月令》取《吕氏春秋》，《中庸》《表记》《坊记》《缁衣》皆取《子思子》，《乐记》取《公孙尼子》，《檀弓》残杂，又非方幅典诰之书也。"沈约的观点与《汉书·艺文志》并没有什么不同。

而唐人张守节认为，《乐记》为公孙尼子所撰。他在《史记正义》

中说："其《乐记》者，公孙尼子次撰也。"[1]张守节没有做任何说明。其实，这是对《隋书·音乐志》引沈约语的误解。沈约在《奏答》中，虽然指出《乐记》杂取了《公孙尼子》（《公孙尼子》一书，在《汉书·艺文志》中已有著录）的内容，但并没有说《乐记》为公孙尼子所作。沈约明明说：《月令》取《吕氏春秋》，《中庸》等取自《子思子》，《乐记》取《公孙尼子》。《公孙尼子》所指是书，而非人，不知何故，有些论者将其引述成"《乐记》取公孙尼子"[2]，以此作为公孙尼子作《乐记》的基本证据。

二是传世版本问题。在《汉书·艺文志》的文字中，有关于《乐记》的两个不同传世版本问题，一是刘向的二十三篇本，一是王禹本。王禹本和刘向所传的不同。有的论者根据这一线索，认为，王禹所传的本子由刘德传给王定，王定传王禹，其名《乐记》，又称《乐元语》，此书已经失传。此书并不是如今流传的《乐记》，今传之《乐记》为另一书，它是刘向所校定的二十三篇。

按今本《乐记》被收入《礼记》一书，共十一篇（《乐本》《乐论》《乐礼》《乐施》《乐言》《乐象》《乐情》《魏文侯》《宾牟贾》《乐化》《师乙》），而刘向《别录》说《乐记》有二十三篇[3]，二十三篇的前十一篇和今本同，只是排序有异，后十二篇今亡佚。正因此，为公孙尼子作《乐记》留下了讨论的空间。

三是从今本十一篇内容看，其中有与《荀子·乐论》《周易·系辞传》以及《吕氏春秋》等内容相同或相似者，这就引起了到底是《乐记》抄录上述著作，还是上述著作抄录《乐记》的讨论，不同的推论会直接影响《乐记》创作时代的判定，从而影响《乐记》作者的推定。如

---

① 见《史记》卷二十四《乐书》之张守节正义，北京：中华书局，2003年重印本，第1234页。

② 如郭沫若：《公孙尼子与其音乐理论》，杨公骥：《公孙尼子的〈乐记〉及其艺术理论》，均将沈约的"《乐记》取《公孙尼子》"解为《乐记》为公孙尼子所撰。

③ 其他十二篇篇名为：《奏乐》《乐器》《乐作》《意始》《乐穆》《说律》《季札》《乐道》《乐义》《昭本》《招颂》《窦公》。

推定《乐记》抄录《荀子》，即相应在作者判定上更倾向于刘德等，反之，则又可以倾向于作者是公孙尼子的判断。

围绕以上三个问题的不同解读，20 世纪关于《乐记》作者的讨论主要有三种观点：一是以郭沫若、杨公骥、周柱铨等为代表的公孙尼子说，二是以蔡仲德等为代表的刘德、毛生等编纂说。再一种观点，既不认同公孙尼子说，又不同意河间王说，或以为乃是汉人所作，然所作者尚难遽然而定①；或以为公孙尼子可能有二人，一是作为儒家的公孙尼子，他是战国时期人，一是作为杂家的公孙尼子，应是汉人。如此等等。

从现有的材料看，我比较倾向于刘德、毛生等编纂说。因为《汉书·艺文志》毕竟有明确交代，而且班固《艺文志》主要由刘歆《七略》删削而成，而《七略》则是刘歆得其父刘向校书之论所写成。可以这样说，刘向校书所见的二十三篇本《乐记》，就是今本《乐记》所见原本，王禹所传的本子虽是一个异本，有文字上的差异，但并非别有一书，否则，《艺文志》没有必要将它与刘向本比勘而言。《乐记》与《荀子·乐论》《吕览》《易传》相同或相似处，是《乐记》一书性质所决定的，它本来就不是独立创作的私家著作，而是综合先秦以来论乐之说而成的。《奏答》说"摭拾遗文"，"编次"而成，是可信的。正因此，《乐记》可以视为西汉之前我国音乐理论的集大成著作，并非反映的是刘德一家的观点。

本文所用底本为清孙希旦《礼记集解》本，中华书局 1989 年出版、2010 年重印。

乐本篇

凡音之起，由人心生也。人心之动，物使之然也。感于物而动，

① 如徐复观：《中国艺术精神》，第一章第三节，台北：学生书局，1983 年。

故形于声。[1]声相应，故生变；变成方，[2]谓之音。比音而乐之，及干戚羽旄[3]，谓之乐。

乐者，音之所由生也，其本在人心之感于物也。是故其哀心感者，其声噍以杀；其乐心感者，其声啴以缓；[4]其喜心感者，其声发以散；其怒心感者，其声粗以厉；其敬心感者，其声直以廉；其爱心感者，其声和以柔。六者，非性也，感于物而后动。

是故先王慎所以感之者[5]。故礼以道其志，乐以和其性，[6]政以一其行，刑以防其奸。礼乐刑政，其极一也，所以同民心而出治道也。

凡音者，生人心者也。情动于中，故形于声。声成文，谓之音。是故治世之音安以乐，其政和；乱世之音怨以怒，其政乖；亡国之音哀以思，其民困。声音之道，与政通矣。

宫为君，商为臣，角为民，徵为事，羽为物，五者不乱，则无怗懘之音[7]矣。宫乱则荒，其君骄。商乱则陂[8]，其官坏。角乱则忧，其民怨。徵乱则哀，其事勤。羽乱则危，其财匮。五者皆乱，迭相陵，谓之慢。如此，则国之灭亡无日矣。

郑、卫之音，[9]乱世之音也，比于慢矣。桑间、濮上之音，[10]亡国之音也。其政散，其民流，诬上行私而不可止也。

凡音者，生于人心者也；乐者，通伦理者也。是故知声而不知音者，禽兽是也；知音而不知乐者，众庶是也。唯君子为能知乐。[11]是故审声以知音，审音以知乐，审乐以知政，而治道备矣。是故不知声者不可与言音，不知音者不可与言乐。知乐，则几于知礼矣。礼乐皆得，谓之有德。德者得也。

是故，乐之隆，非极音也；食飨之礼，非致味也。[12]《清庙》之瑟，朱弦而疏越，一倡而三叹，有遗音者矣。[13]大飨之礼，尚玄酒而俎腥鱼，大羹不和，有遗味者矣。[14]是故先王之制礼乐也，非以极口腹耳目之欲也，将以教民平好恶，而反人道之正也。

人生而静，天之性也；感于物而动，性之欲也。物至知知，[15]然后好恶形焉。好恶无节于内,知诱于外,不能反躬,天理灭矣。夫物之感人无穷,而人之好恶无节,则是物至而人化物[16]也。人化物也者,灭天理而穷人欲者也。于是有悖逆诈伪之心,有淫泆作乱之事。是故强者胁弱,众者暴寡,知者诈恶,勇者苦怯,疾病不养,老幼孤独不得其所,此大乱之道也。

是故先王之制礼乐,人为之节:衰麻哭泣,所以节丧纪也;钟鼓干戚,所以和安乐也;昏姻冠笄[17],所以别男女也;射乡[18]食飨,所以正交接也。礼节民心,乐和民声,政以行之,刑以防之。礼乐刑政,四达而不悖,则王道备矣。

注释

[1] 音和声是两个不同的概念。郑注:"宫、商、角、徵、羽杂比曰音,单出曰声。"声即声音,音指歌曲,是按照一定的规律组织起来的声音形式,所以叫"杂比",也即"声成文谓之音"的"文"。声音经过"文"(装饰、组织)成为歌曲。但《乐记》使用这两个概念区分并不严格。

[2] 变成方:方,郑注"犹文章也"。也就是"声成文谓之音"的"文"。

[3] 干戚羽旄:上古舞蹈时舞者的道具。《周礼》记载当时乐师教舞,有兵舞、干舞、羽舞和旄舞。干,盾。戚,斧。上两者是武舞所执的道具。羽,翟羽。旄,旄牛尾。上两者为文舞所执的道具。

[4] 噍(jiāo)以杀:急促而激厉。噍,急促。杀,激厉之声。啴(chǎn)以缓:宽阔而舒缓。

[5] 先王慎所以感之者:先王慎重地对待感发人心的事。

[6] 道其志:道,通"导",引导疏通。乐以和其性:性,原作"声",据西汉刘向《说苑·修文》引改。

[7] 怗懘(chānchì)之音:衰败、疲沓而不和谐之音。

[8] 陂(bì):倾斜。《周易·泰》:"无平不陂,无往不复。"

[9] 郑、卫之音:在儒家看来,春秋时郑国和卫国的音乐淫乱放荡,所以后世以此指代淫荡的音乐。

[10] 桑间、濮上之音:濮水之上、桑林之间所得的音乐。传此类音乐萎靡

不振，淫荡不堪，历史上也以此代指淫荡音乐。

[11]《乐记》分别声、音、乐，以声为一般音响，禽兽也可以辨别；以音为歌曲，一般人都可以了解；乐包含更广泛的内容，与今人所谓音乐相似。乐包含音乐形式和其政治内涵，故有审乐以知政之说。孔疏：“‘知音而不知乐者，众庶是也’者，言众庶知歌曲之音，而不知乐之大理，是音犹易而乐极难也。……音由声生，先审识其声，然后可以知音。乐由音生，先审识其音，然后知乐。政由乐生，先审识其乐，可以知政。”

[12] 食(sì)飨(xiǎng)之礼：食礼和飨礼，宗庙祭祀之礼。二者在用牲和程序上有区别。致味：即“至味”，最美的味。

[13]“《清庙》之瑟”四句：弹奏《清庙》的瑟，用染成红色的熟丝做琴弦，底部有疏朗的空穴，这样的乐器奏出的声音，才有一唱三叹余音不绝的效果。《清庙》，《诗经·周颂》的一篇，为祭祀文王的音乐。疏越，指琴底疏朗的孔穴。倡，同“唱”。

[14]“大飨之礼”四句：在祖先祭祀中，将玄酒放到上位，在祭俎上放生鱼，太羹不加盐、菜等佐料调和，以便有余味。大飨，祫祭，合祭祖先。腥鱼，生鱼。不和，强调本味。孔疏说：“质素之食，而大飨设之，人所不欲也。虽然，有遗余之味矣，以其有德质素，其味可重，人爱之不忘，故云有遗味者矣。”

[15] 物至知知：郑注：“知知，每物来，则又有知也，言见物多则欲益众。”每物来则知，知而又知，谓不断知物。

[16] 物至而人化物：见物而为物所化，意即物勾起了人的欲望，人为欲望所控制，即谓“人化物”。

[17] 冠笄(jī)：用来固定冠的簪子。

[18] 射乡：指大射和乡饮酒之礼。

乐论篇

乐者为同，礼者为异。[1]同则相亲，异则相敬。乐胜则流，礼胜则离。[2]合情饰貌者，礼乐之事也。礼义立，则贵贱等矣；乐文[3]同，则上下和矣；好恶著，则贤不肖别矣。刑禁暴，爵举贤，则政均矣。仁以爱之，义以正之，如此则民治行矣。

乐由中出，礼自外作。乐由中出，故静；礼自外作，故文。[4]大乐必易，大礼必简。乐至则无怨，礼至则不争。揖让而治天下者，礼乐之谓也。

暴民不作，诸侯宾服[5]，兵革不试，五刑不用，百姓无患，天子不怒，如此则乐达矣。合父子之亲，明长幼之序，以敬四海之内，天子如此，则礼行矣。

大乐与天地同和，大礼与天地同节。[6]和故百物不失，节故祀天祭地，明则有礼乐，幽则有鬼神。如此则四海之内，合敬同爱矣。

礼者，殊事合敬者也；乐者，异文合爱者也。[7]礼乐之情同，故明王以相沿[8]也。故事与时并，名与功偕。

故钟鼓管磬，羽籥[9]干戚，乐之器也。屈伸俯仰，缀兆舒疾，乐之文也。[10]簠簋[11]俎豆，制度文章，礼之器也。升降上下，周还裼袭，[12]礼之文也。

故知礼乐之情者，能作；识礼乐之文者，能述。作者之谓圣，述者之谓明。明圣者，述作之谓也。

乐者，天地之和也。礼者，天地之序也。和故百物皆化，序故群物皆别。乐由天作，礼以地制。过制则乱，过作则暴。明于天地，然后能兴礼乐也。

论伦无患，[13]乐之情也；欣喜欢爱，乐之官也；中正无邪，礼之质也；庄敬恭顺，礼之制也。若夫礼乐之施于金石，越于声音，用于宗庙社稷，事乎山川鬼神，则此所与民同也。

注释

[1] 乐者为同，礼者为异：乐者主和，上下同听，故为同。礼者道尊卑各别，恭敬不等，故名异。

[2] 乐胜则流：乐过度则使人随便而无礼节。流，随便而不敬。礼胜则离：强调过分礼则使人心貌合神离。

[3] 乐文：音乐的形式。

［4］礼自外作，故文：礼是外在的规范，所以要讲求一定的形式。

［5］宾服：协调，臣服。

［6］大礼与天地同节：至高的礼与天地同节奏。孔疏："天地之形，各有高下大小为限节。大礼辨尊卑贵贱，与天地相似。"

［7］礼者，殊事合敬者也：礼，尊卑有别，所以说是殊事；人人循礼而行，所以说是合敬。乐者，异文合爱者也：音声有宫商之别，所以说是异文；而乐之入人心，使人心和谐欢爱，所以说是合爱。

［8］明王以相沿：圣明的君王都会相沿使用。

［9］籥（yuè）：文舞所用的乐器。

［10］缀兆：舞者舞动的位置相连叫缀，舞者活动的范围叫兆。乐之文：音乐的形式。

［11］簠簋（fǔguǐ）：均为礼器。簠为长方形的食器，下有足，上盖和下面承载之器相同，合为一体。簋，圆形的食器。《周礼·地官·舍人》："长曰簠，圆曰簋。"

［12］周还裼（xī）袭：上古之人，冬衣裘，夏衣葛，在裘、葛之外加上较讲究的罩衣，叫裼。裼外加正服叫袭。裼文而袭质，裼露而袭掩。所以在不同的场合有不同的礼制要求。孔疏："礼盛者尚质，故袭。不盛者尚文，故裼。"

［13］论伦无患：孔疏："乐主和同，论说等伦，无相毁害，是乐之情也。言乐之本情，欲使伦等和同，无相损害也。"以为论伦为"论说"和"伦等"。郭沫若认为论伦意为"玲珑"，为双声词，与下"中正"为对文。

乐礼篇

王者功成作乐，治定制礼。其功大者其乐备，其治辩者其礼具。干戚之舞，非备乐也；孰亨[1]而祀，非达礼也。五帝殊时，不相沿乐；三王异世，不相袭礼。[2]乐极则忧，礼粗则偏矣。及夫敦乐而无忧，礼备而不偏者，其唯大圣乎！

天高地下，万物散殊，而礼制行矣。流而不息，合同而化，而乐兴焉。春作夏长，仁也；秋敛冬藏，义也。仁近于乐，义近于礼。乐者敦和，率神而从天；礼者别宜，居鬼[3]而从地。故圣人作乐以应天，制礼以配地。礼乐明备，天地官矣。

天尊地卑，君臣定矣。卑高已陈，[4]贵贱位矣。动静有常，小大殊矣。方以类聚，物以群分，[5]则性命不同矣。在天成象，在地成形，如此，则礼者天地之别也。

地气上齐，天气下降，阴阳相摩，天地相荡，鼓之以雷霆，奋之以风雨，动之以四时，暖之以日月，而百化兴焉。如此则乐者天地之和也。

化不时则不生，男女无辨则乱升，天地之情也。及夫礼乐之极乎天而蟠乎地[6]，行乎阴阳而通乎鬼神，穷高极远而测深厚，乐著大始而礼居成物[7]。

著不息者，天也；著不动者，地也；[8]一动一静者，天地之间也。故圣人曰："礼云乐云"。[9]

注释

[1] 孰亨：同"熟烹"。

[2] "五帝殊时"四句：五帝和三王不同时，其礼乐互不袭用。

[3] 居鬼：指祭礼。鬼指先贤祖先。

[4] 卑高已陈：高低已列。卑高指山泽。

[5] 方以类聚，物以群分："方"与"物"指万物。郑玄以为，方指动物，物指植物。可备一说。

[6] 礼乐之极乎天而蟠（pán）乎地：极乎天，上达于天。蟠乎地，充满于地。蟠，磅礴充满貌。

[7] 乐著大始而礼居成物：大始，太始。此句意为，音乐主开始，礼主生成。此同于《周易·系辞上》所云："乾知大始，坤作成物。"

[8] 著不息者，天也；著不动者，地也：此二句是说天一刻不停息地运动，地永恒地宁静浑涵。著，明白显现。以上数句与《周易·系辞上》一段内容相似："天尊地卑，乾坤定矣。卑高以陈，贵贱位矣。动静有常，刚柔断矣。方以类聚，物以群分，吉凶生矣。在天成象，在地成形，变化见矣。是故刚柔相摩，八卦相

荡，鼓之以雷霆，润之以风雨，日月运行，一寒一暑，乾道成男，坤道成女。乾知大始，坤作成物。”

［9］故圣人曰：“礼云乐云”：《论语·阳货》：“礼云，礼云，玉帛云乎哉？乐云乐云，钟鼓云乎哉？”意思是：礼啊，礼啊，难道说的就是玉帛等礼器吗，其实要义在其内在义理。乐啊，乐啊，难道说的就是钟鼓等乐器吗？当然也不是，其中有深刻的内涵。

乐施篇

昔者，舜作五弦之琴，以歌《南风》[1]，夔始制乐，以赏诸侯。[2]故天子之为乐也，以赏诸侯之有德者也。德盛而教尊，五谷时熟，然后赏之以乐。故其治民劳者，其舞行缀远；其治民逸者，其舞行缀短。[3]故观其舞，知其德；闻其谥，知其行也。[4]

《大章》，章之也。《咸池》，备矣。《韶》，继也。《夏》，大也。[5]殷周之乐，尽矣。

天地之道，寒暑不时则疾，风雨不节则饥。教者，民之寒暑也，教不时则伤世。事者，民之风雨也，事不节则无功。然则先王之为乐也，以法治也，善则行象德矣。

夫豢豕为酒，非以为祸也，而狱讼益繁，则酒之流生祸也。是故先王因为酒礼，一献之礼，宾主百拜，[6]终日饮酒而不得醉焉，此先王之所以备酒祸也。故酒食者所以合欢也，乐者所以象德也，礼者所以缀淫[7]也。是故先王有大事，必有礼以哀之。有大福，必有礼以乐之。哀乐之分，皆以礼终。乐也者，圣人之所乐也，而可以善民心，其感人深，其移风易俗，故先王著其教焉。

注释

［1］舜作五弦之琴，以歌《南风》：《南风》，传为舜时歌曲。其辞云：“南风之薰兮，可以解吾民之愠兮。南风之时兮，可以阜吾民之财兮。”五弦之琴，传神

农时有七弦琴，至舜时去除文、武两弦，而唯留宫、商、角、徵、羽五弦。

[2] 夔始制乐，以赏诸侯：夔为舜时的乐官。舜独歌《南风》，后典乐官夔制成乐以赏诸侯乐官，使舜与天下诸侯共歌《南风》之乐。

[3] 故其治民劳者，其舞行缀远；其治民逸者，其舞行缀短：大意是，如果诸侯治理国家，百姓劳苦不堪，这是因为诸侯德薄。这样赏给乐舞，能来跳舞的人少，跳舞的队伍间隔疏而远。如果诸侯治理国家使民安逸，因为统治者的德盛，赏给百姓乐舞，能来跳舞的人多，跳舞的行列就密而短。这就是观舞看治国。

[4] "故观其舞"四句：观舞可以知国家的德行，这就像听到一个人的谥号，就知道他生前的德行一样。

[5]《大章》，章之也：《大章》是尧时逸乐，该乐是章明尧的德行的，所以说"章之也"。或作《大卷》。《咸池》：传为尧时乐曲名。咸，皆也。池，施。名字含有尽施德行于天下的意思。《周礼》称《大咸》。《韶》：舜时乐。韶，意为绍，谓继承舜的德行。《周礼》称《大韶》。《夏》：禹乐名。夏，有大的意思。意思是禹能以尧舜之德为尊大。《周礼》称《大夏》。

[6] 一献之礼，宾主百拜：为主人向宾客行礼，行一次礼中包括献、酢、酬三个部分，主人先献酒，客人还礼称为酢(zuò)，主人先饮一杯，然后再酌酒请宾客饮，这叫酬。其中有很多复杂的程序，所以叫"一献之礼，宾主百拜"。

[7] 缀淫：制止人们的非分行为。

乐言篇

夫民有血气心知之性，而无哀乐喜怒之常，应感起物而动，然后心术形焉。是故志微[1]噍杀之音作，而民思忧。啴谐、慢易、繁文、简节之音作，[2]而民康乐。粗厉、猛起，奋末、广贲之音作，[3]而民刚毅。廉直、劲正、庄诚之音作，而民肃敬。宽裕、肉好、[4]顺成、和动之音作，而民慈爱。流辟、邪散、狄成、涤滥之音作，[5]而民淫乱。

是故，先王本之情性，稽之度数，[6]制之礼义。合生气之和，道五常之行，使之阳而不散，阴而不密，刚气不怒，柔气不慑，四畅[7]交于中而发作于外，皆安其位而不相夺也。然后立之学等，广其节奏，省其文采，以绳德厚。[8]律小大之称，比终始之序，以象事行。使亲疏贵贱长幼男女之理，皆形见于乐，故曰：乐观其深矣。

土敝则草木不长，水烦则鱼鳖不大，气衰则生物不遂，世乱则礼慝而乐淫[9]。是故其声哀而不庄，乐而不安，慢易以犯节，流湎以忘本。广则容奸，狭则思欲。感条畅之气[10]而灭平和之德。是以君子贱之也。

注释

[1] 微：细微之意。吴公子札听《郑风》后感叹道："其细已甚，民弗堪也。"

[2] 啴谐：宽阔和谐之音。慢易：舒缓简易。繁文、简节：乐音多文采，而节奏简略。

[3] 猛起：开头刚猛振作。奋末：结尾昂奋。广贲：乐声广大，充满壮大之音。

[4] 肉好：厚重圆转。

[5] 狄成：谓乐声急速地终止。涤滥：淫逸糜烂。

[6] 稽之度数：考稽核查，使音乐中轨合度。

[7] 四畅：指以上所说的阴、阳、刚、柔和顺畅通。

[8] 立之学等：建立各类学校，依其才艺等级而教学。广其节奏：更宽广地领略音乐的节奏。省其文采：省察音乐的文采。以绳德厚：以音乐的精神为准绳来培养人们的德行。

[9] 礼慝（tè）而乐淫：礼芜秽混乱，音乐泛滥无归。

[10] 感条畅之气：条畅，同"涤荡"，放荡邪逆。

乐象篇

凡奸声感人，而逆气应之，逆气成象，而淫乐兴焉。正声感人，而顺气应之，顺气成象，而和乐兴焉。倡和有应，回邪曲直，[1]各归其分。而万物之理，各以类相动也。

是故君子反情以和其志，比类以成其行。[2]奸声乱色不留聪明[3]，淫乐慝礼不接心术，惰慢邪辟之气不设于身体，使耳目鼻口心知百体，皆由顺正以行其义。然后发以声音，而文以琴瑟，动以干戚，饰以羽旄，从以箫管，奋至德之光，动四气之和，以著万物之理。

是故清明象天，广大象地，终始象四时，周还[4]象风雨。五色成文而不乱，八风从律而不奸，百度得数而有常。[5]小大相成，终始相生。倡和清浊，迭相为经。故乐行而伦清，耳目聪明，血气和平，移风易俗，天下皆宁。

故曰：乐者乐也。君子乐得其道，小人乐得其欲。以道制欲，则乐而不乱；以欲忘道，则惑而不乐。是故君子反情以和其志，广乐以成其教。乐行，而民乡方，[6]可以观德矣。

德者，性之端也；乐者，德之华也。金石丝竹，乐之器也。诗言其志也，歌咏其声也，舞动其容也。三者本于心，然后乐气从之。是故情深而文明，气盛而化神。和顺积中而英华发外，唯乐不可以为伪。[7]

乐者，心之动也。声者，乐之象也。文采节奏，声之饰也。君子动其本，乐其象，然后治其饰，是故先鼓以警戒，三步以见方，再始以著往，复乱以饬归。[8]奋疾而不拔，极幽而不隐。独乐其志，不厌其道，备举其道，不私其欲。是故情见而义立，乐终而德尊。君子以好善，小人以听过。故曰：生民之道，乐为大焉。

乐也者，施也。礼也者，报也。乐，乐其所自生；而礼反其所自始。乐章德，礼报情反始也。

所谓大辂者，天子之车也。龙旂九旒，天子之旌也。青黑缘者，天子之宝龟也。从之以牛羊之群，则所以赠诸侯也。[9]

注释

[1] 倡：指乐声感人。回邪：回，乖违。邪，邪辟，指邪恶反常之乐。

[2] 反情以和其志：返归人的本性，以使其心志调和。比类以成其行：和善类相攀比，以成就美行。

［3］聪明：指耳目。

［4］周还（xuán）：周流往复。

［5］五色成文而不乱：五行模式以五色配五声，五色成文，谓宫、商、角、徵、羽五声和合而成文。八风从律而不奸：此句谓八风十二月律应八节而不乱。奸，乱。八风，《白虎通》："距冬至四十五日，条风至。条者，生也。四十五日，明庶风至。明庶者，迎众也。四十五日，清明风至。清明者，芒也。四十五日，景风至。景者，大也，言阳气长养也。四十五日，凉风至。凉，寒也，阴气行也。四十五日，阊阖风至。阊阖者，咸收藏也。四十五日，不周风至。不周者，不交也，言阴阳未合化矣。四十五日，广莫风至。广莫者，大莫也，开阳气也。"八节：立春、春分、立夏、夏至、立秋、秋分、立冬、冬至为八节。百度得数而有常：百度，昼夜百刻。昏明昼夜不失其正，所以说度数有常。

［6］乐行，而民乡方：雅正音乐流行，百姓归向仁义之道。乡，同"向"。方，道。

［7］"诗言其志也"以下九句：这里的诗、歌、舞都属于乐的范围，诗是歌词；歌是乐曲；舞是和着乐声、歌诗的肢体动作。《诗大序》云："《诗》者，志之所之也，在心为志，发言为诗。言之不足，故嗟叹之；嗟叹之不足，故咏歌之；咏歌之不足，则不知手之舞之，足之蹈之也。"志、声、容三者相因而生。容从声生，声从志起，志从心发，三者相因，原本从心而来，所以说"本于心"。先心而后志，先志而后声，先声而后舞。声须合于宫商，舞须应于节奏，这样音乐才能告成。所以说"然后乐气从之"。

［8］"是故先鼓以警戒"四句：此言学《武》乐的具体步骤。《武》或称《大武》，内容涉及武王伐纣事。欲奏之时，先击鼓，这是为了警戒示众。先行三步已，再开始跳舞。"再始以著往"，意为作《大武》乐，每曲一终，再重复，这是为了表现伐纣之时，武王十一年到盟津观兵，十三年前往伐纣。"复乱以饬归"，是说此舞曲结束时，舞者重新回到原来的位置，象征着武王伐纣结束，整饬队伍班师回朝。乱，治也。

［9］所谓大辂者，天子之车也：大辂，谓金辂也，天子所乘之车。龙旂（qí）九旒（liú）：均指天子的旗帜，旗上绘有龙饰，旌旗下边或边缘上悬垂装饰品。青黑缘者，天子之宝龟也：据传千年之龟，其甲边缘有青黑之色。"所谓大辂者……则所以赠诸侯也"一段，《礼记集说》引石梁王氏云："此八句专言礼，与

上下文不相承,当是他篇之错简。”蔡仲德将此段移至《乐施》一篇末段,其云:“原在《乐象篇》末,与前面文字不相连属,而正与《乐施篇》主题吻合,想是错简所致,今据《乐书》移至《乐施篇》内。”(《〈乐记〉〈声无哀乐论〉注译与研究》,杭州:中国美术学院出版社,1997 年,第 35 页)可参。

乐情篇

乐也者,情之不可变者也。礼也者,理之不可易者也。乐统同,礼辨异。礼乐之说,管乎人情矣。

穷本知变,乐之情也;著诚去伪,礼之经也。礼乐偩天地之情,[1]达神明之德,降兴上下之神,[2]而凝是精粗之体[3],领父子君臣之节。

是故大人举礼乐,则天地将为昭焉。天地訢合,阴阳相得,煦妪覆育万物,[4]然后草木茂,区萌达,羽翼奋,角觡生,[5]蛰虫昭苏,羽者妪伏,毛者孕鬻,[6]胎生者不殰,而卵生者不殈,[7]则乐之道归焉耳。

乐者,非谓黄钟、大吕、弦歌、干扬也,[8]乐之末节也,故童者舞之。铺筵席,陈尊俎,列笾豆,以升降为礼者,礼之末节也,故有司掌之。乐师辨乎声诗,故北面而弦[9];宗祝辨乎宗庙之礼,故后尸;[10]商祝[11]辨乎丧礼,故后主人。是故,德成而上,艺成而下;行成而先,事成而后。是故先王有上有下,有先有后,然后可以制于天下也。

注释

[1] 礼乐偩(fù)天地之情:礼出于地,是依照其意,尊卑有序;乐出于天,也是依照其意,远近和合。偩,依照,模仿。

[2] 降兴上下之神:音乐用于祭祀可以感鬼神,使其降临而受祭。降兴,降临,引出。

[3] 凝是精粗之体:礼乐能成就万物之大小形体。

[4] 天地䜣(xīn)合:䜣,同“熹”。谓天地熹然相合。煦妪(xùyǔ):抚育长养。

[5] 区(gōu)萌达:区,同“勾”,意为曲折。《史记·乐书》:“草木茂,区萌达。”《集解》引郑玄曰:“屈生曰区。”又,正义云:“区音勾。草木据其成体之茂,区萌据其新牙,故曰达。达犹出也。曲出曰区,菽豆之属;直出曰萌,稻稷之属也。”羽翼奋:鸟虫奋动。角觡(gé)生:角觡指兽类。觡,麋鹿角,中无骨,称为觡。《史记·乐书》:“羽翮奋,角觡生。”正义云:“羽翮,鸟也。角觡,兽也。鸟兽得天地覆育煦妪,故飞者则奋翅翮,走者则生角觡也。”

[6] 羽者妪伏:鸟儿孵卵。毛者孕鬻:兽类孕育。孕是怀孕,鬻通“育”,生育。

[7] 胎生者不殰(dú):刚刚出生的小动物不死。殰,在胎中死亡。而卵生者不殈(xù):指禽类能够正常孵化。殈,指禽鸟之卵未孵化而开裂。

[8] 黄钟、大吕:十二律名,以此指代十二律。干扬:二兵器名。扬为钺。

[9] 北面而弦:此言乐师所处的位置,向北而坐,此为卑位。

[10] 宗祝:宗是掌管祭礼的人,祝是宗庙祭祀之接神官。后尸:站在尸的后边。尸,上古祭祀时以活人代祭,象征死去的祖先。《仪礼·士虞礼》:“祝延尸。”注:“尸,主也。孝子之祭不见亲之形,象心无所系,立尸而主意焉。又,男,男尸;女,女尸。必使异姓,不使贱者。”《诗经·小雅·楚茨》:“神具醉止,皇尸载起。鼓钟送尸,神保聿归。”

[11] 商祝:周代熟悉商礼的祝官。

魏文侯篇

魏文侯问于子夏曰:[1]“吾端冕而听古乐[2],则唯恐卧;听郑卫之音,则不知倦。敢问古乐之如彼何也?新乐之如此何也?”

子夏对曰:“今夫古乐,进旅退旅,[3]和正以广,弦匏笙簧,会守拊鼓,[4]始奏以文,复乱以武,治乱以相,讯疾以雅。[5]君子于是语,于是道古,修身及家,平均天下。此古乐之发也。今夫新乐,进俯退俯,[6]奸声以滥,溺而不止,及优、侏儒,獶杂子女,[7]不知父子。乐终不可以语，不以道古。此新乐之发也。今君之所问者乐也，所好者音也。夫乐者，与音相近而不同。”

文侯曰：“敢问何如？”

子夏对曰：“夫古者，天地顺而四时当，民有德而五谷昌，疾疢不作而无妖祥，此之谓大当。[8]然后圣人作，为父子君臣，以为纪纲，纪纲既正，天下大定。天下大定，然后正六律，和五声，弦歌诗颂，此之谓德音。德音之谓乐。《诗》云：‘莫其德音，其德克明。克明克类，克长克君，王此大邦。克顺克俾，俾于文王，其德靡悔。既受帝祉，施于孙子。’[9]此之谓也。今君之所好者，其溺音乎？”

文侯曰：“敢问溺音何从出也？”

子夏对曰：“郑音好滥淫志，宋音燕女溺志，[10]卫音趋数烦志，齐音敖辟乔志。[11]此四者皆淫于色而害于德，是以祭祀弗用也。《诗》云：‘肃雍和鸣，先祖是听。’[12]夫肃肃，敬也；雍雍，和也。夫敬以和，何事不行。为人君者谨其所好恶而已矣。君好之，则臣为之。上行之，则民从之。《诗》云：‘诱民孔易。’[13]此之谓也然后，圣人作为鞉鼓椌楬埙篪[14]，此六者，德音之音也。然后钟磬琴瑟以和之，干戚旄狄以舞之。此所以祭先王之庙也，所以献酬酳酢[15]酢也，所以官序贵贱各得其宜也，所以示后世有尊卑长幼之序也。钟声铿，铿以立号，号以立横，横以立武。[16]君子听竽笙钟声则思武臣。石声磬，磬以立辨，辨以致死。[17]君子听磬声则思死封疆之臣。丝声哀，哀以立廉，廉以立志。君子听琴瑟之声则思志义之臣。竹声滥，滥以立会，会以聚众。[18]君子听箫管之声则思畜聚之臣。鼓鼙之声欢，欢以立动，动以进众。君子听鼓鼙之声则思将帅之臣。君子之听音，非听其铿枪[19]而已也，彼亦有所合之也。”

注释

［1］魏文侯：公元前445—前396年在位，为晋大夫毕万之后。尊子夏为师。子夏（前507—？），姓卜，名商，孔子弟子。

［2］ 端冕而听古乐：意思是身着端冕，明心恭敬而听古乐。端，玄端之服。指穿着庄重的服装（《史记·乐书》正义谓此当解作玄冕，即丧服可备一说）。听古乐，在祭庙中听乐。

［3］ 进旅退旅：同进同退。旅，俱。

［4］ 弦匏（páo）笙簧：四类乐器名。弦，琴瑟之类。匏，以簧管发声的乐器，小于笙。拊（fǔ）：这里指一种敲击乐。

［5］ 始奏以文，复乱以武：孔疏："文，谓鼓也。言始奏乐之时，先击鼓。""武，谓金铙也。言舞毕，反复乱理欲退之时，击金铙而退。"治乱以相，讯疾以雅：《史记集解》引孙炎曰："整其乱行，节之以相；赴敌迅疾，趋之以雅。"讯疾，通"迅疾"。或以"乱"为乐终。

［6］ 进俯退俯：此言新乐，舞者进时俯着身，退时也俯着身，队列不齐。

［7］ 獶（yóu）杂子女：獶，猕猴。孔疏云："言舞戏之时，状如猕猴，间杂男子妇人，言似猕猴，男女无别也。"

［8］ 疢疢（chèn）：疾病。大当：乐不失其所，非常确当。

［9］ 出自《诗经·大雅·皇矣》。"莫其德音"十句：《史记集解》引郑玄曰："德正应和曰莫，照临四方曰明，勤施无私曰类，教诲不倦曰长，庆赏刑威曰君，慈和遍服曰顺。"

［10］ 宋音燕女溺志：宋国的音乐只使女子喜欢，所以消磨人的意志。燕，安。

［11］ 卫音趋数烦志：卫国的音乐很急速，令人心烦意乱。趋数，促速。齐音敖辟乔志：齐国的音乐傲慢乖僻，易使人骄纵。乔，同"骄"。

［12］ 出自《诗经·周颂·有瞽》。肃雍和鸣：肃，敬也。雍，和也。言音乐和谐庄敬。

［13］ 出自《诗经·大雅·板》。

［14］ 鞉（táo）：通"鼗"，鼓的一种。孔疏："鼗如小鼓，旁有耳，摇之使自击。"椌楬（qiāngqià）：郑玄注："椌楬谓柷敔。"两种木制的敲击乐器。埙篪（xūnchí）：埙，土做的乐器，大如鹅蛋，形似锤，吹之为声。篪，竹做的乐器，六孔，一孔上出名翘，横吹，相当于后世之横笛。《诗经·小雅·何人斯》中有"伯氏吹埙，仲氏吹篪"。

［15］ 酳（yìn）：漱口。

［16］钟声铿：金钟之声铿铿然，如同发出号令。号以立横：号令横气充满。横以立武：内气充满，就会有威武之势。

［17］"石声磬"三句：石制的磬，发出磬磬的声音，清越有序，有一种慷慨赴死的精神。

［18］"竹声滥"三句：竹制乐器发出的声音有会通众音的感觉，这种声音能融合民众。滥，孔疏："滥，犹揽也。言竹声揽然有积聚之意也。"

［19］铿枪：同"铿锵"。

宾牟贾篇

宾牟贾[1]侍坐于孔子，孔子与之言，及乐，曰："夫《武》之备戒之已久，何也？"对曰："病不得其众[2]也。""咏叹之，淫液之，[3]何也？"对曰："恐不逮事也。""发扬蹈厉之已蚤，[4]何也？"对曰："及时事也。""《武》坐致右宪左，[5]何也？"对曰："非《武》坐也。""声淫及商[6]何也？"对曰："非《武》音也"。子曰："若非《武》音，则何音也？"对曰："有司失其传也。若非有司失其传，则武王之志荒矣。"子曰："唯！丘之闻诸苌弘[7]，亦若吾子之言是也。"

宾牟贾起，免席[8]而请曰："夫《武》之备戒之已久，则既闻命矣，敢问迟之，迟而又久，何也？"子曰："居！吾语女。夫乐者，象成者也。揔干而山立，[9]武王之事也；发扬蹈厉，大公之志也。[10]《武》乱皆坐，周、召之治也。[11]且夫《武》，始而北出，再成而灭商。三成而南，四成而南国是疆；五成而分，周公左，召公右；[12]六成复缀，[13]以崇天子。夹振之而驷伐，盛威于中国也。分夹而进，事蚤济[14]也。久立于缀，以待诸侯之至也。且女独未闻牧野[15]之语乎？武王克殷，反商。未及下车而封黄帝之后于蓟，封帝尧之后于祝，封帝舜之后于陈。下车而封夏后氏之后于杞，投殷之后于宋。封王子比干之墓，释箕子之囚，使之行商容而复其位[16]。庶民弛政，庶士倍禄。济河而西，马，散之华山之阳，而弗复乘；牛，散之桃林之野，而弗复服。车甲衅而藏之府库，[17]而弗得用。倒载干戈，包之以虎皮。将帅之士，使为诸侯，名之曰建櫜[18]。然后，天下知武王之不复用兵也。散军而郊射，左射《狸首》，右射《驺虞》，[19]而贯革之射息也。裨冕搢笏，而虎贲之士说剑也。[20]祀乎明堂而民知孝。朝觐，然后诸侯知所以臣。耕藉[21]，然后诸侯知所以敬。五者，天下之大教也。食三老五更[22]于大学，天子袒而割牲，执酱而馈，执爵而酳，冕而揔干，所以教诸侯之弟也。若此，则周道四达，礼乐交通，则夫武之迟久，不亦宜乎？"

注释

[1] 宾牟(mù)贾(jiǎ)：姓宾牟，名贾，生平不详。

[2] 病不得其众：武王担心伐纣不得民心。

[3] 淫液之：形容歌曲绵延不绝，缓缓推进。

[4] 发扬蹈厉之已蚤：开始起舞时，就手足舞动，动作勇猛，蹈地而舞。蚤，通"早"。

[5]《武》坐致右宪左：跳《武》乐的时候，右腿跪地，左腿伸出。坐，跪。宪，通"轩"，伸展。

[6] 声淫及商：声音中夹杂着商声。古人以商声五行属金，象征杀伐。淫，混和。

[7] 苌弘：周大夫。《大戴礼记》《孔子家语》均载有孔子访乐于苌弘事。

[8] 免席：孔疏："谓避席也。"离开座席。

[9] 揔(zǒng)干而山立：手持盾牌，如山而立。揔：持。

[10] 大(tài)公之志：孔疏："言《武》乐之舞，发扬蹈厉，象大公威武鹰扬之志也。"大公，姜太公，周武王丞相吕望。

[11]《武》乱皆坐，周、召之治也：《武》舞至结尾，舞者都坐下，这象征着周公和召公以文治理天下。乱，乐之结尾。

[12] 周公左，召公右：指周公旦和召公奭分陕而治，周公治陕之东，召公治陕之西。

[13] 六成复缀：到第六段的时候又回到了开始处。缀，始。

［14］事蚤济：意思是伐商的事业早已成功。

［15］牧野：此乃是武王大败商纣部队的地方，在朝歌附近。今河南淇县西南。

［16］商容而复其位：探视商的旧臣商容。商容因劝谏纣而被纣囚禁。

［17］车甲衅而藏之府库：战车和铠甲都涂上血而藏之于府库，表示不再战争。衅，涂血。藏，《史记·乐书》本作“弢”，意即收藏，亦通。

［18］建櫜(gāo)：建，通“鞬”，藏弓之器。櫜，藏箭之器。

［19］《狸首》：为古逸诗。《驺虞》：《诗经·召南》中的一篇，行射礼时所歌之曲。

［20］裨(pí)冕搢(jìn)笏：意思为穿着裨服，戴着官冕，腰间插着笏板。虎贲(bēn)之士：勇猛之士。

［21］耕藉：耕种藉田。古代天子、诸侯有公田，称为藉田，春耕前要行藉礼。

［22］三老五更：郑注：“三老五更，互言之耳，皆老人更知三德五事者也。”指从年老的人中选择一些有德行的人作为楷模。

乐化篇

君子曰：“礼乐不可斯须去身。”致乐以治心，则易直子谅之心油然生[1]矣。易直子谅之心生则乐，乐则安，安则久，久则天，天则神。天则不言而信，神则不怒而威，致乐以治心者也，致礼以治躬者也。治躬则庄敬，庄敬则严威。心中斯须不和不乐，而鄙诈之心入之矣，外貌斯须不庄不敬，而易慢之心入之矣。故乐也者，动于内者也；礼也者，动于外者也。乐极和，礼极顺。内和而外顺，则民瞻其颜色而弗与争也，望其容貌而民不生易慢焉。故德辉动于内[2]，而民莫不承听，理发诸外，而民莫不承顺。故曰：致礼乐之道，举而错之，天下无难矣。

乐也者，动于内者也；礼也者，动于外者也。故礼主其减，乐主其盈。礼减而进，以进为文；乐盈而反，以反为文。[3]礼减而不进则销，乐盈而不反则放。故礼有报而乐有反。礼得其报则乐,乐得其反则安;礼之报,乐之反,其义一也。

夫乐者乐也,人情之所不能免也。乐必发于声音,形于动静,人之道也。声音动静,性术之变,尽于此矣。故人不耐无乐,乐不耐无形,形而不为道不耐无乱。[4]先王耻其乱,故制雅颂之声以道之,使其声足乐而不流,使其文足论而不息,使其曲直、繁瘠廉肉[5]、节奏,足以感动人之善心而已矣。不使放心邪气得接焉,是先王立乐之方也。

是故乐在宗庙之中,君臣上下同听之则莫不和敬;在族长乡里之中,长幼同听之则莫不和顺;在闺门之内,父子兄弟同听之则莫不和亲。故乐者,审一以定和,比物以饰节;[6]节奏合以成文。所以合和父子君臣,附亲万民也,是先王立乐之方也。

故听其雅颂之声,志意得广焉;执其干戚,习其俯仰诎伸,容貌得庄焉;[7]行其缀兆[8],要其节奏,行列是正焉,进退得齐焉。故乐者,天地之命,中和之纪,人情之所不能免也。

夫乐者,先王之所以饰喜也,军旅铁钺[9]者,先王所以饰怒也。故先王之喜怒,皆得其侪焉。喜则天下和之,怒则暴乱者畏之。先王之道,礼乐可谓盛矣。

注释

[1] 易直子谅之心油然生:孔疏:“易,谓和易。直,谓正直。子,谓子爱。谅,谓诚信。言能深远详审此乐以治正其心,则和易、正直、子爱、诚信之心油然从内而生矣。”

[2] 德煇动于内:内心有道德的光辉照耀。煇,通“辉”。

[3] 礼减而进,以进为文:礼主要在于“减”——抑制,强调不做什么,这样百姓就会勉力上进,能勉力上进则会趋于美善。乐盈而反,以反为文:能以丰富的乐治国,百姓就会返本,能够返本,国家也会趋于美善。

[4] 此处三个“耐”均用为“能”。

[5] 繁瘠廉肉:孔疏:“繁,谓繁多。瘠,谓省约。廉,廉棱。肉,谓肥满。”

[6] 审一以定和:审一疑为确定一个主调,以此主调来确定调和之音。郑玄以为,“一”为人声。“审一定和”就是详审人声,以定调和之音。比物以饰节:物即金、石、匏、土等类乐器。此句意为配合八音之物,以饰音曲之节。比,配合。

[7] 诎伸:同“屈伸”。容貌得庄焉:容貌能够庄重起来。

[8] 缀兆:缀,表示行列。兆,指跳舞的区域。

[9] 军旅鈇(fū)钺:军队中使用的武器。鈇钺,均指斧子,一般在用刑时用。

师乙篇

子赣见师乙[1]而问焉,曰:“赐闻声歌各有宜也,如赐者,宜何歌也?”师乙曰:“乙,贱工也,何足以问所宜?请诵其所闻,而吾子自执焉。爱者宜歌《商》。温良而能断者宜歌《齐》。夫歌者,直己而陈德也。动己而天地应焉,四时和焉,星辰理焉,万物育焉。故商者,五帝之遗声也。宽而静,柔而正者宜歌《颂》。广大而静,疏达而信者宜歌《大雅》。恭俭而好礼者,宜歌《小雅》,正直而静,廉而谦者宜歌《风》。肆直而慈爱,商之遗声也,商人识之,故谓之《商》。齐者,三代之遗声也,齐人识之,故谓之《齐》。[2]明乎《商》之音者,临事而屡断;明乎《齐》之音者,见利而让。临事而屡断,勇也。见利而让,义也。有勇有义,非歌孰能保此?

“故歌者,上如抗,下如队,曲如折,止如槀木,倨中矩,句中钩,累累乎端如贯珠。[3]故歌之为言也,长言之也。说之,故言之;言之不足,故长言之;长言之不足,故嗟叹之;嗟叹之不足,故不知手之舞之,足之蹈之也。”[4]

注释

[1] 子赣(gòng)见师乙:子赣,即子贡,姓端木,名赐,孔子弟子。师乙,春

秋时乐官。

［2］以上这段文字错杂太多，陈澔《礼记集说》整理为："宽而静，柔而正者宜歌《颂》。广大而静，疏达而有信者宜歌《风》。爱者宜歌《商》。温良而能断者宜歌《齐》。肆直而慈爱宜歌《商》。温良而能断者宜歌《齐》。夫歌者，直己而陈德也，动己而天地应焉。四时和焉，星辰理焉，万物育焉。故商者，五帝之遗声也。商人识之，故谓之《商》。《大雅》《齐》者，三代之遗声也，齐人识之，故谓之《齐》。恭俭而好礼者，宜歌《小雅》，正直而静，廉而谦者宜歌《风》，商之遗声也。"

［3］上如抗：高昂的歌曲如抗举。下如队：低沉的歌曲如下坠。队，通"坠"。止如槁木：歌声停止如枯木将折。倨中矩：歌曲直转如矩。句中钩：歌声弯曲如钩。累累乎端如贯珠：歌声绵延不绝就像成串的珍珠。

［4］此段的结尾有"子赣问乐"四字，系衍文，删去。

解　说

这个论述音乐的残本，重点不在论述音乐的艺术特性，而重在讨论音乐的社会功能，是文以载道观念在音乐中的体现。"德者，性之端也；乐者，德之华也"，是这部残本的主要思想。虽然我们现在还不能判定其具体的作者，但这部著作基本可以确定为儒家学派的著作，可以视为先秦儒家音乐美学的一个总结。从留存的这十一篇文字来看，其中含有丰富的思想，从一个侧面展示出儒家美学的一些基本特点。现择其要者，谈谈我的理解。

一、和谐说

《乐记》"和"的思想集中体现了儒家美学的重要观点，这是《乐记》最有价值的美学内容。从儒家的道德哲学出发，《乐记》将音乐的社会功能放到突出位置，它之所谓"乐"并不是自娱自乐的艺术抚慰，而是社会政治生活中的"乐"。所以，"和"的思想，也必然落实在社会秩序的和谐上。《乐记》和谐思想的独特性在于，它将“和”的思想，做上下两极延伸，上放到整个天地宇宙中来考察，下又将“和”穷至人深心中的和谐。所以其和谐思想包括三方面：上则人与天地的和谐，中则人与他人的和谐，下则人与自身的和谐，也可以分别称作天地的和谐、道德的和谐、生命的和谐。

《乐记·乐礼》说：“天尊地卑，君臣定矣。卑高已陈，贵贱位矣。动静有常，小大殊矣。方以类聚，物以群分，则性命不同矣。在天成象，在地成形，如此，则礼者天地之别也。地气上齐，天气下降，阴阳相摩，天地相荡，鼓之以雷霆，奋之以风雨，动之以四时，暖之以日月，而百化兴焉。如此则乐者天地之和也。”①

《乐记》这段话显然由《易传》变化而来，但所表达的内容则与《易传》有别，它主要是借用《易传》的思想，对音乐做形上思考，从而为乐的和谐寻找哲学的根据。

《乐记》说“大乐与天地同和”，这个“大乐”并非体量上的区别，而是“乐本身”——那个乐之所由生者。此文《乐礼》篇说：“及夫礼乐之极乎天而蟠乎地，行乎阴阳而通乎鬼神，穷高极远而测深厚，乐著大始而礼居成物。著不息者，天也；著不动者，地也；一动一静者，天地之间也。故圣人曰：‘礼云乐云’。”在《易》有“乾知大始，坤作成物”，在《乐记》有“乐著大始而礼居成物”，也就是说乐以象天，礼以象地。乐象天，在于始，在于和；礼象地，在于成，在于序。正因此，《乐记》以“大”言“乐”，这个“大”是终极之“大”，无始之“大”，是那个绝对的音乐本体。“大乐”，如同《易》中的乾卦一样，具有“大和”的特性，“大哉乾元，万物资始”，“保合大和”是乾的特性，“大乐”也具有这“保合大和”的特性。正是在这个意义上，《乐记》所说的“大

① 《周易·系辞上传》：“天尊地卑，乾坤定矣。卑高以陈，贵贱位矣。动静有常，刚柔断矣。方以类聚，物以群分，吉凶生矣。在天成象，在地成形，变化见矣。是故刚柔相摩，八卦相荡，鼓之以雷霆，润之以风雨，日月运行，一寒一暑，乾道成男，坤道成女。乾知大始，坤作成物。乾以易知，坤以简能。”

和”，是天地本源性的和谐，是音乐形式和谐之根源。

《乐记》既有“大和”，又有具体的和谐，而一切外在的和谐都来源于这“大和”。《乐记》认为：天高地下，万物呈现出各各不同的形貌，便有了差异，有差异，便存在着秩序的调整，这就是“礼”产生的根源。而万事万物流转不息，相合相生，共同成就为一生命的大文章，这就是以“同”为本质的音乐产生的根源。它说：“春作夏长，仁也；秋敛冬藏，义也。仁近于乐，义近于礼。乐者敦和，率神而从天；礼者别宜，居鬼而从地。故圣人作乐以应天，制礼以配地。礼乐明备，天地官矣。”乐的精神就是仁的精神，春作夏长的精神。乐的和谐就是滋生、成长，显现的是天地的化育力。万物活泼和谐的成长，就是音乐的象征。乐的核心在节奏，在变化，在和谐。《乐记》说：“地气上齐，天气下降，阴阳相摩，天地相荡，鼓之以雷霆，奋之以风雨，动之以四时，暖之以日月，而百化兴焉。如此则乐者天地之和也。”大乐与天地同和的理论落实即在于此。天地变化，阴阳相摩相荡，盎然而成和谐之宇宙，正是乐的活化形式。《乐记》说：“和，故百物不失。”“和，故百物皆化。”又说：“乐者敦和。”音乐要体现天地的成长性特征，即以“和”为其基本特性。

由此可见，《乐记》是将音乐的和谐作为对天地本源的反映，反映的是宇宙间生命的联系性：“同”。

值得注意的是，《乐记》以天地来说音乐之和，但又不止于此。《乐记》强调“同和”，我理解有两层意思：一是乐与天地同，音乐作为一种艺术形式与天地万物具有同构性；二是强调音乐创造必须契合大化流衍的节奏，天地的节奏就是音乐的节奏，悉心体悟万物运转之节奏，如春生夏长，就是仁、和的意思，上下与天地同流，参天地之变化，化造化的精气元阳，为音乐永不枯竭的艺术力量。同时，又要在参赞化育中“合”，合天地的秩序，天地以其“生生而有条理”而“同”，而音乐就要“合”这个条理，以人的秩序“合”天地的秩序。

所以，《乐记》乐、同、仁三者合一，是由生命关联律衍生出来的逻辑，既明音乐产生之本，又悄悄地为音乐套上一个规范，由天地的自然秩序的“同”说到群体的伦理秩序的“同”。

大乐与天地同和为乐之“和”奠定一个本体论基石，这是向上一路。而自向下一路，乐在于实现人内在心灵的和谐。这就是《乐记》所说的“乐由中出”“致乐以治心”。在这个残篇看来，音乐最根本的目的是群体的“同”，这不能由外在的强制规定，而要化作一种心灵的自觉力量。音乐的和谐根源于个体生命深层的和融。在这一点上，它触及音乐的艺术特性。音乐毕竟是一种艺术，而不是道德教科书。音乐以艺术的方式实现和谐。

《乐记》又将乐和礼进行对比来突出其特点，这就是《乐记》关于礼、乐另外的差异：一是外在的强制规范（“礼自外作”），一是内心的自觉认同（“乐由中出”）。《乐记》说：“乐由中出，故静；礼自外作，故文。大乐必易，大礼必简。”由此突出音乐的两个特点，一是“静”，一是“易”。

《乐记》认为，音乐是人的生命欲求，是人最本质的需要，正像天地不能没有风云烟雾一样，人不能没有乐。《乐化篇》说：“故乐者，天地之命，中和之纪，人情之所不能免也。”又说：“故人不耐无乐。”音乐是人这个存在物的基本特性之一。乐作为人的一种需要，处于人心灵的最深层，它是静的。这个“静”，我理解，如同老子所说的“归根曰静”的“静”，是一种本原之静。在《乐记》看来，人的生命根源处就存在这一音乐世界，它是人生命涌动的乐章，它虽未化为外在的音乐形式——文明，但它是音乐的本源。也就是说，人在最深的心灵隐微中，就蕴涵着需要乐的种子。而外在的音乐就是对这个深衷中未发的音乐种子的呼应。《乐记》由此突出合乎天地节奏的音乐一定是真实音乐的思想，大乐“不可以为伪”。它强调，人心中有一股自发的爱乐精神，人对音乐的需要和倾心是自觉的、自发的，非外在强行附加，故而是真实的。《乐记》说：“是故情深而文明，气盛而化神。和顺积中而英华发外，唯乐不可以为伪。”这是“静”。

从“易”上说，音乐的本质特性是“同”，所以，就要求音乐必须给人带来一种和易愉悦的感受，音乐必须是切合人心的，好的音乐是最易于为人所接受。也就是说，人通过好的音乐，自然可以实现人与自身的和谐，克服人内在世界的紊乱和冲突，即其所称之“反情以和其志”。

在这一点上，《乐记》发挥了先秦儒家音乐观中的“乐者，乐也”的思想。《乐记》说：“夫乐者乐也，人情之所不能免也。乐必发于声音，形于动静，人之道也。”乐在和，礼在顺；礼在敬，乐在乐。敬在于其强制性、规范性，使人们在差异中谨守自己的本分，所以礼的核心在于人知其“分”，礼是庄严的肃穆的，是人在这个世界中必须要付出的，是人和世界所签定的契约。所以，“礼自外作”。而乐就不同了，乐者乐也，乐使人快乐。它不是一般的娱乐，而是在生命的和融中感受的适意。所以乐具有内在性，非规范性，乐的欣赏是一种快乐的体验过程。对和乐的感受，是一种至高的审美愉悦过程，也是一种至高的道德愉悦体验。它是审美愉悦和道德愉悦的融和。《乐记》还别出心裁地由礼在减、乐在盈的差异比较，强调和的音乐能创造一个充满圆融的心灵境界。所谓随处充满，无稍欠缺；和顺积中，英华发外。《乐记》强调，对音乐的感受是“深”心之感受，音乐的快乐体验来自“情深”，是深层的满足，深层的快乐，是一种深层的生命理想实现所带来的充实。以上，就是《乐记》所说的“易”。

由此可见，《乐记》所说的“致乐以治心”，这个“治”，不是治理，而是内在心灵和外在世界的最高的和谐。此即为生命的和谐。

在《乐记》的三个和谐层次中，它对音乐和谐美的论述，主要服务于其道德和谐的需要，但《乐记》论述道德和谐，不是外在强行的道德赋予，而是立足于内在的生命欲求，也就是说将道德的和谐落实到人内在的生命欲求基础之上，化强行的道德附加为内在的生命冲动。同时，音乐这一和谐的道德功能又是对天地和谐精神的契合，是天经地义的。从道的角度及于天地之本，从生命的角度，及于心灵之本，这就是《乐记》和谐美学的哲学理路。将道德的“必须”消解在“当然”的审美感受中，消解在天地的“必然”节奏里。

二、子爱说

和的精神，是仁的精神，也是爱的精神。儒家美学强调，美包含“爱”，有“爱人爱物的意思”。

《乐记》说：“礼者，殊事合敬者也；乐者，异文合爱者也。”又云：“致乐以治心，则易直子谅之心油然生矣。”所谓“易直子谅”，就是和易、正直、慈爱和诚实。其中的“子”即“爱”，而没有易、直、谅，就没有真正的“子”。

《乐记》指出：“仁以爱之，义以正之。”礼在于敬，乐在于爱。礼在于社会秩序的建立，而乐在于和心，生出一种爱意，一种对社会对世界的爱。礼是一种强制性的约定，要在于节制，而乐则是发自心灵深层的亲和，是人的心灵中所转出的自觉情感倾向。

在儒家看来，爱是人心理深层的一种倾向性，具有自发性，为人人心中所有，又具有自觉性，是人心灵中的自然体验。爱是人心灵趋“同”的最高境界，是以自己整个生命拥抱群体的“同”。

儒家认为，爱的心理倾向是由“仁”转出的。人人心中有个“仁”的世界，但这一世界平素处于一种潜藏的状态中，而音乐唤起了人这一深层的生命力量。在儒家，仁和爱处于两个不同的心理层次，儒家有“仁者爱人”的学说①。仁是人心理本原性的力量，只有具有“仁”，才能说是真实意义上的人。“仁”是“爱”的发出机关，无仁之爱不是真爱，无爱之仁不是真仁。爱是仁这棵大树上长出的枝叶。《孟子》说：“爱人不亲，反其仁。”（《离娄上》）《周易·系辞上》：“敦乎仁，故能爱。”宋儒说，仁只是“爱人爱物的意思”。

《乐记》认为音乐的力量在使人“爱”，就是强调音乐可以通过它

---

① 《论语·颜渊》：“樊迟问仁。子曰：爱人。”《孟子·离娄上》：“仁者爱人。”

的节奏和姿容，平灭内外的冲突，化强制性的规范为心理的自觉力量，唤起人深层的“仁”，唤起这“爱人爱物的意思”。

《乐记》关于“爱”的思想，论述得并不周备，但这样的思想在后代却有很大影响，后代儒家美学发扬了“易直子谅”的思想，将“爱人爱物的意思”发展成为一个包容宏富的理论，成为儒家美学最有价值的思想内容之一。它对中国艺术的影响也很大，如郭熙在《林泉高致》中就明言，作为一个艺术家，如果要创造出好作品，必须有“易直子谅”的意思，必须养得意思悦适，才能有真正的创造。“人于天地中，并无窒碍处”，由音乐乃至艺术实现心灵的和融，就会“大小大快活”，解脱一切束缚，回到本然的生命之中，与山水林木共欢乐，伴鸟兽禽鱼同优游，感受人与这个世界的通体之和谐。

三、乐象说

这里所说的“乐象”，特指《乐记》对音乐形式的论述。《乐记》将音声分为声、音、乐三个层次。《乐本》篇说：“感于物而动，故形于声。声相应，故生变；变成方，谓之音。比音而乐之，及干戚羽旄，谓之乐。”又说：“情动于中，故形于声。声成文，谓之音。”“凡音者，生于人心者也；乐者，通伦理者也。是故知声而不知音者，禽兽是也；知音而不知乐者，众庶是也。唯君子为能知乐。是故审声以知音，审音以知乐，审乐以知政，而治道备矣。是故不知声者不可与言音，不知音者不可与言乐。知乐，则几于知礼矣。”

《乐记》的划分是比较清晰的，声指的是自然声响，音是通过音乐创造所形成的艺术形式，而这一音乐形式通过表演，方可成为“乐”，从“比音而乐之，及干戚羽旄”等论述看，《乐记》所说的“乐”包括音乐的演奏、伴着音乐的舞蹈，甚至包括用以歌咏的诗。如《乐象篇》所说的：“金石丝竹，乐之器也。诗言其志也，歌咏其声也，舞动其容也。三者本于心，然后乐气从之。”但是，《乐记》将这三者加以区分，它讨论音乐并非停留在所谓表演性的“乐”的层次上。这三个层次都是其关注的不可分割的部分,三者一体相联。声属于音乐的生理层次,音属于音乐的审美层次,而乐属于音乐的社会层次。三者不可或缺。

《乐记》探讨音乐的美,追溯到人的生理层面。它认为,音乐的欣赏是奠定在基本的生理层次之上的。它探讨感物情动声起,就是由生理上着眼的。并进而得出音乐是人的自然行为,是对心灵中圆融自足的音乐精神的自发显现,从而将音乐定义为人生命的本源性释放。

由外在的感召,引起一定的生理反应,从而发出一定的声响,这只是自然层次,如果停留在这一层次,那就将音乐局限于生理反应的较低层次中,那与禽兽没有什么区别。所以《乐记》说:"知声而不知音者,禽兽是也。"动物不能将音乐作为艺术来欣赏,人则能,所以能否创造艺术、欣赏艺术,乃是人区别于动物的重要标志。但在《乐记》看来,这还不够,音乐是关乎道德、政治乃至天地的大事,如果仅仅将音乐作为一种艺术来欣赏,那只能说是"庶人",是一种较低层次的人。因为,他没有了解音乐的内在意义,没有了解音乐作为一种艺术的特殊担当。

正因此,《乐记》提出要知声、知音、知乐。知声,了解音乐来自人的生命之本;知音,了解音乐原是区别动物的艺术创造;知乐,了解音乐原是与天地万物、生民利益息息相关,是人沟通天地、贯彻人伦的重要媒介。所以《乐记》说:"乐者,通伦理者也。"由此,才能了解"音"作为艺术的重要意义。《乐记》说:"不知声者不可与言音,不知音者不可与言乐。"正看到了三者之间的内在勾连。

在《乐象篇》中,《乐记》有关所谓"乐象"的论述与《易传》的意象理论有关。《乐记》是在两个不同意义上使用"象"这一概念的。一是将"象"作为构成音乐的形式单元。它说:"乐者,心之动也。声者,乐之象也。文采节奏,声之饰也。君子动其本,乐其象,然后治其饰。""象"是人的听觉中可以感受到的,但尚没有构成具体艺术形式的素材。音乐形式构成,就是在"象"的基础上的"饰",依照一定的形式结构规律的创造。二是就音乐的整体境界上说的,它说:"是故清明象天,广大象地,终始象四时,周还象风雨。"这正是大乐与天地同和的体现。乐象理论丰富了中国传统美学的意象理论。

四、物感说

"物感说"也是《乐记》论述的重点之一,《乐记》的音乐社会学思想就是建立在物感基础上的。后代中国美学中的心物感应说多与此书观点有关。

《乐记》认为:"凡音之起,由人心生也。人心之动,物使之然也。感于物而动,故形于声。"人心本静,感于物而动,心动故形于声,对声的组织,便产生了音乐艺术。

《乐记》探讨音乐产生的心理根源提出了由"性"到"情",再由"情"到"声"的途径。"性"是与生俱来的,是恒常不变的,是静的。所谓"人生而静,天之性也"。这是未发的世界,所以渊然自在;是未感的世界,所以宁静不动;它是构成人之为人的基本属性,所以其纯然完备。所以《乐记》说:"民有血气心知之性,而无哀乐喜怒之常,应感起物而动,然后心术形焉。"在这里,我们可以看出,《乐记》所谓性乃是恒常的,而情则是无常的,性是心之本,情是心之术,是心灵应变所显示的倾向。性虽不变,则有可变之可能;情虽已变,则缘因不变之性所由生。《乐记》说:"感于物而动,性之欲也。"这个"性之欲"就是情,因情是一种"欲",是某种情感渴望,所以需要引导,需要节制,这就为其道德性的引发提供了可能。音乐,生于人心。情动于中,所以有显现的欲望。将声音表现出来,定会有喜怒哀乐的倾向,雅乐正声使人平正和谐,粗声淫曲使人逆意萌生,所以,"先王慎所以感之者"。感物生乐,应声感心。人心与天地的共通,在于感;人与群体之心的共通也在于感。不同的物态世事会引起不同的感受,不同的音乐会感发心灵中不同的情绪。所以,《乐记》中的"慎所感”，就是从人心的易感而动的心理机制上，寻求和谐美的落实。

《乐记》的物感说，继承了《易传》等的“同类相感，同气相求”的思想，《乐记》云：“而万物之理，各以类相动也。是故君子反情以和其志，比类以成其行。”人的“血气心知”之性中，有一个和外在世界同“类”的结构，这个“类”就是“气”。所谓“奸声感人，而逆气应之”“正声感人，而顺气应之”。中国早期哲学认为，世界是由气构成的统合体，从本源上说天下万物都由气而生；从存在的状态看，人与万物都处于一个庞大的气场中，所谓“通天下一气耳”，物物相联，心物相动。人由气而生，人的心灵也必然受到阴阳二气起伏浮沉的影响。所以，《乐记》的物感说，是建立在这种生理本源的哲学基础上的。它所说的“乐者，音之所由生也，其本在人心之感于物也。是故其哀心感者，其声噍以杀；其乐心感者，其声啴以缓……六者，非性也，感于物而后动”，正与此有关。

以上所讨论的四个方面内容，和谐的理论显然是《乐记》十一篇的核心，而子爱说、乐象说、物感说则是从不同的侧面展现和谐美学思想特点。《乐记》悬道德和谐为音乐的根本目的，从天地的本源和人的生命本源两翼寻求解释，但这种诠释并没有忘记音乐作为艺术的基本特性。《乐记》的基本观点是，音乐的基本目的在于和谐，它以艺术的方式实现这种和谐。

参考文献

《〈乐记〉论辩》，北京：人民音乐出版社，1983年。

蔡仲德：《〈乐记〉〈声无哀乐论〉注译与研究》，杭州：中国美术学院出版社，1997年。

郭沫若：《公孙尼子与其音乐理论》，《青铜时代》，上海：上海新文艺出版社，1951年。

周柱铨：《〈乐记〉考辨》，《北方论丛》，1979年第2期。

王梦鸥：《礼记今注今译》，台北：台湾商务印书馆，1977年。

声无哀乐论

[三国魏] 嵇康

嵇康(224—263),字叔夜,祖籍会稽(今浙江绍兴),生于谯郡铚(今属安徽宿州),三国魏哲学家、文学家、音乐家,曾做过中散大夫,所以后人称嵇中散。为“竹林七贤”之一,有卓异之才,性恬淡,喜老庄哲学,好清谈,为当时学界领袖之一。又好养生之术,精于音乐,常常弹琴咏诗,自足怀抱。后为司马昭所杀。嵇康行刑时,有太学生三千人请愿,但最终还是没能免于一死。传嵇康临刑前,抬头看着天上的日光,索琴弹奏,说道:“《广陵散》从此绝矣!”颇见壮气。

本文文字据戴明扬《嵇康集校注》本。序号为编者所加。

一

有秦客问于东野主人曰:[1]“闻之前论曰:‘治世之音安以乐,亡国之音哀以思。’[2]夫治乱在政,而音声应之,故哀思之情表于金石,安乐之象形于管弦也。又仲尼闻《韶》,识虞舜之德,季札听弦,知众国之风。[3]斯已然之事,先贤所不疑也。今子独以为声无哀乐,其理何居?若有嘉讯[4],今请闻其说。”

主人应之曰:“斯义久滞,莫肯拯救,故令历世滥于名实[5]。今蒙启导,将言其一隅焉。

“夫天地合德，万物贵生[6]，寒暑代往，五行以成。故章为五色，发为五音。音声之作，其犹臭味[7]在于天地之间，其善与不善，虽遭遇浊乱，其体自若而不变也。岂以爱憎易操、哀乐改度哉？及宫商集比，声音克谐，[8]此人心至愿，情欲之所钟。故人知情不可恣，欲不可极，故因其所用，每为之节，使哀不至伤，乐不至淫，[9]斯其大较也。然‘乐云乐云，钟鼓云乎哉’[10]，哀云哀云，哭泣云乎哉？因兹而言，玉帛非礼敬之实，歌舞非悲哀之主也。何以明之？夫殊方异俗，歌哭不同。使错而用之，或闻哭而欢，或听歌而戚，然而哀乐之情均也。今用均同之情，而发万殊之声，斯非音声之无常哉？

“然声音和比，感人之最深者也。劳者歌其事，[11]乐者舞其功。夫内有悲痛之心，则激切哀言。言比成诗，声比成音。杂而咏之，聚而听之，心动于和声，情感于苦言。嗟叹未绝，而泣涕流涟矣。夫哀心藏于内，遇和声而后发。和声无象，而哀心有主。夫以有主之哀心，因乎无象之和声，其所觉悟，唯哀而已。岂复知‘吹万不同，而使其自已’哉。[12]

“风俗之流，遂成其政；是故国史明政教之得失，审国风之盛衰，吟咏情性，以讽其上，故曰‘亡国之音哀以思’也。[13]夫喜、怒、哀、乐、爱、憎、惭、惧，凡此八者，生民所以接物传情，区别有属，而不可溢者也。夫人以贤愚为别，味以甘苦为称。今以甲贤而心爱，以乙愚而情憎，则爱憎宜属我，而贤愚宜属彼也。可以我爱而谓之爱人，我憎而谓之憎人，所喜则谓之喜味，所怒而谓之怒味哉？由此言之，则外内殊用，彼我异名。声音自当以善恶为主，则无关于哀乐；哀乐自当以情感而后发，则无系于声音。[14]名实俱去，则尽然可见矣。且季子在鲁，采《诗》观礼，以别《风》《雅》，岂徒任声以决臧否哉？[15]又仲尼闻《韶》，叹其一致[16]，是以咨嗟，何必因声以知虞舜之德，然后叹美邪？今粗明其一端，亦可思过半矣。”

注释

［1］秦客:作者假设与自己辩论的辩手。东野主人:作者自称。

［2］《礼记·乐记》:“治世之音安以乐,其政和。乱世之音怨以怒,其政乖。亡国之音哀以思,其民困。声音之道,与政通矣。”又见《毛诗大序》。

［3］《韶》:传为舜时音乐,内容乃是歌颂舜之德。孔子认为《韶》尽善尽美。季札:春秋时吴国贤人,乃吴王诸樊弟,又称公子札、延陵季子,公元前544年聘于鲁,观列国之乐。事见《左传·襄公二十九年》,他评论各国音乐,主要是一种道德论评。如其评《周南》《召南》曰:“美哉!始基之矣,犹未也。然勤而不怨矣。”评《齐风》曰:“美哉!泱泱乎!大风也哉!表东海者,其大公乎!国未可量也。”

［4］嘉讯:美言。

［5］滥于名实:在音乐的名实问题上看法混乱。名指音乐之概念,实指音乐之本质特性。

［6］贵生:天地以生生不息的生命精神为根本,所以《易·系辞》云:“天地之大德曰生。”

［7］臭味:气味。

［8］宫商集比:五音排比组合,形成曲调。声音克谐:声音的和谐组合。《尚书·尧典》:“八音克谐。”

［9］哀不至伤,乐不至淫:语本《论语·八佾》:“《关雎》哀而不伤,乐而不淫。”淫,过度。

［10］乐云乐云,钟鼓云乎哉:语出《论语·阳货》:“礼云礼云,玉帛云乎哉?乐云乐云,钟鼓云乎哉?”

［11］《文选》卷十六潘岳《闲居赋》李善注引《韩诗序》云:“劳者歌其事。”何休《春秋公羊传·宣公十五年》解诂:“饥者歌其食,劳者歌其事。”

［12］这里的“和声无象,而哀心有主”则为此节之要义,意思是音乐本身并没有特定的情感指向,人们闻乐而起哀痛之感,那是人心中本来具有的哀情所决定的。“吹万不同,而使其自已”:语出《庄子·齐物论》。万,众多的孔穴。嵇康借来说明,人心就如同这各各不同的孔穴一样,风吹之发出不同的声音,人具有情感的内心是根本。

［13］此段话本自《毛诗大序》。

[14] 此处提出哀乐不系于声音，但声音则有善恶。这是本节值得注意的观点。

[15] 任声：依据声音本身。臧否：善与不善。臧，善。

[16] 一致：孔子评价《韶》尽善尽美，此即是。

二

秦客难曰："八方异俗，歌哭万殊，然其哀乐之情，不得不见也。夫心动于中，而声出于心，虽托之于他音，寄之于余声，善听察者，要自觉之不使得过也。昔伯牙理琴而钟子知其所志；隶人击磬而子产识其心哀；鲁人晨哭而颜渊审其生离。[1]夫数子者，岂复假智于常音，借验于曲度哉？心戚者则形为之动，情悲者则声为之哀。此自然相应，不可得逃，唯神明者能精之耳。夫能者不以声众为难，不能者不以声寡为易。今不可以未遇善听，而谓之声无可察之理；见方俗之多变，而谓声音无哀乐也。"

又云："贤不宜言爱，愚不宜言憎。然则有贤然后爱生，有愚然后憎成，但不当共其名耳。哀乐之作，亦有由而然。此为声使我哀，音使我乐也。苟哀乐由声，更为有实，何得名实俱去邪？"

又云："'季子采诗观礼，以别《风》《雅》；仲尼叹《韶》音之一致，是以咨嗟。'是何言欤？且师襄奏操，而仲尼睹文王之容，[2]师涓进曲，而子野识亡国之音，[3]宁复讲诗而后下言，习礼然后立评哉？斯皆神妙独见，不待留闻积日，而已综其吉凶矣；是以前史以为美谈。今子以区区之近知，齐所见而为限，无乃诬前贤之识微，负夫子之妙察邪？"

主人答曰："难云：'虽歌哭万殊，善听察者要自觉之，不假智于常音，不借验于曲度'，钟子之徒云云是也。此为心悲者，虽谈笑鼓舞，情欢者，虽拊膺咨嗟[4]，犹不能御外形以自匿，诳察者于疑似也。以为就令声音之无常，犹谓当有哀乐耳。

“又曰：‘季子听声，以知众国之风；师襄奏操，而仲尼睹文王之容。’案如所云，此为文王之功德，与风俗之盛衰，皆可象之于声音；声之轻重，可移于后世；襄涓之巧，又能得之于将来。若然者，三皇五帝，可不绝于今日，何独数事哉？若此果然也，则文王之操有常度，《韶》《武》之音有定数，不可杂以他变，操以余声也。则向所谓声音之无常，钟子之触类，于是乎蹶[5]矣。若音声无常，钟子之触类，其果然邪？则仲尼之识微，季札之善听，固亦诬矣。此皆俗儒妄记，欲神其事而追为耳，欲令天下惑声音之道，不言理以尽此，而推使神妙难知，恨不遇奇听于当时，慕古人而自叹，斯所以大罔后生也。夫推类辨物，当先求之自然之理；理已定，然后借古义以明之耳。今未得之于心，而多恃前言以为谈证，自此以往，恐巧历[6]不能纪耳。”

“又难云：‘哀乐之作，犹爱憎之由贤愚，此为声使我哀而音使我乐；苟哀乐由声，更为有实矣。’夫五色有好丑，五声有善恶，此物之自然也。至于爱与不爱，人情之变，统物之理，唯止于此；然皆无豫于内，待物而成耳。至夫哀乐，自以事会，先遘于心，但因和声以自显发。故前论已明其无常，今复假此谈以正名号耳。不为哀乐发于声音，如爱憎之生于贤愚也。然和声之感人心，亦犹酒醴[7]之发人情也。酒以甘苦为主，而醉者以喜怒为用。其见欢戚为声发，而谓声有哀乐，不可见喜怒为酒使，而谓酒有喜怒之理也。”

注释

［1］隶人击磬而子产识其心哀：此言子产，系误记，事关钟子期，而非子产。《吕氏春秋·季秋纪》：“钟子期夜闻击磬者而悲，使人召而问之曰：‘子何击磬之悲也？’答曰：‘臣之父不幸而杀人，不得生；臣之母得生，而为公家为酒；臣之身得生，而为公家击磬。臣不睹臣之母三年矣。昔为舍氏睹臣之母，量所以赎之则无有，而身固公家之财也，是故悲也。’钟子期叹嗟曰：‘悲夫！悲夫！心非臂也，臂非椎、非石也。悲存乎心而木石应之。’”隶人，即带罪而服役的人。《仪礼·既夕礼》：“隶人涅厕。”注：“隶人，罪人也。今之徒役作者也。”鲁人晨

哭而颜渊审其生离:《孔子家语·颜回》:“孔子在卫,昧旦晨兴,颜回侍侧,闻哭者之声甚哀。子曰:回,汝知此何所哭乎?对曰:回以此哭声非但为死者而已,又有生离别者也。子曰:何以知之?对曰:回闻桓山之鸟生四子焉,羽翼既成,将分于四海,其母悲鸣而送之,哀声有似于此,谓其往而不返也。回窃以音类知之。”

[2] “师襄奏操”二句:《韩诗外传》卷五:“孔子学鼓琴于师襄子而不进。师襄子曰:‘夫子可以进矣。’孔子曰:‘丘已得其曲矣,未得其数也。’有间,曰:‘夫子可以进矣。’曰:‘丘已得其数矣,未得其意也。’有间,复曰:‘夫子可以进矣。’曰:‘丘已得其人矣,未得其类也。’有间,曰:‘邈然远望,洋洋乎!翼翼乎!必作此乐也。默然异,几然而长。以王天下,以朝诸侯者,其惟文王乎!’师襄子避席再拜曰:‘善。师以为《文王之操》也。’故孔子持文王之声,知文王之为人。”

[3] “师涓进曲”二句:《韩非子·十过》:“晋平公之于施夷之台。酒酣,灵公起。公曰:‘有新声,愿请以示。’平公曰:‘善。’乃召师涓,令坐师旷之旁,授琴鼓之。未终,师旷抚止之,曰:‘此亡国之声,不可遂也。’”

[4] 拊膺咨嗟:抚胸感叹。

[5] 踬(zhì):跌倒。此言观点不能成立。

[6] 巧历:聪明而有心计。

[7] 酒醴:美酒。吴宽钞本作“酝酒”。

三

秦客难曰:“夫观气采色,天下之通用也。心变于内,而色应于外,较然可见,故吾子不疑。夫声音,气之激者也。心应感而动,声从变而发。心有盛衰,声亦隆杀。同见役于一身,何独于声便当疑邪!夫喜怒章于色诊,哀乐亦宜形于声音。声音自当有哀乐,但暗者不能识之。至钟子之徒,虽遭无常之声,则颖然独见矣,今矇瞽面墙而不悟,离娄照秋毫于百寻,[1]以此言之,则明暗殊能矣。不可守咫尺之度,而疑离娄之察;执中庸之听,而猜钟子之聪;皆谓古人为妄记也。”

主人答曰：“难云：‘心应感而动，声从变而发，心有盛衰，声亦隆杀，哀乐之情，必形于声音，钟子之徒，虽遭无常之声，则颖然独见矣。’必若所言，则浊质之饱，首阳之饥，卞和之冤，伯奇之悲，相如之含怒，不占之怖祗，[2]千变百态，使各发一咏之歌，同启数弹之微，则钟子之徒，各审其情矣。尔为听声者不以寡众易思，察情者不以大小为异，同出一身者，期于识之也。设使从下出，则子野之徒，亦当复操律鸣管，以考其音，知南风之盛衰，别雅、郑之淫正也？[3]

“夫食辛之与甚噱[4]，薰目之与哀泣，同用出泪，使易牙尝之，必不言乐泪甜而哀泪苦，斯可知矣。何者？肌液肉汗，蹴笮便出，无主于哀乐，犹簁酒之囊漉[5]，虽笮具不同，而酒味不变也。声俱一体之所出，何独当含哀乐之理也？且夫《咸池》《六茎》[6]，《大章》《韶》《夏》，此先王之至乐，所以动天地、感鬼神。今必云声音莫不象其体而传其心，此必为至乐不可托之于瞽史，必须圣人理其弦管，尔乃雅音得全也。舜命夔‘击石拊石，八音克谐，神人以和’[7]，以此言之，至乐虽待圣人而作，不必圣人自执也。何者？音声有自然之和，而无系于人情。克谐之音，成于金石；至和之声，得于管弦也。夫纤毫自有形可察，故离、瞽以明暗异功耳。若乃以水济水，孰异之哉？”

注释

[1] 矇瞽：失明。离娄照秋毫于百寻：《孟子·离娄上》赵岐注：“离娄者，古之明目者，盖以为黄帝之时人也。黄帝亡其玄珠，使离朱索之，离朱即离娄也。能视于百步之外，见秋毫之末。然必须规矩，乃成方圆。”

[2] 浊质之饱：《史记·货殖列传》：“洒削，薄技也，而郅氏鼎食；胃脯，简微耳，而浊氏连骑。”郅（zhì），《汉书·食货志》作“质”。首阳之饥：此指伯夷、叔齐饿死首阳山中事。伯奇之悲：《孔子家语》卷九：“高宗以后妻杀孝己，尹吉甫以后妻放伯奇。”伯奇为吉甫子。相如之含怒：此用完璧归赵事。不占之怖祗（qí）：怖祗，恐惧。《新序》卷九：“齐崔杼弑庄公也，有陈不占者，闻君难，将赴之，比去，餐则失匕，上车失轼。御者曰：怯如是，去有益乎？不占曰：死君，义

也；无勇，私也。不以私害公。遂往，闻战斗之声，恐骇而死。”

[3]“则子野之徒”五句：子野，师旷。《左传·襄公十八年》：“晋人闻有楚师，师旷曰：不害。吾骤歌北风，又歌南风。南风不竞，多死声。楚必无功。”

[4] 甚噱（jué）：大笑。

[5] 蹴（cù）：压迫，同“蹙”。笮（zé）：压榨。簁（shī）酒：即“筛酒”，以竹制的器具过滤酒。囊漉：过滤。

[6]《六茎》：传为帝喾时乐曲名。

[7]“舜命夔”三句：语出《尚书·虞书·舜典》：“帝曰：‘夔！命汝典乐，教胄子，直而温，宽而栗，刚而无虐，简而无傲。诗言志，歌永言，声依永，律和声。八音克谐，无相夺伦，神人以和。’夔曰：‘於！予击石拊石，百兽率舞。’”

四

秦客难曰：“虽众喻有隐，足招攻难，然其大理，当有所就。若葛卢闻牛鸣，知其三子为牺；[1]师旷吹律，知南风不竞，楚师必败；羊舌母听闻儿啼，而审其丧家。[2]凡此数事，皆效于上世，是以咸见录载。推此而言，则盛衰吉凶，莫不存乎声音矣。今若复谓之诬罔，则前言往记，皆为弃物，无用之也。以言通论，未之或安。若能明斯所以，显其所由，设二论俱济，愿重闻之。”

主人答曰：“吾谓能反三隅[3]者，得意而忘言，[4]是以前论略而未详。今复烦循环之难，敢不自一竭邪？夫鲁牛能知历牺[5]之丧生，哀三子之不存，含悲经年，诉怨葛卢，此为心与人同，异于兽形耳。此又吾之所疑也。且牛非人类，无道相通，若谓鸣兽皆能有言，葛卢受性独晓之，此为称其语而论其事，犹译传异言耳，不为考声音而知其情，则非所以为难也。若谓知者为当触物而达，无所不知，今且先议其所易者。请问：圣人卒[6]入胡域，当知其所言否乎？难者必曰知之。知之之理，何以明之？愿借子之难以立鉴识之域。或当与关接识其言邪？将吹律鸣管校其音邪？观气采色知其心邪？此为知心自由气色，虽自不言，犹将知之，知之之道，可不待言也。若吹律校音以知其心，假令心志于马而误言鹿，察者固当由鹿以知马也。此为心不系于所言，言或不足以证心也。若当关接而知言，此为孺子学言于所师，然后知之，则何贵于聪明哉？夫言，非自然一定之物，五方殊俗，同事异号，举一名以为标识耳。夫圣人穷理，谓自然可寻，无微不照。苟理蔽，则虽近不见，[7]故异域之言不得强通。推此以往，葛卢之不知牛鸣，得不全乎？

"又难云：'师旷吹律，知南风不竞，楚多死声。'此又吾之所疑也。请问师旷吹律之时，楚国之风邪，则相去千里，声不足达；若正识楚风，来入律中邪？则楚南有吴、越，北有梁、宋，苟不见其原，奚以识之哉？凡阴阳愤激，然后成风。气之相感，触地而发，[8]何得发楚庭，来入晋乎？且又律吕分四时之气耳，时至而气动，律应而灰移，皆自然相待，不假人以为用也。[9]上生下生，所以均五声之和，叙刚柔之分也。然律有一定之声，虽冬吹中吕，其音自满而无损也。今以晋人之气，吹无韵之律，楚风安得来入其中，与为盈缩邪？风无形，声与律不通，则校理之地，无取于风律，不其然乎？岂独师旷多识博物，自有以知胜败之形，欲固众心而托以神微，若伯常骞之许景公寿[10]哉？

"又难云：'羊舌母听闻儿啼而审其丧家。'复请问何由知之？为神心独悟暗语而当邪？尝闻儿啼若此，其大而恶，今之啼声似昔之啼声，故知其丧家邪？若神心独悟暗语之当，非理之所得也。虽曰听啼，羊舌母无取验于儿声矣。若以尝闻之声为恶，故知今啼当恶，此为以甲声为度，以校乙之啼也。夫声之于音，犹形之于心也。有形同而情乖，貌殊而心均者。何以明之？圣人齐心等德而形状不同也。苟心同而形异，则何言乎观形而知心哉？且口之激气为声，何异于籁籥[11]纳气而鸣邪？啼声之善恶，不由儿口吉凶，犹琴瑟之清浊不在操者之工拙也。心能辨理善谈，而不能令内籁籥调利，犹瞽者能善其曲度，而不能令器必清和也。器不假妙瞽而良，籥不因惠心而调，然则心之与声，明为二物。二物之诚然，则求情者不留观于形貌，揆心者不借听于声音也。察者欲因声以知心，不亦外乎？今晋母未待之于老成，而专信昨日之声，以证今日之啼，岂不误中于前世好奇者，从而称之哉？”

注释

［1］“若葛卢闻牛鸣”二句：事见《左传·僖公二十九年》：“介葛卢闻牛鸣，曰：是生三牺，皆用之矣，其音云，问之而信。”牺，祭祀之牲口。

［2］“羊舌母”二句：《国语·晋语》：“叔鱼生，其母视之，曰：‘是虎目而豕喙，鸢肩而牛腹，壑可盈，是不可餍也，必以贿死。’遂不视。杨食我生，叔向之母闻之，往，及堂，闻其号也，乃还，曰：‘其声，豺狼之声，终灭羊舌氏之宗者，必是子也？’”羊舌氏，即羊肸（xī），春秋时晋平公的太傅。

［3］反三隅：即举一反三。

［4］得意而忘言：《庄子·外物》：“言者所以在意，得意而忘言。”此句和上句的意思是，我的话有言外之意，没有多说。

［5］历牺：明吴宽钞本作“牺历”，依戴明扬校本改。

［6］卒：同“猝”，猝然。

［7］苟理蔽，则虽近不见：吴宽钞本作“苟无微不照，理蔽则虽近不见”，戴明扬以为“无微不照”乃传抄重复，删。从戴校。

［8］气之相感，触地而发：《汉书·历律志》：“角，触也，物触地而出，戴芒角也。”《晋书》卷二十二：“角之为言触也，谓象诸阳气触物而生也。”

［9］“且又律吕分四时之气耳”五句：《后汉书·历律志》：“室中以木为案，每律各一，内庳外高，从其方位，加律其上，以葭莩灰抑其内端，案历而候之。气至者灰动。其为气所动者其灰散，人及风所动者其灰聚。”古人将音律和节气相配，以芦苇的灰放在律管之中，节气一到，其时律管的灰就会飘起。

［10］伯常骞之许景公寿：伯常骞，本作“柏常骞”。《晏子春秋·内篇·杂下》记载，柏常骞向齐景公许下诺言，说是能为他增寿。遇晏子，以此事相告，晏子曰：“嘻！亦善能为君请寿也。虽然，吾闻之，维以政与德而顺乎神，为可以益寿，今徒祭，可以益寿乎？然则福兆有见乎？”对曰：“得寿，地将动。”晏子曰：“骞！昔吾见维星绝，枢星散，地其动，汝以是乎？”柏常骞俯有间，仰而对曰：“然。”晏子曰：“为之无益，不为无损也。汝薄敛，毋费民，且无令君知之。”

［11］ 籁籥（yuè）：古代管乐器，籁是三孔，籥是六孔。

五

秦客难曰："吾闻败者不羞走，所以全也。吾心未厌，[1]而言难复，更从其余。今平和之人，听筝笛琵琶，则形躁而志越[2]；闻琴瑟之音，则体静而心闲。同一器之中，曲用每殊，则情随之变：奏秦声则叹羡而慷慨，理齐楚则情一而思专，肆姣弄则欢放而欲惬，[3]心为声变，若此其众。苟躁静由声，则何为限其哀乐，而但云至和之声，无所不感，托大同于声音，归众变于人情？得无知彼不明此哉？"

主人答曰："难云'琵琶筝笛，令人躁越'；又云'曲用每殊，而情随之变'。此诚所以使人常感也。琵琶、筝、笛，间促而声高，变众而节数，以高声御数节，故使人形躁而志越。犹铃铎警耳，而钟鼓骇心，故'闻鼓鼙之音，思将帅之臣'[4]，盖以声音有大小，故动人有猛静也。琴瑟之体，间辽而音埤，[5]变希而声清，以埤音御希变，不虚心静听，则不尽清和之极，是以听静而心闲也。夫曲用不同，亦犹殊器之音耳。齐楚之曲多重，故情一；变妙，故思专。姣弄之音，挹[6]众声之美，会五音之和，其体赡而用博，故心役于众理；五音会，故欢放而欲惬。然皆以单复、高埤、善恶为体，而人情以躁静、专散为应，譬犹游观于都肆，则目滥而情放；留察于曲度，则思静而容端，此为声音之体，尽于舒疾。情之应声，亦止于躁静耳。

"夫曲用每殊，而情之处变，犹滋味异美，而口辄识之也。五味万殊，而大同于美；曲变虽众，亦大同于和。美有甘，和有乐。[7]然随曲之情，尽于和域；应美之口，绝于甘境，安得哀乐于其间哉？然人情不同，各师所解，则发其所怀。若言平和，哀乐正等，则无所先发，故终得躁静。若有所发，则是有主于内，不为平和也。以此言之，躁静者，声之功也；哀乐者，情之主也。不可见声有躁静之应，因谓哀乐者皆由声音也。

“且声音虽有猛静，猛静各有一和，和之所感，莫不自发。何以明之？夫会宾盈堂，酒酣奏琴，或忻然而欢，或惨尔而泣，非进哀于彼，导乐于此也。其音无变于昔，而欢戚并用，斯非‘吹万不同’邪？夫唯无主于喜怒，亦应无主于哀乐，故欢戚俱见。若资偏固之音，含一致之声，其所发明，各当其分，则焉能兼御群理，总发众情邪？由是言之，声音以平和为体，而感物无常；心志以所俟为主，应感而发。然则声之与心，殊涂[8]异轨，不相经纬，焉得染太和于欢戚，缀虚名于哀乐哉？”

注释

[1] 吾心未厌：厌，通“餍”，满足。

[2] 志越：意志激昂。

[3] 奏秦声则叹羡而慷慨：古以秦地（今陕西一带）之声慷慨而多气。肆姣弄：演奏娇美的曲子。

[4] 闻鼓鼙（pí）之音，思将帅之臣：此语出自《礼记·乐记》：“君子听鼓鼙之声，则思将帅之臣。”

[5] 间辽而音埤（pí）：辽，远。埤，通“陴”，低下。戴明扬曰：“间者，谓岳山与左手取音处之间隔，去岳愈远，则音愈低。”

[6] 挹（yì）：抒。此用为取来。

[7] 美有甘，和有乐：此二句难解。吉联抗《译注》以为“和有乐”，当为“乐有和”，可参。

[8] 殊涂：涂，通“途”。

六

秦客难曰：“论云：猛静之音，各有一和，和之所感，莫不自发，是以酒酣奏琴而欢戚并用。此言偏并之情[1]先积于内，故怀欢者值哀音而发，内戚者遇乐声而感也。夫音声自当有一定之哀乐，但声化迟缓不可仓卒，不能对易。偏重之情，触物而作，故令哀乐同时而应耳；

虽二情俱见,则何损于声音有定理邪?”

主人答曰:“难云:‘哀乐自有定声,但偏重之情,不可卒移。故怀戚者遇乐声而哀耳。’即如所言,声有定分,假使《鹿鸣》[2]重奏,是乐声也。而令戚者遇之,虽声化迟缓,但当不能使变令欢耳,何得更以哀邪?犹一爝之火[3],虽未能温一室,不宜复增其寒矣。夫火非隆寒之物,乐非增哀之具也。理弦高堂而欢戚并用者,直至和之发滞导情,故令外物所感,得自尽耳。

“难云:‘偏重之情,触物而作,故令哀乐同时而应耳。’夫言哀者,或见机杖而泣,或睹舆服而悲,[4]徒以感人亡而物存,痛事显而形潜,其所以会之,皆自有由,不为触地而生哀,当席而泪出也。今见机杖以致感,听和声而流涕者,斯非和之所感,莫不自发也。”

注释

[1] 偏并之情:不平之情。偏并,倾斜。

[2]《鹿鸣》:《诗经·小雅》篇名。

[3] 一爝(jué)之火:爝,小火炬。《庄子·逍遥游》:“日月出矣,而爝火不息。”

[4] 机杖:即“几杖”,几为坐几。舆服:车舆、服饰。

七

秦客难曰:“论云:酒酣奏琴而欢戚并用,欲通此言,故答以偏情感物而发耳。今且隐心而言[1],明之以成效。夫人心不欢则戚,不戚则欢,此情志之大域也。然泣是戚之伤,笑是欢之用。盖闻齐、楚之曲者,唯睹其哀涕之容,而未曾见笑噱之貌[2]。此必齐、楚之曲,以哀为体,故其所感,皆应其度;岂徒以多重而少变,则致情一而思专邪?若诚能致泣,则声音之有哀乐,断可知矣。”

主人答曰:“虽人情感于哀乐,哀乐各有多少。又哀乐之极,不必同致也。夫小哀容坏，甚悲而泣，哀之方也；小欢颜悦，至乐心喻，乐之理也。何以明之？夫至亲安豫，则恬然自若，所自得也。及在危急，仅然后济，则抃不及舞[3]。由此言之，舞之不若向之自得，岂不然哉？至夫笑噱虽出于欢情，然自以理成又非自然应声之具也。此为乐之应声，以自得为主；哀之应感，以垂涕为故。垂涕则形动而可觉，自得则神合而无忧，是以观其异而不识其同，别其外而未察其内耳。然笑噱之不显于声音，岂独齐楚之曲邪？今不求乐于自得之域，而以无笑噱谓齐、楚体哀，岂不知哀而不识乐乎？"

注释

[1] 隐心：审度。意同隐实，《晋书·庾冰传》："又隐实户口，料出无名万余人，以充军实。"而言：你的话。

[2] 笑噱之貌：极度快乐貌。

[3] 抃(biàn)不及舞：手舞足蹈。抃，鼓掌。

八

秦客问曰："仲尼有言：'移风易俗，莫善于乐。'[1]即如所论，凡百哀乐，皆不在声，即移风易俗，果以何物邪？又古人慎靡靡之风，抑慆耳之声[2]，故曰：'放郑声，远佞人。'然则郑卫之音、击鸣球以协神人，[3]敢问郑雅之体，隆弊所极；风俗称易，奚由而济？幸重闻之，以悟所疑。"

主人应之曰："夫言移风易俗者，必承衰弊之后也。古之王者，承天理物，必崇简易之教，御无为之治，君静于上，臣顺于下，玄化潜通，天人交泰，枯槁之类，浸育灵液，六合之内，沐浴鸿流，荡涤尘垢，群生安逸，自求多福，默然从道，怀忠抱义，而不觉其所以然也。和心足于内，和气见于外，故歌以叙志，舞以宣情。然后文之以采章，照之以风雅，播之以八音，感之以太和，导其神气，养而就之。迎其情性，致而明之，使心与理相顺，气与声相应，合乎会通，以济其美。故凯乐[4]之情，见于金石，含弘光大，显于音声也。若此以往，则万国同风，芳荣济茂，馥如秋兰，不期而信，不谋而成，穆然相爱，犹舒锦彩，而粲炳可观也。大道之隆，莫盛于兹，太平之业，莫显于此。故曰：'移风易俗，莫善于乐。'然乐之为体，以心为主。故'无声之乐，民之父母'也。至八音会谐，人之所悦，亦总谓之乐，然风俗移易，不在此也。

"夫音声和比，人情所不能已者也。是以古人知情之不可放，故抑其所遁；知欲之不可绝，故因其所自。为可奉之礼，制可导之乐。口不尽味，乐不极音。揆终始之宜，度贤愚之中。为之检则，使远近同风，用而不竭，亦所以结忠信，著不迁也。故乡校庠塾亦随之变，丝竹与俎豆并存，羽毛与揖让俱用，[5]正言与和声同发。使将听是声也，必闻此言；将观是容也，必崇此礼。礼犹宾主升降，然后酬酢行焉。于是言语之节，声音之度，揖让之仪，动止之数，进退相须，共为一体。君臣用之于朝，庶士用之于家，少而习之，长而不怠，心安志固，从善日迁，然后临之以敬，持之以久而不变，然后化成，此又先王用乐之意也。故朝宴聘享，嘉乐必存。是以国史采风俗之盛衰，寄之乐工，宣之管弦，使言之者无罪，闻之者足以自诫。此又先王用乐之意也。

"若夫郑声，是音声之至妙。妙音感人，犹美色惑志。耽槃荒酒，[6]易以丧业，自非至人，孰能御之？先王恐天下流而不反，故具其八音，不渎其声；绝其大和，不穷其变；捐窈窕之声，使乐而不淫，犹大羹不和，不极勺药之味[7]也。若流俗浅近，则声不足悦，又非所欢也。若上失其道，国丧其纪，男女奔随，淫荒无度，则风以此变，俗以好成。尚其所志，则群能肆之，乐其所习，则何以诛之？托于和声，配而长之，诚动于言，心感于和，风俗一成，因而名之。然所名之声，无中于淫邪也。淫之与正同乎心，雅、郑之体，亦足以观矣。"

注释

［1］ 移风易俗，莫善于乐：此为《孝经》语。

［2］ 慆（tāo）耳之声：形容乱性纵欲之声。慆，隐蔽，惑乱。

［3］ 击鸣球以协神人：《尚书·虞书·益稷》："夔曰：'戛击鸣球，搏拊琴瑟以咏。'祖考来格。"这里以戛击鸣球来指代庙堂之音。

［4］ 凯乐：快乐。又作"恺乐"。《周礼·春官》："王师大献，则令奏恺乐。"

［5］ 丝竹：指音乐。俎豆：指礼节。羽毛：指舞蹈。又作"羽旄"，羽，翟羽。旄，旄牛尾。上古舞蹈时舞者的道具。揖让：指礼节。

［6］ 耽槃荒酒：沉溺于醉酒之中。槃，享乐。

［7］ 不极勺药之味：勺药，《史记·司马相如传》："勺药之和具，而后御之。"集解引郭璞曰："勺药，五味也。"

解　说

理解《声无哀乐论》有两个前提。

首先，嵇康是一位音乐家，他对音乐有特殊的感受，也有特别的看法。他在《琴赋》序中说："余少好音声，长而玩之，以为物有盛衰，而此无变；滋味有厌，而此不倦。可以导养神气，宣和情志，处穷独而不闷者，莫近于音声也！是故复之而不足，则吟咏以肆志；吟咏之不足，则寄言以广意。然八音之器，歌舞之象，历世才士并为之赋颂，其体制风流，莫不相袭。称其材干，则以危苦为上；赋其声音，则以悲哀为主；美其感化，则以垂涕为贵。丽则丽矣，然未尽其理也。推其所由，似元不解音声；览其旨趣，亦未达礼乐之情也。"这里所表达的意思与《声无哀乐论》是相通的。《声无哀乐论》的确有与儒家音乐思想不同的观点，是其"越名教而任自然""非汤武而薄周孔"思想的组成部分，但这只是问题的一个部分，他撰写这篇著名的哲学论文，应该主要是出于艺术方面的考虑,出于对“不解音声”陈见的反拨。

其次,嵇康是一位重视养生的思想家,修性以保神,安心以全身;爱憎不栖于情,忧喜不留于意;泊然无感,体气和平,形神相亲,表里俱济,这些是他的追求。他的音乐生活是和养生联系在一起的。“求乐于自得之境”,是他在音乐中的蕲求,他要在音乐平和的境界中伸展心胸,陶铸性情,养肉体生命于不朽,养精神生命以怡然。《养生论》说:“清虚静泰,少私寡欲;知名位之伤德,故忽而不营,非欲而强禁也;识厚味之害性,故弃而弗顾,非贪而后抑也;外物以累心不存,神气以醇白独著;旷然无忧患,寂然无思虑,又守之以一,养之以和,和理日济,同乎大顺。然后蒸以灵芝,润以醴泉,晞以朝阳,绥以五弦,无为自得,体妙心玄,忘欢而后乐足,遗生而后身存,若此以往,庶可与羡门比寿、王乔争年,何为其无有哉!”“五弦”是他达到心灵顺绥的方式之一。爱乐而不为乐所牵,应物而无伤于物,如果在音乐中起哀乐之情,就破坏了自己的心灵平衡,心灵处于理智欲望的撕扯之中,也就达不到养生的目的。所以他说:“忘欢而后乐足”,这正是他的声无哀乐论的立论之基。

以上两个前提是理解嵇康这篇晦涩的音乐论文的必要进路。这里拟讨论有关本文的两个问题。

一、关于音乐美的根源

音声和哀乐(lè)判然为二,这是本文的中心论点。

全文八段对话从不同角度阐释这一问题。其中第一段对话是全文的总论,对这个问题有比较明晰的交代。嵇康认为,“心之与声,别为二物”,二者互不相当。他说:“夫哀心藏于内,遇和声而后发。和声无象,而哀心有主。夫以有主之哀心,因乎无象之和声,其所觉悟,唯哀而已。”音声中有悲哀和快乐的情感,那是人移情以入的,并非音声本身所具有。为了证明这一观点,嵇康做了细致的辨析。他提出“音声之无常”的观点。意思是,音声并没有固定的情感指向,同一种音声，人们常常从中引出不同的情感内容；同样的情感内容，又常常表现为多种不同的音声。甚至，同样的音声，却引出完全相反的情感引发。嵇康举了一个醉后奏乐的场面：“夫会宾盈堂，酒酣奏琴，或忻然而欢，或惨尔而泣，非进哀于彼，导乐于此也。其音无变于昔，而欢戚并用。”由此证明，人内心情感的变化与音声本身是无关的。嵇康还从人的情感角度说明，音声并没有固定的情感指向。他说：“夫殊方异俗，歌哭不同。使错而用之，或闻哭而欢，或听歌而戚，然而哀乐之情均也。今用均同之情，而发万殊之声，斯非音声之无常哉？”

嵇康认为，音声只有美与不美的形式高下之分，而没有悲哀和快乐的情感之附。

嵇康指出：“声音自当以善恶为主，则无关于哀乐；哀乐自当以情感而后发，则无系于声音。”又说：“夫天地合德，万物贵生，寒暑代往，五行以成。故章为五色，发为五音。音声之作，其犹臭味在于天地之间。其善与不善，虽遭遇浊乱，其体自若而不变也。岂以爱憎易操、哀乐改度哉？”音声有自己的独立性，并不因人情感的变化而发生变化，音声并未“系”有情感，音声只有“善与不善”（或“善恶”）的差异，而没有哀乐的差异。这里的“善与不善”不是道德意义上的善恶，意即好与坏，或者说是美与丑。善与不善的问题，也就是音声的美丑问题。嵇康是就音声本身着眼，去除人情感因素的纠缠，探讨音声的纯然意义和美的价值。音声的价值在其自身。

嵇康认为判断音声的美与不美，在于一个“和”字。

嵇康说：“声音以平和为体，而感物无常；心志以所俟为主，应感而发。然则声之与心，殊涂异轨，不相经纬，焉得染太和于欢戚，缀虚名于哀乐哉？”“和”（或云“平和”“太和”）为音声之体，这是一条重要的思想，是嵇康音乐美学思想的核心命题之一。这个“和”是不是可以理解为音乐的本体呢？如果是，作为“体”之“和”就不能作形式上的和谐（如八音克谐）来理解。假如“和”指形式上的和谐，那么

"和"反映的是音声形式构成的差异问题,好的音声构成称为"和"。依照这样的逻辑来推论嵇康的表述,就会得出:嵇康认为最和谐的音声才是不系哀乐的,而那些不能达到这一标准的音声则无法避免情感的染渍。这不符合嵇康的思想。所以,嵇康所说的"声音以平和为体",是就本质上而言的。作为"平和之体"的"和"与音乐形式上的和谐是不同的。

这个本体,主要指音乐的自然特性,而不是抽象的绝对的精神本体。嵇康说:"和声无象",并不等于说,和声是绝对的精神本体。嵇康所说的"声音以平和为体"主要是强调音声的自然特征。作为音声之体的"和"是天地宇宙所赋予的特性,所谓"天地合德,万物贵生,寒暑代往,五行以成。故章为五色,发为五音。音声之作,其犹臭味在于天地之间","其体自若"是其根本特点。这个"其体自若",就是说,音声本身是自足的,自然而然,纯然自在,不因他改,不因心易。他说:"音声有自然之和,而无系于人情。"同时,作为音声之体的"和",是众音之本,所谓"五味万殊,而大同于美;曲变虽众,亦大同于和。美有甘,和有乐。然随曲之情,尽于和域;应美之口,绝于甘境,安得哀乐于其间哉?"正是在"本"的意义上,嵇康排除了哀乐染渍的可能性。哀乐有情感之变,音声有天地之和,二者自别。和为音声的自然之性,故号称纯任自然的嵇康,"绥以五弦",便是任心于自然之境,放怀于逍遥之所。不因得喜,不因失悲,卒然高蹈,悠然远翥。

嵇康说"声无哀乐",并没有说"乐无哀乐",声与乐是有一定区别的。在《乐记》中就有声、音、乐的区分。声指的是自然声响,音是通过艺术创造而构成的艺术形式,而"乐"是一种社会性活动,包括音乐的演奏、伴音的舞蹈以及用以歌咏的诗,意近音乐活动。《乐记》从其社会学的观点出发,认为仅仅停留在声的阶段,如同禽兽;仅仅停留在音的阶段,只是"庶人";只有上升到"乐"的阶段,才能实现音乐的真正价值。这样的区分在两汉之前是一种普遍的看法,嵇康小心地避开“乐”的称谓，只是强调“声”无哀乐（这个声，指音声，相当于《乐记》所说的第二层次“音”），因为“乐”是作为社会性的艺术活动，其道德功利的意味非常明显，在“乐”这一层次上，很难说没有哀乐情感的问题，但在“声”的层次上，撇开了政治道德的赋予，从而在其自足的意义上讨论其真正价值。但这样的“声”也不能说是纯形式。

嵇康进而指出，“乐之为体，以心为主”，音乐之和是平和的音声与平和的心灵的融合，这句话比较难理解，这是嵇康音乐美学中的一个重要观点。

音声的价值虽在其自身，并不代表与人的心灵无关。音乐是人所创造的，也是供人欣赏的，“和”的境界虽在音声，但控制它的却是人心。所以他有“乐之为体，以心为主。故‘无声之乐，民之父母’”的观点。“和”既有客观属性，又有主观属性。嵇康既说“音声有自然之和，而无系于人情”，又说“乐之为体，以心为主”，二者看起来是矛盾的，其实不然。“和”是平和之心灵与平和之音声的融合。

嵇康这段话说得最是清楚：“古之王者，承天理物，必崇简易之教，御无为之治，君静于上，臣顺于下，玄化潜通，天人交泰，枯槁之类，浸育灵液，六合之内，沐浴鸿流，荡涤尘垢，群生安逸，自求多福，默然从道，怀忠抱义，而不觉其所以然也。和心足于内，和气见于外，故歌以叙志，舞以宣情。然后文之以采章，照之以风雅，播之以八音，感之以太和，导其神气，养而就之。迎其情性，致而明之，使心与理相顺，气与声相应，合乎会通，以济其美。故凯乐之情，见于金石，含弘光大，显于音声也。”在于心者为气，在于声者为音，和气生于和心，和心足于内，和气足于外，以和气为主，感太和之音声，则内外和谐，文理昭然。嵇康的意思并不是以平和的心灵决定平和的音声，音声的和谐是自足的，以和心为主，就是无为、玄静、淡泊、天真，保持人的本然之性，合性之音声，人的自由之性才能在音声中得到伸展。

总之，音声美的根源在于“和”，“和”是音声自然、自足的价值所在。这反映了嵇康纯任自然的哲学倾向。

二、关于音乐形式特征的思考

从鉴赏的角度看，音声虽然与情感没有直接的关系，心与声别而为二，难道音声真的无关乎身心？有的论者认为，嵇康的强调音声和情感别而为二的观点与西方音乐理论家汉斯立克的观点相近。汉斯立克在《论音乐的美》一文中，为了避免习惯的音乐研究只是注意音乐如何唤起人们感情的方式，强调“音乐的内容就是乐音的运动形式”，音乐的价值是纯形式的价值。其实，嵇康的观点与汉氏之说有相当大的差异。嵇康不仅认为，“乐之为体，以心为主”，在承认音声形式本身的自足价值的同时，到人的心灵与音声形式之间的融合处去寻找其真实价值。同时，音声形式本身还与情感之间具有一种特殊的联系，也就是说，嵇康认为，声无哀乐，但声并非无关于哀乐。声与哀乐之间的关系是间接的，嵇康提出一种中介说，颇值得重视。

音声与鉴赏者的心灵发生怎样的关系呢？嵇康在答秦客问难之第五难中说：“然皆以单复、高埤、善恶为体，而人情以躁静、专散为应，譬犹游观于都肆，则目溢而情放；留察于曲度，则思静而容端，此为声音之体，尽于舒疾。情之应声，亦止于躁静耳。”

修海林先生关于这方面的阐释值得重视：“其中的‘单复’‘高埤’皆属‘自然之和’，其实并无哀乐感情，而与之为应的‘躁静’‘专散’的心理反应，则属音乐审美心理活动中情绪感受中的一种反应。这是嵇康音乐美学思想研究较重要的一个方面，以往的研究判断嵇康完全割裂了情感与音声联系，是‘心声二元论’。而没有看到，恰恰是在‘情之应声，亦止于躁静’这点上，嵇康仍然跨定了人在听觉感受中对音声在情绪上的反应，而这种‘躁静’的情绪反应，是不同于哀乐的情感体验的。不认识到这一点，便会对嵇康音乐美学思想的价值判断产生失误，也难以真正了解这笔宝贵遗产的历史价值以及对于今天音乐美学研究的重要意义。”①

从心理学的角度看，人的情绪(emotion)和情感(feeling)处于不同的层次，情绪是一种感受，偏重于生理的、本能的、内在的、直接的体验，如音声活动的急速、迟缓、洪大、沉稳、昂奋、细弱等，会引起人心灵中不同的情绪反应，或紧张，或安闲，或激动，或消沉，或心荡神驰，或意乱情迷，等等，这些并没有具体的情感指向，却分明引起一定的情绪反应。而情感是有具体内容的，其中夹杂着一定的意志、概念，具有鲜明的意义指向。因此，情感是一种社会性的心理状态。嵇康的“声无哀乐”说，就是将音声从传统的“声音之道，与政通也”以及“观乐以知德”的社会性依附状态中解救出来，还音声自身的独立地位，从而更清晰地审视音声的特征、意义。音声与人的情感别为二物，然而与人的情绪密切相关，“情之应声，亦止于躁静”。人的情绪的直接反应，正是通向情感世界的桥梁。人对音声的“躁静”反应，是音声和情感之间的一个中介，由“躁静”的作用进而影响人的情感世界，声无哀乐，哀乐和音声之间的关系是间接的。正因此，嵇康既为音声寻得独立的地位，又没有彻底割裂音声和情感之间的关系。这正是嵇康的音乐美学思想最值得我们注意的地方。

应该说，嵇康对音声引起人的情绪反应的理论尚不够系统，甚至说只具有一些模糊的认识，但其价值是不容低估的，尤其在中国艺术的研究中，颇具示范价值。如我们在中国书法的研究中会碰到同样的问题，书法理论中有“书者，如也”的观点，即是“书，如也，如其学，如其才，如其志，总之曰如其人而已”(刘熙载《艺概·书概》)。也就是说，书法是表达人的感情的，或者说：“书者，心画也”。孙过庭《书谱》云：“写《乐毅》则情多怫郁，书《画赞》则意涉瑰奇，《黄庭经》则

---

① 修海林、罗小平《音乐美学通论》，上海：上海音乐出版社，1999年第一版，第122—123页。该部分由修海林撰写。

怡怿虚无,《太师箴》又纵横争折。暨乎兰亭兴集,思逸神超;私门诫誓,情拘志惨。所谓涉乐方笑,言哀已叹。”这段话受到书学界的推崇,就在于它表达了书法和人的感情之间的密切关系。有的人说从王羲之的《兰亭帖》中能看出其风流潇洒,看出晋人的高蹈,看出书家赋予其中的意志情感。但到底如何表达,仍然昧然难明。其实,书法的线条和人的情感意志并没有直接的关系,书法关乎人心,书法的线条如坐如行,如飞如动,如云雾,如日月,如鹰击长空、飞鸟出林,如秋蛇出洞、飞龙翔天,但并不是线条中可以表达什么感情,而是线条的疾徐、涩畅、干湿等等变化,线条之间的丰富复杂的关系,直接引起人的情绪反应,从而间接地作用于人们的情感。嵇康的思维进路在此理解是有价值的。如在中国绘画中,也存在着这种净化的形式,尤其在山水画、花鸟画中,中国画有以怒气写兰、喜气写竹的说法,并非在兰竹中体现出喜怒的情感趋向——其实也无法体现——而是通过一定的画面、笔墨,影响人的情绪反应。

嵇康有些推论从逻辑上看,并不缜密,有些问题的偏颇是显而易见的。但这篇哲学论文的价值不容低估。嵇康将音声从政治道德的附庸地位中剥离出来,还音乐以自身的独立地位,强调音乐的美在其自身,而不在“哀乐”——某种道德的黏附上,这对一个强调德成在上、艺成在下的道德至上的国度来说,是难能可贵的。传统音乐审美突出普遍性感知,音乐审美被当作教化的手段,人们对音乐的喜爱出于某种道德的祈求,而嵇康将音乐从群体的道德利益拉向自身对音乐的需求,重视个性,重视个人的内在体验,成为嵇康的重要观点。这在美学上具有重要价值。

嵇康《声无哀乐论》对后代有较大影响,晋以来成为人们谈论的重要论题。《世说新语·文学》:“旧云,王丞相(按指东晋王导)过江左,止道‘声无哀乐、养生、言尽意’三理而已,然宛转关生,无所不入。”《南齐书》卷三十三《王僧虔传》引其《诫子书》云:“且论注百氏,荆州‘八帙’,又‘才性四本’‘声无哀乐’,皆言家口实,如客至之有设也。”其思想在后代音乐美学中也有一定的影响。如《贞观政要·论礼乐》引李世民云:“悲悦在于人心,非由乐也。”唐段安节《乐府杂录》中提出“声无哀乐,哀乐由人”的观点,也可看出嵇康理论的影子。明张岱《西湖梦寻》云:“初至灵隐,求所谓‘楼观沧海日,门对浙江潮’,竟无所有。至韬光,了了在吾目中矣。白太傅碑可读,雨中泉可听,恨僧少可语耳。枕上沸波,竟夜不息,视听幽独,喧极反寂。益信声无哀乐也。”则从道禅哲学的角度对“声无哀乐”做一引申。

参考文献

戴明扬:《嵇康集校注》,北京:中华书局,2014年。

蔡仲德:《〈乐记〉〈声无哀乐论〉注译与研究》,杭州:中国美术学院出版社,1997年。

修海林、罗小平:《音乐美学通论》,上海:上海音乐出版社,1999年。

修海林:《论嵇康的音乐美学思想——〈声无哀乐论〉研究》,《中国音乐学院学报》,1985年第2期。

李泽厚、刘纲纪:《中国美学史》第二卷(上),北京:中国社会科学出版社,1987年。

王晓毅:《嵇康评传》,南宁:广西教育出版社,1994年。

文　赋(并序)

［西晋］陆机

陆机(261—303),字士衡,吴郡华亭(今上海松江)人,西晋文学家。出生于官宦世家,祖父陆逊为东吴丞相,父亲陆抗为东吴大司马。陆机自幼习军事,年轻时任吴牙门将,年二十而吴亡,退居旧里读书。公元289年与其弟陆云入洛阳,次年受太傅杨骏征召而为祭酒。元康元年(291)惠帝皇后贾南风政变,次年迁太子洗马、著作郎、赵王司马伦相国参军。司马伦被诛后,也受到牵连,被放逐边疆,后遇赦。成都王司马颖举荐他为平原内史,世称陆平原。河桥之败,与弟云及从弟耽一起被杀。陆机和陆云并有文学才华,世称"二陆"。有《陆平原集》(或名《陆士衡集》)。《文赋》是中国文学批评史上的重要文献,其影响之大,有论者将其与《文心雕龙》并比。这篇讨论文学创作的文献,也含有丰富的美学思想。

本文文字据中华书局影印李善注《文选》本。

余每观才士之所作,窃有以得其用心。夫放言遣辞,良多变矣。妍蚩[1]好恶,可得而言。每自属文,尤见其情。恒患意不称物,文不逮意。[2]盖非知之难,能之难也。故作《文赋》,以述先士之盛藻,因论作文之利害所由,他日殆可谓曲尽其妙。至于操斧伐柯,虽取则不远,[3]若夫随手之变,良难以辞逮,盖所能言者,具于此云。

注释

［1］ 妍蚩(chī):同“妍媸”,美丑。

［2］ 意不称物,文不逮意:此谈的是物、意、文三者之间的关系。物是外在对象,意是构思过程大脑形成的意象,文是语言表达形式。从物到意,反映了中国古代文学创作论中感物起思的思路。称、逮,意均为相符、相合。

［3］ “操斧伐柯”二句:语本《诗经·豳风·伐柯》:“伐柯伐柯,取则不远。”柯,斧柄。意思是拿着斧头去砍树做斧柄,所取法的对象就在自己手上。

伫中区以玄览,颐情志于典坟。[1]遵四时以叹逝,瞻万物而思纷。悲落叶于劲秋,喜柔条于芳春。心懔懔以怀霜,志眇眇而临云。[2]咏世德之骏烈,诵先人之清芬。[3]游文章之林府,嘉丽藻之彬彬。[4]慨投篇而援笔,聊宣之乎斯文。

其始也,皆收视反听,耽思傍讯,[5]精骛八极,心游万仞。其致也,情曈昽而弥鲜,物昭晰而互进。[6]倾群言之沥液,漱六艺之芳润。[7]浮天渊以安流,濯下泉而潜浸。于是沈辞怫悦,若游鱼衔钩,而出重渊之深;浮藻联翩,若翰鸟缨缴,而坠曾云之峻。[8]收百世之阙文,采千载之遗韵。谢朝华于已披,启夕秀于未振。[9]观古今于须臾,抚四海于一瞬。

然后选义案部,考辞就班。[10]抱景者咸叩,怀响者毕弹。[11]或因枝以振叶,或沿波而讨源。[12]或本隐以之显,或求易而得难。或虎变而兽扰,或龙见而鸟澜。[13]或妥帖而易施,或岨峿[14]而不安。罄澄心以凝思,眇众虑而为言。[15]笼天地于形内,挫万物于笔端。始踯躅于燥吻,终流离于濡翰。[16]理扶质以立干,文垂条而结繁。[17]信情貌之不差,故每变而在颜。思涉乐其必笑,方言哀而已叹。或操觚以率尔,或含毫而邈然。[18]

注释

［1］ 伫中区:伫立于天地之间。玄览:观照。语本《老子》“涤除玄览”(“玄览”帛书本作“玄鉴”)。颐情志于典坟:阅读古代经典以颐养情性。典坟,三坟

五典，泛指古代典籍。

［2］心懔懔以怀霜：体验深秋的寒意心生恐惧，时光又快过了一年。懔懔，恐惧貌。志眇眇而临云：看秋日天高气清的情状，油然而生高洁情怀。

［3］咏世德之骏烈：咏叹世代相传的崇高德行。诵先人之清芬：此句意与前句大体同意，赞叹前人的道德文章。

［4］嘉丽藻之彬彬：对文采灿烂的前贤之文由衷向往。嘉，赞美。

［5］收视反听：收视，不看。反听，不听。此即道家所说的"闭目塞听"。耽思：深思。傍讯：广泛地搜求。

［6］曈昽（tónglóng）：太阳初出时的光亮，欲明未明。"情曈昽而弥鲜"二句，形容构思中意象欲出的情形。情感越来越清晰，意象越来越鲜明。

［7］"倾群言之沥液"二句：描绘在构思过程中记忆中的知识发挥积极作用。群言和六艺都指知识。沥液和芳润，均形容知识的精髓。

［8］"浮天渊以安流"二句：描绘构思过程中，心灵上天入地，没有身体限制。"于是沈辞怫悦"六句：主要写寻找合适的语言，进行意象传达，如从深渊中钓出条大鱼，艰难地将其提出；如从高空中捕住一只飞鸟，悠然地传到自己的笔下。沈辞怫悦，形容语言传达很艰难的样子。翰鸟，山鸟，这里指高飞的鸟。缨缴，捕鸟的工具。曾云，通"层云"。

［9］"谢朝华于已披"二句：意思是力去陈词，创造新颖的语言形式。谢，杜绝。朝华已披，早晨开过的花。夕秀，尚未开放的晚花。

［10］选义案部，考辞就班：根据具体的意思选择语言表达。案，通"按"。班，次序。

［11］抱景者咸叩，怀响者毕弹：近人唐大圆《文赋注》云："景喻色彩，响喻声调。"景，通"影"。叩，求。二句意谓，文的表达取万物之光辉，状天地之音声。

［12］或因枝以振叶，或沿波而讨源：形容语言表达抓住根本，由本至末。

［13］或虎变而兽扰：虎毛色新鲜，色彩斑斓，群兽缤纷，粲然多姿。虎变，语本《周易·革》九五象辞："大人虎变，取文炳也。"扰，纷扰。或龙见而鸟澜：李善注："言文之来，若龙之见烟云之上，如鸟之在波澜之中。"

［14］岨峿：通"龃龉"。

［15］罄：尽。澄心：涤荡心灵。眇众虑而为言：深入地思考后才形诸语言。

眇，细致幽深。

[16] 始踯躅于燥吻：开始时语词表达艰涩难通。踯躅，徘徊难前。燥吻，口吻干燥。终流离于濡翰：最后笔下畅通豁然。

[17] “理扶质以立干”二句：文章写作要以文义为本，文辞是服务于文义表达的。充实的文义和灿烂的文辞融合，文质彬彬，方是作文之要事。

[18] “或操觚以率尔”二句：说文思的快慢。操觚率尔，快速成文。觚，木简。操觚，指作文。《论语·先进》中有“子路率尔而对曰”。

伊兹事之可乐，固圣贤之所钦。[1] 课虚无以责有，叩寂寞而求音。[2] 函绵邈于尺素，吐滂沛乎寸心。[3] 言恢之而弥广，思案之而愈深。[4] 播芳蕤之馥馥，发青条之森森。粲风飞而猋竖，郁云起乎翰林。[5]

体有万殊，物无一量。纷纭挥霍，形难为状。辞程才以效伎，意司契而为匠。在有无而僶俛，当浅深而不让。[6] 虽离方而遁圆，期穷形而尽相。[7] 故夫夸目者尚奢，惬心者贵当。言穷者无隘，论达者唯旷。[8]

诗缘情而绮靡，赋体物而浏亮。[9] 碑披文以相质，[10] 诔缠绵而凄怆。铭博约而温润，箴顿挫而清壮。颂优游以彬蔚，[11] 论精微而朗畅。奏平彻以闲雅，说炜晔而谲诳。[12] 虽区分之在兹，亦禁邪而制放。[13] 要辞达而理举，故无取乎冗长。

其为物也多姿，其为体也屡迁。其会意也尚巧，其遣言也贵妍。暨音声之迭代，若五色之相宣。[14] 虽逝止之无常，固崎锜而难便。[15] 苟达变而识次，犹开流以纳泉。如失机而后会，恒操末以续颠。[16] 谬玄黄之失叙，故淟涊而不鲜。[17]

注释

[1] 伊兹事之可乐，固圣贤之所钦：文章写作能给人带来很大的乐趣，古代圣贤也对作文成功者表示由衷的钦佩。伊，语首语气词。兹事，作文之事。

[2] “课虚无以责有”二句：文章写作是从无形、无声到形成具体的审美意

象，在这其中神思起到重要作用。课，寻求。寂寞，意同虚无，即无声。汤用彤《魏晋玄学讲演提纲》释云："笼天地之至文，不能限于有，囿于音。文之最上乘，乃虚无之有，寂寞之音，非此则非至文。"

［3］函绵邈于尺素：将自己绵绵的情思形之于文字之中。函，涵茹。吐滂沛乎寸心：自己淋漓的情感通过文字得到表达。

［4］"言恢之而弥广"二句：放言可达广远，用思可至纵深。案，抑，此指深入探讨。

［5］"播芳蕤之馥馥"四句：形容文辞之美，犹如馥郁的芳菲，犹如缕缕的纤条，粲然如温和的风吹拂，纤丽如云霓从文苑腾起。猋（biāo），同飙。飙竖，即和风挺起。

［6］"辞程才以效伎"二句：大意是用辞采来表达文意，使文意和辞采相合。程才，显现才能。伎，通"技"，技巧。"在有无而僶俛"二句：作者必须在运用辞采表达文意上勉力为之，仔细斟酌，争取最恰当的表达。僶（miǎn）俛，勉力。

［7］虽离方而遁圆：方圆，意为规矩。离和遁意思相同，意为超越。期穷形而尽相：期望能有更准确更全面的表达。这两句说明，文章写作要依据一定的法度，但又不能为法度所拘束，超越法度，往往能有更好的表达。

［8］"故夫夸目者尚奢"四句：作文者因人而异，好浮夸的人文辞喜欢浮华，心思缜密的人力求恰当准确的表达，熟知世事的人表达起来没有障碍，通达事理者议论起来就会畅达而没有拘束。

［9］诗缘情而绮靡，赋体物而浏亮：李善注曰："诗以言志，故曰缘情；赋以陈事，故曰体物。绮靡，精妙之言。浏亮，清明之称。"绮靡，指辞采富丽，与魏晋曹丕《典论·论文》所说"诗赋欲丽"意同。

［10］碑披文以相质：因碑文写作的特性，要以质朴真切为主，以文为辅。披文，文辞表现。相，辅相。

［11］颂优游以彬蔚：颂的文字要写得优雅而有文采。彬蔚，文采华茂。

［12］奏平彻以闲雅：平彻，平易通达。说炜晔（wěiyè）而谲诳：辩说这种文体不仅文辞要华美，而且要有纵横捭阖的气势。炜晔，光彩华茂的样子。谲诳，指富有论辩的气势。

［13］亦禁邪而制放：这里体现了儒家的文学观念，孔子曰："《诗》一言以蔽之，曰：思无邪。"意与此同。放，放荡不收。

［14］ 暨音声之迭代，若五色之相宣：李善注曰："言音声迭代而成文章，若五色相宣而为绣也。《尔雅》曰：暨，及也。又曰：迭，更也。《论衡》曰：学士文章，其犹丝帛之有五色之功。杜预《左氏传注》曰：宣，明也。"

［15］ 虽逝止之无常：诗文的写作变化无常。固崎锜（qí）而难便：意为写作的内在规律很难把握。崎锜，形容艰难的样子。难便，难以把握。

［16］ 如失机而后会，恒操末以续颠：如果失去机会，就会本末倒置，而难以抓住关键。

［17］ 谬玄黄之失叙，故淟涊（tiǎnniǎn）而不鲜：如果不能恰当地运用色彩、声律、节奏，写出的东西就会暗昧难明。玄黄，此用以代表五色。淟涊，《楚辞·九叹》："拨谄谀而匡邪兮，切淟涊之流俗。"王逸曰："淟涊，垢浊也。"

或仰逼于先条，或俯侵于后章。或辞害而理比，或言顺而义妨。[1] 离之则双美，合之则两伤。考殿最于锱铢，定去留于毫芒。[2] 苟铨衡之所裁，固应绳其必当。或文繁理富，而意不指适。[3] 极无两致，尽不可益。立片言而居要，乃一篇之警策。虽众辞之有条，必待兹而效绩。亮[4] 功多而累寡，故取足而不易。

或藻思绮合，清丽千眠。[5] 炳若缛绣，凄若繁弦。必所拟之不殊，乃暗合乎曩篇。[6] 虽杼轴于予怀，怵他人之我先。[7] 苟伤廉而愆义，亦虽爱而必捐。

或苕发颖竖，离众绝致，形不可逐，响难为系。块孤立而特峙，非常音之所纬。[8] 心牢落而无偶，意徘徊而不能揥。[9] 石韫玉而山辉，水怀珠而川媚。彼榛楛之勿翦，亦蒙荣于集翠。[10] 缀《下里》于《白雪》，吾亦济夫所伟。[11]

或托言于短韵，对穷迹而孤兴。俯寂寞而无友，仰寥廓而莫承。譬偏弦之独张，含清唱而靡应。[12]

或寄辞于瘁音，徒靡言而弗华。混妍蚩而成体，累良质而为瑕。象《下管》之偏疾，故虽应而不和。[13]

或遗理以存异，徒寻虚以逐微。言寡情而鲜爱，辞浮漂而不归。犹弦幺而徽急，故虽和而不悲。[14]

或奔放以谐合，务嘈囋而妖冶。徒悦目而偶俗，固高声而曲下。寤《防露》与《桑间》，又虽悲而不雅。[15]

或清虚以婉约，每除烦而去滥。阙大羹之遗味，同朱弦之清汜。[16]虽一唱而三叹，固既雅而不艳。

注释

［1］“或仰逼于先条”四句：说文辞和文义之间表达上的矛盾。或后面的文辞和前面的冲突，或前面的文辞影响了后面的表达，或者是义理表达了却没有兼顾文辞的雅训，或者是语言倒很畅通，但文意却没有传达好。比，辅，连缀。

［2］考殿最于锱铢，定去留于毫芒：意思是文辞表达、文质相合，要在极细微处斟酌，不可造次。殿为后，最为前。

［3］而意不指适（dí）：没有把握住关键。适，此意为关键。《论语·里仁》：“无适也，无莫也。”朱熹注：“适，专主也；莫，不肯也。”

［4］亮：实在，诚然。

［5］或藻思绮合，清丽千眠：李善注：“谓文藻思如绮会。千眠，光色盛貌。”

［6］必所拟之不殊，乃暗合乎曩篇：有时所写和前人不期然相合。曩篇，前人所作的作品。

［7］虽杼轴于予怀，怵他人之我先：意思是，有时自己寻求独创性的表达，那是文情使然。杼轴于予怀，指发自内心的独到之作。《文心雕龙·序志》：“及其品评成文，有同乎旧谈者，非雷同也，势自不可异也；有异乎前论者，非苟异也，理自不可同也。同之与异，不屑古今，擘肌分理，唯务折衷。”意思与上四句所谈内容颇有相通处。

［8］或苕发颖竖：苕，一种草名，卓然立于众草之间。颖，禾穗。二例都是用来形容秀句佳文。李善注云：“苕，草之苕也。言作文利害，理难俱美，或有一句同乎苕发颖竖，离于众辞，绝于致思也。毛《诗传》曰：苕，陵苕也。”可参。形不可逐，响难为系：形容超群特立。非常音之所纬：非一般内容所能比。纬，此用为比。

［9］牢落：卓然不群的样子。揥（dì）：抛弃。

［10］石韫玉而山辉，水怀珠而川媚：二句续谈秀句的问题。山中因为藏有

玉石所以有光辉,所谓良玉生烟;河里因为有珍珠而出现绝美的波澜。《荀子》所云“玉在山而木润,渊生珠而岸不枯”与此同一道理。彼榛楛(zhēnhù)之勿翦,亦蒙荣于集翠:李善注云:“榛楛,喻庸音也。以珠玉之句既存,故榛楛之辞亦美。”榛楛,恶木。蒙荣,开花。集翠,落着群鸟。集,在此用其本意,鸟落树为集。《诗经·周南·葛覃》:“黄鸟于飞,集于灌木。”

[11] 缀《下里》于《白雪》,吾亦济夫所伟:李善注云:“言以此庸音而偶彼嘉句,譬以《下里》鄙曲缀于《白雪》之高唱,吾虽知美恶不伦,然且以益夫所伟也。”

[12] “或托言于短韵”六句:论作文五病之一,内容单薄之病。短韵,即短小的文章。文章短小,意思单薄,所以说是“穷迹”。文章没有前后呼应的文字,也很难引起读者绵长的共鸣,所以说是“孤兴”。这样的小文如人寂寞而居,无朋友,仰望天地之间寻找不到自己的呼应者。

[13] “或寄辞于瘁音,徒靡言而弗华”六句:论作文五病之二,文辞混乱、音律嘈杂之病。瘁音,病音恶辞。徒靡言而弗华,徒有华美的辞藻,而不能使文章光彩华赡。混妍蚩而成体,累良质而为瑕,意思为文章中出现败笔,连累了全篇。妍蚩,妍为美,蚩为丑。象《下管》之偏疾,故虽应而不和,下管,上古乐曲名,属《武》乐。《礼记》曰:“升歌清庙,下管象武。”下管之乐,节奏急促。

[14] “或遗理以存异”六句:论作文之病之三,徒有辞藻,悖情悖理之病。弦幺(yāo),短促的旋律。幺,小。徽,琴上调音的徽节。

[15] “或奔放以谐合”六句:论作文之病之四:文辞轻浮鄙俗之病。嘈囋(zá),嘈杂烦闹。妖冶,妖艳鄙俗。徒悦目而偶俗,为了取悦于流俗,将文辞弄得花里胡哨。寤,觉。《防露》,古曲名,未详,或以为是古代情歌。又,东方朔《七谏》曰:“楚客放而《防露》作。”明杨慎以为《防露》应为《房露》,古曲名,曲淫荡。《桑间》,亡国之音。

[16] “或清虚以婉约”六句:论作文之病之五:质木无文、缺少韵味之病。阙大羹之遗味,大羹,即太羹,古代祭祀时所用的肉羹,不加五味。同朱弦之清氾,在琴弦上演奏浮泛的乐曲。《礼记·乐记》曰:“清庙之瑟,朱弦而疏越,一唱而三叹,有遗音者矣。大飨之礼,尚玄酒而俎腥鱼,大羹不和,有遗味者矣。”

若夫丰约之裁,俯仰之形,[1]因宜适变,曲有微情。或言拙而喻巧,或理朴而辞轻。或袭故而弥新,或沿浊而更清。或览之而必察,或研之而后精。譬犹舞者赴节以投袂,歌者应弦而遣声。是盖轮扁所不得言,故亦非华说之所能精[2]。

普辞条与文律,良余膺之所服。练世情之常尤,识前修之所淑。[3]虽浚发于巧心,或受蚩于拙目。[4]彼琼敷与玉藻,若中原之有菽。[5]同橐籥之罔穷,[6]与天地乎并育。虽纷蔼于此世,嗟不盈于予掬。患挈缾甚之屡空,病昌言之难属。[7]故踸踔于短垣,[8]放庸音以足曲。恒遗恨以终篇,岂怀盈而自足。惧蒙尘于叩缶,顾取笑乎鸣玉。[9]

若夫应感之会,通塞之纪。来不可遏,去不可止。藏若景[10]灭,行犹响起。方天机之骏利,[11]夫何纷而不理。思风发于胸臆,意泉流于唇齿。纷威蕤以馺遝,[12]唯毫素之所拟。文徽徽以溢目,音泠泠而盈耳。及其六情底滞,志往神留。兀若枯木,豁若涸流。揽营魂以探赜,[13]顿精爽于自求。理翳翳而愈伏,思乙乙其若抽。[14]是以或竭情而多悔,或率意而寡尤。虽兹物之在我,非余力之所戮。故时抚空怀而自惋,吾未识夫开塞之所由。

伊兹文之为用,固众理之所因。恢万里而无阂,通亿载而为津。俯贻则于来叶,仰观象乎古人。济文武于将坠,宣风声于不泯。涂无远而不弥,理无微而弗纶。[15]配沾润于云雨,象变化乎鬼神。被金石而德广,流管弦而日新。

注释

[1] 丰约之裁,俯仰之形:指文章的繁简、文章内容之间的关联。

[2] 非华说之所能精:并非华丽的辞藻可以穷尽其意韵。

[3] "练世情之常尤"二句:知道世俗中有很多毛病。尤,过错。前修,前贤。淑,美。

[4] 虽浚发于巧心,或受蚩于拙目:有时虽然深发于自己的巧心,但是也难免受到世俗的嗤笑。浚,深。受蚩,受到嗤笑,蚩,通"嗤"。拙目,世俗的眼光。

[5] 琼敷玉藻:比喻文采华赡。若中原之有菽:《诗经·小雅·小宛》:"中

原有菽,庶民采之。”中原,原野。菽,豆。此句形容文辞华美犹如撒满原野的金灿灿的豆子。

[6] 同橐籥之罔穷:语本《老子》第五章:“天地之间,其犹橐龠乎,虚而不屈,动而愈出。”橐,冶铸者用以吹火的风箱,中空。龠,或作“籥”,竹制的排管乐器,中空。

[7] 患挈缾甚之屡空:《左传·昭公七年》曰:“虽有挈瓶之智,守不假器。”挈缾,只能盛很少水的汲水器。昌言:《尚书》:“帝曰:禹亦昌言。”孔安国曰:“昌,当也。”

[8] 踸踔(chěnchuō):跛脚走路的样子。短垣:矮墙。此句形容在那些没有价值的作品中流连。

[9] 惧蒙尘于叩缶,顾取笑乎鸣玉:瓦器本来就声音不响不美,加之蒙上厚尘,声音更差,所以取笑于鸣玉之声。

[10] 景:通“影”。

[11] 方天机之骏利:形容天赋才情,文思敏捷。

[12] 威蕤:形容繁盛。馺遝(sàtà):形容像马奔驰,骏爽快利。

[13] 揽营魂以探赜:凝神静气,深入探求。营魂,魂魄。《老子》第十章:“揽营魄抱一,能无离乎?”

[14] 思乙(yà)乙其若抽:乙,本义乃形容幼苗自地下艰难而出的样子。《说文解字》曰:“阴气尚强,其出乙乙然。”

[15] “涂无远而不弥”二句:涂,通“途”。弥,包括。伦,包括。《周易·系辞》:“弥纶天地之道。”

解说

《文赋》在讨论文学创作构思过程时,涉及审美体验的思想,有以下几点值得注意。

其一,关于审美心胸的培植。《文赋》开篇的“伫中区以玄览,颐情志于典坟”云云,谈到文章之作源于作者的心灵,所列诸方面,除了钻研经典、涵养德操、继承先人骏烈之外,又谈到审美心胸的培养。

只有懂得美的心灵才能真正感受美。一个良好的审美心灵，应该是脆弱的、敏感的，大自然中一丝颤动都能打破心灵的原有平衡，使其显示出某种趋势来，滉然文思泉涌，发而为文，必成妙绪。所谓“遵四时以叹逝，瞻万物而思纷。悲落叶于劲秋，喜柔条于芳春。心懔懔以怀霜，志眇眇而临云”，时间的流淌引起心灵惊悸，万物的荣瘁勾起意绪飞腾，诗人的心灵就是如此敏感，连一声虫鸣、一片落叶，都能打破心灵的安宁。海德格尔说：“诗人就是听到事物之本然的人。”诗人之心有别于常人之心，原在于他能披开生活的烦琐表相，在诗意的境界中，感受存在的意义。诗人感物而思时变，通过时间的感觉走向生命的醒觉，在最平常的事件中发现令人惊异莫名的不平常内容。陆机的诗文中，对此有丰富的论述，如《感时赋》说：“望八极以曭漭，普宇宙而寥廓。伊天时之方惨，曷万物之能欢。鱼微微以求偶，兽岳岳而相攒。猿长啸于林杪，鸟高鸣于云端。矧余情之含瘁，恒睹物而增酸。历四时以迭感，悲此岁之已寒。抚伤怀以呜咽，望永路而泛澜。”《大暮赋》说：“步寒林以凄恻，玩春翘而有思。触万类以生悲，叹同节而异时。”

其二，关于审美体验的发端。《文赋》云：“其始也，皆收视反听，耽思傍讯，精骛八极，心游万仞。其致也，情曈昽而弥鲜，物昭晰而互进……观古今于须臾，抚四海于一瞬。”李善注：“收视反听，言不视听也。”其意和庄子所说的“听之以气”“官知止而神欲行”的理论颇相近。“收视反听”包含丰富的思想。首先，其中含有审美注意的思想，在审美过程中心灵保持宁定的注意状态，即如庄子所谓“用志不分，乃凝于神”。其次，要保持心灵的自由状态，陆机的“耽思傍讯，精骛八极，心游万仞”，并不意味上天入地地搜求，而是“浮天渊以安流，濯下泉而潜浸”，在“安流”中“潜浸”。复次，不思不想，静以致之，陆机甚至要关闭外在的感觉器，避免感官所招来的纷扰世象的干扰，因为审美体悟是一种纯粹的心灵活动，苦思与审美体验活动的正常展开是相违背的。这和中国美学中的“涤除玄鉴”说、“虚静”说、

“物化”说都有一定的联系。

陆机的“收视反听”说对后代艺术论产生一定影响。虞世南《笔髓论》:“欲书之时,当收视反听,绝虑凝神,心正气和,则契于妙。”谢榛说:“陆士衡《文赋》曰:‘其始也,收视反听,耽思傍讯,精骛八极,心游万仞。’此但写冥搜之状尔。”(《四溟诗话》)“冥搜”对陆机“收视反听”说的概括颇准确。“冥搜”也即所谓神游、“安流”,在无知无欲的心灵中神游八荒之表、抗心千秋之间,无所滞碍,无所限隔。有的论者认为,收视反听,就是独见独听。如皇甫汸曰:“或谓诗不应苦思,苦思则丧其天真,殆不然。方其收视反听,研精殚思,寸心几呕,修髯尽枯,深湛守默,鬼神将通之。”①

其三,对审美妙悟的初步思考。陆机云:“若夫应感之会,通塞之纪。来不可遏,去不可止。藏若景灭,行犹响起。方天机之骏利,夫何纷而不理。思风发于胸臆,意泉流于唇齿。纷威蕤以馺遝,唯毫素之所拟。文徽徽以溢目,音泠泠而盈耳。……虽兹物之在我,非余力之所戮。故时抚空怀而自惋,吾未识夫开塞之所由。”《文心雕龙·神思》的结末也提到类似的问题:“至于思表纤旨,文外曲致,言所不追,笔固知止。至精而后阐其妙,至变而后通其数,伊挚不能言鼎,轮扁不能语斤,其微矣乎!”这其实是唐宋以来审美妙悟说的先声。中国美学中的妙悟学说可以追溯到老子、庄子,而东汉以来,佛学的妙悟思想和道家的体验理论结合,对我国艺术思维的探讨产生很大影响。作为一个艺术理论概念,妙悟在唐代的画学思想中即为人们普遍使用。由于禅宗提倡直指本心的妙悟体验方式,而中唐以后诗禅互渗的情况日益隆盛,更加强了妙悟学说对文学艺术领域的影响。到了南宋严羽,妙悟成了他的诗学体系中的核心概念。陆、刘二人并没有谈及妙悟的概念,但其讨论的思想却是妙悟理论的核心义涵。

---

① 引自《艺苑卮言》卷一。《历代诗话续编》(中),中华书局,1983年,第957页。

参考资料

六臣注:《文选》,杭州:浙江古籍出版社,1999年。

杨明:《陆机集校笺》,上海:上海古籍出版社,2016年。

张少康:《文赋集释》,上海:上海古籍出版社,1984年。

郭绍虞:《关于〈文赋〉的评价》,《文学评论》,1963年第4期。

张怀瑾:《〈文赋〉译注》,北京:北京出版社,1984年。

徐复观:《陆机〈文赋〉疏释初稿》,台北:《中外文学》(台北),1980年。

顾恺之论画

［东晋］顾恺之

顾恺之（约346—约407），东晋画家，字长康，小字虎头。晋陵无锡人。据《无锡顾氏宗谱》记载，顾氏祖先曾在孙吴和西晋政权做过官。祖父顾毗，字子治，晋康帝时任散骑常侍，后迁光禄卿。父亲顾悦之，字君叔，历任扬州别驾、尚书左丞。顾恺之少有奇才，博学多识，时人称其为“三绝”（痴绝、画绝、才绝）。史书中记载他许多痴顽的例子，如一次，他与谢瞻在月下长咏，诗作到兴头，忘掉了疲倦。谢瞻睡觉去了，换个人替代他，顾恺之竟一点也没察觉。宋陈善《扪虱新语》上集卷三说：“顾恺之善画而人以为痴，张长史工书而人以为颠，予谓此二人之所以精于书画者也，庄子曰：‘用志不分，乃凝于神。’”曾做过桓温的司马参军，《世说新语》佚文有载：“桓大司马每请长康与羊欣论书画，竟夕忘倦。”桓温去世后，他又做殷仲堪参军。他在绘画方面的成就受到人们普遍推崇，谢安说他的画自“有苍生以来未之有也”。唐张怀瓘《画断》评其画云：“运思精微，襟灵莫测。虽寄迹翰墨，其神气飘然在烟霄之上，不可以图画间求。象人之美：张得其肉，陆得其骨，顾得其神。神妙无方，以顾为最。”①传世画迹主要有：《女史箴图卷》（唐摹本），藏大英博物馆；《列女仁智图卷》（宋摹本），藏故宫博物院；《洛神赋图卷》，有二宋摹本，一藏故宫博

① 据张彦远《历代名画记》卷五引。

物院，一藏辽宁博物馆；《斫琴图卷》（宋摹本），藏故宫博物院。

顾恺之在绘画理论上有重要贡献。他所提出的“传神写照”“迁想妙得”等理论在后代产生广泛的影响。

这里选录顾恺之传世的三篇论画文字，《论画》之题为编者所加。三文选自《历代名画记》卷五，以《王氏书画苑》本为底本，并参校《津逮秘书》《学津讨源》《佩文斋画谱》诸本。

论　画

凡画，人最难，次山水，次狗马；台榭，一定器耳，难成而易好，不待迁想妙得也。此以巧历，不能差其品也。[1]

小列女：面如□，恨刻削为容仪，不尽生气。[2]又插置丈夫支体[3]，不以自然。然服章[4]与众物既甚奇，作女子尤丽衣髻，俯仰中，一点一画皆相与成其艳姿。且尊卑贵贱之形，觉然易了，难可远过之也。

周本纪[5]：重迭弥纶，有骨法，然人形不如《小列女》也。

伏羲神农：虽不似今世人，有奇骨而兼美好；神属冥芒，居然有得一之想。[6]

汉本纪：季王首也。有天骨而少细美。至于龙颜一像，超豁高雄，览之若面也。[7]

孙武：大荀首也，骨趣甚奇。二婕以怜美之体，有惊剧之则。若以临见妙裁，寻其置陈布势，是达画之变也。[8]

醉客：作人形，骨成而制衣服幔之，亦以助醉神耳。多有骨，俱然蔺生变趣，[9]佳作者矣。

穰苴[10]：类《孙武》而不如。

壮士：有奔腾大势，恨不尽激扬之态。

列士：有骨，俱然蔺生，恨急烈不似英贤之概；以求古人，未之见也。于秦王之对荆卿，及复大闲。[11]凡此类，虽美而不尽善也。

三马:隽骨天奇,其腾罩如蹑虚空,[12]于马势尽善也。

东王公:如小吴神灵,居然为神灵之器,不似世中生人也。[13]

七佛及夏殷与大列女:二皆卫协手传,而有情势。[14]

北风诗:亦卫手。巧密于精思,名作;然未离南中。南中像兴,即形布施之象,转不可同年而语矣。美丽之形,尺寸之制,阴阳之数,纤妙之迹,世所并贵。神仪在心而手称其目者,玄赏则不待喻。[15]不然,真绝夫人心之达,不可或以众论。执偏见以拟通者,亦必贵观于明识。末学详此,思过半矣。

清游池:不见镐京,[16]作山形势者,见龙虎杂兽,虽不极体,以为举势,变动多方。

七贤:唯嵇生一像欲佳,其余虽不妙合,以比前诸竹林之画,莫能及者。

嵇轻车诗:作啸人,似人啸,然容悴不似中散。[17]处置意事既佳,又林木雍容调畅,亦有天趣。

陈太丘二方[18]:太丘夷素似古贤,二方为尔耳。

嵇兴:如其人。

临深履薄:兢战之形,异佳,有裁。自《七贤》以来,并戴手[19]也。

注释

[1] 台榭,一定器耳:意思是,台榭之类的对象,是具有相对固定形貌的物体。巧历:聪明而精于算计。《庄子·齐物论》:“一与言为二,二与一为三。自此以往,巧历不能得,而况其凡乎!”差:达到……等级。

[2] 恨:《王氏书画苑》作“策”,《佩文斋书画谱》作“银”,皆非。“面如□,恨刻削为容仪,不尽生气”,联系下文之“壮士”条“有奔腾大势,恨不尽激扬之态”,“列士”条“有骨,俱然蔺生,恨急烈不似英贤之慨”,“恨”应为遗憾意。“面如”后漏植一字。

[3] 支体:通“肢体”。

[4] 服章:服饰。

［5］周本纪：此图可能画周朝兴衰的历史。

［6］神属冥芒：属，通“瞩”，神属，即眼神所望之所。冥芒，形容茫然飘渺之远方。得一之想：素朴纯一之思。《老子》第三十九章：“昔之得一者：天得一以清；地得一以宁；神得一以灵；谷得一以盈，万物得一以生；侯王得一以为天下正。”顾恺之《水赞》云：“湛湛若凝，开神以质。乘风擅澜，妙齐得一。”

［7］季王首：《历代名画记》作“季”，《王氏书画苑》《佩文斋书画谱》作“李”。季王，疑指王廙，王羲之叔父，因排行靠后，故曰季。工书画，过江后为名画手，擅长画历史故事。首，通“手”。龙颜一像：疑指汉高祖像。

［8］大荀：荀勖，魏末晋初人物画家，骨趣甚奇。“二婕以怜美之体”二句见《史记·孙子列传》：孙子初见吴王阖庐，吴王想试试其用兵之法，以宫中美女出之，给他出难题。孙子以吴王两个宠姬为队长，敲鼓，妇人大笑。孙子说：“约束不明，申令不熟，将之罪也。”再敲几通鼓，妇人还是大笑。于是孙子欲斩吴王二宠姬，吴王求情，不应，二姬最终被斩。这幅画就是画二妇人被斩之前的惊恐娇柔之态。置陈：通“置阵”。

［9］俱然：应为“居然”。蔺生：指蔺相如。此幅醉客图，似是画渑池之会上，蔺相如在酒酣之中让秦王鼓瑟，使秦不能加害于赵王之事。

［10］穰苴：司马穰苴，春秋时齐国著名军事家，《司马法》传为其所著。

［11］列士：壮怀英武之士。荆卿：即荆柯。

［12］腾罩：腾跃。蹑(niè)：腾，登。

［13］“东王公”条：此条“如小吴神灵，居然为神灵之器”疑有文字杂错，“小吴”后“神灵”二字疑为“首”字之误。如小吴首，意为像是小吴手笔。首通“手”。小吴，不知所指。

［14］七佛：指释迦牟尼佛及在其前出现的六位佛陀。即过去庄严劫末的毗婆尸、尸弃、毗舍浮等三佛，现在贤劫初的拘留孙、俱那含牟尼、迦叶、释迦牟尼等四佛。夏殷与大列女：此图疑画夏朝末年桀时的烈女。夏桀暴戾淫荡，夺天下女子以为自己享受，《韩非子·难四》：“以桀索嵋山之女，纣求比干之心，而天下离。”卫协：西晋画家，师曹不兴，善画道释人物，其画风对顾恺之影响颇大。

［15］北风诗：此图画《诗经·邶风·北风》诗意。南中：疑指三国时吴画家曹不兴，卫协师之。神仪：神情仪表。晋牟秀《王乔赤松颂》：“神仪既殒，翻

飞而征。”晋陶潜《闲情赋》:“神仪妩媚,举止详妍。”玄赏:玄悟。《历代名画记》卷五“卫协”条云:“又《七佛图》,人物不敢点眼睛。顾恺之《论画》云:《七佛》与《大列女》,皆协之迹,伟而有情势。《毛诗北风图》,亦协手,巧密于情思。”

[16] 镐京:《历代名画记》作“金镐”,非。镐京为周朝故都,汉武帝凿昆明池,镐京旧址没入池中。故这里有“清游池”“不见镐京”语。

[17] 嵇轻车诗:魏晋嵇康《赠兄秀才入军十八首》之十二:“轻车迅迈,息彼长林。”容悴:憔悴的容颜。中散:指嵇康,曾官拜中散大夫。

[18] 陈太丘:东汉陈寔,桓帝时曾官太丘长,故称陈太丘。二方:指太丘二子。其长子纪,字元方,四子谌,字季方。二人并有高名,故时称二方。

[19] 戴手:戴逵之手,意为戴逵作,戴逵为晋著名画家。

画云台山记

山有面,则背向有影。可令庆云[1]西而吐于东方。清天中,凡天及水色,尽用空青[2],竟素上下以映日西去,山别详其远近,发迹东基,转上未半,作紫石如坚云者五六枚,[3]夹冈乘其间而上,使势蜿蟺[4]如龙,因抱峰直顿而上,下作积冈,使望之蓬蓬然凝而上。次复一峰,是石,东邻向者,峙峭峰,[5]西连西向之丹崖,下据绝涧。画丹崖临涧上,当使赫巘隆崇[6],画险绝之势。

天师坐其上,合所坐石及荫。宜涧中桃傍生石间,画天师瘦形而神气远,据涧指桃,回面谓弟子。弟子中有二人,临下到身大怖,流汗失色。作王长,穆然坐答问。而赵升神爽精诣,俯眄桃树。又别作王、赵趋,一人隐西壁倾岩,余见衣裾。一人全见空中,使轻妙泠然。凡画人,坐时可七分,衣服彩色殊鲜微,此正盖山高而人远耳。[7]

中段东面,丹砂绝崿及荫,当使嵃栈高骊,孤松植其上。[8]对天师临壁以成磵。磵可甚相近,相近者,欲令双壁之内,凄怆澄清,神明之居,必有与立焉。可于次峰头作一紫石亭立,以象左阙[9]之夹,高骊绝崿,西通云台,以表路。路左阙峰,似岩为根,根下空绝,并诸石重势，岩相承以合，临东涧。其西，石泉又见，乃因绝际作通冈，伏流潜降。小复东出，下磵为石濑，沦没于渊。所以一西一东而下者，欲使自然为图。

云台西北二面，可图一，冈绕之，上为双碣石，像左右阙。石上作孤游生凤，当婆娑体仪，羽秀而详。[10]轩尾翼以眺绝磵。后一段，赤岓[11]，当使释弁[12]如裂电。对云台西凤所临壁以成磵，磵下有清流。其侧壁外面，作一白虎，匍石饮水，后为降势而绝。

凡三段山，画之虽长，当使画甚促，不尔不称。鸟兽中时有用之者，可定其仪而用之。下为磵，物景皆倒，作清气带山下，三分倨[13]一以上，使耿然成二重。

注释

[1] 庆云：五色云。《晋书·天文志》云："一曰庆云，若烟非烟，若云非云，郁郁纷纷，萧索轮囷（囷，读 qūn。轮囷，盘旋委曲状），是谓庆云。"

[2] 空青：一种翠绿色的绘画颜料。《历代名画记》卷二："草木敷荣，不待丹碌之采，云雪飘扬，不待铅粉而白，山不待空青而翠，凤不待五色而綷，是故运墨而五色具。"

[3] 作紫石如坚云者五六枚："坚云"二字颇费解，疑为"矞云"之误，《西京杂记》："云外赤内青谓之矞云。"《太平御览·天部三》："云二色曰矞，亦瑞云也。"

[4] 蜿蟺（shàn）：蜿蜒曲折。

[5] 向：相对而立。峙（zhì）：耸立。

[6] 赫巘（yǎn）：赫然的山峰。巘，本指高山上的小山峰，此指高峰。隆崇：高高地耸起。

[7] 天师：指东汉著名道教人物张道陵。王长：原作"王良"，误。赵升：原作"超升"，误。二人皆为张道陵之弟子。此段画张道陵七试赵升事。事见东晋葛洪《神仙传》。《云笈七签》卷一百九："张道陵字辅汉，沛国丰人也。本大儒生，博综五经。晚乃计此无益于年命，遂学长生之道。弟子千余人。其九鼎大要，惟付王长。后得赵升，七试皆过。第一试，升初到门，不通，使骂辱之，四十

余日，露霜不去。第二试，……第七试，陵将诸弟子登云台山绝岩之上，有桃树大如臂，生石壁，下临不测之谷，去上一二丈，桃树大有实。陵告诸弟子，有能得此桃者，当付以道要。于时伏而窥之三百许人，皆战栗却退汗流，不敢久临其上，还谢不能得。唯升一人曰：'神之所护，何险之有？圣师在此，终不使吾死于谷中矣。师有教者，是此桃有可得之理。'乃从上自掷，正得桃树上，足不蹉跌。取桃满怀，而石壁峭峻，无所攀缘，不能得还。于是一一掷上，桃得二百枚。陵乃赐诸弟子各一枚，余二枚，陵食一，留一以待升。于是陵乃临谷，伸手引升。众人皆见陵臂不加长，如掇一二尺物，忽然引手，升已得还。仍以向余一桃与升，食毕，陵曰：'赵升犹以正心自投桃上，足不蹉跌，吾今欲试自投，当得桃否？'众人皆谏言不可，唯赵升、王长不言。陵遂自投，不得桃上，不知陵所在。四方则皆连天，下则无底，往无道路，莫不惊咄。唯升、长二人嘿然无声。良久乃相谓曰：'师则父也。师自投于不测之谷，吾等何心自安？'乃俱自掷谷中，正堕陵前。见陵坐局脚玉床斗帐中，见升、长笑曰：'吾知汝二人当来也。'乃止谷中，授二人道要。"

[8] 绝崿：绝壁，险要的峰峦。嵃（yǎn）栈：险峻貌。《文选》晋潘岳《西征赋》："金墉郁其高雉，峻嵃峭以绝直。"注："嵃，谓栈嵃峻貌也。"高骊：高大的黑马。

[9] 左阙：神庙的左柱。

[10] 孤游：本作"狐游"，依《王氏书画苑》《佩文斋书画谱》改。生凤：生机灵动的凤鸟。当婆娑体仪，羽秀而详：顾恺之《凤赋》云："望太清以抗思，诞仪凤之逸群。禀鹑火之灵曜，资和气之氤氲。允鸡喙而燕颔，颈蛇蜿而龙文。励归昌于汉阳，发明□乎圣君。荷义蹑正，鸡峙鸿前。比翼交挥，五色备宣。与八风而降时雨。音中锺律，步则规矩。朱冠赫以双翘，灵质翙其高举。历黄冠于招摇，陵帝居之悬圃。"

[11] 岓（qí）：山石。

[12] 释弁：不详其意。

[13] 倨：同"踞"，意为盘踞。

魏晋胜流画赞

凡将摹者，皆当先寻此要，而后次以即事。

凡吾所造诸画,素幅皆广二尺三寸。[1]其素丝邪者不可用,久而还正,则仪容失。[2]以素摹素,[3]当正掩二素,任其自正而下镇,使莫动其正。笔在前运而眼向前视者,则新画[4]近我矣。可常使眼临笔止,隔纸素一重,则所摹之本远我耳。则一摹蹉,积蹉弥小矣。[5]可令新迹掩本迹,而防其近内。[6]防内,若轻物宜利其笔,重物宜陈其迹,各以全其想。[7]

譬如画山,迹利则想动,伤其所以嶷。[8]用笔或好婉,则于折楞不隽;[9]或多曲取,则于婉者增折;[10]不兼之累,难以言悉,轮扁而已矣。[11]

写自颈已上,宁迟而不隽,[12]不使速而有失。其于诸像,则像各异迹,皆令新迹弥旧本。若长短、刚软、深浅、广狭与点睛之节,上下、大小、醲薄,有一毫小失,则神气与之俱变矣。竹木土,可令墨彩色轻,而松竹叶醲也。凡胶清[13]及彩色,不可进素之上下也。若良画黄满素者,宁当开际耳。[14]犹于幅之两边,各不至三分。

人有长短,今既定远近以瞩其对,则不可改易阔促,错置高下也。[15]凡生人,亡有手揖眼视而前亡所对者。[16]以形写神而空其实对,荃[17]生之用乖,传神之趋失矣。空其实对则大失,对而不正则小失,不可不察也。一像之明昧,不若悟对之通神也。[18]

注释

[1] 素幅:指代用来作画的绢素。广:宽。

[2] "丝邪者不可用"三句:绢素丝斜而不正的不能用,因为以这样的材料摹画,时间久了,绢丝还正,画面就会失去原有的状态。

[3] 以素摹素:这里指摹拓的方法。以一本素绢来摹拓素绢上的画。

[4] 新画:指摹本。

[5] 则一摹蹉,积蹉弥小矣:意为以一新素合一有画之素上摹拓,会造成画面移动的状况,如果处理得当,则可以使移动降低到最小的程度。摹蹉,摹写蹉动。

[6] 防其近内:意为防止新画上墨迹渗透到原画中。内,渗入。

［7］轻物:指薄绢。重物:指厚绢。利其笔:运笔快捷。陈其迹:可以缓慢铺陈。想:通“像”。

［8］迹利则想动:用笔快捷,形象生动。伤其所以嶷:伤害山的巍峨耸峙之态。

［9］用笔或好婉,则于折楞不隽:意为如果用笔婉转柔弱,这样就表现不出转折有力的笔势来。折楞,转折棱角。

［10］或多曲取,则于婉者增折:意为如果用笔多曲折顿转,这样就会损害委婉的韵致。

［11］不兼之累:指上述两者不能兼顾的遗憾。轮扁:《庄子·天道》:“桓公读书于堂上。轮扁斫轮于堂下,释椎凿而上,问桓公曰:‘敢问,公之所读者何言邪?’公曰:‘圣人之言也。’曰:‘圣人在乎?’公曰:‘已死矣。’曰:‘然则君之所读者,古人之糟魄已夫!’桓公曰:‘寡人读书,轮人安得议乎!有说则可,无说则死。’轮扁曰:‘臣也以臣之事观之。斫轮,徐则甘而不固,疾则苦而不入。不徐不疾,得之于手而应于心,口不能言,有数存焉于其间。臣不能以喻臣之子,臣之子亦不能受之于臣,是以行年七十而老斫轮。古之人与其不可传也死矣,然则君之所读者,古人之糟魄已夫!’”此用其意,意为其意微妙,难以言传,唯心可悟。

［12］宁迟而不隽:宁可摹写得慢一些,而不要过快。

［13］胶清:一种用于调和色彩的胶质物。

［14］若良画黄满素者,宁当开际耳:这句话的意思是,如果一幅画,满纸色彩煌煌,怎么能够一直画到边上呢,必须留下边际。良画,好画。黄满素,黄,疑指明亮富丽的色彩。《庄子·骈拇》:“是故骈于明者,乱五色,淫文章,青黄黼黻之煌煌非乎?而离朱是已。”宁当,岂可。

［15］瞩其对:注释目光相对的物体。阔促:宽窄。

［16］生人:活人。亡:通“无”。手揖:此指手指的方向。

［17］荃:当为“筌”,这里指绘画的外在形式。筌,本指捕鱼的工具。《庄子·外物》:“筌者所以在鱼,得鱼而忘筌;蹄者所以在兔,得兔而忘蹄;言者所以在意,得意而忘言。”

［18］悟对:即晤对,相对。悟,通“晤”。东晋王羲之《兰亭集序》:“夫人之相与,俯仰一世,或取诸怀抱,悟言一室之内。”南朝宋谢惠连《泛湖归出楼中玩月》:“悟言不如罢,从夕至清朝。”悟言,即晤言。《诗经·陈风·东门之池》:“彼美淑姬,

可与晤言。”郑玄笺:“晤,对也。”悟与晤同。通神:眼神相对的物体与眼神相通。

解　说

一、顾恺之流传著作考

顾恺之流传下来论画的文本混乱,以下是我对其著作考证的简短文字,如果想仅了解顾恺之的美学思想,可以跳过以下这段文字阅读。

顾恺之生平著述颇多,梁时其文集有二十卷行世,《隋书·经籍志》仅著录其文集七卷。另,《晋书·顾恺之传》言其有《启蒙记》一书行世。此书是顾恺之的重要著作,《晋书》言三卷,《隋书·经籍志》言其有七卷,马国翰言其一卷。裴松之《三国志·魏书》卷三曾引录《启蒙记》之语,此书唐时流传很广,《文选》卷十一《赋己》:“济酉〔由〕溪而直进,落五界而迅征。”李善注曰:“顾恺之《启蒙记》注曰:之天台山,次经油溪。”又《文选》卷十一《赋己》孙绰《游天台山赋》:“揽樛木之长萝,援葛藟之飞茎。”李善注曰:“顾恺之《启蒙记》注曰:济石桥者,搏岩壁,援女萝葛藟之茎。”唐开元时期的徐灵府在《天台山记》中说:“按长康《启蒙记》云:‘天台山在会稽郡五县界中,去人境不远,路经瀑布,次经犹溪,至于浙山。犹溪在唐兴县东二十里发源,知花顶从凤凰山东南流,合县大溪,入于临海郡溪江也。其水深冷,前有石桥,遥望不盈尺,长数十步,临绝溟之涧,忘其身者,然后能度。度者见天台山,蔚然凝秀,双岭于青霄之上,有琼楼玉堂,瑶林醴泉,仙物异种,偶或有见者,当时斫树记之,再寻则不复可得也。’按此记说,则神异之所,非造次可睹焉。今游人众所见者,盖非此桥,且犹溪高处,不见有桥,今众人所见者,乃在歇亭西二十里,水流于剡县界,定知不是长康所说之桥也。”(据《古逸丛书》,《全唐文拾遗》卷五十)《世说新语 · 言语》记载的“顾长康从会稽还,人问山川之美,顾云:千岩竞秀,万壑争流,草木蒙笼其上,若云兴霞蔚”,所言可能正是天台山的风光。

顾恺之艺术类著作传世颇多。《历代名画记》引录了顾恺之的三篇论画作品《论画》《云台山记》《魏晋胜流画赞》。本书所录三文便是张彦远所引录的全部内容。

关于《魏晋胜流画赞》,今有论者认为,此篇内容和篇名不符,内容讲的是摹拓妙法,而篇名则是论魏晋以来时贤的画作,以为可能与《论画》一篇题目弄错。意即,今之《论画》一文题名应为《魏晋胜流画赞》,而标名《魏晋胜流画赞》的应为《论画》。

我以为,张彦远在一段讨论摹拓妙法的文字前标以《魏晋胜流画赞》之名,定为误植。其理由有二:一、顾恺之有《魏晋名臣画赞》一文,张彦远《历代名画记》卷五:“《魏晋名臣画赞》,评量甚多。”《魏晋名臣画赞》和《魏晋胜流画赞》虽标二名,实为一书。而张彦远标为《魏晋胜流画赞》之文应另有其名。因为“名臣”和“胜流”二词意即同指。《梁书》卷九:“惟韦睿年长,且州里胜流,特相敬重。”《魏书》卷四十六:“琰兄弟并通率,多与一胜流交游。”《魏书》卷六十八:“(张)纂颇涉经史,雅有气尚,交结胜流。”《魏晋名臣画赞》与《魏晋胜流画赞》意旨完全相同,两文实为一,不可能为二。二、画赞属于赞的文体,但却是一种特殊的赞,一般为画旁所附议论画中人物之文,骈散皆有。画赞的内容主要在评论画中人物之节操德行,如曹植有《画赞》,分别评论了伏羲、女娲、黄帝等上古人物;傅玄有《古今画赞》,评论了孙武、信陵君等贤人;陶潜有《扇上画赞》,评论了荷蓧丈人等耿介之士;庾信的《自古圣帝名贤画赞》也同于此。顾恺之作《魏晋名臣画赞》(或名《魏晋胜流画赞》)其内容与此类文体完全相合,而《名画记》标名《魏晋胜流画赞》的内容,却不符合“画赞”文体的性质。

顾恺之缺有一篇《画赞》之文,但这篇《画赞》之文,今已亡佚,典籍中尚有一些遗文。如:

顾恺之作《画赞》，亦称衍岩岩清峙，壁立千仞。其为人所尚如此。(《晋书》卷四十三《王衍传》)

顾恺之《画赞》曰："涛无所标明，淳深渊默，人莫见其际，而其器亦入道，故见者莫能称谓而服其伟量。"(《世说新语·赏誉》，刘孝标注)

顾恺之《画赞》曰："涛有而不恃，皆此类也。"(《世说新语·赏誉》，刘孝标注)

顾恺之"夷甫画赞"曰："夷甫天形环持，识者以为岩岩秀峙，壁立千仞。"(《世说新语·赏誉》，刘孝标注)

顾恺之《嵇康赞序》："南海太守鲍靓，通灵士也，东海徐宁师之，宁夜闻静室有琴声，怪其妙而问焉。靓曰，嵇叔夜。宁曰，嵇临命东市，何得在兹？靓曰，叔夜迹示终，而实尸解。"(《文选》卷二十一《诗乙》颜延之《五君咏》李善注引)

《魏晋名臣画赞》，评量甚多。(《历代名画记》卷五)

刘孝标的注文中保留了不少这部失传《画赞》的内容。《晋书》所引评王衍之语与刘注相同，可见这部书在当时流行尚广。沈约曾说："顾虎头为人画扇，作嵇阮而都不点眼睛，送还，主问之，顾答曰：那可点睛，点睛便语。"(《玉函山房辑佚书》第八帙《俗说》)有关嵇阮画像的赞语可能也应归于《画赞》之文中。

《名画记》所记《论画》一文是顾恺之留存画论著作中最重要的一篇，但此篇篇目也有问题。《名画记》除了记载这篇《论画》之作外，又于卷三卫协条道："顾恺之《论画》云：《七佛》与《大列女》，皆协之迹，伟而有情势。《毛诗北风图》，亦协手，巧密于情思。"此中引录正是其《论画》一篇之语。另，张彦远说："及览顾生集，有《论画》一篇，叹服卫画《北风》《列女图》，自以为不及，则不妨顾在卫之下。苟又居顾之上，则未敢知。"也就是说，此文收录在顾恺之的文集中，然《名画记》卷五又云顾恺之："著《魏晋名臣画赞》，评量甚多。又有《论画》一篇，皆模写要法。"这就使人觉得顾恺之是不是有两篇《论画》，一篇是评论前人画作，一篇是论述模写要法的。[①] 我以为，正像

① 李泽厚、刘纲纪《中国美学史》第二卷就以为顾恺之有两篇《论画》(第二卷[上]，中国社会科学出版社，1987年，第464页)。

《魏晋名臣画赞》和《魏晋胜流画赞》一样,两处所言《论画》,可能为一篇,

张彦远在引录顾恺之的三篇论画著作后,说道:“已上并长康所著,因载于篇。自古相传脱错,未得妙本勘校。”不仅在篇名上疑点丛生,而且内容上又问题多多。这是我们阅读顾恺之画论犹须留意的地方。但即便如此,也不能掩盖顾恺之画论的熠熠光辉,不能掩盖其在美学上的重要贡献。

二、三文美学要义

从美学上看,顾恺之的“传神写照”和“迁想妙得”二论最具胜意。

“传神写照”探讨的主要是形神问题。形神问题是汉代以来哲学关心的核心问题之一,也是魏晋玄学的基本问题,汤用彤《魏晋玄学论稿》说:“形神分殊,本玄学之立足点”,并指出:“顾氏之画理,盖亦得意忘形学说之表现也。”汉代以来的人物品藻之风普遍重神韵,重气象,这也对顾氏这一理论的出现产生影响。在绘画美学上,《淮南子·说山训》提出的“君形说”——注重那个控制外在形的内在之神——显然可以视为顾恺之“传神写照”说的先声。

关于形神二者的关系,有的论者认为顾恺之强调点睛妙笔的作用,有以神斥形的思想倾向。如汤用彤先生说:“数年不点目睛(《人物志》谓征神于目),具见传神之难也。四体妍蚩,无关妙处,则以示形体之无足轻重也。”①这其实涉及对顾恺之画论文本的理解问题。

记载这一论述,在《历代名画记》之前有三家。一是《世说新语·巧艺篇》说:“顾长康画人,或数年不点目睛。人问其故,顾曰:四体妍蚩,本无关于妙处,传神写照,正在阿堵中。”二是《晋书·顾

① 《魏晋玄学论稿·言意之辩》,《汤用彤全集》第四卷,河北人民出版社,2000年,第34页。

恺之传》的记载:“恺之每画人成,或数年不点目睛。人问其故,答曰:四体妍蚩,本无阙少,于妙处传神写照,正在阿堵中。”三是《名画记》的记载:“画人尝数年不点目睛,人问其故,答曰:四体妍蚩,本亡关于妙处,传神写照,正在阿堵之中。”这三种记载可分为两类,一是《世说》和《名画记》,认为关键是眼睛的传神,而整个身体的美丑(四体妍蚩)则是无关紧要的。这正合于汤先生的论断。二是《晋书》的记载,语有微别,但实诣则大异。这里强调四体妍蚩,本无阙少,而并不是四体妍蚩,本无关于妙处。这就涉及部分和整体的关系问题,人物的眼睛固然是传神之关键,但身体作为眼睛附着的存在本体同样不可忽视,“妙处”和“四体”是相互依存的,“妙处”是点醒,“四体”是基石。

联系顾恺之的其他论述来看,《晋书》所表达的意思可能比较切近顾恺之的本意。顾恺之强调“传神写照,正在阿堵中”,其实,顾恺之的意思是,又不全在“阿堵”中。如《世说新语·巧艺》:“顾长康画谢幼舆在岩石里。人问其所以,顾曰:谢云:‘一丘一壑,自谓过之。’此子宜置丘壑中。”“顾长康画裴叔则,颊上益三毛。人问其故,顾曰:裴楷俊朗有识具,正此是其识具。看画者寻之,定觉益三毛如有神明,殊胜未安时。”前一则就注意到整体的环境氛围对衬托人物性格气质的重要性;后一则之三毛固然重要,但不能脱离整体而存在。又如顾恺之对“手挥五弦易,目送归鸿难”的剔发,也很好地诠释了整体和部分、形和神相互依存的道理。

顾恺之“传神写照”的“神”的基本含义是眼神,西方绘画史上也有对眼神的强调。比顾恺之早一百多年的古罗马思想家普洛提诺曾经说过:“肖像画家尤其需要抓住眼神,因为心灵在眼神中显露的比在身体的形态上显露的要多。”达·芬奇也说:“眼睛是心灵的通道。”顾恺之虽然注意人的眸子的传达力,注意目送归鸿中所包含的表达难度,但作为传神之所并不仅限于眼神,而扩展到人物身体中的其他部位。他画裴楷要“益三毛”,无中生有地在人物面部加上多根毛，就是要表达人物英武的性格特征。所以，顾恺之的“传神”是以“神”传“神”，以人物的眼神（包括其他点醒画面的特殊处理）来表现人物之“神”，表达人的精神气质，人的性格特点，人超越于形似物质的神韵。正因如此，尽管顾恺之关心人物眼神（或其他重要点的处理），但这都是“筌”，都是工具，之所以“目送归鸿难”，最难处不在外表，而在此时的惊鸿一瞥负载了太多的内涵，那种潇洒飘逸、从容纵肆的宇宙担当，都贮积在这一瞥中。所以，顾恺之重视的不是人物的眼神，而是绘画的形象结构中所传达的超出形象的精神意涵。正像他在评《嵇兴》一画时所说的“如其人”，这个“如其人”才是他的最高追求。

在顾恺之时代，玄学重玄远的意韵，人物品藻也特别看重人的风度气质。在绘画上，这个时代正孕育着新的变化，突破自古以来“画者，画也”的形似藩篱，成了一种美学时尚。很多画家都在尝试突破，像顾恺之推崇的荀勖、卫协等都是这方面的尝试者。顾恺之不仅在实践中尝试变法，同时也是一位理论上的自觉者。他将哲学上的形神问题讨论的成果引入绘画美学中，使得他的美学思想成为中国绘画美学的重要分界线，一个脱离素朴的古风走向现代的起点。

在这一时代风气的影响下，顾恺之传神之“神”，侧重指对人物精神世界的传达。如他评《伏羲神农》图：“虽不似今世人，有奇骨而兼美好；神属冥芒，居然有得一之想。”在微茫的眼神中，表现了素朴的道的冥想，显现出高古之态。评《北风》图：“美丽之形，尺寸之制，阴阳之数，纤妙之迹，世所并贵。神仪在心而手称其目者，玄赏则不待喻。”《诗经·周南·北风》诗主要内容是写在一个寒风凛冽、飞雪飘飘的天气里，二人携手同行，所谓“惠而好我，携手同行”，诗中借此传达丰富的思想感情。画的形迹制数的外在特征很完满，更重要的是此画传达人物心灵的世界，即难以言传的微妙感受，所以获得顾恺之的好评。这和曹植在《画赞序》中仅仅从载道的角度谈绘画，显然向前推进了。

因要表达人物精神世界这一终极目的，顾恺之在画面的处理上将生动活泼的韵致提到极高的位置。潘天寿先生说："顾氏所谓神者何哉？即吾人生存于宇宙间所具有之生生活力也。以形写神，即所表达出对象内在生生活力之状态而已。"顾恺之在评画时很推崇这种"生生活力"，如他评画重"画势"：评《壮士》图说："有奔腾大势，恨不尽激扬之态。"评《三马》图说："隽骨天奇，其腾罩如蹑虚空，于马势尽善也。"评《七佛及夏殷与大列女》图说："二皆卫协手传，而有情势。"

顾恺之特别注意抓住最能表现人物精神境界的瞬间的动感。他在评画中对此中妙趣的玩味，很值得注意。如他评《孙武》图："二婕以怜美之体，有惊剧之则。若以临见妙裁，寻其置陈布势，是达画之变也。"反映孙子治军之风，不去正面画孙子，而是选择一个特有的瞬间：斩二女，二女的惊惧和怜人美态，形成了极大的情绪张力，突出了孙子的形象。这幅画虽不能见，但通过顾恺之的描绘，其构思之精和顾恺之剔发之妙，都令人折服。莱辛在《拉奥孔》中所剔发的正是此一特点。

顾恺之说"传神写照"，何谓"写照"？此语初见于顾恺之论画中，后被用为画像之意，但在顾恺之可能别有所指。因为"写照"和"传神"是同意联合，"传神写照，正在阿堵中"，意思是，在人物的眼神中传神写照，传神是传人物的神情，而"写照"又何指？

这里的"照"笼统地说，就是"神"，但与"神"意涵有微别，我以为，应指"内照"。在顾恺之时代，"照"有特殊的意思。支道林（约314—366）诗曰："昔闻庖丁子，挥戈任神往。苟能嗣冲音，摄生犹指掌。乘彼来物间，投此默照朗。迈度推卷舒，忘怀附罔象。天乐盈胸襟，神会流俯仰。"①慧远（334—416）说："鉴明则内照相映，而万象

① 《广弘明集》卷三十，《咏大德诗》。

生焉。”①僧肇(384—414)云:“夫圣人玄心默照,理极同无。”②“照”指洁净澄明的心灵,以这样的心灵去观照、默照,也就是妙悟。顾恺之的“传神”是要表达内在的神情,而“写照”则表现人物心灵中的“玄悟世界”,表现心灵中微妙的体验。这一微妙的世界不可言传,画家何由得之?所以顾恺之在一则题画语中提出:“神仪在心而手称其目者,玄赏则不待喻。”“玄赏”就是“玄悟”,或者说,就是“内照”。“喻”是外在的表达形式,即他所说的“筌”。人物画家不能停留在表面形象的捕捉(喻)上,而应悟入对象之中,所谓“神仪在心而手称其目”,只有所画对象的“神仪”在我心中,手下方能“称其目”,心中有了,手中方有。

由此,可将顾恺之“传神写照”归纳为:传达人物的神情,表达人物内心的微妙体验。

顾恺之“传神写照”说主要是针对人物画的,唐代以后,这一理论影响又从人物画扩展到其他画科中。同时,这一理论和谢赫“气韵生动”说相结合,形成了一种重气韵、重神似的美学潮流,甚至像苏轼贬斥形似的观点也从这一理论中直接转出,对塑造中国美学独特的民族风格起到了一定作用。

“迁想妙得”是顾恺之提出的另一个值得注意的观点,可以看作是“传神写照”说的延伸。他说:“凡画,人最难,次山水,次狗马;台榭一定器耳,难成而易好,不待迁想妙得也。此以巧历,不能差其品也。”顾恺之实际上提出了两种不同的绘画对象,一是“一定器”,一是“非一定器”。一是比较固定的物体,一是具有动感的物体。作为画家,对于前者主要是摹其形,物体虽然很复杂,但并不是最困难;对于后者,还存在着一个神的问题,必须超越形似,得其神。所以,后者看起来容易,其实是难的。从创作方式上看,这两种不同的绘画对

① 《念佛三昧诗集序》,《全晋文》卷一百六十三。

② 《答刘遗民书》,《全晋文》卷一百六十四。

象，前者可以以“巧历”——巧妙熟练的技法把握它；后者就不仅是个技巧问题，必须以心灵去体会，去发现其微妙的意旨。这就是他提出“迁想妙得”的缘由之所在。在一个谈玄说远的时代，天才画家顾恺之在论述这些问题时却是非常实在的，他没有认同庄子“技进乎道”的抽象哲学进路，从具体的创作体验中为绘画创造提出了一个实在的操作法式。

所谓“迁想妙得”和西方现代美学中的“移情”说内涵不同。它的意思是“在迁想中得妙”，把握绘画对象的神妙之处。“迁”是移，但并不是将主体的情感外射到对象之中，恰恰相反，而是将“想”从对象的形貌中移(“迁”)出，“迁想”也就是挣脱形似之想。从形中迁出，由形及神，由表及里，由粗及精，由实及虚，抓住表现对象的神情妙理，寻求最真实的表达。《画云台山记》是顾恺之一幅画的创作手记。在这则手记中，我们可以看到这位画家不凡的艺术功力。图画张道陵七试赵升之事，这本是个道教故事，作者在其中寓以深邃的构思，显然对于这种非“一定器”的对象，作者力求“神仪在心”，桃花的设置，众弟子的陪衬，山势的险峻，彩云和凤鸟的背景，等等，都在于创造一种神妙的氛围，而画中三个主角：天师、赵升、王长一一得其位。作者正在于“迁想”而得其妙，超越具体的形貌，而穷究其神韵。

参考文献

中村茂夫：《中国画论の展开・晋唐宋元篇》，京都：中山文学堂，1965年。

陈传席：《六朝画论之研究》，南京：江苏美术出版社，1985年。

宿白：《张彦远和〈历代名画记〉》，北京：文物出版社，2008年。

冈村繁：《历代名画记译注》，上海：华东师范大学出版社，2002年。

张安治：《顾恺之》，北京：中华书局，1961年。

温肇桐：《顾恺之新论》，成都：四川美术出版社，1985年。

俞剑华等编：《顾恺之研究资料》，北京：人民美术出版社，1963年。

潘天寿：《顾恺之》，上海：上海人民美术出版社，1958年。

画山水序

［南朝宋］宗炳

宗炳(375—443),字少文,南阳涅阳(今河南镇平)人。精通书法、绘画和音乐,是一位隐士,《宋书》将其列入隐逸传。刺史殷仲堪、桓玄并辟主簿,举秀才,不就。宋高祖刘裕起用他为主簿,他也婉辞。好游览山水,遍游名山大川,晚年因足疾,而不能游览山水,叹曰:“噫! 老病俱至,名山恐难遍游,唯当澄怀观道,卧以游之。”宗炳是一位著名的佛学思想家,曾至庐山就慧远学佛,著有《明佛论》。所著《画山水序》是中国古代第一篇山水画的论作。

本文录自《历代名画记》卷六。以《津逮秘书》为底本,参校《四库全书》《王氏书画苑》诸本。

圣人含道应物,贤者澄怀味像。至于山水,质有而趣灵。[1]是以轩辕、尧、孔、广成、大隗、许由、孤竹之流,[2]必有崆峒、具茨、藐姑、箕、首、大蒙之游焉,[3]又称仁智之乐焉。夫圣人以神法道而贤者通,山水以形媚道而仁者乐,不亦几乎!

余眷恋庐、衡,契阔[4]荆、巫,不知老之将至,愧不能凝气怡身,伤跕石门[5]之流,于是画象布色,构兹云岭。夫理绝于中古之上者,可意求于千载之下,旨微于言象之外者,可心取于书策之内,况乎身所盘桓,目所绸缪,以形写形,以色貌色也。

且夫昆仑山之大,瞳子之小,迫目以寸,则其形莫睹;迥以数里,则可围于寸眸。诚由去之稍阔,则其见弥小。今张绡素以远映,则昆、阆[6]之形,可围于方寸之内。竖划三寸,当千仞之高;横墨数尺,体百里之远。是以观画图者,徒患类之不巧,不以制小而累其似,此自然之势。如是,则嵩、华之秀,玄牝之灵,[7]皆可得之于一图矣。

夫以应目会心为理者,类之成巧,则目亦同应,心亦俱会,应会感神,神超理得,虽复虚求幽岩,何以加焉?又神本亡端,栖形感类,理入影迹,诚能妙写,亦诚尽矣。

于是闲居理气,拂觞鸣琴,披图幽对,坐究四荒,不违天励之藂,独应无人之野,[8]峰岫峣嶷[9],云林森眇,圣贤映于绝代,万趣融其神思,余复何为哉?畅神而已。神之所畅,孰有先焉!

注释

[1] 质有而趣灵:此将质有和趣灵对举。质有是就山水的外在形质而言,山水从质上说非空。趣灵是就山水的内蕴和韵味而言。

[2] 广成:传说中的黄帝时人,居崆峒山。大隗(wěi):传说黄帝时的仙人。《庄子·徐无鬼》:"黄帝将见大隗乎具茨之山。"许由:尧时的隐士,尧欲让位于他,他无兴趣,以颍水洗耳。孤竹:指商末孤竹君之二子伯夷和叔齐。

[3] 藐姑:传说中的神山。《庄子·逍遥游》:"藐姑射之山,有神人居焉,肌肤若冰雪,绰约若处子。不食五谷,吸风饮露,乘云气,御飞龙,而游乎四海之外。"箕:箕山。传许由曾隐于此山。首:指首阳山。传伯夷和叔齐不食,隐于首阳山上。大蒙:即蒙汜,神话中日落之所。

[4] 契阔:本意为勤苦,这里用为思之苦,即念念在兹。《诗经·邶风·击鼓》:"死生契阔。"

[5] 跕(tiē):拖着鞋小步走路。石门:疑为庐山石门。

[6] 昆:昆仑山。阆:阆风山。即传说中的仙人居住的地方。

[7] 嵩、华之秀:嵩山和华山的秀色。玄牝:指道。《老子》第六章:"谷神不死,是为玄牝。玄牝之门,是谓天地根。"

[8] 天励:同"天厉",指威严的上天。南北朝范泰《鸾鸟诗》:"神鸾栖高梧,爰翔霄汉际。轩翼飏轻风,清响中天厉。"这里用为大自然。藂(cóng):古同

“丛”,聚集,又指草木蘩翳茂盛的样子。这里用来形容自然生命的繁盛之状。无人之野:《庄子·山木》:“吾愿君刳形去皮,洒心去欲,而游于无人之野。”

[9] 峣嶷(yáonì):高峻的样子。

解说

山水画是中国画的重要形式,古人有“画中最贵言山水”的说法。但在我国,山水画并不是最先发展起来的画科。六朝时期我国尚无独立的山水画,当时人物画是画中最重要的形式,而山水画只是以人物画的辅助面目出现的,所谓“人大于山,水不容泛”就指此。一生隐逸山林之中的宗炳,在当时画家辈出的时代,并不能算一位顶尖的画家(谢赫《画品》将其列为最下之品),但他在中国绘画史上的贡献则是独特的,他是中国绘画史上第一个将山水作为主要表现对象的画家,他所作的这篇绘画论文,目前所知,是我国第一篇山水画论。这篇短文在美学上提出了几个值得重视的观点。

一是山水美(自然美)的问题。虽然他没有摆脱道家“山水即道”“目即道存”哲学的影响,同时儒家的“仁者乐山,智者乐水”的思想对他也有影响,强调山水乃载道之具。但他认为,山水载道,不是一般的载道,而是以美的形式载道。这个理论是他的发现。他提出“山水以形媚道”的观点,这个“媚”颇特别,约有二意:一说的是山水的载道功能,强调山水对道的体现;一说的是山水以美的形式来体现,山水是一种美的载体。这样的观点与庄子有明显差异,《庄子·知北游》:“圣人处物不伤物。不伤物者,物亦不能伤也。唯无所伤者,为能与人相将迎。山林与!皋壤与!使我欣欣然而乐与!乐未毕也,哀又继之。哀乐之来,吾不能御,其去弗能止。悲夫,世人直为物逆旅耳!”世界是人的旅店,人是世界的旅客,美的欣赏、快乐的体验转瞬即逝,都不真实,是虚妄的感受,所以应该不将不迎。庄子并非由对自然欣赏的快乐导出对自然美的肯定。但宗炳则是明确肯定自然美存在的实在性。

这可以通过他另外一个相关观点看出:“山水质有而趣灵”。这是一个令人费解的问题,当今学界对此争议颇多。宗炳是一位佛教学者,佛学在其思想中占主导位置。我以为,这句话体现了对佛学中一个重大问题的看法。这里的“质”指内质、存在特性,属于“有”。而“趣”意为旨趣,“灵”即如本文中所谓“玄牝之灵”的“灵”,即为“道”,属于“无”。“山水质有而趣灵”意思是,山水既有且空,是有与无的统一。正因其“有”,所以古往今来贤圣居焉游焉;正因其“空”,贤圣在此有所寄有所乐,有所应有所法。宗炳虽然是一位佛学家,但同时他又是一位艺术家,一位以山水为表现对象并在山水中寻求性灵安慰的画家。他对有和无的问题,有特别的体会。他在《答何衡阳书》中云:“佛经所谓本无者,非谓众缘和合者皆空也,垂荫轮奂处,物自可有耳,故谓之有谛。性本无矣,故谓之无谛。”在《又答何衡阳书》中云:“夫佛经所称即色为空,无复异者,非谓无有,有而空耳。有也,则贤愚异称;空也,则万异俱空。夫色不自色,虽色而空,缘合而有,本自无有,皆如幻之所作,梦之所见,虽有非有,将来未至,过去已灭,见在不住,又无定有。”(均见《弘明集》卷三)有和无、色和空在这里被看作相即不离的,“非谓无有,有而空耳”是其所持的基本观点。“山水质有而趣灵”,正体现出这以有入无、色空一体的观念。

另外一个值得注意的美学观点是“畅神”说。这一学说谈山水和以山水为表现对象的山水画的愉悦功能。“畅神”是东晋以来哲人艺匠追求的境界。如孙绰《游天台山赋》:“释域中之常恋,畅超然之高情。”佚名《庐山诸道人游石门诗序》:“神以之畅。”我之所以认为宗炳此说是一个有价值的美学观点,则因为在绘画美学上,宗炳之前画论中主要是将绘画作为载道比德的工具,而宗炳却将绘画看作关乎性灵的形式,绘画不仅能给人“道”的满足,又能安顿人的灵魂,使人获得灵魂的震荡。这就清楚地表明，能够使艺术家激动的对象，不仅是作为形而上的“道”，而在于“万趣”之中。这个“万趣”，不仅是一个“道”的世界，形的世界，而是艺术家深心感悟的大全世界。宗炳还是一位音乐家，他欣赏山水画往往伴着琴声，他曾经说过：“抚琴动操，欲令众山皆响”，这可能是对“万趣”境界的最好注脚。

这篇短短的文字，还有一个重要学说“卧游”说，这个学说给宗炳获得了极大的声名，如北宋山水画家王诜（晋卿）说：“要学宗炳澄怀卧游耳。”元倪瓒说：“一畦把菊为供具，满壁江山作卧游。”许多画家认为，绘画就是“引卧游之兴”（清龚贤语）。以至“卧游”为中国画学的核心概念之一。沈周曾作《卧游图册》十七开（今藏故宫博物院），表达观自然生趣伸展性灵的感喟。清盛大士有关山水画的著作，还定名为《溪山卧游录》。在宗炳，是因为爱山水，而老病不能亲历，所以画山水以尽山水之思，山水画是山水的替代品。而在后代则将其发展成强调绘画愉情功能的概念。

此文还提出“澄怀味象”说。这显然与老子的“涤除玄览”学说有关，又和僧肇倡导的妙悟学说有关。如僧肇《般若无知论》云：“是以圣人虚其心而实其照，终日知而未尝知也。故能默耀韬光，虚心玄鉴，闭智塞聪，而独觉冥冥者矣。然则智有穷幽之鉴，而无知焉；神有应会之用，而无虑焉。神无虑，故能独王于世表；智无知，故能玄照于事外。”宗炳对绘画创造的体悟方式是有清醒认知的，他所说的“目亦同应，心亦俱会，应会感神，神超理得”的观照方式与模山范水的模拟外物方式显然有区别。

参考文献

李泽厚、刘纲纪：《中国美学史》（第二卷下），北京：中国社会科学出版社，1987年。

徐复观：《中国艺术精神》第四章，台北：学生书局，1983年；沈阳：春风文艺出版社，1987年。

陈传席:《六朝画论研究》,南京:江苏美术出版社,1985 年。

林朝成:《六朝佛家美学——以宗炳畅神说为中心的研究》,国际佛学中心第二期(1992. 12),台湾灵鹫山出版社出版。

木全德雄:《慧远、宗炳——社会思想史的考察》,见《慧远研究》,木村英一编,东京:创文社,1984 年。

朱良志:《刘勰和宗炳的“物色”观比较》,《文心雕龙学刊》第五辑,济南:齐鲁书社,1988 年。

叙　画

［南朝宋］王微

王微（415—453），南朝宋文学家、书画家，字景玄，琅邪临沂（今山东临沂）人，属当时著名的王氏家族成员，祖父王珣、父亲王孺均为朝廷要官。王微曾做过始兴王刘浚后军功曹记室参军、太子中舍人，父亲去世后辞官隐逸，至于终年。王微是当时著名诗人，钟嵘《诗品》品其诗在曹操、曹丕之上，记其有《鸿宝》十卷，今不传。王微出身于书法世家，与王羲之为同一家族，其祖父王珣为著名书法家，所书《伯远帖》被清人列为"三希堂"瑰宝之一。王微也精通书法，他还是一位著名的山水画家。《历代名画记》卷六说他："善书画，尝居一屋，读书玩古不出十余年。与友人何偃书曰：'吾性知画，盖鸣鹄识夜之机，盘纡纠纷，咸纪心目，故山水之好，一往迹求，皆得仿佛。'"这篇《叙画》论述书画相通的问题与他这一知识背景有密切关系。

本文据《历代名画记》本，此以《津逮秘书》为底本，参校《王氏书画苑》本等。

辱颜光禄书，[1]以图画非止艺行，成当与易象同体。[2]而工篆隶者，自以书巧为高。欲其并辨藻绘，核其攸同。[3]

夫言绘画者，竟求容势而已。且古人之作画也，非以案城域，辨方州，标镇阜，划浸流。[4]本乎形者，融灵而动，变者心也。灵亡所见，故所托不动；目有所极，故所见不周。于是乎以一管之笔，拟太虚[5]之体；以判躯之状，画寸眸之明。[6]曲以为嵩高，趣以为方丈。[7]以犮之画，齐乎太华；[8]以枉之点，表夫隆准。[9]眉额颊辅，若晏笑[10]兮；孤岩郁秀，若吐云兮。横变纵化，故动生焉；前矩后规，方圆出焉。[11]然后宫观舟车，器以类聚；犬马禽鱼，物以状分，此画之致也。

望秋云，神飞扬；临春风，思浩荡。虽有金石之乐，珪璋之琛，[12]岂能仿佛之哉！披图按牒，效异山海。绿林扬风，白水激涧。呜呼！岂独运诸指掌，亦以神明降之。此画之情也。

注释

[1] 辱：古代书信中的谦辞。颜光禄：颜延之（384—456），南朝宋诗人，字延年，与王微同乡，曾官金紫光禄大夫。

[2] 艺行：指技艺。成当与易象同体：即绘画应该不是一种技艺，它具有和易象相同的特性。《周易》立象尽意，象可弥纶天地之道，表现宇宙间生命的隐微。颜延之认为，绘画也应具有这样的特性。

[3] 并辨藻绘：指辨析书画各自的特性。核：检核。攸同：所同。

[4] 案：按稽，考查。方州：州郡。镇：指要害关隘。阜：山冈。浸流：河流。

[5] 太虚：古代哲学术语，指宇宙的元气。《庄子·知北游》："无始曰：有问道而应之者，不知道也。虽问道者，亦未闻道。道无问，问无应。无问问之，是问穷也；无应应之，是无内也。以无内待问穷，若是者，外不观乎宇宙，内不知乎大初，是以不过乎昆仑，不游乎太虚。"

[6] 判躯：半身。寸眸：眼睛。

[7] 嵩高：即嵩山。方丈：传说中的海中神山。

[8] 犮（bá）：通"拔"，形容笔势突起。东汉赵壹《非草书》："而今之学草书者不思其简易之旨，直以为杜、崔（指汉代书法家杜度、崔瑗）之法，龟龙所见也。其攦扶柱桎、诘屈犮乙，不可失也。"太华：华山。

[9] 以枉之点："枉"当为"柱"之误。即赵壹所谓"攦扶柱桎"之"柱桎"，形容一点之沉着有力。此采徐复观说。原文无"以"字，系缺。隆准：高鼻梁。

［10］ 晏笑:欢笑。

［11］ 方圆出焉:原文“方圆”二字缺,依文意补。

［12］ 珪璋之琛:珍宝玉器。琛(chēn),珍宝。《诗经·鲁颂·泮水》:“来献其琛。”

解说

这篇被唐张彦远删削的短文,主要探讨书法和绘画之间的关系。文章由颜延之给作者的信中所说的“以图画非止艺行,成当与易象同体”谈起,来辨析书画内在的共通。所谓“并辨藻绘,核其攸同”正是言此。这个开头似乎很突兀。因为颜延之只是谈绘画和易象的关系,并未涉及书法和绘画的关系。然《历代名画记》卷一《叙画之源流》曾引颜延之论象之语道:“图载之意有三,一曰图理,卦象是也;一曰图识,字学是也;三曰图形,绘画是也。”在这里,颜延之谈绘画、书法和易象三者之间的关系,可能这才是王微这篇论文的适当引子。

这篇论文谈书法和绘画的关系,主要就“势”上立论,寻找书画之间深层的联系。“势”论是六朝以前书法美学的中心问题。东汉蔡邕《九势》说:“夫书肇与自然,自然既立,阴阳生焉;阴阳既生,形势出矣。”晋卫恒《四体书势》云:“观其法象,俯仰有仪。方不中矩规,圆不副规。抑左扬右,兀若竦峙。兽跂鸟跱,去在飞移。狡兔暴骇,将奔未驰。”书法的势如一个狡猾的兔子突然受到惊吓,将要奔跑还没有奔跑,书法就是要将这一瞬间的力感表达出来。王微论画,提出“夫言绘画者,竟求容势而已”的“画势”说,认为绘画艺术的根本(“竟”)就是求“势”。“势”是“核其攸同”之关键。王微便从“势”入手,谈绘画本质的规定性。

他的思路由以下两方面展开,其一是和传统画学的“画为形学”的观点拉开距离。《尔雅》云:“画,形也。”又云:“画者,画也。”王微认为，绘画离不开“形”，但仅仅有“形”不能称为绘画，他将“图经”拿来和绘画做比，指出：“且古人之作画也，非以案城域，辨方州，标镇阜，划浸流”，绘画和地理图之类的象迥然不同，其本质差异就在“势”上。为了表现“势”，绘画需要“融灵”，融进画家独特的情感，表现画家真实的感受。画家是山水的代言人，“望秋云，神飞扬；临春风，思浩荡”，画家为外在对象所感动，将感动的心情融入笔下的绘画中，这样就能感发鉴赏者，所谓“灵亡所见，故所托不动”。王微这一思想潜藏着中国绘画的一个重要观点，即强调意在笔先，重视心性传达，反对直接模拟对象。其后，梁元帝《山水松石格》云：“远山大忌学图经。”张彦远将“界画”和“真画”对立起来，认为“不滞于手，不凝于心，不知然而然”，唯有通过心去妙悟的绘画才是“真画”，而以弯弧挺刃、植柱构梁、界笔直尺之类的工具去作的画，则是没有艺术价值的假画。中国画学发展到后来，出现了“画有十三科，山水打头，界画打底”（汤垕《画鉴》）的说法。

另一条思路是就绘画的笔法来谈“势”，因为“目有所极，故所见不周”，人的视觉有限制，所见不多，而绘画要受到画面的限制，更是彩笔难追。这样，通过率略的形式来表达则是必然的出路。他说：“于是乎以一管之笔，拟太虚之体；以判躯之状，画寸眸之明。”王微这里虽然没有说绘画是抽象的艺术，但接近于提出这一看法了。绘画必然要以率略的形式来表达，以有形之象出无形之意（太虚之体），以有限之形出无限之形，“画势”正是应此表达需要而产生的。画势体现在线条上，“曲以为嵩高，趣以为方丈”，为何一曲就能代表高峻的嵩山，则在于线条内部构成的张力。

王微的书画同源说，是在“势”上同源，这一看法在中国书画美学史上具有重要价值。唐张彦远提出“书画异名而同体”，正是从书画用笔之势上寻求二者的勾连。他说：“昔张芝学崔瑗、杜度草书之法，因而变之，以成今草书之体势，一笔而成，气脉通连，隔行不断。唯王子敬明其深旨，故行首之字往往继期前行，世上谓之一笔书。其后陆探微亦作一笔画，连绵不断，故知书画用笔同法。”元赵子昂所说的“石如飞白木如籀，写竹还与八法通”，也可以说是王微思想的延续。

参考文献

陈传席：《六朝画论研究》，南京：江苏美术出版社，1985 年。

陈绶祥：《魏晋南北朝绘画史》，北京：人民美术出版社，2000 年。

画　品

［南齐］谢赫

谢赫，生平不详，活动于南朝宋齐梁时期，约宋大明年间（457—464）生，从《画品》记录的情况看，梁有二人，可知《画品》成书于梁，谢赫于梁时仍在世。史称“南齐谢赫”，可能是因他活动的主要时代在南齐。谢赫可能是当时极有声名的谢氏家族成员，是当时一位著名人物画家。陈姚最《续画品》评谢赫云：“点刷精研，意存形似。写貌人物，不俟对看。所须一览，便工操笔。目想毫发，皆无遗失。丽服靓妆，随时变改。直眉曲鬓，与世事新。别体细微，多自赫始。遂使委巷逐末，皆类效颦。至于气韵精灵，未穷生动之致；笔路纤弱，不副雅庄之怀。然中兴以来，象人为最。在沈标下，毛惠秀上。”（《历代名画记》卷七引）所著《画品》，被认为是中国画学理论的奠基之作，其中提出的“六法”说，被视为中国画学理论的纲领。北宋郭若虚说：“六法精论，万古不移。”《四库全书总目提要》谓“六法”为“千载不易”之法。

此文据《王氏书画苑》本，并参《佩文斋书画谱》《津逮秘书》诸本，加以校改。

夫画品者，盖众画之优劣也。图绘者，莫不明劝戒，著升沉，千载寂寥，披图可鉴。[1]虽画有六法，罕能尽该，自古及今，各善一节。六法者何？一、气韵生动是也；二、骨法用笔是也；三、应物象形是也；

四、随类赋彩是也；五、经营位置是也；六、传移模写[2]是也。唯陆探微、卫协备该之矣。[3]然迹有巧拙，艺无古今，谨依远近，随其品第，裁成序引。故此所述，不广其源，[4]但传出自神仙，莫之闻见也。

第一品　五人

陆探微　穷理尽性，事绝言象。包前孕后，古今独立，非复激扬所能称赞。[5]但价重之极乎上，上品之外，无他寄言，故屈标第一等。

曹不兴[6]不兴之迹，殆莫复传。唯秘阁之内，一龙而已。观其风骨，名岂虚成？

卫协　古画皆略，至协始精。六法之中，迨为兼善。虽不该备形似，颇得壮气。陵跨群雄，旷代绝笔。

张墨、荀勖　风范气候，极妙参神，但取精灵，遗其骨法。若拘以体物，则未见精粹；若取之象外，方厌膏腴，可谓微妙也。[7]

第二品　三人

顾骏之　神韵气力，不逮前贤，精微谨细，有过往哲。殆变古则今，赋彩制形，皆创新意。若包牺始更卦体，史籀初改书法。常结构层楼以为画所，风雨炎燠之时，故不操笔，天和气爽之日，方乃染毫。登楼去梯，妻子罕见。画蝉雀，骏之始也。宋大明中，天下莫敢竞矣。[8]

陆绥[9]　体韵遒举，风彩飘然，一点一拂，动笔皆奇。传世盖少，所谓希见卷轴故为宝也。

袁蒨　比方陆氏，最为高逸，象人之妙，亚美前贤。但志守师法，更无新意。然和璧微玷，岂贬十城之价也。[10]

第三品　九人

姚昙度　画有逸才，巧变锋出。魑魅神鬼，皆能绝妙，奇正咸宜，雅郑兼善，莫不俊拔，出人意表。天挺生知，非学所及。虽纤微长短，往往失之，而舆皂之中，莫与为匹。岂直栋梁萧艾，可搪突玙璠者哉！[11]

顾恺之　格体精微，笔无妄下；但迹不逮意，声过其实。

毛惠远　画体周赡，无适弗该。出入穷奇，纵横逸笔，力遒韵雅，超迈绝伦，其挥毫必也极妙。至于定质愧然，未尽其善。神鬼及马，泥滞于射，颇有拙也。[12]

夏瞻[13]　虽气力不足，而精彩有余，擅名远代，事非虚美。

戴逵　情韵连绵，风趣巧拔。善图贤圣，百工所范。荀、卫已后，实为领袖。及乎子颙，能继其美。[14]

江僧宝　斟酌袁、陆，亲渐朱蓝。[15]用笔骨梗，甚有师法。像人之外，非其所长也。

吴暕　体法雅媚，制置才巧，擅美当年，有声京洛。[16]

张则　意思横逸，动笔新奇。师心独见，鄙于综采，变巧不竭，若环之无端。景多触目，谢题徐落，云此二人，后不得预焉。[17]

陆杲　体致不凡，跨迈流俗，时有合作，往往出人。点画之间，动流恢服。传于后者，殆不盈握。桂枝一芳，足懋本性；流液之素，难效其功。[18]

第四品　五人

蘧道愍、章继伯[19]　并善寺壁，兼长画扇。人马分数，毫厘不失。别体之妙，亦为入神。

顾宝光[20]　全法陆家，事事宗禀。方之袁蒨，可谓小巫。

王微、史道硕　并师荀、卫，各体善能。然王得其细，史传其真，细而论之，景玄为劣。[21]

第五品　三人

刘瑱[22]　用意绵密，画体简细，而笔迹困弱，形制单省。其于所长，妇人为最。但纤细过度，翻更失真。然观察详审，甚得姿态。

晋明帝[23]　虽略于形色，颇得神气。笔迹超越，亦有奇观。

刘绍祖[24]　善于传写，不闲其思。至于雀鼠，笔迹历落，往往出群。时人为之语，号曰“移画”。然述而不作，非画所先。

第六品　二人

宗炳　炳明于六法，迄无适善，而含毫命素，必有损益。迹非准的，意足师放。

丁光[25]　虽擅名蝉雀，而笔迹轻羸，非不精谨，乏于生气。

注释

[1]“图绘者”五句：《历代名画记》卷一：“陆士衡云：丹青之兴，比雅颂之述作，美大业之馨香，宣物莫大于言，存形莫善于画。此之谓也。善哉，曹植有言曰：观画者，见三皇五帝莫不仰戴，见三季异主，莫不悲惋，见篡臣贼嗣，莫不切齿，见高节妙士，莫不忘食，见忠臣死难，莫不抗节，见放臣逐子，莫不叹息，见淫夫妒妇，莫不侧目，见令妃顺后，莫不嘉贵。是知存乎鉴戒者，图画也。”著升沉，显示褒扬和贬抑。

[2] 传移模写：《历代名画记》引作“传模移写”。

[3] 陆探微（？—约485）：南朝宋画家，吴（今江苏苏州）人。师顾恺之，史称“顾陆”，善人物、山水花木等，笔致细密。卫协：西晋画家，师曹不兴，善画道释人物，其画风对顾恺之影响颇大。

[4]“不广其源”：可能指两方面，一是时间上，以三国曹不兴为最早，汉代以前的绘画没有纳入其考察范围；一是选择一些有代表性的画家，其时画者颇多，入品者仅二十九人。

[5] 穷理尽性：穷尽万物之理，究极天地本然之性。《周易·说卦传》：“穷理尽性，以至于命。”事绝言象：形容陆探微的绘画超越言象之外，表达深层的微妙义理。激扬：极力称赞。

[6] 曹不兴：或作“曹弗兴”，三国时吴画家，擅佛道人物，也工虎、马，尤以画龙见称于世。

[7] 张墨：西晋画家，卫协弟子，善画人物。荀勖：亦卫协弟子，西晋画家。

风范气候:指风格气韵。取之象外:原本无“象”,据《佩文斋书画谱》本补。厌:满足。膏腴:本指肥腻,此指绘画醇浓的意味。

[8] 顾骏之:南朝宋画家,师张墨,擅长画道释人物。逮:及,比得上。包牺:即伏羲。传伏羲创八卦。史籀:周宣王太史,曾作《史籀篇》。大明(457—464):宋孝武帝刘骏年号。按:此条系抄录错误,将顾骏之和宋另一位画家顾宝秀混为一体。见后文辨析。

[9] 陆绥:陆探微子,一名绥洪,工画佛像人物。

[10] 袁蒨:或作“袁倩”,南朝宋画家,师陆探微,擅人物,尤擅妇女肖像。微玷(diàn):微小的瑕疵。

[11] 姚昙度:南朝齐画家,善画罗绮屏障。逸才:奇异的才能。他本作“逸方”,据《历代名画记》改。舆皂:古代将人分十等,最下两等为舆、皂,此指一般画家。岂直栋梁萧艾,可搪突玙璠者哉:此两句意为,怎么能将栋梁之材视为杂草,怎么能唐突美玉之才呢。直,比。搪突,同“唐突”。玙璠(yúfán),美玉。《法言·寡见》:“玉不雕,玙璠不作器。”

[12] 毛惠远:南朝齐画家,善画马。愧然:《历代名画记》引为“块然”,是。块然形容土气,没有活力。泥滞于射:“射”,《历代名画记》引作“时”,是。

[13] 夏瞻:又作夏侯瞻。晋人物画家。

[14] 戴逵(?—396):东晋雕塑家、画家。颙:戴颙,戴逵子,擅雕塑。

[15] 江僧宝:南朝宋人物画家。袁、陆:指袁倩和陆绥。亲渐朱蓝:意为江僧宝从袁、陆那里承继了纯正的画风。

[16] 吴暕:一作吴栋,南朝宋人物画家。京洛:本指长安和洛阳,这里指京城。

[17] 张则:南朝宋人物画家,师范吴暕。师心独见:谓独任己心。谢题徐落:不明其指,疑为窜入。

[18] 陆杲:南朝梁书画家。合作:合意之作。动流恢服:此句颇费解,《历代名画记》引为“动杂灰琯”,《四库全书》引为“动流恢复”。我以为,还是以“动流恢服”为宜,恢服意为恢弘扩大之思。敷(fū):疑当为“敷”,相称。

[19] 蘧道愍:南朝宋画家,师法章继伯。章继伯:南朝齐画家。

[20] 顾宝光:南朝宋书画家,字彦先,师法陆探微。

[21] 史道硕:东晋画家,南朝梁孙畅之《述画记》:“兄弟四人皆善画,以道

硕最知名。”景玄：王微，字景玄。

［22］刘瑱（约460—501）：南朝齐书画家，字士温。官至尚书吏部郎，义兴太守。

［23］晋明帝：司马绍，擅画人物。

［24］刘绍祖：南朝宋画家，与兄刘胤祖均善画。

［25］丁光：南朝齐画家。善画蝉雀。

解说

本文文本存在的问题颇多，主要有以下几个方面：

一是书名。本文初名应为《画品》，张彦远《历代名画记》卷四曹髦条：“谢赫等虽著《画品》，皆阙而不载。”此处“谢赫等”，当指谢赫和姚最（《续画品》作者）。张彦远明确指出，他所征引的谢书为《画品》。姚最作《续画品》则是谢书之续。由此判定，此书本名《画品》无疑。宋人始称谢书为《古今画品》，如《宋秘书省续编到阙书目》、郑樵《通志·艺文略》。自晁公武《郡斋读书志》始有《古画品录》之称，其下相沿此名，直至如今。

二是本文所收录的画家。据《历代名画记》引录共二十九人，而《津逮秘书》《王氏书画苑》等今流行本只及二十七人。尚阙顾景秀、刘胤祖二人。这是抄录时遗漏。

流行本第二品顾骏之条：“顾骏之：神韵气力，不逮前贤，精微谨细，有过往哲。殆变古则今，赋彩制形，皆创新意。若包牺始更卦体，史籀初改书法。常结构层楼以为画所，风雨炎燠之时，故不操笔，天和气爽之日，方乃染毫。登楼去梯，妻子罕见。画蝉雀，骏之始也。宋大明中，天下莫敢竞矣。”此品将顾骏之和顾景秀二人的内容混杂到一起。《历代名画记》卷六：“顾景秀，（中品上）宋武帝时画手也。在陆探微之先，居武帝左右。武帝尝赐何戢蝉雀扇，是景秀画。后戢为吴兴太守,齐高帝求好画扇,戢持献之。陆探微、顾宝光见之,皆叹其巧绝。谢云:'神韵气力,不足前修,笔精谨细,则逾往烈。始变古体,创为今范,赋彩制形,皆有新意。扇画蝉雀自景秀始也。宋大明中,莫敢与竞,在第二品陆绥上。'"而《历代名画记》卷一道:"宋朝顾骏之常结构高楼以为画所,每登楼去梯,家人罕见。若时景融朗,然后含毫,天地阴惨,则不操笔。"顾骏之擅长画道佛人物,并不擅画蝉雀,而作为宋朝三大家(陆探微、顾宝光、顾景秀)之一的顾景秀则是画蝉雀的高手。其错讹显而易见。

《历代名画记》卷六刘胤祖、绍祖二条道:"刘胤祖(下品),官至尚书吏部郎。谢云:'蝉雀特尽微妙,笔迹超越,爽俊不凡。在第三品晋明帝下。'胤祖弟绍祖(下品),官至晋太康太守。谢云:'善于传写,不闲构思,鸠敛卷秩,近将兼两。宜有草创,综于众本,笔迹调快,劲滑有余。然伤于师工,乏其士体,其于模写,特为精密。'"通行本的抄录者又将这兄弟二人混为一体。

三是品第方面的问题。今通行本的品第与《历代名画记》所引出入较大。如《历代名画记》说宋明帝在第三品,通行本在第五品。刘绍祖,《历代名画记》在第六品,通行本在第五品。毛惠远,《历代名画记》在第六品,通行本在第三品。吴暕,《历代名画记》在第二品,通行本在第三品。江僧宝,《历代名画记》在第二品,通行本在第三品。等等。《历代名画记》号称中国画史上的《史记》,其记载较为可信,当依《历代名画记》所载。

四是关于"六法"的句读问题。虽然是一个句读问题,但涉及对"六法"的理解。钱锺书《管锥编》第四册"《全齐文》卷二五"对《画品》的句读提出了质疑:

> 谢赫《古画品》。按论古绘画者,无不援据此篇首节之"画有六法"。然皆谬采虚声,例行故事,似乏真切知见,故不究文理,破句失读,积世相袭,莫之或省。……则谓谢赫此篇若存若亡,未为过尔。
>
> "六法者何?一、气韵,生动是也;二、骨法,用笔是也;三、应物,象形是

也;四、随类,赋彩是也;五、经营,位置是也;六、传移,模写是也。”按当作如此句读标点。唐张彦远《历代名画记》卷一漫引谢赫云:“一曰气韵生动,二曰骨法用笔,三曰应物象形,四曰随类赋彩,五曰经营位置,六曰传移模写”;遂复流传不改。……脱如彦远所读,每“法”胥以四字俪属而成一词,则“是也”岂须六见乎?只在“传移模写”下一之足矣。文理不通,固无止境,当有人以为四字一词,未妨各系“是也”。然观谢赫辞致,尚不至荒谬乃尔也。且一、三、四、五、六诸“法”尚可牵合四字,二之“骨法用笔”四字截搭,则如老米煮饭,捏不成团。盖“气韵”“骨法”“随类”“传移”四者皆颇费解,“应物”“经营”二者易解而苦浮泛,故一一以浅近切事之辞释之。各系“是也”,犹曰“气韵”即是生动,“骨法”即是用笔,“应物”即是象形等耳。

钱氏这一尖锐的意见引起当代学界的关注,不少学者以为钱氏观点匡正千载之谬。然考之史实,参之文意,又见其不然。

唐宋以来,有关“六法”的表述存在着三种不同的文本:一是《历代名画记》,其云:“昔谢赫云,画有六法:一曰气韵生动;二曰骨法用笔;三曰应物象形;四曰随类赋彩;五曰经营位置;六曰传模移写。”

二是黄休复《益州名画记》的文本,其云:“六法者何?一曰气韵生动是也;二曰骨法用笔是也;三曰应物象形是也;四曰随类赋彩是也;五曰经营位置是也;六曰传移模写是也。”

三是通行本(百川本、津逮本、王氏书画苑、四库全书本等):“六法者何?一、气韵生动是也;二、骨法用笔是也;三、应物象形是也;四、随类赋彩是也;五、经营位置是也;六、传移模写是也。”

钱先生所批评的对象是流行本。在这三个文本中,以张彦远的文本最为简洁顺畅,又符合开篇叙述的语气,在这一文本中,并没有钱先生所说的六个“是也”的冗赘表达。张彦远离谢赫时间最近,所以其记载当为可信。

至于钱先生所说的“破句失读”的问题,则是关于文意方面。原来四字句式,并非硬性截搭,所谓“如老米煮饭,捏不成团”并没有出现,相反,其内在义理至为畅通。千古以来人们并没有误解。如“气韵生动”是个主谓结构，强调在绘画的精神气韵上要生动传神。而如钱先生的句读，即成“气韵（者），生动是也”，一个叙述句，则变成判断句（者……也句式，者字省略），用现代汉语来表达，就是“气韵是生动”，这显然不符合文意。因为生动虽然是对气韵的形容，但生动并不是气韵，气韵也不是生动。至于“经营，位置是也”，本来“经营位置”是个动宾结构，则成了经营就是位置，等等。

以下谈对《画品》美学价值的理解。

在理论上，《画品》最突出的贡献，是提出“六法”说。虽然从《画品》的语气上推测，“六法”说可能在当时就已经流行，“六法”说中的一些内涵已经具备了基础，甚至可以说，没有形神、风骨等问题的理论积累，则不可能出现“六法”说。但即便如此，也不应低估谢赫的贡献。毕竟“六法”说是第一次在谢赫的著作中有了完整的表述，而且在“六法”的顺序中，确立了“气韵生动”第一的地位，毕竟是谢赫第一次以“六法”的品评标准来论述绘画问题。有的学者提出“六法”说来自印度绘画“六支”（形别、量、情、美相应、似、笔墨分），这一观点是没有根据的①。

关于“六法”之目，受到传统思想的影响。中国古代有重视“六”的传统，如儒家有六艺，易中有六爻，诗学有所谓六诗、六义，《文心雕龙》有所谓宗经六义、阅文六观等。我以为，六法受到影响最大的当是六书。中国古代就有“字者，画之权舆”“书画同源”的说法。汉字六书可能就是绘画六法所取资的潜在标准。所谓六书，一曰指事，视而可识，察而见意，如上、下；二曰象形，画成其物，随体诘诎，如日、月；三曰形声，以事为名，取譬相成，如江、河；四曰会意，此类合谊，以见指㧑，如武、信；五曰转注，建类一首，同意相受，如考、老；六曰假借，本无其字，依声托事，如令、长。六法取资于六书，如气韵生动之

① 英国学者勃朗提出，谢赫的绘画六法来源于印度的六支（Perey Brown: Indian Painting, 1932, p. 23），金克木：《古代印度文艺理论文选》（人民文学出版社，1980年）一书有辨析，见该书第21—22页。

于会意，骨法用笔之于指事，应物象形之于象形，随类赋彩之于形声，传移模写之于转注，经营位置之于假借，其中似有某种内在的勾连。当然，并不是说，应物象形就是象形，汉字结构与绘画创造有本质的差异，只是说它们之间有某种相似的成分，这种相似的成分恰源于“书画同源”。

谢赫的“六法”不仅提出一套考察绘画的方法，而且在理论上有重大贡献。“六法”并不因为所谓“破句失读”而“若存若亡”，相反，它在中国画学史乃至整个中国艺术史上产生了深刻影响。在一定程度上，对“六法”的接受和阐释，影响了中国艺术传统的形成。所以考察“六法”的理论意义，还必须到中国艺术传统、美学传统中去寻找。“六法”说至少在两个方面，具有重要的理论贡献，一是确立气韵生动第一的品评标准，二是体现形、骨、神三者并重的审美趣味。

《画品》确立了气韵生动第一的品评标准，这不仅对于绘画乃至中国整个艺术，都具有重要意义，因为它是中国美学的一条重要标准。在谢赫的时代，气韵生动主要针对人物画而言，而唐宋之后，它扩大到整个绘画，并化入中国气化哲学的内涵，使其由生动传神的要求发展为表现宇宙生机、个体生命的核心命题，如明汪砢玉所说的：“所谓气韵者，即乃天地间之英华也。”（《珊瑚网》卷四十三）

气韵生动第一的纲领，还确立了艺术品评中重视风神、气度、气势的独特审美精神，使得中国绘画渐渐超越形似的樊篱，追求形式内部的独特韵味，绘画的形式只是提供了一个起点，或者说是一个引子，使鉴赏者由此而进入更加丰富的世界。气韵生动这一命题所包含的对音乐感的强调，正是要求绘画这一空间艺术中注入更多的时间美感。

气韵生动第一的纲领，还应和了中国艺术重视妙悟的创造方式。北宋郭若虚由这一命题拈出气韵不可学的思想，他说：“六法精论，万古不移。然而骨法用笔以下五者可学，如其气韵，必在生知，固不可以巧密得，复不可以岁月到，默契神会，不知然而然也。”（《图画见闻志》)六法中,骨法用笔、应物象形、随类赋彩、经营位置和传移模写属于技巧方面,可以通过学习而达到,而气韵不可学。明李日华说:“绘画必以微茫惨澹为妙境,非性灵澄彻者,未易证入。所谓气韵在于生知,正在此虚澹中所含意多耳。”明末董其昌说:“画史云:‘若其气韵,必在生知。’可为笃论矣。”并将其与绘画“南北宗”理论联系在一起,认为“画有六法,若其气韵。必在生知,转工转远”。气韵不是通过知识的累积就可以达到的,必须“一超直入如来地”——通过妙悟方能达到。他的观点与郭若虚必须“默契神会”以达至的观点是一致的。传统艺术哲学“气韵不可学”的观点,实际上涉及两条认识途径,一是认知,一是生命的体验。

气韵不可学,必在“生知”。这是否意味气韵天授,由先天决定的呢?显然不能做此判断。郭若虚的“生知”说,当受到孔子“生而知之者上也,学而知之次也,学而不知又其次也”观点的影响。孔子的“生而知之”,就不是先天决定论。孔子一生重“学”,然其“学”包括知识的积累和境界的提升两个方面。子贡学识深,颜回不及,然孔子认为其门下颜回为最“好学”之人,而以“器也”评子贡。他认为,人的一生都是学的过程,境界的提升比知识的积累更重要。他的“生而知之者,上也”,显然落脚在生命根性上的把握,而不是先天就具有。

“六法”说的第二个理论要义是,突出了形、骨、神三者并重的审美趣味。

唐张怀瓘在评论顾恺之、张僧繇、陆探微三人的绘画特点时说:“张得其肉,陆得其骨,顾得其神。”肉、骨、神是三个不同的评论角度,肉是外形,骨是气骨梗概,神是气韵。这三个角度恰好反映了谢赫“六法”形、骨、神三者并重的绘画思想,《历代名画记》卷一《论画六法》说:“至于鬼神人物,有生动之可状,须神韵而后全,若气韵不周,空陈形似,笔力未遒,空善赋彩,谓非妙也。”在张彦远看来,画有“六法”,“六法”的理论核心在形、骨、神三者,这是颇有见地的。在他看来，谢赫论画虽标“六法”，但主要显示出的是重气韵、重骨力、重形似的特点。

“六法”中的前四法是谈绘画的创造原则，经营位置谈构图，而“传移模写”一法类似于六书中的转注、假借，是所谓“用字之法”。在前四法中，气韵第一，次言骨法，三、四两法都是形似之法。在绘画的创作原则中，突出气韵、骨力、形似三者。

就重气韵而言，如他评张墨、荀勖说：“风范气候，极妙参神”；评戴逵说：“情韵连绵，风趣巧拔”；评张则“意思横逸”。正像张彦远所说，谢赫是以气韵来统骨力、形似，气韵为本，所谓“须神韵而后全”，就是就此而言的。

就重视骨力而言，这与当时的审美风尚有关，他评画重气力，如评江僧宝“用笔骨梗”；评夏瞻云“虽气力不足，而精彩有余”；评卫协“颇得壮气”；批评丁光“笔迹轻羸”，评刘瑱“笔迹困弱”。不过谢赫推崇骨力，更重视内孕的力感，即“遒”，力最好是含蓄的，是在形式内部形成冲突，这样就易造成一种内在的“势”（张力）。如他评毛惠远“力遒韵雅，超迈绝伦”；评陆绥“体韵遒举”。

就重形似而言，“六法”中的应物象形、随类赋彩都是就此而言，像汤垕所说的“形似者，俗子之见也”的观点，在谢赫的时代并不存在。不过，谢赫六法中的形似，是气韵和骨力统领下的形似，在这里已经埋下了后世“不似之似似之”理论的基础。

“六法”中还隐藏着中国绘画重视线条的传统。在世界绘画史上，没有哪个民族的绘画受文字影响有中国这样深，汉字为绘画的源头，在汉字基础上产生的书法艺术是绘画精神气脉形成的重要基础，没有汉字、书法的影响，就不可能产生中国画这种独特的形式。汉字影响绘画在构形，书法影响绘画在线条和墨色晕染，因此，书法对绘画的影响更具根本性。谢赫“六法”的重要贡献，就在于将这一传统反映出来，它对后世绘画产生深远的影响。中国绘画尚线的传统正是在“六法”第一次获得了明确的理论解释。谢赫可能并不是一位出色的画家，但他对线条作用的体会则是深刻的。他重视用笔的思想正突显了线条的作用，他强调在线条的表现中重视内在的力感的思想无疑丰富了中国绘画线条的思想。飞舞的线条是中国绘画的灵魂，线条在中国画中具有表现立体并取代阴影晕染的能力。正是在这个意义上，张彦远以气韵、骨力、形似三者归纳“六法”，并将这三者最终落实到用笔，所谓“夫象物必在于形似，形似须全其骨气，骨气形似皆本于立意而归乎用笔”，这个“归乎用笔”正是中国画的归宿。

参考文献

王伯敏点校：《古画品录》，北京：人民美术出版社，1963 年。

朱玄：《中国山水画美学研究》，台北：学生书局，1997 年。

叶朗：《中国美学史大纲》，上海：上海人民出版社，1985 年。

刘纲纪：《六法初步研究》，上海：上海人民美术出版社，1963 年。

陈望衡：《中国古典美学史》，长沙：湖南教育出版社，1998 年。

邓乔彬：《中国绘画思想史》，贵阳：贵州人民出版社，2001 年。

文心雕龙

[南朝梁] 刘勰

这部被清代学者谭献称为“文苑之学,寡二少双”的著作,大约成书于南齐中兴元年到二年间(501—502)。作者刘勰(约465—约522),历跨宋齐梁三代。字彦和,东莞莒(今山东莒县)人,但南朝宋时此处已沦陷,在京口(今镇江)建南东莞郡,所以刘勰家自祖父以来“世居京口”。祖父和父亲都做过朝廷的官员,但地位不高,刘勰出身于素族而非世族。《梁书·刘勰传》说:“勰早孤,笃志好学,家贫不婚娶。”二十多岁始,跟随佛学大师僧祐,前后有十多年,整理佛教典籍,于佛学有精深造诣。今存其《灭惑论》等,可见其佛学修养,这一学术背景显然对《文心雕龙》的写作产生影响。范文澜说:“彦和精湛佛理,《文心》之作,科条分明,往古所无。自《书记》篇以上,即所谓界品也,自《神思》篇以下,即所谓问论也。”不仅如此,《文心雕龙》在思想上也有受佛学影响的明显痕迹。他做过东宫通事舍人之类的官,故世称“刘舍人”。昭明太子萧统好文学,非常欣赏其才华。

这部巨著共有五十篇,按照此书后序《序志篇》的说明,这五十篇分为上下两篇,上篇是“明纲领”,下篇是“显毛目”。上篇二十五篇,下篇二十四篇,另有后序《序志》一篇。这样的结构,刘勰说是模仿《周易》“大衍之数五十,其用四十又九”的形式而成。上篇的二十五篇由“文之枢纽”和“论文叙笔”两部分组成,“文之枢纽”部分是总论，主要谈思想基础，有《原道》《征圣》《宗经》《正纬》《辨骚》五篇，贯穿了以儒家思想为立论之基的思想观点。这里的《辨骚》篇，虽是论述一种文体，但由于文学领域中的《诗》《骚》并重的现象以及楚辞中深涵的新变思想，刘勰巧妙地以其为过渡篇章，既作为枢纽显其位置，又不失和文体论的粘连。“论文叙笔”部分主要是文体论，作者几乎囊括了有史以来所有文体，对每种文体按照“原始以表末，释名以章义，选文以定篇，敷理以举统”的写作思路，一一加以论述。这部分又可析为二，一是“论文”，主要是有韵文；一是叙笔，乃是无韵文。在下篇的二十四篇中，从第二十六篇《神思》开始到第四十四篇《总术》以及第四十六篇《物色》（此篇当在《附会》之下，《总术》之上，为错检），共二十篇，是创作论部分，其重要的美学思想主要集中在此部分。此部分以《神思》为统领，以《总术》作结，探讨了“体性”“风骨”“情采”“定势”“比兴”“养气”“声律”“隐秀”等一系列重要问题。最后的四篇分别是《时序》《才略》《知音》《程器》，主要谈文学批评和文学的发展问题。这样秩然有序的结构，确能称得上“体大而思精”（清章学诚语），为中国文论史、中国美学史上所仅见。

这里选解了《神思》《风骨》《隐秀》《物色》四篇。据清黄叔琳校定之《文心雕龙》本，并参考了范文澜《文心雕龙注》、杨明照《文心雕龙校注》和《校注拾遗》、王利器《文心雕龙新证》、祖保泉《文心雕龙解说》等的校勘成果。

神　思[1]

古人云：“形在江海之上，心存魏阙之下。”[2]神思之谓也。文之思也，其神远矣。故寂然凝虑[3]，思接千载；悄焉动容，视通万里；吟咏之间，吐纳珠玉之声；眉睫之前，卷舒风云之色；其思理之致乎！故思理为妙，神与物游。神居胸臆，而志气统其关键；物沿耳目，而辞令管其枢机。[4]枢机方通，则物无隐貌；关键将塞，则神有遁心。

是以陶钧文思，贵在虚静，疏瀹五藏，澡雪精神。[5]积学以储宝，酌理以富才，研阅以穷照，驯致以怿辞。[6]然后使元解之宰，寻声律而定墨；独照之匠，窥意象而运斤：[7]此盖驭文之首术，谋篇之大端。

夫神思方运，万涂竞萌，规矩虚位，刻镂无形。[8]登山则情满于山，观海则意溢于海，我才之多少，将与风云而并驱矣。方其搦翰，气倍辞前，暨乎篇成，半折心始。[9]何则？意翻空而易奇，言征实而难巧也。是以意授于思，言授于意，[10]密则无际，疏则千里。或理在方寸，而求之域表；或义在咫尺，而思隔山河。是以秉心养术，无务苦虑；含章司契，[11]不必劳情也。人之禀才，迟速异分，文之制体，大小殊功。相如含笔而腐毫，扬雄辍翰而惊梦，桓谭疾感于苦思，王充气竭于思虑，张衡研京以十年，左思练都以一纪。[12]虽有巨文，亦思之缓也。淮南崇朝而赋《骚》，枚皋应诏而成赋，子建援牍如口诵，仲宣举笔似宿构，阮瑀据案而制书，祢衡当食而草奏，虽有短篇，亦思之速也。[13]

若夫骏发之士，心总要术，敏在虑前，应机立断；覃思之人，情饶歧路，鉴在虑后，研虑方定。[14]机敏故造次而成功[15]，虑疑故愈久而致绩。难易虽殊，并资博练。若学浅而空迟，才疏而徒速，以斯成器，未之前闻。是以临篇缀虑，必有二患：理郁者苦贫，辞弱者伤乱，然则博见为馈贫之粮，贯一为拯乱之药，博而能一，亦有助乎心力矣。

若情数诡杂，体变迁贸，[16]拙辞或孕于巧义，庸事或萌于新意；[17]视布于麻，虽云未贵，杼轴献功，焕然乃珍。[18]至于思表纤旨，文外曲致，言所不追，笔固知止。至精而后阐其妙，至变而后通其数，伊挚不能言鼎，轮扁不能语斤，其微矣乎！[19]

赞曰：神用象通，情变所孕。物以貌求，心以理应。刻镂声律，萌芽比兴。结虑司契，垂帷制胜。[20]

注释

[1] 神思：《文心雕龙》第二十六篇，创作论的第一篇。具有创作论总纲的

意思。神思,神之思,此文泛论文思的心理特征。有论者将此解释为“想象”,似乎并不准确。因为这里谈的不仅是想象,还包括文思的酝酿、迟速、构思的心理基础等,同时还涉及一种不可以语言描绘的艺术心理形式。神思主要是讲“神”之“思”。作为一个术语在刘勰之前多有人使用。如南朝宋宗炳《画山水序》:“万趣融其神思。”南朝梁萧子显《南齐书·文学传论》:“属文之道,事出神思。”

[2] “古人云”两句:《庄子·让王》:“中山公子牟谓瞻子曰:身在江海之上,心居乎魏阙之下,奈何?”魏阙,巍然之宫阙。魏,通“巍”。

[3] 寂然凝虑:宁静致思,收聚心神。寂然,《易传·系辞上》:“寂然不动,感而遂通天下之故。”

[4] “神居胸臆”句:人的心理世界,由志气统领。志,是意志力;气,源自生理的心理支持力量。“物沿耳目”句:在意象表达中,语言的研磨是关键。枢机,意同关键。

[5] 陶钧文思:熔铸文思,也就是构思。疏瀹五藏:疏瀹(yuè),疏通洗涤。五藏,即五脏。澡雪精神:为心灵沐浴,即荡涤灵府。此二句出自《庄子·知北游》:“汝齐(同“斋”)戒,疏瀹而心,澡雪而精神,掊击而知。”

[6] 积学以储宝:积累知识,知识是神思的食粮。此句谈“学”。酌理以富才:会通事理来增强自己的才干。此句谈“识”。研阅以穷照:广泛地阅历。此句谈“历”(经验)。驯致以怿辞:思绪畅达,言辞和悦,此句谈临文构思时心灵的状态。驯,通“顺”。致,思致。怿辞,他本或作“绎辞”,非。“怿辞”语出《诗经·大雅·板》:“辞之辑矣,民之洽矣。辞之怿矣,民之莫矣。”传:“怿,说(即悦)。”孔疏:“王者若出教令,其辞气之和顺矣,则下民之心相与合聚矣。其辞气之悦美矣,则下民之心皆得安定矣。”

[7] “然后使元解之宰”四句:元解,即“玄解”,玄解之宰,深通大道之人。独照之匠,与玄解之宰意有仿佛,意即得道之人。“玄解”“独照”取自经典。《庄子·大宗师》:“安时而处顺,哀乐不能入也。此古之所谓县(通“悬”)解也,而不能自解者,物有结之。”又南朝宋宗炳《明佛论》:“识能澄不灭之本,禀日损之学,损之又损,必至无为,无欲欲情,唯神独照,则无当于生矣。”窥意象而运斤,今或有论者谓,此“意象”乃偏义复词,义在象。此判断不确。“然后使”以下四句是就表达而言的,在表达上,斟酌文辞传达心中之思。此“思”不是纯然的意,也不是纯然的象,而是神思中的意象,故此说“意象”。联系“寻声律而定

墨”也可看出“意象”非偏义复词,“声律”二字均有实意。这是作为美学意义上的“意象”范畴的较早语源。

［8］ 规矩虚位,刻镂无形:此谈神思之特征,神思初起,心中空茫,所以说是“虚位”“无形”,神思就是起于虚空,成于意象玲珑。《文赋》:“课虚无以责有,叩寂寞而求音。”

［9］ 搦(nuò)翰:下笔。搦,握。气倍辞前:下笔之前颇有勇气。半折心始:文章写成后,不及初衷。此谈语言表现的局限。

［10］ 意授于思:意象来自神思。言授于意:语言来自意象传达的需要。此二句谈神思—意象—语言之关系。

［11］ 含章司契:含章指外在物象。司契指寻求契合。《文心雕龙·原道》:“仰观吐曜,俯察含章。”含章指大地上的物象。《周易·坤》:“六三:含章可贞。”大地蕴涵着华彩。刘勰以含章指代大地。

［12］ 相如含笔而腐毫:说有的人文思缓慢,渐入佳境。《西京杂记》卷二:“司马相如为《上林》《子虚》赋,意思萧散,不复与外事相关,控引天地,错综古今,忽然如睡,焕然而兴,几百日而后成。”“扬雄辍翰而惊梦”二句:东汉桓谭《新论·祛蔽第八》:“余少时见扬子云之丽文高论,不自量年少新进,而猥欲逮及。尝激一事,而作小赋,用精思太剧,而立感动发病,弥日瘳。子云亦言,成帝时,赵昭仪方大幸,每上甘泉,诏使作赋,为之卒暴,思精苦,始成,遂因倦小卧,梦其五藏出在地,以手收而内之。及觉,病喘悸,大少气。病一岁。”王充气竭于思虑:《论衡·对作》谈《论衡》之作,“明辨然否,疾心伤之,安能不论?”张衡研京以十年:《后汉书·张衡传》说张衡作《二京赋》“精思傅会,十年乃成”。左思练都以一纪:史载左思构思《三都赋》十年时间。一纪,十二年。

［13］ 以下几句写构思的神速。淮南崇朝而赋《骚》:据汉高诱《淮南子序》:“诏使为《离骚赋》,自旦受诏,日早食已上。”崇朝,一个早上。枚皋应诏而成赋:《汉书·枚皋传》说其“上有所感,辄使赋之。为文疾,受诏辄成”。子建援牍如口诵:此句说曹植文思泉涌,其事甚多。仲宣举笔似宿构:王粲作文快,如同事前构思好的,举笔即成。《三国志·魏志·王粲传》:“善属文,举笔便成,无多改定,时人常以为宿构。”阮瑀据案而制书:《三国志·魏志·王粲传》注引《典略》:“太祖(曹操)尝使瑀作书于韩遂。时太祖适近出,瑀随从,因于马上具曹,书成呈之。太祖揽笔欲有所定,而竟不能增损。”祢衡当食而草奏:《后

汉书·祢衡传》:“刘表尝与诸文人共草章奏,并极其才思。时衡出,还见之,开省未周,因毁以抵地。表怃然为骇。衡乃从求笔札,须臾立成。辞义可观。”

［14］ 心总要术:心中能够抓住关键。覃思:深思。

［15］ 造次而成功:很快成功。造次,形容速度之快,意同突然。

［16］ 情数诡杂:心灵的变化微妙难测。体变迁贸:文辞表达也充满了变化。“变迁贸”三字均有变易之义,三字叠出,形容变化之多。

［17］ 拙辞或孕于巧义:粗糙的文辞中也许孕育着巧妙的意思。庸事或萌于新意:平凡的事情中也许会产生出新意。

［18］ “视布于麻”四句:布由麻织成,比喻意象是从原始素材中提炼出来的。虽然由素材到意象表面上变化不大,但却是质的差异。因为神思在其中发挥了作用,使得平凡的素材,变成了作品中灿烂的艺术形象。杼轴,指构思的心灵。

［19］ “至于思表纤旨”数句,说的是不能用语言描述的神思现象。思表纤旨:思维深层微妙的意旨。文外曲致:语言之外深藏的韵味。伊挚不能言鼎:《吕氏春秋·孝行览第二·本味》汤得伊尹,问其治国之法,其以美味作比,云:“鼎中之变,精妙微纤,口弗能言,志弗能喻。”轮扁不能语斤:《庄子·天道》:“桓公读书于堂上。轮扁斫轮于堂下,释椎凿而上,问桓公曰:敢问,公之所读者何言邪?公曰:圣人之言也。曰:圣人在乎?公曰:已死矣。曰:然则君之所读者,古人之糟魄已夫!桓公曰:寡人读书,轮人安得议乎!有说则可,无说则死。轮扁曰:臣也以臣之事观之。斫轮,徐则甘而不固,疾则苦而不入。不徐不疾,得之于手而应于心,口不能言,有数存焉于其间。臣不能以喻臣之子,臣之子亦不能受之于臣,是以行年七十而老斫轮。古之人与其不可传也死矣,然则君之所读者,古人之糟魄已夫!”

［20］ 神用象通,情变所孕:心灵因外物的感召而兴发感动,推动着情感的运动。物以貌求,心以理应:即外求物貌,内求心理。刻镂声律,萌芽比兴:主要指斟酌形式,表达心中的构思。结虑司契:细细地推敲,以期最合适的表达。垂帷制胜:意同运筹帷幄之中,决胜千里之外。

风　骨[1]

《诗》总六义,风冠其首,斯乃化感之本源,志气之符契也。[2]是以怊怅[3]述情，必始乎风；沈吟铺辞，莫先于骨。故辞之待骨，如体之树骸；情之含风，犹形之包气。结言端直，则文骨成焉；意气骏爽，则文风清焉。若丰藻克赡，风骨不飞，则振采失鲜，负声无力。是以缀虑裁篇，务盈守气，刚健既实，辉光乃新。[4]其为文用，譬征鸟之使翼也。

故练于骨者，析辞必精；深乎风者，述情必显。捶字坚而难移，结响凝而不滞，此风骨之力也。若瘠义肥辞，繁杂失统，则无骨之征也。思不环周，牵课[5]乏气，则无风之验也。昔潘勖锡魏，思摹经典，群才韬笔，[6]乃其骨髓峻也；相如赋仙，气号凌云，蔚为辞宗，乃其风力遒也。[7]能鉴斯要，可以定文，兹术或违，无务繁采。

故魏文称："文以气为主，气之清浊有体，不可力强而致。"[8]故其论孔融，则云"体气高妙"，论徐幹，则云"时有齐气[9]"，论刘桢，则云"有逸气"。公幹亦云："孔氏卓卓，信含异气；笔墨之性，殆不可胜。"[10]并重气之旨也。夫翚翟备色，而翾翥百步，肌丰而力沈也；鹰隼乏采，而翰飞戾天，骨劲而气猛也。[11]文章才力，有似于此。若风骨乏采，则鸷集翰林；采乏风骨，则雉窜文囿；唯藻耀而高翔，固文笔之鸣凤也。若夫熔铸经典之范，翔集子史之术，洞晓情变，曲昭文体，然后能孚甲[12]新意，雕画奇辞。昭体，故意新而不乱，晓变，故辞奇而不黩。若骨采未圆，风辞未练，而跨略旧规，驰骛新作，虽获巧意，危败亦多，岂空结奇字，纰缪而成经矣？《周书》云："辞尚体要，弗惟好异。"[13]盖防文滥也。然文术多门，各适所好，明者弗授，学者弗师。于是习华随侈，流遁忘反。若能确乎正式，使文明以健，则风清骨峻，篇体光华。能研诸虑，何远之有哉！

赞曰：情与气偕，辞共体并。文明以健，珪璋乃聘。蔚彼风力，严此骨鲠。才锋峻立，符采克炳。[14]

注释

[1]《风骨》为《文心雕龙》第二十八篇。

［2］ 化感：教化，感化。此据《毛诗大序》的观点，其云："风，风也，教也，风以动之，教以化之。"符契：凭证，引为显现。古代朝廷传达命令或调兵将用的凭证，双方各执一半，以验真假，称为符，又称符信（因是信物）、符契（两半相契）。《晋书·帝纪第六》："宜勠力一心，若合符契。"

［3］ 怊怅（chāochàng）：郁闷悲伤。

［4］ 刚健既实，辉光乃新：《周易·大畜·象》曰："刚健，笃实，辉光，日新其德。"

［5］ 牵课：原作"索莫"，从何倬校。勉强的样子。

［6］ 潘勖锡魏，思摹经典，群才韬笔：魏潘勖，字元茂，《文选》载潘勖《册魏公九锡文》，为曹操加九锡。此为歌功颂德之文，刘勰此例所举不当。韬，本指剑的外壳，此用为隐藏。

［7］ "相如赋仙"四句：赋仙，指《大人赋》。《史记·司马相如列传》："相如既奏大人之颂，天子大说（同"悦"），飘飘有凌云之气，似游天地之间意。"

［8］ 语出魏晋曹丕《典论·论文》。

［9］ 齐气：舒缓之气。

［10］ 刘桢此文已佚。孔氏：指孔融。异气：独特的禀赋。

［11］ 翚（huī）：雉鸟。《尔雅》："五采皆备成章曰翚。"翟：长尾山鸡，尾美。翾（xuān）翥：飞翔得较底或较慢。翰飞戾天：飞上高天。《诗经·小雅·小宛》："宛彼鸣鸠，翰飞戾天。"

［12］ 孚甲：产生。

［13］《尚书·周书·毕命》："辞尚体要，不惟好异。"此语又见《文心雕龙·征圣》征引。

［14］ 文明以健：文明言其美，健言其刚健。《周易·同人·象》："文明以健，中正而应。"珪璋：指华美的文章。骨鲠：骨力。符采克炳：文采能炳然照耀。

隐　秀[1]

夫心术之动远矣，文情之变深矣，源奥而派生，根盛而颖峻，是以文之英蕤[2]，有秀有隐。隐也者，文外之重旨者也；秀也者，篇中之独拔者也。[3]隐以复意为工，秀以卓绝为巧。斯乃旧章之懿绩，才情之嘉会也。

夫隐之为体，义生文外，秘响旁通，伏采潜发，譬爻象之变互体，川渎之韫珠玉也。[4]故互体变爻，而化成四象；[5]珠玉潜水，而澜表方圆。（下脱） “朔风动秋草，边马有归心”，[6]气寒而事伤，此羁旅之怨曲也。

凡文集胜篇，不盈十一，篇章秀句，裁可百二。并思合而自逢，非研虑之所课也。[7]或有晦塞为深，虽奥非隐，雕削取巧，虽美非秀矣。故自然会妙，譬卉木之耀英华；润色取美，譬缯帛之染朱绿。朱绿染缯，深而繁鲜；英华曜树，浅而炜烨。[8]隐篇所以照文苑，秀句所以侈翰林，盖以此也。

赞曰：深文隐蔚，[9]余味曲包。辞生互体，有似变爻。言之秀矣，万虑一交。动心惊耳，逸响笙匏。

注释

[1] 隐秀：此篇为《文心雕龙》第四十篇。本篇是五十篇中唯一的残篇。据黄叔琳、纪昀之评，此篇原缺少一页，至明有好事者补上全文。但所补之文字与时代、刘勰的写作习惯均不合。今也有学者认为，补充之文乃是真文。《隐秀》是讨论诗歌写作中的隐和显的问题。涉及中国美学的一个重要问题：含蓄。

[2] 英蕤（ruí）：指作文高妙处。

[3] 文外之重旨：即象外之象，韵外之味。秀也者，篇中之独拔者：秀乃指一篇中最精彩的部分。西晋陆机《文赋》："立片言以居要，乃一篇之警策。"

[4] "夫隐之为体"六句：义生文外，文辞之外的意味，即言外之意。秘响，幽深的意韵。伏采，隐秘的内涵。秘响和伏采均指深藏于形式之内的意韵。爻象之变互体，此以《易》爻象中的互体来作比喻。《易》每卦六爻，二三四和三四五可以互体为另一卦，还有所谓连互的方法，由一卦生出更多的卦来。无非是为了"引而申之，推而广之，触类而长之"，在有限的卦象中推出无限的意义来。川渎之韫珠玉，《文赋》："石韫玉而山辉，水怀珠而川媚。"此六句都在形容隐秀藏而不露的特点。

[5] 故互体变爻，而化成四象：在互体的变化中，因互为另卦，由一卦之二

象而生出四象。变爻之说与易的占卜原理有关,易占卜九六变,七八不变,每占一卦(本卦),又依其变与不变,生出另一卦(之卦),并依变与不变以及变爻的多寡位置等来确定具体的占辞。由本卦和之卦所包含的四经卦而言,也是化成四象。

[6] “朔风动秋草”二句:《文选》卷二十九《诗己》载晋王瓒《杂诗》:“朔风动秋草,边马有归心。胡宁久分析,靡靡忽至今。王事离我志,殊隔过商参。”

[7] 并思合而自逢,非研虑之所课:刘勰认为,篇中的秀句并不是有意追求就可以得到的,而要在绵密的用思中自然而然获得。

[8] 缯(zēng):东汉许慎《说文解字》:“缯,帛也。”炜烨:鲜丽灿烂的样子。

[9] 深文隐蔚:隐蔚,隐藏的文辞。《周易·革·象传》:“君子豹变,其文蔚也。”深文隐蔚如同上文所说的秘响、伏采,意均为含蓄。

物色[1]

春秋代序,阴阳惨舒,[2]物色之动,心亦摇焉。盖阳气萌而玄驹步,阴律凝而丹鸟羞,微虫犹或入感,四时之动物深矣。若夫珪璋挺其惠心,英华秀其清气,物色相召,人谁获安?[3]是以献岁发春,悦豫之情畅;滔滔孟夏,郁陶之心凝。天高气清,阴沉之志远;霰雪无垠,矜肃之虑深。[4]岁有其物,物有其容;情以物迁,辞以情发。一叶且或迎意,[5]虫声有足引心。况清风与明月同夜,白日与春林共朝哉!

是以诗人感物,联类不穷。[6]流连万象之际,沉吟视听之区。写气图貌,既随物以宛转;属采附声,亦与心而徘徊。[7]故“灼灼”状桃花之鲜,“依依”尽杨柳之貌,“杲杲”为出日之容,“瀌瀌”拟雨雪之状,“喈喈”逐黄鸟之声,“喓喓”学草虫之韵。[8]“皎日”“嘒星”,一言穷理;“参差”“沃若”,两字连形:[9]并以少总多,情貌无遗矣。虽复思经千载,将何易夺?及《离骚》代兴,触类而长,物貌难尽,故重沓舒状,[10]于是“嵯峨”之类聚,“葳蕤”之群积矣。及长卿之徒,诡势瑰声,[11]模山范水,字必鱼贯。所谓诗人丽则而约言,辞人丽淫而繁句也。[12]

至如《雅》咏棠华，"或黄或白"；《骚》述秋兰，"绿叶""紫茎"。凡摛表五色，贵在时见，若青黄屡出，则繁而不珍。[13]

自近代以来，文贵形似，窥情风景之上，钻貌草木之中。吟咏所发，志惟深远，[14]体物为妙，功在密附。故巧言切状，如印之印泥，不加雕削，而曲写毫芥。故能瞻言而见貌，即字而知时也。然物有恒姿，而思无定检，或率尔造极，或精思愈疏。[15]且《诗》《骚》所标，并据要害，故后进锐笔，怯于争锋。莫不因方以借巧，即势以会奇，善于适要，则虽旧弥新矣。[16]是以四序纷回，而入兴贵闲；[17]物色虽繁，而析辞尚简；使味飘飘而轻举，情晔晔而更新。古来辞人，异代接武，莫不参伍以相变，因革以为功，物色尽而情有余者，晓会通也。[18]若乃山林皋壤，实文思之奥府，略语则阙，详说则繁。然则屈平所以能洞监风骚之情者，抑亦江山之助乎？[19]

赞曰：山沓水匝，树杂云合。目既往还，心亦吐纳。春日迟迟，秋风飒飒，情往似赠，兴来如答。[20]

注释

[1] 物色：本篇为《文心雕龙》第四十六篇，关于其位置，范文澜认为应该放在《附会》之下，《总术》之上。而有的论者则认为放在此是恰当的位置。在刘勰之前，"物色"就是一个合成词，意近自然物象。东汉李尤《函谷关赋》："爰物色而庶道，为著书而肯留。"宋谢庄《黄门侍郎刘琨之诔》："顾物色之共伤，见车徒之相泫。"宋张兴世《若耶山敬法师诔》："存亡既代，物色长衰。"南朝梁萧统《文选》卷十三《赋庚》列"物色类"，李善注："四时所观之物色而为之赋。又云：有物有文曰色。风虽无正色，然亦有声。"从收入此类的赋情况看，显然，萧统是以"物色"概指自然物象。南朝梁萧统《答玄圃园讲颂启令》："银草金云，殊得物色之美。"刘勰为萧统中书舍人，与其相善，他所使用"物色"含义同于萧统。从《物色》的内容看，此也当作自然物象。

[2] "春秋代序"二句：随着四季变化，大自然显示出阴惨阳舒的不同气息。《楚辞·离骚》："日月忽其不淹兮，春与秋其代序。"

[3] 盖阳气萌而玄驹步：春天到来，阳气萌生，蚂蚁等开始活动了。玄驹，

蚂蚁。《大戴礼记·夏小正》:“玄驹贲。玄驹也者,螘也。贲者,何也? 走于地中也。”螘(yǐ),同“蚁”。阴律凝而丹鸟羞:秋天到了,螳螂开始进食了。阴律,指秋天。《大戴礼记·夏小正》:“‘丹良羞白鸟。’丹鸟者,谓丹良也。白鸟,谓闽蚋也。其谓之鸟,何也? 重其养者也。有翼者为鸟。羞也者,进也,不尽食也。”珪璋:此指英杰之才。《诗经·大雅·卷阿》:“如颙如印,如圭如璋。”郑笺:“王有贤臣,与之以礼义相切磋,体貌则颙颙然敬顺,志气则印印然高朗,如玉之圭璋也。”

[4] 献岁发春:新的一年的春天到来。《楚辞·招魂》:“乱曰:献岁发春兮,汨吾南征。”滔滔孟夏:滔滔,形容夏天的阳气浓盛。《楚辞·九章·怀沙》:“滔滔孟夏兮,草木莽莽。”郁陶之心凝:郁陶,郁闷不乐。据《诗品》引《夏歌》云:“郁陶乎予心。”《楚辞·九辩》:“岂不郁陶而思君兮? 君之门以九重!”霰雪无垠:《楚辞·九章·涉江》:“霰雪纷其无垠兮,云霏霏而承宇。”霰(xiàn),雪粒子。矜肃:庄重严肃的样子。

[5] 一叶且或迎意:《淮南子·说山训》:“见一叶落而知岁之将暮。”梁江淹《卧疾怨别刘长史诗》:“但见一叶落。哀恨方未平。”

[6] 诗人感物:这里主要指《诗经》的作者受物类的感召。联类不穷:引起翩翩无穷之联想。

[7] “写气图貌”四句:描写自然的特征,既做到和外物徘徊优游,又做到在内心里盘桓宛转。气、貌、采(色)、声,指自然的形式特征。

[8] “灼灼”状桃花之鲜:《诗经·周南·桃夭》:“桃之夭夭,灼灼其华。”“依依”尽杨柳之貌:《诗经·小雅·采薇》:“昔我往矣,杨柳依依。今我来思,雨雪霏霏。”“杲杲”为出日之容:“杲杲”两字形容太阳出来的样子。《诗经·卫风·伯兮》:“其雨其雨,杲杲日出。”“瀌(biāo)瀌”拟雨雪之状:瀌瀌,雪很大的样子。《诗经·小雅·角弓》:“雨雪瀌瀌,见晛(xiàn,日光)曰消。”“喈喈”逐黄鸟之声:逐,描摹。《诗经·周南·葛覃》:“黄鸟于飞,集于灌木,其鸣喈喈。”“喓喓”学草虫之韵:《诗经·召南·草虫》:“喓喓草虫。趯趯阜螽。未见君子,忧心忡忡。”

[9] “皎日”“嘒星”,一言穷理:像“皎日”“嘒星”这样的描写,分别通过“皎”“嘒”,就写出了太阳的光亮和星星的微小了。《诗经·王风·大车》:“谓予不信,有如皎日。”《诗经·召南·小星》:“嘒彼小星。”“参差”“沃若”,两字

连形：参差是双声词，沃若是叠韵词，二者都是连绵字。《诗经·周南·关雎》："参差荇菜，左右流之。"《诗经·卫风·氓》："桑之未落，其叶沃若。"

[10]《离骚》：此指代《楚辞》。触类而长：意为描写很繁复。此语出自《周易·系辞》。物貌难尽，故重沓舒状：意思大致是，物象繁杂，难以备说，于是复其词而长其文来极尽描写。重沓，主要指复词。舒状，铺陈物象。

[11]"及长卿之徒"二句：汉长卿，司马相如。诡势瑰声，形容（司马相如的大赋）奇诡的声势和华美的辞藻。

[12]"所谓诗人"二句：汉扬雄《法言·吾子》："诗人之赋丽以则，辞人之赋丽以淫。"意思是《诗经》在写物上辞采华美，但有一定的准则。而辞赋的作者在描写外物时辞采华美得有些过了头。赋，描写外物。

[13]"至如《雅》咏棠华"二句：《诗经·小雅·裳裳者华》："裳裳者华，或黄或白。""《骚》述秋兰"二句：《楚辞·九歌·少司命》："秋兰兮青青，绿叶兮紫茎。"摛（chī）表五色：描写外物的色彩。摛，表现。贵在时见：贵在适时地出现，不能堆砌。

[14] 吟咏所发，志惟深远：在诗赋中的表现有玄远的用思。指"近代以来"描写景物和汉代有明显的不同。汉代侧重以华美的辞藻来写物，两晋以来则侧重表达玄远的意向。

[15] 然物有恒姿，而思无定检：心与物相比，物有相对固定的形态，而人的思维是微妙的。或率尔造极，或精思愈疏：有的不需深思，灵感一发，就能达到很高的水平；有的左思右忖，反复推敲，但写得还是不满意。

[16]"莫不因方"四句：此四句颇关键，如果要在描写上超过已经取得极高水平的古人，就必须另辟新路。因方以借巧，是说吸收前代景物描写方面的成功经验。即势以会奇，根据自己的感觉写出独特的东西。势，独特的领悟。善于适要，则虽旧弥新，如果能抓住关键，虽然笔下的景物都是别人描写过的（旧），但还是能出新意。

[17] 以四序纷回，而入兴贵闲：大化如流，变化万千，作家进入构思，必须要心灵澄净，以此照彻万物。闲，虚静，纯净而自由。

[18]"古来辞人"六句：自古以来诗人总是对前代有所继承，但必须在此基础上追求新变。追求变，才会有成功。物色虽然有限，人的情感世界却是无限的，以无限变化之心灵融相对固定之物象，这就是通变之方。接武，继承。

武，步伐。参伍以相变，参伍，形容参差变化。《周易·系辞上》："参伍以变，错综其数，通其变，遂成天地之文。"因革，继承和革新。《文心雕龙·通变》："参伍因革，通变之数也。"

[19] 若乃山林皋壤：《庄子·知北游》："山林与，皋壤与，使我欣欣然而乐矣。"皋壤，水边地。略语则阙，详说则繁：大自然丰富复杂，说少了又有所遗漏，说多了又嫌文辞烦琐。屈平：屈原。洞监：同"洞鉴"。风骚之情：自然的韵味。

[20] 山沓水匝：山连绵，水环绕。唐韩愈有诗云："水作青萝带，山如碧玉簪。"树杂云合：绿树葱茏，白云缭绕其间。目既往还，心亦吐纳：目光在大自然中往复回环，心灵也因此鼓荡不已。吐纳，吐是移情于物，纳是融物于心。二者是从我到物，从物到心。情往似赠，兴来如答：如果赠以一腔深情，大自然就会以其无穷的感兴作为报答。清纪昀说："诸赞之中，此为第一。"

解　说

一、《神思》的美学要义

《神思》是我国历史上第一篇专门论述文思的文章，它讨论的是创作中的心理问题，即"为文之用思"，其中包括艺术想象的内涵及一些相关之内容。

从美学上说，此文在研究中国古代审美心理的发展方面具有重要价值。除了其中关于神思不受时空限制等论述之外，我以为，在以下方面具有理论贡献：

第一，关于审美心胸的问题。刘勰在道家哲学的基础上，提出了为文也要有"虚静"的心态，所谓"是以陶钧文思，贵在虚静，疏瀹五藏，澡雪精神"。在《物色》中提出的"入兴贵闲"的思想同此①。

① 有研究（如王元化《文心雕龙创作论》）认为，这一观点来自《荀子》的"虚一而静"，是儒而非道，是唯物而非唯心，这一判断不确，因为其用语直接取自《庄子》。

这是有关临文之顷的审美心态。同时,刘勰还强调:“积学以储宝,酌理以富才,研阅以穷照,驯致以怿辞。”审美心胸不仅来自当下审美的专注凝神、澄虑净怀,同时知识、识见、经验、心灵的和顺也是不可缺少的。刘勰认为,经验的积累对文思的形成是至关重要的,缺少阅历的心灵是贫乏的心灵,明董其昌所说的“读万卷书,行万里路”,意也同此。因为,这样可以打开文思的窗户,让更广阔的世界进入心灵中来,从而优游俯仰。刘勰于此提出“博见为馈贫之粮”的观点。关于识见的问题,人知识积累的多寡与识见有关系,但知识并不能代替识见,清叶燮就提出“才胆识见”四者,将识放到相当重要的位置。从审美上看,识见是一种洞察力,也是意象构造的重要智慧根源,刘勰对于这一点也很重视,如他提出“贯一为拯乱之药”,即就此而言的。

归结到一点,就是艺术思维中理性的作用问题,本文提出一些值得注意的观点。理性和审美想象的关系是美学讨论的关键问题之一,在西方,维柯说:“理解力越弱,想象力越强。”现象学家杜夫海纳也指出,理性和想象是矛盾的,理性概念可以破坏想象,也就是将想象和理性对立起来。但刘勰的观点却与此不同,他说神思活动需要“志气统其关键”。“志气”确实包括理性,当然与理性有所不同。在中国哲学中,志气与生理的因素有关。孟子说:“志者,气之帅也。气者,体之充也。”志乃气之统领,而气是根源于内在生理的心理力量。志气是通过养气所达到的生命统摄力,是人的生命深层所发出的力量。它比理性知识更深刻。知识、识见、经验等等都化为生命的“志气”,化为一种内在昂奋的生命力量。而这种力量才是控制神思的关键。

由此可见,刘勰的审美心胸论,不仅在获得一种安静的氛围、专注的神情,而且要养出一个和谐充满的内在生命世界。

第二,关于“神与物游”。其要义是:神思的过程始终不脱离具体的感性。刘勰强调:神思活动是由感性对象所引发的,不是无所凭借的玄思,他说“神用象通”,神思因物象而通达;神思是心物交融的活动,所谓“物以貌求,心以理应”,外求物貌,内求心理;神思是一种对记忆中世界的唤醒,也是对记忆世界的组合,所谓“思接千载”,“视通万里”;神思的整个过程,就是“规矩虚位,刻镂无形”,从寂寞无形的世界中思量出“有形”来;神思的结果就是意象的产生。这样的神思活动,就和那些志在玄远的冥思不同,和以推理活动为主要特征的理性思考也不同。

第三,关于“情变所孕”。神思活动离不开情感,该篇赞词说:“神用象通,情变所孕”。情感是神思活动的推动力。理性活动可以没有情感,但神思活动必须要有情感,没有情感,就没有了想象的风帆。在心物交融活动中,情感起到至关重要的作用。在想象活动中,由于有情感的加入,“登山则情满于山,观海则意溢于海,我才之多少,将与风云而并驱矣”,获得了神思的力量,能够牵情以往,摄物归心。

第四,关于神思中的语言问题。语言有说话之语言(声之言)、作为书面表现的文字语言(形之言)和思之言。刘勰这里谈的是思之言。刘勰认为,神思的过程始终伴着语言,艺术想象活动说到底是语言可以描绘的活动,所以刘勰说“物沿耳目,辞令管其枢机”。我们所认识的世界是语言可以描述的世界,而神思活动也是如此,刘勰的“神思方运,万途竞萌。规矩虚为,刻镂无形”,就是以语言去“规矩”“刻镂”,心理中的语言描述,使我们获得可以把握的质态。

但刘勰又提出了一种不可以语言把握的心理现象,超越于语言之外,所谓“思表纤旨,文外曲致”,来自一种无可名状、不可把握的冲动,面对这样的鼎中美味、运斤之妙,语言变得拙劣不堪,“言所不追”,无法去追摩它的奇妙。刘勰肯定其存在,此之谓妙悟。

二、《风骨》的美学要义

“风骨”是《文心雕龙》提出的重要范畴,尽管在刘勰之前这个概念人们使用过，但赋予其独特理论内涵的，则是刘勰。

这个范畴的形成具有一定理论背景和文化背景。其中比较重要的，一是《诗经》的传统，在《诗》六义中，风居其首，在正统的阐释中，风是和人的感情密不可分的。所谓风以动之，教以化之，风，引申为“讽”，并具有下以讽刺上，上以教化下的内容。所以，刘勰在梳理风骨的来源时，首先指出风乃“化感之本源，志气之符契”。它具有教化人心的政治功能，同时，又具有宣泄人意的功能。这是风骨范畴的重要理论内核。另一个背景就是汉末以来流行的人物品评风气，本来它侧重于人的政治地位品评，后来则在时代哲学的影响下变成了一个重气质、重个性的社会评论方式，并进而对这时代的审美风气产生重大影响。可以说六朝时审美观念的发展大都与此有关。人物品评的重风神、重骨力、重骨梗，在当时蔚然成风，如《世说新语》记载的所谓“李元礼风格秀整”，阮籍以“风气韵度”见胜，“王右军目陈玄伯垒块有正骨”。一位著名的学者韩康伯因为缺少个人魅力，被目为“无风骨”。我们看到，在艺术评论界，风骨已然成为两晋以来的重要标准。如顾恺之论述人物画时，使用的评语如：“有奇骨而兼美好”“有天骨而少细美”“骨趣甚奇”“多有骨”“隽骨天奇”。南齐谢赫《画品》评画云：“（曹）不兴之迹，殆莫复传，惟秘阁之内一龙而已。观其风骨，名岂虚成。”

作为一个美学范畴，在刘勰这里，“风骨”一语具有整体的意义，又有不同的意义指涉。从整体的角度看，它有三个基本规范：一是充盈之气，二是刚健之力，三是感人之韵。从二者的分别看，风和骨意有不同，但并不是风指内容，骨指形式。我不同意黄侃“风即文意”，“骨即文辞”的判分。风与骨都既含有形式因素，又包含内容因素。骨无风不立，风无骨不成。这就像人的身体一样，骨是人的骨骼构架，是人之为人的基本线条，风则是人的内在体气，是人的肉，风与骨共同构成了人的形式，刘勰明确说，骨如“体之树骸”。骨无肉人不活，肉无骨人难立，风与骨也如此，二者丝丝紧扣，难以划然而分。风骨美强调的是，说风处即是骨，说骨处即是风，风是风之力，骨是骨之实。刚健若无"实"（肉），何来"辉光"；意气若无"力"，何来"骏爽"！

从"风"上说，它侧重指内在的情、气，刘勰说"怊怅述情，必始乎风""情之含风，犹形之包气""深乎风者，述情必显"，可见，风是和情、气两个概念结合在一起的。风以动之，这是风的基本界定，风指动人，有魅力，不乏味。如《周易》蛊卦所说的落山之风，一种煽动人心的力量。而这种动人之风，在艺术作品中，来自充盈之情，所谓风由情孕，无情则无风。而情除了雅正等要求之外，必须为气所包举，也就是说必须由整体的生命力量所托出。所以"情与气偕"成了刘勰的一个重要论断。正是在此基础上，他援引了前代"重气"之论，所谓"文以气为主""信含异气""时有齐气""有逸气""体气高妙"云云，意在说明，情不是一般的情感倾向，而是要显现出一种气势，一种个性色彩，一种情感魅力。他的风、情、气三位一体的学说，反映了刘勰总结前代学说所构成的特有理论构架。

从"骨"上说，它侧重指艺术形式内部蕴涵的骨力。所以，刘勰的论述和前代论者相似，每与刚健、骨梗联系在一起，但又将其具体落实到文章的写作中，如"沈吟铺辞，莫先于骨""结言端直，则文骨成焉""骨髓峻若丰藻克赡，风骨不飞，则振采失鲜，负声无力"等。

刘勰在这个范畴中所要表现的审美理想，是"风清骨骏"，或者叫作"风力遒""骨髓骏"。它的思想基础是《周易》的"文明以健"观念。此语出自同人卦的彖辞。此卦，下离上乾，离为丽，乾为健。刘勰提倡要创造一种明丽和刚健结合的美，既能刚柔结合，又能中正而应；既具有笃实的内涵，又有阳刚的外在之力。所以能够"篇体光华""辉光乃新"。光明朗丽、刚健有力，就是刘勰这个范畴的美学内核。

三、《隐秀》的美学要义

中国文化有重含蓄的传统。《春秋》于"微言"中见"大义"的思维方法,被后人概括为“用晦”之道。《论语》中孔子对子路外露性格的批评、对颜回德行的肯定,昭示着一种含蓄容忍的人格精神。《周易》的“易简”原则突出了一种含弘光大的精神。而《诗经》的“主文而谲谏”也强调一种典雅委婉的原则。反映在美学上,刘勰的《隐秀篇》是最早将这一问题作为专门问题来研究的篇章。他将“隐秀”作为意象创造的一个重要特点提出,在美学上是有贡献的。

可惜的是,这篇文章是个残篇。南宋张戒《岁寒堂诗话》引刘勰云:“情在词外曰隐,状溢目前曰秀。”此语不见残篇。这说明在南宋时原篇尚在。但即使是残篇,因文章的前后尚存,尚能看出刘勰的思路。这篇文章的主要思想可以用现代学者刘永济在《文心雕龙校释》中的一句话来概括,就是“隐处即秀处”,如同泛着涟漪的水面蕴涵着湍急的流水。陆机《文赋》中的“石韫玉而山辉,水怀珠而川媚”,与刘勰表达的意思大体相当。

刘勰的“隐”,就是后代中国美学所说的“言外之意”“象外之象”“味外之味”,从有限的艺术形式中传达出无穷的意味。刘勰说“隐以复意为工”,就是后代所说的“两重意以上”;刘勰说“情在词外曰隐”“义生文外”,就是后代所说的“含不尽之意见于言外”。在刘勰看来,隐的特点是“秘响旁通”,如同永远咀嚼不尽的美妙音乐,给人带来渊涵不尽的美感享受。

由于篇章的残损,我们看不出刘勰是如何谈隐的具体创造的,但他将诗的意象之隐和易的卦爻创造联系起来,还是给了我们理解的线索。他说:“夫隐之为体,义生文外,秘响旁通,伏采潜发,譬爻象之变互体,川渎之韫珠玉也。故互体变爻,而化成四象。”他又在《赞词》中说:“辞生互体,有似变爻。”刘勰对《周易》很有研究,《文心雕龙》在一定程度上是模仿《周易》的创作。但刘勰所依之易,受时代影响,属义理派,对汉易的象数学说很少涉及。而此文倒是一个特例。刘勰此处涉及卦变和互体,但将二者混而言之,有时有些纠缠。但其比况的意思还是清楚的,就是要发挥易简的精神,“其称名也小，其取类也大”，言近旨远，在有限的意象之中表现无限丰富的内容。刘勰在《比兴篇》谈“比兴”时，认为“比”为显，“兴”为隐。他解释“兴”说：“观夫兴之托谕，婉而成章，称名也小，取类也大。”比在直取，兴在婉成，委婉曲折，方可“余味曲包”。

如果说“隐”给人的审美感受是余音绕梁，那么“秀”给人的审美感受就是惊心动魄。赞词中所说的“动心惊耳，逸响笙匏”就是这个意思。“动心惊耳”是秀，“逸响笙匏”是隐。与隐相比，秀是外显的，是跳出，是朗然灿烂的美的形象。从这个残篇看，刘勰“秀”的含义包括两个方面：一、它是“篇中之独拔”，是一首诗或者一篇文章中写得最精彩的部分，即所谓“言之秀矣”，是秀之句。从这个意义上说，它和陆机的“块孤立而特峙，非常音之所纬”的思想是有相通之处的。但刘勰的“秀句”不仅在于一篇文章或者一首诗中孤立的警句，它强调的秀是一个整体中最灿烂最为生色的地方。用他的话说，是“耀树”之“英华”。二、刘勰说“状溢目前曰秀”，这是就审美意象传达的灵动而言的，这谈的是审美意象的直接性。语言和所表现的对象之间无所隔碍，语语如在目前，如同钟嵘所说的是一种“即目”“即景”式的传达。读者面对这样的审美意象一览而觉其鲜活灵动，感同身受。一篇文章或一首诗写得是否精彩，关键在于是不是有这样出色的描写。刘勰认为，这样的出色描写是很难达到的，所谓“万虑一交”，同时，这样的描写并非通过雕饰就能达到，雕饰所带来的是华丽，而不是秀。刘勰认为，秀是“自然会妙”。

关于隐和秀的关系，有的论者认为，二者一隐一显，并没有深刻的关联。隐在含蓄，秀在卓绝。但揣摩文意，刘勰并非为了对举合论二者，隐与秀有深层的勾连。隐并非在于深文隐蔚，如庭院深深，没有穷尽的隐藏；秀也并非在一览快心的瞬间阅读快感。隐处即秀处，秀处即隐处。本篇开章总论二者云：“夫心术之动远矣，文情之变深矣，源奥而派生，根盛而颖峻，是以文之英蕤，有秀有隐。”隐是源，是根；秀是派，是颖。没有深隐之源，则无灿烂的涟漪；没有深深的根系，则无佳卉丽英。秀的鲜活灵动，是于“目前”中使人咀嚼不尽之美感，否则秀则为花哨的外表，徒然而无内蕴，一览易尽，刘勰所谓“雕削取巧，虽美非秀”；隐之深文隐蔚，是于含蓄的言辞中引发读者的象外之思，予人绚烂多姿、流美无尽的感受，否则隐则成为晦然渊海无人领会，刘勰所谓“晦塞为深，虽奥非隐”。

隐处即秀处，刘勰在《物色》中对《诗经》物色描绘的赞赏，可以帮助我们理解。他说：“是以诗人感物，联类不穷。……故‘灼灼’状桃花之鲜，‘依依’尽杨柳之貌，‘杲杲’为出日之容，‘瀌瀌’拟雨雪之状，‘喈喈’逐黄鸟之声，‘喓喓’学草虫之韵。……并以少总多，情貌无遗矣。虽复思经千载，将何易夺？”如“桃之夭夭，灼灼其华。之子于归，宜其室家”，“灼灼”就是这样的秀出之语，它不仅写出了桃花的鲜活灿烂，由此比喻这位新嫁娘的青春美貌，而且突显全诗所要传达的“宜其室家”的感受。所以秀中有隐处，秀处就是“余味曲包”的处所。刘勰将深含的内蕴和鲜活的意象联系起来，在中国美学上是一个创见，在他之前没有这样较为系统的观点。

四、《物色》的美学要义

《物色》是一篇重要的美学文献。这篇文献的重点是有关审美过程中物我关系的论述。

刘勰肯定自然美的丰富性和复杂性，认为自然美具有独立的价值。在魏晋时期这个问题基本是已经解决了，即所谓“魏晋人发现了山水”。中国上古时代，万物有灵论处于支配地位，在此之时，日月山川、花鸟虫鱼等往往作为神灵凭依之物出现。春秋战国以来，“比德”的观念又代替了“比神”，而成为哲学文化中的一种主流思想。“物可以比君子之德”几乎成为人们习惯的思维，这种趋势发展到西汉有愈演愈烈之势，看看《淮南子》《春秋繁露》等典籍对诸如水这样的对象的津津乐道，就可看出这一趋势。而汉大赋对外物的铺陈，虽然不是像钱锺书所说的只在“陈其形式产品……未尝玩物审美”(《管锥篇》二册,1037页),但在自然审美方面并没有多少实质性的推进。但在东汉末年这一情况发生了变化。这首先来自庄老哲学(此时不言老庄,而一般说庄老)的影响,还有佛学的流布,促进了“山林意识”的崛起。东晋僧人竺法深到简文帝的皇宫拜访,出来之后,刘尹问他:“你们出家人不是说不游朱门吗?”竺法深回答说:“你的眼中自见到朱门,在我看来,我游的皇宫也是蓬户。”所谓“林下的风流”给人们带来无穷的审美快乐,王羲之所说的在山阴道上,如在镜中行;顾恺之赞叹会稽山水的云蒸霞蔚之美,让我们切实感到自然美对人们性灵世界的冲击。刘勰的《物色》出现于这样的文化背景中,出现在文学艺术中玄言诗、山水诗的流布和山水画兴起的时代,表明了他对这个时代重要的文化问题的关注。

这篇短文主要谈如何描写自然对象,但对自然美的独立审美价值是有所涉及的,而且在他之前似乎还没有见到类似的探讨。《世说新语》中主要记录的是当时人们欣赏自然美的感觉,《物色》则是对自然美理论的探讨。刘勰认为,自然美具有鲜活的形式,它随时间的变化而发生变化,所谓“岁有其物,物有其容”,不同时间会有不同的物态,不同的物态具有不同的面貌。刘勰进而指出,自然的美态也随着空间的变化而发生变化,同样的自然物在不同的空间中会呈现出不同的特征,他所说的“况清风与明月同夜,白日与春林共朝”即指此。空间的美态有两个重要特点,一是其瞬间性,它是人当下直接把握中的物象组合;二是它是人心灵中的空间,没有心灵的作用,就没有这样的空间组合。刘勰正是在这时空关系中,发现了自然审美的丰富性。与此同时,在这篇短文中,刘勰肯定了自然美具有独立的形式感,他说对自然美描写,要“写气图貌”“属采附声”;他以《诗经》的自然表现为例,提到“‘灼灼’状桃花之鲜”“‘杲杲’为出日之容”“‘瀌瀌’拟雨雪之状”“‘喈喈’逐黄鸟之声”,凡此都可以以他的“情貌无遗”中的“情貌”二字来概括,貌是形态,情是情态、情韵、情味;他所说的对自然的描写要“味飘飘而轻举,情晔晔而更新”也反映了他的这一观点。在刘勰看来,大自然是一个有意味的世界,一个包含着气貌声色韵味的世界,一个给人无限丰富联想的世界。

支撑这篇文章理论的基础是物我互动说。这是一个古老的命题,在《乐记》中的“人心之动,物使之然”的观点中就明晰地提出来了。这是一个代表中国美学民族特点的重要命题,刘勰对丰富这一命题是有贡献的。

刘勰像他的前代论者一样,肯定了物我互动的必然性、必要性。《物色》开篇就是以此问题而展开的。但此文的理论贡献不在这里,而是在物我之间为什么会出现这样的“共感”,我以为他在这方面发表了一些有价值的思想。刘勰不同于汉代以董仲舒为代表的天人感应说的神秘对应,而认为物我之间存在着一种互相感发的内在机制。这个内在机制可能不是李泽厚所说的“异质同构”,而钱锺书在《谈艺录》中所说的“体异性通”的“性”庶几近之,或者叫作“气”的共通。人与外物都处于一个庞大的“气”的世界中,在这一世界中存在着无限的运动,在运动中建立了无所不在的联系,联系的对象之间存在着一种相互感发的因素,这就是生命的共通。在刘勰的论述中,我们分明感受到他对这种生命共通的重视。他认为,在心与物之间的感发受制于一种“生命节律”:“是以献岁发春,悦豫之情畅;滔滔孟夏,郁陶之心凝。天高气清,阴沉之志远;霰雪无垠,矜肃之虑深。岁有其物,物有其容;情以物迁,辞以情发。”自然在阴阳二气中浮沉,春来阳气萌生,蚂蚁开始运动;秋来阴气渐凝,螳螂等开始捕食准备过冬,阴阳二气的变化带动了整个大自然的变化,人也是在这一气场中变换着自己的情感。“情以物迁”,从总体说,情感的变化乃是因为生命节律的变化而产生,而不同的人在不同的对象刺激下,心灵又会呈现出不同的特征。刘勰还指出,物是我相关的对象,所以,作家写物乃是描写自己的“情性相关物”,而不单单是描写外在的对象,所以“一切物象都是情”便有了理论基础。

刘勰强调,对自然的观照,是心物之间往复回环的审美过程。写物，必须观物，观物既不是主动的移情，也不是被动的接受，而是物我之间的“互观”。刘勰提出了对后代中国美学产生深远影响的观点，他说“既随物以宛转”“亦与心而徘徊”，“目既往还，心亦吐纳”“情往似赠，兴来如答”。它既是“吐”——“吐”出自己的心，又是“纳”——收摄众景归于一心。当然这种观物方式不是机械地来回，从我到物，从物到我，而是物我之间相款相合、往复回环的运动，是物我之间的“流观”。视线是流动的，心灵是通灵的，不滞于一物，不停于一点，不分出物我，心灵如气一样与大自然氤氲流荡。因此，这里的“观”，不是外在的眼，而是心灵的目光，游心万物，俯仰自如。其中反映的正是易学一阴一阳相摩相荡的哲学精神。

五、其他篇章的美学思想举要

受篇幅限制，这里选了四篇文章，但在其他篇章中也有丰富的美学思想。这里列举一二，以供阅读时参考。

在首篇《原道》中，刘勰肯定了“人文”的价值。人之“文”在于创造，而“文”中就包含美。人只有有美的创造，才能称得上是真正意义上的“人”。这是一个很有意思的观点。纪昀说此文“首揭文体之尊”。这个“尊”不仅在载道，而且要以美的形式来载道，这样方能“尊”。“文”的汉字原形是一个表示装饰的符号，先秦以来就有“经天纬地谓之文”的说法，意即“文”是一种创造，又说“文者，饰也”（如《太玄》：“文为藻饰。”《广雅 · 释诂》：“文，饰也。”）。刘勰正是从美的创造上来谈他的“文心”的。他说：“夫玄黄色杂，方圆体分，日月叠璧，以垂丽天之象；山川焕绮，以铺理地之形：此盖道之文也。仰观吐曜，俯察含章，高卑定位，故两仪既生矣。惟人参之，性灵所钟，是谓三才。为五行之秀，实天地之心，心生而言立，言立而文明，自然之道也。傍及万品，动植皆文：龙凤以藻绘呈瑞，虎豹以炳蔚凝姿；云霞雕色，有逾画工之妙；草木贲华，无待锦匠之奇。夫岂外饰，盖自然耳。至于林籁结响，调如竽瑟；泉石激韵，和若球：故形立则章成矣，声发则文生矣。夫以无识之物，郁然有采，有心之器，其无文欤？”在《情采》中，他说：“圣贤书辞，总称文章，非采而何！”“文章”又作“彣彰”，所从之“彡”（shān）就有饰之意，《说文解字》：“彡，毛饰画而有文章。”刘勰将天地的精神归纳为美的创造精神，日月山川均在一个“丽”字，而人作为天地中最有灵气者，若无美的创造何以能与天地鼎立成三！我以为，《原道》全篇的精神来自《周易》贲卦，贲卦下离上艮，离为火，艮为山。离者，丽也（附丽也，美丽也）；艮者，止也。所以全卦敷衍出“文明以止”的意思来。《原道》篇首先说的就是这个“文明”，即“离”的精神，进而说“止”，止于道，止于经。人不能没有美的创造，创造不能没有规则，此其意也。在《文心雕龙》中，此文意最深邃，也最难懂。但却是理解刘勰美学思想的重要入口处。

在《养气》篇中，刘勰从儒家中和美学观念出发，提出了“率志委和”的思想。养气是中国哲学的一个重要问题，孟子从完善道德人格的目的出发，提出“吾善养吾浩然之气”的观点，认为养气是实现天地大和的基础。《文心雕龙》的养气说主要讨论审美心胸问题。在《物色》中，刘勰提出“入兴贵闲”；在《神思》中，他又提出“贵在虚静”的观点；在《养气》中，刘勰指出“水停以鉴，火静而朗”，心灵的宁静、平和、洁净是审美活动升华的前提。审美活动是一种心理行为，但需要生理的支持力量。刘勰的“养气”说强调通过生理和心理的调和，实现最佳审美心理状态的途径。他说：“是以吐纳文艺，务在节宣，清和其心，调畅其气。”气顺方能心和，心和方有真正的审美。

《知音》谈审美鉴赏，在这篇中国美学史上不可多得的文献中，刘勰主要讨论了审美鉴赏的差异性问题，从“知音难觅”这一传统课题出发，分析造成这一差异的内在原因，有时代造成的（如“贵古而贱今”），有个性造成的（如“知多偏好，人莫圆该”），也有认识水平的限制，等等。为此，刘勰提出审美鉴赏需要一定的知识能力，“凡操千曲而后晓声，观千剑而后识器”。他还提出，文学创作以情感人，所以作为一个鉴赏者，也应以情为重要的鉴赏入口处，他的“夫缀文者情动而辞发，观文者披文以入情”就是一个引人注意的观点。

参考文献

黄叔琳注、纪昀评：《文心雕龙集注》，北京：中华书局，1957 年。

黄侃：《文心雕龙札记》，上海：上海古籍出版社，2000 年。

范文澜：《文心雕龙注》，北京：人民文学出版社，1958 年。

杨明照：《文心雕龙校注拾遗》，上海：上海古籍出版社，1982 年。

詹锳：《文心雕龙义证》，上海：上海古籍出版社，1989 年。

周振甫：《文心雕龙译注》，北京：人民文学出版社，1981 年。

祖保泉：《文心雕龙解说》，合肥：安徽教育出版社，1993 年。

王元化：《文心雕龙讲疏》，上海：上海古籍出版社，1992 年。

王更生：《重修增订文心雕龙研究》，台北：文史哲出版社，1984 年。

张少康主编：《文心雕龙研究史》，北京：北京大学出版社，2001 年。

书　谱

［唐］孙过庭

孙过庭，生卒年不详，大致活动于唐高祖武德（618—626）到武则天圣历（698—699）年间，字虔礼。陈子昂《率府录事孙君墓志铭并序》称其“君讳虔礼，字过庭”。祖籍陈留（今属河南开封），生于吴郡（今江苏苏州）。官至率府录事参军。精书法，尤以正、行、草书擅长。张怀瓘《书断》说他：“博雅有文章，草书宪章二王，工于用笔，劲拔刚断。”唐吕总《续书评》云：过庭草书如“悬崖绝壑，笔势坚劲”。米芾认为他的草书出自二王，无出其右。其传世名迹有《书谱》（藏台北故宫博物院）和草书《千字文》（藏辽宁博物馆）等。《书谱》作于武则天垂拱三年（687），是中国书法美学的重要著作。

文据台北故宫博物院藏《书谱》。

夫自古之善书者，汉魏有钟、张之绝，晋末称二王之妙。王羲之云：“顷寻诸名书，钟、张信为绝伦，其余不足观。”[1]可谓钟、张云没，而羲、献继之。又云：“吾书比之钟、张：钟当抗行，或谓过之；张草犹当雁行。然张精熟，池水尽墨，假令寡人耽之若此，未必谢之。”[2]此乃推张迈钟之意也。考其专擅，虽未果于前规，摭以兼通，故无惭于即事。[3]评者云：“彼之四贤，古今特绝。而今不逮古，古质而今妍。”[4]夫质以代兴，妍因俗易。虽书契之作，适以记言，而淳醨一迁，质文三变，[5]驰骛沿革，物理常然。贵能古不乖时，今不同弊，所谓“文质彬彬，然后君子”。何必易雕宫于穴处，反玉辂于椎轮者乎！[6]又云：“子敬之不及逸少，犹逸少之不及钟、张。”[7]意者以为评得其纲纪，而未详其始卒也。且元常专工于隶书，伯英尤精于草体。彼之二美，而逸少兼之。拟草则余真，比真则长草，虽专工小劣，而博涉多优。总其始终，匪无乖互。

谢安素善尺牍，而轻子敬之书。子敬尝作佳书与之，谓必存录。安辄题后答之，甚以为恨。安尝问（落“子”）敬：“卿书何如右军？”答云：“故当胜。”安云：“物论殊不尔。”子敬又答：“时人那得知！”[8]敬虽权以此辞折安所鉴，[9]自称胜父，不亦过乎！且立身扬名，事资尊显。“胜母”之里，曾参不入。[10]以子敬之豪翰，绍右军之笔札，虽复粗传楷则，实恐未克箕裘。[11]况乃假托神仙，耻崇家范，[12]以斯成学，孰愈面墙[13]！后羲之往都，临行题壁。子敬密拭除之，辄书易其处，私为不恶。羲之还见，乃叹曰：“吾去时真大醉也。”敬乃内惭。[14]是知逸少比之钟、张，则专博斯别；子敬之不及逸少，无或疑焉。

注释

［1］钟、张：钟指钟繇（151—230），字元常，三国魏书法家。传世名帖有《宣示表》《荐季直表》等。张指张芝（？—约192），字伯英，东汉书法家，善草书，章草、今草均有很高成就。王羲之的这段话，南朝宋虞龢《论书表》引作：“羲之书云：顷寻诸名书，钟、张信为绝伦，其余不足存。”信：的确。

［2］此段话《法书要录》引《王右军自论书》说：“吾书比钟、张：钟当抗行，或谓过之；张草犹当雁行。张精熟过人，临池学书，池水尽墨。若吾耽之若此，未必谢之。”抗行：抗衡。雁行：指领先，雁阵飞行，大雁领之。王羲之的意思是，我的书法能与钟繇比肩，但张芝的草书却比我好，张太用功，如果我能像他那样，未必就逊于他。谢：逊于，不如。

［3］专擅：擅长。未果于前规：未能达到前贤的成就。果，达到预期目标。晋陶渊明《桃花源记》：“闻之，欣然规往。未果，寻病终。”摭（zhí）：取，此意为“说到”。即事：指书法。

［4］“彼之四贤”四句：南朝宋虞龢《论书表》：“爱妍而薄质，人之情也。钟、张方之二王，可谓古矣。岂得无妍质之殊，且二王暮年皆胜于少，父子之间又为今古。子敬穷其妍妙，固其宜也。”质与妍为传统书学的一对范畴，质指质朴古拙，妍指妍丽娟秀。

［5］淳醨（lí）：淳，淳朴厚重。醨，本指味道淡薄的酒，引为薄。质文三变：文质之间反复变化。文质乃是中国哲学和美学中的一对范畴。

［6］易雕宫于穴处：从雕饰的宫殿中搬出，恢复到原始穴居野处的生活。玉辂：王者所乘的用玉装饰的宝车。椎轮：远古时期人们使用的无辐的车子。

［7］“子敬之不及逸少”二句：《法书要录》引梁萧子云说：“又以逸少不及元常，犹子敬不及逸少。因此研思，方悟隶式，始变子敬，全法元常。”

［8］南朝宋虞龢《论书表》：“谢安尝问子敬：君书何如右军？答云：故当胜。安云：物论殊不尔。子敬答曰：世人那得知。夫古质而今妍，数之常也。”物论：众人的议论。

［9］折：折服。鉴：鉴评，评价。

［10］“胜母”之里，曾参不入：《汉书》卷五十一《贾邹枚路传》：“故里名胜母，曾子不入；邑号朝歌，墨子回车。”

［11］豪翰：通“毫翰”，指书法。绍：继承。未克箕裘：未能继承家传。箕裘，簸箕和皮袍，借指祖先的事业与遗产。

［12］假托神仙，耻崇家范：指东晋王献之在《飞鸟帖》中的话：“臣年二十四，隐林下，有飞鸟左手持纸，右手持笔，惠臣五百七十九字。”

［13］面墙：面对墙而立，形容学识狭隘浅陋。《论语·阳货》：“子谓伯鱼曰：‘女为《周南》《召南》矣乎？人而不为《周南》《召南》，其犹正墙面而立也与！’”

［14］“后羲之往都”数句：唐李嗣真《续书品》：“羲之又曾书壁而去。子敬密拭之而更别题。右军后还观之曰：吾去时真大醉，子敬乃心服之。然右军终无败累，子敬往往失落。”

余志学之年，留心翰墨，味钟、张之余烈，挹羲、献之前规，[1]极虑专精，时逾二纪，有乖入木之术，无间临池之志。[2]观夫悬针垂露之异，奔雷坠石之奇，鸿飞兽骇之资，[3]鸾舞蛇惊之态，绝岸颓峰之势，临危据槁之形。或重若崩云，或轻如蝉翼；导之则泉注，顿之则山安；[4]纤纤乎似初月之出天崖，落落乎犹众星之列河汉：同自然之妙有，非力运之能成。信可谓智巧兼优[5]，心手双畅；翰不虚动，下必有由。一画之间，变起伏于峰杪；一点之内，殊衄挫于毫芒[6]。况云积其点画，乃成其字。曾不傍窥尺牍，俯习寸阴[7]；引班超以为辞，援项籍而自满；[8]任笔为体，聚墨成形；心昏拟效之方，手迷挥运之理：[9]求其妍妙，不亦谬哉！

然君子立身，务修其本。杨雄谓诗赋小道，壮夫不为。况复溺思毫厘，沦精翰墨者也。[10]夫潜神对弈，犹标坐隐之名；乐志垂纶，尚体行藏之趣。[11]讵若功定礼乐，妙拟神仙，犹埏埴之罔穷，[12]与工炉而并运。好异尚奇之士，玩体势之多方；穷微测妙之夫，得推移之奥赜[13]。著述者假其糟粕，藻鉴者挹其菁华。固义理之会归，信贤达之兼善者矣。存精寓赏，岂徒然与！而东晋士人，互相陶染。至于王、谢之族，郗、庾[14]之伦，纵不尽其神奇，咸亦挹其风味。去之滋永，斯道逾微，方复闻疑称疑，得末行末。[15]古今阻绝，无所质问；设有所会，缄秘已深。遂令学者茫然，莫知领要。徒见成功之美，不悟所致之由。或乃就分布于累年，向规矩而犹远。[16]图真不悟，习草将迷。假令薄解草书，粗传隶法，则好溺偏固，自阂通规。[17]讵知心手会归，若同源而异派；转用之术，犹共树而分条者乎？加以趋变适时，行书为要；题勒方幅，[18]真乃居先。草不兼真，殆于专谨；真不通草，殊非翰札。真以点画为形质，使转为情性；草以点画为情性，使转为形质。草乖使转，不能成字；真亏点画，犹可记文。回互[19]虽殊，大体相涉。故亦傍通二篆，俯贯八分，包括篇章，涵泳飞白。[20]若毫厘不察，则胡越[21]殊风者焉。

至如钟繇"隶奇"，张芝"草圣"，此乃专精一体，以致绝伦。伯英不真，而点画狼藉；元常不草，使转纵横。自兹以降，不能兼善者有所不逮，非专精也，虽篆、隶、草、章，工用多变；济成厥美，各有攸宜。[22]篆尚婉而通，隶欲精而密，草贵流而畅，章务检而便。然后凛之以风神，温之以妍润，鼓之以枯劲，和之以闲雅。故可达其情性，形其哀乐。验燥湿之殊节，千古依然；体老壮之异时，百龄俄顷。[23]嗟乎，不入其门，讵窥其奥者也！

注释

[1] 味钟、张之余烈：研味钟繇、张芝留下的墨宝。挹（yì）羲、献之前规：汲取二王的书法精华。挹，本指舀水，引为酌取。

[2] 二纪：二十四年，一纪为十二年。有乖入木之术：入木三分是对书法力量的形容。唐张怀瓘《书断》下："王羲之书祝版，工人削之，笔入木三分。"间：停息，懈怠。

[3] 悬针垂露：此言竖法。奔雷坠石之奇：此言点法。鸿飞兽骇之资：形容笔势。

[4] 导之则泉注：形容其灵动自然。导，书法技法之一，南唐李煜《书赋》："导者，小指引名指过右。"顿之则山安：形容顿笔凝重沉稳。顿，书法技法之一，从垂直方向往下运笔，是为顿笔。

[5] 智巧兼优：智指心智，巧指技巧。此中之心智主要指悟性。

[6] 峰杪（miǎo）：当作"锋杪"，笔尖。殊衄（nǜ）挫于毫芒：意为在毫芒运转之间显示出顿挫之变化。衄挫，此指顿挫，与前句之"起伏"对应。书法中有衄锋和挫锋，都是属于顿挫之技法。

[7] 曾不傍窥尺牍，俯习寸阴：假如不能注意吸收各种书法作品的精髓，抓住一丝一毫时间练习。这里以尺牍指代各种书法。

[8] 引班超以为辞：此指东汉班超投笔从戎事。《后汉书·班超传》："（班超）家贫，常为官佣书以供养。久劳苦，尝辍业投笔叹曰：'大丈夫无它志略，犹当效傅介子、张骞立功异域，以取封侯，安能久事笔研间乎？'"援项籍而自满：此指项籍不愿学文事。《史记·项羽本纪》："项籍少时，学书不成，去学剑，又不成。项梁怒之。籍曰：'书足以记名姓而已。剑一人敌，不足学，学万人敌。'于是项梁乃教籍兵法，籍大喜，略知其意，又不肯竟学。"

[9] 拟效之方：临摹的方法。挥运之理：运笔方法。

[10] 况复溺思毫厘，沦精翰墨者也：意思是，何况在书法这一小技中沉溺，耗费自己的精力呢？这是沿着扬雄将作文比为雕虫小技而言的。毫厘，形容书

法的微不足道。

［11］潜神对弈，犹标坐隐之名：潜心于下棋，以此而隐居。《颜氏家训》："围棋有手谈、坐隐之目，颇为雅戏。"乐志垂纶，尚体行藏之趣：垂伦，钓鱼。行藏，行指出而为官，藏指隐居不仕。《论语·学而》："用之则行，舍之则藏。"此为偏意词，意为藏。

［12］埏（shān）埴：和泥制作陶器。《老子》第十一章："埏埴以为器。"罔穷：无穷。

［13］奥赜：深奥的秘密。

［14］郗、庾：指六朝时郗、庾家族，此二家族多出书家。如郗愔、郗超、庾亮、庾翼。

［15］去之滋永：距离他们的时间越来越远。得末行末：得到末流的东西就学这些东西。

［16］分布：分行布白，指书法的篇章结构。向规矩而犹远：意为遵循书法的规则而练习，但却越来越远。

［17］好溺偏固：自溺于僵化的偏见中。自阂通规：这样就会与一般的规则相违背。阂，隔。

［18］题勒方幅：指书写重要的文书。中国古代诏书、奏启等正规的文书一般写在方形的笺册上。《陈书》卷二十七《江总传》："宫内所须方幅手笔，皆付察立草。"

［19］回互：交互。此指真草之间。

［20］二篆：大篆、小篆。八分：或称分隶、分书，隶书的一种，清刘熙载《艺概·书概》："未有正书之前，八分但名为隶，既有正书以后，隶不得不名八分。名八分者，所以别于今隶也。"飞白：亦称草篆，据说此体由东汉蔡邕所创。宋黄伯思《东观余论》："取其若丝发处谓之白，其势飞举谓之飞。"

［21］胡越：古代中国指北方和南方的各民族，由于相距较远，故常以"胡越"形容之。后用以指相差甚远。

［22］济成厥美：即助成其美。各有攸宜：各有所宜。

［23］燥湿：书法用笔的干湿。此概指书法用笔之妙。殊节：不同特点。俄顷：短暂的片刻。

又一时而书，有乖有合。合则流媚，乖则雕疏。[1]略言其由，各有其五：神怡务闲，一合也；感惠徇知，二合也；时和气润，三合也；纸墨相发，四和也；偶然欲书，五合也。[2]心遽体留，一乖也；意违势屈，二乖也；风燥日炎，三乖也；纸墨不称，四乖也；情怠手阑，五乖也。[3]乖合之际，优劣互差。得时不如得器，得器不如得志。若五乖同萃，思遏手蒙；五合交臻，神融笔畅。畅无不适，蒙无所从。当仁者得意忘言，罕陈其要；企学者希风叙妙，虽述犹疏。[4]徒立其工，未敷厥旨。[5]不揆庸昧，[6]辄效所明，庶欲弘既往之风规，导将来之器识，除繁去滥，睹迹明心者焉。

代有《笔阵图》七行，中画执笔三手，图貌乖舛，点画湮讹。[7]顷见南北流传，疑是右军所制。虽则未详真伪，尚可发启童蒙。既常俗所存，不藉编录。至于诸家势评，多涉浮华，莫不外状其形，内迷其理。今之所撰，亦无取焉。若乃师宜官之高名，徒彰史牒；邯郸淳之令范，空著缣缃。[8]暨乎崔、杜以来，萧、羊已往，[9]代祀绵远，名氏滋繁。或藉甚不渝，[10]人亡业显；或凭附增价，身谢道衰。加以糜蠹不传，搜秘将尽，偶逢缄赏，时亦罕窥，优劣纷纭，殆难覼缕。[11]其有显闻当代，遗迹见存，无俟抑扬，自标先后。且六文之作，肇自轩辕；八体之兴，始于嬴正。[12]其来尚矣，厥用斯弘。但今古不同，妍质悬隔，既非所习，又亦略诸。复有龙蛇云露之流，龟鹤花英之类，乍图真于率尔，或写瑞于当年，巧涉丹青，工亏翰墨，异夫楷式，非所详焉。[13]

代传羲之《与子敬笔势论》[14]十章，文鄙理疏，意乖言拙，详其旨趣，殊非右军。且右军位重才高，调清词雅，声尘未泯，翰牍仍存。观夫致一书、陈一事，造次之际，稽古斯在。[15]岂有贻谋令嗣，道叶义方，[16]章则顿亏，一至于此！又云与张伯英同学，斯乃更彰虚诞。若指汉末伯英，时代全不相接；必有晋人同号，史传何其寂寥！非训非经，宜从弃择。

注释

［1］ 流媚：风流婉媚。唐张怀瓘《书断》引王僧虔云：“萧令法羊欣，风流媚态。”雕疏：即“凋疏”，凋朽枯槁。

［2］ 神怡务闲：神情怡顺闲适。感惠徇知：感惠，情感和惠。徇知，思理敏畅。偶然欲书：突然之间产生想写的欲望。

［3］ 心遽体留：心思慌乱，行动迟缓。情怠手阑：心绪很倦怠，下笔很迟滞。

［4］ 当仁者：此指有很高书法修养的人。企学者：于书道尚显生疏的求学者。希风叙妙：希望得到前人的书风，叙说他们书写的妙处。这两句的意思是，懂书者不言，外道者多语，然而不言者暗领真意，多言者每多虚语。

［5］ 徒立其工，未敷厥旨：仅仅追求工巧的人，是很难达到书法的崇高境界的。敷，达到。

［6］ 揆（kuí）：考量，审度。庸昧：平庸浅陋。

［7］ 代：世，因避李世民讳改。《笔阵图》：传为晋卫夫人作，王羲之书。一般认为此书乃是伪书。孙过庭在此言也不能肯定此书不是伪作，但认为此书对学书者还是有一定用处的。湮讹：湮灭错讹，指点画漫漶，不遵法式。

［8］ 师宜官：东汉书法家，善八分。徒彰史牒：只是在史书上见到，意思是他的作品多不见。史牒，史册、史书。邯郸淳：三国魏书法家。缣缃：用来书写的绢素，此代指书册。

［9］ 崔：崔瑗（yuàn），字子玉，东汉书法家，善小篆，师李斯。杜：杜度，字伯度。萧：萧思话，南朝宋书家，师羊欣。羊：羊欣，南朝宋书法家，师王献之。

［10］ 藉甚：声名显赫。不渝：不褪色，不变。

［11］ 縻蠹：毁损，虫蠹。覼（luó）缕：详细解说。

［12］ 六文：六书，此指汉字。肇自轩辕：创始于黄帝之时的史官仓颉，此系传说。八体之兴：东汉许慎《说文解字》云：“自尔秦书有八体，一曰大篆，二曰小篆，三曰刻符，四曰虫书，五曰摹印，六曰署书，七曰殳书，八曰隶书。”另有八书之说，指历史上流行的八种主要书体，如古文、大篆、小篆、隶书、八分、飞白、行书、草书。此当指前者。

［13］ 龙蛇云露：古代象形书体，如龙蛇，如云露。龟鹤花英：也是古代书体名，古代有鹤书，以及写在符信上的芝英书等。上述书体，或被归于鸟虫书的范围，都具有象形特征。乍图真于率尔：或者随意地画出真象。或写瑞于当年：或

者时有瑞象呈现，直接摹写之。巧涉丹青，工亏翰墨：虽然涉于图画之巧，但从书法角度来看，则显拙陋。楷式：此指书法的规范。

[14]《与子敬笔势论》：传为王羲之所作，孙过庭以为伪作。但今有论者以为乃王羲之所作。

[15] 稽古斯在：指处处有真实凭据。

[16] 贻谋令嗣：向自己的后代传授训辞。道叶义方：此训辞是关乎坚守道义的重要事情。

夫心之所达，不易尽于名言；言之所通，尚难形于纸墨。粗可仿佛其状，纲纪其辞。冀酌希夷，[1]取会佳境。阙而未逮，请俟将来。

今撰执、使、转、用之由，以祛未悟。执，谓深浅长短之类是也；使，谓纵横牵掣之类是也；转，谓钩镮盘纡之类是也；[2]用，谓点画向背之类是也。方复会其数法，归于一途，编列众工，错综群妙。举前贤之未及，启后学于成规。窥其根源，析其枝派。贵使文约理赡，迹显心通，披卷可明，下笔无滞。诡辞异说，非所详焉。然今之所陈，务裨学者。但右军之书，代多称习，良可据为宗匠，取立指归。岂唯会古通今，亦乃情深调合。致使摹拓日广，研习岁滋。先后著名，多从散落，历代孤绍，非其效与？[3]

试言其由，略陈数意：止如《乐毅论》《黄庭经》《东方朔画赞》《太师箴》《兰亭集序》《告誓文》，斯并代俗所传，真行绝致者也。[4]写《乐毅》则情多怫郁，书《画赞》则意涉瑰奇，《黄庭经》则怡怿虚无，《太师箴》又纵横争折。[5]暨乎兰亭兴集，思逸神超；私门诫誓，情拘志惨。所谓涉乐方笑，言哀已叹。[6]岂惟驻想流波，将贻啴嗳之奏；驰神睢涣，方思藻绘之文。[7]虽其目击道存[8]，尚或心迷议舛。莫不强名为体，共习分区。岂知情动形言，取会风骚之意；阳舒阴惨，本乎天地之心。既失其情，理乖其实，原夫所致，安有体哉！

夫运用之方，虽由己出，规模所设，信属目前。差之一毫，失之千里，苟知其术，适可兼通。心不厌精，手不忘熟。若运用尽于精熟，规矩谙于胸襟，自然容与徘徊，意先笔后，潇洒流落，翰逸神飞。亦犹弘羊之心，豫乎无际；[9]庖丁之目，不见全牛。尝有好事，就吾求习，吾乃粗举纲要，随而授之，无不心悟手从，言忘意得，纵未窥于众术，断可极于所诣矣。

注释

[1] 冀酌：希望酌取。希夷：微妙的意旨。《老子》第十四章："视之不见，名曰夷；听之不闻，名曰希。"

[2] 镮（huán）：本指圆环，此指书法中圆转之类的笔画。盘纡：曲折。

[3] "先后著名"四句：和他先后在世的很多著名的书家，其影响在后代都越来越小，唯独他的书法能单独流传，这难道不正好是证验吗？

[4] 上举数帖都是王羲之的传世名帖。《乐毅论》：文由夏侯泰初撰，传为王羲之书，真迹今已不传。《黄庭经》：又称《换鹅帖》，今传有多种摹本。《东方朔画赞》：小楷，传为王羲之书，真迹今已不传。《太师箴》：传为王羲之所书。《告誓文》：王羲之作文并书，真迹今不传。真行绝致者：真书和行书方面的绝品。

[5] 怫郁：心情郁闷不畅。瑰（guī）奇：珍奇。怡怿虚无：怡然平和，冲虚淡荡。

[6] 私门诫誓：指《告誓文》，因为家人所写，故称为"私门"。所谓涉乐方笑，言哀已叹：本晋陆机《文赋》："思涉乐其必笑，方言哀而已叹。"

[7] 驻想：细想，细细地体味。流波：流风余韵。啴嗳（chǎnhuǎn）：又作"啴缓"，宽阔舒缓之声。《礼记·乐记》："其乐心感者，其声啴以缓。"驰神睢涣，方思藻绘之文：《文选》卷四十一陈琳《代曹洪与魏文帝书》："盖闻过高唐者，效王豹之讴；游睢涣者，学藻缋之采。"李善注云："陈留记曰：襄邑，涣水出其南，睢水经其北。传云：睢、涣之间出文章，故其黼黻絺绣。日月华虫，以奉宗庙御服焉。"

[8] 目击道存：传统哲学术语。本出《庄子》，后为人们广泛使用，如《世说·栖逸篇》刘注："籍归，遂著《大人先生论》，所言皆胸怀间本趣。大意谓先生与己不异也。观其长啸相和，亦近乎目击道存矣。"

[9] 亦犹弘羊之心，豫乎无际：西汉桑弘羊以善于治国、运筹而著称。豫乎

无际，即料事如神。

若思通楷则，少不如老；学成规矩，老不如少。思则老而逾妙，学乃少而可勉。勉之不已，抑有三时；时有一变，极其分矣。至如初学分布，但求平正；既知平正，务追险绝；既能险绝，复归平正。初谓未及，中则过之，后乃通会。通会之际，人书俱老。

仲尼云：五十知命，七十从心。故以达夷险之情，体权变之道。亦犹谋而后动，动不失宜；时然后言，言必中理矣。是以右军之书，末年多妙，当缘思虑通审，志气和平，不激不厉，而风规自远。子敬以下，莫不鼓努为力，标置成体，岂独工用不侔，亦乃神情悬隔者也。或有鄙其所作，或乃矜其所运。自矜者将穷性域，绝于诱进之途；自鄙者尚屈情涯，必有可通之理。嗟乎！盖有学而不能，未有不学而能者也。考之即事，断可明焉。然消息多方，性情不一，乍刚柔以合体，忽劳逸而分驱。或恬澹雍容，内涵筋骨；或折挫槎枿，外曜锋芒。[1]察之者尚精，拟之者贵似。况拟不能似，察不能精；分布犹疏，形骸未检。跃泉之态，未睹其妍；窥井之谈，已闻其丑。[2]纵欲唐突羲、献，诬罔钟、张，安能掩当年之目，杜将来之口！慕习之辈，尤宜慎诸。至有未悟淹留[3]，偏追劲疾；不能迅速，翻效迟重。夫劲速者，超逸之机；迟留者，赏会之致。将反其速，行臻会美之方；专溺于迟，终爽绝伦之妙。能速不速，所谓淹留；因迟就迟，讵名赏会。非夫心闲手敏，难以兼通者焉。假令众妙攸归，务存骨气。骨既存矣，而遒润加之。亦犹枝干扶疏，凌霜雪而弥劲；花叶鲜茂，与云日而相晖。如其骨力偏多，遒丽盖少，则若枯槎架险，巨石当路，虽妍媚云阙，而体质存焉。若遒丽居优，骨气将劣，譬夫芳林落蕊，空照灼而无依；兰沼漂萍，徒青翠而奚托。是知偏工易就，尽善难求。

注释

[1] 折挫槎枿，外曜锋芒：表面看虬结枝丫，枯无生气，实则闪烁着外在的

光芒。槎枿，树枝。南北朝庾信《枯树赋》："槎枿千年。"

［2］跃泉之态，未睹其妍；窥井之谈，已闻其丑：此用坐井观天之典。

［3］淹留：运笔顿挫之法。清宋曹《书法约言》提出运笔有"淹留疾涩之法"。

虽学宗一家，而变成多体，莫不随其性欲，便以为姿。质直者则径挺不遒，刚佷[1]者又掘强无润，矜敛者弊于拘束，脱易者失于规矩，温柔者伤于软缓，躁勇者过于剽迫，狐疑者溺于滞涩，迟重者终于蹇钝，轻琐者染于俗吏。斯皆独行之士，偏玩所乖。《易》曰："观乎天文，以察时变；观乎人文，以化成天下。"况书之为妙，近取诸身。假令运用未周，尚亏功于秘奥；而波澜之际，已浚发于灵台[2]。必能傍通点画之情，博究始终之理，熔铸虫篆，陶均草隶。体五材之并用，仪形不极；像八音之迭起，感会无方。至若数画并施，其形各异；众点齐列，为体互乖。一点成一字之规，一字乃终篇之准。违而不犯，和而不同；留不常迟，遣不恒疾。带燥方润，将浓遂枯。泯规矩于方圆，[3]遁钩绳之曲直。乍显乍晦，若行若藏，穷变态于豪端，合情调于纸上。无间心手，忘怀楷则，自可背羲、献而无失，违钟、张而尚工。

譬夫绛树、青琴，[4]殊姿共艳；随珠、和璧，异质同妍。何必刻鹤图龙，竟惭真体；得鱼获兔，犹吝筌蹄。[5]闻夫家有南威之容，乃可论于淑媛；有龙泉之利，然后议于断割。[6]语过其分，实累枢机。吾尝尽思作书，谓为甚合，时称识者，辄以引示。其中巧丽，曾不留目；或有误失，翻被嗟赏。既昧所见，尤喻所闻。或以年职自高，轻致陵诮[7]。余乃假之以缃缥，题之以古目。则贤者改观，[8]愚夫继声，竞赏毫末之奇，罕议锋端之失。犹惠侯之好伪，似叶公之惧真。[9]是知伯子之息流波，盖有由矣。[10]夫蔡邕不谬赏，孙阳不妄顾者，[11]以其玄鉴精通，故不滞于耳目也。向使奇音在爨，庸听惊其妙响；逸足伏枥，凡识知其绝群，则伯喈不足称，良乐未可尚也。

至若老姥遇题扇，初怨而后请；[12]门生获书机，父削而子懊，[13]知与不知也。夫士屈于不知己，而申于知己。彼不知也，曷足怪乎！故庄子曰："朝菌不知晦朔，蟪蛄不知春秋。"老子云："下士闻道，大笑之，不笑之则不足以为道也。"岂可执冰而咎夏虫[14]哉！

自汉魏已来，论书者多矣。妍蚩杂糅，条目纠纷。或重述旧章，了不殊于既往；或苟兴新说，竟无益于将来。徒使繁者弥繁，阙者仍阙。今撰为六篇，分成两卷，第其工用，名曰《书谱》。庶使一家后进，奉以规模；四海知音，或存观省。缄秘之旨，余不取焉。

垂拱三年[15]写记

注释

[1] 刚佷(hěn)：同"刚很"，专横刚硬。

[2] 浚发于灵台：发自于心灵。浚发，意同抒发。灵台，心灵。《庄子·达生》："指与物化而不以心稽，故其灵台一而不桎。"

[3] 泯规矩于方圆：晋陆机《文赋》："缅规矩于方圆。"泯，同"缅"，超越。

[4] 绛树：古代美女名。魏晋曹丕《答繁钦书》："今之妙舞，莫巧于绛树，清歌莫善于宋腊。"(《艺文类聚》卷四十三)青琴：传说中的古代美女名，《史记·司马相如列传》："若夫青琴宓妃之徒，绝殊离俗。"《集解》引《汉书音义》曰："皆古神女名。"

[5] 得鱼获兔，犹吝筌蹄：得鱼和兔之后，何必怜惜捕捉它们的工具。吝，怜惜。《庄子·外物》："筌者所以在鱼，得鱼而忘筌；蹄者所以在兔，得兔而忘蹄；言者所以在意，得意而忘言。"

[6] 闻夫家有南威之容，乃可论于淑媛；有龙泉之利，然后议于断割：此四句本曹植，《三国志·魏书》卷十九引曹植语云："盖有南威之容，乃可以论于淑媛；有龙渊之利，乃可以议于割断。"南威，春秋时晋国美女。龙泉，又称龙渊，古代宝剑名。

[7] 陵诮：指责。

[8] 缃缥：古人以此二种颜色(一为浅黄色，一为浅青色)的布帛装裱书卷。改观：改变了自己的看法。

[9] 惠侯之好伪：南朝宋虞龢《论书表》记载有惠侯喜欢二王之书，不计好

坏，其云："新渝惠侯雅所爱重，悬金招买，不计贵贱。而轻薄之徒，锐意摹学。以茅屋漏汁染变纸色，加以劳辱。使类久书，真伪相糅，莫之能别。故惠侯所蓄，多有非真。"叶公之惧真：此用叶公好龙典故。

［10］是知伯子之息流波，盖有由矣：此用伯牙、钟子期高山流水觅知音事。

［11］蔡邕不谬赏：《后汉书·蔡邕传》："吴人有烧桐以爨者，邕闻火烈之声，知其良木，因请而裁为琴，果有美音，而其尾犹焦，故时人名曰'僬尾琴'焉。初，邕在陈留也。其邻人有以酒食召邕者，比往而酒以酣焉。客有弹琴于屏，邕至门试潜听之，曰：'憘！以乐召我而有杀心，可也？'遂反。将命者告主人曰：'蔡君向来，至门而去。'邕素为邦乡所宗，主人遽自追而问其故，邕具以告，莫不怃然。弹琴者曰：'我向鼓弦，见螳螂方向鸣蝉，蝉将去而未飞，螳螂为之一前一却。吾心耸然，惟恐螳螂之失之也。此岂为杀心而形于声者乎？'邕莞然而笑曰：'此足以当之矣。'"孙阳：即伯乐。

［12］至若老姥遇题扇，初怨而后请：《晋书·王羲之传》："又尝在蕺山见一老姥，持六角竹扇卖之。羲之书其扇，各为五字。姥初有愠色。因谓姥曰：'但言是王右军书，以求百钱邪。'姥如其言，人竞买之。他日，姥又持扇来，羲之笑而不答。其书为世所重，皆此类也。"

［13］门生获书机，父削而子懊：《晋书·王羲之传》："尝诣门生家，见棐几滑净，因书之，真草相半。后为其父误刮去之，门生惊懊者累日。"

［14］执冰而咎夏虫：语本《庄子·秋水》："井蛙不可以语于海者，拘于虚也；夏虫不可以语于冰者，笃于时也；曲士不可以语于道者，束于教也。"

［15］垂拱三年：公元 687 年。垂拱，武则天年号。

解　说

《书谱》在书法艺术的特点、书法的技法特征、书法发展史以及书家书作的评品等方面，都发表了一些值得重视的见解，在中国书法理论史上具有很高的地位。同时，它还是一篇重要的美学论文，是中国书法美学的代表性著作之一。从美学上看，以下一些问题值得注意：

一、人书俱老

人书俱老，不在于人之老，而在于书之老。书之老，不是形式上的老，而是境界上的苍茫古拙，平淡天真。

孙过庭在《书谱》中，提出了学习书法的三阶段："至如初学分布，但求平正；既知平正，务追险绝；既能险绝，复归平正。初谓未及，中则过之，后乃通会。通会之际，人书俱老。"由"平正"到"险绝"，再到"平正"，是孙过庭创作经验的总结。其中反映了孙过庭一个有代表性的思想：对老境的偏爱。

孙过庭认为，没有苦练，不可能有书法的成功。没有规矩，不可能成方圆。孙过庭说得很斩截："盖有学而不能，未有不学而能者也。"所以，他的三阶段论要在强调趁着年轻"未及"的时候，走平正的道路，老老实实，无望速成，不慕险奇，所谓思通楷则，学入法度。然能入亦应能出，出入法度，卷舒自如。法度是通向书法殿堂的台阶，但不是其终极。所以，孙过庭提出"务追险绝"的学习道路，就是为了入法度而不为法度所拘。但在纵横变化之后，又要归于平正。这和开始时的平正迥然有别，开始之平正是法则上的平正，而第三阶段的平正则是一种平淡，是绚烂之极所达到的平淡。

老境就像一条流向大海的河流，一开始流淌很平缓，在中途群水汇聚，激浪排空，等到它汇入大海之后，又归于一片平淡之中。

孙过庭推崇的书法至高境界是"通会之际，人书俱老"。他说王羲之正是在晚年才达到其艺术的高峰："是以右军之书，末年多妙，当缘思虑通审，志气和平，不激不厉，而风规自远。"当然，他不是以为书法的最高境界就是对老年的等待，"老"是一种境界。这一境界反映的是一种哲学精神和美学传统。如老子的"大巧若拙"说，《易传》的"白贲无咎"说。

中国艺术提倡生拙老辣，如在书画理论中，生和熟是一对概念，开始是生，因为技法不熟悉，但当技法熟悉之后，还应该回到生，这就是熟外之生。中国艺术家认为过于熟,就会俗,就会有甜腻相,这样的书法有谄媚之态。董其昌说“画须熟外生”,生处见其顿挫跌宕,见其桀骜不驯。中国艺术重视这生辣的意味。辣与甜相对,甜软、甜腻、软绵绵地表达,终究难入艺林高境,辣处见其横行恣肆,见其痛快淋漓。《石涛画语录》说:“生辣中求破碎之相,此不说之说矣。”生辣者,老辣纵横,不拘成法。郑板桥谈他画竹体会时说:“四十年来画竹枝,日间挥洒夜间思。冗繁削尽留清瘦,画到生时是熟时。”都谈到此道理。

老境是一种古拙的境界,拙和巧是相对的。老子说“大巧若拙”,就是强调最高的巧是一种拙,也就是不巧。汉碑《石门颂》《张迁碑》给人的感受是古拙。吴昌硕所写《石鼓文》也有一种古拙意味。古拙是一种天真的境界,超越规矩法度,达到了从容自由的境界。颜真卿晚年的书法就有一种老辣的意味。早年的《东方朔碑》虽然很雄壮阔大,但还没有达到《颜勤礼》《颜家庙碑》等的境界。所以,中国书论认为,拙胜于巧。

老是和嫩相对的,嫩是过分追求美,美固然很重要,但书法并不是要把字写得漂亮就是最好,能写漂亮是前提,还应该在漂亮之外,追求更高的境界,这就是自己的艺术个性。所以,清傅山提出:“宁拙毋巧,宁丑毋媚。”刘熙载说:“丑到极处,便是美到极处。”所以像康有为的字并不美,它却有很高的地位。他的审美观念是“重拙大”,就体现了这一思想。所以欣赏书法,要会欣赏其美的地方,还要会欣赏其丑,在丑的地方往往有书法家独特的创造。清时许多书家追求丑中见美,像郑版桥的六分半书就是丑的典型。其他如傅山的隶书、王铎的草书、刘墉的行书、金农的正书(漆书),等等。

二、同自然之妙有

关于书法与自然的关系,《书谱》提出“同自然之妙有”“本乎天地之心”的观点。书法与自然的关系,是中国书论的中心话题之一,因为书法是在汉字象形基础上发展起来的,汉字是效法天地中的具体物象而产生的,虽然经过将近五千多年的发展,不少汉字已经脱去了当初的形貌,但仍然没有摆脱象形的基本特征。书法是在汉字基础上发展起来的艺术,是对大自然的一种抽象。用抽象的线条表现天地万物的情貌和变化,这是书道的基本原则。仰观俯察是汉字创造的原则,也是书法的最高法则。早期中国书论就提出了书法"肇乎自然"(蔡邕)的观点,两晋以来,书法理论又从笔势方面,力求模仿大自然无所不在的动势。

孙过庭提出:"观夫悬针垂露之异,奔雷坠石之奇,鸿飞兽骇之资,鸾舞蛇惊之态,绝岸颓峰之势,临危据槁之形。或重若崩云,或轻如蝉翼;导之则泉注,顿之则山安;纤纤乎似初月之出天崖,落落乎犹众星之列河汉:同自然之妙有,非力运之能成。"悬针垂露,此言篆中竖法,悬针指垂画,末端如悬针,垂露指一垂收笔时笔势不露,如露水垂而未滴。后此二法均被楷书所借用。奔雷坠石之奇,此言点法。一点如奔雷滚动,巨石下坠。卫夫人《笔阵图》:"如高峰坠石,磕磕然实如崩也。"卫夫人还以"崩浪雷奔"来形容笔势。王羲之《题卫夫人笔阵图后》云:"每作一点如高峰坠石。"张怀瓘《书断》中形容王献之书法:"悬崖坠石,惊电遗光。"凡此等等,都在于"同自然之妙有",不是效法自然的外在形式,而是摄取其内在气势神灵。

《书谱》强调书法本乎自然,自然是书法之根,书家要想取得艺术的成功,必"同"于自然,融入这个世界中。当然,孙过庭绝不是提倡书家创造的外观途径,恰恰相反,他通过强调以自然为本,确立书法是心灵艺术的特性。师法自然,不是师其形,而是师其"心"。何谓自然之心,即大自然深层生生不息的精神。心就是"妙有",是含"妙"之"有",书法艺术就是要在效法自然的基础上,创造一种艺术的妙有——含有艺术家独特体验的意象世界。

三、智巧双兼

书法需要长期的临池功夫，不下苦功而能取得成功者，在书法领域，未之有也。但书法又需要悟性，仅靠临摹别人之作、靠技巧的娴熟就能臻于高致者，也未之前闻。书法必须人工和妙悟并重。在这方面，《书谱》提出了很有价值的思想。

《书谱》云："智巧兼优，心手双畅。"孙过庭认为，书法是艺术，最需妙悟之方。书法不是"形学"，而是"心学"，师法自然，不是目观自然，而是要契合(同)自然。不是对万物形态的模仿，而是要悉心领会。他以为，高妙的书法作品应该是如自然那样妙用天成，不劳人力。书法创作需要一种类似自然的悟力，并非技巧娴熟所可造其妙。他说："心不厌精，手不忘熟。若运用尽于精熟，规矩谙于胸襟，自然容与徘徊，意先笔后，潇洒流落，翰逸神飞。亦犹弘羊之心，豫乎无际；庖丁之目，不见全牛。"心悟手从，言忘意得，进而翰逸神飞，神融笔畅。然而，他以为，又不能忽视工巧。悟出于心，巧形于手，虽有悟而无巧，心手相分，神不能统手，手不能出心，则心手难双畅。智巧兼优，心手才能双畅。

孙过庭提出的妙悟和人工并重的思想，在中国美学史上具有一定价值。中国美学强调妙悟，但并不排斥人工。明谢榛说："一速而简切，一迟而流畅。其悟如池中见月，清影可掬。若益之以勤，如大海息波，则天光无际。悟不可恃，勤不可间。悟以见心，勤以尽力。此学诗之梯航，当循其所由而极其所至也。"(《四溟诗话》卷三)人工并不必然构成对妙悟的威胁，相反，如果处理得当，则可以促进妙悟的展开。董其昌将此归纳为"学至于无学"，很有见地。

四、锋杪下的起伏

孙过庭以下这段话值得注意："翰不虚动，下必有由。一画之间，变起伏于峰杪；一点之内，殊衄挫于毫芒。"书法中有衄锋和挫锋，都是属于顿挫之技法。殊衄挫于毫芒，意为在毫芒运转之间显示出顿挫之变化。中国书论有“无往不复，无垂不缩，点笔隐锋，波必三折”的说法。意思是：没有一横是不回来的，没有一竖是不收缩的，一点之中一定会藏着暗锋，一捺之中含有很多的折转。这透露出中国美学的一大消息，就是含蓄蕴藉，顿挫激荡，笔笔藏，笔笔收，笔笔伸，笔笔缩，不直截，不显露，不滑落，不漂移，稳实，有力，内蕴，外表平静得如无风的水面，没有一点涟漪，但在其深处则暗藏机锋，暗藏玄机，充满了力的漩涡，寓藏着无所不在的顿挫。

中国书法讲究“势”。势从力中来，这是内在的力，不是外在的力。为什么说是内在的力呢？因为这种力是通过线条内部的变化、线条与线条之间的关系，以及具体的章法等表现出来的。书法家就是一个制造矛盾的高手，就是要造成书法内部的冲突，通过形式内部的避让、呼应、映衬等，造成内在的冲突，形成一种张力，这就是“势”。这个势，也与自然有密切关系，中国书法家，是到自然中体会这种势的，体会“一阴一阳之谓道”的精神。

中国书法家认为，大自然中就充满了这种势，大自然中有无所不在的运动，流水的冲刷，遇到阻力，激起了漩涡，怀素从它悟出了书法的道理；鹅的脖子在水中，在空中婉转摇动，王羲之观看它得到了深深的启发；枯藤爬树，盘旋向上，吴昌硕通过它悟出了石鼓文的妙处。

书法将这样的道理，概括为两个字：“藏”和“忍”。孙过庭的“一画之间，变起伏于锋杪；一点之内，殊衄挫于毫芒”，就是强调在一画之中，通过笔势的变化、笔锋的运转、墨的干湿，体现出丰富的变化。在一画之中有起伏；在一点之内，要表现出转折回转的力感来。这就是“藏”的妙处。

晋卫恒《四体书势》引崔瑗《隶势》说：书法要有这样的妙处，就是“狡兔暴骇，将奔未驰”——一只兔子突然被惊吓，正准备奔跑，但还没有奔跑，书法要把这一瞬间的妙处表现出来，因为这样的瞬间，将动未动，是最有张力的空间，这就是势。

此正得东汉蔡邕所说的“疾涩”二法的妙处。疾涩二法几乎成了中国书法美学的不言之秘，王羲之在《记白云先生书诀》中说：“势疾则涩。”刘熙载《艺概·书概》：“古人论书法，不外疾涩二字。涩非迟也，疾非速也。”清宋曹《书法约言》提出运笔有“淹留疾涩之法”。疾涩二字所反映的正是势的顿挫的思想，体现出“一阴一阳之谓道”的哲学精神。

中国书论中“藏”的奥妙也与此有关。书道之妙在于藏，这是含蓄的美学传统所决定的。在处世上要忍，在书法上也要忍，书法称此为蓄势。反对直露，认为直露，一览无余，便没有韵味。如颜真卿的藏头护尾，颜体可以说是藏的典范。中国书法用笔强调裹锋，起笔要裹峰，没有裹锋，平平地写，那就太露了；落笔要回锋，没有回锋，一笔送出，就没有意思了。书法讲究绵里藏针，表面上很平和，内在却很有力量。东汉《石门颂》就是这样，你看它每一个字都很平，但在平直中有起伏，这就是我们临帖需要用心的地方。

孙过庭提出的“使转”“性情”说也与此有关。他说：“草不兼真，殆于专谨；真不通草，殊非翰札。真以点画为形质，使转为情性；草以点画为情性，使转为形质。草乖使转，不能成字；真亏点画，犹可记文。回互虽殊，大体相涉。”包世臣解云：“吴郡论真草，以点画使转，分属形质性情，其论至精。善点画力求平直，易成板刻；板刻则谓之无使转。使转力求姿态，易入偏软；偏软则谓之无点画。其致则殊途同归，其词则互文见意，不必泥别真草也。”①不必泥别真草，包世臣所言极是，其实所涉及的是书法用笔的内在节奏问题：平稳中有跳荡，飞舞中有滞涩。

参考文献

包世臣：《艺舟双楫·书谱辨误》，见《历代书法论文选》，上海：上海书画出

① 《艺舟双楫·跋删定吴郡书谱序》。

版社,1982年。

朱建新:《孙过庭书谱笺证》,北京:中华书局,1963年。

冯亦吾:《书谱解说》,北京:国际文化出版公司,1999年。

马国权:《书谱译注》,上海:上海书画出版社,1980年。

萧元:《初唐书论》,长沙:湖南美术出版社,1997年。

熊秉明:《中国书法理论体系》,天津:天津教育出版社,2002年。

书断序

[唐] 张怀瓘

张怀瓘,生卒年未详,主要活动于唐代开元年间,肃宗乾元年间仍在世。扬州海陵(今江苏泰州)人,出身于书法世家,父亲张绍宗以书名于世,其弟张怀瑰也精于书法。怀瓘做过鄂州和升州司马、右率府兵曹参军、翰林供奉等官。自幼习书,长有多能,擅长各体,尤以篆、八分、行名世。

张怀瓘是一位出色的书法理论家。他有关书法方面的著述丰赡,主要有《书断》三卷、《文字论》一卷、《书议》一卷、《六体书论》一卷、《书估》一卷、《论用笔十法》一卷、《玉堂禁经》一卷、《评书药石论》一卷等。他的这些书论著作因《法书要录》等的收录,大多保存了下来。这些著作不仅为我们了解这位卓越的书法理论家提供了重要的材料,同时也是我们了解唐代以前我国书法理论发展的不可多得的资料。其中包含的重要美学思想,代表着唐代书法美学的最高成就。

《书断》是张怀瓘的代表作,这部三卷的著作,开篇有序言。第一卷叙说各类书体的源流、特点以及代表书家。第二卷、第三卷评论各代书家,选择了从周代史籀到唐代数千年间书家一百多位,分为神、妙、能三品,神品居上,能品最下。《文字论》一卷或以为是《书断》的后序。从内容看,的确有这样的可能性。

《书断》三卷,见《法书要录》卷七到卷九,《墨池编》卷三也有全文著录。另外,《书苑菁华》卷六和卷七、《佩文斋书画谱》卷一和卷九中也有摘引。

本书所录文字据范祥雍点校,启功、黄苗子参校《法书要录》本。

昔庖牺氏画卦以立象,轩辕氏造字以设教。[1]至于尧舜之世,则焕乎有文章。[2]其后盛于商周,备夫秦汉,固夫所由远矣。文章之为用,必假乎书。书之为征,期合乎道。故能发挥文者,莫近乎书。若乃思贤哲于千载,览陈迹于缣简[3],谋猷在觌,[4]作事粲然,言察深衷,使百代无隐,斯可尚也。及夫身处一方,含情万里,摽拔志气,黼藻精灵,[5]披封睹迹,欣如会面,又可乐也。

尔其初之微也,盖因象以曈昽[6],眇不知其变化,范围无体,应会无方,[7]考冲漠[8]以立形,齐万殊而一贯,合冥契,吸至精,资运动于风神,颐浩然于润色。[9]尔其终之彰也,流芳液于笔端,忽飞腾而光赫,或体殊而势接,若双树之交叶;或区分而气运,似两井之通泉;麻荫相扶,津泽潜应;[10]离而不绝,曳独茧之丝;卓尔孤标,竦危峰之石;龙腾凤翥,若飞若惊;电烻爗爔,[11]离披烂熳;翕如云布,曳若星流;朱焰绿烟,乍合乍散;飘风骤雨,雷怒霆激。呼吁可骇也,信足以张皇当世[12],轨范后人矣。

注释

[1] 昔庖牺氏画卦以立象:庖牺,又作伏羲、宓羲等。传八卦为伏羲所创。轩辕氏造字以设教:轩辕氏指黄帝,传汉字由黄帝时史官仓颉所创造。

[2] 至于尧舜之世,则焕乎有文章:《论语·泰伯》:“子曰:大哉尧之为君也!……焕乎其有文章!”

[3] 缣简:书册。缣指用来书写的绢帛。简指用来书写的竹简。

[4] 猷(yóu):计谋策略。觌(dí):显现。

[5] 摽(biāo)拔:高扬,显扬。黼藻:本指华美的辞藻。此用为动词,指将人的精神气度完美呈现出来。

[6] 盖因象以曈昽(tónglóng):曈昽,太阳刚出由暗而明的样子。晋陆机

《文赋》:“情曈昽而弥鲜,物昭晰而互进。”范祥雍本作“曈昽”,因改。

[7] 范围无体,应会无方:指在书法未成的酝酿阶段,没有具体的形象,其内在心理变化无法捕捉。

[8] 冲漠:冲虚无体。《云笈七签》卷九十五:“冲漠淡泊,守一安神。”

[9] 资运动于风神:资,资取。此句意为取法大自然的运动气势,化为书法的风神气韵。颐浩然于润色:颐养浩然正大之气,化为书法的气骨。

[10] 庥(xiū)荫:荫庇,保护。津泽潜应:指书法内在的节奏气势如暗流互相呼应。

[11] 电烻(shān):电闪。爔爅(huòhù):形容光芒四射的样子。

[12] 张皇当世:辉耀显扬于当世。

至若磔髦竦骨[1],裨短截长,有似夫忠臣抗直补过匡主之节也;矩折规转,却密就疏,有似夫孝子承顺慎终思远[2]之心也;耀质含章,或柔或刚,有似夫哲人行藏知进知退之行也。固其发迹多端,触变成态,或分锋各让,或合势交侵,亦犹五常[3]之与五行,虽相克而相生,亦相反而相成。岂物类之能象贤,实则微妙而难名。《诗》云,“钟鼓钦钦,鼓瑟鼓琴,笙磬同音”,[4]是之谓也。使夫观者玩迹探情,循由察变,运思无已,不知其然。瑰宝盈瞩,坐启东山之府;[5]明珠曜掌,顿倾南海之资。[6]虽彼迹已缄,而遗情未尽。心存目想,[7]欲罢不能。非夫妙之至者何以及此。

且其学者,察彼规模,采其玄妙,技由心付,暗以目成。或笔下始思,困于钝滞,或不思而制,败于脱略,心不能授之于手,手不能受之于心,虽自己而可求,终杳茫而无获,又可怪矣。及乎意与灵通,笔与冥运,神将化合,变出无方,虽龙伯系鳌之勇,不能量其力,雄图应箓之帝,不能抑其高。[8]幽思入于毫间,逸气弥于宇内,鬼出神入,追虚捕微,则非言象筌蹄所能存亡也。夫幼童而守一艺,白首而后能言,固不可恃才曜识,以为率尔可知也。且知之不易,得之有难,千有余年,数人而已。昔之评者,或以今不逮古,质于丑妍,[9]推察疵瑕,妄增羽翼,自我相物,求诸合己,悉为鉴不圆通也。亦由苍黄者唱首,冥昧者唱声，风议混然，罕详孰是。及兼论文字始祖，各执异端，臆说蜂飞，竟无稽古，盖眩如也。

怀瓘质蔽愚蒙，识非通敏，承先人之遗训，或纪录万一。辄欲芟夷浮议，扬榷古今；[10]拔孤疑之根，解纷拏[11]之结。考穷乖谬，敢无隐于昔贤；探索幽微，庶不欺于元匠。爰自黄帝史籀苍颉，迄于皇明黄门侍郎卢藏用，[12]凡三千二百余年。书有十体源流，学有三品优劣，今叙其源流之异，著十赞一论，较其优劣之差，为神妙能三品，人为一传，亦有随事附者，通为一评，究其臧否，分为上中下三卷，名曰《书断》，其目录如此。庶儒流君子，知小学有矜式焉。

注释

［1］磔髦竦骨：指书法笔法枯硬，由运笔有力造成。磔髦，即磔毛，毛发开张。

［2］慎终思远：《论语·学而》："曾子曰：慎终追远，民德归厚矣！"意为要重视祭礼，培养人孝顺追慕先人之心。

［3］五常：古代中国以仁、义、礼、智、信为五常。

［4］出于《诗经·小雅·钟鼓》。

［5］瑰宝盈瞩：满眼都是珍宝。东山之府：西汉吴王刘濞的府库以藏珍宝多而著称，后以东山之府来指代握有很多奇珍。

［6］明珠曜掌，顿倾南海之资：古人以为南海多出明珠，故言。唐张怀瓘《书议》："奇宝盈乎东山，明珠溢乎南海。"

［7］心存目想：意为凝念贮思。"想"可以用"目"，反映了中国美学以心为主，从物出发的思想。此为古代熟用语，如南朝陈姚最《续画品》："目想毫发。"唐白居易《白蘋洲五亭记》："予按图握笔，心存目想。"

［8］龙伯系鳌之勇：出自古代神话传说，传巨人国名龙伯，其地人长十丈，力大无比。《列子·汤问》："龙伯之国有大人，举足不盈数步而暨五山之所，一钓而连六鳌，合负而趣，归其国，灼其骨以数焉。"雄图应箓之帝：中国古代帝王为了显示自己的合法性，常以符箓瑞命为说辞。

［9］今不逮古，质于丑妍：此论张怀瓘之前多有，如南朝宋虞龢《论书表》

引王献之云:“世人那得知,夫古质而今妍,数之常也。爱妍而薄质,人之情也。”

[10] 芟夷浮议:廓清一些浮华不实的议论。芟夷,铲除。扬榷:评论商核。

[11] 纷拏(ná):纷乱。

[12] 爰自:开始自。史籀:《书断》中云:“周史籀,宣王时为史官,善书,师模苍颉古文。”皇明:本朝。卢藏用:字子潜,唐黄门侍郎、尚书右丞。

解说

逸、神、妙、能四品说是中国艺术批评中的重要问题,提到四品说,就不能不提张怀瓘,而四品说之品目只是到了张怀瓘才真正形成,张怀瓘的书法美学思想也是围绕这个问题而展开的。

四品说的流变较为复杂。受汉末以来以品论人的影响,艺术领域也论品,六朝时书品、画品、诗品皆有其作。南齐谢赫《画品》评二十九位画家,将其分为六品,其中列于高位(如一、二品)的陆探微、卫协等被评为“神妙无方,气韵高举,但取精灵,遗其骨法”;置于低位的刘瑱、刘绍祖等,虽画体简细、善于传写、长于形似,但缺少超逸之韵,故目为下伦。这已经透露出重神韵、轻人工技巧的倾向。人工和天然本是中国书法美学的一对概念,南朝齐王僧虔《论书》云:“宋文帝书,自谓不减王子敬。时议者云:天然胜羊欣,工夫不及欣。”南朝梁庾肩吾(487—551)《书品》说:“疑神化之所为,非人世之所学。惟张有道、钟元常、王右军其人也。张工夫第一,天然次之,衣帛先书,称为草圣。钟天然第一,工夫次之,妙尽许昌之碑,穷极邺下之牍。王工夫不及张,天然过之。天然不及钟,工夫过之。”书法没有功夫,必无所成,然而书法是一种艺术,是一种心灵的艺术,光有功夫难成大器,必佐之以悟力,这就是书论所谓“天然”。这种倾向直接影响了唐代李嗣真(?—696)三品论书的理论。李嗣真《后书品》继承庾肩吾等的观点,以上中下三品品书,但在三品之外,另立逸品。

这是中国艺术论品评中首次有“逸品”之目。收入逸品的有五人：李斯、张芝、钟繇、王羲之、王献之，五人都是绝代书英，都是一方面书体的最高典范。逸在这里具有超群绝伦的意思。他在评论除李斯之外的逸品书家时，富有悟性，是他们的共同特点。

唐朱景玄《唐朝名画录》序言说：“以张怀瓘画品断神、妙、能三品，定其等格，上中下又分为三。其格外有不拘常法，又有逸品，以表其优劣也。”张怀瓘《画断》今不存，唯有《历代名画记》所辑录的四则，但其中并无逸神妙能四品之目。但在张氏的另一本艺术理论著作《书断》中，便以神妙能三品品书。从四品论的发展情况看，张怀瓘是个关键人物，他虽然只提出三品，却为四品论奠定了基础。四品论的完整表述是唐代绘画理论家朱景玄。朱景玄《唐朝名画记》受张怀瓘影响，他的逸神妙能四品只是在张怀瓘的神妙能三品之上再加上逸品。朱景玄自己也承认他的四品论是从张怀瓘那里来的。南宋邓椿在《画继》中有这样的评说：“自昔鉴赏家分品有三：曰神、曰妙、曰能。独唐朱景真(按即朱景玄)撰唐贤画录，三品之外，更增逸品。”这里所谓“鉴赏家”所指主要为张怀瓘。

当然，张怀瓘对四品说的贡献不仅在品目，在理论上也有发明。四品说的理论基因肇始于王僧虔、庾肩吾的天然、人工的分野。如庾肩吾认为，“天然”就是书家颖悟的功夫，来自“神化之所为，非世人之所学”，肯定了人工工巧之外的另一种能力，一种类似于“轮扁不能语斤，伊挚不能言鼎”的神妙能力，此一能力就是发自人灵魂深层的悟力。唐李嗣真首标“逸品”直接来自庾肩吾的启示，他将庾氏推崇的张芝、钟繇、王羲之三家扩大到李斯、王献之五家，认为此五家代表了一种不可企及的艺术高标，来自“神合契匠，冥运天矩”所产生的艺术力量。张怀瓘的三品说吸取了前代理论精华，更突出了重妙悟的理论倾向。

张怀瓘关于书法来自妙悟有系统的思想，这是我们读他的书论需要注意的。

张怀瓘将“无言妙境”和“智识之途”相对而论。他以为，艺术“不可以智识”，唯有以心会。他在《书断》中评张芝书法时云：“（张芝）创为今草，天纵尤异，率意超旷，无惜是非，若清涧长源，流而无限，萦迴崖谷，任于造化，至于蛟龙骇兽、奔腾拿攫之势，心手随变，窈冥而不知其所如，是谓达节也已。精熟神妙，冠绝古今，则百世不易之法式，不可以智识，不可以勤求，若达士游乎沉默之乡，鸾凤翔乎大荒之野。”艺术创造以及领悟艺术的高妙之境，都和“达士游乎沉默之乡，鸾凤翔乎大荒之野”同，艺术是一“沉默之乡”“大荒之野”，在这片天地中，只能以心会，不能靠外观，不能以喧嚣的心去会，而要以宁静渊澄的心去会。因为这片天地中的一切都是不可说的，可说即非真。所以对于不可说的东西，唯有沉默。知识沉默了，思虑沉默了，语言沉默了，永恒的沉默则是达到艺术的高妙境界的前提。在这片天地中，“窈冥而不知其所如”，随意东西，从容飘游，不粘不滞，率意而为。张氏将这样的艺术家称为“达节士”，这样的艺术创造过程称为“达节”的行为，所谓“达节”就是妙悟。

张怀瓘指出，艺术家要做善“听”之人。他强调要用“独闻”“独见”之心谛听书法的无声境界，并倡导一种“独听”的方法。《书断》云：“玄妙之意，出于物类之表；幽深之理，伏于杳冥之间；岂常情之所能言，世智之所能测也。非有独闻之听，独见之明，不可议无声之音，无形之相。”这是一段深通道家思想的话，至高的书法境界只能通过心知，不能以言去究诘。在这里，张氏提出“常情”和“世智”两个概念。所谓“常情”就是世俗的带有目的性的心念；“世智”就是寻常的知识系统。“常情”是我们认识世界时不自觉地运用的标准，强调其习以为常；“世智”是我们把握世界所惯用的分析方法，强调其信以为真。我们面对外在世界，总是情不自禁地去“说”，“说”所运用的就是这“常情”“世智”。我们满以为这样的认识便是把握了对象，其实这只是误说、妄测。习以为常的原是如此不可靠，信以为真的原来是一腔妄念。张氏所说的“独闻之听，独见之明”，与“常情”

“世智”截然相反，它闭起了知识的眼睛，睁开了真知的灵明。所谓“独闻”“独见”，强调其无对待，无知识羁绊，自由空灵，用心灵的耳朵去听，以心灵的眼睛去见，与对象臻于一片气化和合的境界，从而把握其妙处。张氏将传统哲学的精神用之于艺术品评。《老子》第四十七章：“不出户，知天下；不窥牖，见天道。其出弥远，其知弥少。是以圣人不行而知，不见而明，不为而成。”《庄子·天运》：“圣也者，达于情而遂于命也。天机不张而五官皆备，此之谓天乐，无言而心说。故有焱氏为之颂曰：‘听之不闻其声，视之不见其形，充满天地，苞裹六极。’汝欲听之而无接焉，而故惑也。”僧肇（384—414）承继道家哲学的精神，结合大乘佛学的思想，提出：“然则玄道在于绝域，故不得以得之；妙智存乎物外，故不知以知之；大象隐于无形，故不见以见之；大音匿于希声，故不闻以闻之。”（《般若无名论》）这里的不见之见、不知之知、不闻之闻，正是中国艺术论中的“独见之见”“独闻之闻”“独听之听”之所本，所谓“独见”云云，就是以不见为见，由外观而内悟，官知止而神欲行。

张怀瓘还提出“可以心契，不可言宣”（《书议》）的重要观点。此一语可以作为中国艺术理论一个重要纲领。言宣为识，心会为悟，言者存粗，悟者存精。文学需要语言来加以表现，书画等艺术也需要自己的语言，中国艺术并不是摒弃语言，如果没有语言，艺术成立的基础也就没有了，它反对的是萦绕着知识的语言。所以对于语言，中国艺术论中秉持一种“不立文字，不离文字”的道路，就是对语言形式的超越。在这一点上，庄子的得鱼忘筌、得兔忘蹄的思想以及禅宗的舍筏登岸的思想有很大影响。语言无非为示机之方便而设，如以指指月，使人因指而见月。以言教而显示实相，然语言本身并非实相，舍筏登岸，得月忘指。《书断》说：“意与灵通，笔与冥运，神将化合，变出无方，虽龙伯挈鳌之勇，不能量其力，雄图应箓之帝，不能抑其高，幽思入于毫间，逸气弥于宇内，鬼出神入，追虚捕微，则非言象筌蹄所能存亡也。”摆脱言象筌蹄的制约，才能有艺术的超越。

在《书断序》中，张怀瓘谈书法的妙悟过程时说："尔其初之微也，盖因之以曈昽，眇不知其变化，范围无体，应会无方，考冲漠以立形，齐万殊而一贯，合冥契，吸至精，资运动于风神，颐浩然于润色。尔其终之彰也，流芳液于笔端，忽飞腾而光赫……"所言很玄妙，但意思是清楚的，高妙的书法作品往往来自瞬间妙悟，妙悟就是突然间超越一切身观限制，物我契合，玄理昭然，即象即理，不劳他求。

参考文献

潘运告：《张怀瓘书论》，长沙：湖南美术出版社，1997 年。

王镇远：《中国书法理论史》，合肥：黄山书社，1990 年。

《熊秉明文集》，北京：北京大学出版社，2019 年。

江陵陆侍御宅宴集观张员外画松石图

[唐] 符载

符载(约732—约810),字厚之,武都(今属四川绵竹)人,早年隐居于庐山,曾做过监察御史等官。《旧唐书》载其文集十四卷,《全唐诗》收其诗二首。

《江陵陆侍御宅宴集观张员外画松石图》见《全唐文》卷六百九十,主要记载张璪作画的场景。张璪(约735—785),唐代著名山水画家,是早期水墨山水的代表人物之一。《历代名画记》卷十言其:“尤工树石山水,自撰《绘境》一篇,言画之要诀,词多不载。初,毕庶子宏擅名于代,一见惊叹之。异其唯用秃毫,或以手摸绢素,因问璪所受。璪曰:‘外师造化,中得心源。’毕宏于是阁笔。”“外师造化,中得心源”是中国画学的纲领之一,在中国美学上具有独特的地位。这里收录符载这篇文字以及相关文献,意在对这一纲领的内在理论意义做一分析。

本文据《全唐文》卷六百九十。

六虚[1]有精纯美粹之气,其注人也,为太和[2],为聪明,为英才,为绝艺。自肇有生人,至于我俦,不得则已,得之必腾凌夐绝[3],独立今古。用虽大小,其神一贯。尚书祠部郎张璪文通,丹青之下,抱不世绝俦之妙,则天地之秀,钟聚于张公一端者耶?初,公盛名赫然,居长安中,好事者卿相大臣,既迫精诚,乃持权衡尺度之迹,输在贵室，他人不得诬妄而睹者也。居无何，谪官为武陵郡[4]司马，官闲无事，从容大府，士君子由是往往获其宝焉。

荆州从事监察御史陆澧，字深源，洎[5]令弟曰灞、曰润、曰淮，皆以文行颖耀当世，故含藻蕴奇之士，多游其门焉。秋七月，深源陈宴宇下，华轩沉沉，罇俎静嘉。[6]庭篁霁景，疏爽可爱。公天纵之思，欻[7]有所诣。暴请霜素，愿扮奇踪，[8]主人奋裾呜呼相和。是时坐客声闻士[9]凡二十四人。在其左右，皆岑立注视而观之。

员外居中，箕坐鼓气，神机始发。其骇人也，若流电激空，惊飙戾天。摧挫斡掣，㧑霍瞥列。[10]毫飞墨喷，捽掌[11]如裂。离合惝恍，忽生怪状。及其终也，[12]则松鳞皴，石叠岩，水湛湛，云窈渺。投笔而起，为之四顾，若雷雨之澄霁，见万物之情性。观夫张公之艺，非画也，真道也。当其有事，已知夫遗去机巧，意冥玄化；而物在灵府，不在耳目；故得于心，应于手；孤姿绝状，触毫而出。气交冲漠，与神为徒。若忖短长于隘度，算妍媸于陋目；凝觚舔墨，依违良久，乃绘物之赘疣也，宁置于齿牙间哉！

呜呼！由基之弧矢，[13]造父之车马，[14]内史[15]之笔札，员外之松石，使其术可授，虽执鞭之贱，吾亦师之。如不可求，从吾所学，则知夫道精艺极，当得之于玄悟，不得之于糟粕。众君子以为是事也，是会也，虽兰亭、金谷，不能尚此。或阙歌颂，取羞前人，命鄙夫首叙，诸公得挥其宏思耳。

注释

[1] 六虚：《周易·系辞上》："变动不居，周流六虚。"韩康伯注云："六虚，六位也。"孔疏："'周流六虚'者，言阴阳周遍，流动在六位之虚。六位言'虚'者，位本无体，因爻始见，故称'虚'也。"六虚后指阴阳二气运转动荡的虚空，多与八极对称，如唐杜光庭《毛仙翁传》："指顾乎八极之外，逍遥乎六虚之表。"

[2] 太和：《周易·乾·文言》："保合大和。"大和，即太和。天地中和谐的真元之气。

［3］ 腾凌：腾越。敻（xiòng）绝：卓绝。

［4］ 武陵郡：治所在今湖南常德。

［5］ 洎：及。

［6］ 陈宴：设宴。罇：同“樽”，酒杯。俎：案桌。

［7］ 欻（xū）：忽然。

［8］ 霜素：这里指用来作画的纸张和绢素。抙（huī）：同“挥”，这里引为探求。

［9］ 声闻士：佛教术语，本指听闻佛陀声教而修行的佛门弟子，这里疑指奉行佛法的士人。

［10］ 摧：快速地摧动笔锋。唐张怀瓘《书断》上：“摧锋剑折，落点星悬。”挫：指笔致的顿挫。斡：指笔的旋转飘动。掣：指运笔的控制。抙霍：同“挥霍”，形容舞动墨笔。瞥列：迅速，快捷。

［11］ 捽掌：压住手掌。

［12］ “及其终也”以下模仿《庄子·逍遥游》“庖丁解牛”的描写。

［13］ 由基之弧矢：《史记·周本纪》：“楚有养由基者，善射者也。去柳叶百步而射之，百发而百中之。左右观者数千人，皆曰善射。有一夫立其旁，曰：‘善，可教射矣。’养由基怒，释弓搤剑，曰：‘客安能教我射乎？’客曰：‘非吾能教子支左诎右也。夫去柳叶百步而射之，百发而百中之，不以善息，少焉气衰力倦，弓拨矢钩，一发不中者，百发尽息。’”

［14］ 造父之车马：造父为周缪王的御者，是驾马高手，《史记·秦本纪》记载，周缪王在外巡游，国内乱，“造父为缪王御，长驱归周，一日千里以救乱”。

［15］ 内史：指王羲之，王羲之曾做过会稽内史。

解　说

张璪的“外师造化，中得心源”，是中国艺术理论的重要命题，在一定程度上它可以说是中国艺术的纲领。中国艺术具有迥异于西方艺术的特性，若寻其解释，以这一命题为切入点，倒是一个很好的进路。近百年以来，在西方艺术观念处于绝对影响地位的大背景之下，人们对它的理解有时过于简单化,不少论者认为这个命题浅近明白,反映的是主客观结合或情景结合的问题,但事实可能远比这复杂。鉴于此一问题在中国美学中的重要性,容我对此做一些辨析。

一般认为,张璪这一绘画纲领直接取自道家,有学者认为,此纲领反映的主要是道家思想。张璪的确受到道家哲学影响,但考张璪之思想旨趣以及相关史实,可以肯定地说,其八字诀反映的思想精髓应是佛学(主要是禅宗),而不是道家哲学或道教。

张璪与佛门有密切关系。《全唐文》中收录有符载一篇有关张璪的赞文,这是符载在江陵府陟屺寺云上人院壁看到张璪所画的《双松图》后所写的:"世人丹青,得画遗迹。张公运思,与造化敌。根如蹲虬,枝若交戟。离披惨澹,寒起素壁。高秋古寺,僧室虚白。至人凝视,心境双寂。"(《全唐文》卷六百九十)张璪是一位画松高手,而这古松画到了寺壁,体现了高松古寺、心境双寂的妙悟境界。张璪在一些寺庙墙壁上所作的壁画,在其身后多有留存。朱景玄《唐朝名画录·神品下》记载:"今宝应寺西院山水松石之壁,亦有题记。精巧之迹,可居神品也。"

从张璪的交游情况来看,多有与佛学有较深渊源者。张璪在代宗广德元年(763)因相国王缙的推荐,任检校祠部员外郎和盐铁判官,故世称张员外。而王缙则是王维的弟弟。王维是深受禅宗影响的诗人和画家,与慧能弟子神会关系密切,神会语录中有多处记载二人对话的情景。王维和张璪都是当朝水墨画大师,而且在绘画上,当时张璪的地位甚至超过王维,荆浩在《笔法记》中对两位大师水墨画创造的功勋予以高度评价。目前还没有见到张氏与王维相互接触的史料,但从张璪与王缙的关系以及张璪与王维同是水墨画创造伊始的大师看,二人的直接交往应是可能的。王维的禅学渊源可能对张璪产生影响。符载是张璪的好友,他曾是一位庐山隐士,优游于佛道之间,后至江陵,并在此结交张璪。符载对张璪的艺术造诣有很高的评价,并称一次张璪作画、群贤毕至的场面胜过兰亭、金谷之会。而也是在江陵，他拜访了天皇寺，为南宗禅的著名传人天皇道悟(748—807)写下碑文，从符载所留下的文字看，他和佛教有很深的因缘。

张璪有弟子名刘商，张彦远《历代名画记》卷十载："刘商，官至检校礼部郎中、汴州观察判官。少年有篇咏高情，工画山水树石。初师于张璪，后自造真为意。自张贬窜后，尝惆怅赋诗曰：'苔石苍苍临涧水，溪风袅袅动松枝。世间惟有张通会，流向衡阳那得知。'或云：'商后得道。'"而这位刘商则是禅宗的崇尚者，他有诗云："虚空无处所，仿佛似琉璃。诗境何人到，禅心又过诗。"(《酬问师》)又有《秋蝉声》诗云："萧条旅舍客心惊，断续僧房静又清。借问蝉声何所为，人家古寺两般声。"

张璪和佛门的关系，还可以通过他所著《绘境》一书看出，此文从命名上就可以看出受到佛学影响的痕迹。张彦远《历代名画记》卷十说他"自撰《绘境》一篇，言画之要诀，词多不载。初，毕庶子宏擅名于代，一见惊叹之。异其唯用秃毫，或以手摸绢素，因问璪所受，璪曰：'外师造化，中得心源。'毕宏于是阁笔"。

《绘境》一书，今已不传。从张彦远的语气中，可判知他是读过这本书的，否则，他难以言"词多不载"。这句话的意思是：是书多特立高迥之论，言人所不言①。在画学中，前人有画训、画品、画格、画录等，但专言"画境"仅见此书。虽语不传，但"外师造化，中得心源"出自本篇，则是肯定的。以"境"言艺，唐代之前少有人及，而至唐代则成为使用广泛的概念，中国美学境界论则是在唐代形成其初始形态。"外师造化，中得心源"可以说是唐代艺术境界论的重要组成部分。唐人论艺重"境"，是在佛学影响下出现的理论趣尚。佛学尤其

① 自宋以来，关于张氏此书，少有记载，明初王绂《书画传习录》卷四云："张司马尝撰《绘境》一篇，大含细入，非粗工所能领略。当年符载为之序曰：尚书郎抱不世绝传之妙，居长安，卿相大臣既迫精诚，乃持权衡尺度之迹，输在贵室，他人不得睹也。谪官武陵司马，士君子往往获其宝焉。"

是禅宗的境界理论是中国美学境界说所取资的主要对象。

在佛学的影响下，张璪的“外师造化，中得心源”说有深刻的理论含义。

一、心源为本

张璪与佛门的密切关系在他“心源”一语中得到清晰体现。“心源”是个佛学术语，此语在先秦道家、儒家著作中不见，它最初见于汉译佛经。《四十二章经》云：“出家沙门者，断欲去爱，识自心源，达佛深理，悟无为法。”《菩提心论》云：“若欲照知，须知心源。心源不二，则一切诸法，皆同虚空。”华严宗宗师澄观（737—838）在《答皇太子问心要书》中说：“照体独立，物我皆如。直造心源，无智无得，不取不舍，无对无修。”（《景德传灯录》卷三十）

心源为悟的思想在禅宗中得到发展。道信（580—651）有一次对法融说：“夫百千法门，同归方寸，河沙妙德，总在心源。”南阳慧忠（？—775）认为，第一义之悟必是心源之悟：“禅宗学者，应遵佛语。一乘了义，契自心源。不了义者，互不相许。”①

佛门称“心源”主要明二义：一是本原义，心为万法的根源，所以叫作“心源”，此心为真心，无念无住，非有非无，而一切有念心、是非心、分别心都是妄心，所以心源是与妄念妄心相对的，佛教所谓“三界唯识，万法唯心，了悟心源，即是净土”，此明其初；二是根性义，心源之“源”，是万法的“本有”，或者说是“始有”，世界的一切都从这“源”中流出，此明其性。此二义又是相连一体的。在心源中悟，唯有心源之悟方是真悟，唯有真悟才能切入真实世界，才能摆脱妄念，还归于本，在本原上“见性”，在本原上和世界相即相融。

---

① 在唐代，受到佛学尤其是禅宗的影响，佛门之外谈“心源”者甚多。权德舆（759—828）《李韶州著书常论释氏之理贵州有能公遗迹诗以问之》云：“常日区中暇，时闻象外言。曹溪有宗旨，一为勘心源。”刘禹锡（772—842）说：“心源为炉，笔端为炭。锻炼元本，雕砻群形。”（《董氏武陵集记》，《全唐文》卷六百五）

张璪的“外师造化,中得心源”体现了禅宗心源为本的思想。这个“心源”就是使傲慢的毕宏臣服而“阁笔”的主要原因。可能毕宏以画树石之能擅名当代,但不如张璪的画是从“心源”流出,这个心源就是“性”,所以,他能得物象之“真”。一是气貌神色上的生动,一是心与物合的性真,二者相比,后者更深沉、内在,也最根本。张璪这里不说出自“心”,而说出自“心源”,正是确立了“性”的本体,从传统画学的“以心为主”发展到“心性为主”,这是一个转变。

二、妙悟玄道

朱景玄《唐朝名画录》记载了一段张璪作画的过程:“张璪员外,衣冠文学,时之名流。画松石山水,当代擅价。惟松树特出古今,能用笔法。尝以手握双管,一时齐下,一为生枝,一为枯枝,气傲烟霞,势凌风雨。槎枒之形,鳞皴之状,随意纵横,应手间出。生枝则润含春泽,枯枝则惨同秋色。其山水之状,则高低秀丽,咫尺重深,石尖欲落,泉喷如吼。其近也,若逼人而寒;其远也,若极天之尽。所画图障,人间至多。今宝应寺西院山水松石之壁,亦有题记。精巧之迹,可居神品也。”

这与符载《观张员外画松石图》一文记载颇类似。张璪这样的作画方式,并非出自表演性的欲望,他抛弃了寻常作画的秩序,宕去机巧,追求性灵的自由。所以符载在记录这段过程后,说他“得之于玄悟,不得之于糟粕”。“玄悟”二字是理解张璪画学思想的另一个关键词。玄悟就是“妙悟”,妙悟是解读其“外师造化,中得心源”的重要入口处。

张璪作画,具有一种“狂态”,观其作画,简直如舞剑一般,在令人眼花缭乱的过程中,展示了画家奔放自由、不受拘束的心灵境界。这是一种由疯狂而至妙悟的心理超越方式,在这个过程中,主宰其创造活动的不是“糟粕”,而是“玄悟”。“糟粕”是一种“以知知之”,控制创作的是理智知识,而“玄悟”是一种来源于心理深层的生命力量，即“心源”。这一创作过程如同一个舞台，包括其观众都参与了这一过程。当笔酣墨饱之际，一种狂傲恣肆的心态也随之形成，睥睨万物，斥退一切形式法则，忽然间似乎一切都不存在，唯有疯狂的性灵在飞舞，赤裸裸的生命在张扬。正是在此情况下，“心源”的活水被打通了。或许可以这样说，这一疯狂的操练过程原是艺术家有意设置的超越之路，由观者和画家构成的场景充当了刺激物，而泼墨，舞毫，剧烈的肢体动作，夸张的行为过程，都是为了制造一种旋转舞动的力，搅动着艺术家的意绪，促使其越出规范，摆脱控制的秩序，在疯狂中超越理智（“糟粕”），忘却营营，唯有一支飞舞的笔带着他，也带着周围的观者升腾。

这里所表达的境界正是张璪“外师造化，中得心源”八字诀所追求的境界。这纲领强调的思想是，以心源去妙悟，艺术创造的根本就在于复归心源，以人的“本来面目”去观照。这本来面目就是最弘深的智慧，而审美认识过程就是发明此一智慧。这里反映的创造方式正是禅宗顿悟的方式。禅宗顿悟之法，一是通过宁静的修炼而达到心虑澄清、万象俱寂的境界；一是通过激起激烈的心灵波涛，在此一境界中超越法度，掘出心源之水，走向自由。张璪在创作中实践的是后者。

另外，这一纲领突出了以心源统造化的创造思想。这里的“外师造化”，并非强调的是注意观察外在世界，而是要解除人与物之间的判隔，解除物我之间的主客观关系，以心源去观照。心源观照，就是妙悟，就是符载所说的“意冥玄化”。唯有如此，才是“物在灵府，不在耳目”。所以张璪疯狂作画时，遗去机巧，超越感性欲望，超越理性逻辑，建立以心源为核心的生命逻辑，师造化之伟力，师造化之真元。

在中国画学史上，陈姚最《续画品》云：“学穷性表，心师造化。”唐李嗣真《续画品录》云：“顾生思侔造化，得妙悟于神会。”在物和心之间，李嗣真已经明显地以心为主，强调此造化乃“思”之造化，是妙悟的结果。北宋范宽说："前人之法未尝不近取诸物，吾与其师于人者，未若师诸物也。吾与其师于物者，未若师诸心。"（据《宣和画谱》卷十一引）他主张心统造化，画出心中之造化。明董其昌论画崇尚南宗禅法，强调绘画创作应该"一超直入如来地"，以"妙悟"为根本的方法。在此基础上，他提出了独特的师法论，在画史上颇具影响。他说："画家以天地为师，其次以山川为师，其次以古人为师。故有不读万卷书，不行千里路，不可为画之语。"（《自题画稿》，《珊瑚网》卷四十二引）他将师造化理解为不仅师法山川外在之形态，而且要在把握其生生不息、无往不复的内在精神，所以他以天地为最高规范，这天地的精神就是当下直截的妙悟，是"丘壑内营"的结果。董其昌以悟为主的师法论，最得张璪学说的精髓。

三、造化心源不二

造化不离心源，不在心源；心源不离造化，不在造化。造化即心源，心源即造化。脱心源而谈造化，造化只是纯然外在之色相；以心源融造化，造化则是心源之实相。即造化，即心源，即实相。而这正表现了张璪"外师造化，中得心源"的核心思想。这一思想颇得禅宗"见性"学说和天台"实相"学说之要义。

元稹（779—831）在《画松诗》中说："张璪画古松，往往得神骨。翠帚扫春风，枯龙戛寒月。流传画师辈，奇态尽埋没。纤枝无萧洒，顽干空突兀。乃悟尘埃心，难状烟霄质。我去淅阳山，深山看真物。"元稹认为，张璪画出的松得自然之"真"，而那些仿造的画师们，却使松态埋没，他们失却了松的"真"，或者说失却了自然之"性"。为什么这些仿造的画家失却了自然之"性"呢？主要在于他们所抱有的"尘埃心"。尘埃心不是人的本心、真心，用张璪的话说，就是不得"心源"，用这样的心去创造则不能得古松潇洒出尘之韵、烟霄腾踔之意。所以，在诗的最后，元稹说："我去淅阳山，深山看真物。"

这个"真物"，就是心源和造化在瞬间妙悟中凝结的灿烂感性。

以妙悟去观照世界,而不是以知识的途径去认识。在佛学看来,妙悟是“一”,而非“二”,妙悟是不二之感悟。“不二”强调此悟乃是无分别、无对待之境界。无分别乃就知识言,以反逻辑非理性为其要义。无对待是就存在的关系性而言,从天人关系、心物关系看,其旨在于冥能所,合心境(外境),去同异,会内外。《般若经》有所谓“实相一相,所谓无相,即是如相”之说。诸法实相即是佛性,是如如之境,这个境界是“一相”,就是说它是无分别、无对待的,这个无分别、无对待相实际上就是无相,就是空,不执有无,是对相的超越。而此超越之相,就是如相。意为“物如其自身而存在”,或者说“物之存在在其自身”,其核心意思在于使物从对象性的陷阱中挣脱出来,获得自在价值。

造化不在我的心外,心源不出于造化,就是那一轮恒常的月,就是那青山前一缕缭绕的云。“悟心容易息心难,息得心源到处闲。斗转星移天欲晓,白云依旧覆青山。”在这首禅宗的偈语中,我们就可以看出,禅宗是以心源为本,而悟心是心源的展开。北宋时杨岐派禅师道完有一次上堂说法,吟出一法偈云:“古人见此月,今人见此月。此月镇常存,古今人还别。若人心似月,碧潭光皎洁。决定是心源,此说更无说。咄!”(《五灯会元》卷十八)心源就是这恒常不变的明月,就是那依旧在青山中缭绕的白云。“中得心源”,就是在妙悟中回归真性,点亮智慧之灯,从而以智慧之光去照耀。因此,师造化,亦即是以心之真性契合万化之真性,以智慧之光照彻无边世界,不著一念,不挂一丝。由妙悟而归于智慧,以智慧来观照万物。在心源——生命的本来面目中让世界自在呈现,这是张璪“外师造化,中得心源”说的必然归宿。

四、心源即生知

北宋绘画理论家郭若虚在《图画见闻志》卷一中列《论气韵非师》一节,对“外师造化,中得心源”说做了创造性的阐发,可以看作是张璪学说的延伸:“窃观自古奇迹,多是轩冕才贤,岩穴上士,依仁游艺,探迹钩深,高雅之情,一寄于画。人品既已高矣,气韵不得不高;气韵既已高矣,生动不得不至。所谓神之又神,而能精焉。凡画必周气韵,方号世珍。不尔,虽竭巧思,止同众工之事,虽曰画而非画。故杨氏不能授其师,轮扁不能传其子,系乎得自天机,出于灵府也。且如世之相押字之术,谓之心印。本自心源,想成形迹,迹与心合,是之谓印,爰及万法,缘虑施为,随心所合,皆得名印。矧乎书画发之于情思,契之于绡楮,则非印而何?”

郭若虚认为,“六法”之中,气韵为要,气韵非得之娴熟的技巧,而发之心源,得之由心源所发的妙悟,而妙悟就是心印。郭若虚建立了一个以心源妙悟为核心的绘画理论体系。郭若虚这里所讨论的问题中最具创造性的,是将“心源”和“生知”联系起来。郭若虚等提倡妙悟来源于生知,具有丰富的理论内涵。

首先,强调生知,意在强调妙悟由人的根性发出,这是张璪“外师造化,中得心源”的另一种表述。郭若虚说:“如其气韵,必在生知。”他以如此肯定的语气,强调气韵只能来自“生知”。这并不是说绘画中的气韵在先天就已经决定好了,而排除后天学习的可能性和必要性。这里论述的重点是“性”,并非具体的实践。郭若虚显然更重视心源的问题,他说:“本自心源,想成形迹。”这心源就是人的根性,人心灵深层的智慧。但如何将这一本然的知性或者觉慧的能力引发出来,则要靠悟。因为即使你有“生知”之性,但若无觉悟,则此慧则隐而不露,不可能转化为绘画中的气韵。所以他接着说:“固不可以巧密得,复不可以岁月到,默契神会,不知然而然也。”对根性的觉悟,不能靠机巧,不能靠知识的推证,也不是凭借时间的积累,像“众工”那样,它是一种灵魂的悟得,是对自我内在觉性的毫无滞碍的引发。郭若虚这里特别强调“印”,他说“本自心源,想成形迹,迹与心合,是之谓印,爰及万法,缘虑施为,随心所合,皆得名印”。所谓心印,强调觉悟过程排除一切干扰,恢复灵魂自性,不沾一念,不着一思，洁净无尘，空明无碍，在这样的心境中印认世界。总之，气韵非学出，而是印出，以心源去印，以灵魂的觉性去知，这就是“生知”。非学出，并不代表排斥学，而如董其昌所说的“学至于无学”，“学”可以培植根性，滋养根性。“学”又会构成对根性的破坏。但如果不能摆脱“学”的影响，以悟去创造，而不是以“学”去创造，就有可能造成对性的阻碍，所以“学至于无学”是非常重要的。

妙悟在于生知突出的另一个重要思想，就是养性。妙悟本于根性，此根性必须颐养，艺术之悟和养性是密切相关的。如郭若虚所说：“窃观自古奇迹，多是轩冕才贤，岩穴上士，依仁游艺，探迹钩深，高雅之情，一寄于画。人品既已高矣，气韵不得不高。气韵既已高矣，生动不得不至。所谓神之又神，而能精焉。”这段话将绘画的成就和人品联系起来，认为有什么样的人品，就会有什么样的绘画，绘画是看一个人人品的重要窗口。初看起来，这是一种充满偏见的说法，因为艺术毕竟是艺术，它需要艺术家的表现能力，人品好了，但对画一无所知，难道就能创造出好的艺术作品来？所以，在当代学界这一观点引来的非难也很多，甚至被指为士大夫阶层荒唐的自恋。但这样解读郭若虚，我以为并不切合，是对郭的一种误解。郭若虚这一观点在中国艺术理论中具有普遍的影响。

艺术的妙悟和灵魂的觉悟是不二的，这是中国美学妙悟论中包含的一个重要思想。艺术领域中的妙悟不能简单理解为艺术创造过程，虽然审美意象创造是艺术妙悟的目的，但不是唯一的目的，甚至不是最重要的目的，其最重要的目的是对人的灵魂觉性的恢复。所以，在艺术中，妙悟既是艺术创造的过程，又是灵魂颐养、心灵拯救的过程。在艺术妙悟的理论中，中国艺术理论常常坚信这样一个观点，人原来存在一个清净微妙玲珑的本原世界，这就是人的本觉，而这个本觉的世界被世俗染污，所以堕入迷雾中，由本觉到不觉，那么妙悟就是恢复这一灵魂的觉性，通过宁静的证入，由不觉而达到始觉。由此，妙悟的过程是灵魂的功课，是灵魂修养的过程。妙悟理论同时坚信，艺术构思的飞跃只有在洁净空灵的心灵中才能出现，最高的艺术只能由人本原的灵觉世界转出（即由心源导出），而不是从技巧中得到，也不是从刻意的意象捕捉中就可以实现，更非理智可以控制。所以，灵魂觉性的恢复是根本，艺术意象的创造则是由这根本中演化而出的。郭若虚说："人品既已高矣，气韵不得不高；气韵既已高矣，生动不得不至。"这个"人品"，不是简单的人的道德品格，而是人的品位，人的觉性，人的根性。所谓"轩冕才贤，岩穴上士，依仁游艺，探迹钩深"，这个"仁"，就不能简单地从道德角度解读，而应作根性的理会，是一种"高雅之情"，是李日华所说的"胸中廓然无一物"。

参考文献

陈传席：《中国山水画史》，南京：江苏美术出版社，1985 年。

朱良志：《真水无香》，北京：北京大学出版社，2009 年。

笔 法 记

[五代] 荆浩

荆浩(生卒年未详),字浩然,河内沁水(今属河南济源)人。刘道醇《五代名画补遗》说他业儒,博通经史,善属文。时遇五代战乱,退居太行山中之洪谷,自号洪谷子,擅山水。《宣和画谱》卷十载:"(荆浩)尝谓'吴道玄有笔而无墨,项容有墨而无笔,浩兼二子所长而有之'。盖有笔无墨者,见落笔蹊径而少自然;有墨而无笔者,去斧凿痕而多变态。故王洽之所画者,先泼墨于缣素之上,然后取其高低上下自然之势而为之。今浩介二者之间,则人以为天成,两得之矣,故所以可悦众目,使览者易见焉。"其画风独特,气势恢弘,擅全景山水,米芾说他"善为云中山顶,四面峻厚"(《画史》)。弟子关仝,传其画法。今存其《匡庐图》巨幅,藏台北故宫博物院。

本文以《王氏画苑》为底本,参校《四库全书》《佩文斋画谱》《古今图书集成》诸本。

太行山有洪谷,其间数亩之田,吾常耕而食之。有日登神钲山,四望回迹,入大岩扉,[1]苔径露水,怪石祥烟,疾进其处,皆古松也。中独围大者,皮老苍藓,翔鳞乘空,蟠虬[2]之势,欲附云汉。成林者,爽气重荣;不能者,抱节自屈。[3]或回根出土,或偃截巨流。挂岸盘溪,披苔裂石。因惊奇异,遍而赏之。明日携笔复就写之,凡数万本,方如其真。

明年春，来于石鼓岩间，遇一叟。因问，具以其来所由而答之。

叟曰："子知笔法乎？"

曰："叟，仪形野人[4]也，岂知笔法邪？"

叟曰："子岂知吾所怀耶？"闻而惭骇。

叟曰："少年好学，终可成也。夫画有六要：一曰气，二曰韵，三曰思，四曰景，五曰笔，六曰墨。"

曰："画者，华也。但贵似得真，岂此挠矣。"[5]

叟曰："不然。画者，画也，度物象而取其真。物之华，取其华，物之实，取其实，不可执华为实。若不知术，苟似，可也；图真，不可及也。"

曰："何以为似？何以为真？"

叟曰："似者，得其形，遗其气。真者，气质俱盛。凡气传于华，遗于象，[6]象之死也。"

谢曰："故知书画者，名贤之所学也。耕生知其非本，玩笔取与，终无所成。惭惠受要，定画不能。"

叟曰："嗜欲者，生之贼也。[7]名贤纵乐琴书图画，代去杂欲。子既亲善，但期终始所学，勿为进退。图画之要，与子备言：气者，心随笔运，取象不惑[8]。韵者，隐迹立形，备仪[9]不俗。思者，删拨大要，凝想形物。[10]景者，制度时因，[11]搜妙创真。笔者，虽依法则，运转变通，不质不形，[12]如飞如动。墨者，高低晕淡，品物浅深，[13]文采自然，似非因笔。"

复曰："神、妙、奇、巧。神者，亡有所为，任运成象。[14]妙者，思经天地万类性情，文理合仪，品物流笔。[15]奇者，荡迹不测，与真景或乖异，致其理偏，得此者，亦为有笔无思。[16]巧者，雕缀小媚，假合大经，强写文章，增邈气象。[17]此谓实不足而华有余。凡笔有四势：谓筋、肉、骨、气。笔绝而不断谓之筋，起伏成实谓之肉，生死刚正谓之骨，迹画不败谓之气。故知墨太质者失其体，色微者败正气，筋死者无肉，迹断者无筋，苟媚者无骨。[18]夫病者二：一曰无形，二曰有形。有形病者，花木不时，屋小人大。或树高于山，桥不登于岸，可度形之类是也。如此之病，不可改图。无形之病，气韵俱泯，物像全乖，笔墨虽行，类同死物。以斯格拙，不可删修。

"子既好写云林山水，须明物象之原。夫木之为生，为受其性。松之生也，枉而不曲。[19]遇[20]如密如疏，匪青匪翠，从微自直，萌心不低。势既独高，枝低复偃。倒挂未坠于地下，分层似叠于林间，如君子之德风[21]也。有画如飞龙蟠虬，狂生枝叶者，非松之气韵也。柏之生也，动而多屈，繁而不华。捧节有章，文转随日。[22]叶如结线，枝似衣[23]麻。有画如蛇如索[24]，心虚逆转亦非也。其有楸、桐、椿、栎、榆、柳、桑、槐，[25]形质皆异。其如远思即合，一一分明也。山水之象，气势相生。故尖曰峰，平曰顶，圆曰峦，相连曰岭，有穴曰岫，峻壁曰崖，崖间崖下曰岩，路通山中曰谷，不通曰峪，峪中有水曰溪，山夹水曰涧。[26]其上峰峦虽异，其下冈岭相连。掩映林泉，依稀远近。夫画山水无此象亦非也。有画流水，下笔多狂，文如断线，无片浪高低者，亦非也。夫雾云烟霭，轻重有时。势或因风，象皆不定。须去其繁章，采其大要。先能知此是非，然后受其笔法。"

曰："自古学人，孰为备矣？"

叟曰："得之者少。谢赫品陆之为胜，[27]今已难遇亲踪。张僧繇所遗之图，甚亏其理。夫随类赋彩，自古有能。如水晕墨章，兴吾唐代。故张璪员外树石，气韵俱盛，笔墨积微，真思卓然，不贵五彩。旷古绝今，未之有也。麴庭与白云尊师，[28]气象幽妙，俱得其元，动用逸常，深不可测。王右丞笔墨宛丽，气韵高清，巧写象成，亦动真思。李将军[29]理深思远，笔迹甚精。虽巧而华，大亏墨彩。项容山人[30]树石顽涩，棱角无踪，用墨独得玄门，用笔全无其骨。然于放逸，不失元真气象。元大创巧媚，[31]吴道子笔胜于象。骨气自高，树不言图，亦恨无墨。陈员外及僧道芬以下，[32]粗升凡格，作用无奇，笔墨之行，甚有形迹。今示子之径，不能备词。"遂取前写者异松图呈之。

叟曰："肉笔[33]无法，筋骨皆不相转，异松何之能用。我既教子笔法。"乃赍素数幅，命对面写之。

叟曰："尔之手，我之心。吾闻察其言而知其行，子能为吾言咏之乎？"

谢曰："乃知教化圣贤之职也。禄与不禄，而不能去。善恶之迹，感而应之。诱进若此，敢不恭命？"因成古松赞曰："不凋不荣[34]，惟彼贞松。势高而险，屈节以恭。叶张翠盖，枝盘赤龙。下有蔓草，幽阴蒙茸。如何得生，势近云峰。仰其擢干[35]，偃举千重。巍巍溪中，翠晕烟笼。奇枝倒挂，徘徊变通。下接凡木，和而不同。以贵诗赋，君子之风。风清匪歇，幽音凝空。"

叟嗟异久之，曰："愿子勤之。可忘笔墨而有真景，吾之所居，即石鼓岩间，所字曰石鼓岩子也。"

曰："愿从侍之。"

叟曰："不必然也。"

遂亟辞而去。别日访之而无踪。后习其笔术，尝重所传，今遂修集，以为图画之轨辙耳。

注释

[1] 神钲山：在太行山中，其地不详。回迹：此意为沿着山路婉转而行。岩扉：山崖耸峙所形成的山门。唐刘长卿《寄许尊师》："独上云梯入翠微，蒙蒙烟雪映岩扉。"

[2] 蟠虬：蟠曲虬结。

[3] 成林者，爽气重荣；不能者，抱节自屈：《山水纯全集》云："荆浩曰：成材者气概有余，不材者抱节自屈。"所云于文理较通。而流行本《笔法记》则意不连贯，疑《山水纯全集》所言是。

[4] 仪形野人：从外表上看，为山野粗莽之人。仪形，《书谱》云："体五材之并用，仪形不极。"

[5] 画者，华也：意为绘画，就是要色彩画得鲜艳好看。与下文之"画者，画也"相对。《历代名画记》卷一引云："《广雅》云：画，类也。《尔雅》云：画，形也。

《说文解字》云:画,畛也。象田畛畔所以画也。《释名》云:画,挂也。以彩色挂物象也。"此类说法均与"画者华也"的看法有相通之处。岂此挠:意思是哪里有这么多的讲究(指六要)。

［6］遗于象:执着于具体的形象。

［7］嗜欲者,生之贼也:过分的欲望,是人生命的敌人。《淮南子·原道训》:"嗜欲者,性之累也。"

［8］忒:四库本作"忒",他本多作"惑",非。忒,差。《广雅·释诂四》:"忒,差也。"取象不忒,即取象不差。荆浩在此还为了论述心与象合、心手双畅的境界,从而深化其真而不似的绘画思想。

［9］备仪:"仪",他本多作"遗",非。仪,形式、形貌。备仪,即创造形象。

［10］删拨大要:《山水纯全集》引作"顿挫取要",意思较胜。疑流行本传抄讹误。顿挫,意为在心中反复沉潜,正是"思"之要义。唐杜甫《进雕赋表》:"臣之述作,虽不足以鼓吹六经,先鸣数子至于沉郁顿挫,随时敏捷。"顿挫取要,即在反复思虑沉潜中,抓住关键。"凝想形物"也不及《山水纯全集》的"凝想物宜"意思贴合。

［11］制度时因:制度,即创造。制和度同义,度即作。时因,《山水纯全集》引作"时用",意思不明,"用"乃"因"之误,如下文之"似非因笔",《山水纯全集》也误作"似非用笔"。时因,即因时。制度时因,是说写景要根据景物的变化来创作。

［12］不质不形:《山水纯全集》引作"不质不华",是。质,意为质木无文;华,是说文采灿烂。

［13］品物浅深:《山水纯全集》作"品别浅深"。徐复观《中国艺术精神》认为《山水纯全集》所引正确。其实,《山水纯全集》所引非,而《笔法记》是。品物,万物,各类之物。在中国古代,品物是一固定词汇,《周易·乾·彖传》:"云行雨施,品物流形。"《周易·坤·彖传》:"含弘光大,品物咸亨。"东汉张衡《灵宪》:"四时而后育,故品物用成。"

［14］亡有所为:亡通"无"。无有所为,即古代艺术论中所说的"不作"。任运成象:随顺自然而创造形象。

［15］经:包括,涵盖。文理合仪:文指绘画的外在形式,理指内在精神。文理合仪,意为所创形象,要做到内外相合,形式和内在的义理完美融合,这才是

“妙”。品物流笔:万物倾于笔端。

[16] “奇者”这一句说明达到奇格,即创作的绘画出于规矩之外,追求奇特,但容易滑入偏枯怪奇的地步。荡迹:放荡其构思和笔墨形式。与真景或乖异,致其理偏:与世界的实在形象相乖离,甚至发展到狂怪的地步。有笔无思:虽然笔墨形式也有可观之处,但缺少深刻的构思。

[17] 雕缀小媚:指在形色工巧上下功夫。大经:指深刻的内涵。文章:指色彩华丽的形式。增邈:增加虚夸。邈,绵邈,旷远,此用为虚张声势。

[18] 筋、肉、骨、气:此四势,《山水纯全集》引为“筋皮骨肉”,易“皮”为“气”。《笔法记》所言有法度可言,而《山水纯全集》所谓“皮”(缠缚随骨),从用笔上言,并无深意。而用笔中的“气”则是至为重要的。《历代名画记》卷一:“昔张芝学崔瑗、杜度草书之法,因而变之,以成今草书之体势,一笔而成,气脉通连,隔行不断。唯王子敬明其深旨,故行首之字往往继期前行,世上谓之一笔书。其后陆探微亦作一笔画,连绵不断,故知书画用笔同法。”另,唐张彦远也强调笔气,如其论“六法”云:“夫象物必在于形似,形似须全其骨气,骨气形似皆本于立意而归乎用笔,故工画者多善书。”起伏成实谓之肉:起伏变化形成具体的形貌,就是肉。生死刚正谓之骨:生死刚正,用来形容用笔要有骨,刚正挺立。《山水纯全集》作“笔削坚正而露节谓之骨”。迹画不败谓之气:败,坏,此用为断。此句意为用笔内在笔势不能断。与陆探微的一笔画意颇近。墨太质:用墨过于干枯。苟媚者无骨:《山水纯全集》作“柔媚者无骨”,是。

[19] 枉而不曲:枉意为屈,《说文解字》:“枉,邪曲也。”《荀子·王霸》:“过犹不及也,是犹立直木而求其景之枉也。”故以“枉而不曲”形容“松之生”,显然不当,“枉”应为“直”。

[20] 遇:此字为衍文,应删去。

[21] 君子之德风:语本《论语·颜渊》:“君子之德风,小人之德草,草上之风,必偃。”君子和普通人有别,君子的德行如风,普通人的德行如草,风吹草动。比喻君子的品质会对普通人产生影响。

[22] “捧节有章”二句:《山水纯全集》谈画柏时云:“皮宜转纽,捧节有文。”疑本此。节指柏树的枝节,章,纹理。文,意同章,树的纹理。文转随日,“文”疑为“皮”之误,“日”乃“丑”之误,丑,通“纽”,柏皮上的斑纹纽结。即《山水纯全集》所云“皮宜转纽”。

［23］ 衣:穿,覆盖。

［24］ 如蛇如索:索,绳索。《佩文斋书画谱》本作“素”,非。

［25］ 楸(qiū):落叶乔木,干高叶大。栎(lì):一种落叶乔木,花黄褐色,果实叫橡子或橡斗。

［26］ “故尖曰峰”以下十一句:《山水纯全集》作:“洪谷子云:尖者曰峰,平者曰陵,圆者曰峦,相连者曰岭,有穴曰岫,峻壁曰岩,岩下有穴曰岩穴也。”

［27］ 谢赫品陆之为胜:陆指南朝宋画家陆探微。谢赫《画品》品其画为最高。

［28］ 麹(qū)庭:唐代山水画家。《历代名画记》卷九:“麹庭,善山水,格不甚高,但细巧耳。”白云尊师:指唐代道士司马承祯,号白云子,工书画。《历代名画记》卷九:“司马承祯,字子微,自梁陶隐居至先生四世传授仙法。开元中自天台征至,天子师之。十五年,至王屋山,敕造阳台观居之。尝画于屋壁,又工篆隶,词采众艺皆类于隐居焉。制雅琴,镇铭美石为之,词刻精绝。开元中,彦远高王父河东公获受教于先生。玄宗皇帝制碑,具述其妙。二十三年尸解,白云从堂户出,双鹤绕坛而上。”

［29］ 李将军:即唐代青绿山水代表画家李思训、李昭道父子。

［30］ 项容山人:唐代山水画家,中国水墨山水的创始人之一。

［31］ 元大创巧媚:此五字疑为衍文。因前言“不失元真气象”,为对项容的总结语,后接着谈吴道子,正合于对二家“有墨无笔”“有笔无墨”的先后叙述顺序。所以其中加入另一画家的论述显得突兀。

［32］ 陈员外:疑指唐代画家陈闳(或作弘、宏),据《旧唐书》记载,陈闳乃是陈王府的长史(长史是唐代的要职,而员外在唐代设员很多,甚至可以用钱买),与嗜好书画的岐王李范过往甚密,画史上载其曾与吴道子、韦无忝合作图画。僧道芬:唐代山水画家,张彦远说其风格“精致稠沓”,为“一时之秀”。顾况曾有诗赞其山水“不服朱审李将军”。

［33］ 肉笔:指墨胜于笔,缺少骨力。

［34］ 不荣:不开花。

［35］ 擢干:挺拔的树干。

解说

一、文献源流与真伪

此文《四库全书总目提要》定为伪作，认为其文字"拙涩，中间忽作雅词，或参鄙语，似艺术家稍知字义而不知文格者依托为之"。余绍宋《书画书录解题》承《四库提要》之说，以为："是书文词雅俗混淆，似非全部伪作，疑全书残佚，后人傅益为之者。"

然而此文渊源有自，北宋时期就广为流传。成书于庆历元年（1041）的《崇文总目》卷三即著录此文。于北宋仁宗至和年间（1054—1056）编纂成书的《新唐书》，在卷五十七《艺文志》中，载荆浩《笔法记》一卷。

大约在北宋宣和年间（1119—1125）成书的《山水纯全集》有多处引录此书，如该书《论山》一节云："洪谷子云：尖者曰峰，平者曰陵，圆者曰峦，相连者曰岭，有穴曰岫，峻壁曰岩。"《笔法记》云："故尖曰峰，平曰顶，圆曰峦，相连曰岭，有穴曰岫，峻壁曰崖，崖间崖下曰岩。"又，《山水纯全集·论林木》："洪谷子曰："笔有四势者：筋、皮、骨、肉也。笔绝而不断谓之筋，缠缚随骨谓之皮，笔削坚正而露节谓之骨，起伏圆混而肥谓之肉。"而《笔法记》云："凡笔有四势：谓筋、肉、骨、气。笔绝而不断谓之筋，起伏成实谓之肉，生死刚正谓之骨，迹画不败谓之气。"所言四势有微别。又，《山水纯全集·论观画识别》："昔人有云：画有六要：一曰气。气者，随形运笔，取象无惑。二曰韵。韵者隐露立形，备仪不俗。三曰思。思者顿挫取要，凝想物宜。四曰景。景者制度时用，搜妙创奇。五曰笔。笔者难依法则，运用变通，不质不华，如飞如动。六曰墨。墨者高低晕淡，品别浅深，文采自然，似非用笔。"而此"六要"出自《笔法记》。

陈振孙《直斋书录解题》说："《山水受笔法》一卷，沁水荆浩浩然撰。”所谓《山水受笔法》，就是《笔法记》。因为此文即是假托石鼓岩子教授笔法的。元之后，多以《笔法记》之名流传，元脱脱等撰《宋史》卷二〇二《艺文志》一，列荆浩《笔法》一卷，而是书卷二〇七《艺文志》六载荆浩《笔法记》一卷。二书应是一书。

历史上托名荆浩所作的画论著作颇多，唯此一篇可信。其他如《画山水赋》《山水诀》《画说》等均系伪托。而《图画见闻志》《五代名画补遗》和《宣和画谱》所说内府见有《山水诀》一篇，可能就是《笔法记》。《笔法记》流传有绪，荆浩大致活动于880—940年之间，而《崇文总目》和《新唐书》的成书距其谢世不过百年，而且在北宋时期已经广泛被确认为荆浩的作品，并在画坛产生影响。这是定《笔法记》为荆浩所撰的主要理由。《四库提要》和《书画书录解题》以为是书文词杂混，不似荆浩所为，此一推测是难以成立的。考全文除了个别文字错讹之外，结构完整，义理圆融，语气也很畅通，应可排除在残本的基础上不断“傅益”而成的可能性。

且篇中所述内容和荆浩生平事迹颇吻合。其要者如：首先，《图画见闻志》卷一、《宣和画谱》卷十都载有荆浩曾经对人说过这样的话：“吴道子画山水有笔而无墨，项容有墨而无笔，吾当采二子所长，成一家之体。”有笔有墨成了荆浩所追之目标。而《笔法记》说：“项容山人树石顽涩，棱角无踪，用墨独得玄门，用笔全无其骨。……吴道子笔胜于象。骨气自高，树不言图，亦恨无墨。”显然从笔墨二者来概括项容和吴道子的长处和短处，与《图画见闻志》所载相合。

其次，荆浩是一位洪谷子隐者，一生未仕。北宋刘道醇《五代名画补遗》“山水门第二”云：“荆浩，……偶五季多故，遂退藏不仕，乃隐于太行之洪谷子，自号洪谷子。尝画山水树石以自娱。”这一段记载和《笔法记》所载相合，《笔法记》开篇便云：“太行山有洪谷，其间数亩之田，吾常耕而食之。”

其三，荆浩和禅宗有密切的关系。刘道醇《五代名画补遗》云：“时邺都青莲寺沙门大愚，尝乞画于浩，寄诗以达其意。曰：‘大幅故牢建，知君恣笔踪。不求千涧水，止要两株松。树下留磐石，天边纵远峰。近岩幽湿处，惟藉墨烟浓。’后浩亦画山水图以贻大愚，仍以诗答之，曰：‘恣意纵横扫，峰峦次第成。笔尖寒树瘦，墨淡野云轻。岩石喷泉窄，山根的水平。禅房时一展，兼称空苦情。’”并载其“尝于京师双林院画宝陀落伽山观自在菩萨一壁”。而《笔法记》中推崇水墨，强调淡逸，在“须明物象之原”“度物象而取其真”等论述中，也能看到禅宗强调回归“本来面目”的影响。

另外刘道醇《五代名画补遗》还透露出一个重要消息，即荆浩“业儒，博通经史，善属文”，是一作文高手。再如，据画史记载，荆浩是一位画松高手，这篇文章中对画松的细致剖分，也与此相合。

二、理论要义

从美学上说，这篇略有残损的论文涉及重要的理论问题是“真”。它在中国美学史上具有独特的意义。“度物象而取其真”，可以视为荆浩此文之纲领。其中涉及几对概念：真与似、华与画、华与实、象与质、色与墨。根本是真与似的辨析。

文章从绘画的基本特性谈起，通过问答的形式，首先推出反论：“画者，华也。”这反映的是中国传统画学的一个观点，即绘画是运用丹青妙色图绘天地万物的造型艺术，绘画被称为“丹青”“画缋”就寓有这个内涵，“六法”中的“应物象形”和“随类赋彩”就体现了这一传统。

但荆浩的正论是“画者，画也”。有趣的是，这也是一个传统看法，画者，华也，主要强调的是绘画色方面的特点，而“画者，画也”则侧重于形，如“画，类也”(《广雅》)，“画，形也”(《尔雅》)即是。而荆浩的“画者，画也”虽表面与上所举没有多大差异，但在内涵上却有根本不同。他的“画者，画也”，就是“真”，就是真实地传达对象，就是“如万物其自身而存在”，就是“如如”，如其真，如其性，如其实在。

于此，他提出“画”与“华”的本质差异：“画者，画也，度物象而取其真。物之华，取其华，物之实，取其实，不可执华为实。若不知术，苟似，可也；图真，不可及也。”华是“苟似”，画则是“图真”。因为，“华”只是得外在对象形貌上的相似，而“画”则如万物自身而存在；“华”是局部的、外在的，“画”则是整全的、本质的呈现；“华”是模拟物态，“画”则是直呈对象的本来面目。这就是荆浩所谓作画之“术”。

为什么“画”（真）与“华”（似）有如此本质之差异？荆浩以为：“似者，得其形，遗其气。真者，气质俱盛。凡气传于华，遗于象，象之死也。”主要在于，一得其形，一得其气，气就是质。中国古代画论中有“山水以形媚道”（宗炳）的观点，山水为道的载体，目击而道存。荆浩以“气”而不以“道”来规范其内在之“质”，反映的是一个重要理论转换。荆浩这里反对简单的形似，并不是强调道德的承载，但也不是强调以山水表现抽象的哲理，他对“气”强调的就是山水以其自然形态而真实呈现。

荆浩于此特别强调自然的“原初”意义。他提出“须明物象之原”；同时他在论述如何画松的时候，强调要依松之“性”；他赞扬项容之画值得肯定的方面是“不失元真气象”；等等。所谓“原”“元”“性”，都是强调万物的“本”的特点。或者说，荆浩所说的“画者，画也”，就是要画出“本来面目”。

问题的关键是，何谓“本来面目”？物有其形，又有其性。荆浩强调山水画家要真实地传达外在对象，就不能将外物视为“对象”，世界不是人意念观照中的世界，不是一个和我相对的外在世界，即不是一个与主观相对的客观。荆浩的“须明物象之原”“度物象而取其真”，不在于外在观察的真实，而在于内在的“度”（duó）。度即忖度，审度，不是理上的权衡，说到底就是妙悟。他赞扬张璪之画时，说其“笔墨积微，真思卓然，不贵五彩”。而评王维时也说其出于“真思”。这个“真思”就是妙悟。真思是一种贴近生命根源处的思，是不假思量的思，是真实无妄的思。荆浩认为，这些新兴山水画大师之所以取得如此成就，就在于他们"俱得其元"，"独得玄(元)门"，溯向生命的纵深，解除一切外在附加的心意，以赤子的心灵，"一丝不挂"的精神去体悟，在自己的生命深处体会大化的妙用，由此启动他们卓然"真思"。真思是由本源的心灵中转出的，是"元之思"。荆浩指出，只有得此"元思"，所作山水画才能"不失元真气象"。"元真气象"，一指创化之元，也就是自然深层生生不息的精神；一是人心灵中的元真气象。二者是一体的，回归元初，就会在心灵深处与大自然的真实世界照面，契合创化之元。创化之元和心灵中的真元境界是不二的。

所以，《笔法记》说"须明物象之原"，就是回归心灵的元真悟性，从而得到万物的"元""原""性"，得到其"本来面目"。这就是荆浩所说的"真"而不"似"。

《笔法记》这一观点为其推崇水墨的观点服务。中国早期绘画没有水墨画，唐代之前的绘画主要是设色的绘画，以水墨为主要表现手段的绘画最早出现于唐代。水墨画的出现，在中国绘画史上的价值不亚于油画之于西方绘画。王维、张璪、项容、王墨、毕宏等是水墨画的开创者。水墨画作为重要的表现形式，引发了中国绘画的重要变革，但在理论上确立水墨画的重要价值在那个时代并不多见，有托名王维《山水诀》中的"肇自然之性，成造化之功"的表述，但这篇短文是否为王维所作很成问题，张彦远也只是强调墨分五色的奇妙，倒是荆浩这篇作品对水墨画产生的过程及其理论内涵做了较为系统的阐述。可以说这是中国画学史上第一篇张扬水墨的专论。除了对水墨画的历史做了简要勾勒之外，它将水墨存在上升到哲学和美学上的思考。在色与墨的比较中，荆浩将色与他所说的"画者，华也"联系起来，荆浩突出表现的观点是色彩表现的外在、表相的特征，如其对李家山水的批评"虽巧而华，大亏墨彩"即如此。而水墨则超越华丽的外在表相，直探生命的本原，水墨因其"文采自然"，而"独得玄门"。

与此相关的是，荆浩提出的"六要"，也具有一些值得注意的理论倾向:它与“六法”不同,“六法”本来针对的是设色画、人物画,而“六要”针对的是山水画、水墨画。所以荆浩既接受了“六法”说的理论精髓,又赋予了它新的内涵。

参考文献

王伯敏校点:《笔法记》,北京:人民美术出版社,1963 年。

徐复观:《中国艺术精神》,台北:学生书局,1983 年。

谢巍:《中国画学著作考辨》,上海:上海书画出版社,1998 年。

东坡谭艺录

［北宋］苏轼

苏轼（1037—1101），字子瞻，号东坡居士，眉州眉山（今属四川）人。嘉祐二年进士。熙宁四年上书神宗，议论朝政得失，“忤王安石”，自请离京任杭州通判，后知密州、徐州、湖州等地。元丰二年因“乌台诗案”被贬黄州。元丰八年被召还京师任礼部郎中，迁起居舍人。哲宗元祐年间官翰林学士，后知杭州、颍州等。绍圣年间又因党争被贬惠州、儋州，1101 年北还途中病逝于常州。

苏轼学识淹博，少受家学，于诸子百家之书无所不读。其弟苏辙记其读书过程说：“初好贾谊、陆贽书，论古今治乱，不为空言。既而读《庄子》，喟然叹息曰：‘吾昔有见于中，口未能言。今见《庄子》，得吾心矣！’……后读释氏书，深悟实相，参之孔、老，博辩无碍，浩然不见其涯也。”（《亡兄子瞻端明墓志铭》）在思想上兼融三家，不执一端。

苏轼有很高的文学水平和艺术素养，诗、文、书、画无所不精，一生留下大量文献，其中具有丰富的美学思想。苏轼是中国美学发展史上里程碑式的人物，这里从其书画题跋、随笔铭记等中选录一部分内容，以洞观苏轼美学思想的大致面貌。题名《东坡谭艺录》，为编者所加。

所录文献，据孔凡礼点校《苏轼诗集》（中华书局，1982 年）、《苏轼文集》（中华书局，1986 年）。

书晁补之[1]所藏与可画竹

与可画竹时,见竹不见人。岂独不见人,嗒然[2]遗其身。其身与竹化,无穷出清新。庄周世无有,谁知此凝神。[3]

若人今已无,此竹宁复有。那将春蚓笔,画作风中柳。君看断崖上,瘦节蛟蛇走。[4]何时此霜竿,复入江湖手。

注释

[1] 晁补之(1053—1110):北宋画家,文学家,字无咎。工诗善画,画于山水、人物、花鸟兼擅。有《鸡肋集》等行世。这组诗本三首,此选其二。

[2] 嗒(tà)然:形容忘己忘物的样子。《庄子·齐物论》:"南郭子綦隐机而坐,仰天而嘘,嗒焉似丧其耦。"

[3] "庄周世无有"二句:意思是,除了庄子之外,世间有谁知道这泯然物化的妙处。庄子曾言:"用志不分,乃凝于神。"

[4] 瘦节蛟蛇走:形容文同竹,瘦节孤高,其势如龙蛇蜿蜒盘转。唐白居易《画竹歌》:"萧画茎瘦节节疏。"

书鄢陵王主簿所画折枝[1]二首

论画以形似,见与儿童邻。赋诗必此诗,定非知诗人。[2]诗画本一律,天工与清新。边鸾雀写生,赵昌花传神。[3]何如此两幅,疏澹含精匀。谁言一点红,解寄无边春。

瘦竹如幽人,幽花如处女。低昂枝上雀,摇荡花间雨。双翎决将起,众叶纷自举。可怜采花蜂,清蜜寄两股。若人富天巧,春色入毫楮[4]。悬知君能诗,寄声求妙语。

注释

[1] 折枝:花卉画的一种,画花卉不画全花,而画一部分,此风受到“小中见大”哲学风尚影响,起于唐代,最盛于明清时期。

[2] “论画以形似”二句:如果以形似的观点来论画,这就像小孩子一样,是一种皮相的见解。“赋诗必此诗”二句:如果作诗没有言外之意韵,那并不是个好诗人。

[3] 边鸾:唐代画家,京兆(今属西安)人,生卒年不详。擅画花鸟和折枝,传世作品有《梅花山茶雪雀图》等。赵昌:北宋画家,字昌之,广汉(今属四川)人,师滕昌祐,所画花鸟生动传神,自称“写生赵昌”。

[4] 毫楮(chǔ):毫指笔。楮,本是一种树,叶似桑,皮可以造纸,后用以指代纸。

书王定国[1]所藏王晋卿画著色山

白发四老人,何曾在商颜。[2]烦君纸上影,照我胸中山。山中亦何有,木老土石顽。正赖天日光,涧谷纷斓斑。我心空无物,斯文定何间。君看古井水,万象自往还。[3]

注释

[1] 王定国:王巩,字定国,与苏轼、黄公望等相善,曾因卷入党争而遭贬。这组诗有二首,此选其一。

[2] “白发四老人”二句:唐李白《商山四皓》:“白发四老人,昂藏南山侧。”苏轼此诗作于其谪黄州之时,王巩(定国)也因坐累谪宾州,而此时苏轼好友王诜也遭贬抑,所以这组诗的第二首有“三人俱是识山人”的诗句。这里提到商山四皓,暗喻他们此时的经历。

[3] 君看古井水,万象自往还:写作者的心境,空灵淡远,不染世尘。

宝绘堂记[1]

君子可以寓意于物,而不可以留意于物。寓意于物,虽微物足以为乐,虽尤物不足以为病。留意于物,虽微物足以为病,虽尤物不足以为乐。老子曰:“五色令人目盲,五音令人耳聋,五味令人口爽,驰骋田猎令人心发狂。”然圣人未尝废此四者,亦聊以寓意焉耳。刘备之雄才也,而好结髦[2]。嵇康之达也,而好锻炼。[3]阮孚之放也,而好蜡屐。[4]此岂有声色臭味也哉,而乐之终身不厌。

凡物之可喜,足以悦人而不足以移人者,莫若书与画。然至其留意而不释,则其祸有不可胜言者。钟繇至以此呕血发冢,[5]宋孝武、王僧虔至以此相忌;桓玄之走舸;王涯之复壁,皆以儿戏害其国,凶其身。[6]此留意之祸也。

始吾少时,尝好此二者,家之所有,惟恐其失之,人之所有,惟恐其不吾予也。既而自笑曰:吾薄富贵而厚于书,轻死生而重画,岂不颠倒错缪失其本心也哉?自是不复好。见可喜者虽时复蓄之,然为人取去,亦不复惜也。譬之烟云之过眼,百鸟之感耳,岂不欣然接之,去而不复念也。于是乎二物者常为吾乐而不能为吾病。

驸马都尉王君晋卿[7]虽在戚里,而其被服礼义,学问诗书,常与寒士角。平居攘去膏粱,屏远声色,而从事于书画,作宝绘堂于私第之东,以蓄其所有,而求文以为记。恐其不幸而类吾少时之所好,故以是告之,庶几全其乐而远其病也。

注释

[1] 此文款作于“熙宁十年(1077)七月二十二日”。

[2] 结髦:编织兽毛。据《魏略》载:刘备喜欢结髦,一次诸葛亮见刘备,有人正送髦牛尾给刘备,刘备低首结髦。亮乃进言道:“明将军当复有远志,但结髦而已邪?”刘备投髦道:“是何言与,我聊以忘忧尔!”(《诸葛亮集·故事》卷二)

[3] 嵇康之达也,而好锻炼:《晋书·嵇康传》:嵇康“性绝巧而好锻。宅中有一柳树甚茂,乃激水圜之,每夏月,居其下以锻”。

[4] “阮孚之放也”二句:《晋书·阮孚传》:“孚性好屐,(中略)或有诣阮,正见自蜡屐,因自叹曰:‘未知一生当著几量屐!’神色甚闲畅。于是胜负

始分。”

[5] 钟繇至以此呕血发冢:钟繇,三国魏书法家。据《太平广记》二〇六载:“魏钟繇字元常,少随刘胜入抱犊山,学书三年,遂与魏太祖、邯郸淳、韦诞等议用笔。繇乃问蔡伯喈笔法于韦诞。诞惜不与。乃自槌胸呕血,太祖以五灵丹救之得活。及诞死,繇令人盗掘其墓,遂得之,由是繇笔更妙。”

[6] 宋孝武:南朝宋孝武帝刘骏。王僧虔:南朝齐书法家,字简穆,王羲之四世族孙。《晋书·王僧虔传》:“孝武欲擅书名,僧虔不敢显迹,大明世常用掘笔书,以此见客。”桓玄之走舸:《晋书·桓玄传》:“元兴二年,玄诈表请平姚兴,又讽朝廷作诏,不许。玄本无资力,而好为大言,既不克行,乃云奉诏故止。初欲饰装,无他处分,先使作轻舸,载服玩及书画等物。或谏之,玄曰:‘书画服玩既宜恒在左右,且兵凶战危,脱有不意,当使轻而易运。’众咸笑之。”王涯之复壁:王涯,唐人,字广津。《新唐书·王涯传》:“家书多,与秘府侔,前世名书画,尝试以厚货钩致,或私以官,凿垣纳之,重复秘固,若不可窥者,至于是为人破垣取奁轴金玉,而弃其书画于道。”

[7] 王君晋卿:王诜,字晋卿,太原人,北宋画家。神宗赵顼尚英宗女蜀国公主,官驸马都尉。

文与可画筼筜谷[1]偃竹记

竹之始生,一寸之萌耳,而节叶具焉。自蜩腹蛇蚹[2]以至于剑拔十寻者,生而有之也。今画者乃节节而为之,叶叶而累之,岂复有竹乎!故画竹必先得成竹于胸中,执笔熟视,乃见其所欲画者,急起从之,振笔直遂,以追其所见,如兔起鹘落,少纵则逝矣。与可之教予如此。予不能然也,而心识其所以然。夫既心识其所以然而不能然者,内外不一,心手不相应,不学之过也。故凡有见于中而操之不熟者,平居自视了然,而临事忽焉丧之,岂独竹乎!子由[3]为《墨竹赋》以遗与可曰:“庖丁,解牛者也,而养生者取之。轮扁,斫轮者也,而读书者与之。今夫夫子之托于斯竹也,而予以为有道者,则非耶?”子由未尝画也,故得其意而已。若予者,岂独得其意,并得其法。

与可画竹，初不自贵重，四方之人持缣素[4]而请者，足相蹑于其门。与可厌之，投诸地而骂曰："吾将以为袜。"士大夫传之以为口实。及与可自洋州还，[5]而余为徐州。与可以书遗余曰："近语士大夫，吾墨竹一派，近在彭城，可往求之。袜材当萃于子矣。"书尾复写一诗，其略曰："拟将一段鹅溪绢，扫取寒梢万尺长。"予谓与可，竹长万尺，当用绢二百五十匹，知公倦于笔砚，愿得此绢而已。与可无以答，则曰："吾言妄矣，世岂有万尺竹也哉。"余因而实之，答其诗曰："世间亦有千寻竹，月落庭空影许长。"与可笑曰："苏子辩则辩矣。然二百五十匹，吾将买田而归老焉。"因以所画筼筜谷偃竹遗予，曰："此竹数尺耳，而有万尺之势。"筼筜谷在洋州，与可尝令予作《洋州三十咏》，筼筜谷其一也。予诗云："汉川修竹贱如蓬，斤斧何曾赦箨龙[6]。料得清贫馋太守，渭滨千亩在胸中。"与可是日与其妻游谷中，烧笋晚食，发函得诗，失笑喷饭满案。

元丰二年正月二十日，与可没于陈州。是岁七月七日，予在湖州曝书画，见此竹，废卷而哭失声。昔曹孟德《祭桥公文》，有"车过""腹痛"之语，[7]而予亦载与可畴昔戏笑之言者，以见与可于予亲厚无间如此也。笑，笑所笑者。笑笑之余，以竹发妙。竹亦得风，夭然而笑。

注释

[1] 筼筜谷：在陕西洋县。

[2] 蜩（tiáo）：即蝉。蚹（fù）：蛇腹下爬行的鳞。

[3] 子由：作者之弟苏辙。

[4] 缣（jiān）素：供作书画用的白色细绢。

[5] 及与可自洋州还：文同于熙宁八年任洋州（今陕西洋县）太守。

[6] 箨龙：指竹子。

[7] 车过、腹痛：魏晋曹操《祀故太尉桥玄文》："殂逝之后，路有经由，不以

斗酒只鸡过相沃酹，车过三步腹痛勿怪。虽临时戏笑之言，非至亲之笃好，胡肯为此辞乎？”

净因院画记

余尝论画，以为人禽宫室器用皆有常形。至于山石竹木，水波烟云，虽无常形，而有常理。常形之失，人皆知之。常理之不当，虽晓画者有不知。故凡可以欺世而取名者，必托于无常形者也。虽然，常形之失，止于所失，而不能病其全，若常理之不当，则举废之矣。以其形之无常，是以其理不可不谨也。世之工人，或能曲尽其形，而至于其理，非高人逸才不能辨。与可之于竹石枯木，真可谓得其理者矣。如是而生，如是而死，如是而挛拳瘠蹙[1]，如是而条达遂茂[2]，根茎节叶，牙角脉缕，千变万化，未始相袭，而各当其处。合于天造，厌于人意。[3]盖达士之所寓也欤。昔岁尝画两丛竹于净因之方丈，其后出守陵阳而西也，余与之偕别长老道臻[4]师，又画两竹梢一枯木于其东斋。臻方治四壁于法堂，而请于与可，与可既许之矣，故余并为记之。必有明于理而深观之者，然后知余言之不妄。

注释

［1］挛拳瘠蹙：形容竹蜷曲偃伏之态。

［2］条达遂茂：指竹生机勃勃，茂盛畅达。

［3］合于天造：合于自然。厌于人意：满足人的期望。厌，满足。

［4］道臻（1014—1093）：宋代临济宗僧，福建古田人，俗姓戴，字伯祥。曾住持江苏因圣寺，后迁东京（开封）净因寺。英宗赐紫袍，神宗时曾经入宫说法，并主持慧林、智海二寺，赐号净照禅师。

送参寥[1]师

上人学苦空，百念已灰冷。剑头惟一吷，焦谷无新颖。[2]胡为逐吾辈，文字争蔚炳。[3]新诗如玉雪，出语便清警。退之论草书，万事未尝屏。忧愁不平气，一寓笔所骋。[4]颇怪浮屠人，视身如丘井。颓然寄淡泊，谁与发豪猛。[5]细思乃不然，真巧非幻影。欲令诗语妙，无厌空且静。静故了群动，空故纳万境。阅世走人间，观身卧云岭。咸酸杂众好，中有至味永。诗法不相妨，此语当更请。

注释

[1] 参寥：宋代云门宗僧，号参寥子，大觉怀琏之法嗣。以诗与苏轼成至交，绍圣元年（1094），苏轼流放南方，参寥子也被连坐受罚，一时还俗。建中靖国元年（1101）蒙赦，复僧籍。

[2] 剑头惟一吷（xuè）：佛教以利剑比喻智慧。吷，细微的气体。剑头惟一吷，指妙悟，如禅所谓"两头共截断，一剑倚天寒"。《永嘉证道歌》："大丈夫，秉慧剑，般若锋兮金刚焰，非但空摧外道心，早曾落却天魔胆。"这里所说的般若之锋，就是所谓作为"剑头"的妙悟智慧。焦谷无新颖：意思是和尚为上乘之人，在下为钝根，不能悟真，乃谦辞。焦谷，佛学术语，又称焦芽，指不能发无上道心的二乘之人，就像枯焦的草芽、腐败的种。《维摩诘经》："二乘如焦芽败种，不能发无上道心。"

[3] "胡为逐吾辈"二句：意为佛门强调妙悟，不像一些人做诗，争相炫耀文字。

[4] "退之论草书"四句，用韩愈评张旭草书之意：《送高闲上人序》："往时张旭善草书，不治他伎。喜怒窘穷，忧悲愉佚，怨恨思慕，酣醉无聊不平，有动于心，必于草书焉发之。观于物，见山水崖谷，鸟兽虫鱼，草木之花实；日月列星，风雨水火，雷霆霹雳，歌舞战斗，天地事物之变；可喜可愕，一寓于书。故旭之书，变动犹鬼神，不可端倪。以此终其身，而名后世。"

[5] "颇怪浮屠人"四句：意思大致为，佛门中人，强调荡却欲望，心如枯井，颓然寄淡泊之情，如果这样，如何表达心中的奔放不羁之情呢？

书蒲永升[1]画后

古今画水，多作平远细皱，其善者不过能为波头起伏。使人至以手扪之，谓有洼隆[2]，以为至妙矣。然其品格，特与印板水纸争工拙于毫厘间耳。唐广明中，处士孙位[3]始出新意，画奔湍巨浪，与山石曲折，随物赋形，尽水之变，号称神逸。其后蜀人黄筌、孙知微，皆得其笔法。始，知微欲于大慈寺寿宁院壁作湖滩水石四堵，营度经岁，终不肯下笔。一日，仓皇入寺，索笔墨甚急，奋袂如风，须臾而成。作轮泻跳蹙之势，汹汹欲崩屋也。知微既死，笔法中绝五十余年。近岁成都人蒲永升，嗜酒放浪，性与画会，始作活水，得二孙本意。自黄居寀兄弟、李怀衮之流，皆不及也。王公富人或以势力使之，永升辄嘻笑舍去。遇其欲画，不择贵贱，顷刻而成。尝与余临寿宁院水，作二十四幅，每夏日挂之高堂素壁，即阴风袭人，毛发为立。永升今老矣，画益难得，而世之识真者亦少。如往时董羽，近日常州戚氏画水，世或传宝之。如董、戚之流，可谓死水，未可与永升同年而语也。元丰三年十二月十八日夜

注释

［1］蒲永升：北宋画家，成都人。善画水。

［2］洼隆：低洼和隆起。

［3］孙位：唐末五代时画家，生卒年不详，会稽人。善画人物、松石、墨竹等。《宣和画谱》卷二云："僖宗幸蜀，位自京入蜀，称会稽山人。举止疏野，襟韵旷达，喜饮酒，罕见其醉，乐与幽人为物外交。"

传神记

传神之难在目。顾虎头[1]云："传形写影，都在阿堵中。"其次在颧颊。吾尝于灯下顾自见颊影，使人就壁模之，不作眉目，见者皆失笑，知其为吾也。目与颧颊似，余无不似者。眉与鼻口，可以增减取似也。传神与相一道，欲得其人之天，法当于众中阴察之。[2]今乃使人具衣冠坐，注视一物，彼方敛容自持，岂复见其天乎！凡人意思

各有所在，或在眉目，或在鼻口。虎头云："颊上加三毛，觉精采殊胜。"[3]则此人意思盖在须颊间也。优孟学孙叔敖抵掌谈笑，至使人谓死者复生。[4]此岂举体皆似？亦得其意思所在而已。使画者悟此理，则人人可以为顾、陆[5]。

吾尝见僧惟真画曾鲁公，[6]初不甚似。一日，往见公，归而喜甚，曰："吾得之矣。"乃于眉后加三纹，隐约可见，作俯首仰视眉扬而頞蹙[7]者，遂大似。南都程怀立[8]，众称其能。于传吾神，大得其全。怀立举止如诸生，萧然有意于笔墨之外者也。故以吾所闻助发云。

注释

[1] 顾虎头：东晋画家顾恺之。《晋书·顾恺之传》云："恺之每画人成，或数年不点目精。人问其故，答曰：四体妍蚩，本无阙少，于妙处传神写照，正在阿堵中。"

[2] 相：指相术。其人之天：其人的真实面目。阴察：暗中观察。

[3]《世说新语·巧艺》："顾长康画裴叔则，颊上益三毛。人问其故，顾曰：裴楷俊朗有识具，正此是其识具。看画者寻之，定觉益三毛如有神明，殊胜未安时。"

[4] 优孟：春秋时楚国有一个优伶名孟，擅长滑稽讽谏。楚国宰相孙叔敖死，其子很穷，以砍柴为生。于是优孟穿戴上孙叔敖的衣服帽子，模仿其神态，摇头而歌，楚庄王大惊，以为孙叔敖复生。优孟趁机讽谏，庄王终于把封地给了孙叔敖之子。

[5] 顾：顾恺之。陆：南朝宋画家陆探微。

[6] 惟真：北宋僧人画家，生平不详。曾鲁公：曾公亮，字明仲，曾官吏部侍郎、同中书门下平章事、集贤殿大学士等，为朝廷重臣，封鲁国公。

[7] 頞(è)蹙：皱鼻梁。

[8] 程怀立：南都（今河南南阳）人，善人物画。《画继》云："程怀立，南都人。东坡作《传神记》，谓'传吾神众，以为尔得其全者。怀立举止如诸生，萧然有意于笔墨之外者也'。"

书李伯时[1]《山庄图》后

或曰："龙眠居士作《山庄图》，使后来入山者信足而行，自得道路，如见所梦，如悟前世，见山中泉石草木，不问而知其名，遇山中渔樵隐逸，不名而识其人，此岂强记不忘者乎？"曰："非也。画日者常疑饼，非忘日也。醉中不以鼻饮，梦中不以趾捉，天机之所合，不强而自记也。居士之在山也，不留于一物，故其神与万物交，其智与百工通。虽然，有道有艺，有道而不艺，则物虽形于心，不形于手。吾尝见居士作华严相[2]，皆以意造，而与佛合。佛菩萨言之，居士画之，若出一人，况自画其所见者乎？"

注释

［1］李伯时：李公麟（1049—1106），字伯时，舒州（今安徽潜山）人。北宋著名画家，精于人物、佛道，号龙眠居士，画有"士人气"。

［2］华严相：伯时善佛教画，曾图写《华严经》意。《宣和画谱》卷七："公麟作《阳关图》，以离别惨恨为人之常情，而设钓者于水滨，忘形块坐，哀乐不关其意。其它种种类此，唯览者得之。故创意处如吴生，潇洒处如王维，谓《华严会》人物，可以对《地狱变相》；《龙眠山庄》，可以对《辋川图》是也。"并著录御府藏有其《华严经相》图六幅。

书黄子思诗集后

予尝论书，以谓钟、王之迹，萧散简远，妙在笔画之外。至唐颜、柳，始集古今笔法而尽发之，极书之变，天下翕然[1]以为宗师，而钟、王之法益微。至于诗亦然。苏、李之天成，曹、刘之自得，陶、谢之超然，盖亦至矣。[2]而李太白、杜子美以英玮绝世之姿，凌跨百代，古今诗人尽废，然魏、晋以来高风绝尘，亦少衰矣。李、杜之后，诗人继作，虽间有远韵，而才不逮意，独韦应物、柳宗元发纤秾[3]于简古，寄至味于澹泊，非余子所及也。唐末司空图，崎岖兵乱之间，而诗文高雅，犹有承平之遗风。其论诗曰："梅止于酸，盐止于咸。"[4]饮食不可无盐、梅，而其美常在咸、酸之外。盖自列其诗之有得于文字之表者二十四韵，[5]恨当时不识其妙。予三复其言而悲之。闽人黄子思[6]，庆历、皇祐间号能文者。予尝闻前辈诵其诗，每得佳句妙语，反复数四，乃识其所谓，信乎表圣之言，美在咸酸之外，可以一唱而三叹也。予既与其子几道、其孙师是游，得窥其家集，而子思笃行高志，为吏有异材，见于墓志详矣，予不复论，独评其诗如此。

注释

[1] 翕(xī)然：形容一致的样子。

[2] 苏、李：西汉苏武与李陵。曹、刘：指曹操和西晋诗人刘琨。陶、谢：陶渊明和谢灵运。

[3] 纤秾：细密浓郁。

[4] 梅止于酸，盐止于咸：语本唐司空图《与李生论诗书》。

[5] 关于"盖自列其诗之有得于文字之表者二十四韵"，是否指《二十四诗品》，当今学者有不同看法。

[6] 黄子思：黄孝先，字子思，浦城人。

与谢民师[1]推官书

轼启。近奉违，亟辱问讯，具审起居佳胜，感慰深矣。轼受性刚简，学迂材下，坐废累年，不敢复齿缙绅。自还海北，见平生亲旧，惘然如隔世人，况与左右无一日之雅，而敢求交乎？数赐见临，倾盖如故，幸甚过望，不可言也。

所示书教及诗赋杂文，观之熟矣。大略如行云流水，初无定质，但常行于所当行，常止于不可不止，文理自然，姿态横生。孔子曰：

"言之不文,行之不远。"[2]又曰:"辞达而已矣。"[3]夫言止于达意,疑若不文,是大不然。求物之妙,如系风捕影,能使是物了然于心者,盖千万人而不一遇也。而况能使了然于口与手者乎?是之谓辞达。辞至于能达,则文不可胜用矣。汉扬雄好为艰深之词,以文浅易之说,若正言之,则人人知之矣。此正所谓雕虫篆刻[4]者,其《太玄》《法言》皆是类也。而独悔于赋,何哉?终身雕虫,而独变其音节,便谓之经,可乎?屈原作《离骚经》,盖风、雅之再变者,虽与日月争光可也。[5]可以其似赋而谓之雕虫乎?使贾谊见孔子,升堂有余矣,而乃以赋鄙之,至与司马相如同科![6]雄之陋,如此比者甚众。可与知者道,难与俗人言也。因论文偶及之耳。欧阳文忠公言文章如精金美玉,市有定价,非人所能以口舌定贵贱也。纷纷多言,岂能有益于左右。愧悚不已。

所须惠力法雨堂字。轼本不善作大字,强作终不佳,又舟中局迫难写,未能如教。然轼方过临江,当往游焉。或僧有所欲记录,当作数句留院中,慰左右念亲之意。今日已至峡山寺,少留即去。愈远。惟万万以时自爱。不宣。

注释

[1] 谢民师:谢举廉,字民师,元丰八年进士,曾在广东做官时,与从海南回来的苏轼相遇,二人多有诗文相赠。

[2] 言之不文,行之不远:此语见《左传·襄公二十五年》,原作"言而不文,行而不远"。

[3] 辞达而已矣:语出《论语·卫灵公》。

[4] 雕虫篆刻:汉扬雄《法言·吾子》:"或问:吾子少而好赋?曰:然。童子雕虫篆刻。俄而曰:壮夫不为也。"

[5]《文心雕龙·辨骚》:"汉武爱《骚》,而淮南作《传》,以为《国风》好色而不淫,《小雅》怨诽而不乱,若《离骚》者,可谓兼之。蝉蜕秽浊之中,浮游尘埃之外,皭然涅而不缁,虽与日月争光可也。"

[6] "使贾谊见孔子"四句:《法言·吾子》:"诗人之赋丽以则,辞人之赋丽

以淫。如孔氏之门用赋也,则贾谊升堂、相如入室矣。如其不用何?”苏轼以为贾谊不止升堂,而已入室,不能因为其作赋,就视其为司马相如等同。

论　文[1]

吾文如万斛泉源,不择地皆可出,在平地滔滔汩汩,虽一日千里无难。及其与山石曲折,随物赋形,而不可知也。所可知者,常行于所当行,常止于不可不止,如是而已矣。其他虽吾亦不能知也。

注释

[1]《论文》,一作《自评文》。

跋宋汉杰[1]画三则

仆曩与宋复古[2]游,见其画潇湘晚景,为作三诗,其略云:“径遥趋后崦,水会赴前溪。”复古云:“子亦善画也耶?”今其犹子汉杰,亦复有此学,假之数年,当不减复古。[3]

唐人王摩诘、李思训之流,画山川峰麓,自成变态,虽萧然有出尘之姿,然颇以云物间之。作浮云杳霭,与孤鸿落照,灭没于江天之外,举开发宗之,而唐人之典刑尽矣。近岁惟范宽稍存古法,然微有俗气。汉杰此山,不古不今,稍出新意,若为之为已,当作着色山也。

观士人画,如阅天下马,取其意气所到。乃若画工,往往只取鞭策皮毛槽枥刍秣[4],无一点俊发,看数尺许便倦。汉杰真士人画也。

注释

[1] 宋汉杰:宋子房,字汉杰,郑州荥阳(今属河南)人,山水画家宋迪侄。

[2] 宋复古:宋迪,字复古,洛阳人。仁宗天圣中进士,善山水,创“潇湘八景”之题材,对后代中国艺术和日本山水画艺术产生重要影响。

［3］其后款“元祐三年四月五日书”。

［4］槽枥：马槽。刍秣：马料。

书摩诘《蓝田烟雨图》

味摩诘之诗，诗中有画。观摩诘之画，画中有诗。诗曰：“蓝豁白石出，玉川红叶稀。山路元无雨，空翠湿人衣。”[1]此摩诘之诗，或曰非也。好事者以补摩诘之遗。

注释

［1］此诗为唐王维《阙题二首》之一，原诗为：“荆豁白石出，天寒红叶稀。山路元无雨，空翠湿人衣。”

书吴道子画后[1]

知者创物，能者述焉，非一人而成也。君子之于学，百工之于技，自三代历汉至唐而备矣。故诗至于杜子美，文至于韩退之，书至于颜鲁公，画至于吴道子，而古今之变，天下之能事毕矣。道子画人物，如以灯取影，逆来顺往，旁见侧出，横斜平直，各相乘除，得自然之数，不差毫末，出新意于法度之中，寄妙理于豪放之外，所谓游刃余地，运斤成风，盖古今一人而已。余于他画，或不能必其主名，至于道子，望而知其真伪也。然世罕有真者，如史全叔所藏，平生盖一二见而已。元丰八年十一月七日书。

注释

［1］此文作于元丰八年（1085）。

书朱象先[1]画后

松陵人朱君象先，能文而不求举，善画而不求售。曰："文以达吾心，画以适吾意而已。"昔阎立本始以文学进身，卒蒙画师之耻。或者以是为君病，余以谓不然。谢安石欲使王子敬书太极殿榜，以韦仲将事讽之。[2]子敬曰："仲将，魏之大臣，理必不尔。若然者，有以知魏德之不长也。"使立本如子敬之高，其谁敢以画师使之。阮千里[3]善弹琴，无贵贱长幼皆为弹，神气冲和，不知向人所在。内兄潘岳使弹，终日达夜无忤色，识者知其不可荣辱也。使立本如千里之达，其谁能以画师辱之。今朱君无求于世，虽王公贵人，其何道使之，遇其解衣盘礴，虽余亦得攫攘其旁也。元祐五年九月十八日，东坡居士书。

注释

[1] 朱象先：字景初，一作升初号西湖隐士，松陵人，北宋山水画家。

[2] "谢安石欲使王子敬"二句：据《法书要录》卷一引羊欣《采古来能书者人名》云："诞字仲将，京兆人，善楷书。汉魏宫馆宝器，皆是诞手写，魏明帝起凌云台，误先钉榜而未题，以笼盛诞，辘轳长絙引上，使就榜书之。榜去地二十五丈，诞甚危惧，乃掷其笔，以下焚之。"

[3] 阮千里：阮瞻，字千里，阮咸子。为宋太子舍人，善弹琴。

韩幹[1]马

少陵翰墨无形画，韩幹丹青不语诗。此画此诗真已矣，人间驽骥漫争驰。

注释

[1] 韩幹：唐代画家，善画马。

解　说

苏轼于儒道佛三家均有很深的造诣，于诗文书画，无所不精。他有关美学的表述主要分散在他的诗、记、铭、赋以及书画题跋等作品中。他对北宋以来中国美学风气的转换有重要影响，他所提倡的“士夫气”（文人意识），影响着后代中国的艺术创造。其美学思想内容非常丰富，这里重点讨论几个重要问题。

一、随物赋形

随物赋形，是道禅哲学的一个重要观点。在庄子是“原天地之美而达万物之理”，在禅宗则是“法尔自然”“万法如如”，任世界自在兴现。苏轼在其父亲苏洵的影响下①，以水为喻，说明了自己的审美追求。

他在《论文》中说：“吾文如万斛泉源，不择地皆可出，在平地滔滔汩汩，虽一日千里无难。及其与山石曲折，随物赋形，而不可知也。所可知者，常行于所当行，常止于不可不止，如是而已矣。其他虽吾亦不能知也。”又于《与谢民师推官书》中说：“大略如行云流水，初无定质，但常行于所当行，常止于不可不止，文理自然，姿态横生。”在评论孙位时说：“处士孙位始出新意，画奔湍巨浪，与山石曲折，随物赋形，尽水之变，号称神逸。”

随物赋形，是一种行云流水的境界。南宋禅门高僧惠洪可以说是其知音，他在《跋东坡渑池录》中说苏轼：“以其理通，故其文涣然为水之质，漫衍浩荡，则其波亦自然成文。”②

---

① 苏洵在《仲兄字文甫说》中以“无意乎相求，不期而相遭，而文生焉”来解释“风行水上”之妙。见《嘉祐集》卷十五。

② ［宋］惠洪《石门文字禅》卷二十七。

随物赋形，其实是随心赋形，随物赋形这种自然而然的境界，只有在特殊的心灵中才能出现。空空洞洞，杳杳冥冥，一念无有，一丝不沾，意渺渺于白云，心荡荡乎流水，由此才可达到随物赋形之境界。

苏轼取融于庄子“心斋”“坐忘”学说和禅宗的“无念”哲学，推崇一种空灵澄澈的美学境界。他在《盐官大悲阁记》中以禅家语说道：“及吾宴坐，寂然心念，凝默湛然，如大明镜。人鬼鸟兽，杂陈乎吾前；色声香味，交通乎吾体。心虽不起，而物无不接。”①心不起不念，万物自在呈现，充满圆融。物之接于我身，非以欲望诱惑我，非有知识限制我，而是漫然杂陈，无涉于心念。

苏轼推崇“空”的境界，《涵虚亭》说：“水轩花榭两争妍，秋月春风各自偏。唯有此亭无一物，坐观万景得天全。”《送参寥师》说：“欲令诗语妙，无厌空且静。静故了群动，空故纳万境。”以生命的本原之水，洗涤心灵的杂念，去除外在的追逐，还内在心灵的真实。那本原的生命，就是空灵澄澈的境界。

为何唯有此亭无一物，便能坐看万景得天全？为何静能了群动，空能纳万境？在苏轼看来，“空”使审美心灵走向了自得、自由、自在的境界。他题王诜着色山水诗中说，“君看古井水，万象自往还”。因为心灵纯净澄明，没有任何拘限，一任心灵如水般流淌，如水的心灵就如同世界的一面镜子，而万千世界的奥秘都映现于其中。正如《二十四诗品》中所说的：“空潭泻春，古镜照神。”

他在《记承天寺夜游》中写道：“何夜无月，何处无竹柏，但少闲人如吾两人耳。”心自闲，水自空，月自明。他在《与子明兄一首》中说：“但胸中廓然无一物，即天壤之内，山川草木虫鱼之类，皆是供吾家乐事也。”也说的是这个道理。

苏轼提出的“空山无人，水流花开”境界，也体现出这样的思想。

---

① “宴坐”为佛教术语，禅宗用为坐禅。《维摩经·弟子品》曰：“宴坐树下。”唐人诗中多用此语。

禅家以“落叶满空山，何处寻行迹”（韦应物诗）为第一境；以“空山无人，水流花开”为第二境。在第一境中，人在对外在对象的观照中，如空山茫茫，落叶飘扬，四处寻觅，天地苍苍，目无所见，意态荒荒。在外境的强“夺”下，人的欲望意识如落叶飘零。禅家认为，这还不够。因为这还是“分别境”，在此境界中，人还是清醒的观照者，还是在“寻”，“寻”是有目的的，一有目的就是不自由的，不自由活动中的人，不能说是真实的人。“空山无人，水流花开”，则是进入物我合一的境界中，其重要体现就是“人”没有了，所谓“空山无人”，“人”到哪里去了呢？“人”与“境”冥然合契了，“人”丢失在“境”中，这就是意念的“空”。这个“空”不是绝灭和死寂，而是“水流花开”——一切自在显现的境界，一切都自由自在。

这一思想对后代很有影响。清初渐江《画偈》诗云：“空山无人，水流花开。再诵斯言，作汉洞猜。”清戴熙有题画语道：“空山无人，水流花开，东坡晚年乃悟此妙。所谓不著一字，尽得风流也。”他又说：“松影阑干，瀑声淙潺。何以怡颜，白云空山。”水流花开，人不说了，人的意识淡出，让世界说，世界依其本来面目而“说”。

二、常形常理

形神问题是苏轼美学的一个重要方面，他继承传统美学以形写神、以神统形的观点，提出了自己崭新的思想。他这方面的思考大致有三个要点。

一是强调美在形式之外。他的“论画以形似，见与儿童邻。赋诗必此诗，定非知诗人”，是这方面理论的概括。他借司空图的一个论点，指出：“信乎表圣之言，美在咸酸之外，可以一唱而三叹也。”（《书黄子思诗集后》）“美在咸酸之外”，美虽然依托于形，但不能在形中去寻找，美在形式背后那个恍惚迷离的意态，那种令人涵玩不尽的韵味，一唱三叹，余味悠然，苏轼很喜欢用“灭没于江天之外”来表达。他说：“唐人王摩诘、李思训之流，画山川峰麓，自成变态，虽萧然有出尘之姿，然颇以云物间之，作浮云杳霭，与孤鸿落照，灭没于江天之外。”(《又跋汉杰画山一》)美的艺术能带人超越凡尘、带向玄远的思虑。他在《传神记》中推崇一种灯下取影的创作方式，认为这样的方式可以得“天”之妙，“萧然有意于笔墨之外”。

二是美出于心灵感悟中。如其说影子之妙，当然其妙处并不在影子本身，而在于心灵的创造，是人的心灵所赋予的。他在《书李伯时〈山居图〉后》中说：“居士之在山也，不留于一物，故其神与万物交，其智与百工通。虽然，有道有艺，有道而不艺，则物虽形于心，不形于手。吾尝见居士作华严相，皆以意造，而与佛合。佛菩萨言之，居士画之，若出一人，况自画其所见者乎？”他的“胸有成竹”说也是一个与此有关的理论。

三是以“美在理中”发展传统的形神理论。理学强调大自然的深层意涵有流转不息的生命之“理”，这种“天理流行发见之妙”体现于万物之中，一草一木，一尘一沤中均有体现。受到北宋理学的影响，苏轼论艺也重“理”，能否表达“理”成为他论艺评文的重要标准，世界自有“常理”“生理”，自有“理趣”，美从玩味“理”的趣味中获得。当然，他并不像北宋一些理学家，将“理”看作是与“人欲”相对的概念，而视其为一个体现造化活泼生机的概念。苏轼这方面观点值得注意的有“常理”说和“生理”说。

元倪瓒说：“坡晓画法难解语，常形常理要玄解。”(《画竹》)“常形常理”是苏轼有影响的观点。苏轼《净因院画记》：“余尝论画，以为人禽宫室器用皆有常形。至于山石竹木，水波烟云，虽无常形，而有常理。常形之失，人皆知之。常理之不当，虽晓画者有不知。故凡可以欺世而取名者，必托于无常形者也。虽然，常形之失，止于所失，而不能病其全，若常理之不当，则举废之矣。以其形之无常，是以其理不可不谨也。世之工人，或能曲尽其形，而至于其理，非高人逸才不能辨。”

在苏轼看来，作画从对象上看，可以分为“形”和“理”两方面，在

“形”中有“有常形”和“无常形”两种形式,“有常形”是视而可见的具体的物,“无常形”是那些虚无飘渺的对象,如云、气、风、雾,一切山石竹木都在大自然气化云烟中的变化。苏轼认为,无论是“有常形”还是“无常形”,都必须表现出内在的“理”。如果失去“理”,就“全废之矣”,这是无可救药的毛病。这也就是说,绘画是“形”和“理”的统一,“理”不能脱离“形”而存在,“形”也不能有悖于“理”,“理”内“形”外,“理”本“形”末。

这“理”是什么?如果从表面上看,大致相当于今人所说的万物运演之规律。但是在宋人看来,似乎并没有这么简单。苏轼对此理解,万物都有“常理”存在,它是决定物“性”的根本。他曾有诗道:“平生师卫玠,非意常理遣。”(次韵李端叔谢送牛戬《鸳鸯竹石图》)他说:“圣人之所学矣,以其所见者,推至其所不见者。”(《东坡易传》)可见者是“形”,不可见者是“理”,缘“形”而入“理”,方为认识之正途。

北宋中后期,欧阳修、苏轼、王安石、沈括、米芾、黄庭坚、郭熙、王诜、李公麟、张怀、韩拙、董逌、晁补之等都以“理”论艺,欧阳修云:“萧条淡泊,此难画之意,画者得之,览者未必识也。故飞走迟速,意浅之物易见;而闲和严静,趣远之心难形。若乃高下向背,远近重复,此画工之艺耳,非精鉴者之事也。”(《鉴画》)此中“难画之意”,就是“理”。而一个优秀的画家,要画出这难画的“理”。而“理”,不是什么抽象的道理,而是所谓“趣远之心”,“理”是画中的精神趣味之所在。沈括在《梦溪笔谈》卷十七说:“大凡画马,其大不过盈尺,此乃以大为小,所以毛细而不可画,鼠乃如其大,自当画毛。然牛、虎亦是以大为小,理亦不应见毛,但牛、虎深毛,马浅毛,理须有别,故名辈为小牛、小虎,虽画毛,但略拂拭而已,若务详密,翻成冗长,约略拂拭,自有神观,迥然生动,难可与俗人论也。若画马如牛、虎之大者,理当画毛,盖见小马无毛,遂亦不摹,此庸人袭迹,非可与论理也。”这段画以“理”来论述以大观小之法,其中之“理”,大抵相当于“物理”。

在论雪中芭蕉时,沈括说:“世之观画者,多能指摘其间形象位置彩色瑕疵而已,至奥理冥造者,罕见其人。”强调“其理入神,迥得天趣”。他还举欧阳修的《盘车图诗》:“古画画意不画形,梅诗咏无隐情。忘形得意知者寡,不若见诗如见画”,来说明其中道理。这里所说的“意”“理”,是超越形象之外的,亦即人的精神所陶铸的外物神理,故沈括论画既重“物理”(物的内在规律),又重视“天理”(人的精神所透升上去的内在之理)。这里明显受到理学的影响。这可以说是北宋以来理学直接影响的结果。苏东坡的“常形常理”说正是在这时代风气影响下产生的。

正如苏辙所说:“吾观天地间,万事同一理。”(《王维吴道子画》)中国哲学强调,万物是一个联系的有机生命统一体,物与物之间是相联的,生命之间彼摄共存,交光互网,东坡的“常形常理”说也和此密切相关。物不是孤立的存在,物与物是相通的,这相通的根源就是“理”,所以苏轼说:“物一理也,通其意则无适而不行。”因此把握这个“常理”也就把握了通向生命整体的枢纽。而这个“理”只有通过澄明的心去照耀,才能发现。他强调,要以心为体,以心照之,在东坡看来,“一切唯心造”,一切艺术创造是“心理”和“物理”的相合,用他的话说,就是“明于物理而深观之”。东坡强调“文以达吾心,画以适吾意”。认为作画必“深寓其理”。

与此相关的是,苏轼以及环绕苏轼的艺术家提出的“生理”说。美在理中,并不是美在那抽象的天理之本体中,美不在概念,美在“生理”中,即生生不息、天机流荡的活泼之理。他在《书临皋亭》中写道:“酒醉饭饱,倚于几上,白云左绕,清江右洄,重门洞开,林峦坌入。当是时,若有思而无所思,以受万物之备。”备万物之生理也。与苏轼大致同时的董逌曾就“生意”和“生理”的关系做了精彩阐述:“且观天地生物,特一气运化尔,其功用妙移,与物有宜,莫知为之者,故能成于自然,今画者信妙矣。方其晕形布色,求物比之,似而效之,序以成者,皆人力之后先也,岂能以合于自然者哉?徐熙作花,则与常工异矣。其谓可乱本失真者,非也。若叶有两背,花有低昂,氤氲相成,发为余润,而花光艳逸,晔晔灼灼,使人目识眩耀,以此仅若生意可也。赵昌画花,妙于设色,比熙画更无生理,殆若女工绣障者。”(《广川画跋》卷三,《书徐熙牡丹图》)董氏这里将“生意”和“生理”进行严格区分,他对徐熙画做了较高评价,但也仅以“生意”许之,所谓“仅若生意可也”,认为其表现“生理”不够。而赵昌花鸟“比熙画更无生理”。他这里所说的“生理”就是天地生物“一气运化”所藏之“妙”,是物中之“宜”。

东坡好画枯木磐石,但他的枯木磐石看起来是僵死的,实际上所要表现的却是活泼泼的生命精神,就是说,他不仅要用它们表现“生理”,更要通过它们表现“生意”,以“生理”出“生意”。黄山谷说他的枯木画“深造理窟”(《东坡先生墨戏赋》),认为他“胸中元自有丘壑,故作老木蟠风霜”(《题子瞻枯木》)。在东坡那里,他也看出了枯木虽无“生面”(不是一个活物),却具有“生理”的道理。当时一位儒家学者孔武仲,评价东坡的《枯木图》,认为东坡枯木“窥观尽得物外趣,移向纸上无毫差”。他将东坡枯木怪石和赵昌鲜明绰约的花鸟做比较:“赵昌丹青最细腻,直与春色争豪华。公今好尚何太癖,曾载木车出岷巴。轻肥欲与世为戒,未许木叶胜枯槎。万物流形若泫露,百岁俄惊眼如申。”在孔武仲看来,东坡枯木虽无赵昌花鸟鲜艳,但是其中却自藏春意,得“万物流形”之理,通过他的独特处理,使枯木也自具妙韵,从而“未许木叶胜枯槎”。

“未许木叶胜枯槎”,中国艺术追求活泼泼的生命精神的传达,但并不醉心外在活泼的表象,而更喜欢到枯朽、拙怪中去寻找生意的寄托物。元代理学家袁桷在评论赵子昂《枯木竹石图》时说:“亭亭木上座,楚楚湘夫人。因依太古石,融液无边春。”他在枯木中窥出了“无边春”——广大无边的生命精神。就像《周易》中“枯杨生华”的意象一样,他在枯木中看出了“春意”,即活泼泼的生命精神。在我的体会中,枯树和生机是可以相互映衬的,在枯朽中更能显示出生命的倔强,在生机中也能见出枯朽的内在活力。

三、寓意于物

寓意于物,而不留意于物,是苏轼重要的美学观念。《宝绘堂记》说:"君子可以寓意于物,而不可以留意于物。寓意于物,虽微物足以为乐,虽尤物不足以为病。留意于物,虽微物足以为病,虽尤物不足以为乐。老子曰:'五色令人目盲,五音令人耳聋,五味令人口爽,驰骋田猎令人心发狂。'然圣人未尝废此四者,亦聊以寓意焉耳。"其诗文中也多及于此:"平生寓物不留物,在家学得忘家禅。"①他在题李伯时《山居图》中说:"居士之在山也,不留于一物,故其神与万物交,其智与百工通。"②

不留意于物,是超越于万物之上,不为物所系缚。物不可留,意思是不能让对物的迷恋淹没了自己的真性。其《超然台记》云:"物非有大小也,自其内而观之,未有不高且大者也。彼其高大以临我,则我常眩乱反复,如隙中之观斗,又焉知胜负之所在?是以美恶横生,而忧乐出焉,可不大哀乎?"③此文主体思想出自《庄子》,强调以物为量,物无贵贱。认为留于物,必然会美恶横生,引起忧乐感受,此乃灾祸根源。苏轼思想中有一种超越"长物"的观念。他要"念当扫长物",认为"长物扰天真",使人失落生命本性。

相对于"留意于物","寓意于物"即他所说的"游心寓意",与物同游,与万物共成一个独特的体验世界,没有物我相对之境界,带来一种怡然自适之体验。

欧阳修有"六一"之号,所谓书一万卷、金石遗文一千卷、琴一张、棋一局、酒一壶,还有"以吾一翁,老于此五物之间,是岂不为六

---

① 《寄吴德仁兼简陈季常》,孔凡礼点校:《苏轼诗集》卷二十五,第1341页。

② 孔凡礼点校:《苏轼文集》卷七十,第2211页。

③ 孔凡礼点校:《苏轼文集》卷十一,第351页。

一乎”①。苏轼为之作《六一居士传后》云:“今居士自谓六一,是其身均与五物为一也,不知其有物耶,物有之也。居士与物,均为不能有,其孰能置得丧于其间?故曰:居士可谓有道者也。虽然,自一观五,居士犹可见也;与五为六,居士不可见也。居士殆将隐矣。”②所谓“六一”,其核心意思就是在鉴古中保有与物一体的情怀,无我无物,也就是他所说的“寓意于物”,这才是“六一”之真正命意。

寓意于物,而不留意于物,为后代艺术家所重。文徵明朋友华中父的真赏斋收藏大量的书画金石作品,衡山为之作《真赏斋铭》:“岂曰滞物,寓意施斯。乃中有得,弗以物移。植志弗移,寄情高朗。弗滞弗移,是曰真赏。”不滞不留,却可寄情于物,情怀高朗,物皆与我为友,都可以成为人心性的依托。

四、绚烂之极,归于平淡

苏轼的“绚烂之极,归于平淡”③,是中国艺术的一条重要原则。从风格和表现方式上说,平淡是与绚烂、纤秾、浓艳等相对的概念。这句话极易理解为:由平淡到绚烂,再由绚烂复归于平淡的三段论,如果这样理解,平淡只是用来调整绚烂,使之不过分的一种手段,美在这里则成了适度的创造方式。如王士祯评诗所云:“绚烂之极归于平淡,平淡之极乃为波澜。”④这是对苏轼此段论述的误解。其实苏轼的观点,是超越平淡与绚烂之间的斟酌,直现生命的本然状态,艺术不是外在形式的雕琢,而是心灵真实的流露。苏轼说:“凡文字少小时须令气象峥嵘,采色绚烂。渐老渐熟,乃造平淡。其实不是平淡,乃绚烂之极也。”⑤熟后之平淡,是对平淡与绚烂形式斟酌的超

① 李逸安点校:《欧阳修全集》卷四十四,北京:中华书局2001年版,第635页。

② 孔凡礼点校:《苏轼文集》卷六十六,第2049页。

③ 苏轼之语不见其文集所载,引见元王构:《修辞类鉴》卷一。

④ 《陶渊明资料汇编》下册,北京:中华书局,1962年初版,2012年六刷,第189页。

⑤ 《与侄书》,[宋]赵令畤:《侯鲭録》第八所引,清知不足斋丛书本。

越，这是苏轼清晰的思路。

苏轼的“外枯而中膏、似淡而实浓”“发纤秾于简古，寄至味于淡泊”，也表达了相近的意思。他所言之淡，乃无味之至味，是美的最高形式。苏轼是陶渊明的发现者，他发现了陶诗的平淡之美，他认为陶诗以平淡树立了至高的美的风范。平淡在他这里不是语言风格、修辞原则，而是对陶诗本色、本真状态的描述，是“性”之平淡。正如清李调元所说：“渊明清远闲放，是取本色，而其中有一段深古朴茂不可及处。”①深古朴茂，乃真性之展现。

苏轼有诗云：“如今老且懒，细事百不欲。美恶两俱忘，谁能强追逐。”②苏轼是在超越美丑分别基础上谈绚烂与平淡的关系。从文人艺术的发展来看，自然而然，不在绚烂与平淡的斟酌，而在超越知识的分别，将艺术发展为一种心灵的吟唱，将创造交给生命的直接体验。若仅就形式风格上论，无论绚烂，还是平淡，都是皮相之论，为真正的创造者所不取。正因此，文人艺术倡导平淡，排除追逐绚烂的目的性行为，并非对绚烂本身的否定。“无色而具五色之绚烂”——丹青妙手，五色为画，水墨代色而起，以黑白——无色而呈现五色之妙韵，在墨色氤氲世界中，超越色相，返归真性，而不是对色相本身的否定。

参考文献

《苏轼资料汇编》，北京：中华书局，1994年。

孔凡礼点校：《苏轼文集》，北京：中华书局，1986年。

孔凡礼点校：《苏轼诗集》，北京：中华书局，1982年。

孔凡礼：《苏轼年谱》，北京：中华书局，1999年。

曾枣庄主编：《苏文汇评》，成都：四川文艺出版社，2000年。

王水照：《苏轼研究》，石家庄：河北教育出版社，1999年。

---

① 《雨村诗话》，函海本卷上所收，沈德潜也曾引此语。

② 《寄周安孺茶》，孔凡礼点校：《苏轼诗集》卷二十二，第1165页。

钟莱因:《苏轼与道家道教》,台北:学生书局,1990 年。

朴永焕:《苏轼禅诗研究》,北京:中国社会科学出版社,1995 年。

徐长孺辑:《东坡禅喜集》,台北:老古文化事业公司,1982 年。

林语堂著,宋碧云译:《苏东坡传》,海口:海南出版社,1993 年。

林泉高致

[北宋] 郭熙 郭思

《林泉高致》是一部重要的山水画论著作，该书是由郭熙之子郭思根据其父平时言论和手稿辑录而成，并加以说明。郭熙，字淳夫，河阳温县(今属河南孟县)人，世称郭河阳。他是一位大约与11世纪相始终的长寿画家，一生活了九十多岁，金元好问在一篇题郭熙画的诗中说："九十仙翁自游戏。"(《郭熙溪山秋晚二首》)郭熙在神宗熙宁年间由宰相富弼推荐被征召进京，先任御书苑艺学，后为翰林待诏直长。他是一位出色的画家，现藏台北故宫博物院的《早春图》，是其传世最重要的作品。

《林泉高致》，北宋政和七年(1117)翰林学士许光凝为其所作的《后序》中，已用此名，其后，《宣和画谱》卷十一云："熙后著山水画论，言远近浅深，风雨明晦，四时朝暮之所不同，则有春山淡冶而如笑"云云，所引录文字皆为今本《林泉高致》所有。今有论者以为此书本名为《山水画论》，我不同意这种看法，不仅许光凝已明言其名，南宋陈振孙《直斋书录解题》亦谓是书名《林泉高致集》。许光凝《后序》云："光凝世居洛，先考与公布衣之旧，故自儿童时已知公名，熟公行。及前岁被命守蜀，又得从公之子思游，因获窥公家集，见公所蓄嘉祐、治平、元丰以来崇公巨儒诗歌赞记，并公平日讲论，小笔范式，粲然盈编。厥题曰《郭氏林泉高致》，具载公之潜德懿行，洎神宗奖遇与所知天下贤公卿士大夫，因一览，便令人洒然起物外烟霞之想，真可谓林泉之高致矣。”

许光凝所见之《郭氏林泉高致》和今本内容有颇大区别，其中所收录的相当于作者的文集，还包括郭熙收集的“崇公巨儒诗歌赞记”，同时，还有部分“小笔范式”，即作者的绘画草稿。而今本收录最全、错讹最少的却是《文渊阁四库全书》本，该本以元至正本为底本，并参校明宁波天一阁本。根据《四库全书》本，可知《林泉高致》前后共包括八个部分，前有郭思的序言，次之以山水训、画意、画诀、画题、画格拾遗和画记六篇，最末是许光凝的后序①。这样，《林泉高致》便由作者的文集变成了山水画论集。

关于此书的作者，应为郭熙和其子郭思合著。在以上所列序言和正文的六部分中，序言为郭思所作，《画格拾遗》是郭思记录其父若干绘画内容，《画记》为郭思记录其父主要艺术活动的行踪。另外，其他四篇中，也间或插有郭思的手记。全书经过郭思整理的痕迹是明显的。是书的主导思想是郭熙的，但郭思却做了整理、解说和疏通。

这里选录的是该书的第一部分《山水训》，以《四库全书》本为底本，并参校《画苑补益》等。

山水训

君子之所以爱夫山水者，其旨安在？邱园养素，[1]所常处也；泉石啸傲，所常乐也；渔樵隐逸，所常适也；猿鹤飞鸣，所常亲也；尘嚣缰锁，此人情所常厌也；烟霞仙圣，此人情所常愿而不得见也。[2]直以太平盛日，君亲之心两隆，苟洁一身出处，[3]节义斯

① 此书，南宋陈振孙仅录有《画训》《画意》《画题》《画诀》四篇。元马端临《文献通考》在此四篇之前又加以《画记》一篇，而明詹景凤《画苑补益》则有《山水训》《画意》《画格拾遗》《画诀》《画题》五篇。

系，岂仁人高蹈远引为离世绝俗之行，而必与箕颍埒素、黄绮同芳哉！[4]

白驹之诗、紫芝之咏，[5]皆不得已而长往者也。然则林泉之志，烟霞之侣，梦寐在焉。耳目断绝，今得妙手，郁然出之，不下堂筵，坐穷泉壑，猿声鸟啼，依约在耳。山光水色，滉瀁[6]夺目，斯岂不快人意、实获我心哉！此世之所以贵夫画山水之本意也。不此之主，而轻心临之，岂不芜杂神观、溷浊清风也哉！[7]

画山水有体，铺舒为宏图而无余，消缩为小景而不少。看山水亦有体，以林泉之心临之则价高，以骄侈之目临之则价低。

山水大物也，人之看者，须远而观之，方见得一障山川之形势气象。若士女人物，小小之笔，即掌中几上一展便见，一览便尽，此看画之法也。

世之笃论，谓山水有可行者，有可望者，有可游者，有可居者。画凡至此，皆入妙品。但可行可望不如可居可游之为得，何者？观今山川，地占数百里，可游可居之处十无三四，而必取可居可游之品，君子之所以渴慕[8]林泉者，正谓此佳处故也。故画者当以此意造，而览者又当以此意穷之，此之谓不失其本意。

画亦有相法，李成[9]子孙昌盛，其山脚地面皆浑厚阔大，上秀而下丰，人之有后之相也。非必论相兼，理当如此故也。

人之学画无异学书，今取钟王虞柳[10]，久必入其仿佛。至于大人通士，不局于一家，必兼收并揽，广议博考，以使我自成一家，然后为得。今齐鲁之士，惟摹营邱；关陕之士，惟摹范宽[11]。一己之学，犹为蹈袭，况齐鲁关陕辐员数千里，州州县县人人作之哉！专门之学，自古为病。正谓出于一律而不肯听者，不可罪下听之人，迨由陈迹，人之耳目喜新厌故，天下之通情。余以谓大人通士不苟于一家者，此也。

注释

[1] 邱园养素：即在自然山水之中涵养素朴的心性。《梁书》卷二十一《王暕传》："室迩人旷，物疏道亲。养素丘园，台阶虚位。"《北史》卷六十四《韦孝宽等传》后论："养素丘园，哀乐无以动其心，名利不足干其虑。"

[2] 泉石啸傲：意为在山林之中歌咏自得。晋陶渊明《饮酒诗》："啸傲东轩下，聊复得此生。"亲：四库本作"观"，据《画论丛刊》本改。韁（jiāng）锁：同"缰锁"，意为羁縻、束缚。

[3] 直：通"值"。出处：指士大夫文行出处之大节。

[4] 箕颍：传尧时隐士许由，尧欲让位于他，他不受，隐于颍水之滨、箕山之下。埒（liè）：等同。素：节操。黄绮：指四皓。秦末隐于商山的四位隐者，人称"四皓"，即东园公、绮里季、夏黄公、角里先生。

[5] 白驹之诗：《诗经·小雅·白驹》诗描写贤人下隐，末章云："皎皎白驹，在彼空谷。生刍一束，其人如玉。毋金玉尔音，而有遐心。"紫芝之咏：汉代《乐府诗集》有《采芝操》云："皓天嗟嗟，深谷逶迤。树木莫莫，高山崔嵬。严居穴处，以为幄茵。晔晔紫芝，可以疗饥。唐虞往矣，吾当安归。"其内容主要是歌颂商山四皓。

[6] 滉瀁（huàngyǎng）：形容水面广阔无涯的样子。

[7] 芜杂神观、溷（hún）浊清风：意即糟蹋神明、污染雅致。溷，污浊。

[8] 渴慕：四库本无"慕"，依他本补。

[9] 李成：五代宋初山水画家，字咸熙，为唐宗室，父避战乱，隐居北海营丘，故后称李成为营丘。山水师荆浩、关仝，好用淡墨，世称"惜墨如金"。

[10] 钟王虞柳：指钟繇、王羲之、王献之、虞世南和柳公权等书法家。

[11] 范宽：北宋画家，字中立，华原（今陕西耀县）人，画风雄厚沉雄，尤擅画冬景，代表作有传世至今的名作《溪山行旅图》。

柳子厚善论为文，余以谓不止于文，万事有诀，尽当如是，况于画乎？何以言之？凡一景之画，不以大小多少，必须注精以一之[1]，不精则神不专。必神与俱成之，神不与俱成，则精不明。必严重以肃之[2]，不严则思不深。必恪勤以周之[3]，不恪则景不完。故积惰气而强之者，其迹软懦而不决，此不注精之病也。积昏气而汩之者，其状黯猥而不爽，[4]此神不与俱成之弊也。以轻心掉之者，其形脱略而不圆，此不严重之弊也。以慢心忽之者，其体疏率而不齐，此不恪勤之弊也。故不决则失分解法，不爽则失潇洒法，不圆则失体裁法，不齐则失紧慢法，[5]此最作者之大病也，然可与明者道。

思平昔见先子作一二图，[6]有一时委下不顾，动经一二十日不向，再三体之，是意不欲。意不欲者，岂非所谓惰气者乎？又每乘兴得意而作，则万事俱忘。及事汩志挠，外物有一，则亦委而不顾。[7]委而不顾者，岂非所谓昏气者乎？凡落笔之日，必明窗净几，焚香左右，精笔妙墨，澈手涤砚，如迓大宾，必神闲意定，然后为之，岂非所谓不敢以轻心掉之者乎？已营之又撤之，[8]已增之又润之，一之可矣，又再之。再之可矣，又复之。每一图必重重复复，终终始始，如戒严敌，然后竟此，岂非所谓不敢以慢心忽之者乎？所谓天下之事，不论大小，例须如此而后有成。先子向思每丁宁委曲论及此，岂非教思终身奉之以为进修之道[9]也耶？

学画花者，以一株花置深坑中，临其上而瞰之，则花之四面得矣。学画竹者，取一枝竹因月夜照其影于素壁之上，则竹之真形出矣。学画山水，何以异此？盖身即山川而取之，则山水之意度见矣。

真山水之川谷，远望之以取其深，近游之以取其浅。真山水之岩石，远望之以取其势，近看之以取其质。真山水之云气，四时不同，春融冶，[10]夏蓊郁，秋疏薄，冬黯淡。画见其大象而不为斩刻[11]之形，则云气之态度活矣。真山水之烟岚，四时不同，春山澹冶而如笑，夏山苍翠而如滴，秋山明净而如妆，冬山惨淡而如睡。画见其大意而不为刻画之迹，则烟岚之景象正矣。真山水之风雨，远望可得，而近者玩习不能究一川径隧起止之势。真山水之阴晴，远望可尽，而近者拘狭不能得一山明晦隐见之迹。

山之人物，以标道路。山之楼观，以标胜概，山之林木映蔽，以分远近，山之溪谷断续，以分浅深。水之津筏桥彴，以足人事。水之渔艇钓竿，以足人意。大山堂堂，为众山之主，所以分布以次冈阜林壑，为远近大小之宗主也。其象若大君，赫然当阳，而百辟奔走朝会，无偃蹇背却之势也。[12]长松亭亭，为众木之表，所以分布以次藤萝草木，为振挈依附之师帅也。[13]其势若君子，轩然得时，而众小人为之役使，无凭陵愁挫[14]之态也。

山近看如此，远数里看又如此，远十数里看又如此，每远每异，所谓山形步步移也。山正面如此，侧面又如此，背面又如此，每看每异，所谓山形面面看也。如此，是一山而兼数十百山之形状，可得不悉乎？山春夏看如此，秋冬看又如此，所谓四时之景不同也。山朝看如此，暮看又如此，秋冬看又如此，所谓朝暮之变态不同也。如此，是一山而兼数十百山之意态，可得不究乎？春山烟云连绵，人欣欣；夏山嘉木繁阴，人坦坦；秋山明净摇落，人肃肃；冬山昏霾翳塞，人寂寂。看此画令人生此意，如真在此山中，此画之景外意也。见青烟白道而思行，见平川落照而思望，见幽人山客而思居，见岩扃[15]泉石而思游。看此画令人起此心，如将真即其处，此画之意外妙也。

注释

[1] 注精以一之：注精，凝神聚虑，静以观之。一之，强调心有所主，意有统领，不务空茫，注精不杂。

[2] 严重以肃之：庄重严肃。

[3] 恪勤以周之：恭敬勤勉，观察考虑周备。

[4] 汩(gǔ)：污浊混乱。黯猥：阴暗猥琐。

[5] 分解法：水分墨之法。所谓“不决则失分解法”，水分墨色层次复杂，微妙难测，所以心中必有决断之意，下笔不疑。潇洒法：水墨作画，墨色要清丽明朗，疏密处理要得当，不能壅塞，不能如“墨猪”。如宋郭熙在《画诀》中说：“见世之初学，据案把笔下去，率尔立意，触情涂抹满幅，看之填塞人目，已令人意不快，那得取赏于潇洒，见情于高大哉。”体裁法：指经营位置。所谓“不圆则失体裁法”，意为考虑不周备，就不会有好的结构。紧慢法：此指笔法上的快慢涩畅。所谓“不齐则失紧慢法”，就是说不恭敬勤勉，就不会有熟练的笔法技巧，在运笔上就不会心手双畅。

［6］以下这段文字是郭思以自己平常随父作画观察所得，来解读以上的心法。先子：即父亲。

［7］事汩志挠：诸事繁杂，心绪混乱。外物有一，则亦委而不顾：作画之高妙境界是万事都忘，如果心中尚有一物，思虑杂而不纯，此时也不能落笔为画。

［8］营之：即在画面上作画。撤之：他本多作"彻之"，彻通"撤"，意为撤除。《论语·八佾》："三家者以《雍》彻。"彻是撤去祭品的礼。《淮南子·原道》："解车休马，罢酒彻乐。"

［9］进修之道：修养之道。

［10］春融冶：冶，《佩文斋书画谱》作"怡"。融冶，和融。

［11］斩刻：形容过于刻画。

［12］"其象若大君"四句：此受《易》爻象的影响，来源于《易》之师卦，此卦为五阴一阳，一阳为众阴之主，处五（君）位，即所谓"赫然当阳"，众阴（臣子）均为其指使。百辟，百官。偃蹇背却，此指骄纵傲慢。

［13］振挈依附之师帅：意为大木为众草木之统领，众草木均依附于它，受其提携。振挈，提携，提拔。

［14］凭陵：欺辱。愁挫：愁苦挫折。

［15］岩扃（jiōng）：指悬崖绝壁挡住去路。扃本指关门。

东南之山多奇秀，天地非为东南私也，东南之地极下，水潦之所归，以漱濯开露之所出，故其地薄，其水浅，其山多奇峰峭壁，而斗出霄汉之外，瀑布千丈，飞落于云霞之表。如华山垂溜[1]，非不千丈也，如华山者鲜尔，纵有浑厚者亦多出地上，而非地中也。

西北之山多浑厚，天地非为西北偏也，西北之地极高，水源之所出，以冈陇拥肿之所埋，故其地厚，其水深，其山多堆阜盘礴，而连延不断于千里之外。介丘[2]有顶，而迤逦拔萃于四逵[3]之野。如嵩山、少室[4]，非不峭拔也，如嵩、少类者鲜尔，纵有峭拔者，亦多出地中，而非地上也。

嵩山多好溪，华山多好峰，衡山多好别岫，常山多好列嶂，[5]泰山特好三峰。天台、武夷、庐、霍、雁荡、岷、峨、巫峡、天坛、王屋、林虑、武当，皆天下名山巨镇，[6]天地宝藏所出，仙圣窟宅所隐，奇崛神秀，莫可穷其要妙。

欲夺其造化，则莫神于好，莫精于勤，莫大于饱游饫看[7]，历历罗列于胸中，而目不见绢素，手不知笔墨，磊磊落落，杳杳漠漠，莫非吾画。此怀素夜闻嘉陵江水声而草圣益佳，张颠见公孙大娘舞剑器而笔势益俊者也。[8]

今执笔者，所养之不扩充，所览之不淳熟，所经之不众多，所取之不精粹，而得纸拂壁，水墨遽下，不知何以掇景于烟霞之表，发兴于溪山之巅哉！[9]后生妄语，其病可数。

何谓所养欲扩充？近者画手有《仁者乐山图》，作一叟支颐[10]于峰畔；《智者乐水图》，作一叟侧耳于岩前，此不扩充之病也。盖仁者乐山，宜如白乐天《草堂图》，山居之意裕足也；智者乐水，宜如王摩诘《辋川图》，水中之乐饶给也。[11]仁智所乐，岂只一夫之形状可见之哉！

何谓所览欲淳熟？近世画工，画山则峰不过三五峰，画水则波不过三五波，此不淳熟之病也。盖画山，高者、下者、大者、小者，盎睟向背，颠顶朝揖，[12]其体浑然相应，则山之美意足矣。画水，齐者、汩者、卷而飞激者、引而舒长者，[13]其状宛然自足，则水之态富赡也。

何谓所经之不众多？近世画手，生吴越者，写东南之耸瘦；居咸秦者，貌关陇之壮浪，[14]学范宽者，乏营丘之秀媚；师王维者，缺关仝之风骨。凡此之类，咎在于所经之不众多也。

何谓所取之不精粹？千里之山不能尽奇，百里之水岂能尽秀？太行枕华夏而面目者林虑，泰山占齐鲁而胜绝者龙岩，[15]一概画之，版图何异？凡此之类，咎在于所取之不精粹也。

故专于坡陀[16]失之粗，专于幽闲失之薄，专于人物失之俗，专于楼观失之冗，专于石则骨露，专于土则肉多。笔迹不混成谓之疏，疏则无真意。墨色不滋润谓之枯，枯则无生意。水不潺湲则谓之死水，云不自在则谓之冻云，山无明晦则谓之无日影，山无隐见则谓之无烟霭。今山日到处明，日不到处晦，山因日影之常形也，明晦不分焉，故曰无日影。今山烟霭到处隐，烟霭不到处见，山因烟霭之常态也，隐见不分焉，故曰无烟霭。

注释

［1］垂溜：指瀑布悬挂。

［2］介丘：又作介邱，微小的土山。

［3］四逵：四通八达的通衢大道。《诗经·周南·兔罝》："肃肃兔罝，施于中逵。"

［4］少室：在河南登封县北，嵩山西边为少室山，东边为太室山，二山总名为嵩山。

［5］衡山：为五岳之一的南岳，在湖南。别岫（xiù）：独特的山穴。岫，山的洞穴。常山：即恒山，五岳之一的北岳，在河北。列嶂：四库全书本作"列障"，是，他本多作"列岫"，非。

［6］霍：霍山。此山中国有二，一在山西霍县，一在安徽潜山，又名天柱山。此当指山西之霍山。岷：岷山，在四川、甘肃两省边境。天坛：疑为"天台"。林虑：在河南临林县，太行山的主峰之一。

［7］饱游饫（yù）看：反复游览观看。饫，吃饱。

［8］怀素夜闻嘉陵江水声而草圣益佳：《苏轼集·补遗》载《书张少公判状》："古人得笔法有所自，张（指张旭——引者）以剑器，容有是理。雷太简乃云闻江声而笔法进，文与可亦言见蛇斗而草书长。"张颠见公孙大娘舞剑器而笔势益俊者也：《历代名画记》卷九："开元中，将军裴旻善舞剑，道玄观旻舞剑，见出没神怪，既毕，挥毫益进。时又有公孙大娘，亦善舞剑器，张旭见之，因为草书，杜甫歌行述其事。是知书画之艺，皆须意气而成，亦非懦夫所能作也。"张颠，唐代著名草书大家张旭。

［9］掇景：取景。烟霞之表、溪山之巅：均指代大自然。发兴：引发感兴。黄庭坚评郭熙画云："玉堂卧对郭熙画，发兴已在青林间。"（《次韵子瞻题郭熙画秋山》）

［10］支颐：托着腮。颐，下巴。《释名》："或曰辅车，或曰牙车，或曰颊车。"

[11] 王摩诘：王维，字摩诘。《辋川图》：乃王维重要山水画作品，今已不传。饶：丰饶。给：富足。《孟子·梁惠王下》："春省耕而补不足，秋省敛而助不给。"饶给，意即富足。

[12] 盎睟(suì)：语出《孟子·尽心上》："君子所性，仁、义、礼、智。根于心，其生色也，睟然见于面，盎于背，施于四体。四体不言而喻。"睟，润泽之貌，言其正面。盎，充满之貌，言其反面。郭熙这里是说画山的正反两面都要有浑然充满之貌。颠顶朝揖(cháoyī)：指山峰相向，如同作揖行礼。

[13] 齐：指水之平。四库本作"泊"，他本作汩，是。汩(gǔ)：指水的流淌。

[14] 耸瘦：形容南方的山峰高耸尖峻。咸秦：此概指北方。壮浪：形容北地山势浑厚壮阔。

[15] 太行枕华夏而面目者林虑：意为林虑作为太行高峰乃是太行山的面目，这里的华夏指中原。龙岩：为泰山诸峰之一。

[16] 坡陀：倾斜不平。又作"陂陀"。汉司马相如《子虚赋》："罢池陂陀，下属江河。"

山，大物也。其形欲耸拔，欲偃蹇，欲轩豁，欲箕踞，欲盘礴，[1]欲浑厚，欲雄豪，欲精神，欲严重，欲顾盼，欲朝揖，欲上有盖，欲下有乘，欲前有据，欲后有倚，欲下瞰而若临观，欲下游而若指麾[2]，此山之大体也。

水，活物也。其形欲深静，欲柔滑，欲汪洋，欲回环，欲肥腻，欲喷薄，欲激射，欲多泉，欲远流，欲瀑布插天，欲溅扑入地，欲渔钓怡怡，欲草木欣欣，欲挟烟云而秀媚，欲照溪谷而光辉，此水之活体也。

山以水为血脉，以草木为毛发，以烟云为神彩。故山得水而活，得草木而华，得烟云而秀媚。水以山为面，以亭榭为眉目，以鱼钓为精神。故水得山而媚，得亭榭而明快，得渔钓而旷落。此山水之布置也。

山有高有下。高者血脉在下，其肩股开张，基脚壮厚。峦岫冈势，陪拥相勾连，映带不绝，此高山也。故如是，高山谓之不孤，谓之不仆。下者血脉在上，其颠半落，项领相攀，根基庞大，堆阜拥肿，直下深插，莫测其浅深，此浅山也。故如是，浅山谓之不薄，谓之不泄。高山而孤，体干有仆之理。浅山而薄，神气有泄之理。此山水之体裁也。

石者，天地之骨也。骨贵坚深而不浅露。水者，天地之血也。血贵周流而不凝滞。

山无烟云如春无花草。山无云则不秀，无水则不媚，无道路则不活，无林木则不生，无深远则浅，无平远则近，无高远则下。

山有三远：自山下而仰山巅谓之高远，自山前而窥山后谓之深远，自近山而望远山谓之平远。高远之色清明，深远之色重晦，平远之色有明有晦。高远之势突兀，深远之意重叠，平远之意冲融，而缥缥缈缈，其人物之在三远也：高远者明了，深远者细碎，平远者冲澹。明了者不短，细碎者不长，冲澹者不大，此三远也。

山有三大：山大于木，木大于人，山不数十百。如木之大则山不大，木不数十百。如人之大则木不大。木之所以比夫人者，先自其叶，而人之所以比夫木者，先自其头。木叶若干可以敌人之头，人之头自若干叶而成之，则人之大小，木之大小，山之大小，自此而皆中程度，此三大也。

远山无皴，远水无波，远人无目，[3]非无也，如无耳。

山欲高，尽出之则不高，烟霞锁其腰则高矣。水欲远，尽出之则不远，掩映断其派则远矣。山因藏其腰则高，水因断其湾则远。盖山尽出，不唯无秀拔之高，兼何异画碓嘴。水尽出，不唯无盘折之远，兼何异画蚯蚓。

正面溪山林木，盘折委曲，铺设其景而来，不厌其详，所以足人目之近寻也。傍边平远，峤岭重叠，钩连缥缈而去，不厌其远，所以极人目之旷望也。

注释

［1］偃蹇：此指山的耸拔。轩豁：开阔明朗。箕踞：如人蹲踞。

[2] 指麾:通“指挥”。

[3] “远山无皴”三句:传五代荆浩《画山水赋》云:“凡画山水,意在笔先。丈山尺树,寸马豆人。远人无目,远树无枝。远山无皴,隐隐似眉。远水无波,高与云齐。此其诀也。”这几句话是北宋画坛流行的画诀。

解　说

《林泉高致》是中国山水画的重要理论著作,其中包含丰富的美学思想。

有关郭熙的思想渊源,其子郭思在编纂《林泉高致》时撰有序言,对此有所交代:“少从道家之学,吐故纳新,本游方外,家世无画学,盖天性得之,遂游艺于此以成名。”

根据他的记述,现代有的论者将郭熙的思想渊源归之于道家。郭熙的确受到道家思想的影响,然而,作为一个画院画家,作为一个显扬于世的创作高手,郭熙在神宗熙宁元年(1068)由宰相富弼推荐应召进京后,很受神宗宠爱,并在以后漫长的创作生涯中越来越靠近儒家。细研郭熙生平,推敲《林泉高致》的思想渊源,可以发现,他的思想是以儒家思想为其基本立脚点的。在《林泉高致》中,我们较少发现其与庄子思想的共通点,而更多看到的是二者之间的不同点。总之,郭熙思想有儒道兼综的特色,但更主要的是以儒家思想为核心。实际上,郭思在序言中,在交代了其父“少从道家之学”之后,紧接着写道:“然于潜德懿行,孝友仁施为深,则游焉息焉,此子孙当晓之也。”这句话既道出了郭熙的思想倾向,也道出了编纂者郭思的思想倾向。《宣和画谱》与《林泉高致》成书年代相去不远,其话当较为可信,《宣和画谱》卷十一云:“郭熙,河阳温县人,为御画院艺学,善山水寒林,得名于时……熙虽以画自业,然能教其子思以儒学起家。”

在唐和唐之前画论中，山水画一直是满足隐逸者情思的对象，“弋尾于涂”，向往山林皋壤之趣的道家尤其是庄子思想成了山水画家所崇奉的主要思想。南朝宋宗炳的《画山水序》洋溢着浓厚的道家思想，宗炳所向往的“不违天励之藂，独应无人之野”的境界正是道家境界。唐代以来，禅宗思想又为世所重，王维是山水画发展史上的重要人物，他创造水墨渲淡的表现方式，正是为了适应他的道禅审美旨趣。五代荆浩《笔法记》，更是一派隐逸画家的思想情趣，这位洪谷隐者借道家思想表现他对山水画笔墨形式的独特体会。

而郭熙的山水画论《林泉高致》乃是中国山水画史上第一次由隐者的立场转变为士大夫阶层立场的著作。在这里，儒家的立身入世思想代替了道禅的隐逸遁世思想，山水画本来被解释为隐逸者精神家园的理论，一变而为士君子公务之暇无法亲身游历山水的替代品、烦琐生活的宽解品、郁闷情结的慰藉品。郭熙从儒者的立场对山水画的功能进行新的解释。在他这里，山水画也是“卧游”之具，但不似首倡此说的宗炳，后者是因年老足疲无法游历真山水的不得已之举，而在郭熙这里成了入世为官的儒者向往山林之趣的精神安慰媒介。《山水训》写道：“君子之所以爱夫山水者，其旨安在？丘园养素，所常处也；泉石啸傲，所常乐也；渔樵隐逸，所常适也；猿鹤飞鸣，所常亲也；尘嚣缰锁，此人情所常厌也；烟霞仙圣，此人情所常愿而不得见也。直以太平盛日，君亲之心两隆，苟洁一身出处，节义斯系，岂仁人高蹈远引为离世绝俗之行，而必与箕颍埒素、黄绮同芳哉！白驹之诗、紫芝之咏，皆不得已而长往者也。然则林泉之志，烟霞之侣，梦寐在焉。耳目断绝，今得妙手，郁然出之，不下堂筵，坐穷泉壑，猿声鸟啼，依约在耳，山光水色，滉漾夺目。斯岂不快人意、实获我心哉！”

他的这段话充满了“达则兼济天下”“天下有道则行”的儒家思想。在他看来，隐于山水为人人所爱，然而值此“太平盛日”，怎么能忍心离开君、亲而独隐山水呢？人们向往山林，而不能隐于山林，如何满足人们的山林之思？郭熙认为，山水画作为实际山水的形象呈现则可当此任。同时，不仅满足了士君子的游历之思，而且成了“获我心”“快人意”的对象，成了涤荡俗念、提升性灵的工具。在山水画中，士君子的性灵得到了“存养”，这岂不正合于儒家的“依仁游艺”的思想！向往山林和入世这对矛盾在郭熙这里得到了解决。由此也可见，他的《林泉高致》是为儒者所写的山水画论。

本书体现了儒家美学的一些重要思想。郭熙将儒家的涵养心性学说直接植入他的绘画理论中，重涵养乃是郭熙画学的一大特色。郭熙让其子郭思重“进修之道”，这个“进修之道”，正是修养心性之道。郭熙所说的“养”包括三个方面的内容：一是画家平素之修养；二是创作之顷的陶养；三是作画鉴画以陶养胸次。这三个方面的内容均与理学有密切关系。按照郭熙的思维逻辑，在绘画中，画家的性灵陶养是根本，没有这个本，则绘画陶染人心的功能则根本无由实现。故此，郭熙在《林泉高致》中将画家涵养心性放到头等重要的位置上。画家在陶养中既要注意平素之践履，又要注意创作之顷心性之培植，其中以前者为要，因为人心若逼狭、偏仄、躁急、僵滞，创作之顷任你再养，也难以根绝心灵中根深蒂固的毛病。所以郭熙认为陶养之事非一朝一夕之功，必“终身奉之”，才可成“进修之道”。

《画意》云：“人须养得胸中宽快，意思悦适，如所谓易直子谅，油然之心生……”“易直子谅”作为一种心灵境界本出自《礼记·乐记》，其云：“致乐以治心，则易直子谅之心油然生矣。”孔疏云：“易谓和易，直谓正直，子谓子爱，谅则诚信。”这种和易、正直、慈爱、诚信之心，正是儒家所说的“诚”的内涵。郭熙以持敬养诚之说来丰富他的审美心胸的理论，所取资的正是儒学思想。

郭熙这里提出“养得胸中宽快，意思悦适”的观点，可作为其陶养理论之核心。在郭熙看来，画家作画看似易事，其实要经过画家平素艰苦的修养之功，画家之成功与否关键在一个“养”字。郭思所作的《画格拾遗》记其父云：“西山走马图：先子作衡州时作此以付思。

其山作秋意，于深山中数人骤马出谷口，内一人坠下，人马不大，而神气如生。先子指之曰：躁进者如此。自此而下，得一长板桥，有皂帻数人，乘款段而来者，先子指之曰：恬退者如此。又于峭壁之隈，青林之荫，半出一野艇，艇中蓬庵，庵中酒榼书帙，庵前露顶坦腹一人，若仰看白云，俯听流水，冥搜遐想之象，舟侧一夫理楫。先子指之曰：斯则又高矣。”

郭熙为其子作此图，实际上是把它当作道德陶养之具，他所提出的三种不同的境界，“躁进”之象为第一层次，当为不取；“恬退”之象为第二层次，然身之恬养廉退，只是身之隐居，并未达到从容自适的境界，郭熙在《山水训》的开篇就说：“直以太平盛日，君亲之心两隆”，这个时候不能隐退，这也反映出他和道家思想的不同；而所谓“仰看白云，俯听流水”的第三层次才是最高境界。郭熙作此画留于其子，就是要其子将此作为“进修之道”，领略其中关乎己身的妙蕴。在这里郭熙强调不能停留于画中人物的表相之上，而应将此画视为浚发心性、提升性灵的媒介。

郭熙秉承儒家尤其是新儒学的涵养心性之旨，在涵养的具体功夫上提倡一个“敬”字。郑昶在《中国画学全史》中，称郭熙的“主敬”之说为“郭氏家法”。童书业在《中国绘画谈丛》中指出：“郭氏为北宋画院中山水画家的特出者，画院的画风尚谨严，所以郭氏又有主敬一说……（他）所谓‘注精’‘专神’‘严重’‘恪勤’，都像宋代理学家‘主一’‘主敬’之论，这与当代的哲学风气确是相合的。”这些论述都是精到的。“主敬”一语乃二程理学的熟用语。在北宋理学中，周敦颐主静，而二程却转而主敬。二程认为，“主静乃老氏之学也”（《河南程氏粹言》卷一），而主敬则为儒家的正传。于是他们以主静和主敬作为道儒二家所分之根本。二程将“主敬”一语广加剔发，以为自己最具特点之思想。二程后学认为此乃二程学说之根本法则，朱熹甚至说：“程先生所以有功于后学者，最是‘敬’之一字有力。”（《朱子语类》卷十二）郭熙画学之主敬说正来源于二程之主敬说。

郭熙画学在后代影响最大的莫过于他的“三远”说。郭熙所谓高远、深远、平远的“三远”说立足于绘画的透视原理、构图原则等，但如果仅仅将其视为一个简单的创作技法问题，那就显然不合郭熙原意。他的“三远”还与其独特的境界美学有关。“三远”表现了三种不同的境界。高远是仰视，目光由低下推向高空，推向茫茫天际，如同晋人所说的“仰观大造”“凌眄天庭”，以一山之景汇入宇宙的洪流中去，在有限的空间中获得无限的意义，人的心灵因此也得到一种满足。深远可以称为悬视，我们的目光自下而上仰视上苍，又从上天而悬视万物，回到深深山谷，幽幽丛林，莽莽原畴，山川在悬视中更见其深厚广大。而平远是自近前向渺远层层推去，所谓“极人目之旷望也”，我们的心灵在广阔无垠的天地之间流动。这“三远”都表现了一种生命境界，化有限为无限，从静止中寻出流动，为人的生命创造一个安顿的场所。远的空间是由目光所巡视的，但是目光是有限的，而人的心灵是无限的，远的境界的真正完成是在人的心灵体验中进行的，远是人心之远。山水画创造远的境界是为了颐养自己的情性，也是为鉴赏者提供一个可以存养心灵的客体。这样，在郭熙的绘画语汇中，“远”和“养”就这样联系了起来。

在“三远”中，郭熙对平远情有独钟，平远是他的最高审美理想。平远之境在王维的画中就有初步表现。《旧唐书》卷一百九十《王维传》：“山水平远，云峰石色，绝迹天工。”而被称为北宋山水第一的画家李成即以平远之画著称于世。郭若虚说：“烟林平远之妙，始自营丘。”郭熙一生师法李成，也继承了李成的平远之法，他根据自己的体验做了新的创造，创作了新的平远之境，今天流传的郭熙的几幅作品都以平远为其当家面目，从当时的一些记载中也可看出郭熙对平远异乎寻常的神迷。《宣和画谱》卷十一著录其画多为平远之作，如《平远图》《古木遥山图》《遥峰图》《晴峦图》等。又据《林泉高致》记载，他在宫廷之障壁中所作也多为平远图，如《风雪平远图》《溪谷平远图》等。苏轼《题郭熙溪山平远》就写道：“离离短幅开平远，漠漠秋林寄秋寒。”郭思在《画记》中记其父作有数幅平远图,如宋用臣曾传令让郭熙作四面屏风,“盖饶殿之屏皆是,闻其景皆松石平远山水秀丽之景,见之令人耸疏”。又记道:“又于谏院为正宪作《溪谷平远》。”由此可见,平远是郭熙山水画的主要面目。

郭熙为何不突出地发展高远和深远之境,而独钟平远?这与他的境界追求有关。因为平远境界给人的情性所提供的东西是高远和深远所无法比拟的。平远之境给人的性灵提供一个安顿之所,从而成为画家最适宜的性灵之居。中国画家重视绘画的自娱功能,在理学的影响下,绘画被视为陶淑性情之具,纵烟霞而独往,是为性灵之自适。绘画的空间布置也要以引发这种自适的人生体验为准则。在郭熙的“三远”中,深远、高远之作并不多见,就是因为它们所体现的境界易于对人的心灵构成一种压迫。深远之作虽能合于中国画家的玄妙之思,但是过于神秘而晦暗的形式易于和主体产生一定的距离,主客之间在深远的境界中反而处于分离的状态中。高远之作自下而上,这种视点处理易于表现大自然的高峻嶙峋、怪异奇特,如同王国维所说的“有我之境”,主客之间的冲突厮杀是此境的基本特点,高远之作易于产生壮美感。而中国画家在绘画表现时尽量避免这种冲突,高远虽为画中胜境,但自我性灵居之实难,难以避免一种痛苦的体验过程。而平远之境平灭一切冲突,主体和眼前的对象之间处于一片和融的关系之中,我在不知不觉之中没入了对象之中,进入无我之境,淡岚轻施,遥山远水,牵引着自己的性灵作超越之游,这正合于宋明理学所强调的存养之学。“平远山水郭熙工”,正反映了郭熙对自我性灵安顿的强烈关注,是他“养得胸中宽快,意思悦适”“所养欲扩充”的“进修之道”的一种现实注脚,是理学思想在他的绘画创作中的一种落实。

郭熙山水画理论在美学上的重要贡献,还体现在对山水美感特征的认识上。在郭熙之前,人们曾有“泉石膏肓,烟霞痼疾”的说法,即山水可以为一己陶胸次,可以疗救性灵。郭熙提出了“四可”之说，深化了这一思想。他说：“世之笃论，谓山水有可行者，有可望者，有可游者，有可居者。画凡至此，皆入妙品。但可行可望不如可居可游之为得，何者？观今山川，地占数百里，可游可居之处十无三四，而必取可居可游之品，君子之所以渴慕林泉者，正谓此佳处故也。故画者当以此意造，而览者又当以此意穷之，此之谓不失其本意。”可行可望之所以不如可居可游，则在于可行可望只是一个欣赏者、旁观者，物与我是分离的，它所带来的愉悦是浅层次的。而可居可游则是一个融入者，观者之心和山水外相妙然契合，使自己成了丘壑中人，成了在山水中自在游戏的享受者。它所带来的愉悦是深层次的。在此时山水就成了自己的“天然居”“意象冢”“纯净土”。在可居可游的层次中，山水以及以山水为主要表现对象的山水画，都是人的性灵安顿之所，就像庄子所说的“故国旧都，望之畅然”的性灵“故国”，是游子日暮思念的“乡关”，此时一山一水慰我意，一草一木栖神明。

郭熙提出著名的“四季山景”的观点：“春山烟云连绵，人欣欣；夏山嘉木繁阴，人坦坦；秋山明净摇落，人肃肃；冬山昏霾翳塞，人寂寂。看此画令人生此意，如真在此山中，此画之景外意也。见青烟白道而思行，见平川落照而思望，见幽人山客而思居，见岩扃泉石而思游。看此画令人起此心，如将真即其处，此画之意外妙也。”自然山水是关乎人的身心的，一片山水就是一片心灵的境界。自然世界无处不在变化，一切外在对象都处于生命节律的变化过程中，而人的心灵和外在对象具有节奏化的对应关系。自然山水随着时间的变化而变化，人的心灵似乎也被置于这样的流转之中。这就是自然山水可以安顿性灵的内在基础。

郭熙更从人的观照角度、心灵变化等复杂因素中来分析山水的美感。南朝刘勰曾经说过：“物有恒姿，思无定检”；“物色尽而情有余”，万物虽然无时不在变化，但相对于人的心灵来说，物有具体的形态，是相对固定的，而人的认识的限制，只能认识特定时间和空间中的物象。所以，从这个角度说，物是有“尽”的，固定的，但人的心灵则是微妙的,包含着无限多变化的可能性。以流动之心灵融会相对固定、有限之物象,就会变有限为无限,变僵化固定为流动不已。《林泉高致》在此颇有新人耳目的见解。郭熙认为,作为一个画家,眼前虽只能看一山,但高明的画家是要于“一山而兼数十百山之形状”,“一山而兼数十百山之意态”,使得静止的空间流动起来,从有限的画面腾挪开去。他说:“山近看如此,远数里看又如此,远十数里看又如此,每远每异,所谓山形步步移也。山正面如此,侧面又如此,背面又如此,每看每异,所谓山形面面看也。”随着观照角度的变化,而“丰富”眼前的山景。又说:“山春夏看如此,秋冬看又如此,所谓四时之景不同也。山朝看如此,暮看又如此,秋冬看又如此,所谓朝暮之变态不同也。”随着时间的变化,而显现出微妙的变化。

后代中国园林美学的“步移景改”的思想,就出于此。

郭熙更进而指出,自然山水不是孤立存在的,它都是关系性的存在,无论何物的生存,都是具体背景中的生存,都和周边众景构成一种特殊的关系,对山水的审美过程实际上就是“发现”,如同是湖边一棵柳,却是无限变化中的柳,它在晨风夜月的变化中,在清风的拂动中,在燕翼的剪裁中,在湖水的映衬中,会出落为在在不同的风致。这就是一物而有山海之洪流,一山而有众景之奇妙。郭熙对此有独到的解会。如他说:“山以水为血脉,以草木为毛发,以烟云为神彩。故山得水而活,得草木而华,得烟云而秀媚。水以山为面,以亭榭为眉目,以鱼钓为精神。故水得山而媚,得亭榭而明快,得渔钓而旷落。”郭熙从万物的“关系”中发现其独特的韵味。同时,他还从自然内在的“冲突”中发现其活力,感受其张力,如他说:“山欲高,尽出之则不高,烟霞锁其腰则高矣。水欲远,尽出之则不远,掩映断其派则远矣。”他所强调的正是自然的内在之“势”。

画者,画也,绘画是空间艺术,但在郭熙的理论中,他要努力表明的,就是要使这一空间流动起来,使山水画成为“回荡的空间”。这“回荡的空间”就是他追求的最高目标。我们在他的《早春图》中,的确能感觉到这一微妙的回荡。郭熙的思想,对后人产生深远的影响,不仅在绘画,而且在园林等其他艺术中都留下了影响的痕迹。如中国园林中四季假山(扬州个园)和移景学说,就明确贴上了郭熙的标签。

郭熙在对山水的美感分析中,提出了特殊的观照方式。他说:“以林泉之心临之则价高,以骄侈之目临之则价低”,“身即山川而取之,山川之意度见矣”。在这其中我们可以看到北宋邵雍所推崇的“以物观物”的理论痕迹。

参考文献

《林泉高致》,《美术丛刊》第一辑,台北:中华丛书委员会,1956年。

陈传席:《中国山水画史》,南京:江苏美术出版社,1985年。

徐复观:《中国艺术精神》,台北:学生书局,1983年。

张安治:《郭熙》,上海:上海人民美术出版社,1979年。

沧浪诗话

[南宋] 严羽

严羽(约1192—1245)①,字仪卿,一字丹邱,号沧浪逋客,邵武(今属福建)人。一生隐居不仕,工诗,与其多所往来的诗人戴复古这样评价其诗:"飘零忧国杜陵老,感遇伤时陈子昂。"有《沧浪吟卷》传世。为严羽博得声名的,不是他的诗歌,而是他的诗学理论。《沧浪诗话》则是其一生论诗的集中反映,它对诗学乃至中国艺术和美学都产生重要影响。清人许印芳这样评价《沧浪诗话》:"诗话之作,宋人最夥。后学奉为圭臬者,群推沧浪严氏书。"

关于《沧浪诗话》的文本问题,当代学者张健认为,并不存在严羽生前作有《沧浪诗话》一书的史实,学界关于《沧浪诗话》乃严羽生前手定之说法是不成立的。《沧浪诗话》中《诗辩》等五篇原本并不是一部诗话,而只是一些单篇的著作,这些著作由严羽的再传弟子元人黄清老汇集在一起,到明代正德年间才被冠以《沧浪诗话》之名。这一观点显然是当代严羽研究的重要成果,值得学界予以重视。如果这一论断成立的话,那么,《沧浪诗话》作为一个整体在文学理论乃至美学史上的意义将要被重新审视。

当然这不影响收入《沧浪诗话》五篇是否为严羽所作的问题,因

① 此采陈定玉说,见其辑校之《严羽集》附录《严羽及其著作考辨》,郑州:中州古籍出版社,1997年。

为早在南宋末年,魏庆之《诗人玉屑》中就收录了这五篇的主要内容,尤其是堪称五篇理论基础的《诗辨》篇,严羽在《答出继叔吴景仙书》就做过交代:“仆之《诗辨》,乃断千百年公案,诚惊世绝俗之谈,至当归一之论。”而《诗人玉屑》更是收录了全篇(除个别文字略有不同之外)。作为严羽美学思想的核心“妙悟”,在此篇有系统的阐述。所以,《沧浪诗话》存在的文本问题,对讨论严羽的美学思想本身并没有太大的影响。

《沧浪诗话》共有诗辨、诗体、诗法、诗评、考证五部分,其中诗辨是其核心部分,本文选录了《诗辨》全篇,以《适园丛书》为底本,参校北京大学图书馆所藏明正德年间的两个本子(丙子林俊序本及庚辰尹嗣忠刻本)等。

诗 辨

禅家者流,[1]乘有小大,宗有南北,道有邪正。学者须从最上乘、具正法眼,悟第一义;[2]若小乘禅,声闻辟支果,[3]皆非正也。论诗如论禅,汉、魏、晋与盛唐之诗则第一义也;大历以还之之诗,[4]则小乘禅也,已落第二义矣;晚唐之诗则声闻辟支果也。学汉、魏、晋与盛唐诗者,临济[5]下也;学大历以还之诗者,曹洞[6]下也。

大抵禅道惟在妙悟,诗道亦在妙悟。且孟襄阳[7]学力下韩退之远甚、而其诗独出退之之上者,一味妙悟而已。惟悟乃为当行,乃为本色。然悟有浅深,有分限,有透彻之悟,有但得一知半解之悟。汉、魏尚矣,不假悟也;谢灵运至盛唐诸公,透彻之悟也;他虽有悟者,皆非第一义也。

吾评之非僭也,辩之非妄也。天下有可废之人,无可废之言,诗道如是也。若以为不然,则是见诗之不广,参诗之不熟耳。试取汉、魏之诗而熟参之,次取晋、宋之诗而熟参之,次取南北朝之诗而熟参之,次取沈、宋、王、杨、卢、骆、陈拾遗之诗而熟参之,[8]次取开元、天宝诸家之诗而熟参之，次独取李、杜二公之诗而熟参之，又尽取晚唐诸家之诗而熟参之，又取本朝苏、黄以下诸家之诗而熟参之，其真是非自有不能隐者。倘犹于此而无见焉，则是野狐[9]外道蒙蔽其真识，不可救药，终不悟也。

注释

［1］ 自“禅家者流”至“终不悟也”三段，《诗人玉屑》本将此移到“诗而入神，至矣！尽矣！蔑以加矣！惟李、杜得之，他人得之盖寡也”之后，郭绍虞《沧浪诗话校释》从之。

［2］ 最上乘：唐宗密在《禅源诸诠集都序》中将禅分为五种，依次为外道禅、凡夫禅、小乘禅、大乘禅和最上乘禅，其云：“禅则有浅有深，阶级殊等。谓带异计欣上厌下而修者，是外道禅。正信因果亦以欣厌而修者，是凡夫禅。悟我空偏真之理而修者，是小乘禅。悟我法二空所显真理而修者，是大乘禅。若顿悟自心本来清净，元无烦恼，无漏智性，本自具足，此心即佛，毕竟无异，依此而修者，是最上乘禅。”最上乘禅用来指称达摩所传之禅法。具正法眼：禅宗称释迦牟尼所传之法为无上正法，又作清净法眼。传世尊在灵山会上，拈花示众。众皆默然，唯迦叶破颜微笑。世尊云：“吾有正法眼藏，涅槃妙心，实相无相，微妙法门，不立文字，教外别传，付嘱摩诃迦叶。”对严羽深有影响的宋僧大慧宗杲有《正法眼藏》一书，其序言释云：“正法眼藏者，难言也。请以喻明。譬如净眼洞见森罗，取之无穷，用之无尽，故名曰藏。夫藏者，含藏最广，邪正相杂，泾渭难辨。甚至邪能夺正，正反为邪。故似泉眼不通，泥沙立壅。法眼不正，邪见层出。剔抉泥沙，而泉眼通。剪除邪见，而法眼正。自非至人，其何择焉。”第一义：指最高、最究竟、最圆融之义谛，佛教各家对第一义有不同解释，在禅宗中，言第一义者，常常相对于第二义而言。

［3］ 小乘禅：《诗人玉屑》本无此三字。声闻辟支果：佛教中有三乘，即声闻乘、缘觉乘与菩萨乘，“乘”乃运载交通工具，此比喻运载众生渡生死苦海至涅槃彼岸，三乘也就是三种度的法门。菩萨乘乃普度众生，所以称为大乘。声闻和辟支都是自度，所以称为小乘。闻佛声教而得悟道，故称声闻乘，最终只能证成阿罗汉果，不能成佛。辟支佛乘，又称独觉乘、缘觉乘，强调独悟独度。按：冯班《严氏纠谬》以严羽不通禅法，所言之声闻、辟支其实就是小乘禅，不应分别。

[4] 大历以还之诗:指中唐以后诗歌。大历(766—779)为唐代宗年号。

[5] 临济:南禅五家之一。慧能之后,历南岳怀让、马祖道一、百丈怀海,再传至黄檗希运,希运传临济义玄,义玄乃临济宗之宗师,他住持于河北镇州(今河北省正定县)的临济禅院,后世称其为临济宗。临济宗至北宋又发展成杨岐和黄龙二派。在慧能的门风中,此宗法席最盛。

[6] 曹洞:曹洞宗为南禅五家之一。由于此宗的开创者良价和他的弟子本寂先后在江西高安县的洞山、吉水县的曹山举扬一家宗风,后世就称为曹洞宗。良价为慧能六世,由慧能的弟子青原行思传石头希迁,希迁传药山惟俨,药山传云岩昙晟,云岩即为良价所师。

[7] 孟襄阳:孟浩然,襄阳人,诗风平淡。明王世贞《艺苑卮言》云:"孟造思极苦,既成乃得超然之致。"

[8] 沈:初唐诗人沈佺期。宋:初唐诗人宋之问。王、杨、卢、骆:为"初唐四杰"王勃、杨炯、卢照邻和骆宾王。陈拾遗:陈子昂,官至右拾遗,故称。

[9] 野狐:禅宗将似是而非的禅称为野狐禅。

夫学诗者以识为主,入门须正,立志须高。以汉、魏、晋、盛唐为师,不作开元、天宝以下人物。若自退屈,即有下劣诗魔入其肺腑之间,由立志之不高也。行有未至,可加工力;路头[1]一差,愈骛愈远,由入门之不正也。故曰:学其上,仅得其中;学其中,斯为下矣。又曰:见过于师,仅堪传授;见与师齐,减师半德也。[2]工夫须从上做下,不可从下做上。先须熟读楚词,朝夕风咏,以为之本;及读古诗十九首、乐府四篇,李陵、苏武、汉魏五言皆须熟读;即以李、杜二集枕藉观之,如今人之治经。然后博取盛唐名家酝酿胸中,久之自然悟入。虽学之不至,亦不失正路。此乃是从顶𩕄上做来[3],谓之向上一路,谓之直截根源,谓之顿门,谓之单刀直入也。[4]

诗之法有五:曰体制,曰格力,曰气象,曰兴趣,曰音节。

诗之品有九:曰高,曰古,曰深,曰远,曰长,曰雄浑,曰飘逸,曰悲壮,曰凄婉。

其用工有三:曰起结,曰句法,曰字眼。

其大概有二：曰优游不迫，曰沉着痛快。[5]

诗之极致有一：曰入神。诗而入神，至矣！尽矣！蔑以加矣！[6]惟李、杜得之，他人得之盖寡也。

注释

［1］路头：路径，途径。禅宗重视"路头"的选择，《五灯会元》卷十三："'十方薄伽梵，一路涅槃门。未审路头在什么处？'师（赵州乾峰）以拄杖画云：'在这里。'"

［2］"见过于师"四句：《五灯会元》卷三："师（怀让）曰：'如是，如是！见与师齐，减师半德。见过于师，方堪传授。子甚有超师之见。'"

［3］从顶𩕳（nǐng）上做来：意思是从本原上着眼。禅宗以"顶门上著眼"，强调单刀直入的方式。《古尊宿语录》卷四十载云峰文悦禅师说："若也辩得。许你顶门具一只眼。"

［4］向上一路：形容言语路断，我法都绝，悟无上妙法。《景德传灯录》卷七载盘山宝积禅师云："向上一路，千圣不传；学者劳形，如猿捉影。"直截根源：禅门用语，禅宗强调直指本心，无须向外寻求，不假分析思虑，觉知佛性，禅门以"直截根源佛所印，摘叶寻枝我不能"为宗门重要规范。顿门：即顿悟法门，南宗禅又自称顿教，《坛经》所谓"顿见真如本性"则为顿门之根本义。单刀直入：禅家用语，禅家接引学人，不劳谋略，舍却他语，直入心灵，以开心眼。《人天眼目》卷二："大用天旋，赤手杀人，单刀直入，人境俱夺，照用并行。"

［5］优游不迫、沉着痛快：概括两种不同的诗风，前者如李白，后者如杜甫。

［6］蔑以加矣：无以加矣。

夫诗有别材，非关书也；诗有别趣，非关理也。然非多读书、多穷理，则不能极其至。所谓不涉理路、不落言筌[1]者，上也。诗者，吟咏情性也。盛唐诸人，惟在兴趣，羚羊挂角，无迹可求。[2]故其妙处，透彻玲珑，不可凑泊，如空中之音、相中之色、水中之月、镜中之象，言有尽而意无穷。

近代诸公乃作奇特解会[3]，遂以文字为诗，以才学为诗，以议论为诗，夫岂不工？终非古人之诗也。盖于一唱三叹之音有所歉焉。且其作多务使事，不问兴致，用字必有来历，押韵必有出处，读之反覆终篇，不知著到何在。其末流甚者，叫噪怒张，殊乖忠厚之风，殆以骂詈为诗，诗而至此可谓一厄也。

然则近代之诗无取乎？曰：有之。吾取其合于古人者而已。国初之诗尚沿袭唐人，王黄州学白乐天，杨文公、刘中山学李商隐，盛文肃学韦苏州，欧阳公学韩退之古诗，梅圣俞学唐人平澹处，[4]至东坡、山谷始自出己意以为诗。唐人之风变矣。山谷用工尤为深刻，其后法席盛行海内，称为江西宗派[5]。近世赵紫芝、翁灵舒辈独喜贾岛、姚合之诗，[6]稍稍复就清苦之风，江湖诗人多效其体，一时自谓之唐宗，不知正入声闻辟支之果，岂盛唐诸公大乘正法眼者哉。嗟乎！正法眼之无传久矣！唐诗之说未唱，唐诗之道或有时而明也。今既唱其体曰唐诗矣，则学者谓唐诗诚止于是耳，得非诗道之重不幸邪？故予不自量度，辄定诗之宗旨，且借禅以为喻，推原汉魏以来，而截然谓当以盛唐为法，（后舍汉魏而独言盛唐者，谓古律之体备也）[7]虽获罪于世之君子，不辞也。

注释

[1] 不涉理路、不落言筌：禅宗强调不立文字，不落知识，当下直接，悟入便真。《景德传灯录》卷十七："（华严寺休静）师在洞山时问曰：'学人未见理路，未免情识。'洞山曰：'汝还见理路也无？'曰：'见无理路。'洞山曰：'什么处得情识来？'曰：'学人实问。'"

[2] 羚羊挂角，无迹可求：禅门语，形容不落痕迹，无可捉摸。《景德传灯录》卷十七："（道膺禅师谓众曰：）如好鬣狗，只好寻得有踪迹底，忽遇羚羊挂角，莫道迹，气亦不识。"又卷十六："（义存禅师谓众曰：）我若东道西道，汝则寻言逐句，我若羚羊挂角，你向什么处扪摸？"王士祯："严羽卿所谓如镜中花，如水中月，如水中盐味，如羚羊挂角，无迹可求，皆以禅喻诗，内典所云不即不离，不粘不脱。曹洞宗所云参活句是也。"（《带经堂诗话》）

[3] 奇特解会：意指不循诗歌发展的正途，而追求新奇，落入他门。《五灯

会元》卷三："问曰：'对一切境，如何得心如木石去？'（怀海）师曰：'一切诸法，本不自言空，不自言色，亦不言是非垢净，亦无心系缚人。但人自虚妄计著，作若干种解会，起若干种知见，生若干种爱畏。'"

[4] 王黄州：王禹偁，北宋文学家，字元之，曾知黄州，故称王黄州。白乐天：白居易。杨文公：杨亿，北宋文学家，字大年，谥曰文。刘中山：刘筠，北宋诗人，字子仪，与杨亿齐名，时号"杨刘"，是"西昆体"代表诗人。盛文肃：盛度，字公量，谥文肃。韦苏州：即韦应物。欧阳公：即欧阳修。梅圣俞：梅尧臣，字圣俞。

[5] 江西宗派：一个以黄庭坚为首的文学宗派，又称江西诗派。北宋末年，吕本中《江西诗社宗派图》，自黄庭坚以下，列陈师道、潘大临等二十五人，另有未列入宗派图的曾几、陈与义也被视为此派之文学家。此派论诗强调活法，无一字无来历，要"夺胎换骨""点铁成金"，但过分沿习前人，也酿成弊端。

[6] 赵紫芝、翁灵舒辈：此指永嘉四灵，南宋永嘉（今浙江温州）诗人赵师秀（字紫芝，号灵秀）、翁卷（字续古，号灵舒）、徐照（字道晖，号灵晖）、徐玑（字文渊，号灵渊）四人诗风接近，他们反对江西诗派，推崇晚唐贾岛、姚合之诗，风格灵秀，境界狭窄。

[7] 此为严羽自注之语。

解　说

从美学上看，严羽《沧浪诗话》最有价值的理论，是"妙悟"学说。

在中国美学史上，"妙悟"的概念并不是由严羽最早提出，自后秦僧肇（384—414）在《般若无名论》中提出"然则玄道在于妙悟，妙悟在于即真"之后，至唐宋，"妙悟"成了艺术理论常用的概念，如唐李嗣真《续画品录》说："顾生思侔造化，得妙悟于神会。"张彦远《历代名画记》卷二云："凝神遐想，妙悟自然，物我两忘，离形去智。"若论妙悟理论的影响，当首推严羽。很多论者将此发明权归于严氏：

严沧浪谓论诗如论禅："禅道惟在妙悟，诗道亦在妙悟。学者须从最上

乘,具正法眼,悟第一义。”此最为的论。(都穆《南濠诗话》)

严仪卿有“诗有别才,非关学也”之说。谓神明妙悟,不专学问,非教人废学也。误用其说者,固有原伯鲁之讥;而当今谈艺家,又专主渔猎,若家有类书,便成作者,究其流极,厥弊维钧。吾恐楚则失矣,齐亦未为得也。(沈德潜《说诗晬语》卷下)

词得屈子之缠绵悱恻,又须得庄子之超旷空灵。盖庄子之文,纯是寄言,词能寄言,则如镜中花,如水中月,有神无迹,色相俱空,此惟在妙悟而已。严沧浪云:惟悟乃为当行,乃为本色。(沈祥龙《论词随笔》)

其实,严羽“妙悟”学说的影响不在于他提出这一概念,而在于他丰富了这一概念的内涵,使之成为中国美学史上的重要范畴。在理论上,严羽“妙悟”学说具有重要贡献:

其一,严羽确立了“妙悟”作为创造和鉴赏的根本途径。他以“妙悟”为“本色”,为“当行”,强调“一味妙悟”,并排斥其他认识方式可以达到艺术崇高境界的可能性。如此明晰的表达,在中国美学史上可以说是第一次。

其二,他提出“自家证验”的认识途径。在《答出继叔临安吴景仙书》中云:“仆之诗辨乃断千百年公案,诚惊世绝俗之谈,至当归一之论。其间说江西诗病,真取心肝刽子手,以禅喻诗,莫此亲切,是自家实证实悟者,是自家闭门凿破此片田地,即非傍人篱壁、拾人涕唾得来者,李杜复生不易吾言矣。”这样的思想来自南宗禅法。如人饮水,冷暖自知,为禅之铁门限。禅宗十六字要诀(不立文字,教外别传,直指人心,见性成佛)中就有“直指人心”一条。在禅宗里面,个人当下直接的体验便是一切。禅宗强调,以回到自我,回到内心,不假他求,自己的灵觉直接触摸世界,才是唯一出路。临济义玄禅师说:“向外作工夫,总是痴顽汉。”禅宗对那些依靠知识和习惯、向外迂曲求证的做法予以嘲讽,认为这是执迷不悟。罗大经《鹤林玉露》所载一尼悟道诗颇耐人寻味:“尽日寻春不见春,芒鞋踏遍岭头云。归来笑拈梅花嗅,春在枝头已十分。”一切迂曲的求证都是可怜无补费精神,你的所悟所寻,就在你的“枝头”,就在你的心头。到自家田地里耕耘,性灵中的自觉才是根本途径。

揆之诗法,亦是如此。严羽由禅法的启发,提出诗所遵循的最高法则也应是“自家之法”,如受严羽影响的南宋范晞文说:“姜白石夔亦有云:文以文而工,不以文而妙,然舍文无妙,圣处要自悟。盖文章之高下,随其所悟之深浅,若看破此理,一味妙悟,则径超直造,四无窒碍,古人即我,我即古人也。”(《对床夜语》卷一)而严羽所指出的自晚唐以来诗坛缺少的正是自我证验的精神,江西诗派之病,也主要在“傍人篱壁、拾人涕唾”,当强调“无一字无来历”的诗风风行之时,个人的体验便被挤出。所以,严羽提出“妙悟”之说,带有纠偏的意义。

其三,对妙悟和理性关系,有了更具理论意义的分辨。妙悟是一种直觉活动,它是和知识活动相对的一种活动,妙悟活动是一种特殊的思,不同于一般的思,一般的思是以知识概念为材料而组织起来的,而妙悟之思是无思无念,不伴有概念,不落言筌。于此,严羽提出“不涉理路,不落言筌”的观点,这一观点并非为其独创,中国古代哲学美学于此有丰富的论述,如庄子的“不知知,知不知”,禅宗的“知之一字,众祸之门”。当然,这一观点虽然在理论上没有多少新见,但却具有现实的针对性,他提倡妙悟,就是针对北宋以来诗坛出现的以文字为诗、以才学为诗、以议论为诗的现状,他欲以“妙悟”的理论,使诗归于盛唐,归于他的纯粹诗学。

在理论上具有突破意义的是,严羽将妙悟上升为艺术的本质特性来思考,他认为,诗是“别材”“别趣”,具有特殊的材质,要求有特殊的韵味,扩之于整个艺术都是这样。诗性思维、艺术思维,不是一种概念活动、科学活动,而是审美活动;艺术创造不同于知识积累、科学创造,它要有独特的韵味,要有“趣”,不能限性限义,僵化地界定,而必须“言有尽意无穷”,必须“透彻玲珑”,具有可玩味的内在意义空间。

于此，严羽还提出“兴趣”说，强调在艺术创造中要有一心独往、当下直接的妙悟，在艺术鉴赏上要重视悠长的韵味，令人瞻玩不绝。他所说的诗（艺术）的别材、别趣，其实就在妙悟上。这是他的“惟悟乃为当行、乃为本色”的落实。他的悟是以禅喻诗所得来的，但又不是一味搬用禅语，而是借禅的思想思考艺术的特性。

在此基础上，严羽还对悟和知的关系有所思考。严羽认为，妙悟活动不是与知识截然分开的思维活动，知识往往是妙悟思维的支持力量，或者说，没有知识的妙悟是空虚而惨白的，它无法获得深入的审美体验。所以，严羽说：“夫诗有别材，非关书也；诗有别趣，非关理也。然非多读书、多穷理，则不能极其至。”知识和妙悟一样，都是达到艺术最高境界所应具有的资质。

严羽这里的表述虽然并不充分，但却是一个新颖而有价值的观点。在南宋以前，中国古代美学于此并没有系统的论述。而在严羽这里，我们看到，他的妙悟理论具有崭新的内涵，妙悟是心灵之悟，厚厚的知识积淀可以作为妙悟之底蕴，既往的经验世界可以作为妙悟的前提，不凡的识见可以作为妙悟的引航之灯，知的累积并不必然导致妙悟之舟的搁浅。而只有那些具有满腹知识又缺乏通达心灵的人，心中妙悟之灯暗淡了，因为这样的人被知识压得缺少了灵性。像严羽批评的江西诗派、永嘉四灵等便属此等。

在《诗评》中，严羽说：“诗有词、理、意兴。南朝人尚词而病于理，本朝人尚理而病于意兴，唐人尚意兴而理在其中，汉魏之诗词、理、意兴无迹可求。”他强调理与悟（意兴）的妙合无痕，也即他所说的“羚羊挂角，无迹可求”的妙处。在他的悟的层级论中，理与悟妙合无间，就是第一义之悟，就是透彻之悟，就是不假悟而悟的至高之悟。

他的“识”的思想，也贯穿着“理”和“悟”结合的思想。他认为，作诗者，以识为主，推崇从顶𩕳上做起，从根源上悟入的单刀直入方式。这个“识”也受到佛学的影响。“识”不是眼耳鼻舌身意的“六识”,而是一种“大识”,本根之“识”。显然,这个“识”不是知识的“识”,也不是排斥理性的纯粹直觉意识,而是一种“悟力”和“学力”相融合的内在精神力量,正是它推动着悟的方式选择和悟的行进。

明清艺术理论中出现的妙悟和学力并重的思想,大多受到严羽这一思想影响。谢榛说:“一速而简切,一迟而流畅。其悟如池中见月,清影可掬。若益之以勤,如大海息波,则天光无际。悟不可恃,勤不可间。悟以见心,勤以尽力。此学诗之梯航,当循其所由而极其所至也。”(《四溟诗话》卷三)李日华说:“绘事必须多读书,读书多,见古今事变多,不狃狭劣见闻,自然胸次廓彻,山川灵奇,透入性地时一洒落。何患不臻妙境。”(《与孔孙论画》,见江元祚辑《竹嬾墨君题语》)知识可以广见闻,见闻广,则可以使心胸开阔,可以臻于妙悟之境;学力深,功夫勤,心地则会愈加灵敏,心地灵敏,就易于洒落自然,也可成妙悟天光。而王夫之对严羽这一学说非常心服,他在《古诗评选》中指出:“王敬美谓:‘诗有妙悟,非关理也。’非谓无理有诗,正不得以名理相求耳。”又于《诗铎》中指出:“谢灵运一意回旋往复,以尽思理,吟之使人卞躁意消。《小宛》抑不仅如此,情相若,理尤居胜也。王敬美谓:‘诗有妙悟,非关理也。’非理抑将何悟?”①

严羽的“妙悟”学说来自禅宗,而其直接思想源头可能来自大倡“妙悟”的大慧宗杲禅师。在严羽时代流行的是曹洞宗“默照禅”和临济“看话禅”。而严羽倾向的是“看话禅”。严羽在《答出继叔临安吴景旭》中说:“妙喜自谓参禅精子,仆亦自谓参诗精子。”这里所言“妙喜”正是宋代临济宗杨岐派大慧宗杲(1089—1163)禅师。据《大慧普觉禅师语录》,宗杲是一位大力提倡妙悟的禅门中人,其语录称:“如今不信有妙悟底,反道悟是建立,岂非以药为病乎?世间文章技艺,尚要悟门,然后得其精妙,况出世间法。”(卷十八)宗杲在

① 见《船山全书》第十五册,长沙:岳麓书社,1996年,第813页。这里说“诗有妙悟,非关理也”是王世懋(敬美)语,实则是世懋兄世贞(元美)《艺苑卮言》引录严羽语,此系其误记。

《答陈少卿》书札中说："为聪明利根所使者，多是厌恶闹处，乍被邪师辈指令静坐，却见省力，便以为是，更不求妙悟，只以默然为极则。"①大慧创造的"看话禅"与当时流行的"默照禅"迥然异趣，同时也和传统的"公案禅"有所不同，他的"看话头"中极力反对知识理性，不是从文字中求得理解——此理解是知识的，而是从"话头"中起一种性灵的聪明，透出"活泼泼的"妙悟境界。大慧参的是禅门的"话头"（如狗子有无佛性），而严羽参的是诗。严羽认为，诗之参悟必须超越知识理性，如果一味于文字中穷根究极，纯是枉然。看话禅强调"有解可参之言乃是死句，无解之语去参才是活句"，要以活的精神去参，不能死于句下。而严羽也强调"须参活句，勿参死句"（《诗法》）。看话禅强调依次参悟，严羽的悟入层级说可能也受其影响。

《沧浪诗话》在历史上引来争议最多的，是其以禅喻诗的问题。像冯班，专作《严氏纠谬》，历数严氏不通禅理之谬，其中确也有击中要害处。然而，即使严羽在以禅喻诗上存在不贴切之处，也不影响《沧浪诗话》本身的理论价值。严羽是借禅学来说诗学的问题，衡量其论作的价值，不应该沾滞于他禅学方面出现的知识问题。何况严羽的以禅喻诗比其同时代的"学诗浑似学参禅"之类的论述要深入得多。他说"以禅喻诗，莫此亲切"，但他不是借禅来"喻"诗，如果说是"喻"，那只是比况其同异处。严羽是借禅的精神穿透诗学的殿堂，他取来的是妙悟的慧剑，截断"以才学论诗，以议论论诗，以文字论诗"以及"无一字无来历"之浊流，再造曾经拥有但已失传的"玲珑剔透"的诗世界。从理论上说，他的尝试显然是成功的。

参考文献

郭绍虞：《沧浪诗话校释》，北京：人民文学出版社，1961年。

---

① 见《全宋文》卷三九二八，上海：上海辞书出版社，2006年，第271页。

陈定玉辑校:《严羽集》,郑州:中州古籍出版社,1997年。

张健:《沧浪诗话校笺》,上海:上海古籍出版社,2012年。

张健:《〈沧浪诗话〉非严羽所编——〈沧浪诗话〉成书问题考辨》,《北京大学学报》,1999年第4期。

胡才甫:《沧浪诗话注》,台北:广文书局,1972年。

张健:《沧浪诗话研究》,台北:台湾大学文学院,1966年。

许志刚:《严羽评传》,南京:南京大学出版社,1997年。

[美]叶维廉:《严羽和宋代的诗歌理论》,中国台湾新北淡江大学:《淡江评论》1970年第一、二期合刊,第183—200页。

[日]市野泽寅雄:《沧浪诗话》,东京:明德出版社,1993年。

二十四诗品

［元］虞集

《二十四诗品》（原名《二十四品》），是元代著名学者、诗人虞集所作《诗家一指》的一部分，也是这部流传并不广泛的诗学著作的核心部分。《诗家一指》可能是虞集晚年归隐江西临川之后的课徒之作，在其身后始得为人所知。虞集生平撰述文字很多，元代以来先后刊刻的有《道园学古录》《道园类稿》《道园遗稿》《鸣鹤余音》等，但即便如此，据其友欧阳玄所作虞集碑铭、其弟子赵汸所撰《邵庵先生行状》及其好友黄溍等的记载，其生平文字有泰半散落。《诗家一指》或是其散落文字中的一种。

元末明初之时，《诗家一指》循着两条不同的途径得以传播。一条途径不明作者为谁，编纂者、刊刻者甚至认为这是一部早于南宋严羽《沧浪诗话》的著作。元末之时，就有此作的抄本或刻本（今元传本不见）出现，明初之时（大致在 1380 年前后），学者赵撝谦就见到过此传本，并在编纂的《学范》中引述其中的内容。数十年后，浙江嘉兴人怀悦在 1466 年刊刻此书，这是现今所见第一个以《诗家一指》为书名的刻本。其后，1480 年，一位出生于福建的进士杨成刊刻《诗法》五卷，收录了《诗家一指》，于是这部曾被人称为“秘本”的著作便播散开来。

另一条途径，则是在元末就有标明为虞集所作的涉及《诗家一指》主要内容的钞本，明初正统年间，进士史潜刊刻《新编名贤诗法》,共三卷,其中在下卷收录了题为《虞侍书诗法》的作品,虽然史潜所得是一"残本",但《诗家一指》的主要内容包含在内。这是至今所见明确《诗家一指》为虞集所作的刻本,但这部刻本流传不广,无法与上举赵撝谦所见一系版本相比。

《诗家一指》围绕二十四品这个核心而展开,二十四品文采华赡,内容深邃,见解独特,深为后世学人所爱。1516 年,吴门书家祝允明曾有单独书写二十四品的书迹传世①,但在 17 世纪之前并无《二十四品》之独立刻本,直到 1630 年前后,大刻书家毛晋刻《津逮秘书》第八集,将二十四品从《诗家一指》中独立出来梓行于世,题名《诗品二十四则》,并托名晚唐诗人司空图所作。此后递相传抄,于是便有司空图所撰《二十四诗品》之流行。清初以来有大量关于司空图与《二十四诗品》关系的研究,这部作品便成了唐代诗学的代表性著作,为人们所广泛知晓。

时间过去三百六十余年,1994 年秋,在中国唐代文学学会第七届年会上,复旦大学陈尚君、汪涌豪二位先生提出,《二十四诗品》非司空图所作。出版于 1996 年的《中国古籍研究》创刊号,刊登了二位三万余言的长文《司空图〈二十四诗品〉辨伪》②,详细论述了他们的观点。他们认为,《二十四诗品》从司空图在世至明万历间的七百年中,从未有任何记载,各种史传皆未提到司空图著有此书。直至明末天启、崇祯间,才有人提及司空图《诗品》一书,其后各种论著虽认定为司空图所著,但所根据的材料仅有苏轼《书黄子思诗集后》说司空图"自列其诗之有得于文字之表者二十四韵"一句。而苏轼这句话是指司空图《与李生论诗书》中所引自己所作的二十四联诗。陈、汪二位教授认为,《二十四诗品》乃明人怀悦所作《诗家一指》的一部分,明末人将其析出,伪题为司空图之名而行于世。他们的研究结论

① 清初卞永誉:《式古堂书画汇考》曾经著录,今不知所藏。

② 国家古籍整理出版规划小组主办:《中国古籍研究》第一卷,上海:上海古籍出版社,1996 年,第 39—74 页。

一时间引起人们对《二十四诗品》作者的热烈讨论，并推动对该书的深入研究。

《北京大学学报》1995 年第 5 期刊登了北京大学张健先生题名《〈诗家一指〉的产生时代与作者——兼论〈二十四诗品〉作者问题》的论文。他认为，陈、汪二位对《二十四诗品》作者问题的质疑有重要学术价值，但遽然确定作者为怀悦的结论则是错误的。因为怀悦只是《诗家一指》的刊刻者，一位早于怀悦七十多年的学者赵撝谦（1352—1395）在《学范》中就引用过《诗家一指》。该文考察了《诗家一指》的不同版本系统，认为史潜刊刻《新编名贤诗法》本题为《虞侍书诗法》之版本更接近原貌，而此本刊刻于明初正统年间，远早于刊刻于明成化年间的怀悦《诗家一指》本及稍后之杨成五卷《诗法》本（卷二收录《诗家一指》），从而根据版本及有关材料认为，《诗家一指》（包括《二十四诗品》）的作者"可能"是元代的虞集。

《上海大学学报》2011 年第 6 期发表陈尚君先生《〈二十四诗品〉伪书说再证》，对学界的讨论作了回应，并认为，张健先生提出的观点，"由于充分调查了元明诗格中与《二十四诗品》有关文字的存留情况，其结论足以匡正拙文之不逮"，收回了《二十四诗品》为怀悦所作之观点，但指出："从目前来看，《二十四诗品》的问世时间，还没有突破 17 世纪初（即公元 1600 年）的上限。"其实，陈先生已经倾向于《二十四诗品》为元人所撰的观点。

《二十四诗品》作者问题的讨论具有重要价值，这一讨论虽然目前尚难形成比较一致的意见，但围绕此讨论所进行的史料发掘、文献解读，已明显推进《二十四诗品》的研究。正因此，自 17 世纪初此作风行以来，近二十多年来关于它的研究最多，也最深入，所取得的成果对中国古代诗论乃至中国美学研究都有一定的影响。

确如陈尚君、汪涌豪二位教授所分析，《二十四诗品》假托司空图之名，产生于作伪风气浓厚的明末，《二十四诗品》非司空图所作。《诗家一指》是一严密内在体系的论作，其包括三造、十科、四则和二十四品，这在后序中有明确交代。二十四诗品是《诗家一指》不可分割的组成部分，也就是说，《诗家一指》的作者就是《二十四诗品》的作者。

《诗家一指》中的“四则”有关于两宋的西昆体和江西诗派的讨论，这就说明它不可能出自唐司空图之手。而更重要的是，《诗家一指》后序中明确表明：“集之《一指》。”这里的“集”，就是虞集自谓。从整个《诗家一指》文本显示出的语言呈现和思想传达等因素看，包括二十四品的《诗家一指》的作者就是元代的虞集。

虞集（1272—1348），字伯生，号邵庵，又号道园。祖籍四川陵州仁寿（今四川省仁寿县），宋亡后，随父迁居江西抚州崇仁（今江西省崇仁县）。虞集出生在儒学世家，大德六年（1302）被荐为大都路儒学教授，从此开始了他长达三十年的为仕道路，历仕六朝，是元代建立后几代君主重用的文臣。元代奎章阁的创制到活动的展开，虞集居功至伟，他是奎章阁的实际思想领袖。其友范椁说“虞生教授司成馆，文字精神万人杰”①，他的学术、艺术和思想发展都与奎章阁有密切关系。

元统癸酉（1333），因为朝中龃龉，也因身体状况（此时他严重的耳疾已影响生活），更因山林情结，虞集辞去官职，回到江西临川他梦魂牵绕的“杏花春雨江南”，过着山居生活，在这里读书、写作、课徒，作山林之游，一直到1348年离开这个世界。他生平大量著述都产生于这个时期，《诗家一指》就作于晚年归隐乡里之时。

虞集是元代最负盛名的诗人之一，又是元代著名的书法家，他还是一位思想家，儒家哲学是其思想底色。他是元代大儒吴澄（1249—1333）的学生，以治经而名于世，其思想中心学色彩非常浓厚。虞集于儒业之外，深明内典，道禅哲学是其另外一个思想来源，他是以儒学为基础，在心性等理论上会通道禅。虞集年幼时就心仪

---

① 《赠郑元泽别》，《范德机诗集》卷四。

道教思想,这位自称"青城樵者""青城道士"的学者,从道家、道教哲学中汲取滋养,《二十四诗品》深受其沾溉。

《二十四诗品》传世版本较多,本文所依版本主要有:

1.《虞侍书诗法》本,题为元虞集所撰,明正统(1436—1449)年间史潜刻本,题"二十四品"名,仅有十六品,缺八品。这也是目前所见最早的《二十四诗品》本。这里简称"虞侍书诗法本"①。

2. 明怀悦《诗家一指》本,今存朝鲜刻本,刊于明成化二年(1466),前有怀悦于是年所作之序。以下简称"怀悦本"②。

3. 杨成于成化庚子(1480)所刻所辑《诗法大成》五卷本,其中卷二收《诗家一指》,内含《二十四品》。此《二十四品》后来为黄省曾、朱绂、谢天瑞遍选元人诗法所奉。以下简称"杨成本"③。

4. 明黄省曾《名家诗法》本,八卷,刊于明嘉靖二十四年(1545),《诗家一指》在第五卷,以下简称"黄省曾本"。

5. 明朱绂《名家诗法汇编》本,刻于万历五年(1577)。以下简称"朱绂本"。

6. 明谢天瑞《诗法大成》十卷本,其中第二卷收《二十四品》。明复古斋刻于万历年间。以下简称"谢天瑞本"④。

---

① 史潜,字孔昭,金坛(今属江苏)人。正统元年(1436)进士。今藏中国国家图书馆之《新编名贤诗法》刻本分为三卷:卷上《诗评》,卷中《杨仲弘注杜少陵诗法》,卷下《黄子肃答王著作进之论诗书》《王近仁与友人论作诗帖》《范德机述江左第一诗法》《虞侍书诗法》《虞侍书金陵诗讲》《项先生暇日与子至诚谈诗》等。

② 怀悦,字用和,号铁松,嘉禾(今浙江嘉兴)人。景泰至成化年间在世。怀悦辑《诗家一指》而刻之,卷首有成化二年(1466)八月魏骥《诗家一指序》,卷末有怀悦《书诗家一指后》,书于是年九月。共收有《诗家一指》《诗代》《品类之目》《当代名公雅论》《木天禁语(内篇)》《严沧浪先生诗法》诸书,原刻本已佚,现存朝鲜翻刻本,日本两个藏本均为朝鲜翻刻本。

③ 杨成,字成玉,闽县(今福建福州)人。天顺八年(1464)进士,成化间任扬州知府。今存《诗法》五卷藏中国国家图书馆,略残。

④ 谢天瑞,字起龙,号思山,浙江杭州人。所辑《诗法大成》十卷,卷二收《二十四品》(无"诗"字),品后多系唐元诗人名,如雄浑后系"杜工部",冲淡后系"孟浩然",纤秾后系"王维"。

7. 明陈天定《古今小说》本，清道光刻本，以下简称“古今小说本”。

8. 明毛晋《津逮秘书》第八集收《诗品二十四则》（刻于 1630—1632 年间）。以下简称“津逮本”。

9. 宛委山堂刊陶珽重辑《说郛》本，刊于清顺治四年（1647）。以下简称“说郛本”。

10. 郭绍虞《诗品集解》，人民文学出版社 1981 年出版。以下简称“郭绍虞集解本”。

11. 祖保泉《〈二十四诗品〉校正》，安徽教育出版社 1998 年出版，第六章为《司空图诗文研究》。以下简称“祖保泉校正本”。

一、雄浑

大用外驯，真体内充。[1]反虚入浑，积健为雄。[2]
具备万物，横绝太空。[3]荒荒油云，寥寥长风。[4]
超以象外，得其环中。[5]持之非强，来之无穷。[6]

注释

［1］大用外驯，真体内充：如果要向外显示出大用，必须向内颐养充盈的真体，外用为动，内充为静，内静为体，外动为用。所谓体精用弘、静中养动。真体，真性之本体。大用外驯，虞侍书诗法本作“驯”，是，也合韵。怀悦本、杨成本、祝允明书迹以及说郛本、津逮本作“腓”。《诗家一指》“十科”之“力”言：“进，要在驯熟，如与握手俱往。”驯，驯顺，驯致，形容力的推行。《周易·坤》初六象辞曰：“履霜坚冰，阴始凝也。驯致其道，至坚冰也。”《文心雕龙·神思》：“驯致以绎辞。”

［2］反虚入浑，积健为雄：雄为力之用，浑为气之养。养浑然整全之气，得自然元真气象，方可雄健超拔。反，同“返”。浑，浑然整全。

［3］具备：拥有。怀悦本作“俱”，意亦可通。横绝，意为超出。太空指无限的时空。太空，怀悦本作“太虚”，与诸本不合，误。

[4] 荒荒油云：荒荒，形容云纷纭杂沓的样子。油云，飘动之云。《孟子·梁惠王上》："天油然作云，沛然下雨。"寥寥长风：寥寥，诸本均作"寥寥"，或当作"翏(liù)翏"之误，本形容长风之声。《庄子·齐物论》："夫大块噫气，其名为风。是唯无作，作则万窍怒呺，而独不闻之翏翏乎？"

[5] 超以象外，得其环中：欲得象外之妙，必契合浑成自然之道。《庄子·齐物论》："枢始得其环中，以应无穷。"又，《则阳》："冉相氏得其环中以随成。"清杨廷芝《诗品浅解》云："超以象外，至大不可限制；得其环中，理之圆足混成无缺，如太极然。"虞集云："超乎象外，蔚然缤纷。中有至真，独立不群。"（《道士小像赞》，《道园学古录》卷四十五）怀悦本"环"作"寰"，误。

[6] 持之非强(qiǎng)，来之无穷：此二句强调，雄浑之境的创造，不能靠刻意追求勉强而得，而应顺应自然之道，培养充实圆融的心灵，才能有无穷的应会。持，追求。强，勉强。来，动词，使之来。虞侍书诗法本此二句作："持之匪盈，求之无穷。"有明显错误。

二、冲淡[1]

素处以默，妙机其微。[2]饮之太和，独鹤与飞。[3]
犹之惠风，荏苒在衣。[4]阅音修篁，美曰载归。[5]
遇之匪深，即之愈稀。[6]脱有形似，握手已违。[7]

注释

[1] 冲淡：意为冲和淡雅。虞侍书诗法本作"平淡"，与品中"冲和"思想不合。杨成本作"中淡"，"中"乃"冲"之误。祝允明书迹、说郛本、津逮本作"冲淡"，是。

[2] 素处以默，妙机其微：守宁静素淡之心，便可契合大道机微。素处，淡处。虞侍书诗法本作"索处"，误。

[3] 饮之太和，独鹤与飞：饮领天地太和之气，化入一片天机之中，如同一只独鹤在天地间轻飞。鹤本淡逸之物，用在此突出冲淡的精神。饮，饮领，吸取。太和，天地真元之气。《周易·乾·象》："乾道变化，各正性命，保合大和，

乃利贞。”大和，即太和。饮之太和，虞侍书诗法本作“领之太和”，与诸本异。独鹤与飞，祝允明书迹作“与鹤独飞”，误。

[4] 犹之惠风，荏苒在衣：惠风，和顺之风，多指春风。晋王羲之《兰亭集序》：“是日也，天朗气清，惠风和畅。”荏苒，形容和风吹拂的柔缓姿态。

[5] 阅音修篁：倾听翠竹在微风吹拂下发出的清越之音。阅，经历，领受。美曰载归：发出一声感叹，真美啊，让我化入这一片天地中。美曰，虞侍书诗法本作“美目”，怀悦本作“笑曰”，均误。

[6] 遇之匪深，即之愈稀：意为，此境就在当下，相遇于不期然之顷，有意去追求，则渺然难寻。遇之匪深，虞侍书诗法本作“过之非深”，与诸本异，系误录。稀，杨成本、说郛本、津逮本作“稀”，他本或作“希”，作“稀”是。

[7] 脱有形似，握手已违：假如你从形迹上追求，这样的领悟就会遁然隐去。脱，假如。虞侍书诗法本“握手已违”作“握手以违”，误“已”为“以”。

三、纤秾[1]

采采流水，蓬蓬远春。[2]窈窕深谷，时见美人。[3]
碧桃满树，风日[4]水滨。柳阴路曲，流莺比邻。
乘之愈往，识之愈真。[5]如将不尽，与古为新。[6]

注释

[1] 纤秾：即纤秀秾华的美，形容柔媚、细腻、富丽、润泽的境界。纤，纤细秀雅。秾，秾艳靡丽。此品描绘也着重色彩鲜亮、景致绮丽的特点，具有春风淡宕、弱柳扶风的美。是一种亮丽的美感，而非俗艳。纤秾这一术语，唐宋时已普遍使用。宋苏轼《书黄子思诗集后》说：“发纤秾于简古，寄至味于淡泊。”虞侍书诗法本“纤秾”作“纤浓”，误。

[2] 采采流水，蓬蓬远春：缓缓流水在阳光照耀下漾起密密锦纹，放眼望去一派浓浓春意。采采，形容流水亮丽的瀫纹，唐李聿云：“采采春渚，芳香天与。”又可形容花木的亮丽。晋陶潜《荣木》：“采采荣木，结根于兹。”

[3] 窈窕深谷，时见美人：纤秾之美，于深邃幽眇处见之。窈窕，此处指深

邃。美人，大德之人，有很高修养之人。虞集《暖草生竹间》诗云："暖草生竹间，翠色相绸缪。美人欣有托，君子故忘忧。"

[4] 风日：风和日丽之时。虞集《次韵叶宾月山十首》之十："风日宜芳岁，烟霞乐燕居。"

[5] 乘之愈往，识之愈真：如果心与这纤秾鲜丽的世界同在，就能识其真境，而不是只得其表相的华丽。乘，趁也，随也。乘之愈往，虞侍书诗法本作"乘之愈远"，与诸本异，误。

[6] 如将不尽，与古为新：此句说纤秾之境的描写，妙在常写常新。虽是寻常之景，若脱胎于我心，便可别故致新。将，求。古，通"故"。如将不尽，虞侍书诗法本作"如将不违"，不合文义，误。

四、沉著[1]

绿杉野屋，落日气清。[2]脱巾独步，时闻鸟声。[3]
鸿雁不来，之子远行。所思不远，若为平生。[4]
海风碧云，夜渚月明。如有佳语，大河前横。[5]

注释

[1] 此品要在深沉厚重，气韵沉雄。"沉"言其不浮，"著"言其不游。此品言顿挫的美感。沉着乃艺林之胜境，如书法下笔有顿挫之致，如万岁枯藤，如锥画白沙。南朝宋羊欣《采古来能书人名》："吴人皇象，能草，世称沉著痛快。"后人称杜诗有沉郁顿挫之美，也是沉着。宋黄庭坚谈书法之妙时说："古人沉著痛快之语，但难为知音尔。"宋严羽《沧浪诗话》将诗之妙分为两类："（诗之）大概有二，曰优游不迫，曰沉著痛快。"前以李白为代表，后以杜甫为代表。

[2] 绿杉野屋，落日气清：诗境与《诗经》的"考槃"之境有关。《卫风·考槃》说："考槃在涧，硕人之宽。独寐寤言，永矢弗谖。"凡三段，此乃隐者之歌。考槃，筑木屋，在水边，在山坡，在野旷的平原，落日气清之中，隐者独步，人所不知，亦所不顾，迥然特立，不落凡尘。沉着痛快，是一种落落寡合、高蹈远翥之境。绿杉，怀悦本作"绿衫"，古今小说本作"绿株"，均误。

[3] 脱巾独步，时闻鸟声：古代处士束巾，官员结绶。晋颜延年《秋胡诗》曰："脱巾千里外，结绶登王畿。"唐李善注曰："巾，处士所服。绶，仕者所佩。"脱巾，言此人为山林隐逸布衣之士。脱巾披发，独步山林，偶尔听到一两声鸟鸣，更觉得山静气清。此写幽人山居的潇洒无羁。沉着之境，是一种脱略凡尘的潇洒情怀。脱巾，虞侍书诗法本作"脱卷"，古今小说本作"脱中"，均误。

[4] 鸿雁不来，之子远行：鸿雁指书信。之子，这个人，所思念之人。所思不远，若为平生：虽然所思之人远行他方，但此刻，在这寂静的山林里，思之愈切，又觉所思之人就在近前，襟期如昨，手泽犹在。此四句由思念说潜气暗转的顿挫之感。鸿雁，怀悦本作"鸣雁"，与他本不同，误。

[5] "海风碧云"四句：在这清风明月之夜的海边，海涛阵阵，一丸冷月高悬，尘襟涤尽，世虑都无，心中有语，欲说已忘，满目云山朦胧，在月光下闪烁的鳞波就是我的心语。此数语渲染得意忘言之韵，又透露出道禅哲学的几微。唐希运《宛陵录》："心外无法，满目青山。虚空世界皎皎地。"正欲语时，一条大河前横，言语道断，我不需要说，山河大地正在皎皎为我说。最后二句收摄急速，亦见顿挫。夜渚，虞侍书诗法本作"夜露"，怀悦本作"夜睹"，均误。

五、高古[1]

畸人乘真，手把芙蓉。[2]泛彼浩劫，窅然空踪。[3]
月出东斗，好风相从。[4]太华夜碧，人闻清钟。[5]
虚伫神素，脱然畦封。[6]黄唐在独，落落玄宗。[7]

注释

[1] 高古至唐代，已经成为一成熟的审美范畴。以之评诗论艺，已是常说。唐李白《宣城青溪》诗："山貌日高古，石容天倾侧。"唐白居易《与元九书》："以渊明之高古，偏放于田园。"唐皎然《诗式》卷一说到诗之"六迷"："以虚诞而为高古，以缓漫而为澹泞。"又说诗之"七德"："一识理，二高古，三典丽，四风流，五精神，六质干，七体裁。"宋严羽《沧浪诗话》论"诗之九品"，第一为高，第二为古，将高、古放到突出的位置。在艺术批评中，高古也被推崇为重要境界。唐张

彦远《法书要录》卷六引窦臮《述书赋》云:“超然出众曰高”“除去常情曰古”。虞集《诗家一指》论诗,在《四则》中的第三“格”中,论前代诗谓:“晋汉高古,盛唐风流。”

[2] 畸人乘真,手把芙蓉:畸人,奇异之人,通天之人。《庄子·大宗师》:“畸人者,畸于人而侔于天。”乘真,乘宇宙之真气。芙蓉,道教想象中升天之人常持之花。唐李白《古风》之十九:“素手把芙蓉,虚步蹑太清。”虞集存世文字多谈及此,“秋水芙蓉华月上,春苕翡翠晚风轻”是其传世名句。其《辛澄莲花菩萨像赞》云:“圣具大慈者,手执妙莲华。”乘真,祝允明书迹作“乘云”。

[3] 泛彼浩劫,窅然空踪:泛,度,经历。浩劫,形容经历很长的时间。劫本是佛家计算时间的单位,以此说明事物生成毁坏的过程,一般以事物的成、住、坏、空为一劫。窅然,渺然,无形无迹。这二句,“泛彼浩劫”说超越时间,即“古”,“窅然空踪”说超越空间,即“高”。空踪,说郛本作“空纵”,误。

[4] 月出东斗,好风相从:东斗,斗宿,二十八宿之一。斗宿在东方,意味着是夜晚。宋苏轼《赤壁赋》:“月出于东山之上,徘徊于斗、牛之间。”

[5] 太华夜碧:太华,华山。道教以太华为神境,太华登仙是道教中的传说。如宋张君房《云笈七签》卷一百六十六:“王乔受素奏丹符,乃登太华山,遇南岳。”人闻清钟:清幽的钟声从太华的天宇传出,暗指来到一片天国。极言其高。虞集《雪中次陈溪山》:“太华高人观物表,诗成先寄鹤飞来。”人闻,虞侍书诗法本、怀悦本作“人间”,误。

[6] 虚伫神素:虚者心也,伫者存也。神素,乃一点真心。此句意为归复虚静真素之心。脱然畦封:指超越尘世的欲望、语言、知识等人为的界限。畦封,界限,畛域。《庄子·齐物论》:“夫道,未始有封;言,未始有常。为是而有畛也。”脱然,虞侍书诗法本作“脱焉”,与他本不同。

[7] 黄唐在独:语本晋陶潜《时运》:“黄唐莫逮,慨独在余。”意为时间淡去,茫茫太古就在当下。黄唐,黄帝和唐尧。落落玄宗:意为融入玄奥大道中。

六、典雅[1]

玉壶买春,[2]赏雨茅屋。坐中佳士,左右修竹。
白云初晴,幽鸟相逐。眠琴绿阴,上有飞瀑。[3]

落花无言，人淡如菊。[4]书之岁华，其曰可读。[5]

注释

[1] 典雅是一种优雅细腻的审美呈现，一种风流潇洒的人格境界，犹如晋人所谓“悠然清远，自有林下一种风流”。中唐以后文人意识崛起，典雅之义的变化，与此审美风气的演化有关。此品造景、用语上都注意清雅宁静的氛围，所用入声韵（平水韵屋韵），也易于造成短促利落的效果。《典雅》与前一品《高古》相伴而行，二者气息有勾联，高古侧重于时空的超越，典雅则侧重在浅近生活中的人生趣味。《二十四诗品》的品目排序，颇有意味可寻。

[2] 玉壶买春：春，酒之代称。唐人多以春代酒。唐岑参《喜韩樽相过》诗云：“三月灞陵春已老，故人相逢耐醉倒。瓮头春酒黄花脂，禄米只充沽酒资。”明张自烈《正字通》卷五引唐《国史补》云：“酒有郢之富水春，乌程之若下春，荥阳之上窟春，富平之石东春，剑南之烧春，皆酒名。”春在此亦暗指春色。

[3] “白云初晴”四句：雨后初霁，白云悠悠，清篁滴韵，幽鸟相逐。诗人沉醉此境，以松风涧瀑为音乐，携琴而至而不弹，枕琴而赏之。相逐，古今小说本作“相遂”，与他本不合，误。眠琴，虞侍书诗法本作“眠云”，误。

[4] 落花无言：虞集《留题龙门寺》云：“香象渡河姑且置，端然听得落花声。”人淡如菊：陶渊明独爱菊，故后世以菊为花之隐逸者也，以菊况淡逸之怀。

[5] 书之岁华，其曰可读：岁华，即“岁之花”，时光流淌，阴惨阳舒，自然之物在在有变。心契大化流衍的节奏，也在在有得。将这样的体会记录下来，一定是可读的佳章。此诗所描写的境界，与《典雅》品颇相似。其曰，怀悦本作“其日”，与他本异，误。

七、洗炼[1]

如矿出金，如铅出银。[2]超心炼冶，绝爱缁磷。[3]
空潭泻春，古镜照神。[4]体素储洁，乘月返真。[5]
载瞻星辰，载歌幽人。[6]流水今日，明月前身。[7]

注释

[1] 洗炼,本指洗涤萃取,多与道教修为有关。宋蒲积中《山中伏日》:“萧然水曲与山根,洗炼丹灵绝垢痕。世上炎炎三伏热,难教热到不争门。”宋张君房《云笈七签》卷六十八:“取作虎脑之法……多尘浊,当以汤水洗炼去垢,取令光明而无滓者可用。”或作“洗练”,沈约《宋书》卷八十一《顾觊之传》:“澡雪灵府,洗练神宅。”

一般来说,在诗学领域,洗炼是一种炼词造境的方法。清孙联奎《诗品臆说》:“不洗不净,不炼不纯,惟陈言之务去,独戛戛乎新生。”清杨廷芝《诗品浅解》:“凡物之清洁出于洗,凡物之精熟出于炼。”然就本品强调的内容看,并不在词语的炼就之功,而主要在人的精神境界的淬炼。此篇大旨即可用“洗心”二字概括。一如庄子所说的“心斋”,《文心雕龙·神思》所谓“疏瀹五藏,澡雪精神”。艺术论中所说的“雪涤凡响,棣通太音”“陶铸性器,悦怿神风”,也即此意。

[2] 如矿出金,如铅出银:金从矿石中汰出,银从铅中炼取,人心灵的洗炼也是如此,需要精心炼取,方有纯净超迈之致。此似儒家如切如磋、如琢如磨的个体修养之主张。君子如玉,在石的切磋琢磨中得之。如矿,虞侍书诗法本、祝允明书迹作“犹矿”。如铅出银,虞侍书诗法本又作“如铅得银”。

[3] 超心炼冶,绝爱缁磷:超心,精心,全心。绝爱,根绝爱怜之意,即舍弃、抛弃。《论语·阳货》:“不曰坚乎,磨而不磷;不曰白乎,涅而不缁。”磨而不磷以见其坚,涅(染)而不缁(黑色)以见其白。心灵的洗炼也是如此,洗涤尘埃,独保清真,遮蔽去除,使本色得见。以本色之性去映照万物,一片清明。

[4] 空潭泻春,古镜照神:空潭寂静无波,古镜锃亮不染世尘,用以比喻心灵的洗炼之功。禅宗常以澄潭月影来表达心灵之开悟。如宗密说:“虚隙日光,纤埃扰扰。清潭水底,影像昭昭。”(《禅源诸诠集都序》卷上)泻春,虞侍书诗法本、古今小说本作“写春”,亦可通,“写”通“泻”。古镜照神,祝允明书迹作“古镜照人”,与他本异,意不合,误。

[5] 体素储洁,乘月返真:体和储均为动词,存也,贮也。素、洁形容洁净无染之心。返真:返归自然的真元之气。《庄子·秋水》:“无以人灭天,无以故灭命,无以得殉名。谨守而勿失,是谓反其真。”返真,怀悦本作“月真”,误。

[6] 载瞻星辰,载歌幽人:载,语首助词。此二句描写的是一个道教的境

界。幽人逸士，岩栖谷隐。山空松子落，天净孤月悬。以此突显清幽高逸的情怀。虞集《和陈溪山韵》云："幽人慎素履，古道思独往。瞋目登高台，浮云不足上。丹砂炼仙骨，沆瀣濯神爽。远怀澄江静，耿若孤月朗。河汉自倾注，山川邈游想……"诗意与本品颇相似。星辰，古今小说本作"星气"，不合韵，误。郭绍虞《诗品集解》亦作"星气"。

[7] 流水今日，明月前身：今夜所见流水，流水所映照的明月，还是旧时的月。所谓青山不老，绿水长流，明月永在。此喻瞬间永恒之意。虞集《苏武慢》十二首，其中一首描绘的境界类此："霁景常空，天光眩海，一体了无分别。便堪称，六一仙公，千古太虚明月。"

八、劲健[1]

行神如空，行气如虹。巫峡千寻，走云连风。[2]
饮真茹强，蓄素守中。[3]喻彼行健，是谓存雄。[4]
天地与立，神化攸同。[5]期之以实，御之以终。[6]

注释

[1] 劲健作为一个艺术批评概念，六朝时就有人使用。在书法中，唐虞世南《笔髓论》引王羲之云："每作一点画，皆悬管掉之，令其锋开，自然劲健矣。"在绘画中，唐释彦悰《后画录》云："笔力劲健，风韵顿挫，模山拟石，妙得其真。"《历代名画记》卷十评韦子鵰："工山水、高僧奇士、老松异石，笔力劲健，风格高举。"在诗学中，唐皎然《诗式·辨体一十九字》："题材劲健曰力。"劲健，是一种雄健有力的境界。

[2] "行神如空"四句：极言劲健之爽直阔大的特点。劲健之神气运行如寥落长空，无所滞碍，又如一弯虹霓横跨天际，又如山峰高耸，直插云霄，狂风大作，云雷滚滚在其中。劲健的核心是具有无穷的张力。行神如空，怀悦本作"行空如神"，误。走云，怀悦本作"走雷"，虞侍书诗法本作"走雪"，杨成本、说郛本、津逮本作"走云"。相比较，还是"走云"意较适当。

[3] 饮真：饮领自然之真气，如《冲淡》"饮之太和"。茹强：涵容自然强劲

之力。茹,涵容,包括。蓄素:蓄聚朴素之心。守中:守冲和空灵之心。中,空也。《老子》第五章:“多言数穷,不如守中。”蓄素守中,虞侍书诗法本作“蓄微牢中”,明显是文字误植。

[4] 喻彼行健:此言《周易・乾・象》:“天行健,君子以自强不息。”这句话的意思是《周易》以天来比喻人的自强不息精神。是谓存雄:本道家“存雄”观。《老子》第二十八章:“知其雄,守其雌。”《庄子・天下》在谈到惠施哲学的缺陷时说:“天地其壮乎,施存雄而无术。”意为他只知道逞雄强,而不知存雌术。

[5] 天地与立:人与天地同立,所谓鼎立而三,三才也。《周易・系辞下传》:“易之为书也,广大悉备,有天道焉,有人道焉,有地道焉。兼三才而两之,故六;六者非它也,三才之道也。”神化攸同:加入天地阴阳变化的节奏之中去,契合大化,饮天地刚健之气。神,阴阳不测谓之神,《周易・说卦传》:“神也者,妙万物而为言也。”神化,《周易・系辞下传》:“神而化之,使民宜之。”攸,所。

[6] 期之以实,御之以终:意思是,只有内心充盈笃实,才能存有恒久的劲健之气。以实,虞侍书诗法本作“已失”。以终,虞侍书诗法本作“非终”。二处均为误植。怀悦本误“以实”为“非实”。

九、绮丽[1]

神存富贵,始轻黄金。[2]浓尽必枯,浅者屡深。[3]
雾余水畔,红杏在林。[4]月明华屋,[5]画桥碧阴。
金尊酒满,[6]伴客弹琴。取之自足,良殚美襟。[7]

注释

[1] 清杨廷芝《诗品浅解》说此品意在“文绮光丽,本然之绮丽,非同外至之绮丽”。绮丽,华美亮丽,与《纤秾》品意近而又有别。纤秾侧重于心之于色、当下呈现的生命发现,绮丽则侧重于枯槁与缛丽、平淡与幽深关系的讨论。本品与第十品《自然》相对,一绮丽,一自然,绮丽是自然中的绮丽,自然是让世界活泼的呈现,二者也有联系。

《文心雕龙・情采》:“庄周云‘辩雕万物’,谓藻饰也。韩非云‘艳乎辩说’,

谓绮丽也。绮丽以艳说,藻饰以辩雕,文辞之变,于斯极矣。”南朝钟嵘《诗品》:“小谢才思富捷,……工为绮丽歌谣,风人第一。”这都是辞采葱丽的形容,《二十四诗品》将其上升为一个独立的艺术理论概念。

[2] 神存富贵,始轻黄金:黄金美玉不足贵,唯有精神上存有富贵才是根本的。

[3] 浓尽必枯,浅者屡深:宋苏轼有“外枯而中膏,似淡而实美”,可与此二句同参。其意为,绮丽不能从色相上求,枯杨可生华,平淡出幽深。浅者屡深,传世诸本多有不同,虞侍书诗法本、怀悦本、祝允明书迹均作“浅者屡深”,而古今小说本、说郛本等作“淡者屡深”,浅与深对,以前者意较合。

[4] “雾余水畔,红杏在林”下六句,均强调绮丽不在于竞红斗紫,满眼富贵,而在于境的呈现。如雾余水畔,徘徊优柔,欲藏还露,颇有境界之美。他本多作“露余山青”,如虞侍书诗法本、祝允明书迹本。怀悦本作“露余青山”。而说郛本、古今小说本作“雾余水畔”,郭绍虞集解本从之,祖保泉校正本也从之,以为“就意象求之,以‘雾余水畔’较清明,可取”。

[5] 月明华屋:虞侍书诗法本作“日明华屋”,误。

[6] 金尊酒满:虞侍书诗法本作“金尊满前”,杨成本作“金樽酒满”。怀悦本、祝允明书迹作“金尊酒满”,从之。

[7] 取之自足,良殚美襟:取绮丽之景,来慰足我追求美的胸怀。殚,尽也。取之自足,虞侍书诗法本作“取用自足”。

十、自然[1]

俯拾即是,不取诸邻。[2]俱道适往,着手成春。[3]
如逢花开,如瞻岁新。真与不夺,强得易贫。[4]
幽人空山,过水采蘋。[5]薄言情悟,悠悠天钧。[6]

注释

[1] 自然是中国美学最为重要的范畴之一,中国美学在一定程度上就是由这一范畴所溢出的思想而书写的。受庄禅哲学影响,《二十四诗品》将其作为专

门的问题来讨论，具有重要的理论价值。此品写自然心胸、自然的境界以及自然的表达。

[2] 俯拾即是，不取诸邻：清杨廷芝《诗品浅解》以“随手拈来，头头是道”的禅家语来解释，颇中肯綮。禅宗强调当下的解会、此在的证会，是一种切断时空联系的纯粹体验，任由世界自在显现，这在本质上与道家的自然学说有密切关系。

[3] 俱道适往：《庄子·天运》：“道可载而与之俱也。”即与大道优游缱绻。着手成春：出手就是妙境，眼前无非自然。

[4] 如逢花开，如瞻岁新：就像花开的季节到来，百卉竞绽，就像一年将近，新的一年又要到来，就是这样自然。着手，怀悦本误为“着乎”。真与不夺，强得易贫：真，指自然真性，人若从此真性出发，就能所在皆适。若背离真性，为目的、知识控制，勉强而作，最终必无所取，而使自己的生命资源干涸（贫）。

[5] 幽人空山，过水采蘋：这自然而然之境如同幽人在深山漫游，如同雨后去采蘋草。采蘋，《诗经·召南·采蘋》：“于以采蘋，南涧之滨。”蘋为多年生水生蕨类植物，夏末秋初开花，花色洁白，可入药，与浮萍相类而异种。此以过水采蘋，喻清新自然的仪止。幽人空山，诸本多如是，虞侍书诗法本作“幽人空谷”。过水采蘋，虞侍书诗法本、说郛本等作“过雨采蘋”，而祝允明书迹、津逮本等作“过水采蘋”，意较稳实。

[6] 薄言情悟，悠悠天钧：薄言，语首助词。天钧，天之转轮。钧本是制作陶器时的转轴。《庄子·齐物论》：“是以圣人和之以是非，而休乎天钧，是之谓两行。”此二句意为，悟出天地万物自然而然的运转，就得到了自然一品的真髓。情悟，怀悦本作“情语”，误。

十一、含蓄[1]

不著一字，尽得风流。[2]语不涉难，若不堪忧。[3]
是有真宰，与之沉浮。[4]如渌满酒，花时返秋。[5]
悠悠空尘，忽忽海沤。浅深聚散，万取一收。[6]

注释

[1] 含蓄是体现中国美学特点的重要概念,此概念唐时已广泛使用。如唐皎然《诗式》卷二:“虽有功而情少,谓无含蓄之情也。”《二十四诗品》论诗以含蓄立品,以为创造之法式,颇见眼光。

[2] 不著一字,尽得风流:虽然没有明确的语言表白,但却有无限韵味藏于其中。《诗家一指》十科中“境”云:“不著一字,窅乎神生。”意也同此。“不著一字”的学说,或与佛学有关。禅宗强调不立文字。所谓佛祖拈花,迦叶微笑,维摩一默,皆是不依文字,尽传心法。黄檗希运说,别人说的是五味禅,他说的是一味禅。一味就是无味。赵州和尚所信奉的是无字禅。一字不出,一言不立,妙在其中。虞侍书诗法本作“不著一事”,“字”作“事”,误。

[3] 语不涉难,若不堪忧:语词中并未有危难的描述,心灵就好像被触动,形容含蓄之深。难,危难。虞侍书诗法本、祝允明书迹等作“难”,怀悦本作“离”,误。而说郛本作“己”,也系误植。

[4] 是有真宰,与之沉浮:真宰,自然宰制群有,控制万方,故称为真宰。语本《庄子·齐物论》:“非彼无我,非我无所取。是亦近矣,而不知其所为使。若有真宰,而特不得其眹。”《诗家一指》前序“必先养其浩然,存其真宰”,也谈到“真宰”的概念。

[5] 如渌满酒:渌,过滤。满酒,发酵成酒。此句意为,发酵好的酒过滤不尽,有渟滀之美。花时返秋:花将要开放,忽遇寒气,将开又收,有含苞之韵。虞侍书诗法本、祝允明书迹、怀悦本均将“渌”误为“绿”。

[6] “悠悠空尘”四句:犹如空中的一粒微尘,大海中一滴水泡。然而一粒微尘就是茫茫大千,一滴水泡就是浩浩大海。这就是浅深聚散,万取一收的精义。此义来自佛学。《华严经》卷七《普贤三昧品》云:“此国土所有微尘,一一尘中,有世界海。”唐希运《宛陵录》云:“见一尘,十方世界山河大地皆然;见一滴水,即见十方世界一切性水。”虞集《龙眠画忍藏变相赞》也说:“一毛孔中一切见,半月满月诸宝玉。”海沤,虞侍书诗法本误为“海鸥”。万取,虞侍书诗法本误为“万类”。

十二、豪放[1]

观化匪禁,吞吐大荒。[2]由道返气,处得以狂。[3]

天风浪浪，海山苍苍。[4]真力弥满，万象在旁。

前招三辰[5]，后引凤凰。晓策六鳌，濯足扶桑。[6]

注释

[1] 豪放本指人性格豪宕不羁，如《魏书》卷六十四《张彝传》："彝少而豪放，出入殿庭，步眄高上，无所顾忌。"唐吴兢《乐府古题要解》卷上："（刘生）任侠豪放，周游五陵三秦之地。"又指艺文中纵肆潇洒的境界。如宋朱熹评陶渊明《咏荆柯》诗："陶渊明诗，人皆说是平淡，据某看他自豪放。"南宋胡仔《苕溪渔隐丛话》前集卷七引《遁斋闲览》云："白之歌诗，豪放飘逸，人固莫及。"

[2] 观化匪禁：观天地大化流衍，无所窒碍，以见其无穷尽也。郭绍虞《诗品集解》以为"吞云梦者八九，于其胸中曾不芥蒂"。虞侍书诗法本作"化"，祝允明书迹、说郛本、津逮本等多作"花"，亦可通。似以"观化"意为胜。"观化"一词语本《庄子·至乐》："且吾与子观化，而化及我，我又何恶焉？"后用以表现同于大化流衍之义。此为道教中重要术语，道教修炼有"遨步观化"一目。吞吐大荒：海涵天地，吞吐宇宙，极言其气势。大荒，形容莽莽原畴。唐李白《渡荆门送别》："山随平野尽，江入大荒流。"虞集《可庭记》："西游昆仑之圃，北望大荒之野。"

[3] 由道返气：豪放之气由道转出，所谓弘中肆外。此语当从《孟子·公孙丑上》孟子之语转出："我知言，我善养吾浩然之气……其为气也，至大至刚，以直养而无害，则塞于天地之间。"此句怀悦本作"由道以气"，"返"误为"以"。处得以狂：自在处世，狂放不羁。虞侍书诗法本此句作"素处以强"，祝允明书迹作"处得以强"。说郛本作"处得以狂"，意较胜。

[4] 天风浪浪，海山苍苍：浪浪，风疾貌。唐王延翰《瀛州天尊院画壁赞》："海天苍苍，海波浪浪。岛屿碎破，乾坤开张。指我片壁，坐收八荒。"

[5] 三辰：指日、月、星。

[6] 晓策六鳌：六鳌，《列子·汤问》："而龙伯之国有大人，举足不盈数步而暨五山之所，一钓而连六鳌，合负而趣，归其国，灼其骨以数焉。"虞侍书诗法本、怀悦本、祝允明书迹等作"晓看六鳌"，而津逮本作"晓策六鳌"，意较胜。濯足扶桑：扶桑乃神话传说中太阳升起的地方，《淮南子·天文训》："日出于旸谷，浴于咸池，拂于扶桑，是谓晨明。"在扶桑洗足，以见其豪放之气。濯足，祝允

明书迹作“濯手”,误。

十三、精神[1]

欲返不尽,相期与来。[2]明漪绝底,奇花初胎。[3]
青春鹦鹉,杨柳楼台。[4]碧山人来,清酒深杯。[5]
生气远出,不著死灰。[6]妙造自然,伊谁与裁?[7]

注释

[1] 清孙联奎《诗品臆说》也说:“人无精神,便如槁木;文无精神,便如死灰。”精神乃活泼的韵致。自两晋以来,“精神”就是一个重要的批评概念,唐窦臮《述书赋》评陶侃书法:“肌骨闲媚,精神慢举。”又评王休茂:“长于用笔结字,短于精神骨力。”《二十四诗品》对此做了新颖的解读。

[2] 欲返不尽,相期与来:此二句说活泼泼的精神追求,非由外作,必返归真性,人本真的性情为精神活络之源头,性情归真,精神方能应期而来。与来,祝允明书迹、说郛本、津逮本均作此,而虞侍书诗法本、怀悦本作“愈来”,意有不合。

[3] 明漪绝底,奇花初胎:活泼泼的精神就像清澈见底的湖水泛起的锦纹绣縠,就像奇花异卉始发的花蕾。《诗家一指》后序云:“惟翛然万物之外,云翠之深,茂林青山,扫石酌泉,荡涤神宇,独适冲真,犹春花初胎,假之时雨,夫复不有一日性悟之分耶。”

[4] 青春鹦鹉:南北朝庾信《忝在司水看治渭桥》:“春洲鹦鹉色,流水桃花香。”唐崔颢《黄鹤楼》诗:“春草萋萋鹦鹉洲”(又作“芳草萋萋鹦鹉洲”),也似是此句所本。杨柳楼台:形容在盎然的春意中,芳香一片,群羽飞翔,一片天和。祝允明书迹作“杨柳碧台”。

[5] 碧山人来:唐李白《山中答问》:“问余何意栖碧山,笑而不答心自闲。”此句怀悦本作“碧山来人”,祝允明书迹作“山人兴来”与诸本不同,系误植。深杯:虞集《游北塔山三首》之三:“老去深杯那解饮。”

[6] 生气远出,不著死灰:此二句点出,精神与槁木死灰相对,它是勃勃的

生机，盎然的生意，无尽的活力，活泼泼的韵致。虞集虽重道禅哲学，但反对槁木死灰、寂寞惨淡之为，他有《跋朱先生赠陆先生书》云："病中绝学捐书，岂是槁木死灰、心如墙壁以为功者？朱子尝叹道学问之功多，尊德性之意少，正谓此也。"

[7] 妙造自然，伊谁与裁：活泼泼的精神来自效法自然基础上的创造，除了自然又有谁能够裁度呢？虞侍书诗法本此二句作"离形得似，庶几斯人"，为第二十一品《形容》的最后两句。虞侍书诗法本《精神》品后之《缜密》《疏野》《旷达》《清奇》《委曲》《实境》《悲慨》《形容》的前十句均丢失，直接接《超诣》《飘逸》《流动》三品。可见，史潜所刻《虞侍书诗法》所依是个残本。

十四、缜密[1]

是有真迹，如不可知。[2]意象欲出，造化已奇。[3]
水流花开，清露未晞。[4]要路愈远，幽行为迟。[5]
语不欲犯，思不欲痴。[6]犹春于绿，明月雪时。[7]

注释

[1] 缜密一词，先秦即有之。《礼记·聘义》："君子比德于玉焉。温润而泽，仁也；缜密而栗，知也……"郑玄注："缜，致也。"缜密，即细密。杨成本《诗法》卷三录《名公雅论》，其中述"虞待制云：典雅、抛掷、出尘、浏亮、缜密、渊雅、温蔚、宏博、纯粹、莹净"，以此为"诗之十美"。缜密，为虞集论诗推崇之品格。祝允明书迹将此品置于第二十三。

中国艺术重视简约，讲留白，讲无画处皆成妙境，讲一木一石千岩万壑不能过之，讲"损之又损，以至于无为"的"损"道，艺术似乎就是做减法，做"损"的功夫，画画最重要的是留白。有论者得出结论：形式越简约越好。这是对传统艺术理论的误解。中国艺术既重视简约之美，又不排斥繁缛细密的表达。如看古画，云林的枯木寒林简约之至，黄鹤山樵的画却以密实而著称，二者各有其妙。如在书法上，疏处可走马自有妙处，然而密处不透风也有佳致。传统艺术观念主张，艺术的高妙之处在境，以繁简疏密置论，乃皮相之说。正因此，本品所论，与其说是示人做缜密之功夫，还不如说立意在超越缜密之境界。

［2］是有真迹，如不可知：此与第十一品《含蓄》“是有真宰”，均化之于《庄子·齐物论》：“若有真宰，而特不得其朕。”

［3］意象欲出，造化已奇：意象创造，巧夺天工，有造化之妙。此中涉及“意象”一语，乃是中国美学的重要概念，它是心灵之“意”和外在之“象”的结合，反映的是在体验中所形成的情景相合、心物融契的形式。意象，怀悦本作“意匠”，误。欲出，津逮本作“欲生”，不若“欲出”意稳。

［4］花开：祝允明书迹、怀悦本、说郛本均作“花间”，津逮本作“花开”。郭绍虞《诗品集解》认为当作“花开”。未晞：未干。虞集《送人游庐山》诗云：“猿惊鹤怨酬好语，水流花开怡妙颜。”

［5］要路愈远，幽行为迟：必经山路很远很远，独行之人则意缓步迟。用以比喻深而曲的境界。愈远，怀悦本作“屡远”。幽行，怀悦本作“出行”，二处均误。

［6］语不欲犯：即不落言筌。思不欲痴：用思不能胶柱鼓瑟。

［7］犹春于绿，明月雪时：就像绿色之于春天，明月之于白雪，相融相即，浑然难分。祝允明书迹无此二句，疑为书写时所漏。

十五、疏野[1]

惟性所宅，真取弗羁。[2]拾物自富，与率为期。[3]
筑室松下，脱帽看诗。[4]但知旦暮，不辨何时。[5]
倘然适意，岂必有为。[6]若其天放[7]，如是得之。

注释

［1］疏野，本指一种不拘礼法、无所羁绊的性格，唐李翱《戏赠诗》云：“鄙性乐疏野，凿地便成沟。”唐白居易诗云：“不知疏野性，解爱凤池无？”后来被用作艺术批评概念。唐人以疏野有逸品之韵。朱景玄《唐朝名画录》首列“逸品”，列此品有三人，其中评王墨云：“多游江湖间，常画山水松石杂树。性多疏野，好酒，凡欲画图障，先饮，醺酣之后，即以墨泼。”唐皎然《诗式》拈出十九格，

其中“闲”格云:“情性疏野曰闲。”清杨振纲《诗品解》引《皋兰课业本原解》谓:“此乃真率一种。任性自然,绝去雕饰,与‘香奁’‘台阁’不同,然涤除肥腻,独露天机,此种自不可少。”清孙联奎《诗品臆说》曰:“疏野谓率真也。陶元亮一生率真,至以葛巾漉酒,已复着之。故其诗亦无一字不真。篇中‘性’字、‘真’字、‘天’字及‘率’字、‘若’字,无非是‘率真’二字。率真者,不雕不琢,专写性灵者也。”此二评,将疏野与真性联系在一起。至于品序,诸本多将此品列在第十五,而祝允明书迹以此为第二十四诗品。

[2] 惟性所宅:宅,居处。此句意为随性所适。真取弗羁:出于真性,所以无所拘束。起首二句总说疏野之特点,其要义在出于真性。

[3] 拾物自富:随物婉转,自在充满。拾物,随意拾得,喻自然而然,无所羁绊。《二十四诗品》中《自然》品“俯拾即是”意亦同此。与率为期:清孙联奎《诗品臆说》以为即“以率为伍”。率,率略。期,期望。此句意为期望达到率略的境界。拾物,祝允明书迹、怀悦本、杨成本、津逮本作“拾物”,是。说郛本作“控物”,清杨廷芝《诗品浅解》、郭绍虞《诗品集解》等皆依说郛本作“控物”,此不合本品之意。控者,控制万物,奴役万物,与此顺物自然率略疏野的思想全然不合。

[4] 筑室松下:此用《诗经·卫风·考槃》诗意,该诗云:“考槃在涧,硕人之宽。独寐寤言,永矢弗谖。”诗有三章,写在水边,在山坡,在松下筑小木屋(考槃),独立不羁,这是隐逸者之歌。古人有“万载苍松古,不知岁月更”之语,松者,永恒之木也。本品有此寓意。脱帽看诗:唐王维《与卢员外象过崔处士兴宗林亭》:“绿树重阴盖四邻,青苔日厚自无尘。科头箕踞长松下,白眼看君是甚人。”科头,即脱帽,形容脱略而自然率性。筑室松下,怀悦本写为“筑梳竹屋”,与诸本不同。

[5] 但知旦暮,不辨何时:如《桃花源记》中之“不知有汉,无论魏晋”,北宋唐庚(子西)所言“山静似太古,日长如小年”,乃超越之境。

[6] 倘然适意,岂必有为:但求适意,不求目的。适意之说,五代北宋以来成为艺术家追求的境界。《宣和画谱》卷十一载李成作画只为“虽游心艺事,然适意而已”,卷十三评刘瑗作画,惟求“适意而止”。岂必有为,怀悦本作“必有所为”,误。

[7] 天放:天然放浪。《庄子·马蹄》:“彼民有常性,织而衣,耕而食,是谓

同德；一而不党，命曰天放。”

十六、旷达[1]

生者百岁，相去几何。欢乐苦短，忧愁实多。[2]
何如尊酒，日往烟萝。[3]花覆茅檐，疏雨相过。
倒酒既尽，杖藜行歌。[4]孰不有古，南山峨峨。[5]

注释

［1］两汉以来，旷达作为一种从容潇洒的人格境界，为士人所崇尚。《晋书》卷九十二《张翰传》：“翰任心自适，不求当世。或谓之曰：‘卿乃可纵适一时，独不为身后名邪？’答曰：‘使我有身后名，不如即时杯酒。’时人贵其旷达。”南宋胡仔《苕溪渔隐丛话后集》卷十三引《法藏碎金》云：“余尝爱乐天词旨旷达，沃人胸中。”宋释惠洪《石门文字禅》卷三十云：“天姿旷达，纯素任真。”

《二十四诗品》以旷达为一种为人的精神境界，一种诗的审美风范。清杨振纲《诗品解》引《皋兰课业本原解》：“迂腐之徒，胸多执滞，故去诗道甚远。惟旷则能容，若天地之宽，达则能悟，识古今之变，所以通人情，察物理，验政治，观风俗，览山川，吊兴亡，其视得失荣枯，毫无系累，悲忧愉乐，一寓于诗，而诗之用不可胜穷矣。故此二字所以扫尘俗，祛魔障，乃作诗基地，不可忽也。”其说解颇有思理。

［2］“生者百岁”四句：《古诗十九首》：“生年不满百，常怀百岁忧。”魏晋曹操《短歌行》：“对酒当歌，人生几何？譬如朝露，去日苦多。慨当以慷，忧思难忘。何以解忧，唯有杜康。”欢乐苦短，怀悦本作“欢喜苦短”，与他本异。意虽通，欠雅驯。

［3］何如尊酒，日往烟萝：北宋苏舜卿《离京后作》：“脱身离网罟，含笑入烟萝。穷达皆常事，难忘对酒歌。”虞侍书诗法本、杨成本、祝允明书迹作“日住烟萝”。

［4］杖藜行歌：杖藜行歌是一种古代文士推崇的沉着痛快的境界。唐杜甫《夜归》：“白头老罢舞复歌，杖藜不睡谁能那？”元王恽有效乐天体所作十绝，其

中有一绝云:“吟鞭踏破绿苔阶,自挂幽轩数菊栽。半日杖藜横膝坐,绝胜前日醉歌来。”

[5] 孰不有古,南山峨峨:谁人没有大限日,但那南山却千秋万代巍巍峨峨。所谓青山不老,绿水长流。唐孟浩然《出门行》:“手持琅玕欲有赠,爱而不见心断绝。南山峨峨白石烂,碧海之波浩漫漫。参辰出没不相待,我欲横天无羽翰。”虞集笔下此南山,当指终南山,其《孙真人墓志铭》说:“终南峨峨,仙游有石。”

十七、清奇[1]

娟娟群松,下有漪流。[2]晴雪满汀,[3]隔溪渔舟。
可人如玉,[4]步屧寻幽。[5]载瞻载止,[6]空碧悠悠。
神出古异,淡不可收。[7]如月之曙,如气之秋。

注释

[1] 清奇一语,唐代以来已成诗文艺术品评概念。如唐齐己《风骚旨格》云:“诗有十体,一曰高古,二曰清奇……”唐张为《诗人主客图》以“清奇雅正”属李益。唐高仲武《中兴间气集》云:“诗格清奇,理致清澹。”此品杨成本、说郛本、津逮本列第十六品,而怀悦本与诸本不同,将通行本第二十三品《旷达》列为第十六品,列在《清奇》之前,其他顺序未动。

[2] 娟娟群松:娟娟,娟秀清丽。唐杜甫《严郑公宅同咏竹》:“雨洗娟娟净,风吹细细香。”虞集《与易升》:“翠竹娟娟映白沙。”下有漪流:清流从雪中流出。

[3] 晴雪满汀:汀,岸边地。怀悦本、杨成本作“晴雪满竹”,祝允明书迹、津逮本作“晴雪满汀”,二者相比,后者意较合。古今小说本又误作“晴雪满行”。

[4] 可人如玉:可人,意存高远的君子。《诗经·小雅·白驹》:“其人如玉。”《荀子·法行》:“夫玉者,君子比德焉。温润而泽,仁也;栗而理,知也;坚刚而不屈,义也;廉而不刿,行也;折而不挠,勇也;瑕适并见,情也;扣之,其声清

扬而远闻，其止辍然，辞也。故虽有珉之雕雕，不若玉之章章。《诗》曰：'言念君子，温其如玉。'"《世说新语·容止》："裴令公有俊容仪，脱冠冕，粗服乱头皆好，时人以为玉人。见者曰：见裴叔则如玉山上行，光映照人。"

[5] 步屟(xiè)寻幽：屟，即木屐。《颜氏家训·勉学》云："梁朝全盛之时，贵游子弟……无不熏衣剃面，傅粉施朱，驾长檐车，跟高齿屐，坐棋子方褥，凭斑丝隐囊，列器玩于左右，从容出入，望若神仙。"卢文弨注云："自晋以来，士大夫多喜着屐，虽无雨亦着之。"谢灵运善着屐，李白诗中有"脚着谢公屐"语。步屟寻幽，就是着木屐而悠然前往，以形容山林隐居者的高逸生活。虞集《寄沂笑隐》："晓日上林随步屟，春云如海在挥毫。"

[6] 载瞻载止：即走走，看看，停停。两个"载"都是语助词。载瞻，津逮本作"载行"。

[7] 神出古异，淡不可收：指这位"玉人"神情古淡，迥然独立。类似于《庄子》中所说的"畸于人而侔于天"的"畸人"。前一句，祝允明书迹、杨成本、古今小说本、说郛本、津逮本皆作"神出古异"，而怀悦本作"神出古意"，属明显误植。

十八、委曲[1]

登彼太行，翠绕羊肠。[2]杳霭流玉，[3]悠悠花香。
力之于时，声之于羌。[4]似往已回，如幽匪藏。[5]
水理漩洑，[6]鹏风翱翔。道不自器，与之圆方。[7]

注释

[1] 委曲：委的本意就是曲折。《说文解字》："委，随也。从女从禾。"徐铉注："委，曲也。取其禾谷垂穗委曲之貌，故从禾。"委曲作为一个审美概念，在南朝时已有运用，如南朝陈姚最《续画品》评毛惠秀"遒劲不及惠远，委曲有过于稜"①。唐代以来，此一概念运用广泛。唐皎然《诗式》卷一云："作者存其毛

① 此处之"稜"指毛惠秀之侄，其为毛惠远之子，皆为书法家。

粉，不欲委曲伤乎天真。”（毛粉，即画中粉本。）

[2] 登彼太行，翠绕羊肠：写委曲之状，如羊肠山道，盘旋曲折。羊肠，太行山一山之名。《吕氏春秋》卷十三《有始览》“岐山太行羊肠孟门”，高诱注：“羊肠，其山盘纡，譬如羊肠。”

[3] 杳霭流玉：形容落花流水往复回环之妙。杳霭，朦胧的雾霭。流玉，形容清泉滑落，珠圆玉润。南北朝鲍照《喜雨》：“惊雷鸣桂渚，回涓流玉堂。”杳霭，祝允明书迹作香霭，或是卞永誉所录之误。

[4] 力之于时：时力，传说古代大力士名。《战国策》卷二十六《韩策》：“奚子、少府时力、距来，皆射六百步之外。”《史记·苏秦列传》：“天下之强弓劲弩，皆从韩出。溪子、少府时力、距来者，皆射六百里之外。”南朝宋裴骃《史记集解》：“时力者，谓作之得时，力倍于常，故名时力也。”声之于羌：就像羌人的笛声，婉转缠绵。所谓“羌笛何须怨杨柳”也是形容羌人乐曲的特征。

[5] 似往已回：似往实回，说的是往复回环的道理。如幽匪藏：看起来是藏了，但并没有真正藏起。此暗用《庄子·大宗师》“藏舟于壑，藏山于泽，谓之固矣。然而夜半有力者负之而走，昧者不知”之典故。如幽匪藏，怀悦本作“如匪幽藏”，误。

[6] 水理漩洑（xuánfú）：回旋水流形成的螺旋般的波纹和漩涡。水理，怀悦本作“水流”，误。

[7] 道不自器：形而下者谓之器，道不能从外在形迹上追寻。与之圆方：与万物优游徘徊。

十九、实境

取语甚直，计思匪深。[1]忽逢幽人，如见道心。[2]
晴涧之曲，[3]碧松之阴。一客荷樵，一客听琴。[4]
情性所至，妙不自寻。[5]遇之似天，泠然希音。[6]

注释

[1] 取语甚直，计思匪深：此二句强调的是不思。传统哲学有两条致思途

径，一是通过理性达至，一是通过妙悟达至。道家以“知不知”“不知知”判分二者，佛家以“识识”和“智识”（借用《维摩诘经》的分别）加以区隔。在诗性的妙悟中排除理性的干扰，是中国美学的一贯思想。取语甚直，怀悦本作“取语甚真”，误。

［2］忽逢幽人，如见道心，忽然遇到一个高人，他真率的心灵坦然呈露。幽人，深居之人，高人。道心，大道之心。《伪古文尚书》：“道心惟微。”唐颜真卿《茅山玄靖先生广陵李君碑铭》：“德本无累，道心有常。”幽人，是虞集习惯使用的概念，如“幽人慎素履，古道思独往”（《和陈溪山韵》）；“莫道幽人有意吟，缘情生变若推寻”（《与赵伯高论诗》）；“卧龙庵里闲风月，惟有幽人字字看”（《吴兴公所书出师表》），等等。

［3］晴涧之曲：古今小说本、郭绍虞集解本作“清涧之曲”，他本“清”多作“晴”，意思较胜。此有雨后初霁、山泉滑落之意。

［4］一客荷樵，一客听琴：此为虞集毕生推崇的境界。他自号青城樵者，本是蜀人，他愿意做一个青城山的樵夫，自在逍遥于深幽之境。其友顾瑛赠其诗《和东坡书蔡端明诗二放营妓诗三虞伯生所题诗四凡九首》之七云：“青城樵者一衰翁，写罢乌丝满袖风。消得玉堂金研匣，至今传入画图中。”虞集曾作《海樵说》赠友人韩克庄，这位友人曾告诉他：“人樵于山，我樵于海。山有木，樵则取之。海无木，而我樵之者，俟于海滨有浮槎断梗至乎吾前者，取之不至乎吾前者，吾漠然与之相忘也，故自命曰海樵。”这里所谓“樵”的精神，都不在樵本身，而在于一种本乎虚空、与自然相优游的态度。

［5］情性所至，妙不自寻：只要真性所至，就能契合妙道，无须刻意“自寻”，一“寻”即是“作”，即是有为，即是理智的选择。情性，怀悦本作“性情”。情性，是《诗家一指》的关键性概念，其跋说：“世皆知诗之为，而莫知其所以为；知所以为者情性，而莫知所以情性。”心之于色，情即生也，无情则无诗。然《诗家一指》强调此“情”出自“性”，情性一体。故情性意即真性。虞集《止止斋铭》说：“绝去雕琢，渐近自然，其得于情性之正者哉！”他在《与张友霖书》中说：“本情性则达乎神明，达事变则顺乎时化，又有穷乎？”

［6］遇之似天，泠然希音：通过自然的悟得，聆听天地的大音。泠然，形容音的美妙。希音，道的音乐。《老子》第四十一章：“大音希声。”祝允明书迹无此二句。似天，古今小说本、说郛本、津逮本、郭绍虞集解本、祖保泉校正本作

"自天",而怀悦本、杨成本作"似天",意思较胜。偶然遇之,如有天成。明计成"虽由人作,宛自天开"之"宛"也有此意。泠然,怀悦本、杨成本作"永然",误。《庄子·逍遥游》:"夫列子御风而行,泠然善也。"

二十、悲慨[1]

大风卷水,林木为摧。[2]意苦欲死,招憩不来。[3]
百岁如流,富贵冷灰。[4]大道日丧,若为雄才。[5]
壮士拂剑,浩然弥哀。萧萧落叶,漏雨荒苔。[6]

注释

[1] 此品乃说悲怆的境界。不过此境的意思不是说一般的悲情,而是人生的悲慨。如唐陈子昂"前不见古人,后不见来者,念天地之幽幽,独怆然而涕下"的境界。

[2] "大风卷水"两句:所谓慷慨悲凉唱大风。清杨廷芝《诗品浅解》:"大风卷水,声不可闻,林木为摧,感且益慨。起手似有北风雨雪之意。"

[3] 意苦欲死,招憩不来:想至悲痛欲绝之时,欲有相知来安慰,但相知的人却远去。意苦,怀悦本、杨成本、祝允明书迹均作"意苦",说郛本、郭绍虞集解本作"适苦",亦可通。招憩,怀悦本作"招舌",祖保泉校正本以为"舌"为"憩"之"坏字"(即写坏了),所说是。

[4] 百岁如流,富贵冷灰:人生短暂而脆弱,追求富贵、贪恋物质,毫无意义。

[5] 若为雄才:谁为雄才。若,谁。

[6] 萧萧落叶,漏雨荒苔:这悲伤如萧萧木叶下,又如细雨滴落在布满苔痕的荒台上。萧萧落叶,喻生命短暂,命运不可把捉。漏雨荒苔,抒发的是"铜驼荆棘"(晋索靖语)之叹,曾经的城垣荒苔历历,透出历史的寂寞和忧伤。萧萧,怀悦本作"事事",误。荒苔,怀悦本、杨成本、祝允明书迹作"荒苔",而说郛本、津逮本作"苍苔","荒苔"意更胜。

二十一、形容[1]

绝伫灵素，少回清真。[2]如觅水影，如写阳春。

风云变态，[3]花草精神。海之波澜，山之嶙珣。[4]

俱似大道，妙契同尘。[5]离形得似，庶几斯人。

注释

[1] 形容，本指人的形体容貌，如《楚辞·渔父》："行吟泽畔，颜色憔悴，形容枯槁。"与精神意态相对，晋张敏《头责子羽文》云："子厌我于形容，我贱子乎意态。"在艺术理论中，形容又多指形象。南朝梁袁昂《古今书评》："陶隐居书，如吴兴小儿，形容虽未成长，而骨体甚骏快。"《历代名画记·叙画之源流》："留乎形容，式昭盛德之事，具其成败，以传既往之踪。"《二十四诗品》立"形容"为品，主要讨论生命真实如何传达的内容。

[2] 绝伫灵素：绝伫，凝神专注。伫，伫立，此指专注。灵素，人朴素本真的精神。南朝梁江淹《伤友人赋》："倜傥远度，寂寥灵素。"少回清真：意为不需很长的时间，就能得返归清真之气。少，指些许时间。

[3] 风云变态：祝允明书迹作"风雪变态"，与他本异，当为误录。"风云变态，花草精神"等传神语为虞集常用。如其《休宁县重建儒学记》云："观于风云之变化，以致其性情之发挥。"他论画有云："然而画者，通四时朝暮阴晴之景于一卷，而山川脉络近若可寻，于是消息盈虚见于俄顷，倏忽变幻备于寻尺，慨然遂欲炼制形魄，后天而终，以尽反复无穷之世变者。"(《欧阳原功待制潇湘八景图跋》)其《陈秋冈诗集序》云："然公平生文章之出，沛如泉源之发挥，而波澜之无津，譬如风云之变化，而舒卷之无迹。"

[4] 山之嶙珣，怀悦本作"山之璘珣"，与他本异，误。

[5] 俱似大道：似，当作追求讲。妙契同尘：契合天地之节奏。《老子》第五十六章："挫其锐，解其纷，和其光，同其尘，是谓玄同。"妙契，怀悦本作"如契"，误。祝允明书迹无"离形得似，妙契同尘"二句。而虞侍书诗法本将此二句误为《精神》品的最后两句，代替了"妙造自然，伊谁与裁"之位置。

二十二、超诣[1]

匪神之灵，匪几之微。如将白云，清风与归。[2]

远引莫至，迹之已非。[3]少有道气，终与俗违。[4]

乱山乔木，碧苔芳晖。诵之思之，其声愈希。[5]

注释

[1] 超诣，本指超然的趣向、拔俗的精神。《世说新语·文学》："诸葛宏年少不肯学问，始与王夷甫谈，便已超诣。"《世说新语·赏誉》："简文云：渊源语不超诣简至，然经纶思寻处，故有局陈。"超诣作为一个审美概念自唐代开始多用之，北宋董逌《广川画跋》卷一《书列仙图后》："观此图笔力超诣，而意象得之。"南宋葛立方《韵语阳秋》卷三："若观道者，出语自然超诣，非常人能蹈其轨辙也。"《二十四诗品》所论此品，立意出新，表达其道不在问、即物即真的思想。

[2] "匪神之灵"下四句的大致意思是：没有一个终极的绝对的精神本体，超诣是对神、道等终极价值的超越，不须追求神灵之道，不要去寻觅几微之示，当下即成，去除心灵的遮蔽，一任世界自在兴现，即是超诣。神灵几微之说本自《周易·系辞上传》："易无思也，无为也，寂然不动，感而遂通天下之故。非天下之致神，其孰能与于此。夫易，圣人之所以极深而研几也。惟深也，故能通天下之志；惟几也，故能成天下之务；惟神也，故不疾而速，不行而至。"匪几，祝允明书迹、津逮本作"匪机"，亦可通，机通"几"。

[3] 远引莫致，迹之已非：远，玄远也，魏晋以好玄远之思代指追求玄道。迹，本指形迹，用为动词，从形迹上去追求。此二句的意思是，超诣之境，不能从抽象的道上寻求，不能由外在的形迹去把握。这两句话类似禅宗中赵州柏树子的公案："僧问：'如何是祖师西来意？'师云：'庭前柏树子。'僧云：'和尚莫将境示人。'师云：'我不将境示人。'僧云：'如何是祖师西来意？'州云：'庭前柏树子。'"（《联灯会要》卷六）道不须寻，佛不在问，过在觅处，第一问答乃在超越本体现象之分别，第二问答在超越心境相对之分别，直呈其本来风光，

即是真悟。

远引莫致，虞侍书诗法本作“远引莫致”，杨成本、说郛本、古今小说本作“远引莫至”，意思相近。而津逮本误作“远引若至”，郭绍虞集解本从之。作“莫”是，作“若”，意思反了。迹之已非，怀悦本、杨成本等多作“临之已非”，误将“迹”作“临”。

[4] 少有道气，终与俗违：道气，道教术语，本指修行的功夫，南朝陈徐陵《天台山馆徐则法师碑》：“法师萧然道气，卓矣仙才。”后特指仙风道骨之仪态，以道气来形容人的超凡脱俗的样态，如史上有“许掾全家道气浓”的说法。得超诣之旨趣，并非以追求仙道为职志，脱略了身上的仙道气，才能真正避免俗态。少有道气，怀悦本、杨成本、说郛本、古今小说本作“少有道气”，虞侍书诗法本作“少者道气”，“者”为误植。津逮本改为“少有道契”，意有不同，误。

[5] “乱山乔木”下四句：以一个画境描绘超诣的特征。深山野林，青苔历历，泉水声声，日晖下泻，树叶颤抖，人独行其中，渐渐忘记了自己的所在，融入这一片世界中，此为超诣之境。诵之思之，并非指默诵书本、思考义理，而是形容与世界契合的过程。

二十三、飘逸[1]

落落欲往，矫矫不群。[2] 缑山之鹤，华顶之云。[3]
高人惠中，令色絪缊。[4] 御风蓬叶，泛彼无垠。[5]
如不可执，如将有闻。[6] 识者已领，期之愈分。[7]

注释

[1] 唐宋以来，飘逸为人们追求的一种审美境界，《宣和书谱》卷九评李白之书法：“一帖字画尤飘逸，乃知白不特以诗名也。”南宋魏庆之《诗人玉屑》卷十七评苏舜卿：“苏子美以诗得名，书亦飘逸。”

[2] 落落欲往：落落，形容寡合的样子。欲往，远离凡俗而飘向高远之境。矫矫不群：矫矫，形容独立高举、不合群伦之态。

[3] 缑（gǒu）山之鹤：刘向《列仙传》上：“王乔者，周灵王太子晋也，好吹笙

作凤鸣，游伊、洛之间，道人浮丘公接以上嵩高山，三十余年后，求之于山上，见桓良曰：告我家，七月七日，待我于缑山头。果乘白鹤驻山头，望之不得。到，举手谢时人，数日而去。”华顶之云：华山顶上的云霓，华山为道教的圣山。

［4］高人惠中，令色絪缊：惠通“慧”，佛家以戒定慧为三学，由戒入定，由定发慧。慧是人的根性，也就是人心中所深藏的佛性。惠中，意为高人胸中深藏着智慧。令色，美色，善色。惠中言其内心，令色言其仪态。令色絪缊，形容高人的容颜充满着慈善超然的神情。惠中，津逮本作“画中”，误。

［5］御风蓬叶，泛彼无垠：魏晋曹植《杂诗》：“转蓬离本根，飘颻随长风。何意回飙举，吹我入云中。”魏晋何晏《言志杂诗》：“转蓬去其根，流飘从风移。芒芒四海深，悠悠焉可弥！”蓬叶，虞侍书诗法本作“莲叶”，与诸本不同。

［6］如不可执：飘逸情怀的人，有不为世尘所染的坚守。如将有闻：胸存飘逸之士又不脱世尘，不去做一个隐者，或者远飞高翥，他们是于尘而脱尘。两句说的飘逸之志，出于俗又不离于俗。这两句的意思与《诗家一指》十科中的“物”科所说的“不著”“不脱”说相似。

［7］识者已领，期之愈分：真正领会飘逸旨趣的人，是在心灵中不染世尘的。如果期望自己脱离世相，到一个清清世界中去，这样心灵会有所牵系，反而失却了飘逸的精神。说郛本作“识者期之，愈得愈分”，意思不通。

二十四、流动[1]

若纳水輨，[2]如转丸珠。[3]夫岂可道，假体遗愚。[4]
荒荒坤轴，悠悠天枢。[5]载要其端，载同其符。[6]
超超神明，返返冥无。[7]来往千载，是之谓乎。[8]

注释

［1］流动与雄浑、冲淡、绮丽、缜密等品目不同，前人很少以流动来品评诗歌之美，此为中国哲学、美学的核心概念之一，作者以此作结，显然不同于诗法、诗格之类的著作，它从传统思想的内在精神方面来把握诗家的心灵境界。

［2］若纳水辖：就像转动水轱辘取水。辖（guǎn），指车毂端圆管状的铁帽。《说文解字》："辖，毂端錔也。"水辖，汲水用的轱辘①。虞侍书诗法本作"若纳断辖"，与诸本异，"断"字误。

［3］如转丸珠：此为前人论诗之语。据南宋魏庆之《诗人玉屑》卷十引王直方诗话："好诗如弹丸。谢朓尝语沈约曰：'好诗圆美流转如弹丸。'故东坡答王巩云：'新诗如弹丸。'及送欧阳弼云：'中有清圆句，铜丸飞柘弹。'盖谓诗贵圆熟也。余以谓圆熟多失之平易，老硬多失之干枯。能不失于二者之间，可与古之作者并驱。"虞侍书诗法本作"如转圆珠"。

［4］夫岂可道，假体遗（wèi）愚：天地流转不息的精神哪里能以语言说明，它通过具体的物象显示给普通人。郭绍虞《诗品集解》："辖珠既不足以尽流动，于是只有坤轴天枢，才能尽流动之妙。"这样理解即把天地流转和万物流转截分两橛。而《二十四诗品》则本中国哲学之精神，强调即物即道，目击道存。万物的流动就是天地运转精神的显现。虞集尝引程子之言而叹云："水流而不息，物生而不穷，皆与道为体运乎！昼夜未尝暂矣，君子法之，自情不息。"②假体遗愚，虞侍书诗法本作"假体为愚"，说郛本作"假体如愚"，"为""如"皆误。遗，馈赠也。

［5］坤轴、天枢：乾坤之轮，天地之轴，即宇宙运转之轮。上古时期人类常以轮子来比喻天地运转，印度古奥义书认为天地运转来自悠悠大梵之轮，而中国古代则以天地轮转来形容世界的运动。坤轴，唐杜甫《后苦寒行》："天兵断斩青海戎，杀气南行动坤轴。"天枢，《吕氏春秋》卷十三《有始览》："与天俱游，而天枢不移。"《宋书》卷二十《乐志》："天枢凝耀，地纽俪辉。"

［6］载要其端，载同其符：端是本源，符是外在显现。指契合天地流动精神，可以由器及道，由符及源，道器一如，流动深参。载，语气词。要、同，意为宛转契合。

［7］超超神明：《周易·系辞上传》："阴阳不测谓之神。"超超神明，形容阴

---

① 此参祖保泉：《司空图诗文研究》，合肥：安徽教育出版社，2000年，第239—242页。

② 《送陈冈游金陵序》，《道园类稿》卷二十一。据宋蔡沈《洪范皇极内外篇》卷一："邵子曰：性者，道之形体也。道，妙而无形，性则仁义礼智具而体着矣。程子曰：天运而不已，日往则月来，寒往则暑来，水流而不息，物生而不穷，皆与道为体者也。非性无以见道，非不息亦无以见道，是以君子尽性而自强不息焉。"

阳互动、变化莫测的流动世界。返返冥无:意为天地之间流转不息。返返,虞侍书诗法本、杨成本、祝允明书迹作"反之",误。返返,与"超超"句式相对。虞集的语言表述习惯之一是好叠用,如"返返""超超",以及《诗家一指》三造中"观"造的"观观不已"①。

[8] 来往千载,是之谓乎:如果说"超超神明"二句是就空间来说宇宙的流动,那么此二句即是从时间的角度来说变化乃宇宙恒常之道。来往千载,虞侍书诗法本作"往来真宰",与诸本异,当是抄录之误。是之谓乎,祝允明书迹作"同归殊途",与诸本异,当误。

解 说

《二十四诗品》是《诗家一指》最为重要的部分,体系俨然,发前人所未发,成为诗家学诗之梯航,也成为探讨中国传统美学精神的重要篇章。

《诗家一指》说:"二十四品,含摄大道,如载图经。于诗不必尽似,品不必有似,而或者为诗之尤。"《二十四诗品》虽然讨论诗,但与一般的诗法、诗格著作不同,它谈的是诗的"大道",是为了发"乾坤之清气",疏"情性之流至"。作者期望将此作为诗家之图经——一个诗家作诗、理解诗的路线图。

这个路线图,为诗人作诗之关键:诗人如何有"诗心",此诗心如何缘之以情、揆之以理而形成"诗境",在诗境中如何发乾坤之清气、流情性之慧源——《二十四诗品》就是总摄诗之"大道"。《二十四诗品》,超言绝象,所谓不必尽似,不必有似,穷诗道之渊奥,为诗家造一个"虚"的城廓。作者自信所言"或者为诗之尤"——这可能是作诗赏诗最为重要的内涵,这样的判断并非虚语。

---

① 如其《杨贤可诗序》云:"英英乎其风采也,濯濯乎其容色也,浩浩乎其神气也,秩秩乎其经画也。"(《道园学古录》卷三十三)

《二十四诗品》虽然文字不长,但触及传统美学等很多关键性问题,反映出两宋以来文人意识崛起后新的审美趋向。元代虽然国祚不永,时历多艰,但诗歌和艺术于此时却有灿烂的创造,审美风气也有突出的变化。人们所说的“宋元境界”发端于五代北宋,大成于元代。这是一个诞生绘画“元四家”的时期,“元四家”所代表的新的审美风气对明清以来人们的艺术创造和审美生活产生了重要影响。以《二十四诗品》为核心的《诗家一指》,是有元一代艺术精神和审美追求的凝聚。

《二十四诗品》在不长的文字中,吸收了前代艺术哲学中的思想,如其重视自然天成、提倡含蓄蕴藉、推崇平淡素朴以及强调妙悟等学说,是自先秦以来中国艺术哲学中不断丰富的思想,是支撑中国美学的一些基础性观念。但这并不意味,《二十四诗品》乃至《诗家一指》全篇只是前代思想的总结,它有不少独创性的见解,即使对前代的一些基础性问题也多做出自己的阐释。如《超诣》一品,开篇以“匪神之灵,匪几之微。如将白云,清风与归”来谈超诣之道,强调摆脱神、灵、几、微等终极价值的追问,没有一个抽象的绝对的精神本体,生命的光源就在生命本身,而不待“道”的光芒来照耀。这样的思想与禅家“青山自青山,白云自白云”的观念有密切关系——只有一颗古淡的心与清风白云相缱绻,没有机微,没有神妙,没有抽象的道的问诘。这样的论述角度和观点在此前诗学中是很少见到的。

《二十四品》每一品皆为十二句的四言诗,这种以诗的形式来表达深邃思考的方式,在中国有悠久的传统。几乎每一品都是一首优美的诗,意象玲珑,文词优美,出语简省,含义深厚。一如《四库提要》所说“各以韵语十二句体貌之”,以及罗根泽所说的“以比喻品题各种诗的境界”①。像《清奇》品:“娟娟群松,下有漪流。晴雪满汀,

① 罗根泽:《中国文学批评史》第二册,北京:人民文学出版社,1984年,第241页。

隔溪渔舟。可人如玉，步屧寻幽。载瞻载止，空碧悠悠。神出古异，淡不可收。如月之曙，如气之秋。”诗作者长于境界创造的特点于此展露无遗：碧绿的青松，潺潺的细流，雪后初霁，乾坤一片白色，阳光照耀，光影绰绰，雪溪中有小舟闲荡。一个装束高逸的隐者，脚着木屐，在雪国中前行，他被置于一片琉璃世界中。诗最后以像清晨挂在天上的月、像秋空里浮动的气作结。读这样的诗，似乎使人灵府被荡涤了一番，作者将关于“清奇”的思考置于特别的诗意氛围中。

二十四品的“品”，是分类的意思，与前此出现的画品、书品、乐品、诗品等的“品”类著作有明显不同，那些著作一般是选一些历朝历代的书家、诗家、画家，品优劣，分高下，而这篇名为“二十四诗品”、以诗写成的理论篇章，却是利用人们熟悉的雄浑、冲淡之类的概念，每一品讨论一个或数个有关诗学的关键问题，合而形成一篇包罗丰富的诗学理论著作。这些问题同样为其他艺术门类所并有，因而在艺术和审美方面均有价值。故此，这篇以诗写成的论诗之作，更像是一篇艺术哲学的论作，也可以说是一部古人所写的“美学概论”。

前此有研究说二十四品，就是二十四种风格，此乃风格学著作，这显然是受西方文艺思想影响所做的判断。风格论就其本质而言，还是一种形式论。而二十四诗品是超以“象”外的，它作为《诗家一指》的一部分，是指月之指，而非指。如果说是风格，这个风格更接近于古人所说的风格一词。金农曾在一梅画题跋中说：“画梅须有风格，风格在瘦不在肥耳。”①这里的“风格”显然与今人所说的风格(style)不同，它指的是一种“风神气格”，也就是古人所说的“气象”“境界”。二十四品通过它创造的独特风神气格，概括中国诗歌发展传统，探讨人的生命存在的价值意义。

---

① 风格一词形容人的风神气度，在典籍中多有运用，且为时较早。晋葛洪《抱朴子·内篇·暇览》：“(郑君)体望高亮，风格风整。”刘义庆《世说新语·德行》：“李元礼风格秀整，高自标持。”

《二十四诗品》的这种境界呈现方式,在明末清初以来的中国艺术发展、美学演进过程中有重要影响。如明代徐上瀛(约1582—1662)论琴学,著《溪山琴况》,仿《二十四诗品》,列二十四况。“况”者,况味也,也就是二十四种境界,分别是:和、静、清、远、古、淡、恬、逸、雅、丽、亮、采、洁、润、圆、坚、宏、细、溜、健、轻、重、迟、速。这二十四况的分列,明显受到《二十四诗品》以境论艺的影响。清人黄钺(1750—1841)是一位画家,又是一位收藏家,他论画,著《二十四画品》,分别为:气韵、神妙、高古、苍润、沉雄、冲和、淡远、朴拙、超脱、奇僻、纵横、淋漓、荒寒、清旷、性灵、圆浑、幽邃、明净、健拔、简洁、精谨、俊爽、空灵、韶秀等,也是从境界上立论。而今人王世襄论明式家具,总结出“十六品”:简练、淳朴、厚拙、凝重、雄伟、圆浑、沉穆、浓华、文绮、妍秀、劲挺、柔婉、空灵、玲珑、典雅、清新①,其实也是受《二十四诗品》的影响,从境上立论的。

《二十四诗品》美学内涵深厚,以下举其中两个根本性的问题,谈一点自己的看法。

一、它的境界理论

《二十四诗品》论述的重心不在诗风的差异,而在境界的创造。虽然此书很少涉及“境”字,但其内容则处处扣住境界来展开。正因本篇以诗境为中心,诗境来自心境,心境是在与物境相绸缪的基础上方可产生,所以它以“境”贯穿诗心物境,将境界的创造作为阐述的中心问题之一。如《实境》所谓“取语甚直,计思匪深。忽逢幽人,如见道心”,谈的是当下直接的创造方式,直透事物本真,让万物“敞开”,直示澄明。

此书在境界上也体现了中国美学的一个重要特点,就是审美和

① 王世襄:《明式家具研究》附录《明式家具的“品”与“病”》,北京:三联书店,2008年,第358—365页。

人生的合一,审美的深入和人生真实意义的揭示处于同样重要的位置,后者甚至具有更重要的意义。艺术活动不仅在于表达什么,同时也在于艺术活动本身,在于艺术活动的过程。创造不仅是为了观者(接受者),更是为了自己。中国诗人艺术家重视“为一己陶胸次”,《二十四诗品》中大量关于人生境界创造的内涵正是这种美学特点所决定的。

《二十四诗品》的批评方式可称为“境界式批评”。有论者将这一新的批评方式称为“意象式批评”,我以为这一概括不够准确。因为在如《二十四诗品》这样的著作中,它所要表达的诗学思想,不是仅仅通过一个或几个意象来表达概念,它首先在于通过象以及象与象之间组成的关系来创造一种特殊的世界(境界),再通过这一世界来传达它要表达的意思。它创造的不是意象或意象群,而是境界。如《典雅》:“玉壶买春,赏雨茅屋。坐中佳士,左右修竹。白云初晴,幽鸟相逐。眠琴绿阴,上有飞瀑。落花无言,人淡如菊。书之岁华,其曰可读。”

作者在境界创造中,来表达自己的思考。如这篇论典雅的文字,所突出者,第一,人与世界无言的契合。在修竹环绕的环境中,与佳士边喝酒边赏雨,雨停后,看落花,听飞瀑,仰望清澈的天宇,忘却自己的所在。最终品读自然花开花落、云卷云舒的精神,都在这天地与我为一的精神追求中。第二,在“无言”中与天地契合。荡涤人的“言”——人的知识、情感、欲望等裹挟所构成的一个言说世界,由“人”——一个将世界推到对岸的主体,一个解释世界、利用世界的控制者,而归于“天”。不是调整自己的音律,使之契合天地的节奏(如《乐记》所论),而是“抱得琴来不用弹”,没有人的知识所赋予的刻度。第三,对“名”的超越。青山不老,绿水长流,天地如斯,一切功名利禄的追求,在那年年岁岁花相似、岁岁年年人不同的自然书写中了无意义,风过沙平,舟过浪静,种种要留下自我痕迹的欲望,也终将化为虚无。赏雨茅屋的意象,是追求荣华富贵的转语;玉壶买春,以清净的心、醉意的目面对世界，是最终的解脱之道。

二、它关于“妙悟”的理论

从第一品《雄浑》中的“超以象外，得其环中”，到最后一品《流动》的“载要其端，载同其符。超超神明，返返冥无”，无不透出对体悟认识方式的重视。

《二十四诗品》认为：诗道不关知识，必由妙悟。将知识和妙悟对立起来，认为知识在探索诗境的过程中只能充当障碍者的角色。作者写道：“是有真迹，如不可知”（《缜密》）；“俯拾即是，不取诸邻”（《自然》）；“取语甚直，计思匪深”（《实境》）。知识的活动是逻辑的、理智的、推理的，而诗是别样的形态，需有别样的衷肠。诗悟是非知非思非言的，它如无言的落花、无虑的清风、无思的明月，只是自然而然地运动，只是“俯拾”，只是“直取”。诗悟无须“取诸邻”——在时间上为过去、现在、未来所缠绕，在空间上为相互对待而裹挟。作者强调，就将一片芳心寄予当下直接的感悟。因为一涉知识，即是伪。

《超诣》一品对此阐释最为细微：“匪神之灵，匪几之微。如将白云，清风与归。远引莫至，迹之已非。少有道气，终与俗违。乱山乔木，碧苔芳晖。诵之思之，其声愈希。”也不是神，也不是几，妙悟的方式并非是玄不可测的，它就是一片平常，一腔自然，清风自清风，白云自白云，乔木森森，就是我的性灵；青苔历历，就是我的心衷。在这样的氛围中，没有了自我，没有了和外物的隔阂，我“诵之思之”，其实是什么也不思，什么也不想，因为在“诵之思之”中，他的诵归于“希”，归于一片庄严的静寂，他的思也归于一片空无。这就是《二十四诗品》的态度。

在提倡妙悟、反对知识的理论中，此书有一个观点引人注意，就是对随意性的强调。如第二品《冲淡》云：“素处以默，妙机其微。饮之太和，独鹤与飞。犹之惠风，荏苒在衣。阅音修篁，美曰载归。遇之匪深，即之愈希。脱有形似，握手已违。”冲淡境界须诉诸静默的体悟，使心灵臻于“素”，洁净无尘，迥然独立，无所滞碍，从而印认对象。艺术的飞跃来自瞬间的超越，这一过程是不可逆料的、随意的，所谓“遇之匪深，即之愈希”。艺术飞跃是在自然而无所窒碍的状态中得到。诗人是以心去“遇”——无意乎相求，不期然相遇，而不是去“即”——孜孜以求。因为一“即”就“希”，渺然而不可见；一遇即“深”，契合无间，意象融凝。在《高古》一品中，作者强调，若要悟入，需要“虚伫神素，脱然畦封”，如庄子所说的“虚室生白，吉祥止止”，解除一切心灵束缚，从“封”——人所设置的障碍中超越而出，让一个自由的人挺立于天地之间，如李白“半壁见海日，空中闻天鸡”。此时，好风从心空吹过，白云自在缱绻，我无所得，但得我所得，我成了风、云，成了天鸡的伙伴，成了明月的娇客。所以此一境界独立高标，在时间上直指“黄唐”，在空间上直入“玄宗”，超越了时空，在绝对不二的境界中印认。

《二十四诗品》中所提倡的随意性体悟，就是要挫败人们“有为”的欲望，排除人工的干扰，像自然那样，因为“唯自然能知自然，唯自然能言自然”。这里体现出道家的无为思想。无为不是不为，而是顺应自然，是不强为。一强为，就会造成我和对象之间的冲突；一强为，就是以主体的意识强加于对象，造成物我之间的分离；一强为，就会勉强，使得认识过程不能随意，也无法适意。所以，《二十四诗品》特别反对这种人工的强为：“真与不夺，强得易贫”（《自然》）。“真与”是自然的，是一心独往，万象为开，物我相合，融融无间；而“强得”就是人工的、理智的，是对对象的强加，所以其结果只能是“贫”。有所期望反而与期望相反，宏富的欲求换来的只能是心灵的空乏。《二十四诗品》说：“持之非强，来之无穷”（《雄浑》）。如果不是人工，不是勉强，就不会“贫”，而得到无穷的应会。

所以作者在这里倡导和自然契合无间的体验。《委曲》云：“登彼太行，翠绕羊肠。杳霭流玉，悠悠花香。力之于时，声之于羌。似往已回,如幽匪藏。水理漩洑,鹏风翱翔。道不自器,与之圆方。”大自然中蕴藏着生生不息无往不复的精神,这一精神通过自然的形态向我们显示,诗人的领悟,就是要深入自然之中去,与道缱绻往复,与物从容往来。哪里有物,哪里有我,哪里有什么玄奥的大道,哪里需要你劳心追寻。妙道是不需要“自寻”的,你所要做的就是像物那样,要其端,同其符,这样你就可以在当下成就永恒,在瞬间达到妙会。水曲曲地流,云叆叇地飘,细细的山径盘旋着向前延伸,嘉卉的芬芳袅袅地向你飘来……大道是无影无形的,自然的精神是优游不迫的,你就和眼前的众景一样,身与之徘徊,心与之萦绕,路曲你也曲,云绕你就绕,哪需要你分出彼此,哪需要你取诸邻侧,大道圆方,就在你的契合中。

参考文献

陈尚君、汪涌豪:《司空图〈二十四诗品〉辨伪》,《中国古籍研究》第一卷,上海:上海古籍出版社,1996 年 8 月。

张健:《〈诗家一指〉的产生时代与作者——兼论〈二十四诗品〉作者问题》,《北京大学学报》,1995 年第 5 期。

汪涌豪:《论〈二十四诗品〉与司空图诗论异趣》,《复旦学报》, 1996 年第 2 期。

王步高:《〈二十四诗品〉非司空图所作质疑》,《中国诗学》第五辑。

王运熙:《二十四诗品真伪问题我见》,《中国诗学》第五辑。

张少康:《司空图二十四诗品真伪问题之我见》,《中国诗学》第五辑。

祖保泉、陶礼天:《〈诗家一指〉与〈二十四诗品〉作者问题》,《安徽师大学报》,1996 年第 1 期。

祖保泉:《〈二十四诗品〉是明人怀悦所作吗》,《安徽师大学报》,1997 年第 1 期。

祖保泉:《对宋元人关于〈二十四诗品〉记载的诠证》,《成都大学学报》,2000 年第 3 期。

张柏青:《从〈二十四诗品〉的用韵看它的时代和作者》,《文学遗产》,2001

年第 1 期。

郭绍虞:《诗品集解》,北京:人民文学出版社,1981 年。

吕兴昌:《司空图诗品研究》,台北:宏大出版社,1980 年。

孙联奎:《诗品臆说》,杨廷芝:《诗品浅解》,见孙昌熙、刘淦校点《司空图诗品解说二种》,济南:齐鲁书社,1980 年。

朱良志:《二十四诗品讲记》,北京:中华书局,2017 年。

重为华山图序

[明] 王履

王履(1332—?),字安道,号畸叟,又号抱独老人,江苏昆山人。精医术,曾任秦王府医正,有《医韵统》一百卷等医学著作传世。又工诗善画,画工山水,师南宋马远、夏圭画法,又自成一格。传世作品有《华山图册》,今分别藏北京故宫博物院、上海博物馆。乃是作者于洪武十六年(1383)秋天游历华山时所作,中有图四十幅,另有记、诗、跋、《游华山图记诗叙》、《重为华山图序》、《画楷叙》等二十六页,共六十六页,合成一册。《重为华山图序》是一篇有意思的美学文献。钱谦益《列朝诗集》甲集卷十六云:"安道画少师夏圭,评者谓行笔秀劲,布置茂密,作家士气咸备。乃游华山,见奇秀天出,乃知三十年学画不过纸绢相承,指为某家数,于是屏去旧习,以意匠就天则出之。"

画虽状形,主乎意,意不足谓之非形,可也。虽然,意在形,舍形何所求意?故得其形者,意溢乎形,失其形者,形乎哉!画物欲似物,岂可不识其面?古之人之名世,果得于暗中摸索耶?彼务于转摹者,多以纸素之识是足,而不之外,故愈远愈讹,[1]形尚失之,况意?苟非识华山之形,我其能图耶?

既图矣,意犹未满,由是存乎静室,存乎行路,存乎床枕,存乎饮食,存乎外物,存乎听音,存乎应接之隙,存乎文章之中。一日燕居,闻鼓吹过门，怵然而作曰："得之矣夫。"遂麾旧而重图之。斯时也，但知法在华山，竟不知平日之所谓家数[2]者何在。

夫家数因人而立名，既因于人，吾独非人乎？夫宪章乎既往之迹者谓之宗，宗也者从也，其一于从而止乎？[3]可从，从，从也；可违，违，亦从也。违果为从乎？时当违，理可违，吾斯违矣。吾虽违，理其违哉！时当从，理可从，吾斯从矣。从其在我乎！亦理是从而已焉耳。谓吾有宗欤？不拘拘于专门之固守；谓吾无宗欤？又不远于前人之轨辙。然则余也，其盖处夫宗与不宗之间乎？

且夫山之为山也，不一其状。大而高焉嵩，小而高焉岑，狭而高焉峦，卑而大焉扈，锐而高焉峤，小而众焉岿，形如堂焉密，两向焉嵚，陬隅高焉岊，上大下小焉巘，边焉崖，崖之高焉岩，上秀焉峰，此皆常之常焉者也。[4]不纯乎嵩，不纯乎岑，不纯乎峦，不纯乎扈，不纯乎峤，不纯乎岿，不纯乎密，不纯乎嵚，不纯乎岊，不纯乎巘，不纯乎崖，不纯乎岩，不纯乎峰，此皆常之变焉者也。至于非嵩、非岑、非峦、非扈、非峤、非岿、非密、非嵚、非岊、非巘、非崖、非岩、非峰，一不可以名命，此岂非变之变焉者乎？彼既出于变之变，吾可以常之常者待之哉？[5]吾故不得不去故而就新也。

虽然，是亦不过得其仿佛耳，若夫神秀之极，固非文房之具所能致也。然自是而后，步趋奔逸，渐觉已制，不屑屑瞠若乎后尘。每虚堂神定，默以对之，意之来也，自不可以言喻。余也安敢故背前人，然不能不立于前人之处。

俗情喜同不喜异，藏诸家，或偶见焉，以为乖于诸体也，怪问何师？余应之曰："吾师心，心师目，目师华山。"

注释

[1] 纸素之识是足，而不之外：意思是停留在纸绢上用心思，而不到自然山水之中去。愈远愈讹：专于古人的画作中求生活，离开自然越远，所画的越不真实。讹，诈伪，虚假。

[2] 家数：师法相承的流派，此泛指画家所依循的成规法则。《石涛画语录》云："今人不明乎此，动则曰：某家皴点，可以立脚；非似某家山水，不能传久；某家清澹，可以立品；非似某家工巧，只足娱人。是我为某家役，非某家为我用也。纵逼似某家，亦食某家残羹耳。于我何有哉！……如是者，知有古而不知有我者也。"石涛所批评的就是重家数。

[3] "夫宪章乎"三句：效法以往的绘画传统叫作"宗"，"宗"是崇奉、效法，有"从"的意思，然而"从"难道就是顺从吗？宪章，效法。

[4] 卑而大焉扈：低而大的山称为扈，扈有广大义，《淮南子·要略》："以储与扈冶。"峤（qiáo）：指高而尖的山。《徐霞客游记·游黄山记》："出为碧峤。"嶔（qīn）：本指山势险峻，后引申为两山对峙，柳宗元《钴鉧潭西小丘记》："其嵚然相累而下者，若牛马之饮于溪。"陬隅：角落。岊（jié）：山之转弯处。巘（yǎn）：大山里的小丘。

[5] "彼既出于变之变"二句：山川景色变化万千，我怎么能以恒定不变的眼光去对待它。

解　说

这是一篇构思精巧的美学文献，全篇论述的中心观点是："吾师心，心师目，目师华山。"王履采取剥笋的方式，层层递进。全篇分为六个意义单元：

在第一单元中，王履由绘画的构成谈起，绘画有"形"和"意"，二者相依相存，无形不成画，无意空有其形，也不成画。从"形"上说，绘画有具体的形象，这具体的形象如果不能和实际的对象相照面，只是暗中摸索，在古人的作品中揣摩，就会离真实的对象越来越远。而就"意"来说，意由我心出，更需要自己真实的体验，需要经验世界的刺激。由此，这一单元得出结论："苟非识华山之形，我其能图耶"——面对真实的华山。

第二单元谈面对真实的华山，从具体的创造实践中确认，艺术的灵感来自真实的对象，所谓“但知法在华山，竟不知平日之所谓家数者何在”。法在华山，法在心中，法是活法，活的心法，而不是成法。

第三单元谈对古人之法的态度问题，王履提出了优游于“宗与不宗之间”的观点。既不固守前人之法度，又不有意回避前人之辙迹。“夫家数因人而立名，既因于人，吾独非人乎？”正像石涛所说的“天生一人自有一人之用”，天地赋予自己的创造权利，没有必要将其交给什么家数、古人，交给成法。一切从自己的创造出发，可以尊崇的便尊崇，可以违逆的便违逆。艺术创造不是斤斤于成法，而是孜孜于创造。这和那种动辄仿某家、法某派的创作风气截然不同。

第四单元从外在世界的特征谈必须走自我创造的道路。王履由画山说起，山各有其名，各有其形，山之为山，不一其状。大山有大山的常态，小山有小山的常态，但常中有变，如同是小山，也有各各不同的形态，在不同的背景下有不同的意味，更何况通过人的眼光的过滤，经过人的情感的浸染，所以一山而有十百山之变，一物而有纷纭变化之形势，“此皆常之变焉者也”。瞬息万变的大千世界，逼迫我们不能以“常之常者”的态度去对待，必须应其变，穷其理，与万物相优游，从而把握大千世界的妙韵。正于此，王履得出“吾故不得不去故而就新也”的结论。

第五单元归于妙悟。表现纷纭变化的世界，并不是流连万象之趣，山川妙境，彩笔难追。所谓“神秀之极，固非文房之具所能致”。必证之以心悟，澡雪灵府，涤荡情怀，虚怀以对，默然以应万千变化，目随之游，心随之起，一旦豁然贯通，必有超越前修之创造。我虽不欲超越古人，而神明降之也不辞。

第六单元，文章最终落实到“吾师心，心师目，目师华山”的中心观点。

王履这篇短文，通过画华山的切身体会，造化为本，师心独见。接触到中国传统美学的重要思想：“外师造化，中得心源。”它可以说是这一纲领的具体展开。创造是艺术的母机，心源是创造的源泉，妙悟是汲取这灵泉的根本途径,师法造化是悟入的根本。王履强调自我的心法是艺术创造的枢纽,古法、成法被当作羁绊而被一一解除。

师心,古人有古人之心,我有我之心,艺术创造只能是我的心灵的创造,自我心灵是艺术创造的根本来源。王履通过师心,将心法作为艺术创造中最高的法,而古法、成法虽可以为我所用,但却不能成为我的创造的羁绊。我的创造并不来自这业已形成的法则、家数。

师心,并不是诉诸概念,不是简单的情的宣泄和理的阐明,造化就是我心灵的符号,并不是暗中摸索,坐对空壁,而是要面对大千世界,以玲珑活络之心灵,涵玩瞬息万变之造化,在造化的洪炉中熔铸,感受其生生不息之精神,笔下才能幻出神奇。

参考文献

叶朗:《中国美学史大纲》,上海:上海人民出版社,1985 年。

邓乔彬:《中国绘画美学史》,贵阳:贵州人民出版社,2001 年。

陈传习:《中国山水画史》,南京:江苏美术出版社,1988 年。

童心说

[明] 李贽

李贽(1527—1602),明代哲学家、文学家。字宏甫,号卓吾,别号温陵居士。泉州晋江(今属福建)人。历官南京国子监博士、南京刑部员外郎等,并曾任云南姚安知府。初从学于泰州学派的王襞,后又从罗汝芳问学。为学放逸自然,毕生主张思想解放,力揭假道学。被劾以“敢倡乱道,惑世诬民”之罪名,在北京被捕,于狱中自刎。著有《焚书》《续焚书》《藏书》《续藏书》等。

本文据中华书局《焚书》,2011年版。

龙洞山人[1]叙《西厢》,末语云:“知者勿谓我尚有童心可也。”夫童心者,真心也;若以童心为不可,是以真心为不可也。夫童心者,绝假纯真,最初一念之本心也。若夫失却童心,便失却真心;失却真心,便失却真人。人而非真,全不复有初矣。

童子者,人之初也;童心者,心之初也。夫心之初,曷可失也?然童心胡然而遽失也?盖方其始也,有闻见从耳目而入,而以为主于其内,而童心失。其长也,有道理从闻见而入,而以为主于其内,而童心失。其久也,道理闻见,日以益多,则所知所觉,日以益广,于是焉又知美名之可好也,而务欲以扬之,而童心失。知不美之名之可丑也,而务欲以掩之,而童心失。夫道理闻见,皆自多读书识义理而来也。古之圣人,曷尝不读书哉?然纵不读书,童心固自在也;纵多读书,亦以护此童心而使之勿失焉耳，非若学者反以多读书识义理而反障之也。夫学者既以多读书识义理障其童心矣，圣人又何用多著书立言，以障学人为耶？童心既障，于是发而为言语，则言语不由衷；见而为政事，则政事无根柢；著而为文辞，则文辞不能达。非内含以章美也，[2]非笃实生辉光也，[3]欲求一句有德之言，卒不可得。所以者何？以童心既障，而以从外入者闻见道理为之心也。

夫既以闻见道理为心矣，则所言者，皆闻见道理之言，非童心自出之言也。言虽工，于我何与！岂非以假人言假言，而事假事，文假文乎！盖其人既假，则无所不假矣。由是而以假言与假人言，则假人喜；以假事与假人道，则假人喜；以假文与假人谈，则假人喜；无所不假则无所不喜，满场是假，矮人阿辩也？虽有天下之至文，其湮灭于假人而不尽见于后世者，又岂少哉！何也？天下之至文，未有不出于童心焉者也。苟童心常存，则道理不行，闻见不立，无时不文，无人不文，无一样创制体格而非文者。诗何必古《选》，[4]文何必先秦，降而为六朝，变而为近体，又变而为传奇[5]，变而为院本[6]，为杂剧，为《西厢曲》，为《水浒传》，为今之举子业大贤言圣人之道，皆古今至文，不可得而时势先后论也。故吾因是有感于童心者之自文也，更说什么六经，更说什么《语》《孟》乎！

夫六经《语》《孟》，非其史官过为褒崇之词，则其臣子极为赞美之语，又不然则其迂腐门徒、懵懂弟子，记忆师说，有头无尾，得后遗前，随其所见，笔之于书，后学不察，便为出自圣人之口也，决定目之为经矣，孰知其大半非圣人之言乎！纵出自圣人，要亦有为而发，不过因病发药，随时处方，以救此一等懵懂弟子、迂腐门徒云耳。药医假病，方难定执，是岂可遽以为万世之论乎！然则六经《语》《孟》，乃道学之口实，假人之渊薮也，断断乎其不可以语于童心之言明矣。呜呼！吾又安得真正大圣人之童心未曾失者，而与之一言言哉！

注释

[1] 龙洞山人：不详其指，或以为李贽之别号。

[2] 内含以章美：《周易·坤》："六三：含章可贞。"《程传》："含晦而章美。"

[3] 笃实生辉光：《周易·大畜·彖传》："刚健，笃实，辉光，日新其德。"

[4] 诗何必古《选》：意为诗何必一定以《文选》所选六朝之前诗为优。

[5] 传奇：此指唐代的传奇文，传奇是我国古代文言短篇小说形式，以"作意好奇"为特点。

[6] 院本：金元时行院进行戏曲表演时的脚本。

解说

中国哲学本来就有以童心为真心的思想，《老子》中就有多处论述。《老子》第二十八章："恒德不离，复归于婴儿。"第四十九章："圣人皆孩之。"第二十章："我独泊兮其未兆，如婴儿之未孩。"老子提倡返本，也就是返归他所说的婴儿之心、赤子之心，这是一种没有被文明所污染的心态。李贽的童心说可以说是老子哲学的延续。

李贽的《童心说》突出了三个字：一个是"初"，他说童心是"初心"，如同童子乃"人之初"，童心是"心之初"，童心是人心的始基。他说："人而非真，全不复有初矣。"这是就时间的角度来说的。一个是"本"。童心是"最初一念之本心"，是构成人这一类存在物特征的原初质性，这是就本源上说。一个是"纯"（或者说是"净"），他说童心"绝假纯真"，童心净而不染，纯而不杂。这是就存在样态而言的。

他把这原初的、本然的、清净的童心，称为真心。"真"在李贽这里是一种价值判断，它是和"假"相对的范畴。为什么童心就可以称为真心？他所依据的是佛教的“本原清净心”的理论。李贽家世崇奉伊斯兰教，后由接触心学，对佛学产生浓厚兴趣，并进而深研佛理前后达二十余年，他的思想染上了浓厚的禅风禅韵。董其昌在《画禅室随笔》卷四《禅说》曾记载：“李卓吾与余以戊戌（1598）春初一见于都门外兰若中，略披数语，即评可莫逆，以为眼前诸子，惟君具正知。”李贽曾在与澄然禅师的信中谈到“本原清净心”：“清净本原，即所谓本地风光也。视不见，听不闻，欲闻无声，欲嗅无臭，此所谓龟毛兔角，原无有也。原无有，是以谓之清净也。清净者，本原清净，是以谓之清净本原也。岂待人清净而后清净耶？”①试比较“童心”和“本原清净心”，其内涵非常接近。其异者唯在，一是佛内谈理，一是佛外谈艺。

他的童心是作为人之“性”的心，正因为是“性”，所以是人的本然存在，是最能反映人的本质特点的存在。李贽以童心为“净”，而一接触社会，见闻觉知就会给这洁净的心灵涂上脏乱的颜色，就是“染”。他所依循的就是佛学的“人心本净，客尘所染”的思维路径。李贽强调回归童心，就会进入无染的世界，就会恢复真心。这里显然有一个预设，就是人原本存在着一个平等、真实、具有巨大创造力的性灵，我们从中明显可以看出大乘佛学“一切众生皆有佛性”的影子。另外，他所说的童心乃是“最初一念之本心”，其实“一念”，就是禅家的“于念而不念”的“无念”之心，这“无念”之心乃是作为人之“性”之心，一句话，李贽的童心说，就是强调人以自己清净的本有的觉性去观物为文。

从美学上说，其价值在于此一理论从人的真性的角度谈自然真美思想。也就是他所引用的禅家语“本地风光”，“本地风光”唯有在清净纯然的心灵中才能出现。李贽曾以“画工”和“化工”区别人工和天然，他以为为文之至高境界应该如风行水上，自然而然，不加雕

---

① 《焚书》，北京：中华书局，2011年，第171页。

饰，而曲成妙境。欲成自然之文，必有自然之心，所谓自然之心，就是那种未加染污的本然之心，也就是“童心”。

从思想史的角度看，此一学说的价值，在于挖掉经典文化权威的基石，从人的本然真心论证经典存在的虚假性质，经书即染，即障，乃道学之口实，假人之渊薮。从一个精微的角度，掀翻经典的圣坛。这篇短文在后代被重视，大都是因其带有思想解放的性质。

这是一篇哲学论文，其理论是建立在逻辑推理基础上的。文章虽然不长，但所论问题不可谓不大，所得出的结论甚至可用石破天惊来形容。然细绎文理，其推理颇有不甚严密之处，文多流于情绪的渲染，而弱于理论的推阐。依照本文的逻辑，童心就是初心，成长必沾闻见，闻见入而童心失，闻见多由读书义理来，而经书是人们读书识义理之渊薮，故而经书乃人们失去童心之要因。李贽将童心和“闻见”对立起来，这就给他的论述带来了问题。李贽混淆了两种不同的“初心”，一是从时间角度所言的“初心”，即人童真之心；一是人的自然而然的、不加雕饰的心灵，它是人的“本地风光”，“初”不是人生命的“初期”，而是人不矫饰、不附属的“本然”。从他说“天下之至文，未有不出于童心焉者也。苟童心常存，则道理不行，闻见不立，无时不文，无人不文”的论述，也可看出，他所要强调的是人的本然之心，童心不为童年所独有，如他在此文中所推崇的《西厢》等，并非是不染一念的“净心”所作，而是出自本然的真心所为，这自然而然之心就是童心。但问题却在于，《童心说》哲学落脚点是作为时间、生命之初的童心，而其理论所需要的是真实的不为他力所控制的真心。从“最初一念之本心”的角度来说，此心是要排斥见闻觉知的，一切见闻觉知都是“染”。而从自然本真的心灵来说，此心又并非是绝于见闻觉知的，它只是要自然而然地释放。李贽认为，见闻之心就是童心之失，是假心；既以闻见道理为心，则所言，都是闻见道理之言，非出自童心，故尔为假。既以闻见道理之心为假，而自童心而言，天下人自幼而长，闻见道理必入其心，天下人岂不都装此假心？由此言之，又何必尊《西厢》而非《语》《孟》？李贽此论，若依佛学之理，可谓“执于空”“执于无”，不合《起信论》之一心开二门、即染即净之旨。

参考文献

容肇祖：《李贽年谱》，北京：三联书店，1957年。

林其贤：《李卓吾的佛学与世学》，台北：文津出版社，1992年。

陈清辉：《李卓吾的生平及其思想研究》，台北：文津出版社，1993年。

画禅室随笔

[明] 董其昌

董其昌(1555—1636),松江华亭(今属上海)人,字玄宰,号香光居士,别号思白、思翁,谥文敏。明代后期著名书法家、画家。神宗万历十七年(1589)进士,官至礼部尚书。书法初学颜真卿,后改学虞世南,进而上追二王,自成一种清雅秀逸的书风,时人邢侗以"南董北米"(北方以米万钟为书法代表)赞之,李日华说他的书法有"颜骨赵姿"。在绘画上擅山水,师法元四家以及北宋二米,并上追董源、巨然之画风,风格松秀,笔力柔劲。清沈宗骞谈其画风时说:"余尝论每见思翁妙迹,不必问其所作何体,但就其笔情墨态,的是两间不可磨灭之物。其致也缥缈而欲飞,其神也优渥而常润,而生秀之气,时复出其间,所谓能尽笔之柔德而济以刚者也。"(《芥舟学画编》)其画风对清代乃至近代中国绘画均产生深远影响。

董其昌还是一位具有开拓意义的艺术理论家,他早年服膺心学,后神迷于禅宗,并进而以禅论艺,丰富其艺术美学思想,他的思想在中国艺术理论史上具有集大成的意义。

董其昌诗文集《容台集》刊行于1630年,但正如《画禅室随笔》梁仲甫序言所说:"乃近《容台》一集,宗伯诗文粲然大备,而独于论书画之旨阙焉未载。"所以其后出现了多种董其昌的论书画之著作,如《画旨》《画眼》《论画琐言》《论画》《画禅室随笔》等,其中所收录的互有同异。

《画禅室随笔》四卷，卷一论书，卷二论画，卷三评诗文、纪事纪游，卷四乃是杂言和禅说等。其内容取自《容台集》的近六十条，以及其他未收子集中的董其昌作品。但此书收录内容似未经严格辨析，其中混入他人之作多条（如混入明陈继儒《泥古录》二条，混入南宋赵希鹄《洞天清禄集》二条）。编辑者杨无补，去世于 1657 年。一般认为，《画禅室随笔》成书于 1650 年左右。

此书较早的刊本有：清初杨无补的刊本；康熙十七年（1678）汪汝禄的辑刊本，此书题作《董文敏公画禅室随笔》；康熙五十九年（1720）大魁堂刊本，前附方拱乾、梁仲甫的两篇序言。以下所录文字据汪汝禄刊本，并参校他本以成。为了阅读方便，于每条前加了序号。

一

禅家有南北二宗，唐时始分，画之南北二宗，亦唐时分也。但其人非南北耳。北宗则李思训父子[1]著色山水，流传而为宋之赵幹、赵伯驹、赵伯骕以至马夏辈。[2]南宗则王摩诘始用渲淡，一变钩斫之法，[3]其传为张璪、荆、关、郭忠恕、董、巨、米家父子，以至元之四大家，[4]亦如六祖之后有马驹、云门，临济儿孙之盛，而北宗微矣。[5]要之，摩诘所谓"云峰石迹，迥出天机，笔意纵横，参乎造化"者，东坡赞吴道子、王维画壁亦云："吾于维也无间然"，[6]知言哉。

注释

［1］李思训父子：唐画家李思训及其子昭道均善青绿山水，画史称"大小李"。李思训（653—718），曾官左武卫大将军，史称"大李将军"。李昭道（生卒不详），曾官太原府仓库曹、太子中舍，史称"小李将军"。董其昌以其二人为北宗领袖。

［2］赵幹：五代南唐画家，南唐画院学生，擅山水、林木，设色鲜丽。赵伯

驹、赵伯骕：乃兄弟，为赵宋宗室，均为南宋画家，二人均以金碧辉煌的着色山水著称于世。伯驹，字千里；伯骕（sù），字希远。马夏：指南宋画家马远、夏圭（或作夏珪）。

［3］渲淡：即荆浩所说的“水晕墨章”，通过水墨产生的特有纹理和晕染效果来表达意韵。钩斫：钩，指画山石先钩出外面的轮廓。斫，指以头重尾轻、如同斧斫的皴法，画出山石的纹理线条，如画史上常用的斧劈皴、钉头皴等，此皴法多为北宗所使用。

［4］荆、关：指五代北宋画家荆浩和关仝。郭忠恕（？—977）：五代宋初画家，擅画山水，长于界画。米家父子：指北宋画家米芾和米友仁。元之四大家：指黄公望、吴镇、倪瓒、王蒙。

［5］“亦如六祖之后”三句：以禅宗的传承来比喻绘画的南北宗。马驹：马祖道一（709—788），唐代禅僧，南岳怀让之法嗣。云门：南宗五大宗派之一，由于此宗的开创者文偃（864—949，禅宗六祖慧能下的第八代宗师）在韶州云门山（广东乳源县北）举扬一家宗风，后世称其为云门宗。临济：南宗五大宗派之一。由于此宗的开创者义玄（？—867，六祖慧能下的第六代宗师）在河北镇州（今河北省正定县）的临济禅院阐扬禅法，后世称为临济宗。南禅五家中，临济法席最盛，入宋分为黄龙、杨岐二派。禅宗将其和原来的五家合称五家七宗。而北宗在中唐之后式微。

［6］吾于维也无间然：苏轼《王维吴道子画》：“吴生虽妙绝，犹以画工论。摩诘得之于象外，有如仙翮谢笼樊。吾观二子皆神俊，又于维也敛衽无间言。”

二

画家以古人为师，已自上乘，进此当以天地为师，每朝起看云气变幻，绝近画中山。山行时见奇树，须四面取之，树有左看不入画，而右看入画者，前后亦尔。看得熟自然传神，传神者必以形，形与心手相凑而相忘，神之所托也。树岂有不入画者，特画收之生绡中，茂密而不繁，峭秀而不蹇，即是一画卷属耳。

三

画之道，所谓宇宙在乎手者，眼前无非生机，故其人往往多寿，至如刻画细谨，为造物役者，乃能损寿，盖无生机也。黄子久、沈石田、文徵仲皆大耋，[1]仇英短命，赵吴兴止六十余，[2]仇与赵虽品格不同，皆习者之流，非以画为寄，以画为乐者也。寄乐于画，自黄公望始开此门庭耳。

注释

［1］黄子久：黄公望，字子久，号一峰、大痴道人。沈石田：沈周，字启南，号石田。文徵仲：文徵明，初名壁（又作“璧”），以字行，更字为徵仲。大耋（dié）：古以年八十曰耋，后泛指老人。

［2］仇英：明代画家，字实父，号十洲。擅山水、人物，山水水墨、青绿皆善，但以青绿为多。董其昌以其归于北宗。赵吴兴：赵孟頫（1254—1322），字子昂，吴兴（今属浙江湖州）人，故称赵吴兴。

四

董北苑[1]画树，多有不作小树者，如《秋山行旅》是也。又有作小树，但只远望之似树，其实凭点缀以成形者，余谓此即米氏落茄[2]之源委，盖小树最要淋漓约略，简于枝柯，而繁于形影。欲如文君之眉，与黛色相参合，则是高手。

注释

［1］董北苑：董源（一作董元），字叔达，五代南唐画家，善水墨山水。曾任南唐中主李璟朝的后苑副使，后苑又称北苑，故称董北苑。

［2］米氏落茄：米芾父子山水多用落茄点，由米芾首创，主要是以淡水墨侧

笔横点。

五

古人云有笔有墨[1],“笔墨”二字,人多不识,画岂有无笔墨者?但有轮廓而无皴法,即谓之无笔,有皴法而不分轻重向背明晦,即谓之无墨。古人云石分三面[2],此语是笔亦是墨,可参之。

注释

[1] 有笔有墨:此说本自五代荆浩。荆浩认为,吴道子作画是“有笔而无墨”,项容作画是有墨无笔,而他奉行的是有笔有墨的创造方法。此颇为香光所推重。

[2] 石分三面:此语出自托名王维的《山水论》(或作荆浩《山水赋》),为古代画诀。

六

画树木各有分别。如画潇湘图,意在荒远灭没,即不当作大树及近景丛木。如园亭景,可作杨柳梧竹及古桧青松,若以园亭树木移之山居,便不称矣。若重山复嶂,树木又别当直枝直干,多用攒点,彼此相藉,望之模糊郁葱,似入林有猿啼虎啸者乃称。至如春夏秋冬,风晴雨雪,又不在言也。

七

枯树最不可少,时于茂林中间出,乃见苍古,树惟桧柏杨柳椿槐要得郁森,其妙处在树头与四面参差,一出一入,一肥一瘦,古人以木炭画圈,随圈而点之,正为此也。

八

宋人多写垂柳，又有点叶柳，垂柳不难画，只要分枝头得势耳。点柳叶之妙在树头圆铺处，只以汁绿渍出，又要森萧，有迎风摇扬之意，其枝须半明半暗。又春二月，柳未垂条，秋九月，柳已衰飒，俱不可混，设色亦须体此意也。

九

山之轮廓先定，然后皴之，今人从碎处积为大山，此最是病，古人运大轴只三四分合，所以成章，虽其中细碎处多，要之取势为主。吾有元人论米、高二家之书，正先得吾意。

十

画树之窍，只在多曲。虽枝一节，无有可直者。其向背俯仰，全于曲中取者。或曰：然则诸家不有直树乎？曰：树虽直，而生枝发节处必不都直也。董北苑树作劲挺之状，特曲处简耳。李营丘[1]则千屈万曲，无复直笔矣。

注释

[1] 李营丘：李成（919—967），字咸熙，唐宗室后裔，五代时躲避战乱，至北海营丘（今属山东临淄），故史称李营丘。

十一

画家之妙，全在烟云变灭中，米虎儿[1]谓王维画见之最多，皆如刻画，不足学也。惟以云山为墨戏，此语虽似乎过正，然山水之中，当着意烟云，不可用粉染，放以墨渍出，令如气蒸，冉冉欲堕，乃可称生动之韵。

注释

［1］米虎儿：米友仁，字元晖，南宋画家，善山水，黄庭坚呼之为“虎儿”，并赠给他古印和诗：“我有元晖古印章，印刓不忍与诸郎。虎儿笔力能扛鼎，教字元晖继阿章。”

十二

昔人评大年[1]画，谓得胸中万卷书。更奇，又大年以宋宗室不得远游，每朝陵回，得写胸中丘壑。不行万里路，不读万卷书，欲作画祖，其可得乎，此在吾曹勉之。无望庸史矣。

注释

［1］大年：赵令穰（ráng），北宋画家，赵宋宗室，字大年，善画平远小景。对南宋平远小景影响颇深。

十三

赵大年平远，写湖天渺茫之景，极不俗，然不耐多皴，虽云学维，而维画正有细皴者，乃于重山叠嶂有之，赵未能尽其法也。

十四

画平远师赵大年，重山叠嶂师江贯道[1]，皴法用董源麻皮皴及《潇湘图》点子皴，树用北苑、子昂二家法，石法用大李将军《秋江待渡图》及郭忠恕雪景，李成画法有小幅水墨及着色青绿，俱宜宗之。集其大成，自出机轴，再四五年，文、沈二君不能独步吾吴矣。

注释

[1] 江贯道：江参，字贯道，南宋画家，画承董源，而自成一家之风。

十五

赵大年令穰，平远绝似右丞，秀润天成，真宋之士大夫画。此一派又传为倪云林，虽工致不敌，而荒率苍古胜矣。今作平远及扇头小景，一以此二人为宗，使人玩之不穷，味外有味可也。

十六

元季诸君子画惟两派，一为董源，一为李成。成画有郭河阳为之佐，亦犹源画有僧巨然副之也。然倪、黄、吴、王四大家，皆以董、巨起家成名，至今只行海内。至如学李、郭者，朱泽民、唐子华、姚彦卿辈，俱为前人蹊径所压，不能自立堂户，此如南宗子孙，临济独盛，当亦绍隆祖法者有精灵男子耶。

十七

张伯雨[1]题元镇画云："无画史纵横习气。"余家有六帧。又其自题《狮子图》云："予与赵君善长[2]商榷作《狮子图》，真得荆、关遗意，非王蒙辈所能梦见也。"其高自标置如此。又，顾谨中[3]题倪画云："初以董源为宗，及乎晚年，画益精诣，而书法漫矣。"盖倪迂书绝工致，晚年乃失之，而聚精于画，一变古法，以天真幽淡为宗。要亦所谓渐老渐熟者，若不从北苑筑基，不容易到耳。纵横习气，即黄子久未能断。幽、淡两言，则赵吴兴犹逊迂翁[4]，其胸次自别耳。

注释

［1］张伯雨：张雨（1277—1348），字伯雨，道士，书画家，又工诗，与倪云林相友善。

［2］赵君善长：即赵善长，赵原，元末画家，一作赵元，字善长，号丹林。好山水，竹石也佳。

［3］顾谨中：顾禄，字谨中，华亭人，与董其昌同里。明书画家。

［4］迂翁：倪瓒，号迂翁。

十八

余尝谓右军父子之书，至齐梁而风流顿尽，自唐初虞、褚辈变其法，乃不合而合，右军父子殆似复生，此言大可意会，盖临摹最易，神气难得故也。巨然学北苑，黄子久学北苑，倪迂学北苑，元章学北苑，一北苑耳，而各各不相似。使俗人为之，与临本同，若之何能传世也。子昂画虽圆笔，其学北苑亦不尔。

十九

文人之画自王右丞始，其后董源、僧巨然、李成、范宽为嫡子，李龙眠、王晋卿、米南宫及虎儿皆从董巨得来，[1]直至元四家黄子久、王叔明、倪云镇、吴仲圭皆其正传，吾朝文、沈则又遥接衣钵。若马、夏及李唐[2]、刘松年[3]，又是李大将军之派，非吾习易学也。

注释

［1］李龙眠：李公麟（1049—1106），字伯时，号龙眠山人。北宋著名人物、山水画家。王晋卿：王诜，字晋卿，北宋画家，擅山水。米南宫：米芾徽宗朝官至礼部员外郎，故世称“米南宫”。

［2］李唐：北宋末年到南宋初年画家，字晞古，山水有北方雄浑刚健的气势，创大斧劈法。

［3］刘松年：南宋画家，画师李唐，风格雄健奔放，和李唐、马远、夏圭合称为南宋四大家。

二十

李昭道一派，为赵伯驹、伯骕，精工之极，又有士气，后人仿之者得其工不能得其雅。若元之丁野夫、钱舜举是已。[1]盖五百年而有仇实父，在昔文太史[2]丞相推服。太史于此一家画，不能不逊仇氏，故非以赏誉增价也。实父作画时，耳不闻鼓吹骈阗之声，如隔壁钗钏，顾其术亦近苦矣。行年五十，方知此一派画殊不可习，譬之禅定，积劫方成菩萨，[3]非如董、巨、米三家，可一超直入如来地也。[4]

注释

［1］丁野夫：元代画家，回纥人。画风与马远、夏圭相近。钱舜举：钱选，字舜举，元代初年画家，与赵子昂同里，为“吴兴八俊”之一，画风典雅。

［2］文太史：文徵明，官至翰林院待诏。

［3］譬之禅定，积劫方成菩萨：此说的是禅宗北宗重静修体悟功夫，达摩《观心论》云：“我于三大阿僧祇劫，无量勤苦，乃成佛道。”劫，梵言为长时间。

［4］一超直入如来地：不须经历各种修行次第，而直接证入佛位。唐玄觉《永嘉证道歌》：“争似无为实相门，一超直入如来地。”

二十一

士人作画，当以草隶奇字之法为之，[1]树如屈铁，山似画沙，绝去甜俗蹊径，乃为士气。不尔，纵俨然及格，已落画师魔界，不复可救药矣。若能解脱绳束，便是透网鳞[2]也。

注释

[1]“士人作画”二句:此涉及对“士夫气”的理解。董其昌《容台集》卷十七:“赵文敏问画道于钱舜举,何以称士气?钱曰:隶体耳。”可与此同参。

[2]透网鳞:《五灯会元》卷七:“问:‘透网金鳞,以何为食?’师曰:‘待汝出网,来向汝道。’”透网鳞,比喻妙悟。

二十二

画家六法,一气韵生动。气韵不可学,此生而知之,自有天授,然亦有学得处,读万卷书,行万里路,胸中脱去尘浊,自然丘壑内营,立成鄞鄂[1],随手写出,皆山水传神矣。

注释

[1]鄞(yín)鄂:本指城郭,这里指障碍、界限。

二十三

李成惜墨如金,王洽[1]泼墨渖成画,夫学画者,每念惜墨泼墨四字,于六法、三品思过半矣。

注释

[1]工洽(?—804):一作王墨,唐代画家,传其作画,先饮酒,酒酣之后,泼墨作画。

二十四

画与字各有门庭,字可生,画不可熟,字须熟后生,画须生外熟。

二十五

王右丞画，余从槜李项氏[1]见《钓雪图》，盈尺而已，绝无皴法。石田所谓“笔意凌竞人局脊”者。最后得小幅，乃赵吴兴所藏。颇类营丘，而高简过之。也于长安杨高邮所得《山居图》，则笔法类大年。有宣和题“危楼日暮人千里，欹枕秋风雁一声”者。然总不如冯祭酒《江山雪霁图》具有右丞妙趣，予曾借观经岁，今如渔父出桃源矣。

注释

[1] 槜(zuì)李：今浙江嘉兴。项氏：项元汴，字子京，明代著名收藏家、书画家。

二十六

画无笔迹，非谓其墨淡模糊而无分晓也，正如善书者藏笔锋，如锥画沙、印印泥耳，书之藏锋在手，执笔沉着痛快，人能道善书执笔之法，则能知名画无笔迹之说。故古人如大令[1]今人如米元章、赵子昂，善书必能善画，其实一事耳。

注释

[1] 大令：王献之，曾做中书令，后称“王大令”。

二十七

迂翁画在胜国[1]时可称为逸品，昔人以逸品置神品之上，历代唯张志和[2]、卢鸿[3]可无愧色，宋人中米襄阳在蹊径之外，余皆从陶铸而来。元人能者虽多，然秉承宋法，稍加萧散耳。吴仲圭大有神气，黄子久特妙风格，王叔明奄有前规，而三家皆有纵横习气，独云林古淡天然，米痴后一人而已。

注释

［1］胜国：古人称已被取代的前王朝为胜国，此指元代。

［2］张志和：唐代画家、诗人，号烟波子，画山水，多酒酣之后，纵横为之。唐朱景玄《唐朝名画录》将其归为逸品，其云："张志和，或号曰烟波子，常渔钓于洞庭湖。初颜鲁公宦吴兴，知其高节，以渔歌五首赠之。张乃为卷轴，随句赋象，人物、舟船、鸟兽、烟波、风月，皆依其文，曲尽其妙，为世之雅律，深得其态。"

［3］卢鸿：一名浩然，为高士。工八分书，善画山水树石，隐于嵩山。开元初征拜谏议大夫，不受。

二十八

画家初以古人为师，后以造物为师。吾见黄子久天池图，皆赝本。昨年游吴中山，策筇石壁下，快心洞目，狂叫曰黄石公。同游者不测，余曰：今日遇吾师耳。（《题天池石壁图》）

二十九

昔人评王右丞画，以为"云峰石色，迥出天机，笔思纵横，参乎造化"。余未之见也。往在京华闻冯开之得一图于金陵，走使缄书借观，既至，凡三熏三沐，乃长几跽开卷。经岁，开之复索还，一似渔郎出桃花源，再往迷误，怅惘久之，不知何时重得路也。因想象为寒林远岫图，世有见右丞画者，或不至河汉。（《写寒林远岫图并题》）

三十

画秋景惟楚客宋玉最工，"寥栗兮若远行，登山临水兮送将归”，[1]无一语及秋，而难状之景多在语外。唐人极力摹写，犹是子瞻所谓“写画论形似，作诗必此诗”[2]者耳，韦苏州“落叶满空山”[3]、王右丞“渡头余落日”[4]差足嗣响。因画秋林及之。（《题秋林图》）

注释

［1］语出先秦宋玉《九辩》：“悲哉秋之为气也！萧瑟兮草木摇落而变衰。憭栗兮若在远行，登山临水兮送将归。”

［2］语本宋苏轼《书鄢陵王主簿所画折枝》：“论画以形似，见与儿童邻。作诗必此诗，定非知诗人。”

［3］语本唐韦应物《寄全椒山中道士》：“落叶满空山，何处寻行迹。”

［4］语本唐王维《辋川闲居赠裴秀才迪》：“渡头余落日，墟里上孤烟。”

三十一

米元章作画，一正画家谬习，观其高自标置，谓无一点吴生习气[1]。又云：王维之迹，殆如刻画，真可一笑。盖唐人画法至宋乃畅，至米又一变耳。余雅不学米画，恐流入率易，兹一戏仿之，犹不敢失董、巨意，善学下惠，颇不能当也。（《仿米画题》）

注释

［1］吴生习气：荆浩曾说吴道子之画“有笔而无墨”，此处之习气当指吴道子画重视线条而不注意墨法而言。

三十二

云山不始于米元章，盖自唐时王洽泼墨便已有其意，董北苑好作烟景，烟云变灭，即米画也。余于米芾潇湘白云图悟墨戏三昧，故以

写楚山。(《烟江叠嶂图》)

三十三

传称西蜀黄筌[1],画兼众体之妙,名走一时,而江南徐熙[2]后出,作水晕画,神气若涌,别有生意,筌恐其轧己,稍有瑕疵。至于张僧繇画,阎立本以为虚得名。固知古今相倾,不独文人尔尔。吾郡顾仲方[3]、莫云卿[4]二君,皆工山水画。仲方专门名家,盖已有岁矣。云卿一出,而南北顿渐遂分二宗。然云卿题仲方小景,目以神逸,乃仲方向余敛衽云卿画不置,犹如其以诗词相标誉者。俯仰间见二君意气,可薄古人耳。(《跋仲方云卿画》)

注释

[1] 黄筌(?—965):五代后蜀画家,字要叔,师刁光胤,善花鸟。

[2] 徐熙:五代南唐画家,风格恬淡,历史上有所谓“黄筌富贵,徐熙野逸”的说法。

[3] 顾仲方:明代画家,字仲方,华亭人。善山水,师宋元名家,而自成一格。

[4] 莫云卿:莫是龙(1539—1587),字云卿,又字廷韩,号秋水。

三十四

米海岳[1]“书无垂不缩,无往不收”,此八字真言,无等等咒[2]也。然须结字得势。海岳自谓集古字,盖于结字最留意,比其晚年始自出新意耳。学米书者惟吴琚[3]绝肖,黄华、樗寮,[4]一支半节,虽虎儿亦不似也。

注释

[1] 米海岳:米芾,号海岳外史。

[2] 无等等咒:佛教以无与伦比的咒语为无等等咒,为般若波罗蜜多咒四名之一。

[3] 吴琚:南宋书画家,字居父,号云壑,书法尤擅大字,京口北固山之“天下第一江山”为其所书。

[4] 黄华:王庭筠,号黄华,金画家。樗寮:南宋书家张即之,号樗寮。

三十五

作书最忌者位置等匀,且如一字中,须有收有放,有精神相挽处。王大令之书从无左右并头者,右军如凤翥鸾翔,似奇反正。米元章谓大年千文[1],观其有偏侧之势。出二王外,此皆言布置不当平匀,当长短相错,疏密相间也。

注释

[1] 大年千文:南宋赵令穰《千字文》帖。

三十六

捉笔时须定宗旨,若泛泛涂抹,书道不成形象,用笔使人望而知其为某书,不嫌说定法也。

三十七

作书最要泯没棱痕,不使笔笔在纸素,成板刻样,东坡诗论书法云:“天真烂漫是吾师。”此一句丹髓也。

三十八

大慧禅师[1]论参禅云："譬如有人具百万资，吾皆籍没尽，更与索债。"此语殊类书家关捩子。米元章云："如撑急水滩船，用尽气力，不离故处。"盖书家妙在能合，神在能离，所以离者，非欧、虞、褚、薛名家伎俩，[2]直要脱去右军老子习气，所以难耳。哪吒拆骨还父，拆肉还母，若别无骨肉，说甚虚空粉碎，始露全身，晋、唐以后，惟杨凝式[3]解此窍耳，赵吴兴未梦见在。余此语悟之楞严八还义[4]。明还日月，暗还虚空，不汝还者，非汝而谁？[5]然余解此意，笔不与意随也。[6]

注释

[1] 大慧禅师(1089—1163)：宋代临济宗杨岐派僧，字昙晦，号妙喜，又号云门，其禅法被称为"看话禅"。

[2] 欧、虞、褚、薛：指唐代书法家欧阳询(557—614)、虞世南(558—638)、褚遂良(596—658或659)、薛稷(649—713)。

[3] 杨凝式(873—954)：唐代书法家，字景度，号虚白，官至太子太保，世称"杨少师"，作书每露狂态，故世号"杨风子"。

[4] 楞严八还义：《楞严经》列有"八还"之说，所谓"无日不明，明因属日，是故还日。暗还黑月，通还户牖，壅还墙宇，缘还分别，顽虚还空，郁埻还尘，清明还霁"。宋苏轼《次韵道潜留别诗》曰："异同更莫疑三语，物我终当付八还。"八还，诸变化相，从其本因上说，有八种。

[5] 不汝还者，非汝而谁：《楞严经》卷二说："诸可还者，自然非汝。不汝还者，非汝而谁？"如果超越外在"看"的方式呈现能见自性，不从物质表象上去追逐，这自性就彰显出来。

[6] 此则随笔下款"甲寅(1614)二月"。

三十九

书法虽贵藏锋，然不得以模糊为藏锋，须有用笔如太阿剸截之意，盖以劲利取势，以虚和取韵。颜鲁公所谓"以印印泥、如锥画沙"是也。细参《玉润帖》，思过半也。

四十

药山看经[1]曰："图取遮眼，若汝曹看牛皮[2]也须穿。"今人看古帖，皆穿牛皮之喻也。古人神气淋漓，翰墨间妙处在随意所如，自成体势，故为作者。字如算子，便不是书，谓说定法也。

注释

[1] 药山：药山惟俨(751—834)，唐代禅僧，属青原行思之法系。看经：在禅林中，强调妙悟，每将看经一事揶揄为摩弄文字。药山此处即语有讥讽，认为诵读经书，心中不悟，并非禅家正途。

[2] 看牛皮，用来比喻在经书中摩挲难出。

四十一

予学书三十年，悟得书法而不能实证者，在自起自倒，自收自束处耳。过此关，即如右军父子亦无奈何也。转左侧右，乃右军字势，所谓迹似奇而反正者，世人不能解也。

四十二

古人作书，必不作正局，盖以奇为正，此赵吴兴所以不处晋唐门室也。《兰亭》非不正，其纵宕用笔处无迹可寻，若形模相似，转去转远。柳公权云笔正，须善学柳下惠者参之。余学书三十年见此意耳。

四十三

晋唐人结字，须一一录出，时常参取，此最关要。吾乡陆俨山先生作书，虽率尔应酬，皆不苟且，常曰："即此便是写字，时须用敬也。"吾每服膺斯言，而作书不能不拣择，或闲窗游戏，都有着精神处，惟应酬作答，皆率易苟完，此最是病。今后遇笔研，便当起矜庄想。古人无一笔不怕千载后人指摘，故能成名，因地不真，果招纡曲，未有精神，不在传远，而幸能不朽也。

吾于书似可直接赵文敏，第少生耳。而子昂之熟，又不如吾有秀润之气。惟不能多书，以此让吴兴一筹。画则具体而微，要亦三百年来具眼人也。

四十四

吾学书在十七岁时，先是吾家仲子伯长名传绪与余同试于郡，郡守江西袁洪溪以余书拙置第二，自是始发愤临池矣。初师颜平原《多宝塔》，又改学虞永兴，以为唐书不如晋魏，遂仿《黄庭经》及钟元常《宣示表》《力命表》《还示帖》《丙舍帖》，凡三年，自谓逼古。不复以文徵仲、祝希哲[1]置之眼角，乃于书家之神理实未有入处，徒守格辙耳。比游嘉兴，得尽睹项子京家藏真迹，又见右军《官奴帖》于金陵，方悟从前妄自标评，譬如香严和尚[2]，一经洞山问倒，愿一生做粥饭僧。余亦愿焚笔研矣，然自此渐有小得，今将二十七年，犹作随波逐浪[3]书家。翰墨小道，其难如是，况学道乎。

注释

[1] 祝希哲：祝枝山（1460—1526），明代书法家祝允明，字希哲，号枝山。

[2] 香严和尚（？—898）：唐代禅僧，法号智闲，初从百丈怀海出家，后为沩山灵祐弟子。《五灯会元》卷九："邓州香严智闲禅师……遂参沩山，山问：'我闻汝在百丈先师处，问一答十，问十答百，此是汝聪明灵利，意解识想，生死根本，父母未生时，试道一句看。'师被一问，直得茫然。归寮，将平日看过底文字，从头要寻一句酬对，竟不能得。乃自叹曰：'画饼不可充饥。'屡乞沩山说破，山曰：'我若说似汝，汝已后骂我去。我说底是我底，终不干汝事。'师遂将平昔所看文字烧却。曰：'此生不学佛法也，且作个长行粥饭僧，免役心神。'乃泣辞沩山。"香光此处所言"洞山"，乃是误记，当为沩山。

[3] 随波逐浪：云门三句之一，本义谓随机接引，不主故常。但禅宗各家对此有不同解释。

四十五

白香山深于禅理，以无心道人作此有情痴语，几所谓木人见花鸟者耶。山谷为小词，而禅德呵之，谓不止落驴胎马腹，则慧业绮语，犹当忏悔耳。余书此歌，用米襄阳楷法，兼拨镫意，欲与艳词相称，乃安得大珠小珠落研池也。（《书琵琶行题后》）

四十六

古人诗语之妙，有不可与册子参者，惟当境方知之。长沙两岸皆山，余以牙樯游行其中，望之地皆作金色，因忆"水碧沙明"[1]之语，又自岳州顺流而下，绝无高山，至九江则匡庐兀突，出樯帆外，因忆孟襄阳所谓"挂席几千里，名山都未至。泊舟浔阳郭，始见香炉峰"[2]，真人语，千载不可复值也。

注释

［1］水碧沙明：语出唐钱起《归雁》：“潇湘何事等闲回，水碧沙明两岸苔。二十五弦弹夜月，不胜清怨却飞来。”

［2］此为唐孟浩然《晚泊浔阳望庐山》诗句。

四十七

作文又得解悟，时文不在学，只在悟。平日须体认一番，才有妙悟。妙悟只在题目腔子里[1]。思之思之，思之不已，鬼神将通之。到此将通时，才唤做解悟。了得解时，只在信手拈来，头头是道。自是文中有神，动人心窍。理义原悦人心，我合着他，自是合着人心。

注释

［1］题目腔子里：意指心灵中。

四十八

文要得神气，且试看死人活人，生花剪花，活鸡木鸡，若何形状，若何神气，识得真，勘得破，可与论文。如阅时义，阅时令吾毛竦色动，便是他神气逼人处。阅时似然似不然，欲丢欲不丢，欲读又不喜读，便是他神索处。故窗稿不如考卷之神，考卷之神薄，不如墨卷之神厚。魁之神露，不如元之神藏，试之自有解入处。

脱套去陈，乃文家之要诀，是以剖洗磨练，至经光透露，岂率尔而为之哉！必非初学可到，且定一取舍，取人所未用之辞，舍人所已用之辞，取人所未谈之理，舍人所已谈之理，取人所为未布之格，舍人所已布之格。取其新，舍其旧，不废辞，却不用陈辞，不越理，却不用皮肤理，不异格，却不用卑琐格。得此思过半矣。

四十九

多少伶俐汉，只被那卑琐局曲情态耽搁一生。若要做个出头人，直须放开此心，令之至虚，若天空，若海阔。又令之极乐，若曾点游春[1]，若茂叔观莲，洒洒落落，一切过去相、见在相[2]、未来相，绝不挂念，到大有入处，便是担当宇宙的人，何论雕虫末技！

注释

［1］曾点游春：《论语·先进》："'点，尔何如？'鼓瑟希，铿尔，舍瑟而作。对曰：'异乎三子者之撰！'子曰：'何伤乎？亦各言其志也。'曰：'莫春者，春服既成；冠者五六人，童子六七人，浴乎沂，风乎舞雩，咏而归。'夫子喟然叹曰：'吾与点也。'"

［2］茂叔观莲：北宋理学家周敦颐有《爱莲说》，当指此。见在相：现在相。

五十

"虚室生白，吉祥止止。"[1]予最爱斯语，凡人居处洁净无尘溷，则神明来宅，扫地焚香，萧然清远，即妄心亦自消磨。古人于此散乱时，且整顿书几，故自有意。

注释

［1］虚室生白，吉祥止止：语出《庄子·人间世》。

五十一

摊烛作画，正如隔帘看月，隔水看花，意在远近之间，亦文章妙法也。

五十二

心如画师，想成国土。人在醉乡，有千日而不醒者，官中之天地也。人在梦宅，有千载而不寤者，名中之天地也。关尹子[1]曰：至人去天地，去识。

注释

[1] 关尹子：关尹，春秋末道家思想家，所传《关尹子》一书，为后人伪托。

解　说

一、绘画南北宗的提出

画分南北宗，是中国画学史上的一桩公案。在董其昌之前，绘画理论中并没有南北宗的分野，绘画中的南北宗问题是在董其昌时代出现的。从现在流传的资料来看，在绘画中提出南北宗问题的并不止董其昌一人，它涉及三个人物，即莫是龙（1537—1587）、陈继儒（1558—1639）、董其昌（1555—1636），三人同为华亭人，都是著名的书画家、文学家，而且都对南北宗问题发表过重要意见。

陈继儒说："山水画自唐始变古法，盖有两宗，李思训、王维是也。李之传为宋赵伯驹、伯骕以及李唐、郭熙、马远、夏圭，皆李派。王之传为荆浩、关仝、董源、李成、范宽，以及大小米、元四大家，皆王派。"（《宝颜堂秘笈·眉公杂著》）

这样的表述与董其昌在《画禅室随笔》中的论述是一致的。陈继儒这方面的论述较少，而且不及董其昌系统。作为董其昌一生的至友，陈继儒可能参与了绘画南北宗问题的讨论，但学界一般认为，陈继儒不是绘画南北宗说的提出者，而是此说的拥护者。

比董其昌稍长的同乡、书画家莫是龙，史传其有《画说》一篇。收在1610年刊刻的《宝颜堂秘笈》中，而《宝颜堂秘笈》乃是陈继儒等编，陈并有序言。陈继儒多次为他的同乡莫是龙刻书，现藏于日本的《莫廷韩遗稿》则为陈继儒所刻。《画说》共十七则，而这十七则与董其昌的《画禅室随笔》完全相同（本书所收录的前十七则即为董、莫二人所共有）。这十七则恰恰是南北宗说的核心内容。显然，如此重复，不可能二者兼有。当为编选者所为，究竟是董作，还是莫为，二者必居其一。对此学界争论较大。

有的论者认为：莫是龙年长于董其昌；《画说》见于1610年所刻的《宝颜堂秘笈》，而《容台集》（《画禅室随笔》中关于南北宗的论述均见是集）刻于1630年，董氏关于南北宗的论述文字出现在后；《画说》为董、莫二人共同的朋友陈继儒所刻；1631年刊刻的《画史会要》（朱谋垔）已有引录莫是龙《画说》之语，而唐志契（1579—1651）在去此稍后刊刻的《绘事微言》中谈到莫是龙的《画说》，徐沁在《明画录》（约成书于1677年前后）也列有莫是龙《画说》一书。可证董其昌的南北宗说实出于莫是龙。莫是龙是南北宗说的提出者。

而《画禅室随笔》中的一则论述，似乎更支持了这种观点，董其昌说：

> 吾郡顾仲方、莫云卿二君，皆工山水画。仲方专门名家，盖已有岁年。云卿一出，而南北顿渐遂分二宗。然云卿题仲方小景，目以神逸，乃仲方向余敛衽云卿画不置，犹如其以诗词相标誉者。俯仰间见二君意气，可薄古人耳。（《跋仲方云卿画》）

这段话被有的论者解读为：董其昌明确表示“云卿一出，而南北顿渐，遂分二宗”，意思即董其昌肯定了南北宗说由其乡贤莫是龙所提出。

版本的依据似乎很坚实，但存在的疑点也很多。主张分宗说由

董其昌提出的论者,列出了一些值得重视的证据,其中有:

一、汪世清发现《十百斋书画录》记载,董其昌 1599 年 3 月从北京回松江养病期间,写下了不少题画随笔,其中有十五则,与《画说》相同。这样,以《宝颜堂秘笈》证莫是龙为分宗说的提出者的观点就难以成立了。

二、关于董其昌“仲方专门名家,盖已有岁年。云卿一出,而南北顿渐遂分二宗”的解释,有的论者(如启功、郑秉珊)认为,董其昌在这里并不是说莫是龙提出了绘画中的南北宗说,而是将莫是龙和顾正谊的画风进行比较,认为正谊偏重于工力,以“专门名家”,似北宗;莫是龙偏重于意气妙悟,似南宗。

三、董其昌论南北宗语除了和《画说》重复的部分之外,尚有其他内容,如见于《画禅室随笔》的“文人之画自王右丞始,其后董源、僧巨然、李成、范宽为嫡子,李龙眠、王晋卿、米南宫及虎儿皆从董巨得来,直至元四家黄子久、王叔明、倪云镇、吴仲圭皆其正传,吾朝文、沈则又遥接衣钵。若马、夏及李唐、刘松年,又是李大将军之派,非吾习易学也”。

四、有的学者通过内证(如傅申先生),得出《画说》十七则应为董其昌所作。董的收藏可以支持分宗说的观点,如属南宗的米、高二家绘画,董其昌收藏很多;在董其昌的著作中,对前代大师的评价具有一致性,如对赵大年的评价,等等。

五、南北宗的说法出于禅宗,董其昌对禅宗有深入的研究,如其批读《宗镜录》一百卷就可以看出,他对禅学的确下过苦功。从思想的角度看,以禅评画比较符合董其昌的学术背景。而在《莫廷韩遗稿》中,可以看出,莫是龙涉及禅宗的内容很少,而且是零星的,不似董其昌系统地接受南宗禅的观点。

目前这一争论并没有形成一致的意见,争论还在继续。我倾向于分宗说的提出者是董其昌,而不是莫是龙。董其昌并不是将分宗说作为一个学术问题来对待,他是通过对中国画史中两种不同的创作途径的区分，推崇他强调妙悟的绘画创作观念。董其昌的禅学背景是其分宗说的重要基础。而董其昌的创作倾向，则是对他所推崇的南宗说的实践。《画说》中的十七则内容，不但与《画禅室随笔》的思想完全一致，而且也与《容台集》中所反映的董其昌思想相吻合。《画说》中的十七则内容的作者问题，其实是编选者所造成的。

二、绘画南北宗理论的美学价值

董其昌等的分宗说，在美学上是有重要贡献的。集中体现在三个方面：第一，肯定"文人意识"的理论，突出艺术作为心灵寄托的思想；第二，通过对人工和妙悟的辨析，强调妙悟作为艺术创造根本方式的地位；第三，在南北两种不同风格的辨析中，高扬和谐、优柔、含蓄的美学风范。

第一，关于分宗说和文人意识的关系问题。分宗说的形成，是由文人画的理论发展而来的。南宗画就是文人画，文人画不是文人所画之画，而是体现出"士夫气"（即今人所说文人意识）的画，文人意识的核心在"士气"。

文人画的提法始于北宋，苏轼在跋宋子房（汉杰）画中写道："观士人画，如阅天下马，取其意气所到。乃若画工，往往只取鞭策、毛皮、槽枥、刍秣，无一点俊发，看数尺许便倦。汉杰真士人画也。"（据《画继》卷三引）他明确提出"画工画"和"士人画"的分别。所谓"士人画"就是"文人画"。前者被指为工匠之作，后者被誉为灵性之作。苏轼曾说："米家山谓之士夫画。"所谓"士夫画"（或"士人画""文人画"）关键在于体现出一种"士气"。概括这方面的观点，大致有以下主要内容：

"士气"来自人的根性，是人的生命所发出的力量。如董其昌说："画家六法，一气韵生动。气韵不可学，此生而知之，自然天授。""元季高人，国朝沈启南、文徵仲，此气韵不可学也。"明李日华说：

"绘画必以微茫惨澹为妙境,非性灵澄彻者,未易证入。所谓气韵在于生知,正在此虚澹中所含意多耳。"他们的这一思想受到北宋郭若虚的影响,郭若虚说:"如其气韵,必在生知。"这一理论并非强调生而知之,而是强调艺术创造力要发自根性,气韵非学出,而是从心源中发出,艺术家要以灵魂的觉性去知,这就是"生知"。非学出,而是养出。当然,非学出,并不代表排斥学,而如董其昌所说的"学至于无学","学"可以培植根性,滋养根性,而至于"无学",不以"学"羁绊心灵。

"士气"强调以自由而无拘束的心灵来创造。中国画自五代以来,就有院体画和业余画的区别。画院制度的建立,使绘画走上了职业化的道路,其功利性色彩日趋浓厚,艺术家的个性、心灵传达受到很大影响,绘画越来越成为一种技术手段,而造成了艺术性的缺失。士人画的提出,实际上在院体画之外,更强调业余画倾向。此二者相比,一是在朝的,一是在野的;一是功利的,强调其目的性,一是无目的的、业余的、自愉的;一个侧重于"技",一个侧重于"道"。所以文人画与画家画的区别,本质上是业余画和院体的区别。

董其昌等更强调士气中奔放飘逸的精神。士人画是超越凡俗的,他说:"绝去甜俗蹊径,乃为士气。"董其昌还以书法来作喻,说明士气所应具有的精神。他说:"士人作画,当以草隶奇字之法为之。"这一思想受到了元代画家钱选的影响,据董其昌《容台集》记载:"赵文敏问道于钱舜举,何以称士气?钱曰:隶体耳。"所谓草隶之法,即是有"隶气",它是一种与官方典雅风范相对的、来自草莽、超越于法度之外的执拗飘洒之气,这样的精神,就是他们提倡的"士气"。

第二,关于妙悟的问题。在文人画提出之初,妙悟就受到论者的注意。禅宗对中国艺术的影响是极为深刻的。在一定程度上可以说,禅宗的出现,南宗禅定于一尊,改变了中国艺术的发展方向。禅以"教外别传,不立文字。直指人心,见性成佛"为门规,"不立文字”、强调“以心传心”的心传之妙是禅的重要特色。为了强调心悟，禅大开方便之门，从四祖道信的“莫读经，莫与人语”到洪州禅的“平常心是道”“即心是佛”，禅宗越来越向简捷方便方向发展。其发展到极至，只期望心之一悟，一切外在的手段都可以免除，打柴担水，都可以成佛，甚至早期禅宗的坐禅法也可以免除，禅宗走上了一条彻底的非技巧、非经典、非工具的道路。这一点对艺术家们有极大的诱惑力。北宋时期就由禅引发了艺术家关于心悟和技巧的讨论。以苏轼为中心的文人集团则是这方面的弄潮儿，这个文人集团喜爱以禅悦相激赏，禅宗简便直接的了悟方式，成了他们推崇的重要创作源泉。苏轼所说的“观士人画，如阅天下马，取其意气所到”，就强调艺术出自悟性，而不是出自带有匠气的技巧性行为。

论者将此概括为“画工”和“化工”的区别。前者是人工机巧的道路，后者是妙悟的道路，即物我相合，无为应化，如水泻地，随物赋形，自然而然。清沈宗骞这样描绘“化工”的特点：“当夫运思落笔时，觉心手间有勃勃欲发之势，便是机神初到之候，更能引机而导，愈引愈长，心花怒放，笔记态横生，出我腕下，恍若天工。”（《芥舟学画编》）清恽南田在评一幅画时说：“全是化工神境，磅礴郁积，无笔墨痕，等令古人歌笑出地。”又说：“元人幽亭秀木，自在化工之外一种灵气。”（《南田画跋》）相比而言，化工是无目的的，画工则是有目的；化工是妙悟的，画工则没有放弃人工和理智智巧；化工优游不迫，画工则伤于刻画；化工可冥然物化于对象之中，画工则是物我了不相类。

与苏轼所倡导的此一风气相应，郭若虚的《图画见闻志》（成书于 1074 年）对“气韵”发表了和以前不同的看法：“六法精论，万古不移。然而骨法用笔以下五者可学，如其气韵，必在生知。”它揭示了两种不同的创作方式及其结果，一是竭巧思，动机巧，但终然不得；一是默契神会，不知然而然。前者为“众工之事”，就是工匠；后者是“岩穴上士”之作，是有文人意趣的“士人”。宋邓椿在《画继》（成书于1167年)中也承继了这一思想,特为这些重悟性的文人画家列出“轩冕才贤、岩穴上士”①一格,也即庙堂中的士夫、隐逸中的高士。在其所列的二十五位画家中,大都以妙悟见称,而不是以工巧见长。其所引李伯时的“世以破坐为自在,自在在心不在相也”可以作为他对此种创作倾向的注脚,就是重性情感悟而不重工巧细整。所列画家普遍有一种文人的“雅气”,脱略形迹,远翮高骞,不落凡尘,像苏轼、米芾、米友仁、晁补之、李伯时等绘画都是放逸高标,不求形似,唯重性情趣味,都是“在心”妙悟的结果。在两宋的画风中,正像陈涧上评觉心禅师的绘画时所说的那样:“虚静师(觉心)所造者道也,放乎诗,游戏乎画,如烟云水月,出没太虚,所谓风行水上,自成文理者也”(《画继》卷五引),强调自然妙悟的绘画理念已蔚为风尚。

从苏轼倡导文人意识的努力到元代赵子昂和元四家,心灵的妙悟成了许多艺术家奉行的创作原则。元代中后期,绘画中的业余画倾向愈加明显,绘画被视为愉悦情性的工具,形似工巧受到普遍排斥。这是南北宗论画的先声。至明代中后期,董其昌等正式提出绘画的南北宗说,以文人画属南宗,以匠人画属北宗。南宗画强调妙悟,如董其昌所说的“一超直入如来地”,在“无心凑泊处”②见分晓,这个无心凑泊处,真是微妙玲珑。无心者,无机巧之心也,本无心相求,却不期然而然相会。如苏轼所云:“吾文如万斛之珠,取之不竭,惟行于所当行,止于所不得不止耳。”而北宗画重视的是技巧。陈继儒说:“李派板细无士气。”所谓“板细”就是重形式工巧,不符合文人画的审美趣味。所以南北宗的区别主要在于重妙悟和重技巧。

南北宗的提倡者将二宗分别冠以一些特别的名称。他们将重视工巧之类的画,叫作“行家”画;将通过妙悟所作之画,称为“利家”

① 《画继》卷三列“轩冕才贤、岩穴上士”,位于“圣艺”和“侯王贵戚”之后。

② 《南田画跋》评元倪云林画说:“元人幽淡之处,予研思之久,而犹未得也。香山翁曰:予少而习之,至老尚未得其无心凑泊处,世乃轻言迂老乎。”以云林之妙,就在一个“无心凑泊”处。

画。董其昌说:“吾此门中,唯论见地,不论功行,所谓一超直入如来地。”在南宗的提倡者看来,艺术凭借的是一种悟力,没有这种悟力,尽管勤勤恳恳,亦步亦趋,费尽心机,终是和真正的艺术绝缘。如董其昌并不反对仇英的画,认为他很用功,但正是这一点让他感到惋惜。他指出仇英之辈“刻画谨细,为造物拘”,用心太苦,绘画本来是一种很有乐趣的事,在他则变成了一种苦活儿,这种全凭工力的画,和文人画的意趣是相违背的。所以他有时将这类画家归为“习者之流”,太工巧,过于倚重人工,人的悟性就隐而不彰了。董其昌的拥护者、清人李修易说:“北宗一举手即有法律,稍觉疏忽,不免遗讥。故重南宗者,非轻北宗也,正畏其难耳。”(《小蓬莱阁画鉴》)这些服膺南宗的艺术家们很尖刻地讽刺重视工巧的人为满身“匠气”“俗气”“火气”“甜腻气”。

董其昌将不重悟入而重技术的画家称为“画师”。他说:“落画师魔界,不复可救药矣。”或将其称为“作家”。其理论的继承者多以“妙悟”作为南宗画的当家本色。沈宗骞说:“士夫与作家相去不可以道里计。”所谓“作家”之“作”乃造作之作,是有为,是机巧。而他们所提倡的创作方式是“不作”,“不作”而任由自然,由智慧去创造,而不是由机巧去创作。笪重光《画筌》①的观点很有代表性,其云:“从来笔墨之探奇,必系山川之写照。善师者师化工,不善师者抚缣素。拘法者守家数,不拘法者变门庭。叔达变为子久,海岳化为房山,黄鹤师右丞而自具苍深,梅花祖巨然而独称浑厚,方壶之逸致,松雪之精妍,皆其澄清味象,各成一家,会境通神,合于天造。画工有其形而气韵不生,士夫得其意而位置不稳。前辈脱作家习,得意忘象;时流托士夫气,藏拙欺人。是以临写工多,本资难化;笔墨悟后,格制难成。”石谷、南田注曰:“资分格力,兼之者难。百年以来,不一二

---

① 《画筌》:石谷、南田注,据桐花馆订正本。《画筌》中之叔达,指五代画家董源。子久,指元代画家黄公望。海岳,指北宋画家米芾。房山,指元代画家高克恭。黄鹤,指元代画家王蒙。梅花,指元代画家吴镇。方壶,指元代画家方从义。

观。故有童而习之，老无所得，或恃其聪明，终亏学力，此成家立名之所以不易也。”笪重光提倡的“会境通神，合于天造”的创作方式，就是妙悟。与妙悟相对的乃是凭机巧、逞聪明，有“作家气”，而无“士夫气”。石谷、南田提出的重“资分”而轻“习得”，正是为灵心的妙悟留下了天地。

第三，关于优柔含蓄的风格问题。当代画家陆俨少曾经说过：南北宗之间的区别是披麻皴和斧劈皴之间的区别。这一概括很有思致。从皴法上说，南宗画法多用披麻皴以及由此衍生出的其他皴法（如荷叶皴、乱柴皴、云头皴、解索皴等），而北宗主要采用的是以斧劈皴为主的皴法，如折带皴、钉头皴、马牙皴、矾头皴、鬼面皴等。以斧劈皴为主的北宗皴法，线条刚硬，多用直线，折转多，有砍削之态，多外露之姿。而以披麻皴为主的南宗皴法，线条优柔含蓄，圆润充满，折转少，曲线多。华琳《南宗抉秘》云：“其在北宗画曰笔格遒劲，亦是浑厚有力，以出筋露骨，令人见而刺目”；“南宗之用笔似柔非柔，不刚而刚，所谓绵里针是也”。从笔墨关系来看，董其昌说：“南宗则王摩诘始用渲淡，一变钩斫之法。”“钩”指画山石先钩出外面的轮廓，“斫”指以头重尾轻、如同斧斫的皴法，画出山石的纹理线条。这样的技法难逃刚硬的宿命。董其昌认为，南宗画有笔有墨，将笔的轮廓淹没在墨的渲染之中，更增加了其内蕴。南宗画赋予水墨更重要的意义。在设色的问题上，南宗画并不摒弃设色，但认为艳丽的设色，不符合文人的美感追求，所以，他们将淡逸之风作为宗门的重要特点。

在南宗的提倡者看来，“文则南，硬则北”；“李派粗硬”（以上陈继儒语）；李派是“横扫躁硬”（沈灏语）。柔和硬成了南北宗在风格上的重要区别。南宗画的提倡者认为，南宗是平和的，北宗是冲突的；南宗是含蓄的，北宗是外露的；南宗是淡逸的，北宗是富丽的；南宗是浑厚的，北宗是薄削的。

尊南抑北，的确有门户之见，但其本身也透露出一些重要的美学倾向，在一定程度上反映了对中国美学传统回归的趋势。

首先是对传统和谐审美理想的回归。中国传统绘画多视绘画为心灵的扁舟，这个扁舟可以具有形式内部的张力，但却不提倡性灵的压迫和挣扎，因为画家作画本来就是在此寻找一片安顿自我的天地，就像中国古代的私家园林。中国画家在三远构图中独钟平远的倾向就说明了这一点。文人画风的重要一点就是安顿性灵，一个和谐的审美境界正合于南宗画提倡者的心灵祈求。

其次，是对传统强调内敛的审美旨趣的回归。南宗的提倡者强调内蕴，外柔而内刚，绵里藏针才是画中胜境，绘画要有笔底金刚杵，要“端庄杂流丽，刚健含婀娜”，将强大的力感“忍”于形式之中。这和重视含蓄的中国美学传统是相吻合的。

复次，是对传统美学中的气化生机哲学的回归。南宗的提倡者将中国艺术的境界理论用之于绘画之中，追求雄浑博大的美感，其底蕴是中国的气化哲学思想。

参考文献

《画禅室随笔》，杭州：浙江人民美术出版社，2017 年。

《董华亭书画录》，青浮山人辑，《艺术丛编》第一辑，台北：世界书局，1962 年。

《董其昌研究文集》，上海：上海书画出版社，1993 年。

《文人画与南北宗》，上海：上海书画出版社，1996 年。

任道彬：《董其昌系年》，北京：文物出版社，1988 年。

郑威：《董其昌年谱》，上海：上海书画出版社，1989 年。

《董其昌全集》，上海：上海书画出版社，2014 年。

［美］卜寿珊（Susan Bush）著、皮佳佳译：《心画：中国文人画五百年》，北京：北京大学出版社，2018 年。

［美］列文森著、包伟民译：《从绘画所见明代和清初社会中的业余爱好理想》，《海外中国画研究文选》，上海：上海人民美术出版社，1992 年，第 296—326 页。

方闻:《董其昌与正宗派绘画理论》,《故宫季刊》,2卷3期,台北:故宫博物院,1962年。

铃木敬:《明代绘画史研究》,东京:木耳社,1968年。

园冶

［明］计成

《园冶》三卷，明代计成撰。计成（1582—？），字无否，号否道人。吴江（今属江苏）人。善画，工诗文，尤以造园著称于世。1624 年，他在常州为江西布政使吴玄建造东第园，后在仪征为汪士衡建寤园，在南京为阮大铖建石巢园，扬州郑元勋的影园也是在他的精心设计下建造的。时人对他在造园上的见地赞扬有加。郑元勋曾说："予卜筑城南，芦汀柳岸之间，仅广十笏，经无否略为区画，别现灵幽。"①计成园林设计上的成就来自对园林艺术的悉心体悟和不凡识见。他是我国历史上最负盛名的园林理论家，其《园冶》是中国第一部系统的园林理论著作，具有很高价值。

《园冶》成书于崇祯七年（1634），原名《园牧》，后因朋友建议改为现名，并于是年刊刻行世。《园冶》后附有计成跋语，说明此书刊刻诸事，其云："崇祯甲戌岁，予年五十有三，历尽风尘，业游已倦。少有林下风趣，逃名丘壑中，久资林园，似与世故觉远。惟闻时事纷纷，隐心皆然，愧无买山力，甘为桃源溪口人也。自叹生人之时也，不遇时也；武侯三国之师，梁公女王之相，古之贤豪之时也，大不遇时也！何况草野疏愚，涉身丘壑，暇著斯'冶'，欲示二儿长生、长吉，但觅梨栗而已。故梓行，合为世便。"初版本前有阮大铖的《冶叙》，说

① 郑元勋：《园冶》题词，见民国十六年（1927）武进陶氏涉园石印本。

明此书刊刻之缘由。今日本藏明本有“扈冶堂图书记”,扈冶堂为计成的斋名,知此书刊刻为作者亲见。另有“安庆阮衙藏板如有翻刻千里必治”语,并有“皖城刘炤刻”五字,刘炤为阮大铖手下之人,此书之刻本即由他书写。

此书在有清一代湮然无闻,很少有论者提及,唯有李渔等极少人谈及。李渔在《闲情偶记·居室部》:“至于墙上嵌花或露孔,使内外得以相视,如近时园圃所筑者,益可名为女墙,盖仿睥睨之制而成者也。其法穷奇极巧,如《园冶》所载诸式,殆无遗义矣。”此书流传至日本,易名为《夺天工》,得到日本造园界的推崇,许为世界造园学最古名著。20世纪30年代,中国营造学社等印行全书,乃为中国建筑园林界所重视。1981年,中国建筑工业出版社出版了陈植的校点注译本,这是目前国内《园冶》研究的最重要著述。此书前有作者陈植的序言,并有杨超伯的《园冶注释校勘记》、朱启钤的《园冶重刊序》、阚铎的《园冶识语》,后有陈从周的《跋陈植教授〈园冶注释〉》文,对研读这部著作具有重要参考价值。

《园冶》分三卷,卷一首篇为“兴造论”,提出园林之造不在匠,而在“主”——设计者,园林创造非技术之作,乃艺术之作,第一要有“窍”,用心思,有意味。次篇为“园说”,阐述园林创造的总体原则。“虽由人作,宛自天开”即出自此节。其后有“相地”“立基”“屋宇”“装折”四篇。“相地”一节共分说了六类园林地形,即山林地、城市地、村庄地、郊野地、傍宅地和江湖地。“立基”共涉及厅堂基、楼阁基、门楼基、书房基、亭榭基、廊房基和假山基等七类。“屋宇”论述了门楼、堂、斋、室、阁、房、馆、楼、台、亭、榭、轩、卷、广、廊等二十二类建筑,并附有具体的创造图式。“装折”篇论述的是园林的装饰,有屏门、仰尘(即天花板)、户槅、风窗等四种。卷二论栏杆之制,并附有图式。卷三有六篇,分别为“门窗”“墙垣”“铺地”“掇山”“选石”和“借景”。全书前有“自序”,后有跋语。这里所选是其中部分内容。

文据陈植《园冶注释》,中国建筑工业出版社1981年版。

自　序

不佞[1]少以绘名,性好搜奇,最喜关仝、荆浩笔意,每宗之。游燕及楚,中岁归吴,择居润州[2]。环润皆佳山水,润之好事者,取石巧者置竹木间为假山;予偶观之,为发一笑。或问曰:“何笑?”予曰:“世所闻有真斯有假,胡不假真山形,而假迎勾芒[3]者之拳磊乎?”或曰:“君能之乎?”遂偶为成“壁”[4],睹观者皆称“俨然佳山也”;遂播闻于远近。适晋陵方伯吴又予[5]公闻而招之。公得基于城东,乃元朝温相[6]故园,仅十五亩。公示予曰:“斯十亩为宅,余五亩,可效司马温公独乐[7]制。”予观其基形最高,而穷其源最深,乔木参天,虬枝拂地,予曰:“此制不第宜掇石而高,且宜搜土而下,合乔木参差山腰,蟠根嵌石,宛若画意;依水而上,构亭台错落池面,篆壑[8]飞廊,想出意外。”落成,公喜曰:“从进而出,计步仅四里,自得谓江南之胜,惟吾独收矣。”别有小筑,片山斗室,予胸中所蕴奇,亦觉发抒略尽,益复自喜。时汪士衡中翰,延于銮江西筑,[9]似为合志。兴又予公所构,并骋南北江焉。暇草式所制,名《园牧》尔。姑孰曹元甫[10]先生游于兹,主人偕予盘桓信宿。先生称赞不已,以为荆、关[11]之绘也,何能成于笔底?予遂出其式视先生。先生曰:“斯千古未闻见者,何以云‘牧’?斯乃君之开辟,改之曰‘冶’可矣。”崇祯辛未之秋杪,否道人暇于扈冶堂中题。[12]

注释

[1] 不佞:不才,自我的谦辞。

[2] 润州:今江苏省镇江市。

[3] 勾芒:古人以勾芒为春神。《礼记·月令》:“仲春之月……其帝太皞,其神句芒。”句芒即勾芒。

［4］壁：壁山，即假山。

［5］吴又予：吴玄，字又予。江苏武进人，明万历进士，官至江西布政使。布政使，又称方伯。

［6］温相：元温国罕达，曾官集庆军节度使。

［7］司马温公独乐：宋司马光有独乐园，并撰有《独乐园记》。

［8］篆壑：曲折的山壑溪涧。

［9］銮江：即今江苏仪征。此二句说仪征著名的园林汪园事，此园后毁。园以假山见称于世，明张岱《陶庵梦忆》中评仪征汪园三峰石云："余见其弃地下一白石，高一丈、阔二丈而痴，痴妙。一黑石，阔八尺、高丈五而瘦，瘦妙。"

［10］曹元甫：曹履吉，字元甫，号根遂，万历进士。

［11］荆、关：指五代北宋初年两位山水画家荆浩、关仝。

［12］崇祯辛未：公元1631年。秋杪：秋末。扈冶堂：计成斋名。

兴造论

世之兴造，专主鸠匠[1]，独不闻三分匠、七分主人之谚乎？[2]非主人也，能主之人也。古公输巧，陆云精艺，[3]其人岂执斧斤者哉？若匠惟雕镂是巧，排架是精，一架一柱，定不可移，俗以"无窍[4]之人"呼之，甚确也。故凡造作，必先相地立基，然后定其间进，量其广狭，随曲合方，是在主者，能妙于得体合宜[5]，未可拘牵。假如基地偏缺，邻嵌[6]何必欲求其齐，其屋架何必拘三、五间，为进多少？半间一广[7]，自然雅称，其所谓"主人之七分"也。第园筑之主，犹须什九，[8]而用匠什一，何也？园林巧于因借，精在体宜，愈非匠作可为，亦非主人所能自主者；须求得人，当要节用。[9]因者：随基势之高下，体形之端正，碍木删桠，泉流石注，互相借资，宜亭斯亭，宜榭斯榭，[10]不妨偏径，顿置婉转，[11]斯谓"精而合宜"者也。借者：园虽别内外，得景则无拘远近，晴峦耸秀，绀宇[12]凌空；极目所至，俗则屏之，嘉则收之，不分町疃[13]，尽为烟景，斯所谓"巧而得体"者也。体宜因借，非得其人，兼之惜费，则前工并弃，即有后起之输、云，何传

于世？予亦恐浸失其源，聊绘式于后，为好事者公焉。（卷一）

注释

［1］鸠匠：工匠。《诗经·召南·鹊巢》："维鹊有巢，维鸠居之。"《禽经》云："鸠拙而安。"晋张华注："《方言》云：蜀谓之拙鸟，不善营巢，取鸟巢居之，虽拙而安处也。"后以鸠匠代工匠。

［2］匠：指园林的施工者。主人：指园林的设计者。

［3］公输：公输班，即鲁班，传说中上古时期的卓越工匠。陆云：西晋文学家，与其兄陆机同负盛名。陆云著《登台赋》，涉及造楼之技巧，为后人所重。"陆云精艺"疑即指此。

［4］窍：灵窍，心计。

［5］得体合宜：体，园林的构置，外在的造型特征。宜，园林形式的内在意味。这是计成使用的两个造园术语。

［6］邻嵌：建筑学术语，拼镶。

［7］广（yǎn）：甲骨文和金文的写法像屋墙屋顶，其本义为依山崖建造的房屋。文中意为小屋。

［8］第：且。园筑之主，犹须什九：园林建筑中，设计所起的作用至关重要，占十分之九。

［9］得人：选择恰当的设计者。节用：此似并不是指节约费用，而指根据具体的地形特点等来造园。

［10］碍木删桠：如果有妨碍的树木，就剪去其树干枝丫。泉流石注：如果有流过的泉水，就将其引入石上。宜亭斯亭，宜榭斯榭：当建亭子的地方就建亭，当立台榭的地方就立台榭。

［11］不妨偏径：选择路径不妨偏僻。顿置婉转：布置景色要讲究婉转曲折。

［12］绀宇：庙宇。绀，青中含有红色，古代庙宇建筑多涂以此色，故称绀宇。

［13］町畽（tiǎntuǎn）：原野田畴。指屋旁的空地，禽兽践踏的地方。

园 说

凡结林园，无分村郭，地偏为胜。开林择剪蓬蒿；景到随机，在涧共修兰芷。径缘三益，[1]业拟千秋，围墙隐约于萝间，架屋蜿蜒于木末[2]。山楼凭远，纵目皆然；竹坞寻幽，醉心即是。轩楹高爽，窗户虚邻；纳千顷之汪洋，收四时之烂漫。梧阴匝地[3]，槐阴当庭；插柳沿堤，栽梅绕屋；结茅竹里，浚一派之长源；障锦山屏，列千寻之耸翠。虽由人作，宛自天开。刹宇隐环窗，仿佛片图小李[4]；岩峦堆劈石，参差半壁大痴[5]。萧寺[6]可以卜邻，梵音到耳；远峰偏宜借景，秀色堪餐。紫气青霞，鹤声送来枕上；白苹红蓼，鸥盟[7]同结矶边。看山上个篮舆[8]，问水拖条枥杖；斜飞堞雉，横跨长虹；不羡摩诘辋川，何数季伦金谷。[9]一湾仅于消夏，百亩岂为藏春；养鹿堪游，种鱼可捕。凉亭浮白，冰调竹树风生；[10]暖阁偎红，雪煮炉铛涛沸。[11]渴吻消尽，烦顿开除。夜雨芭蕉，似杂鲛人[12]之泣泪；晓风杨柳，若翻蛮女之纤腰。移竹当窗，分梨为院；溶溶月色，瑟瑟风声；静扰一榻琴书，动涵半轮秋水。清气觉来几席，凡尘顿远襟怀；窗牖无拘，随宜合用；栏杆信画，因境而成。制式新番，裁除旧套；大观不足，小筑允宜。（卷一）

注释

[1] 径缘三益：意为开径迎朋友。三益，《论语·季氏》："益者三友……友直，友谅，友多闻，益矣。"梁江淹《陶征君潜田居》诗云："素心正如此，开径望三益。"

[2] 木末：树梢。

[3] 匝地：遮天蔽日。

[4] 小李：唐代画家李昭道与其父均为山水画家，擅青绿山水，后人称其父子为大小李。

［5］大痴：元代画家黄公望，号大痴，为“元四家”之一，代表作有《富春山居图》等，其山水对后代中国画产生深远影响。

［6］萧寺：即寺庙。梁武帝萧衍造寺，令萧子云书大字“萧”，后寺毁，然此字存。后人以“萧寺”指代寺庙。

［7］鸥盟：古人认为鸥鸟是个信鸟，故称为“鸥盟”。宋范成大《临江仙》：“昼匆匆还卜夜，仍须月堕河倾。明年我去白鸥盟。”张炎《声声慢》：“西湖几番夜雨，怕如今、冷却鸥盟。”

［8］篮舆：藤编的轿子。

［9］不羡摩诘辋川：王维有辋川别业，在蓝田（今属陕西）。何数季伦金谷：晋富豪石崇，字季伦，有金谷园。

［10］浮白：饮酒。古人以饮酒为“浮一大白”。冰调竹树风生：此言夏日林中清风徐徐，如传来清幽的音乐。

［11］偎红：烤火。雪煮炉铛涛沸：《清异录》：“陶縠买得党太尉家姬，遇雪，取雪水烹团茶，谓姬曰：党家应不识此。姬曰：彼粗人，但于销金帐中，低斟浅酌，羊羔美酒耳。”

［12］鲛人：传说中的水底仙人。

相　地[1]

园基不拘方向，地势自有高低；涉门成趣，[2]得景随形，或傍山林，欲通河沼。探奇近郭，远来往之通衢；选胜落村，藉参差之深树。村庄眺野，城市便家[3]。新筑易乎开基，只可栽杨移竹；旧园妙于翻造，自然古木繁花。如方如圆，似偏似曲；如长弯而环璧，似偏阔以铺云。高方欲就亭台，低凹可开池沼；卜筑[4]贵从水面，立基先究源头。疏源之去由，察水之来历。临溪越地，虚阁堪支；夹巷借天，浮廊可度。倘嵌他人之胜，有一线相通，非为间绝，借景偏宜；若对邻氏之花，才几分消息，可以招呼，收春无尽。驾桥通隔水，别馆堪图；聚石垒围墙，居山可拟。多年树木，碍筑檐垣；让一步可以立根，斫数桠不妨封顶。斯谓雕栋飞楹构易，荫槐挺玉成难。相地合宜，构园得体。

山林地：园地惟山林最胜，有高有凹，有曲有深，有峻而悬，有平而坦，自成天然之趣，不烦人事之工。入奥疏源，就低凿水，搜土开其穴麓，培山接以房廊。杂树参天，楼阁碍云霞而出没；繁花覆地，亭台突池沼而参差。绝涧安其梁，飞岩假其栈；闲闲即景，寂寂探春。好鸟要朋，群麋偕侣。槛逗几番花信[5]，门湾一带溪流，竹里通幽，松寮隐僻，送涛声而郁郁，起鹤舞而翩翩。阶前自扫云，岭上谁锄月。千峦环翠，万壑流青。欲藉陶舆，何缘谢屐。[6]

城市地：市井不可园也，如园之，必向幽偏可筑。邻虽近俗，门掩无哗。开径逶迤，竹木遥飞叠雉[7]；临濠蜒蜿，柴荆横引长虹。院广堪梧，堤湾宜柳；别难成墅，兹易为林。架屋随基，浚水坚之石麓；安亭得景，莳花笑以春风。虚阁荫桐，清池涵月；洗出千家烟雨，移将四壁图书。素入镜中飞练，青来郭外环屏。芍药宜栏，蔷薇未架；不妨凭石，最厌编屏；未久重修，安垂不朽？片山多致，寸石生情；窗虚蕉影玲珑，岩曲松根盘礴。足征市隐犹胜巢居，能为闹处寻幽，胡舍近方图远；得闲即诣，随兴携游。

村庄地：古之乐田园者，居于畎亩[8]之中，今耽丘壑者，选村庄之胜。团团篱落，处处桑麻；凿水为濠，挑堤种柳；门楼知稼，廊庑连芸。约十亩之基，须开池者三，曲折有情，疏源正可；余七分之地，为垒土者四，高卑无论，栽竹相宜。堂虚绿野犹开，花隐重门若掩。掇石莫知假山，到桥若谓津通。桃李成蹊，楼台入画。围墙编棘，窦留山犬迎人；[9]曲径绕篱，苔破家童扫叶。秋老蜂房未割，西成鹤廪先支。[10]安闲莫管稻粱谋，沽酒不辞风雪路；归林得志，老圃有余。

郊野地：郊野择地，依乎平冈曲坞，叠陇乔林，水浚通源，桥横跨水，去城不数里，而往来可以任意，若为快也。谅地势之崎岖，得基局之大小；围知版筑，构拟习池[11]。开荒欲引长流，摘景全留杂树。搜根惧水，理顽石而堪支；引蔓通津，缘飞梁而可度。风生寒峭，溪湾柳间栽桃；月隐清微，屋绕梅余种竹；似多幽趣，更入深情。两三间曲尽春藏，一二处堪为避暑。隔林鸠唤雨，断岸马嘶风；花落呼童，竹深留客；任看主人何必问，还要姓氏不须题。须陈风月清音，休犯山林罪过。韵人安亵，俗笔偏涂。

注释

[1] 相地：陈植本以此节为《园说》中的第一节，似未妥。

[2] 涉门成趣：此用晋陶渊明《归去来兮辞》："园日涉以成趣，门虽设而常关。"

[3] 城市便家：此句意为，城市虽然很喧闹，但也可以居住，所谓大隐隐于朝市。

[4] 卜筑：选择地形建筑园林。

[5] 花信：花期。

[6] 陶舆：陶渊明的藤轿篮舆。谢屐：谢灵运登山的木屐。唐李白《梦游天姥吟留别》："脚着谢公屐，身登青云梯。"

[7] 叠雉：高叠的城墙。汉班固《西都赋》："建金城而万雉。"雉即城墙。

[8] 畎(quǎn)亩：田地。

[9] 窦留山犬迎人：指在墙中留洞，山犬于洞窥而迎人。

[10] 秋老：深秋季节。西成：秋天谷物成熟的季节。在五行模式中，秋天属西，故有西方者秋的说法。鹤廪：为喂鹤准备的粮食。此指粮食。

[11] 习池：即高阳池。据《襄阳记》记载："汉侍中习郁于岘山南，依范蠡养鱼法作鱼池，池边有高堤，种竹及长楸、芙蓉，缘岸菱芰覆水，是游燕名处。"

立　基[1]

凡园圃立基，定厅堂为主。先乎取景，妙在朝南，倘有乔木数株，仅就中厅一二。筑垣须广，空地多存，任意为持，听从排布；择成馆舍，余构亭台；格式随宜，栽培得致。选向非拘宅相，安门须合厅方。开土堆山，沿池驳岸；曲曲一弯柳月，濯魄清波；遥遥十里荷风，递香幽室。编篱种菊，因知陶令当年；锄岭栽梅，可并庾公故迹。[2] 寻幽移竹，对景莳花；桃李不言，似通津信；池塘倒影，拟入鲛宫。一派涵秋，重阴结夏；疏水若为无尽，断处通桥；开林须酌有因，按时架屋。房廊蜒蜿，楼阁崔巍，动“江流天地外”之情，合“山色有无中”之句。[3]适兴平芜眺远，壮观乔岳瞻遥；高阜可培，低方宜挖。（卷一）

注释

［1］立基：陈植本以此节为《园说》之一节，未当，改。

［2］陶令：指陶渊明。庾公：指庾信。

［3］二句引诗出自唐王维《汉江临眺》。

掇山

掇山之始，桩木为先，较其长短，察乎虚实。随势挖其麻柱，谅高挂以称竿；[1]绳索坚牢，扛抬稳重。立根铺以粗石，大块满盖桩头；堑里扫以查灰，着潮尽钻山骨[2]。方堆顽夯而起，渐以皴文[3]而加；瘦漏[4]生奇，玲珑安巧。峭壁贵于直立；悬崖使其后坚。岩、峦、洞、穴之莫穷，涧、壑、坡、矶之俨是。信足疑无别境，举头自有深情。蹊径盘且长，峰峦秀而古。多方景胜，咫尺山林。妙在得乎一人，雅从兼于半土。假如一块中竖而为主石，两条傍插而呼劈峰。独立端严，次相辅弼。势如排列，状若趋承。主石虽忌于居中，宜中者也可；劈峰总较于不用，岂用乎断然。排如炉烛花瓶，列似刀山剑树；峰虚五老[5]，池凿四方；下洞上台，东亭西榭。罅堪窥管中之豹，路类张孩戏之猫。[6]小藉金鱼之缸，大若丰都[7]之境；时宜得致，古式何裁？深意画图，余情丘壑；未山先麓，自然地势之嶙嶒[8]；构土成冈，不在石形之巧拙；宜台宜榭，邀月招云；成径成蹊，寻花问柳。临池驳以石块，粗夯用之有方；结岭挑之土堆，高低观之多致；欲知堆土之奥妙，还拟理石之精微。山林意味深求，花木情缘易逗。有真为假，做假成真；稍动天机，全叨人力；探奇投好，同志须知。（卷三）

注释

[1] 麻柱:立假山而用的柱子。称竿:立假山垒石所用挂滑车和绳索的三角架。

[2] 山骨:指地下的石头。

[3] 皴文:石头的纹理。

[4] 瘦漏:宋米芾曾说,太湖石有瘦、漏、透、皱四美。

[5] 五老:庐山峰名。

[6] 路类张孩戏之猫:园林的假山要曲折有致,如同儿童躲猫猫。

[7] 丰都:传说中鬼伯所居之地。此句意为,大的园林假山要有恍惚飘渺的意韵。

[8] 嶙嶒(céng):形容山势高耸险绝。

借景

构园无格,借景有因。切要四时,何关八宅[1]。林皋延伫,[2]相缘竹树萧森;城市喧卑,必择居邻闲逸。高原极望,远岫环屏,堂开淑气侵人,门引春流到泽。嫣红艳紫,欣逢花里神仙;乐圣称贤,足并山中宰相。[3]闲居曾赋,[4]芳草应怜,扫径护兰芽,分香幽室;卷帘邀燕子,闲剪清风。片片飞花,丝丝眠柳;寒生料峭,高架秋千;兴适清偏,怡情丘壑。顿开尘外想,拟入画中行。林荫初出莺歌,山曲忽闻樵唱,风生林樾,境入羲皇。[5]幽人即韵于松寮[6],逸士弹琴于篁里。[7]红衣新浴,碧玉轻敲。[8]看竹溪湾,观鱼濠上。山容蔼蔼[9],行云故落凭栏;水面鳞鳞,爽气觉来欹枕[10]。南轩寄傲,北牖虚阴;[11]半窗碧隐蕉桐,环堵翠延萝薜。俯流玩月,坐石品泉。苎衣不耐凉新,池荷香绾;[12]梧叶忽惊秋落,虫草鸣幽。湖平无际之浮光,山媚可餐之秀色。寓目一行白鹭,醉颜几阵丹枫。眺远高台,搔首青天那可问;凭虚敞阁,举杯明月自相邀。[13]冉冉天香,悠悠桂子。[14]但觉篱残菊晚，应探岭暖梅先。少系杖头，招携邻曲；[15]恍来林月美人，却卧雪庐高士。[16]云冥暗暗，木叶萧萧；风鸦几树夕阳，寒雁数声残月。书窗梦醒，孤影遥吟；锦帐偎红，六花[17]呈瑞。棹兴若过剡曲；[18]扫烹果胜党家。冷韵堪赓，清名可并；花殊不谢，景摘偏新。因借无由，触情俱是。

夫借景，林园之最要者也。如远借，邻借，仰借，俯借，应时而借。然物情所逗，目寄心期，似意在笔先，庶几描写之尽哉。（卷三）

注释

［1］八宅：八方。

［2］林皋：山林溪边的地方。延伫：眺望。

［3］花里神仙：古人称海棠为“花里神仙”。山中宰相：南朝文豪陶弘景隐居山中，人称“山中宰相”。《南史》卷七十六：“武帝笑曰：此人（按指陶弘景）无所不作，欲学曳尾之龟，岂有可致之理！国家每有吉凶征讨大事，无不前以咨询。月中常有数信，时人谓为山中宰相。”

［4］闲居曾赋：晋潘岳曾作《闲居赋》。

［5］林樾：林中遮荫地。境入羲皇：进入怡然自适状态的犹如上古时代的人。晋陶渊明《与子俨等疏》：“常言五六月中，北窗下卧，遇凉风暂至，自谓羲皇上人。”

［6］松寮：松林中的屋宇。

［7］逸士弹琴于篁里：语本唐王维《竹里馆》：“独坐幽篁里，弹琴复长啸。”

［8］红衣：指荷花。唐许浑《秋晚云阳驿西亭莲池》：“心忆莲池秉烛游，叶残花败尚维舟。烟开翠扇清风晓，水泥红衣白露秋。”唐陆龟蒙《芙蓉》：“闲吟鲍照赋，更起屈平愁。莫引西风动，红衣不耐秋。”碧玉：此指柳树。唐贺知章《咏柳》：“碧玉妆成一树高，万条垂下绿丝绦。不知细叶谁裁出，二月春风似剪刀。”唐温庭筠《原隰荑绿柳》：“碧玉牙犹短，黄金缕未齐。腰肢弄寒吹，眉意入春闺。”

［9］蔼蔼：乃“霭霭”之误，迷蒙飘渺的样子。晋陶渊明《归园田居》：“暧暧远人村，依依墟里烟。”

［10］欹枕：此指小睡。

［11］南轩寄傲：晋陶渊明《归去来兮辞》："倚南窗以寄傲，审容膝以易安。"北牖：北面的窗户。

［12］苎衣：苎麻织成的粗衣，此指夏衣。香绾：香气缭绕。

［13］搔首青天那可问：此用宋苏轼《水调歌头》词意："明月几时有，把酒问青天。"举杯明月自相邀：此用唐李白《月下独酌》诗意："花间一壶酒，独酌无相亲。举杯邀明月，对影成三人。"

［14］天香、桂子：桂花的代称。唐宋之问《灵隐寺》："桂子月中落，天香云外飘。扪萝登塔远，刳木取泉遥。"唐白居易《寄韬光禅师》："遥想吾师行道处，天香桂子落纷纷。"

［15］杖头：指买酒钱。《世说新语·任诞》："阮宣子常步行，以百钱挂杖头，至酒店，便独酣畅。虽当世贵盛，不肯诣也。"邻曲：邻居朋友。

［16］"林月美人"二句：化用明高启诗意："雪满山中高士卧，月明林下美人来。"雪庐高士：此指东汉袁安卧雪事。《后汉书·袁安传》注引《汝南先贤传》云："时大雪积地丈余，洛阳令身出案行，见人家皆除雪出，有乞食者，至袁安门，无有行路，谓安已死，令人除雪入户，见安僵卧，问何以不出，安曰：'大雪人皆饿，不宜干人。'令以为贤，举为孝廉。'"

［17］六花：雪的代称。宋曹勋《西江月》〔西园雪后〕："连夜六花飞舞，清晨玉境瑶阶。"又，宋张镃《风入松》："六花大似天边雪，又几时、雪有三层。"

［18］棹兴若过剡曲：《世说新语·任诞》："王子猷居山阴，夜大雪，眠觉，开室命酌酒，四望皎然。因起彷徨，咏左思《招隐诗》。忽忆戴安道。时戴在剡，即便夜乘小舟就之。经宿方至，造门不前而返。人问其故，王曰：'吾本乘兴而行，兴尽而返，何必见戴？'"

解说

《园冶》一书在理论倾向上值得注意的，首先是将园林艺术和技术区别开来的思想。园林虽然由屋宇亭台等构成，供人们实用之需，但园林建设辅之以假山、溪水、林木、花卉等，是为了满足人们审美需要，所以园林本质上是艺术的，而不是技术的。本书以"兴造论"发其端，提出“主之什九”“匠者什一”的思想，造园者是有“窍”之人，是具有特殊艺术心灵的人，就申发了这一思想。欲造园关键是要得这样的人。

其次，本书提出造园，其实就是造境，这一思想在美学上很重要。作者是一位画家兼诗人，他将画境诗心融进了这部营造著作中，突出了园林创造“园形、诗心、画意”三位一体的思想。“仿佛片图小李”“参差半壁大痴”等论述，就反映了他这方面的思想。

复次，本书从品园的角度谈造园。作者是一位造园家，但他又是一位卓越的品园家，他是站在品园的角度来一一分析园林形式的安排。《园冶》一书是他谈营造的法式，也是谈园林的品赏。他的造园不是为园林的拥有者提供一个休憩的空间，而是为鉴赏者提供一个优游性灵、咀嚼韵味的艺术形式。

正是这种独特的视角，使得这部划时代的著作在美学上多有创见。可以说，《园冶》一书确立了中国园林美学的大致框架。它是古人写成的“园林美学概论”，我将其概括为天、借、小三个字。以下就这几个字谈谈我的体会。

一、天

“虽由人作，宛自天开”是中国园林美学的纲领。这一思想是《园冶》的核心思想，也是对中国传统园林思想的总结。我国在汉代，园林创作就奉行崇尚自然的原则，园林虽然为人们实用之需而创造，但其重要用意在于遂人们自然之愿。《后汉书》就记载当时的名园梁园“深林绝涧，有若自然”。北魏杨衒之《洛阳伽蓝记》：“造景阳山，有若自然。”而到了唐代，园林创作以自然为范式已然成为普遍的思想。

计成在《自序》中以假山为例来谈他对园林的理解：“环润皆佳山水，润之好事者，取石巧者置竹木间为假山；予偶观之，为发一笑。或问曰：‘何笑？’予曰：‘世所闻有真斯有假，胡不假真山形，而假迎勾芒者之拳磊乎?'或曰:'君能之乎?'遂偶为成'壁',睹观者皆称'俨然佳山也';遂播闻于远近。"假山不是假的山,没有山水的形状,胡乱堆砌,那不是真正意义上的假山。假山是要表现出真山之态,但它又不是移动一段真山代之,而是"俨然真山"。虽假而不假,说真而不真。放之于整个园林,也是如此。

"不假"强调的是以自然为园林创造的范本。当然园林效法自然,并非是模仿自然之形,而是要得自然之趣,体现出自然的内在节奏。寂寂小亭,闲闲花草,曲曲细径,溶溶绿水,水中有红鱼三四尾,悠然自得,远处有烟霭腾挪,若静若动……自然之趣盎然映现其间,使人得到美的享受。

"不真"强调的是,园林虽然效法自然,但并非以模仿自然为根本,园林是艺术家的艺术创造,是造园家特殊的心灵境界的体现。在计成看来,是对自然的"冶",以心灵的洪炉冶炼自然,铸造一段神奇。所以,《园冶》说:"有真为假,做假成真,稍动天机,全叨人力。"以"人力"——人的智慧,来移动天机。如清沈复《浮生六记》谈到扬州瘦西湖时所说:"虽全是人工,而奇思幻想,点缀自然。"

在"虽由人作,宛自天开"的园林思想影响下,中国园林有独特的趣味追求,《园冶》将其概括为野趣、顽趣、天趣等。如计成强调园林中要有天然的趣味。《园冶》在这方面有丰富的思想。如其强调园林的野趣,说道:"凡结林园,无分村郭,地偏为胜。""市井不可园也,如园之,必向幽偏所筑。""江干湖畔,深柳疏芦之际,略成小筑,足征大观。"此书还强调园林的顽趣,反对人工的甜腻,如在选石中强调《瘦漏透》等,以稚拙作为追求的崇高境界,就反映了这种倾向性。他又强调园林的天趣,即山林趣味,与大自然融成一体的趣味。

清郑板桥《竹石》关于园林一段话,所述思路,与计成不谋而合:"十笏茅斋,一方天井,修竹数竿,石笋数尺。其地无多,其费亦无多也。而风中雨中有声,日中月中有影,诗中酒中有情,闲中闷中有伴。非唯我爱竹石,即竹石亦爱我也。彼千金万金造园亭,或游宦四方,终其身不能归亭,而吾辈欲游名山大川,又一时不得即往,何如一室小景,有情有味,历久弥新乎!对此画,构此境,何难?敛之则退藏于密,亦复放之可弥六合也。”

“虽由人作,宛自天开”,这八个字可以说是中国艺术的一个纲领。它含有三层意思:一切艺术都是人所“作”的;“作”得就像没有“作”过一样,不露任何痕迹;“作”得就像自然一样。这三层意思有两个要点,一是以自然为最高范本,二是对人工秩序的规避。而这两个要点又是相互关联的,它可以归结为一句话,这就是:在师法自然原则下规避人工的秩序。这是决定中国美学特色和中国艺术面貌的带有根本性的问题。

艺术是人的创造,却要规避人工的痕迹。因为,在中国艺术家看来,“人工”是与“天趣”相对的范畴,人工痕迹露,天然趣味亏。人工反映的是人类理性的秩序,带有一定的目的性,容易受到技巧主义的控制,难以摆脱既成的法度的限制,还会受到人的情感欲望等的影响,艺术家在如此状态中的创造,是一种不自由的创造,不自由的创造,只能破坏人的内在生命平衡。所以,中国艺术强调由人工返归天然,即从人工秩序中逃遁,复归于自然的秩序。

二、借

园林是空间艺术,它必然要受到空间的限制,封闭性的空间是园林的宿命。“借”就是要使封闭的空间开放起来,有限的空间包含更多的内容,所谓“江山无限景,都聚一亭中”,在静止的空间中显现出变化的节奏,在微小的设置中凝聚更多的胜景。借的妙用其实是中国美学虚实理论在园林中的体现,化实为虚,追光蹑影,由近及远,由真转幻,别构一段神奇,别为一段烟景。同时,从尘俗关系论,悠然玄思,顿开尘外之想,想入画中游,隔而借,借而流,使人不滞于一点,不没于一端,景随心而流,心随景而运,步移景移,景移心移。品园的过程成为人由外观到内心往复游动的过程,鉴赏者获得极大的精神满足。借景最能体现中国园林美学的“活”字,看一景,不止于一景;入一亭,不在此亭。花窗之意不在窗,溪涧之意不在涧。

《园冶》提出“巧于因借,精在体宜”的重要观点,正切合了中国园林这一特点。《园冶》卷三专列“借景”一节,以详论此一问题,认为“借景,林园之最要者”。给予借景在园林创造中如此高的地位,为前此论者所未及。

计成将“借”和“因”联系起来考察,这是他很有特点的思想。《兴造论》解释道:“因者:随基势之高下,体形之端正,碍木删桠,泉流石注,互相借资,宜亭斯亭,宜榭斯榭,不妨偏径,顿置婉转,斯谓‘精而合宜’者也。借者:园虽别内外,得景则无拘远近,晴峦耸秀,绀宇凌空;极目所至,俗则屏之,嘉则收之,不分町畽,尽为烟景,斯所谓‘巧而得体’者也。”“因”是根据地形等确定园林景物的布置,“借”是不分内外远近,尽为园林烟景。如袁枚说他的随园“非山之所有也,皆山之所有也”。因处即是借处,“构园无格,借景有因”。因地制宜,巧妙地利用空间的变幻,创造出超出一定空间的园林意境。故计成将因借体宜之方概括为一个“借”字。并将因借的思想和崇尚自然的思想联系起来,反映了中国哲学的一个重要倾向,就是自然生命的整体性,部分乃整体生命中的一个纽结,生生相联,生生不绝。

另外,计成还强调,借景的过程实际就是意境的创造。借景的关键不在于景可借不可借,而在于人心,借景实际是人的心灵对园林景观的重新组合,“借”的过程也是个再创造的过程,造园者为第一创造者,赏园者为第二创造者。造园者所创之景只是一个“引景”,关键是引发品园者的联想,而品园者的联想就是“借”。“借”在造园者只是一个影子,一个“烟景”,而在品园者那里实现了。计成于此将书画美学中的“意在笔先”的思想引入园林创造中,造园者着意为之,使园林尽为“烟景”,在实中见虚,真中见幻,无云处生云,无风处起风,所谓“山色有无中”是也。他说:“因借无由,触情俱是。”使得品园者因境生情，获得审美愉悦。造园者在借景巧妙的用思则显得非常重要，“倘嵌他人之胜，有一线相通，非为间绝，借景偏宜；若对邻氏之花，才几分消息，可以招呼，收春无尽”，处处可借，点点可通，要在细心领会，凭境而通。不可拘泥执着，尽为僵景。

计成还提出几种借景之法，如远借、邻借、仰借、俯借、应时而借等。如“高原极望，远岫环屏，堂开淑气侵人，门引春流到泽”是远借；“夹巷借天，浮廊可度”则是仰借；“半窗碧隐蕉桐，环堵翠延萝薜”则是邻借，等等。

李渔在《闲情偶寄·居室部》中对“借景”说也有论述，该部有《取景在借》一节。他说：“开窗莫妙于借景，而借景之法，予能得其三昧。向犹私之，乃今嗜痂者众，将来必多依样葫芦，不若公之海内，使物物尽效其灵，人人均有其乐。但期于得意酣歌之顷，高叫笠翁数声，使梦魂得以相傍，是人乐而我亦与焉，为愿足矣。”李渔以为借景为其私家发现，自以为得园林三昧，其实，细细揣摩他的借景说，得之于《园冶》之启发是至为明显的。《园冶》问世之后，多不见人论，今唯见笠翁谈及，笠翁谈造园之方时，认为颇合“《园冶》所载诸式”。而其谈借景之说时，却没有提到《园冶》，《园冶》以“巧于因借”为纲领，专列借景一节。

当然，这并不等于说笠翁的“借景”说，全是抄录《园冶》之论，他也有自己的体会。如他关于“便面”的理论：“向居西子湖滨，欲购湖舫一只，事事犹人，不求稍异，止以窗格异之。人询其法，予曰：四面皆实，独虚其中，而为便面之形。实者用板，蒙以灰布，勿露一隙之光；虚者用木作框，上下皆曲而直其两旁，所谓便面是也。纯露空明，勿使有纤毫障翳。是船之左右，止有二便面，便面之外，无他物矣。坐于其中，则两岸之湖光山色、寺观浮屠、云烟竹树，以及往来之樵人牧竖、醉翁游女，连人带马尽入便面之中，作我天然图画。且又时时变幻，不为一定之形。非特舟行之际，摇一橹，变一像，撑一篙，换一景，即系缆时，风摇水动，亦刻刻异形。是一日之内，现出百千万幅佳山佳水，总以便面收之。”通灵活络，诚是识园之语。

三、小

《园冶》“咫尺山林”的思想，是中国园林中的一个重要思想。

宋诗有“占尽风情向小园”之说。在中国园林中，小园的确有其特有的意味。在中国园林中，人们普遍追求“壶纳天地”的妙处。不必华楼丽阁，不必广置土地，引一湾清泉，置几条幽径，起几处亭台，便俨然构成一自在圆足的世界，便可使人“小园香径独徘徊”了。

相对于含纳万景、体露远心而言，园林则是局促而渺小的，即使是煌煌之皇家园林也难以收备万景，与人之远心相驰骛，何况是私家园林！因而中国园林中必然遇到一个远和近、大和小的问题。园林家毫不讳言园林之小的特征，园林命名就体现了这思想：勺园，如勺之大；蠡园，如一瓢之微；壶公楼，小得如壶一般；芥子园，微小得如同一粒种子；一沤居，细微如河海中的一缕涟漪。就是在这微小的天地中，中国园林艺术家却要做更大的梦：他们要在小园中上天入地，尽神通人。一沤就是茫茫大海，一假山就是巍峨连绵，一亭就是浩浩天庭，故人们常把园林景区叫作“小沧浪”“小蓬莱”“小瀛洲”“小南屏”“小天瓢”。“小”是园的特点，“沧浪”“蓬莱”则是人们远的心意。壶公有天地，芥子纳须弥，这成了中国造园家的不言之秘。明祁彪佳说得好：“夫置屿于地，置亭于屿，如大海一沤然，而众妙都焉，安得不动高人之欣赏乎！”

对于造园家来说，园不在乎小，而在于通过独特的设计，使其同生烟万象、大化生机联系起来。假山虽无真山之巨，但却可以通过石之通透、势之奇崛以及林木之葱茏、花草之铺地、云墙漏窗等周围环境，构成一个生机盎然的世界，从而表现山的灵魂。园林可以说是宇宙天地的微缩化，它就是一个小宇宙。园林之所以由小达于大，就在于循乎自然，表现造化之生机。没有这种生机活态，也就没有由小至大的转换机制。这种生机活态作用于鉴赏者的心灵中，使人们产生超出于园林自身的远思逸致。而品园者之所以能够在心目中完成这种转换，就在于和造园家一样，有共同的文化密码本，有那种共通的文化心理结构，由近及远、由小见大是整个中国哲学的重要理论之一。在中国艺术家的观念中，拳石有峥嵘，勺水有曲致，一叶可知劲秋，一沤可会海意。

历史上，中国很早就有园林的创造，汉时对由小见大的园林创造方式并未有特别的注意，因为汉文化是以大而著称的。六朝时随着佛教的深入人心，以小见大的思想逐渐为人们所重视，如南朝庾信有《小园赋》，他自己置一园林，园不大，数亩弊庐，寂寞人外，姑称小园，他非常爱这个小园，水中有一寸二寸之鱼，路边有三竿两竿之竹，再起一片假山，建一两处亭台，就满足了。他说，这毫无遗憾，也毫无缺少之嫌，因为："若夫一枝之上，巢父得安巢之所；一壶之中，壶公有容身之地。况乎管宁藜床，虽穿而可坐；嵇康锻灶，既暖而堪眠。岂必连闼洞房，南阳樊重之第；赤墀青琐，西汉王根之宅。"大有大的用处，小有小的妙谛。

中唐以后，这一思想越来越普遍。元结诗云："巡回数尺间，如见小蓬瀛。"(《窊尊诗》)独孤及说："山不过十仞，意拟衡霍；溪不袤数丈，趣侔江海。知足造境，境不在大。"(《琊琊溪述》)诗歌创作也朝着这个方向发展。刘禹锡诗云："看画长廊遍，寻僧一径幽。小池兼鹤净，古木带蝉秋。客至茶烟起，禽归讲席收。浮杯明日去，相望水悠悠。"(《秋日过鸿举法师寺院便送归江陵》)小池、古木、幽径，都是一个微小的世界，诗人就在这微小的世界安置自己的悠悠广远之思。

白居易是这一美学风尚的推动者，他说："闲意不在远，小亭方丈间。西檐竹梢上，坐见太白山。"(《病假中南亭闲望》)"帘下开小池，盈盈水方积。中底铺白沙，四隅甃青石。勿言不深广，但取幽人适。泛滟微雨朝，泓澄明月夕。岂无大江水，波浪连天白。未如床席前，方丈深盈尺。"(《官舍内新凿小池》)"不斗门馆华，不斗林园大。

但斗为主人,一坐十余载。……何如小园主,拄杖闲即来,亲宾有时会,琴酒连夜开。以此聊自足,不羡大池名。"(《自题小园》)白居易极力肯定小园的地位,小园的意韵。到了宋代,于精微处追求广大,更成了文士们的自觉追求。冯多福《研山园记》:"夫举世所宝,不必私为己有,寓意于物,固以适意为悦,且南宫研山所藏,而归之苏氏,奇宝在天地间,固非我所得私,以一拳石之多,而易数亩之园,其细大若不侔,然己大而物小,泰山之重,可使轻于鸿毛,齐万物于一指,则晤言一室之内,仰观宇宙之大,其致一也。"

《园冶》对这一思想有出色的发挥,计成说:"大观不足,小筑允宜。"意思是,园林虽然不大,但在小中也能别出风味,"片石斗山"中也有峥嵘奇崛。计成吟味这"小"的意味,如他说:"片山多致""寸石生情""曲曲一弯柳月""遥遥十里荷风",他要在半片假山中,通天尽地,要在一溪绿水中涵无边秋意。他认为园林的妙境原在于"江流天地外,山色有无中"。他在造园中往往是"别有小筑,片山斗室",而"自得谓江南之胜,惟吾独收矣"。在一拳石、一勺水中极尽大千意味。

小中如何见远致,在于园林特殊的构置。计成根据实践经验提出很多方法,如"曲"法。一个"篆"字可以说是对此法的概括。如"篆"的山林,弯弯曲曲,一行回廊,几曲清流,幽深的洞穴,蜿蜒的阶梯,和那波浪起伏的园墙,参差错落的花窗遥相呼应,体现出优游回环、流转不绝的大化生机来。

参考文献

陈植:《园冶注释》,北京:中国建筑工业出版社,1981年。

陈从周:《园林谈丛》,上海:上海文化出版社,1980年。

溪山琴况

[明] 徐上瀛

徐上瀛(约 1582—约 1662),号青山,明亡后易名为珙,号石汎,明末清初琴家,娄东(今江苏太仓)人。万历年间曾从陈星源、张渭川学琴,并与严澂交往,深受严澂的影响。后发展虞山派"清、微、淡、远"的琴风,兼采众家之长,遂为一代琴学宗师,为虞山派的代表人物之一。

所著《溪山琴况》一书,约成书于明崇祯十四年(1641)前后。共二十四况,仿《二十四诗品》。其弟子钱棻在《序言》中说:"昔崔遵度著《琴笺》,范文正请其旨,度曰:'清丽而静,和润而远,琴在是矣。'今青山复推而广之,成二十四况。"这是我国音乐美学上的重要文献,有学者将其与《乐记》《声无哀乐论》并列为中国音乐美学的三部重要作品。

《溪山琴况》初刊于康熙十二年(1673)的《大还阁琴谱》,《续修四库全书》1094 册收录。以下文字据康熙十二年(1673)蔡毓荣刻本,每况的顺序为编者所加。

一、和

稽古至圣,心通造化,德协神人,理一身之性情,以理天下人之性情,于是制之为琴。其所首重者,和也。和之始,先以正调品弦,循徽叶声，[1]辨之在指，审之在听，此所谓以和感，以和应也。和也者，其众音之窾会，而优柔平中之橐籥[2]乎？

论和以散和为上，按和为次。[3]散和者，不按而调，右指控弦，迭为宾主，刚柔相济，损益相加，是为至和。按和者，左按右抚，以九应律，以十应吕，[4]而音乃和于徽矣。设按有不齐，徽有不准，得和之似，而非真和，必以泛音辨之。如泛尚未和，则又用按复调。一按一泛，互相参究，而弦始有真和。

吾复求其所以和者三：曰弦与指合，指与音合，音与意合，而和至矣。夫弦有性，欲顺而忌逆，欲实而忌虚。若绰者注之，[5]上者下之，则不顺；按未重，动未坚，则不实。故指下过弦，慎勿松起；弦上迎指，尤欲无迹。往来动宕，恰如胶漆，则弦与指和矣。

音有律，或在徽，或不在徽，固有分数以定位。若混而不明，和于何出？篇中有度，句中有候，字中有肯，[6]音理甚微。若紊而无序，和又何生？究心于此者，细辨其吟猱[7]以叶之，绰注以适之，轻重缓急以节之，务令宛转成韵，曲得其情，则指与音和矣。

音从意转，意先乎音，音随乎意，将众妙归焉。故欲用其意，必先练其音；练其音，而后能洽其意。如右之抚也，弦欲重而不虐，轻而不鄙，[8]疾而不促，缓而不弛。左之按弦也。若吟若猱，圆而无碍，[9]以绰以注，定而可伸。[10]纡回曲折，疏而实密，抑扬起伏，断而复联，此皆以音之精义，而应乎意之深微也。其有得之弦外者，与山相映发，而巍巍影现；与水相涵濡，而洋洋徜恍[11]。暑可变也，虚堂凝雪；寒可回也，草阁流春。其无尽藏，不可思议，则音与意合，莫知其然而然矣。

要之，神闲气静，蔼然醉心，太和鼓鬯，[12]心手自知，未可一二而为言也。太音希声[13]，古道难复，不以性情中和相遇，而以为是技也，斯愈久而愈失其传矣。

注释

[1] 循徽叶声：徽，指琴面十三个指示音节的标识。叶，协。此处说的是调弦，根据琴面上徽位的音进行调音，主要是微调。

[2] 窾(kuǎn)会：指众音汇集的关键处。窾，空隙。橐籥(tuóyuè)：本指风箱，此喻发音之所。《老子》第五章："天地之间，其犹橐龠乎。"

[3] 散、按：中国音乐学上有三音之说，散音指空弦发出的声音，按音乃是左手在徽位按弦所发之音，泛音是用左手轻轻地触动徽位所发之音。

[4] 以九应律，以十应吕：古有十二律之称，从低音算起，成奇数的六个管叫律，成偶数的六个管叫吕，统称十二律。十二律以黄钟开始，依次为大吕、太簇、夹钟、姑冼、中吕、蕤宾、林钟、夷则、南吕、无射、应钟。此处的九、十均指徽数。

[5] 绰：上滑音。注：下滑音。

[6] 篇：乐曲。句：一个音乐段落。字：乐音。此模仿文章体制来分说音乐的构成。

[7] 吟猱：音乐指法术语，以左手按弦作微细颤动者为吟，颤动节律稍大者为猱。

[8] 重而不虐：以手弹琴时，手法重但不能过于狠猛。轻而不鄙：手法轻但不能飘浮。

[9] 此句大还阁本下有注语："吟猱欲恰好，而中无阻滞。"不知何出。

[10] 此句大还阁本下有注语："言绰注甫定，而或再引伸。"

[11] 徜恍：疑作"惝恍"。形容朦胧之貌。

[12] 太和鼓鬯：太和，阴阳相合之气。《周易·乾·象》："乾道变化，各正性命，保合大和。"大和即太和。鬯，通"畅"。

[13] 太音希声：太，同"大"。《老子》第四十一章："大音希声。"何谓"希声"？《老子》第十四章云："听之不闻名曰希。"大音，即道的音乐，或者说是至高的音乐、至美的音乐。

二、静

抚琴卜[1]静处亦何难，独难于运指之静。然指动而求声，恶乎得静？余则曰，政[2]在声中求静耳。声厉则知指躁，声粗则知指浊，声希则知指静，此审音之道也。盖静由中出，声自心生，苟心有杂扰，手有物挠，以之抚琴，安能得静？惟涵养之士，淡泊宁静，心无尘翳，指有余闲，与论希声之理，悠然可得矣。

所谓希者，至静之极，通乎杳渺，出有入无，而游神于羲皇之上者也。[3]约其下指工夫，一在调气，一在练指。调气则神自静，练指则音自静。如爇[4]妙香者，含其烟而吐雾，涤岕茗[5]者，荡其浊而泻清。取静音者亦然，雪其躁气，释其竞心，指下扫尽炎嚣，弦上恰存贞洁，故虽急而不乱，多而不繁，渊深在中，清光发外，有道之士当自得之。

注释

[1] 卜：本指预测，此指追求。

[2] 政：同“正”。

[3] 游神于羲皇之上者：意为寄心于上古那悠然闲适的氛围。羲皇，伏羲。晋陶渊明《与子俨等疏》：“常言五六月中，北窗下卧，遇凉风暂至，自谓是羲皇上人。”

[4] 爇（ruò）：点燃。

[5] 岕（jiè）茗：岕茶，名茶一种，产于浙江。

三、清

语云：“弹琴不清，不如弹筝。”言失雅也。故清者，大雅之原本，而为声音之主宰。地不僻，则不清；琴不实，则不清；弦不洁，则不清；心不静，则不清；气不肃，则不清。皆清之至要者也，而指之清尤为最。指求其劲，按求其实，则清音始出。手不下徽，弹不柔懦，则清音并发。而又挑必甲尖，弦必悬落，则清音益妙。两手如鸾凤和鸣，不染纤毫浊气，厝指如敲金戛石，[1]傍弦绝无客声，此则练其清骨，以超乎诸音之上矣。

究夫曲调之清，则最忌连连弹去，亟亟求完，但欲热闹娱耳，不知意趣何在，斯则流于浊矣。故欲得其清调者，必以贞、静、宏、远为度，然后按以气候[2]，从容宛转。候宜逗留，则将少息以俟之；候宜紧促，则用疾急以迎之。是以节奏有迟速之辨，吟猱有缓急之别。章句必欲分明，声调愈欲疏越，皆是一度一候，以全其终曲之雅趣。试一听之，澄然秋潭，皎然寒月，湱然[3]山涛，幽然谷应，始知弦上有此一种清况，真令人心骨俱冷，体气欲仙矣。

注释

[1] 厝指如敲金戛石：此说指法有力。厝，同“措”。戛，敲击。

[2] 气候：风韵气度。

[3] 湱(huò)然：形容风吹林间轰然之声。

四、远

远与迟似，而实与迟异，迟以气用，远以神行。[1]故气有候，而神无候。[2]会远于候之中，则气为之使。达远于候之外，则神为之君。至于神游气化，而意之所之，玄而又玄。时为岑寂也，若游峨眉之雪。时为流逝也，若在洞庭之波。倏缓倏速，莫不有远之微致。盖音至于远，境入希夷[3]，非知音未易知，而中独有悠悠不已之志。吾故曰：“求之弦中如不足，得之弦外则有余也。”

注释

[1] “远与迟似”四句：远指悠远的乐音，迟指迟缓的乐音，二者似同而实异，迟体现在气的运用上，远体现在神的运用上。

[2] 故气有候，而神无候：意为，远是一种弦外之音，而迟是具体的音乐形式。候，征候，可以把握的地方。

[3] 希夷:微妙玄绝的地方。

五、古

《乐志》曰:“琴有正声,有间声。其声正直和雅,合于律吕,谓之正声,此雅、颂之音,古乐之作也。其声间杂繁促,不协律吕,谓之间声,此郑卫之音[1],俗乐之作也。雅、颂之音理而民正,郑卫之曲动而心淫。然则如之何而可就正乎?必也黄钟以生之,中正以平之,确乎郑卫不能入也。”按此论,则琴固有时古之辨矣!大都声争而媚耳者,吾知其时也。[2]音淡而会心者,吾知其古[3]也。而音出于声,声先败,则不可复求于音。故媚耳之声,不特为其疾速也。为其远于大雅也;会心之音,非独为其延缓也,为其沦于俗响也。俗响不入,渊乎大雅,则其声不争,而音自古矣。

然粗率疑于古朴,疏慵疑于冲澹,似超于时,而实病于古。[4]病于古与病于时者奚以异?必融其粗率,振其疏慵,而后下指不落时调。其为音也,宽裕温庞[5],不事小巧,而古雅自见。一室之中,宛在深山邃谷,老木寒泉,风声簌簌,令人有遗世独立之思,此能进于古者矣。

注释

[1] 郑卫之音:在中国正统音乐理论中,郑卫之音是淫滥的代称。

[2] 这里所说的“时”指当时的音乐潮流。声争:喧嚣的声音。

[3] 古:指雅正的音乐传统。

[4] “然粗率疑于古朴”四句:谈论当时音乐观念中存在的问题。粗率,粗糙不文。疏慵,迟滞疏慢。

[5] 宽裕温庞:指音域宽阔温雅。

六、澹

弦索[1]之行于世也，其声艳而可悦也。独琴之为器，焚香静对，不入歌舞场中；琴之为音，孤高岑寂，不杂丝竹伴内[2]。清泉白石，皓月疏风，翛翛自得[3]，使听之者游思缥缈，娱乐之心不知何去，斯之谓澹。

舍艳而相遇于澹者，世之高人韵士也。而澹固未易言也，祛邪而存正，黜俗而归雅，舍媚而还淳，不着意于澹，而澹之妙自臻。夫琴之元音[4]，本自澹也，制之为操，其文情冲乎澹也。吾调之以澹，合乎古人，不必谐于众也。每山居深静，林木扶苏，清风入弦，绝去炎嚣，虚徐其韵，[5]所出皆至音，所得皆真趣，不禁怡然吟赏，喟然云："吾爱此情，不絿不竞[6]；吾爱此味，如雪如冰；吾爱此响，松之风而竹之雨，涧之滴而波之涛也。有寤寐于澹之中而已矣。"

注释

[1] 弦索：泛指弦乐。

[2] 伴内：伴奏。

[3] 翛(xiāo)翛自得：悠然自得的样子。

[4] 元音：本然之音。

[5] 虚徐其韵：音乐的韵律优雅疏淡。

[6] 不絿(qiú)不竞：语出《诗经·商颂·长发》："不竞不絿，不刚不柔。"絿(qiú)，急切的样子。

七、恬

诸声澹，则无味；琴声澹，则益有味。味者何？恬是也。味从气出，故恬也。夫恬不易生，澹不易到，唯操至妙来则可澹，澹至妙来则生活[1]，恬至妙来则愈澹而不厌。故于兴到则不自纵，气到而不自豪，情到而不自扰，意到而不自浓。及睨其下指也，具见君子之质，冲然有德之养，绝无雄竞柔媚态。不味而味，则为水中之乳泉；不馥而馥，则为蕊中之兰茝[2]。吾于此参之，恬味得矣。

注释

[1] 生活：与今“生活”意不同，意为生机活泼。

[2] 茝（zhǐ）：一种香草，又名白芷，《楚辞》多用之。

八、逸

先正[1]云：“以无累之神合有道之器，非有逸致者则不能也。”第[2]其人必具超逸之品，故自发超逸之音。本从性天[3]流出，而亦陶冶可到。如道人弹琴，琴不清亦清。朱紫阳[4]曰：“古乐虽不可得而见，但诚实人弹琴，便雍容平淡。”故当先养其琴度，而次养其手指，则形神并洁，逸气渐来，临缓则将舒缓而多韵，处急则犹运急而不乖，有一种安闲自如之景象，尽是潇洒不群之天趣。所以得之心而应之手，听其音而得其人，此逸之所征也。

注释

[1] 先正：前贤。

[2] 第：且。

[3] 性天：天然本性。

[4] 朱紫阳：南宋哲学家朱熹，号紫阳。

九、雅

古人之于诗则曰“风”“雅”，于琴则曰“大雅”。自古音沦没，即有继空谷之响，未免郢人寡和，[1]则且苦思求售[2]，去故谋新，遂以弦上作琵琶声，此以雅音而翻为俗调也。惟真雅者不然，修其清静贞正，而藉琴以明心见性，遇不遇[3]，听之也，而在我足以自况。斯真大雅之归也。

然琴中雅俗之辨，争在纤微？喜工柔媚则俗，落指重浊则俗，性好炎闹则俗，指拘局促则俗，取音粗厉则俗，入弦仓卒则俗，指法不式[4]则俗，气质浮躁则俗，种种俗态，未易枚举，但能体认得“静”“远”“淡”“逸”四字，有正始风，斯俗情悉去，臻于大雅矣。

注释

[1] 郢人寡和：先秦宋玉《对楚王问》：“客有歌于郢中者，其始曰下里巴人，国中属而和者数千人；其为阳阿薤露，国中属而和者数百人；其为阳春白雪，国中属而和者不过数十人；引商刻羽，杂以流徵，国中属而和者，不过数人而已。是其曲弥高，其和弥寡。”

[2] 求售：卖弄炫耀自己。

[3] 遇不遇：遇，为世所重。不遇，为世所轻。

[4] 不式：不符合一定的法则。

十、丽

丽者，美也，于清静中发为美音。丽从古澹出，而非从妖冶出也。若音韵不雅，指法不隽，徒以繁声促调触人之耳，而不能感人之心，此媚也，非丽也。譬诸西子，天下之至美，而具有冰雪之资，岂效颦者可与同语哉！美与媚判若秦越[1]，而辨在深微，审音者当自知之。

注释

[1] 秦越：春秋时秦国在西北，越国在东南，故后人形容相隔之远，常以此来表达。

十一、亮

音渐入妙，必有次第。左右手指，既造就清实，出有金石声，然后拟一“亮”字。故清后取亮，亮发清中，犹夫水之至清者，得日而益明也。唯在沉细之际，而更发其光明，即游神于无声之表，其音亦悠悠而自存也，故曰亮。至于弦声断而意不断，此政无声之妙，亮又不足以尽之。

十二、采

音得清与亮，既云妙矣，而未发其采，犹不足表其丰神也。故清以生亮，亮以生采，若越清亮而即欲求采，先后之功舛矣。盖指下之有神气，如古玩之有宝色，商彝、周鼎自有暗然之光，不可掩抑，岂易致哉？经岁锻练，始融其粗迹，露其光芒。不究心音义，而求精神发现，不可得也。

十三、洁

贝经云：“若无妙指，不以发妙音。”[1]而坡仙亦云：“若言声在指头上，何不于君指上听？”[2]未始是指，未始非指，不即不离，要言妙道，固在指也。修指之道由于严净，而后进于玄微。指严净则邪滓不容留，杂乱不容间，无声不涤，无弹不磨，而只以清虚为体，素质为用。习琴学者，其初唯恐其取音之不多，渐渐陶熔，又恐其取音之过多。从有而无，因从而寡，一尘不染，一滓弗留，止于至洁之地，此为严净之究竟也。指既修洁，则取音愈希。音愈希则意趣愈永。吾故曰：“欲修妙音者，本于指。欲修指者，必先本于洁也。”

注释

[1] 贝经:指佛经。古代印度以贝叶写佛经,后以此代指佛经。"若无妙指,不以发妙音",语本《楞严经》卷四:"譬如琴、瑟、箜篌、琵琶,虽有妙音,若无妙指,终不能发。"

[2] 宋苏轼《琴诗》(一作《题沈君琴》):"若言琴上有琴声,放在匣中何不鸣?若言声在指头上,何不于君指上听?"

十四、润

凡弦上取音惟贵中和,而中和之妙用,全于温润呈之。若手指任其浮躁,则繁响必杂,上下往来音节俱不成其美矣。故欲使弦上无煞声,其在指下求润乎?盖润者,纯也,泽也,所以发纯粹光泽之气也。左芟其荆棘,右熔其暴甲[1],两手应弦,自臻纯粹。而又务求上下往来之法,则润音渐渐而来。故其弦若滋,温兮如玉,泠泠然满弦皆生气氤氲,无毗阳毗阴[2]偏至之失,而后知润之为妙,所以达其中和也。古人有以名其琴者,曰"云和",曰"泠泉",[3]倘亦润之意乎?

注释

[1] 暴甲:粗糙不温和的指法。

[2] 毗阳毗阴:《庄子·在宥》:"人大喜邪?毗于阳;大怒邪?毗于阴。阴阳并毗,四时不至,寒暑之和不成,其反伤人之形乎!"毗,偏。

[3] 云和:古代著名琴名。阮籍《乐论》:"若夫空桑之琴,云和之瑟,孤竹之管,泗滨之磬,其物皆调和淳均者,声相宜也。"泠泉:亦为琴名,不详所指。

十五、圆

五音活泼之趣,半在吟猱,而吟猱之妙处,全在圆满。宛转动荡,无滞无碍,不少不多,以至恰好,谓之圆。吟猱之巨细缓急,俱有圆者,不足则音亏缺,太过则音支离,皆为不美。故琴之妙在取音,取音宛转则情联，圆满则意吐，其趣如水之兴澜，其体如珠之走盘，其声如哦咏之有韵，斯可以名其圆矣。

抑又论之，不独吟猱贵圆，而一弹一按一转一折之间亦自有圆音在焉。如一弹而获中和之用，一按而凑妙合之机，一转而函无痕之趣，一折而应起伏之微，于是欲轻而得其所以轻，欲重而得其所以重，天然之妙，犹若水滴荷心，不能定拟。神哉圆乎！

十六、坚

古语云："按弦如入木"，形其坚而实也。大指坚易，名指坚难。若使中指帮名指，食指帮大指，外虽似坚，实胶而不灵。坚之本全凭筋力，必一指卓然立于弦中，重如山岳，动如风发，清响如击金石，而始至音出焉，至音出，则坚实之功到矣。然左指用坚，右指亦必欲精劲，乃能得金石之声。否则抚弦柔懦，声出委靡，则坚亦浑浑无取。故知坚以劲合，而后成其妙也。况不用帮而参差其指，行合古式，既得体势之美，不爽文质之宜，是当循循练之，以至用力不觉，则其然亦不可窥也。

十七、宏

调无大度则不得古，故宏音先之。盖琴为清庙、明堂之器，[1]声调宁不欲廓然旷远哉？然旷远之音落落难听，遂流为江湖派，因致古调渐违，琴风愈浇矣。若余所受则不然：其始作也，当拓其冲和闲雅之度，而猱、绰之用必极其宏大。盖宏大则音老，音老则入古也。至使指下宽裕纯朴，鼓荡弦中，纵指自如，而音意欣畅疏越，皆自宏大中流出。但宏大而遗细小，则其情未至；细小而失宏大，则其意不舒。理固相因，不可偏废。然必胸襟磊落，而后合乎古调，彼局曲拘挛者未易语也。

注释

［1］清庙：宗庙。明堂：古代天子宣明政教的地方。

十八、细

音有细缈处，乃在节奏间。始而起调，先应和缓，转而游衍[1]，渐欲入微，妙在丝毫之际，意存幽邃之中。指既缜密，音若茧抽，令人可会而不可即，此指下之细也。至章句转折时，尤不可草草放过，定将一段情绪缓缓拈出，字字摹神，方知琴音中有无限滋味，玩之不竭，此终曲之细也。昌黎诗："昵昵儿女语，恩恩相尔汝。划然变轩昂，勇士赴敌场。"[2]其宏细互用之意欤？往往见初入手者一理琴弦，便忙忙不定，如一声中欲其少停一息而不可得，一句中欲其委婉一音而亦不能。此以知节奏之妙未易轻论也。盖连指之细在虑周，全篇之细在神远，斯得细之大旨者矣。

注释

［1］游衍：指音乐渐渐向前推进。

［2］此出唐韩愈《听颖师弹琴》。尔汝：形容彼此之间亲热的样子。

十九、溜

溜者，滑也，左指洽涩之法也。音在缓急，指欲随应，敬非握其滑机，则不能成其妙。若按弦虚浮，指必柔懦，势难于滑；或着重滞，指复阻碍，尤难于滑。然则何法以得之？惟是指节炼至坚实，极其灵活，动必神速。不但急中赖其滑机，而缓中亦欲藏其滑机也。故吟、猱、绰、注之间当若泉之滚滚，而往来上下之际更如风之发发。刘随州诗云："溜溜表丝上，静听松风寒。"[1]其斯之谓乎？然指法之欲溜，全在筋力运使。筋力既到，而用之吟猱则音圆，用之绰注上下则音应，用之迟速跌宕则音活。自此精进，则能变化莫测，安往而不得其妙哉！

注释

［1］刘随州：刘长卿，唐诗人，曾做随州刺史，故称刘随州。此诗出自刘长卿《杂咏八首·幽琴》。

二十、健

琴尚冲和大雅，操慢音者，得其似而未真，愚故提一健字，为导滞之砭。乃于从容闲雅中刚健其指，而右则发清冽之响，左则练活泼之音，斯为善也。靖以健指复明之。右指靠弦，则音钝而木，故曰“响如金石，弦必悬落”。非藏健于清也耶！左指不动，则音胶而格，故曰“响如金石，动如风发”，非运健于坚也耶！要知健处即指之灵处，而冲和之调无疏慵之病矣。滞气之在弦，不有不期去而自去者哉。

二十一、轻

不轻不重者，中和之音也。趣调当以中和为主，而轻重特损益之，其趣自生也。盖音之取轻，属于幽情，归乎玄理，而体曲之意，悉曲之情，有不其轻而自轻者。第音之轻处最难，工夫未到则浮而不实，晦而不明，虽轻亦未合。惟轻之中不爽清实，而一丝一忽，指到音绽，更飘摇鲜朗，如落花流水，幽趣无限。乃有一节一句之轻，有间杂高下之轻，种种意趣皆贵清实中得之耳。要知轻不浮，轻中之中和也；重不煞，重中之中和也。故轻重者，中和之变音；而所以轻重者，中和之正音也。

注释

二十二、重

诸音之轻者，业属乎情，而诸音之重者，乃由乎气。情至而轻，气至而重，性固然也。第指有重、轻，则声有高下，而幽微之后，理宜发扬。倘指势太猛，则露杀伐之响，气盈胸臆，则出刚暴之声。惟练指养气之士，则抚下当求重抵轻出之法，弦上自有高朗纯粹之音，宣扬和畅，疏越神情，而后知用重之妙，非浮躁乖戾者之所比也。故古人抚琴则曰："弹欲断弦，按如入木。"此专言其用力也，但妙在用力不觉耳。夫弹琴至于力，又至于不觉，则指下虽重如击石，而毫无刚暴杀伐之疚，所以为重欤！及其鼓宫叩角，轻重间出，则岱岳江河，吾不知其变化也。

二十三、迟

古人以琴能涵养情性，为其有太和之气也，故名其声曰"希声"。未按弦时，当先肃其气，澄其心，缓其度，远其神，从万籁俱寂中，泠然音生，疏如寥廓，窅若太古，优游弦上，节其气候，候至而下，以叶厥律者，此希声之始作也。或章句舒徐，或缓急相间，或断而复续，或幽而致远，因候制宜，调古声澹，渐入渊源，而心志悠然不已者，此希声之引伸也。复探其迟之趣，乃若山静秋鸣，月高林表，松风远拂，石涧流寒，而日不知晡，夕不觉曙者，此希声之寓境也。严天池诗："几回拈出阳春调，月满西楼下指迟。"[1] 其于迟意大有得了。若不知"气候"两字，指一入弦，惟知忙忙连下，迫欲入放慢，则竟然无味矣。深于气候，则迟速俱得，不迟不速亦得，岂独一迟尽其妙耶！

注释

[1] 严天池：明代诗人，音乐家，为虞山派的创始人之一。著有《松弦馆琴

谱》。阳春调,即古曲《阳春白雪》。

二十四、速

指法有重则有轻,如天地之有阴阳也;有迟则有速,如四时之有寒暑也。盖迟为速之纲,速为迟之纪,当相间错而不离。故句中有迟速之节,段中有迟速之分,则皆藉一速以接其迟之候也。然琴操之大体,固贵乎迟。疏疏澹澹,其音得中正和平者,是为正音,《阳春》《佩兰》[1]之曲是也;忽然变急,其音又系最精最妙者,是为奇音,《雉朝飞》[2]《乌夜啼》[3]之操是也。所谓正音备而奇音不可偏废,此之为速。拟之于似速,而实非速,欲迟而不得迟者,殆相径庭也。

然吾之论速者二:有小速,有大速。小速微快,要以紧紧,使指不伤速中之雅度,而恰有行云流水趣;大速贵急,务令急而不乱,依然安闲之气象,而能泻出崩崖飞瀑之声。是故速以意用,更以意神。小速之意趣,大速之意奇。若迟而无速,则以何声为结构?速无大小,则亦不见其灵机。故成连之教伯牙蓬莱山中,群峰互峙,海水崩折,林木幽冥,百鸟哀号,曰:"先生将移我情矣!"[4]后子期听其音,遂得其情于山水。噫!精于其道者自有神而明之妙,不待缕悉,可以按节而求也。

注释

[1] 佩兰:宋毛敏仲所作曲,曲名取自《离骚》:"纫秋兰以为佩。"

[2]《雉朝飞》:有二说,一说为傅母作,西汉扬雄《琴清英》:"雉朝飞操者,卫女傅母之所作也。卫侯女嫁于齐太子,中道闻太子死。问傅母曰:何如?傅母曰:且往当丧。丧毕,不肯归,终之以死。傅母悔之,取女所自操琴于冢上鼓之,忽有二雉俱出墓中,傅母抚雌雉曰:女果为雉邪?言未毕,俱飞而起,忽然不见。傅母悲痛,援琴作操,故曰《雉朝飞》。"一说为齐处士独沐子(或犊沐子、牧犊子)作,西晋崔豹《古今注》曰:"《雉朝飞》者,犊沐子所作也。齐宣王时,处士泯宣,年五十无妻。出薪于野,见雉雄雌相随而飞,意动心悲,乃仰天叹大圣在

上，恩及草木鸟兽，而我独不获。因援琴而歌，以明自伤。其声中绝。”

［3］《乌夜啼》：《旧唐书》卷二十九：“《乌夜啼》，宋临川王义庆所作也。元嘉十七年，徙彭城王义康于豫章。义庆时为江州，至镇，相见而哭，为帝所怪，征还宅，大惧。伎妾夜闻乌啼声，扣其阁云：‘明日应有赦。’其年更为南兖州刺史，作此歌。故其和云：‘笼窗窗不开，乌夜啼，夜夜望郎来。’”

［4］据《先秦汉魏晋南北朝·汉诗》卷十一引《琴苑要录》曰：“《水仙操》，伯牙之所作也。伯牙学琴于成连，三年而成，至于精神寂寞，情之专一，未能得也。成连曰：吾之学不能移人之情，吾师有方子春在东海中。乃赍粮从之，至蓬莱山。留伯牙曰：吾将迎吾师。刺船而去，旬日不返。伯牙心悲，延颈四望，但闻海水汩没，山林窅冥，群鸟悲号。仰天叹曰：先生将移我情。乃援琴而歌曲之，曲终，成连刺船而还，伯牙遂为天下妙手。”

解　说

由于受道禅哲学的影响，北宋以来在艺术领域，文人意识渐浓，平淡天然的审美风格受到重视，这也影响到音乐领域。苏轼、成玉磵的琴论，可以说是《溪山琴况》的先声。苏轼《文与可琴铭》：“攫之幽然，如水赴谷。醳之萧然，如叶脱木。按之噫然，应指而长言者似君。置之枵然，遗形而不言者似仆。”①强调静中的跃动，平淡中的悠然，遗形去貌，卒然高蹈。他在《十二琴铭》中论琴法，推崇音乐的美感世界，深沉渊深，“音如涧水响深林”，空灵悠远，“忽乎青蘋之末而生有，极于万窍号怒而实无”，平淡似“秋风度而草木先惊”，自然天真如“与鸥鸬而物化，发山水之天光”。琴为器，心为主，以心控琴，以境求声。而成玉磵的《琴论》深受禅宗思想影响，他认为在琴中可体现出禅家风韵。北宋以来诗坛流行“学诗浑似学参禅”的风气，也影

① 作者自注云：“与可好作楚辞，故有‘长言似君’之句。邹忌论琴云：‘攫之深，醳之愉。’此言为指法之妙耳。”醳（yì）：本指醇酒，此指斟酌体会。

响琴学。成玉磵以“攻琴如参禅”为其琴论之方法，在静中“瞥然省悟”，论琴推崇冷寂清幽的禅境，以“调子贵淡静”为最高审美理想。

徐上瀛的琴学思想可以说是文人琴学思想的延续。其宗师严澂发展了文人琴学思想，形成了著名的虞山琴派。严澂服膺南禅之学，史称其“习玄寐禅”，力求在琴中表现悠然清远的思致。《琴学丛书·琴学随笔》：“天池严氏以清微淡远为宗，徐青山继之。”徐上瀛琴学正是在文人意识的熏陶中产生的。徐上瀛传世材料不多，从一些文字中，尚可看出他和佛门的密切关系。徐上瀛的琴友徐愈《学琴说》云：“二十年前，余于虎溪犹得遇青山于僧舍。”

《溪山琴况》体现了儒家音乐美学“清丽而静，和润而远”的特点，但其骨子里却是道禅哲学的余韵。此以禅为例。禅的境界是宁静清幽的，可以用这样几个字来概括：空、虚、寂、静、远、幽、淡、枯、古、孤、清等，所谓“步步寒华结，言言彻底冰”，如同诗家追求“心同野鹤与尘远，诗似冰壶见底清”（唐韦应物《赠王常御》）的境界。禅的境界往往以悠远、空灵、微茫、幽深等为其典型特点，禅境往往是一个由深山、古寺、太虚、片云、野鹤、幽林、古潭、苍苔等构成的世界。禅师们或独坐青灯，或独步山林，伴着凄冷的竹韵，幽清的月夜，徜徉于晨钟暮鼓中，禅师们简直可以说是一批月夜徘徊者，山径独行客，目送归鸟人。中国艺术深染禅之风韵。如王维的“空山不见人，但闻人语响。返景入深林，复照青苔上”，就活化了此一精神。在中国画中，永恒的宁静是其当家面目，烟林寒树，古木老泉，雪夜归舟，深山萧寺，秋霁岚起，龙潭暮云，空翠风烟，幽人山居，幽亭枯槎，渔庄清夏，这些习见的画题，都在幽冷中透出宁静，这里没有鼓荡和聒噪，没有激烈的冲突，即使像范宽《溪山行旅图》中的飞瀑，也在阴晦空寂的氛围中，失去了如雷的喧嚣。寒江静横，雪空绵延，淡岚轻起，孤舟闲泛，枯树兀自萧森，将人们带入那太古般永恒的宁静中。

由此来看青山的二十四况，在很大程度上，几乎是关于禅境的关键词汇集，如静、清、远、澹、恬、逸、雅、古、洁、圆等。我们可以清楚地辨析出道禅哲学的内脉。如其在《清》况中写道:“试一听之,澄然秋潭,皎然寒月,湱然山涛,幽然谷应,始知弦上有此一种清况,真令人心骨俱冷,体气欲仙矣。”真似太虚片云,寒潭雁迹,悠然清远,微妙玲珑,几令人如睹禅家境界。曹洞宗师洞山良价《玄中铭》云:“夜明帘外,古镜徒耀。空王殿中,千光那照。澂源湛水,尚棹孤舟。……碧潭水月,隐隐难沉。青山白云,无根却住。峰峦秀异,鹤不停机。灵木迢然,凤无依倚。”青山先生之琴韵和佛禅之机微简直如出一辙。又如《迟》况云:“未按弦时,当先肃其气,澄其心,缓其度,远其神,从万籁俱寂中,泠然音生,疏如寥廓,窅若太古,优游弦上,节其气候,候至而下,以叶厥律者,此希声之始作也。或章句舒徐,或缓急相间,或断而复续,或幽而致远,因候制宜,调古声澹,渐入渊源,而心志悠然不已者,此希声之引伸也。复探其迟之趣,乃若山静秋鸣,月高林表,松风远拂,石涧流寒,而日不知晡,夕不觉曙者,此希声之寓境也。”这澄其心,远其神,疏如寥廓,窅若太古,若山静秋鸣、月高林表、松风远拂、石涧流寒的境界,其实,就是禅家的当家境界。盛唐时诗僧寒山,笔下的荒山古寺,总有一种悠远阒寂的韵味:“山中何太冷,自古非今年。沓嶂恒凝雪,幽林每吐烟”;“一片寒林万事休,更无杂念挂心头”;“下窥千尺崖,上有云盘泊。寒风冷飕飕,身似孤飞鹤”。晚唐诗僧皎然有此诗境,其《西溪独泛》诗云:“真性怜高鹤,无名羡野山。经寒丛竹秀,人静片云闲。”比较青山的琴韵和禅家的诗境,真有惊人的相通之处。

《溪山琴况》的审美意趣,可以说是北宋以来文人艺术潮流在音乐理论中的集中体现。这部琴学著作,如同与其年代相差不远的董其昌画学一样,突出体现了道禅哲学的精神。

在当代音乐学界,《溪山琴况》研究有两个比较重要的观点,一是认为,《溪山琴况》建立了一个以“和”为中心的美学体系。其第一况为《和》,乃全书之总纲,其论弦、指、音、意等都围绕“和”而展开,弦与指和、指与音和、音与意和,是作者的美学理想。此一判断确有其合理之处,“和”的确是此书的中心概念。但“和”的理论并不是此书的特色所在,原因在于,“和”的理论是我国传统音乐学的核心思想,即从琴学而言,北宋以来,许多琴学家都接触到此一观点,如宋代朱长文、陈旸,明代杨表正、杨抡等。第二种观点是,有的论者将《溪山琴况》分为两个部分,前九况乃琴乐应该具有的况味,是全文论旨之所在,即神的要求,后十五况乃是琴声应有的状况和意态,属于形论,是前九况神论在形上的落实①。此一观点被很多论者所接受。然此一观点值得商榷。二十四况可能在论述上前后有所区别、侧重,但这一清晰的分别似并不存在。

这里由《溪山琴况》的命名说起。

徐上瀛以“况”命名其篇,定有寓意。音乐在古代艺术论中,有以“格”“品”“谱”“鉴”“筌”等命名者,但以“况”来命名罕见。徐氏以“况”命名,可能与以下两层意思有关。一是比况。《庄子·知北游》:“每下愈况。”郭注:“况,譬也。”二是意味、韵味,或称“况味”。《唐才子传》卷五:“声调相似,况味颇同。”此中况味,乃指超越于声调的意味。此意元曲中多见,如:“大着多情换寡情,闹里宜寻静。有况味,无踪影。废尽功夫,误了前程。”“客窗夜永岑寂,有多少孤眠况味。”“都则是两轮日月搬兴废,一合乾坤洗是非。直宿到红日三竿偃然睡,那些儿况味谁知?一任莺啼唤不起。”“况”之意,不是具体的景况和有形的世界,而是人的心灵所产生的境界。

这两层意思都与徐上瀛所论有关。就比况的意思说,徐上瀛论琴并非在琴的技法——那是有形的,可以说的,而重在琴的“道”“韵”层面上。声难追摩,味难形知,所以,以象比写,传情出韵,像乾隆题琴诗所云:“一弹再抚余音杳,松风水月襟怀渺。孤鹤横空唳一声,繁丝弱竹喧群鸟。”以象比音,比味,比韵。就况味的意思说,徐

① 此观点见吴毓清:《〈溪山琴况〉论旨的初步研究》,《中国音乐》,1985年第1期。蔡仲德认为:“此可谓不易之论。”(《中国音乐美学史》,北京:人民音乐出版社,1995年,第722页)

上瀛论琴大要不在弦指，不在声调，而在音与“意”合的韵味，在抚琴动操这一艺术行为本身所透出的境界。

由此可见，徐上瀛之“琴况”，可以解作“琴之味”“琴之境”，以形象的语言对此境和味进行描摹。《溪山琴况》在音乐美学上的贡献，就是在前人所论基础上，对音乐中境界问题进行总结，建立了中国音乐学中的境界理论。这不仅在命名中可以见出，在对《二十四诗品》的模仿上也能见出。《二十四诗品》秉承“不著一字，尽得风流”的原则，说诗之“风流”，却不落言象之限制，以有境界的诗句复演诗的境界美感，是一种境界式的批评方式。该文对境界类型的划分，由雄浑、冲淡到最后的流动，既再现传统哲学（尤其是道禅哲学）的内在精神，又传达了诗的独特趣味。它的“品”，是细斟慢酌诗的境界，而《溪山琴况》的“况”，是以精致玲珑的境界来喻说琴的风味。境界是《溪山琴况》的中心。如果说《溪山琴况》在音乐理论史上和《乐记》《声无哀乐论》鼎足而三，《乐记》是儒家音乐美学的集中体现，《声无哀乐论》为确立音乐独立地位的划时代文献，而《溪山琴况》则是一部体现境界美学的音乐论作。

《溪山琴况》的境界理论有以下几个特点：

其一，确立了境界美感是音乐美的根源。苏轼说：“若言琴上有琴声，放在匣中何不鸣？若言声在指头上，何不于君指上听？”琴之韵不在琴，不在指，而在心，所以前人说“心者道也，琴者器也”（朱长文《师文》）。正因琴中心为主，故以心统指，以指运琴，以琴出声调，以声调传风味。声调为琴家所创，但琴之美不能停留于声调，那难以言传却沁人心脾的风味境界，才是琴家追求的审美理想。以气韵风味为主，所以才说以心来弹琴；赏琴者以心来品味，所以说琴之美在风味气韵不在声调。

《和》况说：“音从意转，意先乎音，音随乎意，将众妙归焉。”书画艺术中有“意在笔先”的纲领，此中所说的“意先乎音”，也可说是音乐创造的纲领。以意运琴，故能得“意之深微”。而此“意之深微”就是琴外之韵，调外之境，弦外之音。其云：“其有得之弦外者，与山相映发，而巍巍影现；与水相涵濡，而洋洋徜恍。暑可变也，虚堂凝雪；寒可回也，草阁流春。其无尽藏，不可思议，则音与意合，莫知其然而然矣。”这种不可言传、难以声见的弦外之音，就是音乐追求的境界。它不可以声调寻求，不可以思议拟知，如春天盎然的春意，冬日茫茫的雪韵，令人玩味无尽。其《远》况中说，琴不可技求：“盖音至于远，境入希夷，非知音未易知，而中独有悠悠不已之志。吾故曰：‘求之弦中如不足，得之弦外则有余也。’”也体现出这样的倾向。

其二，确立了以道禅哲学为基本祈向的音乐境界。古人有所谓士君子不撤琴瑟的说法，弄琴是文人境界的一种体现。徐上瀛这样描绘道：“每山居深静，林木扶苏，清风入弦，绝去炎嚣，虚徐其韵，所出皆至音，所得皆真趣，不禁怡然吟赏，喟然云：‘吾爱此情，不絿不竞；吾爱此味，如雪如冰；吾爱此响，松之风而竹之雨，涧之滴而波之涛也。有寤寐于澹之中而已矣。’”（《澹》）《二十四诗品·冲淡》：“素处以默，妙机其微。饮之太和，独鹤与飞。犹之惠风，荏苒在衣。阅音修篁，美曰载归。遇之匪深，即之愈稀。脱有形似，握手已违。”意思一脉相通。

故徐上瀛所拈之境界，反映文人艺术的生活情调、人生旨趣，就如同与其成书时间相近的《小窗幽记》中所说的：“上高山，入深林，穷回溪、幽泉、怪石，无远不到。到则拂草而坐，倾壶而醉；醉则更相枕藉以卧，意亦甚适，梦亦同趣。”“雪后寻梅，霜前访菊，雨际护兰，风外听竹，固野客之闲情，实文人之深趣。”另一方面体现了中国古代琴学传统对空灵清远境界的皈依。即使其首标《和》况，此“和”与传统音乐理论中的“和”也有所不同，已经从“声音之道，与政通矣”的道德和谐，转而为人心灵境界的空灵和澹。他的弦与指和、指与音和、音与意和的理论，从技术层面直达人的心性，神怡意闲的境界才是其和的思想核心，如其所云：“神闲气静，蔼然醉心，太和鼓鬯，心手自知，未可一二而为言也。太音希声，古道难复，不以性情中和相遇，而以为是技也，斯愈久而愈失其传矣。”鼓起心中的太和之气，直入自然空灵之境。

其三，综合前人研究成果，对音乐境界划分做了总结。其所举二十四况，不一定每况一境一格，更不像有的论者所云，每况都是一个审美范畴，但对中国音乐的境界类型做了大体的区分，却是事实。《琴声十六法》为摘录《溪山琴况》而成①，《琴声十六法》主要侧重于琴的技法，去除了《溪山琴况》中论境的大多内容。十六法为：轻、松、脆、滑、高、洁、清、虚、幽、奇、古、澹、中、和、疾、徐。而《溪山琴况》从技控于心、心出于境的美学观出发，侧重于境界的论述，和、静、清、远、古、澹、恬、逸、雅、丽、亮、采、洁、润、圆、坚、宏、细、溜、健、轻、重、迟、速二十四况，各取一境，虽时有重复，但大体意思是明晰的。虽每况都涉及技法，要在由技入心，由心入境，皆不脱境界之根本。以心体之，以技说之，以境出之。

二十四况次第排列并无特别之处，但置“和”于其首，为全况奠定基调，操琴乃至一切音乐活动，在于和，在于创造人与群体、自然、宇宙的和谐，在心灵的平衡中安顿，在意绪的和顺中超升。继之以静、清、远、古、澹、恬、逸、雅诸况，显现作者特殊的审美趣尚，操琴者如在溪山，听音者要辨山林气象，澹逸幽深、清远雅致的境界成了士人的至爱。而丽、亮、采、洁云云，一一在这一山林气象中得到浸染。丽如同《二十四诗品》中的“绮丽”，取其冰雪之姿；亮重在清新浏亮，于沉寂中放出光明；采重在神韵（与亮相似，只有微别）；洁取其妙净；温润如昆山之玉，是润之境；从容流荡，婉转无痕，是圆之韵（《二十四诗品》置“流动”为最末，仿《周易》，尽其流动之妙）；坚在于坚实柔韧；宏在于器宇宏阔；细是幽深中的低吟；溜如间关莺语花底滑；

① 《琴声十六法》，见《蕉窗九录》收录，题明初琴家冷仙撰，然今人考证，其中杂有明中叶时严澂语，判《蕉窗九录》为伪书。另，清人庄臻凤《琴学心声谐谱》，录此十六法，题名《庄臻凤琴声十六法》。一般认为，《溪山琴况》受到了《琴声十六法》的影响，而据考证，《琴声十六法》之内容多为抄录《溪山琴况》而成。

健如慷慨悲凉大漠声;轻取其优柔不迫;重言其斩截果断;迟取其声凝音滞、断而复续之致;速取其音遄意飞、行云流水之神。如此之妙,不一而足,琴声悠扬,意韵飞舞,一人有数境之专,一曲有数境之韵,要在离方遁圆,曲尽柔肠。在中国琴学史上,如此细腻而又周备的论列,未之前闻。

参考文献

吴钊:《徐上瀛与〈溪山琴况〉》,《人民音乐》,1962年第2期。

吴毓清:《〈溪山琴况〉论旨的初步研究》,《中国音乐》,1985年第1期。

修海林:《古乐的沉浮》,济南:山东文艺出版社,1989年。

蔡仲德:《中国音乐美学史》,北京:人民音乐出版社,1995年。

中国艺术研究院音乐研究所古琴研究会编:《琴学集成》(17册),北京:中华书局,1981—1991年。

吴景略、吴文光编:《虞山吴氏琴谱》,北京:东方出版社,2001年。

葛瀚聪:《中国琴学源流论述》,台北:中国文化大学出版部,1995年。

刘承华:《〈溪山琴况〉结构新论》,《南京艺术学院学报》,2004年第2期。

寓山注

[明] 祁彪佳

祁彪佳(1602—1645),字虎子,又字幼文,一字弘吉,号世培,浙江山阴(今绍兴)人,明代著名藏书家绍兴澹生堂主人祁承㸁第四子。天启二年(1622)进士。南明时出任苏、松府巡按。清烈有节操,清军入杭州,彪佳即绝食,自沉于寓园内之梅花阁前水池中,年四十四。谥忠敏。他是中国古代著名戏曲家,著有《远山堂剧品》《远山堂曲品》等。

《寓山注》,从其题名看,是为其所造私家园林作"注",实际上从造园的角度,解释园林的内在意韵,是一篇不可多得的园记。明张岱在谈到此文时说:"寓山作记、作解、作述、作诗、作赞、作铭者,多矣。然皆人而不我,客而不主,出而不入,予而不受,忙而不闲。主人作注,不事铺张,不事雕绘,意随景到,笔借目传,如数家物,如写家书,如殷殷诏语家之儿女僮婢。闲中花鸟,意外烟云,直有一种人不及知,而己独知之之妙。不及收藏,不能持赠者,皆从笔底勾出。如苏子瞻凤翔寺观王摩诘壁上画僧,残灯耿然,踽踽欲动。非其笔墨之妙,特其闻之真也。"(《琅环文集 · 跋寓山注》)

祁彪佳的《寓山注》和计成的《园冶》可以说是中国园林美学的双璧,在一定程度上可以说,这两篇作品反映出中国园林美学的大致理论倾向。计成是一位造园家,《园冶》侧重从造园的角度谈园林美的特征(当然也有赏园之论);祁彪佳是一位诗人,是从园林品赏的角度谈园林的美。他为自己营造的园林作“注”,重点不在园林的造型特征,而在剔发园林中的独特含蕴。计成是由实及虚,谈园之美;彪佳是由虚及实,把握在园林有形世界中所含的意蕴,谈他的设计观念。祁彪佳自云:“与夫为桥,为榭,为径,为峰,参差点缀,委折波澜,大抵虚者实之,实者虚之,聚者散之,散者聚之,险者夷之,夷者险之。”

我之所以将此文列为中国美学的重要典籍,还在于此文不仅涉及园林美学,它所表达的思想也反映了中国美学的一些普遍原则。

本文节录之《寓山注》,以明崇祯年间刻本为底本,参校他本以成。

予家梅子真高士里,固山阴道上也。[1]方干一岛,贺监半曲,[2]惟予所恣取。顾独予家旁小山,若有夙缘者,其名曰“寓”。往予童稚时,季超、止祥两兄,以斗粟易之,剔石栽松,躬荷畚锸,手足为之胼胝。予时亦同挐小艇,或捧土作婴儿戏。迨后余二十年,松渐高,石亦渐古,季超兄辄弃去,事宗乘,止祥兄且构柯园为菟裘[3]矣,舍山之阳,建麦浪大师塔,余则委置于丛篁灌莽中。予自引疾南归,偶一过之,于二十年前情事,若有所感焉者。于是卜筑之兴,遂勃不可遏,此开园之始末也。

卜筑之初,仅欲三五楹而止。客有指点之者,某可亭,某可榭,予听之漠然,以为意不及此,及于徘徊数回,不觉向客之言,耿耿胸次,某亭某榭,果有不可无者。前役未罢,辄于胸次所及,不觉领异拔新,迫之而出。每至路穷径险,则极虑穷思,形诸梦寐,便有别辟之境地,若为天开,以故兴愈鼓,趣亦愈浓,朝而出,暮而归,偶有家冗,皆于烛下了之,枕上望晨光乍吐,即呼奚奴驾舟,三里之遥,恨不促之于跬步。祁寒盛暑,体粟汗浃,不以为苦,虽遇大风雨,舟未尝一日不出。摸索床头金尽,略有懊丧意,及于抵山盘旋,则购石材,犹怪其少。以故两年以来,橐中如洗,予亦病而愈,愈而复病,此开园之痴癖也。

园尽有山之三面，其下平田十余亩，水石半之，室庐与花木半之，为堂者二，为亭者三，为廊者四，为台与阁者二，为堤者三，其他轩与斋类，而幽敞各极其致；居与庵类，而纡广不一其形。室与山房类，而高下分标其胜。与夫为桥，为榭，为径，为峰，参差点缀，委折波澜，大抵虚者实之，实者虚之，聚者散之，散者聚之，险者夷之，夷者险之，如良医之治病，攻补互投。如良将之治兵，奇正并用。如名手作画，不使一笔不灵，如名流作文，不使一语不韵。此开园之营构也。

园开于乙亥之仲冬，至丙子春孟，草堂告成，斋与轩亦已就绪。迨于中夏，经营复始，榭先之，阁继之，迄山房而役以竣。自此则山之顶趾，镂刻殆遍。惟是泊舟登岸，一径未通，意犹不慊[4]也。于是疏凿之工，复始于十一月，自冬历丁丑之春，凡一百余日，曲池穿牖，飞沼拂几，绿映朱栏，丹流翠壑，乃可以称园矣。而予农圃之兴尚殷。于是终之以丰庄与幽圃，盖已在孟夏之十有三日矣。若八求楼、溪山草阁、抱瓮小憩，则以其暇，偶一为之，不可以时日计，此开园之岁月也。

至于园以外山川之丽，古称万壑千岩，园以内花木之繁，不止七松、五柳，[5]四时之景，都堪泛月迎风，三径之中，自可呼云醉月，此在韵人纵目，云客宅心，予亦不暇缕述之矣。

注释

[1] 予家梅子真高士里：传汉有梅子真，隐于会稽小梅山。宋王十朋《会稽风俗赋》："小梅山乃隐吏之窟。"山阴道上：《世说新语·言语》："王子敬云：从山阴道上行，山川自相映发，使人应接不暇。"

[2] 方干一岛：传唐人方干，曾隐居于会稽城外小岛上，后以此称岛名为方干岛。贺监半曲：此叙唐贺知章事，据《新唐书》卷一百九十六《隐逸传》："（贺知章）天宝初，病，梦游帝居，数日寤，乃请为道士，还乡里，诏许之，以宅为千秋观而居。又求周宫湖数顷为放生池，有诏赐镜湖剡川一曲。"

[3] 菟裘：指隐居。

[4] 慊（qiè）：满足。

[5] 七松：《新唐书》卷一百七十七《封敖传》："后以太子少师致仕，薰端

劲，再知礼部，举引寒俊，士类多之。既老，号所居为'隐岩'，莳松于廷，号'七松处士'云。"五柳：陶潜自号五柳先生。

水明廊

园以藏山，所贵者反在于水。自泛舟及园，以为水之事尽，迨循廊而西，曲沼澄泓，绕出青林之下，主与客似从琉璃国来，须眉若浣，衣袖皆湿，因忆杜老"残夜月明"[1]句，以"廊"代"楼"，未识少陵首肯否？

注释

[1] 残夜月明：语本唐杜甫《月》："四更山吐月，残夜水明楼。"

读易居

寓园佳处，首称石，不尽于石也。自贮之以水，顽者始灵，而水石含漱之状，惟读易居得纵观之。居临曲沼之东偏，与四负堂相左右，俯仰清流，意深鱼鸟，及于匝岸燃灯，倒影相媚，丝竹之响，卷雪回波，觉此景恍来天上。

既而主人一切厌离，惟日手《周易》一卷，滴露研朱，聊解动躁耳！予虽家世受《易》，不能解《易》理，然于盈虚消息之道，则若有微窥者。自有天地，便有兹山，今日以前，原是培塿寸土，安能保今日之后，列阁层轩长峙岩壑哉！[1]成毁之数，天地不免，却怪李文饶朱崖被遣，尚谆谆于守护平泉，[2]独不思金谷、华林都安在耶？主人于是微有窥焉者，故所乐在此不在彼。

注释

[1]"自有天地"数句：《晋书·羊祜列传》："祜乐山水，每风景，必造岘山，

置诸言咏，终日不倦。尝慨然叹息，顾谓从事中郎邹湛等曰：自有宇宙，便有此山，由来贤达胜士，登此远王，如我与卿者多矣，皆湮灭无闻，使人悲伤，如百岁后有知，魂魄犹应登此也。”

[2] 李文饶朱崖被遣，尚谆谆于守护平泉：唐李德裕，字文饶，好园林，有平泉，其《平泉山居诫子孙记》云：“鬻吾平泉者，非吾子孙也；以平泉一树一石与人者，非佳子孙也。”

呼虹幌

出读易居，廊尽而见幌，一水环回，飞清激素，每至菡萏乍吐，望踏香堤如长虹吸海，带万缕赤霞，与波明灭，倪鸿宝[1]太史因以呼虹字之。

注释

[1] 倪鸿宝：明末著名文人倪元璐，乃作者之友。

让鸥[1]池

寓之为山，善能藏高于卑，取远若近，而园足以贮之，池又足以涵之。池南折于水明廊，北尽丰庄，中引踏香堤，而以听止桥为素湍回合之所。风动清波，縠文细展，影接峦岫，若三山之倒水下，及于夕霭斜晖，迷离芦蓼，金波注射，纤玉腾惊，四顾泱漭，恍与天光一色，主人于此，亦云乐矣。终不若轻鸥容与，得以饱挹波光，任是雪练澄泓，云涛飞漱，在鸥不作两观，而以让之鸥，但恐鸥亦见猜，避而不受耳。

注释

[1] 让鸥：故事出自《列子·黄帝篇》：“海上之人有好沤鸟者，每旦之海上，从沤鸟游，沤鸟之至者百住而不止。其父曰：‘吾闻沤鸟皆从汝游，汝取来，吾玩之。’明日之海上，沤鸟舞而不下也。故曰：至言去言，至为无为；齐智之所

知,则浅矣。”

踏香堤

园之外堤,为柳陌,园之内堤,为踏香。踏香堤者,呼虹幌所由以渡浮影台也。两池交映,横亘如线,夹道新槐,负日俯仰。春来,士女联袂踏歌,屐痕轻印青苔,香汗微醺花气,以方西子六桥,则吾岂敢,惟是鉴湖[1]一曲,差与分胜耳!

注释

[1] 鉴湖:在绍兴南,本名镜湖,为避宋太祖祖父赵敬讳,改此名。

浮影台

从踏香堤望之,迥然有台,盖在水中央也。翠碧澄鲜,空明可溯,每至金蟾蹙浪,丹嶂回清,此台乍有乍无,上下于烟波雪浪之间,环视千柄芙蓉,又似莲座庄严,为众香诵出。《水经注》所云:“回峙相望,孤影若浮”,似为写照矣。

听止桥

登浮影台,巨石而立,褰裳[1]者恐投足无所,忽有长虹横偃波上,自此猿猱相引,曲磴出于石间,数折乃登筠巢。友石榭,从入径也,穴石之腹以为桥,而趾足岈嵯,还以分桥之半,每暑月泊舟其下,飒然凉生,令人肤栗。

注释

[1] 褰裳:提起衣服过水。

沁月泉

浮影台右第三石下，得泉眼二，一如满月，一如弦月，旱不涸，潦亦不盈。要其味，岂堪敌中泠、北幹？[1]予谓正不必尔，但得啜之者，到舌空隽，有一种松风之韵，可沁诗脾足矣。此泉新出石肺，性带烟霞，好事之水递[2]所不及，良与迂癖人相宜，故足乐也。

注释

[1] 中泠：陆羽将水分二十等，长江南零水（又称泠水）为第七。北幹：萧山有北幹山，晋许询隐居之所，中有名泉。

[2] 水递：唐李德裕好茶饮，每饮须无锡惠山之泉，遣人送之，故云“水递”。

溪山草阁

予尝于梦中吟杜老“沙上草阁柳新暗，城边新池莲欲红”[1]句，凡数十过，比醒，犹呶呶在口颊间。偶泛棹入山，见让鸥池之西偏，崩峦捍石，望之恒有落势，及水而稍稍逶迤，可辟小径，乃为修竹踞有之。予除去数石竿，半崖半水，是可以阁矣。岂此地生面将开，杜老梦中告我乎？俯阁而澄潭在目，皎焉冲照，北窗下石林，秋气泠泠入衣，似宋元一幅《秋山高隐图》。

注释

[1] 此为唐杜甫《暮春》诗，原诗作：“沙上草阁柳新暗，城边野池莲欲红。”此将“野”误为“新”。

茶坞

入筠巢，稍折而西南，得隙地，皆硗确[1]也，土肤不盈尺，故极宜种茶。向有数本，与僧无公采制之，寒香特异，今尽去他卉，惟蓄木奴千头，他日吸沁月泉，闲啜于长松下，趣亦不恶。《越书》所谓"龙山瑞草，日铸雪芽"[2]，未识孰为胜负耳。

注释

[1] 硗(qiāo)确：土地瘠薄。

[2] 龙山瑞草，日铸雪芽：据宋王十朋《会稽风俗赋》，龙山，即卧龙山，日铸乃古越王铸剑之山。瑞草、雪芽皆为茶名。

冷云石

寓园之所少，非石也。浮影台右，有巨灵手擘者三，予以当寒山之可语矣。[1]其他虎而踞、狮而蹲者，不可指屈。独是亭之旁，一片石如骏马驰坂，忽然而止，衔勒未收，犹有怒色。上又一石如半月，欲堕不堕，周又新以"冷云"字之，即未堪具袍笏作丈人拜，亦可呼之为小友矣。

注释

[1] 予以当寒山之可语：我将其当作相对而语的寒山。

友石榭

自升降岩阿，以此地为适中地。丹楹接阜，飞栋陵山。探园之流，旷览者，神情开涤，栖遁者，意况幽闲，莫不留连斯榭，感慨兴怀，主人于此，都无托契，所可箕踞相对者，惟冷云小友，不因人热，堪作岁寒交耳。

太古亭

斫松葺茅，不加雕垩，意其为太古之遗制乎！亭之址，初在友石榭，及榭成，迁之松径下。陶石梁[1]先生再过园中，亟索亭之所在，往憩焉。笑曰："太古不合时宜，乃左迁至此耶？"客曰："否，否，此亭有深静之色，譬如绮里辈初出商山，[2]衣冠甚伟，岂堪共绛、灌为伍。"此地负岗荫渚，在幽篁老干间，潇然独立，不共花鸟争妍冶，亭可谓得其所矣。

注释

[1] 陶石梁：明代理学家陶奭龄，字石龄，与其兄陶望龄同为著名儒家学者。

[2] 绮里辈初出商山：指秦末四位隐逸君子商山四皓。

小斜川[1]

当凿池时，畚锸才兴，石趾已稜然欲起，[2]及深入丈许，岞崿怒出，[3]有若渴骥奔泉、俊鹘决云者。水入罅齿间，微风激之，噌吰[4]响答，似坡老所记石钟山状，渊明春日之游，摩诘辋川所筑，[5]将无是耶。舟泛让鸥池，由此及岸，有别径可达太古亭，川上多种老梅，素女淡妆，临波自照，从读易居相望，不止听隔壁落钗声矣。

注释

[1] 斜川：晋陶渊明有《游斜川》诗，其中描写观曾城（或称层城）之景的感受，曾城在庐山之北，与传说中的神山昆仑山最高峰同名。祁彪佳名此景为小

斜川，意在远望。

[2] 稜(léng)然：形容山石棱角分明。

[3] 岝(zuó)㟧：山高峻的样子。晋左思《吴都赋》：“虽有石林之岝㟧，请攘臂而靡之。”

[4] 噌吰(chēnghóng)：形容水激荡所发出的声音。

[5] 渊明春日之游：陶渊明游斜川在正月十五，故称。摩诘辋川：王维，字摩诘，其有辋川别业。

松 径

园之中，不少矫矫虬枝，然皆偃蹇不受约束，独此处俨焉成列，如冠剑丈夫鹄立通明殿上。予因之疏开一径，友石榭所由以达选胜亭也，劲风谡谡，入径者六月生寒。迎门一松，曲折如舞，共诧五大夫[1]何妩媚乃尔。径旁尽植草花，红紫杂古翠间，如韦文女嫁骑驴老叟，转觉生韵。

注释

[1] 五大夫：松之别称。因秦始皇曾于泰山上遇雨，避雨于一松之下，封此松为五大夫。后以此代指松树。

樱 桃 林

选胜之下，织竹为垣，蔓以蔷薇数种，篱外多植樱桃、蜡珠、麦英，不一其品。每至繁英霰集，朱实星悬，如隔帘美人，绛唇半露，但主人方与处士拂麈玄谈，不须几片红牙，唱晓风残月耳！[1]

注释

[1] 不须几片红牙，唱晓风残月耳：据《吹剑录》载：“东坡在玉堂日，有幕士善歌，因问：我词何如柳七。对曰，柳郎中词，只合十七八女郎执红牙板，歌

‘杨柳岸晓风残月’,学士词,须关西大汉铜琵琶、铁绰板唱‘大江东去’。东坡为之绝倒。”

选胜亭

昔人谓许掾[1]非徒有胜情,实有济胜之具,予谓更须有选胜之缘耳。缘所未至,一泉一石,每于交臂失之。乾坤自开辟,山水自浑蒙也。此亭北接松径,南通峦雉,东以达虎角庵,游者之履常满,然而素桷茅榱[2],了不异人意,惟是登亭徊望,每见霞峰隐日,平野荡云,解意禽鸟,畅情林木,亭不自为胜,而合诸景以为胜,不必胜之尽在于亭,乃以见亭之所以为胜也乎!

注释

[1] 许掾:即许询,字玄度,好山水,乐隐居。《世说新语·栖逸》:“许掾好游山水,而体便登陟。时人云:许非徒有胜情,实有济胜之具。”

[2] 素桷(jué)茅榱(cuī):桷、榱均指屋椽子。《经典释文》:“桷,榱也。方曰桷,圆曰榱。”

虎角庵

松径之北,折而西,得选胜亭。复折而东,有掌大地,石色至此益深古,叩之铿然作碎玉声,与修竹数竿萧疏相应。其旁得太湖石之最奇者,一如水波,一如蜂穴,皆米老袖中物。于此结构一庵,曲椽三之,望若梅瓣然。庵成,问名于家季超[1],题之以“虎角”,而为予说曰:“吾弟构此奉大士,近且孜孜祖道矣,然亦尝有意于净土乎?”予曰:“愿闻其说”。季兄曰:“六祖不与西方,此涂毒鼓也。逐块者遂岐禅、净而二之。夫不悟本心,谓别有净土可往,此心外有法也。悟心之士,而必却西方于心外,亦恶在其为悟心也哉。故永明禅师云:

‘有禅有净土，犹如带角虎’，深有味其言之也。吾尝戏诸禅者，曰：‘衲僧家不惜草鞋钱，遍参知识，今弥陀于极乐界，大开粥饭铺，公辈试一往参，胡不可？而必以净土为讳耶？’”予曰：“净土之说，谨闻命矣。虎且角，何以驯而养之？”季兄提起数珠曰：“向这里会取，若也会得，便能系之以龟毛，饲之以谷响，伴之以木马、泥牛，守之以幻人、化士，正恁么时，且道是甚么人行履处”。良久云：“吾尝于此切。”

注释

[1] 季超：祁骏佳，字季超。祁彪佳三兄，好佛学。

袖　海

溪山草堂之北，得石室，秀宇层明，如灰箕道士开口五脏皆见。[1]数十人坐卧顷，寒雪沁肌，不复知人间更有六月，倘亦苏长公所谓袖中携归，[2]今仍自琅琊海上来。故为波涛洗蚀乃尔耶！

注释

[1] 灰箕道士：《酉阳杂俎》前集卷二：“蜀有道士阳狂，俗号为灰袋，翟天师晚年弟子也……就谓众人曰：‘试窥吾口中有何物也？’乃张口如箕，五脏悉露，同类惊异。”

[2] 苏长公所谓袖中携归：宋苏轼有《文登蓬莱阁下石壁千丈，为海浪所战时有碎裂，淘洒岁久，皆圆熟可爱，土人谓此弹子涡也，取数百枚以养石菖蒲，且作诗遗垂慈堂老人》诗，他从东海蓬莱阁下，带回一些与海浪所战形成的如“弹子窝”一样的小石，以养石菖蒲，诗中有“我持此石归，袖中有东海”的句子。

瓶　隐

昔申徒有涯放旷云泉，常携一瓶，时跃身入其中，号为瓶隐。予闻而喜之，以名卧室。室方广仅丈，扩两楹以象耳，圆其肩，高出脊，隐映于花木幽深中，俨然瓶矣。然申徒公以大千世界都在里许，如取频伽瓶[1]，满中擎空，用饷他国。此真芥子纳须弥[2]手。若犹是作瓶观也，不浅之乎视公哉！

注释

[1] 频伽瓶：佛瓶，状似频伽鸟而得名。佛陀以频伽瓶比喻无空之去来、无识之生灭。《楞严经》卷二："譬如有人取频伽瓶来贮藏空而行千里，开孔倒瓶，而不见空出。如是虚空，非彼方来，亦非此方入，识、蕴亦复如是；故知识、蕴虚妄，本非因缘，亦非自然性。"

[2] 芥子纳须弥：此语出自佛教，须弥是佛教传说中的神山，《维摩经·不思议品》："若菩萨住是解脱者，以须弥之高广，内芥子中，无所增减。"

孤峰玉女台

由渡而东，一峰峙青，万衣簇碧，丹楼翠水，俨若明妆，此台便是。幔亭虹桥，缩入菡萏千顷中，与客游行，仅露巾帻，方在众香国酣醉群芳，忽听隐隐环佩，意是杜兰香、萼绿华辈骑青鸾、步云气，[1]从群玉峰头，姗姗其来迟耶。锡之用沈佺期成句，盖犹陈思王初遇洛神时，欲著一语不得耳。[2]

注释

[1] 杜兰香、萼绿华，皆是神女名。见《搜神记》，昔人有所谓"萼绿华来无定所，杜兰香去未移时"诗句。

[2] "盖犹陈思王"二句：魏晋曹植《洛神赋》："余情悦其淑美兮，心振荡而不怡。无良媒以接欢兮，托微波而通辞。"

芙蓉渡

自草阁达瓶隐，有曲廊，俯槛临流，见奇石兀起，石畔篔筜[1]寒玉，小沼澄碧照人，如翠鸟穿弄枝叶上。吾国长于旷，短于幽，得此地一啸一咏，便可终日。廊及半，东面有小径，自此而台，而桥，而屿，红英浮漾，绿水斜通，都不是主人会心处，惟是冷香数朵，想象秋江寂寞时，与远峰寒潭，共作知己。遂以“芙蓉”字吾渡。

注释

[1] 筼筜：陕西洋县筼筜谷所产之竹甚有名，而北宋画家文同以筼筜谷竹为模仿对象，后人因而以筼筜代指竹。

回波屿

烟波深处有蜃结焉。一似峰随潮涌，岸接天迥，客乍见者惊谓海上三神山乃为鱼龙移至此耶。惧不可褰裳以涉，则曲桥是其一苇矣。自桥而亭，得石梁，策杖过之，微径欲绝，从乱磊中，峰缀猿引，遂穿石门以上。回清弄影，便欲颉颃吾“寓”，几于夜郎王不知有汉大者！昔异僧拔金山根下云：“茎渐孤细，如菌仰托”，此屿似之。当腹罅趾拆，水穿入其下，石踞之，若浮焉。环回相抱，曳带烟云，谢康乐“孤屿媚中川”[1]，便是此中粉本矣。其或怒而斗，水啮石，如追蠡，石不欲北，则出其雄桀者与敌，訇訇镗答，如三万浴铁马上作鼓吹声。王季重评润州两点，[2]谓“金宜游，焦宜隐，金宜月，焦宜雨”，配此屿而为三，试问当置何语？

注释

[1] 见南北朝谢灵运诗《登江中孤屿》。

[2] 王季重：王思任，明万历二十三年（1595）进士。润州两点：镇江金山和焦山。

妙赏亭

寓山之胜,不能以寓山收,盖缘身在山中也,子瞻于匡庐道之矣。此亭不昵于山,故能尽有山,几叠楼台,嵌入苍崖翠壁,时有云气,往来飘渺,掖层霄而上,仰面贪看,恍然置身无际,若并不知有亭也。倏忽回目,乃在一水中,激石穿林,泠泠传响,非但可以乐饥,且涤十年尘土肠胃。夫置屿于地,置亭于屿,如大海一沤然,而众妙都焉,安得不动高人之欣赏乎!

小峦雉

东海中央得方丈山,一名峦雉,有金玉琉璃之宫,昆仑之所托也。予园率绳瓮耳!小峦雉为志归斋从入处,又太朴之祖,其名何以称焉!盖蓬户朱门,原无异观,即五台、十二楼,穆满[1]一寓目过之,亦蘧庐之宿矣。予园自此而上,数步一委折,曲榭飞台,缨峦带阜,缥渺若阆风之颠,则亦第小之云耳!不得谓芝室、药房,遂不能分其一面也。

注释

[1] 穆满:周穆王,名满。

志归斋

当开园之始,偶市得敝椽,移置于此,一仍其简陋,然亦可啸、可歌、可偃仰栖息也已。斋左右,贯以长廊。右达"寓山草堂",左登笛亭,避暑斋中,北窗尽启,平畴远风,绿畦如浪,以觞以咏,忘其为简陋,而转觉浑朴之可亲,遂使画栋雕甍,俱为削色。当予乞归时,便欲于定省之暇，适志园亭，而此斋实为嚆矢，乃此是志吾之归也，亦曰：归固吾志耳。

天瓢

铁芝峰旁，一石隆起如覆盂。季超、止祥两兄开山时，潴为池以蓄水。亡兄元孺，顾而乐之，取苏长公“马上倾倒天瓢翻”[1]之句，题之曰天瓢，作诗以记其胜，予不忍没旧名，复志之如此。

注释

[1] 见宋苏轼《二十六日五更起行至磻溪未明》：“至人旧隐白云合，神物已化遗踪蜿。安得梦随霹雳驾，马上倾倒天瓢翻。”

笛亭

昔蔡中郎宿于柯亭之馆，[1]仰视第三椽竹，云：“可作笛”，吹之，果有异声，柯亭去此十里，为山，为桥，尚仍其名，当予以卜筑时，适他巧工能截竹为亭子，因以识中郎遗迹，不知一枝碧琅玕亦能作金石声否？又恐独孤生吹至入破上，忽然裂坏，[2]不但碎自兴公[3]妓手也。

注释

[1] 昔蔡中郎宿于柯亭之馆：晋伏滔《长笛赋序》：“余同僚桓子野，有故长笛，传之耆老，云蔡邕之所作也。初邕避难江南，宿于柯亭，柯亭之观以竹为椽，邕仰而眄之曰，良竹也。取以为笛，奇声独绝，历代传之，以至于今。”

[2] “独孤生”二句：唐李肇《唐国史补》卷下：“李舟好事，尝得村舍烟竹，截以为笛，坚如铁石，以遗李牟。牟吹笛天下第一，月夜泛江，维舟吹之，寥亮逸发，上彻云表。俄有客独立于岸，呼船请载。　既至，请笛而吹，甚为精壮，山

河可裂。牟平生未尝见。及入破,呼吸盘擗,其笛应声粉碎,客散不知所之。舟著记,疑其蛟龙也。”此事又见《逸史》,其言坐者为独孤生。

[3] 兴公:孙绰,字兴公。《世说新语·轻诋》:“蔡伯喈睹睐笛椽,孙兴公听妓,振且摆折。”

酣漱廊

环园多曲廊,下独以水明著,水胜故,上独以酣漱著,石胜故也。循廊而下,达笛亭,仄嶂云崩,奇峰霞举,至于寸峦尺石,靡不磈确[1]谽谺[2],有凫没鸾之势,尽取以供砺齿物,予之于漱也太酣矣。然予性不能饮一蕉叶,而偏于是焉酣之,虽使洗耳辈嫌其多事,似犹胜竹林嵇、阮流也。

注释

[1] 磈(wěi)确:形容山石高而险。

[2] 谽谺(hānxiā):形容山石空阔的样子。

烂柯山房

寓园外望山房,在咫尺耳,乃从友石榭几经曲折,始达于此,游人往往迷所入。自约室拾级而下,意以为穴山之趾,及至,则三楹仍坐树杪。主人读书其中,倦则倚槛四望,凡客至,辄于数里外见之,遣童子出探,良久,一舟犹在中流也。时或高卧,就枕上看日出云生,吞吐万状,昔人所谓卧游,犹借四壁图书,主人稍似胜之。

约室

昔先子之名园也,以密,以澹,[1]予师意庭趋,而于数椽,曰

"静",曰"约",亦古人铭几、铭盘之意尔。夫君子处世居身,莫妙于约之为道,且如所居,堪容膝足矣。予守先子之缔构,尽足抱膝自娱,无端有开园之举,初亦以一轩一堂已耳。后渐广大,情以境移,心随物转,是亦不能约之一端也。予之所以名约,志愧也。然约其名矣,而登是室也,横目之所见,为流,为峙,无不毕罗于吾前,是取景又何其奢乎,约其名而奢其实,予滋愧矣。

注释

[1] 祁彪佳父祁承㸁有密园、澹生堂。

铁 芝 峰

志归斋北有小峰隐起,寓山之巅也。从园外望,渺焉一丘,以为是始皇驱石时,如拳不得逐队行,而遗落于此者也。及登峰眺望,觉云气霞光,都生足底,东揖秦望,西招越峥,可在伯仲间,或因游之者心目旷远,山亦若跻之而高耶?峰顶坦迤,可坐数十人,但年来为碧桐郎君[1]共支离叟[2]各分半席耳!顶有一石,如芝状,故以"铁芝"名。

注释

[1] 碧桐郎君:指梧桐。

[2] 支离叟:疑指松。

寓山草堂

寓山之高,极于铁芝峰,草堂平分之,而在其右,似与峰相拱揖者。堂方广仅二十赤,望之不当一小亭,而入户豁然,翼若垂天之宇。与客鼎彝之类,至于棐几、竹榻、茶灶、酒鎗,殆亦不乏,若夫晨光夕曦，云峰霞岭，以此娱客，似谓过之。居园者，不能使人作室迩人遐之叹，若俗子十往返，不一见，虽上怒骂如张牧之，固不惜也。

通霞台

寓山之右，为柯山，万指锤凿，自吴大帝赤乌以迄于今，几于刊山之半，绝壁竦立，势若霞褰，秀出层岩，罩落群山之表，而飞注流壑，常如猛兽攫人，窥深魂悸，颓崖卧虹，悬栈蚁引，一小亭翩然峙之，昂首石佛，高数十丈，绀宇覆焉，金碧鲜丽，盖巧工以锤凿破浑沌，而劈石奔峦，更能补造化所不及，柯山之胜，以此甲于越中，今尽以供此台之眺听，则台之为景，有不必更为叙志者矣。

静者轩

与草堂若连鸡然，而势稍南，轩三楹，东户以达酣漱廊，其下为系珠庵，麦大师塔院也。远岫疏林，若出于槛下，及于雨余新霁，则苍翠之色，迫之而入几席间矣。向与名僧数辈，一瓢、一团焦，嗒然相对，或听呗梵潮生，铎铃风动，令人心神俱寂，觉此地仁寿之气居多，故名之以静，静固在静者，而不在山旨哉！王皞长之为言也。

远阁

阁以远名，非第因目力之所及也，盖吾阁可以尽越中诸山水，而合诸山水不足以尽吾阁，则吾之阁始尊而踞于园之上。阁宜雪，宜月，宜雨。银海澜回，玉峰高并，澄晖弄景，俄看濯魄冰壶；微雨欲来，共诧空蒙山色，此吾阁之胜概也。然而态以远生，意以远韵，飞流夹巘，则媚景争奇；霞蔚云蒸，远则孤标秀出；万家灯火，以远故尽入楼台；千叠溪山，以远故都归帘幕。若夫村烟乍起，渔火遥明，蓼汀唱欸乃之歌，柳浪听睍睆[1]之语，此远中所孕合也。纵观瀛桥，碧落苍茫，极目胥江，洪潮激射。乾坤直同一指，日月有似双丸，此远中之所变幻也。览古迹依然，禹碑鹄峙；叹霸图已矣，越殿乌啼，飞盖西园，空怆斜阳衰草，迥觞兰渚，尚存修竹茂林，此又远中之所吞吐，而一以魂消，一以壮怀者也。盖至此而江山风物，始备大观，觉一丘一壑，皆成小致矣。

注释

[1] 睍睆(xiànhuàn)：形容鸟毛色和声音的美好。《诗经·邶风·凯风》："睍睆黄鸟，载好其音。有子七人，莫慰母心。"

梅　坡

予园率以亭台胜，独野趣尚少，有是积土为坡，引流为渠，结茅为宇，芊蓼萧萧，俨是江村沙浦，芦人渔子，望景争涂。坡上种西溪古梅百许，便是林处士偕细君栖托者，徘徊爱境，盖谓此淡妆西子，足令脂粉削色矣。

归云寄

客游之兴方酣，有欲登八角楼者，必由斯"寄"，盖以楼为廊，上下皆可通游屧也。对面松风满壑，如卧惊涛乱瀑中，一派浓荫，倒影入池，流向曲廊下，犹能作十丈寒碧。予园有佳石，名"冷云"，恐其无心出岫，负主人烟霞之趣，故于"寄"焉归之。然究之，归亦是寄耳。

宛转环

昔季女有宛转环，丹崖白水，宛然在焉，握之而寝，则梦游其间。

即有名山大川之胜，珍木、奇禽、琼楼、瑶室，心有所思，随年辄见，一名曰：华胥[1]环。异哉！人安得斯环而握之哉！请以予园之北廊仿佛焉。归云一窦，短扉侧入，亦犹卢生才跳入枕中时也。自此步步在樱桃林，漱香含影，不觉亭台豁目，共诧黑甜[2]乡，乃有庄严法海矣。入吾山者，夹云披藓，恒苦足不能供目，兹才举一步，趾已及远阁之巅，上壶公之缩地也。堤边桥畔，谓足尽东南岩岫之美，及此层层旷朗，面目转换，意义是蓬莱幻出，是又愚公之移山也。虽谓斯环日在吾握可也。夫梦诚幻矣。然何者是真，吾山之寓，寓于觉，亦寓于梦，能解梦觉皆寓，安知梦非觉，觉非梦也。环，可也，不必环，可也。”

注释

［1］华胥：梦境。《列子·黄帝》：“（黄帝）退而间居大庭之馆，斋心服形，三月不亲政事。昼寝而梦，游于华胥氏之国。”后以华胥指代梦境。

［2］黑甜：梦境的代称，《桃花扇》第七出：“儿女浓情如花酿，美满无他想，黑甜共一乡。”明张岱《陶庵梦忆》卷七：“此时胸中浩浩落落并无芥蒂，一枕黑甜，高舂始起，不晓世间何物谓之忧愁。”

远山堂

园之后，庄之前，两堂相望，中隔一楼，在园者将以四负名矣，在庄者方以倚傍林峦为快，顾曰“远山”。何居？夫人情恒忻其所不足，厌其所有余。予园奔峰浪礐在几案间，日取石气云乳，作朝夕饱餐，则以为司空见惯也。独是北面旷览，见渺渺数山，浮宕于秋净天空之外，想当日文君眉际不过若此，如得韵士，如得高僧，急起迎之，犹似在乍有乍无中，可望而不可即也。此堂之所谓有取乎此。

解　说

前文曾用天、借、小三个字概括《园冶》的美学思想，而祁彪佳的美学思想也可以概括为三个字，这就是：寄、曲、远。此二文合而观之，可见中国园林美学之大概。

一、说寄

中国园林强调寄托。唐白居易诗云：“天供闲日月，人借好园林。”这个“借”字用得好。园林功能不外有二：一是实用的，园林是供给人居住和游览的；二是审美方面，园林创造是为了满足人们的审美需求。但中国园林还有一个重要的功能，就是安顿人们的灵魂，园林是人情性的寄托，园林是人“借”来抚慰生命的，园林中的一草一木，都是人心灵的寄托。用唐代诗人沈佺期的话说：“一草一木栖神明。”此一意，在《寓山注》表达最是充分。

绍兴城外大约二十里有柯山和寓山，两山隔河相对，祁彪佳便在寓山建园，名此园为“寓园”，取“寓意于山林”之意。他在《寓山注》序言中说：“顾独予家旁小山，若有夙缘者，其名曰‘寓’。”从《寓山注》通篇所论，其意要在寓意林泉，园不在大，亭不在多，几片石，数朵梅，一湾细水，几簇竹林，就自成景观。在他看来，寓园就是他心灵的天然之居。园中的一山一水，都是他心灵的符号，他精心地为一个个景点命名，其实是为自己的心灵寻一片安顿地，用他的话说，叫作“韵人纵目，云客宅心”。

如寓园中有一景“归云寄”，《寓山注》这样“注解”它的意思：“客游之兴方酣，有欲登八角楼者，必由斯‘寄’，盖以楼为廊，上下皆可通游屧也。对面松风满壑，如卧惊涛乱瀑中，一派浓荫，倒影入池，流向曲廊下，犹能作十丈寒碧。予园有佳石，名冷云，恐其无心出岫，负主人烟霞之趣，故于‘寄’焉归之。然究之，归亦是寄耳。”

在这里，他借云言人，“云无心以出岫，鸟倦飞而知还”，故此为冷云，犹如作者之冷心，此一意也；人世苍茫，寓身宇内，来往倏忽，直到暂寓暂归，如同云生云灭，故“归亦是寄”。作者借此表达人生如雪泥鸿爪之叹，此另一意也。云虽倏忽生变，无所淹留，飘渺而又奇幻，但云卷云舒，那样从容，无所滞碍，何不住心随意，纵浪大化，“寄”心于云霭烟霞，得人生之大适也，此又一意也。

祁彪佳在《读易居》中说：“予虽家世受《易》，不能解《易》理，然于盈虚消息之道，则若有微窥者。自有天地，便有兹山，今日以前，原是培塿寸土，安能保今日之后，列阁层轩长峙岩壑哉！成毁之数，天地不免，却怪李文饶朱崖被遣，尚谆谆于守护平泉，独不思金谷、华林都安在耶？主人于是微有窥焉者，故所乐在此不在彼。”

这段文字讨论了几种追求永恒的方式，一是重物，他认为，物不可能永在，唐李德裕爱园如命，集天下奇珍于平泉，放逐边地，还不忘叮嘱子孙保护好平泉，“鬻吾平泉者，非吾子孙也；以平泉一树一石与人者，非佳子孙也”，但平泉还是消失在了茫茫历史中。二是重名，这也无法永恒，历史的星空闪烁着古往今来多少英雄豪杰，最终还不是渺无声息。然而，在此二者之外，确有一种永恒，“自有天地，便有兹山”，山川依旧，生生绵延。像唐孟浩然《与诸子登岘山》诗中所说的：“人事有代谢，往来成古今。江山留胜迹，我辈复登临。”盈虚消息，自是天道，代代自有登临人。这位艺术家身坐“读易居”，在这水石相激处，俯仰清流，意深鱼鸟，读天地之“易”数，体造化之机微，感受生机勃郁世界的脉动，“稍解动躁”——跳出得之则喜、失之则忧的欲望洪流。人生短暂，生命有限，加入大化节奏中，就会欣合和畅，这才是真正的永恒。“所乐在此不在彼”：在此——独特的生命体验中，而不在彼——茫然的欲望追踪里。有限之生，可以有无限之意义。

二、说曲

《寓山注》有《宛转环》一景，所论颇解人颐："昔季女有宛转环，丹崖白水，宛然在焉，握之而寝，则梦游其间。即有名山大川之胜，珍木、奇禽、琼楼、瑶室，心有所思，随年辄见，一名曰：华胥环。……入吾山者，夹云披薜，恒苦足不能供目，兹才举一步，趾已及远阁之巅，上壶公之缩地也。堤边桥畔，谓足尽东南岩岫之美，及此层层旷朗，面目转换，意义是蓬莱幻出，是又愚公之移山也。虽谓斯环日在吾握可也。夫梦诚幻矣。然何者是真，吾山之寓，寓于觉，亦寓于梦，能解梦觉皆寓，安知梦非觉，觉非梦也。环，可也，不必环，可也。"他这里说了个梦和觉的故事，祁彪佳之园以寓为名，谓借园以为寄托，梦也觉，觉也梦，都是他的心灵的幻象，彪佳以梦环为喻，华胥环即梦环，园非环，然而无往而非环中之妙，无往不见宛转回荡之势，园中物态于环中自现。这个环就是那隐于园林背后的生机流动之精神，就是计成所说的"曲"心、"篆"势。

中国传统文化有重含蓄的美感。说话委婉，重视内蕴，强调含忍，看重言外的意味，象外之象、味外之味才是人们追求的目标，说白了，说明了，就不美。美如雾里看花，美在味外之味，美的体验应是一种悠长的回味，美的表现应该是一种表面上并不声张的创造。婉曲是中国诗中的高妙境界。曲是中国园林的至上原则之一。弯弯曲曲的小径，斗折萦回的回廊，起伏腾挪的云墙，婉转绵延的溪流，虬曲盘旋的古树，等等。所谓"景露则境界小，景隐则境界大"。陈从周说："园林造景，有有意得之者，亦有无意得之者，尤以私家小园，地甚局促，往往于无可奈何之处，而以无可奈何之笔化险为夷，终挽全局。苏州留园之华步小筑一角，用砖砌地穴门洞，分隔成狭长小径，得庭院深深深几许之趣。"（《说园》三）

虽然所有园林创造都会追求旷远的空间感，但在具体的造园中有时却故意封闭空间、隔开景区，使各个景区自成一个生命单元，一个生命整体,由此再与其他园林景区襟带环映。这样既见出园景的参差错落,富有变化,又可使人有迤逦不尽之感,景外有景,象外有象,壶中天地于是变宽了,一勺水也见出深处,一拳石也保有曲处。这就是隔。那种开门见山的方法显然不适合中国园林的意境创造。而抑景真正可以说是在玩欲露还藏的游戏。中国很多园林进门处都不畅通,往往总是横出障碍,或有巨石障眼,如扬州个园一进园门,有一块巨石堵住。颐和园的东宫门的入口处,有一大殿仁寿殿挡住人的视线,这都是抑景。然而抑制是为了放,障碍的目的在于开。其命意正在柳暗花明处、曲径通幽处、别有洞天处。一抑,使景物暂时出现空白,犹如发箭时回拉;一放,则如手松箭发,在一片空白中映出最盎然的生机。抑玩的是心理。它使游览者心意收敛,犹如给游兴正酣的游客一剂清凉剂,抑后之放,却在此刚刚回抑的心灵中掀起狂澜,达到理学家所说的大快活境界。而曲更具韵味。钱泳《履园丛话》说:"造园如作诗文,必使曲折有法。"曲折历来被视为园林的命脉。园林重曲线,看重的就是这种优美中的运动,运动中的优美,曲线的构造自然就具有生命力。其实隔、抑都是曲。曲是园林的灵魂。

像祁彪佳所说的梦环之神在今存之江南园林中多见,如扬州的小盘谷,此园以小中见大著称。小中何以见大,即是成功地利用曲折幽深的造园方法:进门有厅横前,此乃是抑景。绕厅而后,忽见一汪池水,澄波荡漾,俨然平旷。随后步回廊,过曲桥沿红墙,随行更步,随步改景,景中见曲,曲景相和,一行回廊,几曲清流,幽深的洞穴,蜿蜒的阶梯,和那波浪起伏的园墙,参差错落的花窗遥相呼应,体现出优游回环、流转不绝的大化生机来。

三、说远

寓园是很小的园子,但彪佳这篇"注"就是说其小中之大,近中之远。他提出的几个角度,均有思理。

他说,造园之妙在"约"。这个"约"颇合于中国美学尚简的传统。“易名三义”（不易、简易、变易）就有“简易”一条，以少总多，乘一总万是中国美学的重要原则。他说：“夫君子处世居身，莫妙于约之为道，且如所居，堪容膝足矣。……而登是室也，横目之所见，为流，为峙，无不毕罗于吾前，是取景又何其奢乎，约其名而奢其实，予滋愧矣。”他在《选胜亭》中说：“惟是登亭徊望，每见霞峰隐日，平野荡云，解意禽鸟，畅情林木，亭不自为胜，而合诸景以为胜，不必胜之尽在于亭，乃以见亭之所以为胜也乎！”不必连绵胜景，只要心中有，非园中之景致，即园中之景致。他在谈园中一景妙赏亭时说：“此亭不昵于山，故能尽有山，几叠楼台，嵌入苍崖翠壁，时有云气，往来飘渺，掖层霄而上，仰面贪看，恍然置身无际，若并不知有亭也。倏忽回目，乃在一水中，激石穿林，泠泠传响，非但可以乐饥，且涤十年尘土肠胃。夫置屿于地，置亭于屿，如大海一沤然，而众妙都焉，安得不动高人之欣赏乎！”正是江山无限景，都聚一亭中。一园则是大海之一沤，而“众妙都焉”，无所缺憾。他的园就是一个“天瓢”，欲舀尽天下之水。

他说，造园之妙在“隐”。景物是心灵之寄寓，但是“隐寓”。必须善藏，唯有藏有涵蕴，才有供人咀嚼的空间。园的形式构造最忌一览无遗。他给一室命名为“瓶隐”就取此意。他说：“昔申徒有涯放旷云泉，常携一瓶，时跃身入其中，号为瓶隐。予闻而喜之，以名卧室。室方广仅丈，扩两楹以象耳，圆其肩，高出脊，隐映于花木幽深中，俨然瓶矣。然申徒公以大千世界都在里许，如取频伽瓶，满中擎空，用饷他国。此真芥子纳须弥手。若犹是作瓶观也，不浅之乎视公哉！”

他说，园林之妙在“远”。寓园有远阁和远山堂，他通过两景之“注”，阐述远的意味。《远阁》注云“态以远生，意以远韵”，唯远方有美。远不仅在所观者多，而且在于使性灵飘举，心意神飞。远使“江山风物，始备大观，觉一丘一壑，皆成小致矣”。《远山堂》注云：远之妙“在乍有乍无中，可望而不可即也”，在园林欣赏者得到性灵的超越。

参考文献

祁彪佳:《寓山志》,明崇祯十二年刻本。

祁彪佳:《寓山注》,明崇祯刻本。

祁彪佳:《祁彪佳集》,北京:中华书局,1960 年。

祁彪佳:《祁忠惠公遗集》,清道光间杜煦、杜春生辑刻本。

陈植:《中国历代名园记选注》,合肥:安徽科学技术出版社,1983 年。

赵海燕:《〈寓山注〉研究》,合肥:安徽教育出版社,2016 年。

曹淑娟:《在劳绩中安居:晚明园林文学与文化》,台北:台湾大学人文社会高等研究院、东亚儒学研究中心,2019 年。

船山诗论

[清] 王夫之

王夫之(1619—1692),湖南衡阳人,字而农,号姜斋。明崇祯十五年举人。早年曾组织“匡社”,研求拯救国家之道。清兵南下,曾于衡山举兵抵抗,败而退居肇庆,投奔南明桂王永历政权,至梧州任永历朝行人司行人介子。后因弹劾王化澄几遭不测,逃至桂林。桂林失守,后返归衡阳,隐于石船山(今属湖南衡阳曲兰乡),于石船山筑土室,备尝艰辛,杜门著述以终。学者称船山先生。

生平著书甚多,有《周易外传》《尚书引义》《张子正蒙注》《思问录》《老子衍》《庄子通》《读通鉴论》《宋论》《姜斋诗文集》等。后人辑有《船山遗书》。1988年,岳麓书社出版了《船山全书》,共十六册。

王夫之是中国美学发展史上的关键人物,尤其在诗歌美学上贡献突出。其论诗著作《诗铎》与《夕堂永日绪论》二种,丁福保据以辑入《清诗话》,合称为《姜斋诗话》,另有《古诗评选》《唐诗评选》《明诗评选》等。这里选录了上述论诗杂著和诗歌选评著作中的一些与美学相关的内容,以期见出王夫之诗歌美学思想之大概。题名《船山诗论》,为编者所拟。

本文所引王夫之相关著作,据岳麓书社《船山全书》本。

诗 绎

“诗可以兴，可以观，可以群，可以怨”，尽矣。辨汉、魏、唐、宋之雅俗得失以此，读《三百篇》者必此也。“可以”云者，随所“以”而皆“可”也。于所兴而可观，其兴也深；于所观而可兴，其观也审。以其群者而怨，怨愈不忘；以其怨者而群，群乃益挚。出于四情之外，以生起四情；游于四情之中，情无所窒。作者用一致之思，读者各以其情而自得。故《关雎》，兴也；康王晏朝，而即为冰鉴。[1]“訏谟定命，远猷辰告”，[2]观也；谢安欣赏，而增其遐心。[3]人情之游也无涯，而各以其情遇，斯所贵于有诗。是故延年不如康乐，[4]而宋、唐之所由升降也。谢叠山、虞道园之说诗，[5]井画而根掘之，恶足知此？

“采采芣苡”，意在言先，亦在言后，从容涵泳，自然生其气象。即五言中，《十九首》犹有得此意者。陶令差能仿佛，下此绝矣。“采菊东篱下，悠然见南山”，“众鸟欣有托，吾亦爱吾庐”，非韦应物“兵卫森画戟，燕寝凝清香”[6]所得而问津也。

“昔我往矣，杨柳依依；今我来思，雨雪霏霏。”以乐景写哀，以哀景写乐，一倍增其哀乐。知此，则“影静千官里，心苏七校前”[7]，与“唯有终南山色在，晴明依旧满长安”[8]，情之深浅宏隘见矣。况孟郊之乍笑而心迷，香啼而魂丧者乎？

唐人《少年行》[9]云：“白马金鞍从武皇，旌旗十万猎长杨。楼头少妇鸣筝坐，遥见飞尘入建章。”想知少妇遥望之情，以自矜得意，此善于取影者也。“春日迟迟，卉木萋萋；仓庚喈喈，采蘩祁祁。执讯获丑，薄言还归；赫赫南仲，玁狁于夷。”其妙正在此。训诂家不能领悟，谓妇方采蘩而见归师，旨趣索然矣。建旌旗，举矛戟，车马喧阗，凯乐竞奏之下，仓庚何能不惊飞，而尚闻其喈喈？六师在道，虽曰勿扰，采蘩之妇，亦何事暴面于三军之侧耶？征人归矣，度其妇方采蘩，而闻归师之凯旋。故迟迟之日，萋萋之草，鸟鸣之和，皆为助喜。

而南仲之功，震于闺阁，家室之欣幸，遥想其然，而征人之意得可知矣。乃以此而称南仲，又影中取影，曲尽人情之极至也。

苏子瞻谓“桑之未落，其叶沃若”[10]，体物之工，非“沃若”不足以言桑，非桑不足以当“沃若”，固也。然得物态，未得物理。“桃之夭夭，其叶蓁蓁”，“灼灼其华”，“有蕡其实”，乃穷物理。夭夭者，桃之稚者也。桃至拱把以上，则液流蠹结，花不荣，叶不盛，实不蕃。小树弱枝，婀娜妍茂为有加耳。

知“池塘生春草”“蝴蝶飞南园”之妙，则知“杨柳依依”“零雨其濛”之圣于诗；司空表圣所谓“规以象外，得之圜中”[11]者也。

谢灵运一意回旋往复，以尽思理，吟之使人卞躁之意消。《小宛》抑不仅此，情相若，理尤居胜也。王敬美谓：“诗有妙悟，非关理也。”[12]非理抑将何悟？

兴在有意无意之间，比亦不容雕刻；关情者景，自与情相为珀芥也。情景虽有在心在物之分，而景生情，情生景，哀乐之触，荣悴之迎，互藏其宅。天情物理，可哀而可乐，用之无穷，流而不滞，穷且滞者不知尔。“吴楚东南坼，乾坤日夜浮。”乍读之若雄豪，然而适与“亲朋无一字，老病有孤舟”相为融浃。当知“倬彼云汉”[13]，颂作人者增其辉光，忧旱甚者益其炎赫，无适而无不适也。唐末人不能及此，为“玉合底盖”之说，孟郊、温庭筠分为二垒。天与物其能为尔阄分乎？

注释

[1]“康王晏朝”二句：《后汉书·皇后纪》：“康王晚朝，《关雎》作讽。”

[2]“訏谟定命”二句：《诗经·大雅·抑》：“訏谟定命，远猷辰告。敬慎威仪，维民之则。”

[3]“谢安欣赏”二句：《世说新语·文学》：“谢公因子弟集聚，问：‘毛诗何句最佳？’遏称曰：‘昔我往矣，杨柳依依；今我来思，雨雪霏霏。’公曰：‘訏谟定命，远猷辰告。’谓此句偏有雅人深致。”

［4］ 延年：南朝宋诗人颜延之(384—456)，字延年。康乐：南朝宋诗人谢灵运(385—433)，晋时袭封康乐公。

［5］ 谢叠山：宋学者谢枋得，号叠山。虞道园：元诗人、学者虞集(1272—1348)，有《道园学古录》等。

［6］ “兵卫森画戟”二句：唐韦应物《郡斋雨中与诸文士燕集》中诗句。

［7］ “影静千官里”二句：见唐杜甫《喜达行在所》之一。

［8］ “唯有终南山色在”二句：见唐李拯《退朝望终南山》。

［9］ 唐人《少年行》：此为唐王昌龄诗，又作《青楼曲》。

［10］ 见宋苏轼《评诗人写物》：“诗人有写物之功。‘桑之未落，其叶沃若。’他木殆不可以当此。”

［11］ 规以象外，得之圜中：语本《二十四诗品 · 雄浑》：“超以象外，得其环中。”

［12］ 王敬美谓“诗有妙悟，非关理也”：所引之语非王世懋(敬美)语，实则是世懋兄世贞(元美)《艺苑卮言》引录严羽语，此系其误记。

［13］ 倬彼云汉：见《诗 · 大雅 · 棫朴》：“倬彼云汉，为章于天。周王寿考，遐不作人？”

夕堂永日绪论

无论诗歌与长行文字，俱以意为主。意犹帅也。无帅之兵，谓之乌合。李、杜所以称大家者，无意之诗，十不得一二也。烟云泉石，花鸟苔林，金铺锦帐，寓意则灵。若齐、梁绮语，宋人抟合成句之出处，役心向彼掇索，而不恤己情之所自发，此之谓小家数，总在圈缋中求活计也。

把定一题、一人、一事、一物，于其上求形模，求比似，求词采，求故实；如钝斧子劈栎柞，皮屑纷霏，何尝动得一丝纹理？以意为主，势次之。势者，意中之神理也。唯谢康乐为能取势，宛转屈伸，以求尽其意，意已尽则止，殆无剩语；夭矫连蜷，烟云缭绕，乃真龙，非画龙也。

"池塘生春草""蝴蝶飞南园""明月照积雪",皆心中目中与相融浃,一出语时,即得珠圆玉润;要亦各视其所怀来则与景相迎者也。"日暮天无云,春风散微和",想见陶令当时胸次,岂夹杂铅汞人能作此语?程子谓见濂溪一月,坐春风中。非程子不能知濂溪如此,非陶令不能自知如此也。[1]

"僧敲月下门"只是妄想揣摩,如说他人梦,纵令形容酷似,何尝毫发关心?知然者,以其沉吟"推敲"二字,就他作想也。若即景会心,则或"推"或"敲",必居其一,因景因情,自然灵妙,何劳拟议哉?"长河落日圆",初无定景;"隔水问樵夫",初非想得。则禅家所谓"现量"也。[2]

诗文俱有主宾。无主之宾,谓之乌合。俗论以此为宾,以赋为主,以反为宾,以正为主,皆塾师赚童子死法耳。立一主以待宾,宾非无主之宾者,乃俱有情而相浃洽。若夫"秋风吹渭水,落叶满长安",于贾岛何与?"湘潭云尽暮烟出,巴蜀雪消春水来",于许浑奚涉?皆乌合也。"影静千官里,心苏七校前",得主矣,尚有痕迹。"花迎剑佩星初落",则宾主历然镕合一片。[3]

身之所历,目之所见,是铁门限。即极写大景,如:"阴晴众壑殊""乾坤日夜浮",亦必不逾此限。非按舆地图便可云"平野入青徐"也,抑登楼所得见者耳。隔垣听演杂剧,可闻其歌,不见其舞,更远则但闻鼓声,而可云所演何出乎?前有齐、梁,后有晚唐及宋人,皆欺心以炫巧。[4]

以神理相取,在远近之间,才着手便煞,一放手又飘忽去,如"物在人亡无见期",捉煞了也。如宋人《咏河鲀》云:"春洲生荻芽,春岸飞杨花。"饶他有理,终是于河鲀没交涉。"青青河畔草"与"绵绵思远道",何以相因依,相含吐?神理凑合时,自然恰得。[5]

太白胸中浩渺之致,汉人皆有之,特以微言点出,包举自宏。太白乐府歌行,则倾囊而出耳。如射者引弓极满,或即发矢,或迟审久之,能忍不能忍,其力之大小可知已。要至于太白止矣。一失而为白乐天，本无浩渺之才，如决池水，旋踵而涸。再失而为苏子瞻，萎花败叶，随流而漾，胸次局促，乱节狂兴，所必然也。

“海暗三山雨”接“此乡多宝玉”不得。迤逦说到“花明五岭春”，然后彼句可来，又岂尝无法哉？非皎然、高棅之法耳。若果足为法，乌容破之？非法之法，则破之不尽，终不得法。诗之有皎然、虞伯生，经义之有茅鹿门、汤宾尹、袁了凡，皆画地成牢以陷人者，有死法也。死法之立，总缘识量狭小。如演杂剧，在方丈台上，故有花样步位，稍移一步则错乱。若驰骋康庄，取涂千里，而用此步法，虽至愚者不为也。[6]

情、景名为二，而实不可离。神于诗者，妙合无垠。巧者则有情中景，景中情。景中情者，如“长安一片月”，自然是孤栖忆远之情；“影静千官里”，自然是喜达行在之情。情中景尤难曲写，如“诗成珠玉在挥毫”，写出才人翰墨淋漓、自心欣赏之景。凡此类，知者遇之；非然，亦鹘突看过，作等闲语耳。[7]

“欲投人处宿，隔水问樵夫。”则山之辽廓荒远可知，与上六句初无异致，且得宾主分明，非独头意识悬相描摹也。“亲朋无一字，老病有孤舟”，自然是登岳阳楼诗。尝试设身作杜陵，凭轩远望观，则心目中二语居然出现，此亦情中景也。孟浩然以“舟楫”“垂钓”钩锁合题，却自全无干涉。

近体中二联，一情一景，一法也。“云霞出海曙，梅柳渡江春。淑气催黄鸟，晴光转绿苹。”“云飞北阙轻阴散，雨歇南山积翠来。御柳已争梅信发，林花不待晓风开。”皆景也，何者为情？若四句俱情而无景语者，尤不可胜数，其得谓之非法乎？夫景以情合，情以景生，初不相离，唯意所适。截分两橛，则情不足兴，而景非其景。且如“九月寒砧催木叶”，二句之中，情景作对；“片石孤云窥色相”四句，情景双收：更从何处分析？陋人标陋格，乃谓“吴楚东南坼”四句，上景下情，为律诗宪典，不顾杜陵九原大笑。愚不可瘳，亦孰与疗之？[8]

不能作景语，又何能作情语耶？古人绝唱句多景语，如“高台多悲风”“蝴蝶飞南园”“池塘生春草”“亭皋木叶下”“芙蓉露下落”，皆是也，而情寓其中矣。以写景之心理言情，则身心中独喻之微，轻安拈出。谢太傅于《毛诗》取“訏谟定命，远猷辰告”，以此八句如一串珠，将大臣经营国事之心曲，写出次第，故与“昔我往矣，杨柳依依；今我来思，雨雪霏霏”同一达情之妙。[9]

有大景，有小景，有大景中小景。“柳叶开时任好风”“花覆千官淑景移”及“风正一帆悬”“青霭入看无”，皆以小景传大景之神。若“江流天地外，山色有无中”“江山如有待，花柳更无私”，张皇使大，反令落拓不亲。宋人所喜，偏在此而不在彼。近唯文徵仲《斋宿》等诗，能解此妙。[10]

含情而能达，会景而生心，体物而得神，则自有灵通之句，参化工之妙。若但于句求巧，则性情先为外荡，生意索然矣。“松陵体”永堕小乘者，以无句不巧也。然皮、陆二子，差有兴会，犹堪讽咏。若韩退之以险韵、奇字、古句、方言矜其饾辏之巧，巧诚巧矣，而于心情兴会，一无所涉，适可为酒令而已。黄鲁直、米元章益堕此障中。近则王谑庵承其下游，不恤才情，别寻蹊径，良可惜也。[11]

《小雅·鹤鸣》之诗，全用比体，不道破一句，《三百篇》中创调也。要以俯仰物理而咏叹之，用见理随物显，唯人所感，皆可类通；初非有所指斥，一人一事，不敢明言，而姑为隐语也。若他诗有所指斥，则皇父、尹氏、暴公，不惮直斥其名，历数其慝；而且自显其为家父，为寺人孟子，无所规避。诗教虽云温厚，然光昭之志，无畏于天，无恤于人，揭日月而行，岂女子小人半含不吐之态乎？《离骚》虽多引喻，而直言处亦无所讳。宋人骑两头马，欲博忠直之名，又畏祸及，多作影子语巧相弹射，然以此受祸者不少，既示人以可疑之端，则虽无所诽诮，亦可加以罗织。观苏子瞻乌台诗案，其远谪穷荒，诚自取之矣；而抑不能昂首舒吭以一鸣，三木加身，则曰“圣主如天万物春”，可耻孰甚焉！[12]近人多效此者，不知轻薄圆头恶习，君子所不屑久矣。

论画者曰："咫尺有万里之势。"一"势"字宜着眼。若不论势，则缩万里于咫尺，直是《广舆记》前一天下图耳。五言绝句，以此为落想时第一义，唯盛唐人能得其妙。如"君家住何处？妾住在横塘。停船暂借问，或恐是同乡"，墨气所射，四表无穷，无字处皆其意也。李献古诗："浩浩长江水，黄州若个边？岸回山一转，船到堞楼前。"固自不失此风味。[13]

咏物诗，齐、梁始多有之。其标格高下，犹画之有匠作，有士气。征故实，写色泽，广比譬，虽极镂绘之工，皆匠气也。又其卑者，饾凑成篇，谜也，非诗也。李峤称"大手笔"，咏物尤其属意之作，裁剪整齐而生意索然，亦匠笔耳。至盛唐以后，始有即物达情之作，"自是寝园春荐后，非关御苑鸟衔残"，贴切樱桃，而句皆有意，所谓"正在阿堵中"也。"黄莺弄不足，含入未央宫"，断不可移咏梅、桃、李、杏，而超然玄远，如九转还丹，仙胎自孕矣。宋人于此茫然，愈工愈拙，非但"认桃无绿叶，道杏有青枝"为可姗笑已也。嗣是作者益趋匠画，里耳喧传，非俗不赏。袁凯以《白燕》得名，而"月明汉水初无影，雪满梁园尚未归"，按字求之，总成窒碍。高季迪《梅花》，非无雅韵，世所传诵者，偏在"雪满山中""月明林下"之句。徐文长、袁中郎皆以此衒巧。要之，文心不属，何巧之有哉，杜陵《白小》诸篇，踸踔自寻别路，虽风韵足，而如黄大痴写景，苍莽不群。作者去彼取此，不犹善乎？禅家有"三量"，唯"现量"发光，为依佛性；"比量"稍有不审，便入"非量"；况直从"非量"中施硃而赤，施粉而白，勺水洗之，无盐之色败露无余，明眼人岂为所欺耶？[14]

注释

[1] 池塘生春草：见南朝宋谢灵运《登池上楼》诗。蝴蝶飞南园：见晋张协《杂诗》。明月照积雪：见南朝宋谢灵运《岁暮诗》。"日暮天无云"二句：见晋陶潜《拟古诗十九首》之七。铅汞：指通过炼丹吃药求长生不老之术。程子谓见濂溪一月，坐春风中：据《二程遗书》附录《伊川先生年谱》："侯仲良曰：朱公掞见

明道于汝州，踰月而归，语人曰：光庭在春风中坐了一月。”宋朱熹《近思录》：“周茂叔胸中洒落，如光风霁月。”船山似将此二事混淆了。

［2］长河落日圆：见唐王维《使至塞上》：“大漠孤烟直，长河落日圆。”隔水问樵夫：见唐王维《终南山》：“欲投人处宿，隔水问樵夫。”现量：佛学因明学术语，船山借为诗学术语。

［3］“秋风吹渭水”二句：见唐贾岛《忆江上吴处士》。或作“秋风生渭水，落叶满长安”。“湘潭云尽暮烟出”二句：见唐许浑《凌歊台》。“影静千官里”二句：唐杜甫《喜达行在所》诗句。花迎剑佩星初落：见唐岑参《奉和中书舍人贾至早朝大明宫》。

［4］阴晴众壑殊：唐王维《终南山》：“分夜中峰变，阴晴中壑殊。”乾坤日夜浮：唐杜甫《登岳阳楼》：“吴楚东南坼，乾坤日夜浮。”平野入青徐：唐杜甫《登兖州城楼》：“浮云连海岱，平野处青徐。”

［5］青青河畔草：见《古诗十九首》。绵绵思远道：汉乐府诗句云：“青青河边草，绵绵思远道。”

［6］“海暗三山雨”二句：诗出唐岑参《送杨瑗尉南海》：“不择南州尉，高堂有老亲。楼台重蜃气，邑里杂鲛人。海暗三山雨，花明五岭春。此乡多宝玉，慎莫厌清贫。”茅鹿门：茅坤（1512—1601），号鹿门，明文学家。

［7］诗成珠玉在挥毫：唐杜甫《奉和贾至舍人早朝大明宫》。

［8］“云霞出海曙”四句：见唐杜审言《和晋陵陆丞早春游望》。“云飞北阙轻阴散”四句：见唐李憕《奉和圣制从蓬莱向兴庆阁道中留春雨中春望之作应制》。九月寒砧催木叶：见唐沈佺期《古意》。片石孤云窥色相：唐李颀《题璿公山池》：“片石孤峰窥色相，清池皓月照禅心。指挥如意天花落，坐卧闲房春草深。”

［9］高台多悲风：见魏晋曹植《杂诗》。亭皋木叶下：见南朝梁柳恽《捣衣》。芙蓉露下落：见北齐萧悫《秋思》。

［10］柳叶开时任好风：见唐杜审言《杂曲歌辞·大酺乐》。花覆千官淑景移：见唐杜甫《紫宸殿退朝口号》。风正一帆悬：见唐王湾《次北固山下》。“江山如有待”二句：见唐杜甫《后游》。

［11］松陵体：晚唐有《松陵集》，收陆龟蒙、皮日休诗六百余首，后称此二人诗风为“松陵体”。饾辏：又作“饾凑”，堆砌杂凑。王谑庵：王思任（1574—

1646)，明代文学家，字季重，号谑庵。

[12] 宋苏轼《狱中寄子由》：“圣主如天万物春，小臣愚暗自忘身。百年未满先偿债，十口无归更累人。是处青山可埋骨，他年夜雨独伤神。与君世世为兄弟，更结人间未了因。”

[13]《广舆记》：明陆应阳所编有关地理方面的书。“君家住何处”四句：唐崔颢《长干行》四首之一。“浩浩长江水”四句：出自明李梦阳《黄州》诗。

[14] “自是寝园春荐后”二句：唐王维《敕赐百官樱桃》：“芙蓉阙下会千官，紫禁朱樱出上阑。才是寝园春荐后，非关御苑鸟衔残。”“黄莺弄不足”二句：见唐王维《海棠》诗。袁凯：明代诗人，字景文，以《白燕》诗得名，人称“袁白燕”。高季迪：高启(1336—1374)，字季迪，明诗人。踸踔(chěnchuō)：形容跳跃而行的样子。

古诗评选

神韵所不待论，三句三意，不须承转，一比一赋，脱然自致，绝不入文士映带。岂亦非天授也哉！(卷一汉高帝《大风歌》评)

纵横使韵，无曲不圆。即此一端，已足衿带千古，或兴或比，一远一近，谓止而流，谓流而止，神龙之兴云雾駇，以人情准之，徒有浩叹而已。神理略从《东山》来。[1] 而以《东山》为鹄，关弓向之，则其差千里。此以天遇，非以意中者。熟吟“入门各自媚”一荡，或侥幸得之。(卷一蔡邕《饮马长城窟行》评)

当其始唱，不谋其中，言之已中，不知所毕，已毕之余，波澜合一，然后始知以此始，中以此中，此古人天文斐蔚知夭娇[2]引伸之妙。盖意伏象外，随所至而与俱流，虽令寻行墨者不测其绪，要非如苏子瞻所云“行云流水，初无定质”也。维有定质，故可无定文，质既无定，则不得不以钩锁映带、起伏间架为画地之牢矣。(卷一曹操《秋胡行》评)

愈缓愈迫，笔妙之至。惟有一法曰忍。忍字固不如忍篇。(卷一曹操《碣石篇》评)

所思为何者，终篇求之不得，可性可情，乃《三百篇》之妙用，盖唯抒情在己，弗待于物发思，则虽在淫情，亦如正志，物自分而已自合也。呜呼！哭死而哀，非为生者，圣化之通于凡心不在斯乎！（卷一曹丕《燕歌行》评）

诗固自有络脉，但不从文句得耳。意内初终，虽流动而不舍者，即其络也。此诗似复似脱，似叛似蹇，不知者往往于此求古，乃不知其果复果脱，果叛果蹇，翻令元、白、欧、梅一流人大笑不禁。于无言之表寻其意之起止，固累累若贯珠，何复何脱，何叛何蹇哉！虽然，真作者之于此，亦一吷而已。但写情，不傍事，求之此有余，不劳更求之彼矣。借他物而夤缘者，不及情故也，如彼乃不劳作诗。（卷一魏后甄氏《塘上行》评）

于景得景易，于事得景难，于情得景尤难。“游马后来，辕车解轮”，事之景也；“今日同堂，出门异乡”，情之景也。子建而长如此，即许之天才流丽可矣。（卷一曹植《当来日大难》评）

全以声情生色。宋人论诗以意为主，如此类直用意相标榜，则与村黄冠盲女子所弹唱，亦何异哉！（卷一鲍照《拟行路难》第八首评）

空中置想，曲折如真。《青青河畔草》之所以独绝千古也。此犹未坠。（卷一谢朓《江上曲》评）

句句叙事，句句用兴用比，比中生兴，兴外得比，宛转相生，逢原皆给。故人患无心耳，苟有血性有真情如子山者，当无忧其不淋漓酣畅也。（卷一庾信《燕歌行》评）

了无端委，如孤云在空。深。（卷二陆云东方朔《诫子》评）

且古人有心至言随，随炳若日星，而寄情自远，虽沉然昭质，而吹荡自生。后人内得蔑资，假理为范，不知德之何明但言“明德”，不知天胡以配而遽言“配天”，若斯之流，有同学语。（卷二陆云《谷风赠郑曼季》评）

将飞者必伏，将刑者必赏，此浅机也。文士得之，早已自矜胜算。夫诚以傲彼开门见山之俗谛，则有余矣，其于大雅，则剑首之一吷也。

(卷二陶潜《时运》评)

语脉如淡烟萦空,寒光表里。王江宁极意学此,犹觉舒敛未顺。(卷三鲍照《采菱歌》评)

此种诗直不可以思路求佳,二十字如一片云,因日成彩,光在不在内,亦不在外,既无轮廓,亦无丝理,可以生无穷之情,而情了无寄。(卷三王俭《春诗》评)

借影脱胎,借写活色。(卷三何逊《苑中见美人》评)

无端着景,宾主之情更无不尽,小诗得此,可谓函盖乾坤[3]矣。(卷三梁乐府辞《折杨柳枝》评)

诗有叙事叙语者,较史尤不易。史才固以檃括生色,而从实著笔自易,诗则即事生情,即语绘状,一用史法,则相感不在永言和声之中,诗道废矣。此"上山采蘼芜"一诗所以妙夺天工也。杜子美仿之作《石壕吏》,亦将酷肖,而每于刻画处,犹以逼写见真,终觉于史有余,于诗不足。(卷四《古诗》评)

诗以道情,道之为言路也。情之所至,诗无不至,诗之所至,情以之至,一遵路委蛇,一拔木通道也。然适越者至越尔,今日适越而昔来。古今通哂,东渐闽西涉蜀,以资越之眷属,则令人日交错于舟车而无已时,无他,不足于情中故也,古人于此,乍一寻之,如蝶无定宿,亦无定飞,乃往复百歧,总为情止,卷舒独立,情依以生,空杳之迹微,大忍之力定,视彼充然者岂不能,然薄天子而不为耳。(卷四李陵《与苏武诗》评)

每若操之已蹙,终无生理,而悠然一往,天海仍空,所以知其淳泓无际。(卷四李陵《与苏武诗》评)

风回云合,缭空吹远。子桓论文[4]云"以气为主",正谓此。故又云:"气之清浊之体,不可力强而致。"夫大气之行,于虚有力,于实无影。其清者密微独往,益非嘘呵之所得。(卷四曹丕《杂诗二首》之二评)

自然佳致,不欲受才子之名。景语之合,以词相合者下,以意相次者较胜；即目即景，本自为类，正不必蝉连，而吟咏之下，自知一时一事有于此者，斯天然之妙也。“风急鸟声碎，日高花影重”，[5]词相比而事不相属，斯以为恶诗矣。“花迎剑佩星初落，柳拂旌旗露未干”，洵为合符，而犹以有意连合见针线迹。如此云“明灯曜闺中，清风凄已寒”，上下两景几于不续，而自然一时之中，寓目同感。在天合气，在地合理，在人合情，不用意而物无不亲。呜呼，至矣。（卷四刘桢《赠五官中郎将》评）

晴月凉风，高云碧宇之致，见之吟咏者，实自公始。但如此诗，以浅求之，若一无所怀，而字后言前，眉端吻外，有无尽藏之怀，令人循声测影而得之。……步兵《咏怀》，自是旷代绝作，远绍国风，近出入于《十九首》，而以高朗之怀，脱颖之气，取神似于离合之间。大要如晴云出岫，舒卷无定质，而当其有所不极，则弘忍之力，肉视荆、聂矣。且其托体之妙，或以自安，或以自悼，或标物外之旨，或借疾邪之思，意固径庭，而言皆一致，信其但然而又不徒然，疑其必然而彼固不然。不但当时雄猜之渠长，无可施其怨忌，且使千秋之还，了无觅脚跟处。盖诗之为教，相求于性情，固不当容浅人以耳目荐取。（卷四阮籍《咏怀·夜中不能寐》评）

唯此窅窅摇摇之中，有一切真情在内，可兴可观可群可怨，是以有取于诗。然因此而诗，则又往往缘景缘事缘已往缘未来，终年苦吟而不能自道。以追光蹑景之笔，写通天尽人之怀，是诗家正法眼藏[6]。钟嵘源出小雅之评，真鉴别也。（卷四阮籍《咏怀·开秋兆凉气》评）

微作两折，而立论平善，使气纯澹，既放而复不远，心神之间有忍力，要以成乎作者。（卷四左思《招隐诗》之二评）

自不泛滥。王敬美谓：“诗有妙悟，非关理也。”非谓无理而诗，正不得以名言之理相求耳。且如飞蓬，何首可搔，而不妨云“搔首”，以理求之讵不蹭蹬[7]？（卷四司马彪《杂诗》评）

质犹不陋，悄犹不迫。“精爽交中路”，想象空灵，固有实际。不

似杜陵魂来魂去之语。设为混沌，空有虚声而已。（卷四潘岳《内顾诗》评）

自《三百篇》以来，但有咏歌，其为风裁一而已矣。故情虽充斥于古今上下之间，而修意絜篇，必当有畔。盖当其天籁之发，因于俄顷，则攀缘之径绝，而独至之用弘矣。若复参伍他端，则当事必怠，分疆情景，则真感无存。情懈感亡，无言诗矣。（卷四潘岳《哀诗》评）

平原拟古，步趋如一，然当其一致顺成，便尔独舒高调。一致则净，净则文，不问创守，皆成独构也。（卷四陆机《拟明月何皎皎》评）

诗固不可以律度拘，不可以条理求，至此则首尾一端，合成一片，但吟咏之下不昧初终耳。（卷四陆云《答兄平原》评）

议论入诗，自成背戾。盖诗立风旨以生议论，故说诗者于兴观群怨而皆可。若先为之论，则言未穷而意已先竭，在我已竭，而欲以生人之心，必不任矣。以鼓击鼓，鼓不鸣，以桴击桴，亦槁木之音而已。唐宋人诗情浅短，反资标说，其下乃有如胡、曾咏史一派，直堪为塾师放晚学之资，足知议论立而无诗允矣。必不容已，如孟阳斯篇，和缓不拘迫，为犹贤乎。（卷四张载《招隐》评）

感物言理，亦寻常出，乃唱叹沿洄，一往深远。储、王[8]亦问道于此，而为力终薄，力薄则关情必浅。（卷四张协《杂诗·朝登鲁阳关》评）

风神思理，一空万古，求其伯仲，殆惟“携手上河梁”[9]“青青河畔草”足以当之。诗中透脱语自景阳开先，前无倚，后无待，不资思致，不入刻画，居然为天地中说出，而景中宾主，意中触合，无不尽者。“蝴蝶飞南园”，真不似人间得矣。谢客“池塘生春草”，盖继起者，差足旗鼓相当。笔授心传之际，殆天巧之偶发，岂数觏哉！（卷四张协《杂诗·述职投边城》评）

通首净甚，一结尤净。如片云在空，疑行疑止。（卷四王赞《杂诗》评）

亦但此耳，乃生色动人，虽浅者不敢目之以浮华，故知以意为主

之说，真腐儒也。诗言志，岂志即诗乎？（卷四郭璞《游仙诗·翡翠戏兰苕》评）

此公安顿节族，大抵以当念情起，即事先后为序，是诗家第一矩矱[10]，神授之而天成之也。呜呼，世无知此者，而三百篇之道泯矣；而更以其矩矱三百篇，如经生之言诗，愚弗可瘳[11]，亦将如之何哉！（卷四庾阐《观石鼓》评）

通首好诗，气和理匀。……杜陵得此，遂以无私之德，横被花鸟，不竞之心，武断流水。不知两间景物关至极者，如其涯量亦何限，而以己所偏得，非分相推，良苗有知，宁不笑人之曲谀哉！通人于诗，不言理而理自得，无所枉而已矣。（卷五陶潜《癸卯岁始春怀古田舍》评）

《饮酒》二十首，犹为泛滥，如此情至、理至、气至之作，定为杰作，世人不知好也。（卷五陶潜《饮酒》评）

微心雅度，所不待言，"洊至""兼山"，[12]因势一转，藏锋锷于光影之中，得不谓之神品可乎！（卷五谢灵运《富春渚》评）

条理清密，如微风震箫，字非夔、旷，莫知其宫徵迭生之妙。翕如，纯如，皦如，绎如，于斯备。……作者初不作尔许心，为之早计，如近日倚壁靠墙汉说埋伏照映。天壤之景物、作者之心目如是，灵心巧手，磕着即凑，岂复烦其踌躇哉！天地之妙，合而成化者，亦可分而成用；合不忌分，分不碍合也。（卷五谢灵运《游南亭》评）

谢诗有极易入目者，而引之益无尽，有极不易寻取者，而径遂正自显然，顾非其人，弗与察尔！言情则于往来动止缥缈有无之中，得灵蠁[13]而执之有象，取景则于击目经心丝分缕合之际，貌固有而言之不欺。而且情不虚情，情皆可景，景非滞景，景总含情。神理流于两间，天地供其一目，大无外而细无垠，落笔之先，匠意之始，有不可知者存焉。岂徒兴会标举，如沈约之所云者哉！自有五言，未有康乐；既有康乐，更无五言。或曰不然，将无知量之难乎？（卷五谢灵运《登上戍石鼓山诗》评）

亦理，亦情，亦趣，逶迤而下，多取象外，不失圜中。（卷五谢灵运《田南树园激流植援》评）

亦兴亦赋亦比，因仍而变化莫测，檃括得之小雅，寄托得之《离骚》，此康乐集中第一篇大文字。彼生平心迹不出乎山人、浪子，经生之域如竟陵者，固宜其不知而讥为套语也。谢每于意理方行处因利乘便，更即事而得佳胜，如“早闻夕飚急”四语是也。他人则意动专趋其意，不暇及矣。（卷五谢灵运《石门新营所住四面高山回溪石濑茂林修竹》评）

物无遁情，字无虚设。两间之固有者，自然之华，因流动生变而成其绮丽。心目之所及，文情赴之，貌其本荣，如所存而显之，即以华奕照耀，动人无际矣。古人以此被之吟咏，而神采即绝。后人惊其艳，而不知循质以求，乃于彼无得，则但以记识用外来之华辞，悬想题署，遇白皆银，逢香即麝，字月为姊，呼风作姨，隐龙为虬，移虎成豹，何当彼情形而曲加影响。如东方虬、温庭筠、杨亿、萨天锡一流，承萧氏父子刘家兄弟之余沛，相与浮浪于千年之间。而寒陋之夫，乃始以削除为傲岸，标风骨之目，以趋入于乔野。两者互争，人为摇荡，遂使艺苑迭承，如疟者之寒热，乘时各盛，操觚之士，奔命晋楚，迄无止息。呜呼！亦安得起元嘉、孝建之诗人，而与观于文质之中邪？（卷五谢庄《北宅秘园》评）

语有全不及情，而情自无限者，心目为政，不恃外物故也。“天际识归舟，云间辨江树”，隐然一含情凝眺之人，呼之欲出，从此写景，乃为活景。故人胸中无丘壑，眼底无性情，虽读尽天下书，不能道一句。司马长卿谓读千首赋便能作赋，自是英雄欺人。（卷五谢朓《之宣城郡出新林浦向板桥》评）

已迫之，又缓之，或曲之，复直之，意致若萧散，而言情益切。文通效阮，[14]本自咏所感，徘徊俯仰无非阮者，然则情之不远。则风度自齐。陆平原《拟古》，正无古人之情，虽复追影蹑光，亦何从相肖哉！（卷五江淹《效阮公诗》评）

浅故深，隐故直。（卷五吴均《赠王桂阳》评）

曰雄、曰浑、曰整、曰丽，四者具矣，诗家所推奉为大家者此耳。（卷六张文恭《七夕》评）

注释

[1] 馺（sà）：本指马的奔驰，此引为奔腾。《东山》：《诗经·小雅》篇名。

[2] 斐蔚：葱郁。夭矫：活泼。

[3] 函盖乾坤：云门三句之一。指绝对真理充满天地，涵盖宇宙。此就其普遍性言，无所不在，全体即真。

[4] 子桓论文：指魏晋曹丕《典论·论文》。

[5] “风急鸟声碎”二句：见唐杜荀鹤（一作周朴）《春宫怨》。

[6] 正法眼藏：禅宗术语，本指佛祖所说的无上正法。这里引为诗中最高的准则。

[7] 蹭蹬（cèngdèng）：形容道路崎岖难行，比喻不顺利。

[8] 储、王：储，储光羲（707—约760），唐代诗人。王，不详所指。

[9] 携手上河梁：汉李陵《别诗》语。

[10] 矩矱（yuē）：规范。

[11] 瘳（chōu）：救药。

[12] 洊至、兼山：南朝宋谢灵运《富春渚》诗云：“宵济渔浦潭，旦及富春郭。定山缅云雾，赤亭无淹薄。溯流触惊急，临圻阻参错。亮乏伯昏分，险过吕梁壑。洊至宜便习，兼山贵止托。平生协幽期，沦踬困微弱。久露干禄请，始果远游诺。宿心渐申写，万事俱零落。怀抱既昭旷，外物徒龙蠖。”

[13] 灵蠁（xiǎng）：浮尘子等水稻害虫，一名知声虫，或称地蛹。传此虫很灵，握此虫在手，可以不迷路。

[14] 文通效阮：江淹（444—505），字文通，南朝梁文学家。效阮，指效法阮籍。

唐诗评选

以言起意，则言在而意无穷，以意求言，斯意长而言乃短，言已短矣，不如无言。故曰："诗言志，歌永言。"非志即为诗，言即为歌也。或可以兴，或不可以兴，其枢机在此。唐人刻画立意，不恤其言之不逮，是以竭意求工，而去古人愈远。欧阳永叔、梅圣俞乃推以为至极，如食稻种，适以得饥，亦为不善学矣。襄阳于盛唐中尤为褊露，此作寓意于言，风味深永，可歌可言，亦晨星之仅见。（卷一孟浩然《鹦鹉洲送王九之江左》评）

只于乌啼上生情，更不复于情上布景，兴、赋乃不以乱。直叙中自生色有余，不资炉冶，宝光烂然。（卷一李白《乌夜啼》评）

世之为写情语者，苦于不肖，惟杜苦于逼肖。画家有工笔士气之别，肖处大损士气。此作亦肖甚，而士气未损，较"血污游魂归不得"[1]一派，自高一格。（卷一杜甫《哀王孙》评）

字字欲飞，不以情，不以景，华严有两镜相入[2]意，唯供奉不离不堕，五、六一即一切，可群可怨也。（卷二李白《春思》评）

只于心目相取处得景得句，乃为朝气，乃为神笔，景尽意止，意尽言息，必不强括狂搜，舍有而寻无，在章成章，在句成句，文章之道，音乐之理，尽于斯矣。（卷三张子容《泛永嘉江日暮回舟》评）

后四句奇笔写生，笔端有风雨声。右丞于五言近体有与储合者，有与孟合者，有深远鸿丽轶储、孟而自为体者，乃右丞独开手眼处。则与工部天宝中诗相与伯仲，颜、谢、鲍、庾之风又一变矣。工部之工，在即物深致，无细不章。右丞之妙，在广摄四旁，圜中自显。如终南之阔大，则以"欲投人处宿，隔水问樵夫"显之；猎骑之轻速，则以"忽过""来归""回看""暮云"显之。皆所谓离钩三寸，鲅鲅金鳞，少陵未尝问津及此也。然五言之变，至此已极。右丞妙手，能使在远者近，抟虚作实，则心自旁灵，形自当位。苟非其人，荒远幻诞，将有如一一鹤声飞上天，而自诧为灵通者，风雅扫地矣。是取径盛唐者，节宣之度，不可不知也。（卷三王维《观猎》[3]评）

首句一"望"字统下三句，结"更闻"二字，引上边音朔吹，是此诗针线。作者非有意必然，而气脉相比，自有如此者。唯然，故八句无一语入情，乃莫非情者，更不可作景语会。诗之为道，必当立主御宾，顺写现景，若一情一景，彼疆此界，则宾主杂遝，皆不知作者为谁，意外设景，景外起意，抑如赘疣上生眼鼻，怪而不恒矣。（卷三丁仙芝《渡扬子江》[4]评）

"迢递起层阴"，绝奇景语，知音者少。有"迥"字，则"初"字妙。诗有必有影射而作者，如供奉《远别离》，使无所为，则成呓语。其源自左徒《天问》、平子《四愁》来。[5]亦有无为而作者，如右丞《终南山》作，非有所为，岂可不以此咏终南也？宋人不知比赋，句句为之牵合，乃章惇一派舞文陷人机智。谢客"池塘生春草"是何等语，亦坐以讥刺，瞎尽古今人眼孔，除真有人迎眸不乱耳。如此作自是野望绝佳写景诗，只咏得现量分明，则以之怡神，以之寄怨，无所不可，方是摄兴观群怨于一炉锤，为风雅之合调。（卷三杜甫《野望》评）

通首清贵，三四逼真，乐府咏物诗，唯此为至。李巨山[6]咏物，五言律不下数十首，有脂粉而无颜色，颓唐凝滞既不足观，杜一反其弊，全用脱卸，则但有焄蒿[7]凄怆之气，而已离营魄。两间生物之妙，正以神形合一，得神于形，而形无非神者，为人物而异鬼神，若独有恍惚，则聪明去其耳目矣。譬如画者，固以笔锋墨气曲尽神理，乃有笔墨而无物体，则更无物矣。宝大痴[8]云林而贱右丞，亦少见多怪者之通病也。杜陵《苦竹》诸篇，其贤于巨山者，不能以寸，举一废一，何足以尽生物于尺素哉。（卷三杜甫《废畦》评）

景中生情，情中含景，故曰，景者情之景，情者景之情也。高达夫则不然，如山家村筵席，一荤一素。（卷四岑参《首春渭西郊行呈蓝田张二主薄》评）

只是现成意思，往往点染飞动，如公输刻木为鸢，凌空而去。[9]（卷四杜甫《咏怀古迹·群山万壑赴荆门》评）

汉人不为透脱语，所谓珠涵玉蕴，自媚山泽。西晋始倡，则有"蝴蝶飞南园"之句，谢客踵之，"池塘生春草"遂为绝唱。玄晖一往，每拾清响，李侯佳句，见许杜陵。其宗风相嗣，如云门一二字，[10]照

天焗地，吟咏不废，此不可泥。（卷四白居易《酬李十二侍郎》评）

注释

［1］血污游魂归不得：唐杜甫《哀江南》诗句。

［2］相入：意同圆融。

［3］唐王维《观猎》："风劲角弓鸣，将军猎渭城。草枯鹰眼疾，雪尽马蹄轻。忽过新丰市，还归细柳营。回看射雕处，千里暮云平。"

［4］《渡扬子江》：全诗为："桂楫中流望，空波两岸明。林开扬子驿，山出润州城。海尽边阴静，江寒朔吹生。更闻风叶下，淅沥度秋声。"

［5］左徒：即屈原。平子四愁：张衡（78—139），汉代文学家，字平子，有《四愁诗》。

［6］李巨山：李峤（645—714），唐代诗人，字巨山。

［7］焄（xūn）蒿：香气散发。

［8］大痴：元代画家黄公望。

［9］如公输刻木为鸢，凌空而去：参见《论衡·儒增》："儒书称：'鲁般、墨子之巧，刻木为鸢，飞之三日而不集'。夫言其以木为鸢飞之，可也；言其三日不集，增之也。"

［10］如云门一二字：云门宗接引学人，常举一语、一字，蓦地截断葛藤，妙悟真法。有所谓"一字关"的说法。

明诗评选

一色用兴写成，藏锋不露。歌行虽尽意排宕，然吃紧处亦不可一丝触犯。如禅家普说[1]相似，正使横说竖说，皆绣出鸳鸯耳。金针不度，一度即非金针也。[2]（卷二朱器封《均州乐》评）

深而白，曲而一。（卷四刘基《杂诗》评）

不许文人，不许理人。文人无此心宇，理人无此心旌也。只"水光流素寒"五字；令黄山谷、陈无己[3]无处挂羚羊之角。（卷四许继《拟远游篇》评）

但从一切怀抱函摄处细密缭绕，此外一丝不犯，故曰："诗可以兴"，言其无不可兴也。有所兴则有所废矣。（卷四许继《夜宿净土寺》评）

字中句外，得写神之妙。古云：实相难求，以此求之，何实相之不现哉！（卷四张宇初《晚兴偶成》评）

吊古诗必如此乃有我位，乃有当时现量情景。不尔，预拟一诗，入庙粘上，饶伊识论英卓，只是措大灯窗下，钻故纸物事，正恐英鬼笑人，学一段话跟前卖弄也。[4]（卷四皇甫涍《谒伍子胥庙》评）

情景一合，自得妙语。撑开说景者，必无景也。（卷五沈明臣《渡峡江》评）

结一点即活，愈知两分情景者之求活得死也。（卷五石沆《无题》）

亦不知高达夫，但吟成后一笑，何乃相似！古今人能作景语者百不一二。景语难，情语尤难也。（卷五曹学佺《寄钱受之》评）

诗以道性情，道性之情也。性中尽有天德、王道、事功、节义、礼乐、文章，却分派与《易》《书》《礼》《春秋》去，彼不能代诗而言性之情，诗亦不能代彼也。决破此疆界，自杜甫始，桔桎人情，以掩性之光辉，风雅罪魁，非杜其谁邪？（卷五徐渭《严先生词》评）

一用兴会标举成诗，自然情景俱到。恃情景者，不能得情景也。（卷六袁凯《春日溪上书怀》评）

注释

［1］普说：禅家开宗说法叫普说。

［2］"正使横说竖说"下数句：此为禅门惯用语，如北宋洪州惟照禅师说："鸳鸯绣出从君看，不把金针度与人。"（《五灯会元》卷十四）

［3］陈无己：陈师道（1053—1102），字履常，又字无己，北宋诗人。

［4］"只是措大灯窗下"下数句：采禅宗灯录语。据《景德传灯录》卷九载，怀让的一个弟子福州古灵神赞禅师，于本州大中寺受业，后行脚遇百丈开悟。

却回本寺。受业师问曰:“汝离吾在外,得何事业。”曰:“并无事业。”其师一日在窗下看经。蜂子投窗纸求出。神赞禅师睹之曰:“世界如许广阔不肯出。钻他故纸,驴年出得。”

解说

王夫之美学具有丰富的内涵,对它的研究成为近年来中国美学研究的重点,学界已取得不少有价值的研究成果。这里不想去概述其美学思想基本内容,只是选择三个尚需深入讨论的问题,谈谈看法。一是情景关系问题,二是现量问题,三是兴的问题。

一、情景关系

情景关系是王夫之美学讨论最多的问题,其实这也是中国美学的核心问题之一。王夫之到底在这一问题上有哪些贡献,如果他的情景理论只含有“情中有景,景中有情,情景结合”这三段论,就不能说他在这个问题上有什么大的贡献,充其量只能说将中国美学中的情景关系理论运用到具体的诗歌评论中。所以,对这个问题需要细心辨析。

在情景问题上,王夫之的情景圆融无碍和即景即情的理论值得重视。

王夫之在评李白的《春思》时说:“字字欲飞,不以情,不以景,华严有两境相入意,唯供奉不离不堕,五、六一即一切,可群可怨也。”这里所言“华严有两境相入意”以及“一即一切”是华严宗的核心理论之一。王夫之的情景理论与这两个理论有关。

华严宗有六相圆融说,即总相、别相、同相、异相、成相、坏相相互圆融而不相碍。总、同、成三相属圆融门;别、异、坏三相属行布门。在华严宗,圆融、行布二门相即相入,行布门乃是具有种种差别的方便法门,圆融门则是平等不二的真实法门,一为差别相,一为无差别的不二相。但二者之间并不矛盾,二者互为一体。圆融即行布,行布即圆融。如就总和别而言,全体与部分、部分与全体一体相牵,圆融无碍。此即为两境相入。

王夫之对佛学中的"能""所"问题给予很大的注意。所谓"能",即所观之主体,"所"是所观之境,或称对境。他在《尚书引义》卷五中说:"境之俟用者曰所,用之加乎境而有功者曰能。能、所之分,夫固有之,释氏为分授之名,亦非诬也。乃以俟用者为所,则必实有其体;以用乎俟用而以可有功者为能,则必实有其用。体俟用,则因所以发能;用乎体,则能必副其所。体用一依其实,不背其故,而名实各相称矣。"这里的"释氏为分授之名",指的是唯识宗。唯识宗有四分之说,即见分、相分、自证分、证自证分。王夫之对此有专门论述。《相宗络索》十二论"四分",其对见分、相分有如此说明:"见分,能见者为见分。相分,所见者为相分。然惟能见方有所见,所见者非真实相,因我能见,认为真相,见异则相亦异。"见分为能,相分为所。此二分又作能取分。从见分上说,强调诸识的能缘作用,可以作为认识事物的主体,凭此识能照知所缘对境(相分)。从相分上说,相不独有,因照而生,作为见分所观照之对境,乃是能够显现心性之所。见不在外,必待外所而得"现";所不在内,必依见能而能"显",见相不更,能所合一。唯识宗所本之理,乃是"能所双忘"或"无能无所",泯能所,合内外,方能达到无碍的境界。

王夫之在论情景关系时,贯彻了这种能所合一、两境相入的思想。其中有如下理论环节。

其一,情景互生。情景虽然别而为二,但互为关联,景乃情之景,情乃景之情。《诗铎》道:"情景虽有在心在物之分,而景生情,情生景,哀乐之触,荣悴之迎,互藏其宅。"王夫之在中国传统美学心物感应说的基础上,将情感由物而起,发展为情景互生、互藏的思想,山水有人心的哀乐,心灵有花草的兴衰。情景互为关联,互为对象。王夫之说得很清楚:“景中生情,情中含景,故曰,景者情之景,情者景之情也。”

在这里,王夫之情景“互生”的理论特别引人注目,他所依据的正是佛学的能所见相理论,景不是纯然的外物,而是与情相关的世界。在王夫之的诗学中,情比景含义更复杂,并非是简单的情感、情绪,属于完全内在的东西。王夫之的“情”常常与“心”的内涵相近,它包括:(一)感觉,这是对境的直接感觉;(二)感受,由外境引起的喜怒哀乐等情绪;(三)记忆,作为经验的世界;(四)意志力;(五)判断力;等等。所以,王夫之以为,情,必待景以生,它是与景相对的概念,由景而起,所以有“情不孤起”之说。同时,在艺术创造中,缘景以出,情不单出。景是对境,不是与心无关的物,是能之所。景以情合,景也不是绝然空茫的世界。他说:“夫景以情合,情以景生,初不相离,唯意所适。截分两橛,则情不足兴,而景非其景。”在这里,王夫之甚至认为,无情则无景,无景则无情。

这就是他所说的“情景名为二,而实不可离”。这一思想在美学上具有不可忽视的价值。由将情景视为艺术之二元质(两个元素),到视情景为不可分离、蒂萼而生的相对相成的概念,前者,说情景相关是偶然的,而在王夫之这里则是必然的。

情景是对生的概念,说的是它们的关联处;情景之间因对生而形成彼此控制、激荡等关系,所以,王夫之便在这一理论基础上展开了他的情景运动论。

其二,立主御宾。情景虽互生互藏,但在情景完全融合之前并非具有真正的平等观,以情统景当是必然的路径。于此,王夫之提出了“立主御宾”说。

他说:“诗之为道,必当立主御宾,顺写现景,若一情一景,彼疆此界,则宾主杂遝,皆不知作者为谁,意外设景,景外起意,抑如赘疣上生眼鼻,怪而不恒矣。”

这个主宾之说来自禅宗。在诗歌创造中,不能“意外设景”,因为景乃情中景，也不能“景外起意”，因为情乃景中情。一情一景，并非彼疆此界，划然分列，当使二者形成一个联属的整体。在这一结构中，最需“作者”之意，那个隐在的创造者，那个赋予此一结构以生命的创造者。而创造者就内化于这个结构中。所以，它当然是此一结构的主，而其对境则是此一结构的境。情景相对，以情统景，方是正途。

他说：“诗文俱有主宾。无主之宾，谓之乌合。……立一主以待宾，宾非无主之宾者，乃俱有情而相浃洽。若夫‘秋风吹渭水，落叶满长安’，于贾岛何与？‘湘潭云尽暮烟出，巴蜀雪消春水来’，于许浑奚涉？皆乌合也。‘影静千官里，心苏七校前’，得主矣，尚有痕迹。‘花迎剑佩星初落’，则宾主历然镕合一片。”①情相“浃洽”，而使景变成一有情之世界，一个体现创造者精神意境的“实相”。如果空有其景，不关身心，全无寄托，徒然呈现物象，为船山不取。

其三，函盖乾坤。在上面论宾主的评论中，王夫之提出了主宾关系的三个层次，一是乌合（此为无主）；一是得主（此为以情统景），三是宾主历然（情景融合无间）。这第三层次是他论诗之最高境界。也是王夫之最高审美理想之所在。

他说：“无端着景，宾主之情更无不尽，小诗得此，可谓函盖乾坤矣。”（《古诗评选》卷三梁乐府辞《折杨柳枝》评）他所谓宾主达到“函盖乾坤”的境界，就是“宾主历然”。“函盖乾坤”本是禅宗中的一个流派云门宗所言三句之一，指佛法的绝对精神充满于天地之间，圆融无碍，圆满俱足。有一首颂语，叫作“乾坤并万象，地狱及天堂，物物皆真现，头头总不伤”，就道出了此境的特点。这和华严宗的境

---

① 其论宾主之语颇多，如：“‘欲投人处宿，隔水问樵夫。’则山之辽廓荒远可知，与上六句初无异致，且得宾主分明，非独头意识悬相描摹也。‘亲朋无一字，老病有孤舟。’自然是登岳阳楼诗。尝试设身作杜陵，凭轩远望观，则心目中二语居然出现，此亦情中景也。孟浩然以‘舟楫’‘垂钓’钩锁合题，却自全无干涉。”“不资思致，不入刻画，居然为天地中说出，而景中宾主，意中触合，无不尽者。”

相圆融的思想颇有相合之处。

牟宗三先生谈到华严宗的圆融思想时列出两个重要特点:"一方面是指般若的圆通无碍,另一方面是指华严宗所说的圆满无尽,主伴俱足。"①一是圆融无碍,一是圆满俱足,这两点正是王夫之情景关系所追求的境界。

就圆融无碍而言,王夫之强调,主宾历然,境相圆融,方是中规之论;情景二分乃是不通艺道之论。所谓"结一点即活,愈知两分情景者之求活得死也""情景一合,自得妙语。撑开说景者,必无景也""不以情,不以景,华严有两镜相入意""两间生物之妙,正以神形合一,得神于形,而形无非神者"……他拿来禅门"羚羊挂角,无迹可求"的理论,认为最高的诗学境界,就有如此。

就圆满俱足而言,王夫之在情景理论中提倡超以象外、得其圜中的思想,要广摄四旁,于圜中自显。一花一世界,一草一天国,如同华严宗所说的一就是一切,他说"神理流于两间,天地供其一目,大无外而细无垠",一朵微花,就是一个充满圆足的世界。"池塘生春草、蝴蝶飞南园、明月照积雪,皆心中目中与相融浃,一出语时,即得珠圆玉润",充满圆融,如同禅宗所说的此在就是俱足。王夫之说:"如云门一二字,照天炤地,吟咏不废,此不可泥。"情景浑然合一,一如云门宗一字禅风。

其四,即事得真。这里有一个问题,王夫之的情景关系论,强调情中有景,景中有情,情景结合,景是情中景,情是景中情,以情为主,以景为宾,情景共同构成了一个意象圆足的世界,但景是不是具有独立的意义?或者说,景是不是只能作为情的载体而存在,景的全部意义则在于显现情?

我想这个问题可以分为两个方面,一方面,王夫之的确以景为情的载体,如谢榛之"景乃情之媒,情乃景之胚",景只是充当一个媒介

① 牟宗三:《中国哲学十九讲》,上海:上海古籍出版社 1997 年,第 305 页。

的作用，他的大量关于情景对境的论述都在申述此一观点。但另一方面，王夫之已经触及中国哲学（尤其体现在中国佛家哲学中）的即事而真的思想。

我们可以禅宗中一个著名的语录为例，来简单说明此一理论的特点。《马祖录》云："时有僧问：'如何是祖师西来意？'师云：'庭前柏树子！'学云：'和尚莫将境示人。'云：'不将境示人。'云：'如何是祖师西来意？'师云：'庭前柏树子。'"

这有三层意思，第一层意思是否定逻辑理性，佛法大意是不可问的，一问即落是非之境。第二层意思是对比喻的问答。学人错误地以为这是比喻，所以叫作以境示人。第三层意思还是庭前柏树子，但却是完成了超越的相合之境，就在当下，就在眼前，自在圆成。

在这三境中，第一境是否定问，问的境界是以语言说道，但道不可说；第二境是否定比，道不可比；第三境是合，青山自青山，白云自白云，自在圆成。第一层是超越理性，超越是非之判断；第二层是超越人、境相对等分别见解；从而进入第三层，这就是即事而真的境界，禅宗将此称为"本地风光"。

王夫之说："自然佳致，不欲受才子之名。景语之合，以词相合者下，以意相次者较胜；即目即景，本自为类，正不必蝉连，而吟咏之下，自知一时一事有于此者，斯天然之妙也。'风急鸟声碎，日高花影重'，词相比而事不相属，斯以为恶诗矣。'花迎剑佩星初落，柳拂旌旗露未干'，洵为合符，而犹以有意连合见针线迹。如此云'明灯曜闺中，清风凄已寒'，上下两景几于不续，而自然一时之中，寓目同感。在天合气，在地合理，在人合情，不用意而物无不亲。呜呼，至矣。"（《古诗评选》卷四刘桢《赠五官中郎将》评）

王夫之此处也说出三境：一是粗糙的自然呈现；二是以意合物之境；三是当下即成，即目即真，就是他所说的宾主历然。无宾无主，宾主合一。这第三境的思想在他的"现量"说中得到了理论伸展。

二、现量

王夫之的“现量”是一个美学概念，它是在吸收法相宗、禅宗学说和传统诗学基础上形成的，在他之前，中国美学中尚无此概念。

王夫之关于“现量”的评述主要出自他的《相宗络索》一书，该书是一部中国佛学相宗（又称唯识宗、法相宗）大义的简易读本，该书第六节为“三量”（现量、比量、非量），述法相的量论主张。其论现量云：

> 现量，现者，有现在义，有现成义，有显现真实义。现在，不缘过去作影。现成，一触即觉，不假思量计较。显现真实，乃彼之体性本自如此，显现无疑，不参虚妄。①

现量乃至三量之说来自印度佛学，印度瑜伽行派论师陈那之门人商羯罗主（生在公元6世纪）在《因明入正理论》中说：“此中现量，谓无分别。若有正智于色等义离名种等所有分别，现现别转，故名现量。”②

因明学的现量学说，大致有四个要点，一是无分别，分别是理，是概念活动，而现量主要是前五识（眼、耳、鼻、舌、身）的直接感觉活动，比如用眼睛去看色，并不起红色、白色的区别，如果有这样的概念浮起，就不是现量。二是不共缘，必须借由个别独有的缘取作用而产生，也就是当下即起，不缘他成。三是所谓“现现别转”，也就是“根根别转”，五根之间互不关联，随境独取，如果眼观时杂入耳识，则不是现量。四为“无迷乱”，就是说现量是正确的知识，现量是现见的认识，必不能是虚妄见识，如果五根迷乱，如将日看成了月，就不是真现量。

王夫之关于法相的量论陈述，主要是依据因明学说。值得注意

---

① 《相宗络索》，《船山全书》第13册。

② 《大正藏》第32册，第12页。

的是，他用《成唯识论》中的三性说来解释三量。《成唯识论》有三自性学说，即遍计所执性、依他起性与圆成实性。王夫之说："现量乃圆成实性显现影子，然犹非实性本量①。比量是依他起性所成，非量是偏计性妄生。"依唯识论，圆成实性也有三义，即圆、成、实。圆为圆满，真如圆满自足，无稍欠缺。成为成就，不生不灭，实体常存。实为真实义，体性真实。王夫之所概括的现量三义（现在义、现成义、显现真实义），显然来自此。

王夫之在论述诗学问题时频频借用三量之说，他说："禅家有'三量'，唯'现量'发光，为依佛性；'比量'稍有不审，便入'非量'；况直从'非量'中施硃而赤，施粉而白，勺水洗之，无盐之色败露无余，明眼人岂为所欺耶。"（《夕堂永日绪论》）正像唯识以圆成实性为最高境界一样，王夫之也以现量为诗学之最高认识境界，现量所得之知识方是"正确知识"。他论诗排斥比量、非量，独尊现量。他说："'长河落日圆'，初无定景；'隔水问樵夫'，初非想得。则禅家所谓'现量'也。"（《夕堂永日绪论》）"只咏得现量分明，则以之怡神，以之寄怨，无所不可。"（《唐诗评选》卷三杜甫《野望》评）"吊古诗必如此乃有我位，乃有当时现量情景。不尔，预拟一诗，入庙粘上，饶伊识论英卓，只是措大灯窗下，钻故纸物事，正恐英鬼笑人，学一段话跟前卖弄也。"（《明诗评选》卷四皇甫涍《谒伍子胥庙》评）

可见，现量在王夫之的理论中，不光是一个佛学概念，同时，也是一个诗学概念。在理论来源上看，王夫之甚至不认为现量为法相宗所专有，且与禅宗有密切的联系。现量乃法相之学说，其《相宗络索》中已有明确区分，但他又屡屡说"禅家之现量"。这是一"误记"，但又不误，在诗学中，王夫之将现量视为和禅宗妙悟学说相似的概念，或者可以说，在王夫之这里，现量学说传达的就是禅宗即目直取、

① 王恩洋云："'现量乃圆成实性显现影子'，非，圆成实是诸法究竟真理，并没有什么影子，既云影子，也便不是现量了。"此说所指王夫之之误，是有道理的。见其为船山《相宗络索》所写的注语。

当下即成的妙悟学说的义旨。

因此，王夫之的现量学说，其实与唯识的现量说已有很大的差别。王夫之是借用唯识现量说和审美直觉理论之间相近的内涵，阐述他的以直觉感悟为根本途径的美学思想。

作为一个审美认识的概念，王夫之的现量说具有三层重要的内涵：

一是当下参取，此就审美认识的起点而言。现量说从总体上说，是五根接触五境的直接觉知，是依境而起的觉知，这一点很重要，正合于他的"即景会心"的美学观念。王夫之《相宗络索》论现量时说："前五于尘境与根合时，实时如实觉知是现在本等色法，不待忖度，更无疑妄，纯是此量。"现量是眼耳鼻舌身五根（六根中的前五）和色声香味触（六境或六尘中的前五）相合时的当下直接觉知，现量乃是由境上觉。

二是不假思量，此就审美认识的方式而言。"不思议"，是王夫之现量说的又一重要特点。王夫之认为，不假思量不仅在前五识接境的过程中如此，所谓"不待忖度，更无疑妄"，而且在第六识中也存在，这就是他论诗中所说的"独头意识"。王夫之在《相宗络索·三量》中说："第六唯于定中独头意识细细研究，极略极迥色法，乃真实理，一分是现量。又同时意识与前五和合觉了实法，亦是一分现量。"又于第十八《六识五种》中云："定中独头意识，谓入定时缘至教量，及心地自发光明，见法中言语道断，细微之机及广大无边境界二者为实法中极略极迥之色法，与定中所现灵异实境显现在前。此意识不缘前五与五根五尘而孤起，故谓之独头。此识属性境、现量、善性。"法相宗认为，意识有明了、定中、独散、梦中等四种分别，其中，明了意识与眼、耳等五识俱起，故称五俱意识；定中、独散、梦中等三意识不与五识俱起，故称独头意识。王夫之根据法相学说，以为第六识意识中的定中一类，因为是"独头"意识，不缘他而成，言语道断，思维路绝，所以，它虽不缘外境，但也可以称为现量。

三是成就真实,此就审美认识的结果而言。

在美学上,就当下参取而言,也就是唯识所说的“不共缘”,禅宗所说的“见则当下便见”①,不依他而起。现量之认识是个别的、特殊的感知。所谓“不缘过去作影”,就是截断时间的联系,三际都忘,唯在当下,现量是瞬间的超越。“缘过去作影”,就可能在审美认识的当顷,过去记忆中的世界覆盖当下的真实,一切“共缘”相生,彼此回荡,于是没有了直接的感知。同时,在现量认识之当顷,也必须超越空间的束缚。正是在此基础上,王夫之论诗反对暗中闷摸,强调身之所历、目之所及,认为这是“铁门限”。强调当下天成,由“当时现量情景”出发,兴会标举,无念无法。他推崇“蝴蝶飞南园”“池塘生春草”之类的诗句,认为此类诗句巧历天成,不缘他起。他推崇陶渊明、谢灵运、王维之类的诗人,而对杜甫多有讥评,也与此一主张有关。

就不假思量而言,现量排斥一切理性的判分,无意乎相求,不期然相会,即他所谓“不资炉冶,宝光烂然”(《唐诗评选》卷一李白《乌夜啼》评)。他在评张协时说:“诗中透脱语自景阳开先,前无倚,后无待,不资思致,不入刻画,居然为天地中说出,而景中宾主,意中触合,无不尽者。”(《古诗评选》卷四张协《杂诗·述职投边城》评)“不资思致”是现量说的一个重要特点。他在评谢灵运《游南亭》诗时说:“作者初不作尔许心,为之早计,如近日倚壁靠墙汉说埋伏照映。天壤之景物、作者之心目如是,灵心巧手,磕着即凑,岂复烦其踌躇哉?天地之妙,合而成化者,亦可分而成用;合不忌分,分不碍合也。”(《古诗评选》卷五谢灵运《游南亭》评)心目相合,磕着即碰,当下直取,无思无求,则是现量审美认识之重要特点。

就显现真实而言,诗非说理,不需逻辑推证,不劳思虑相羼,但并不表示现量是自然主义的呈现,更不是提倡写景抒情只是直取而已,

① 禅宗这方面的理论如“当下会得”“唯在目前”“目前便见”。

而是要通过当下直接的感悟，洞见真实，直示本性。所以，王夫之认为，诗非求理取，而是求性合。即他所谓“体性本自如此，显现无疑，不参虚妄”。联系到他的诗学，他所谓“性”，或者“实相”①，乃是“本来面目”，世界原本的精神，万物精髓的出神入化的显现。这也就是他所说的“理”。这个“理”，不是名言概念之“理”，而是世界深层一意徘徊的精神。这个意思，他说得很明白：“王敬美谓：‘诗有妙悟，非关理也。’非谓无理而诗，正不得以名言之理相求耳。”（《古诗评选》卷四司马彪《杂诗》评）又说：“谢灵运一意回旋往复，以尽思理，吟之使人卞躁之意消。《小宛》抑不仅此，情相若，理尤居胜也。王敬美谓：‘诗有妙悟，非关理也。’非理抑将何悟？”（《诗铎》）王夫之进而发展为“需得物理”的思想，“得物态”只是其表，“得物理”方是其本。他在论咏物诗的特点时说：“咏物诗，齐、梁始多有之。其标格高下，犹画之有匠作，有士气。征故实，写色泽，广比譬，虽极镂绘之工，皆匠气也。又其卑者，饾凑成篇，谜也，非诗也。李峤称‘大手笔’，咏物尤其属意之作，裁剪整齐而生意索然，亦匠笔耳。至盛唐以后，始有即物达情之作，‘自是寝园春荐后，非关御苑鸟衔残’，贴切樱桃，而句皆有意，所谓‘正在阿堵中’也。……禅家有‘三量’，唯‘现量’发光，为依佛性；‘比量’稍有不审，便入‘非量’；况直从‘非量’中施硃而赤，施粉而白，勺水洗之，无盐之色败露无余，明眼人岂为所欺耶？”（《夕堂永日绪论》）

综上所论，现量说是中国美学中一个强调直觉体验的美学概念，它和严羽等的妙悟学说有比较相近的内涵，都强调当下直接的直觉，都以不假思量为其根本特点，都强调最终形成对真性的传达。但也有一个根本的区别，就是现量说在强调当下直接的感知时，是以内识对外境的感知为基础的，虽然在唯识学说中，所谓“独头意识”中也

① 《明诗评选》：“字中句外，得写神之妙。古云：实相难求，以此求之，何实相之不现哉！”（卷四张宇初《晚兴偶成》评）

有现量，但在王夫之的美学理论中，现量用来专指“心目”对外境的非理性的直觉。现量虽不缘他而起，但却是当境而生。现量是内识和外境的直接关系，而严羽的妙悟说则没有此内涵。

三、兴

王夫之关于“兴”的思想受到现代学界的高度评价，郭绍虞先生认为，黄宗羲“以兴观群怨论诗，……固然较经学家的训诂为通达，然而还把兴观群怨看成四个物事。而在王船山则不然。他说：‘“可以”云者，随所“以”而皆“可”也。于所兴而可观，其兴也深；于所观而可兴，其观也审。以其群者而怨，怨愈不忘；以其怨者而群，群乃益挚。’（《诗铎》）这样讲，兴观群怨四字，便成活看，不是呆看。黄梨洲所讲的是作诗者之兴观群怨，而船山所讲的乃是读诗者之兴观群怨。所以说：‘作者用一致之思，读者各以其情而自得。故《关雎》，兴也；康王晏朝，而即为冰鉴。“訏谟定命，远猷辰告”，观也；谢安欣赏，而增其遐心。人情之游也无涯，而各以其情遇，斯所贵于有诗。’（《诗铎》）此说极妙。……他要由读诗者之兴观群怨言，才与文学批评有关。于是又说：‘总以曲写心灵，动人兴观群怨，却使陋人无从支借。’因此，《论语》之所谓‘可以’，船山之所谓‘动人’，都应着眼在读者的方面的。可以兴，是使读者兴，可以观，也是使读者观，推之群而怨，莫不如此。所以说：‘作者用一致之思，读者各以其情而自得。’”①

叶朗先生在谈到王夫之《诗广传》“形于吾身以外者化也，生于吾身以内者心也；相值而相取，一俯一仰之际，几与为通，而浡然兴矣”时说：“审美意象绝不是先验的，绝不是纯粹主观的产物，审美意象在本质上乃是对于自然美的真实的反映。而这种真实的反映，是

① 郭绍虞《中国文学批评史》，商务印书馆，2010年，第548—549页。

通过审美感兴即瞬间知觉实现的。”①叶先生肯定审美感兴在意象创造中的重要性，而这正是王夫之美学比较有贡献的地方。

二位先生的观点，我都是同意的。这里联系中国美学的意象理论，谈谈我对这个问题的粗浅看法。

王夫之说：“‘诗言志，歌永言。’非志即为诗，言即为歌也。或可以兴，或不可以兴，其枢机在此。”这段话涉及王夫之对诗歌的审美特性的认识。同西方古代艺术相比，中国古代十分注重艺术的表现功能，抒情艺术是中国艺术的主流。在抒情文艺作品中，强调发抒性灵的功能，如“诗言志”“画写意”“书如情”“乐象心”，等等。而中国美学的深刻性在于，它虽然强调艺术的表现功能，但又认为，艺术中所表现的情感并非一般的情感，必经过净化和深化，有了情感又不能直接宣泄，必须通过其他途径曲折地加以表达，这就自然地把对艺术心灵传达的讨论引入艺术形象创造之中，即思考通过艺术的独特方式表现那种不同于一般人的独特沉思。

王夫之所说的诗歌艺术的关键不在表达什么样的情感，而在“兴”，就抓住了这个关键。所谓“兴”就在于通过感性的形象来表达深层的意念，来激发自己内在的生命冲动。这种观点在中国艺术理论中十分流行，从而导致艺术家不约而同地把目光投向大自然，在大自然的俯仰优游中寻找表达自己内在意绪的感性符号，从而使得“以心为主”的中国艺术又把“从物出发”作为自己的起点。中国美学既不能简单归结为“表现论”，又不能归结为“模仿说”。中国美学既“以心为主”，又“从物出发”。“以心为主”，并不主张直接表现，直接宣泄，情感的直接表达过于显露，一览易尽，缺少蕴藉之致，未经观照的情感会流于浮浅，又必将视角导向现实世界，通过观物体物来达情。“从物出发”，并不直陈物象，模山范水的作品乃野道邪魔，不入大雅艺堂，又必以情感去镕铸、去统辖。中国艺术精神的高妙之处

---

① 叶朗《中国美学史大纲》，上海人民出版社，1985年，第463—464页。

即在于“心物之际”，它要求艺术家斟酌于心物之际，徘徊于有无之间，亦心亦物，非心非物，艺术构思的核心内容是心物二者的互观共照，艺术构思的终结是创造出心物浑融的审美意象。可见，中国美学是模仿和表现的统一，感性形态和观念内容的统一，它统一于“象”。所以，王夫之以“兴”为枢纽的理论，实际上突出了中国美学一个重要特性：以意象为中心。

王夫之以“兴”为关键，联系到他的整体美学思想来看，是与他重视接受的美学观念分不开的，这也从另一侧面反映了中国美学重意象的基本特点。正像王夫之所说的兴的奥秘就在于“作者用一致之思，读者各以其情而自得”。“兴”在于将鉴赏者心灵中蛰伏的情性兴起，使诗歌的意象成为贯穿创造者和鉴赏者透灵的通道。王夫之认为，高明的诗就应该起到掀起鉴赏者心中波澜的作用，所以他评选前代之诗，一再提出好诗能够使人“极意往回”，“俯仰优游”，用他的话说是“兴言俯仰”，如何“俯仰”，意象就是其“俯仰”的河流。他在评郭璞的一首诗时说：“起兴在有意无意间也。”艺术意象的特性启迪玲珑活络的心灵活动，不在于强行的牵制，如有些论者提倡的强行教化，而是不知不觉间的渗入，如轻烟，如微风，使鉴赏者追光蹑影，蹈虚逐无，进入奇妙的艺术空间。所以在这个意义上可以说，诗言志，歌咏言，非言志即为诗，非教化即有功用，诗歌的高妙在意象之兴，在于深层心灵的微妙感召。王夫之这方面的观点可视为中国美学这方面思想的总结。

在一定程度上，中国艺术更是为接受者创造的，它具有强烈的“意向性”，将创作的视角直接指向未知的接受者，“接受者的意识”潜在地罄控着作者的致思途径和表达方式。艺术创作中强调具体感性的“象”的创造，与其说出于作者表意的需要，毋宁说是为了接受者达意的要求。沸沸扬扬，散布于魏晋以后大量文艺理论著作中的“余味”说，所谓“文外重旨”“言有尽而意无穷”“不着一字，尽得风流”云云，正是这种“接受者意识”的生动映现。它的含蓄蕴藉的表达给接受者留下广阔的体悟空间，它的意微味长的寄托方式对接受者产生强大的心理引力，它的意态淋漓的感性之象导引接受者作迅速的意绪超升，它的以象见“道”、直接指向内在生命结构的方式使接受者更容易找到心灵的共通点，接受者会以自己整个生命去拥抱艺术之象。叶维廉说：“中国诗的意象，在一种互立并存的空间关系之下，形成一种气氛，一种环境，一种只唤起某种感受但不将之说明的境界，任读者移入境中，并参与完成这一强烈感受的一瞬之美感体验，中国诗的意象往往就是具体物象（即所谓“实境”）捕捉这一瞬的原形。”①这种描述也适应于其他抒情艺术的鉴赏。接受者在参与意象的再创造时，强调个体的灵心独运，以自己的独特体验拓觅意象的意绪“空框”，攫出亹亹难穷的内在思致来。

参考文献

戴鸿森：《姜斋诗话笺注》，北京：人民文学出版社，1981年。

夷之校点：《姜斋诗话》，北京：人民文学出版社，1962年。

《船山全书》，长沙：岳麓书社，1988年。

叶朗：《中国美学史大纲》，上海：上海人民出版社，1985年。

郭绍虞：《中国文学批评史》，北京：商务印书馆，2010年。

萧萐父、许苏民：《王夫之评传》，南京：南京大学出版社，2002年。

张学智：《明代哲学史》，北京：北京大学出版社，2002年。

沈剑英：《因明学研究》，上海：东方出版中心，1985年。

---

① ［美］叶维廉：《寻求跨中西文化的共同文学规律：叶维廉比较文学论文选》，北京：北京大学出版社，1986年，第5页。

原　诗

［清］叶燮

叶燮（1627—1703），字星期，号己畦，吴江（今属江苏）人。康熙九年进士，曾任宝应知县，晚年纵游于山水间，著有《己畦诗集》十卷、《己畦文集》二十二卷等。父绍袁（1589—1648），明天启进士，官工部主事，明亡后为僧，著有《金刚经注》《楞严集解》等佛学著作，这对叶燮的文学美学思想产生了一定影响。

《原诗》四卷，是叶燮重要的诗学著作。当时诗坛泰斗王士祯说《原诗》"镕铸往昔，独立起衰"。叶燮是一位很有思想锋芒的学者，《清史稿》卷四百八十四云："当是时，海内以诗名者推士祯，以文名者推汪琬。而嘉兴叶燮，字星期，其论文亦与琬不合，往复论难，互讥嘲焉。及琬殁，慨然曰：'吾失一诤友矣！今谁复弹吾文者？'取向所短汪者悉焚之。"

《原诗》为其晚年退隐时所作，也有这种理论的锋芒，当时吴中论诗多以猎范成大、陆游皮毛为尚，一味性灵，此种风气本是为了矫正明前后七子复古风尚之弊，但也因此走向极端。故叶燮著《原诗》内外篇，力破风尚之非。"原诗"意为"原诗之本然"，其《内篇》云："诗有源必有流，有本必达末；又有因流而溯源，循末以返本。"就是要从诗歌的"源"上谈诗的本质、发展，谈诗的审美特性，从而振拔萎顿之诗风，开创诗苑之新变。

《原诗》初出，并不太为当时诗坛所重，但因其弟子薛雪、沈德潜的推举，遂使此书一时为诗学之俊。沈德潜《清诗别裁集》云："先生初寓吴时，吴中称诗者多宗范、陆，究所猎者范、陆之皮毛，几于千手雷同矣。先生著《原诗》内外篇四卷，力破其非。吴人士始多訾之，先生殁后，人转多从其言者。"

本文选录了内篇的全部内容，据 1738 年梦篆楼刊本《已畦文集》。

内 篇 上

一

诗始于《三百篇》，而规模体具于汉。自是而魏、而六朝、三唐，历宋、元、明，以至昭代[1]，上下三千余年间，诗之质文体裁格律声调辞句递升降不同。而要之，诗有源必有流，有本必达末；又有因流而溯源，循末以返本。其学无穷，其理日出。乃知诗之为道，未有一日不相续相禅而或息者也。但就一时而论，有盛必有衰。综千古而论，则盛而必至于衰，又必自衰而复盛。非在前者之必居于盛，后者之必居于衰也。乃近代论诗者，则曰：《三百篇》尚矣；五言必建安、黄初[2]，其余诸体，必唐之初、盛而后可。非是者，必斥骂。如明李梦阳[3]不读唐以后书；李攀龙[4]谓唐无古诗，又谓"陈子昂以其古诗为古诗，弗取也"。自若辈之论出，天下从而和之，推为诗家正宗，家弦而户习。习之既久，乃有起而掊之，矫而反之者。诚是也，然又往往溺于偏畸之私说。其说胜，则出乎陈腐而入乎颇僻；不胜，则两弊。而诗道遂沦而不可救。由称诗之人，才短力弱，识又蒙焉而不知所衷，既不能知诗之源流本末正变盛衰，互为循环，并不能辨古今作者之心思才力深浅高下长短，孰为沿为革，孰为创为因，孰为流弊而衰，孰为救衰而盛，一一剖析而缕分之，兼综而条贯之。徒自诩矜张，为郛廓隔膜之谈，以欺人而自欺也。于是百喙争鸣，互自标榜，胶固一偏，剿猎成说，后生小子，耳食者多，是非淆而性情汩，不能不三叹于风雅之日衰。

注释

［1］昭代：清明的时代，古多用来赞誉本朝。

［2］黄初（220—226）：魏文帝曹丕年号。此指以曹丕等为代表的诗歌创作。

［3］李梦阳（1473—1530）：明代文学家，强调“文必秦汉，诗必盛唐”，主张复古，是“前七子”的重要成员。

［4］李攀龙（1514—1570）：字于鳞，明末文学家，与王世贞同为“后七子”的首领。

二

盖自有天地以来，古今世运气数。递变迁以相禅。古云：“天道十年而一变。”此理也，亦势也，无事无物不然，宁独诗之一道胶固而不变乎？今就《三百篇》言之：风有正风，有变风；雅有正雅，有变雅。风雅已不能不由正而变，吾夫子亦不能存正而删变也。则后此为风雅之流者，其不能伸正而诎变也明矣。汉苏、李始创为五言，其时又有亡名氏之《十九首》，皆因乎《三百篇》者也。然不可谓即无异于《三百篇》，而实苏、李创之也。建安、黄初之诗，因于苏、李与《十九首》者也。然《十九首》止自言其情，建安、黄初之诗，乃有献酬、纪行、颂德诸体，遂开后世种种应酬等类，则因而实为创。此变之始也。《三百篇》一变而为苏、李，再变而为建安、黄初。建安、黄初之诗，大约敦厚而浑朴，中正而达情。一变而为晋，如陆机之缠绵铺丽，左思之卓荦磅礴，各不同也。其间屡变而为鲍照之逸俊，谢灵运之警秀，陶潜之澹远。又如颜延之之藻缋，谢朓之高华，江淹之韶妩，庾信之清新。此数子者，各不相师，咸矫然自成一家。不肯沿袭前人以为依傍，盖自六朝而已然矣。其间健者如何逊、如阴铿、如沈炯、如薛道衡，[1]差能自立。此外繁辞缛节，随波日下，历梁、陈、隋以迄唐之垂拱，踵其习而愈甚，势不能不变。小变于沈、宋、云、龙之间，[2]而大变于开元、天宝、高、岑、王、孟、李。[3]此数人者，虽各有所因，而实一一能为创。而集大成如杜甫，杰出如韩愈，专家如柳宗元、如刘禹锡、如李贺、如李商隐、如杜牧、如陆龟蒙诸子，一一皆特立兴起。其他弱者，则因循世运，随乎波流，不能振拔，所谓唐人本色也。宋初，诗袭唐人之旧，如徐铉[4]、王禹偁辈，纯是唐音。苏舜卿、梅尧臣出，始一大变；欧阳修亟称二人不置。自后诸大家迭兴，所造各有至极。今人一概称为宋诗者也。自是南宋、金、元，作者不一。大家如陆游、范成大、元好问为最。各能自见其才。有明之初，高启为冠，兼唐、宋、元人之长，初不于唐、宋、元人之诗有所为轩轾也。自“不读唐以后书”之论出，于是称诗者必曰唐诗，苟称其人之诗为宋诗，无异于唾骂。谓“唐无古诗”，并谓“唐中、晚且无诗”也。噫！亦可怪矣。今之人岂无有能知其非者。然建安、盛唐之说，锢习沁人于中心，而时发于口吻，弊流而不可挽，则其说之为害烈也。

注释

[1] 何逊（？—约518）：南朝梁诗人，明人辑有《何记室集》。阴铿：生卒不详，南朝陈文学家，诗多写山水自然风光，与何逊并称“阴何”。沈炯：南朝陈文学家。薛道衡（540—609）：隋诗人，其诗以边塞诗为主。

[2] 沈：沈佺期（约656—714），初唐诗人。宋：宋之问（约656—712），初唐诗人。云：唐睿宗年号景云（710—711）。龙：唐中宗年号神龙（705—706）、景龙（707—710）。云、龙指初唐“文章四友”（李峤、苏味道、崔融、杜审言）活动的时期。

[3] 高：高适。岑：岑参。王：王维。孟：孟浩然。李：李白。

[4] 徐铉（916—991）：字鼎臣，北宋初年文学家、语言学家。与其弟徐锴并称为“大小徐”。

三

原夫作诗者之肇端而有事乎此也，必先有所触以兴起其意，而后措诸辞、属为句，敷之而成章。当其有所触而兴起也，其意、其辞、其句劈空而起，皆自无而有，随在取之于心，出而为情、为景、为事，人未尝言之，而自我始言之，故言者与闻其言者，诚可悦而永也。使即此意、此辞、此句虽有小异，再见焉，讽咏者已不击节；数见，则益不鲜；陈陈踵见，齿牙余唾，有掩鼻而过耳。譬之上古之世，饭土簋，啜土铏，当饮食未具时，进以一脔，必为惊喜；逮后世臛臇炰脍之法兴，罗珍搜错，无所不至，而犹以土簋土铏之庖进，可乎。[1]上古之音乐，击土鼓而歌"康衢"；[2]其后乃有丝、竹、匏、革之制，流至于今，极于九宫南谱，声律之妙，日异月新，若必返古而听《击壤》之歌，斯为乐乎？[3]古者穴居而巢处，乃制为宫室，不过卫风雨耳；后世遂有璇题瑶室，土文绣而木绨锦[4]。古者俪皮[5]为礼；后世易之以玉帛，遂有千纯百璧之侈。使今日告人居以巢穴，行礼以俪皮，孰不嗤之者乎？

大凡物之踵事增华，以渐而进，以至于极。故人之智慧心思，在古人始用之，又渐出之，而未穷未尽者，得后人精求之，而益用之出之。乾坤一日不息，则人之智慧心思必无尽与穷之日。惟叛于道，戾于经，乖于事理，则为反古之愚贱耳。苟于此数者无尤焉，此如常治器然，切磋琢磨；屡治而益精，不可谓后此者不有加乎其前也。

彼虞廷喜起之歌，[6]诗之土簋、击壤、穴居、俪皮耳。一增华于《三百篇》，再增华于汉，又增于魏，自后尽态极妍，争新竞异，千状万态，差别井然。苟于情、于事、于景、于理，随在有得，而不戾乎风人"永言"之旨，则就其诗论工拙可耳，何得以一定之程格之，而抗言风雅哉？如人适千里者，唐、虞之诗，如第一步；三代之诗，如第二步；彼汉、魏之诗，以渐而及，如第三、第四步耳。作诗者知此数步为道途发始之所必经，而不可谓行路者之必于此数步焉为归宿，遂弃前途而弗迈也。且今之称诗者，祧唐、虞而禘商、周，宗祀汉、魏于明堂，是也；何以汉、魏以后之诗，遂皆为不得入庙之主？此大不可解也。譬之井田封建，未尝非治天下之大经，今时必欲复古而行之，不亦天下之大愚也哉？

且苏、李五言与亡名氏之《十九首》，至建安、黄初，作者既已增华矣。如必取法乎初，当以苏、李与《十九首》为宗，则亦吐弃建安、黄初之诗可也。诗盛于邺下，[7]然苏、李、《十九首》之意，则寖衰矣。使邺中诸子，欲其一一模仿苏、李，尚且不能，且亦不欲，乃于数千载之后，胥天下而尽仿曹、刘之口吻，得乎哉？或曰：温柔敦厚，诗教也。汉魏去古未远，此意犹存，后此者不及也。不知温柔敦厚，其意也，所以为体也；措之于用，则不同。辞者其文也，所以为用也；返之于体，则不异。汉魏之辞有汉魏之温柔敦厚；唐宋元之辞，有唐宋元之温柔敦厚。譬之一草一木，无不得天地之阳春以发生；草木以亿万计，其发生之情状，亦以亿万计，而未尝有相同一定之形，无不盎然皆具阳春之意，岂得曰若者得天地之阳春，而若者为不得者哉！且温柔敦厚之旨，亦在作者神而明之，如执而泥之，则《巷伯》投畀之章[8]，亦难合于斯言矣。

从来豪杰之士，未尝不随风会而出，而其力则尝能转风会。人见其随乎风会也，则曰：其所作者，真古人也。见能转风会者，以其不袭古人也。则曰：今人不及古人也。无论居古人千年之后，即如左思去魏未远，其才岂不能为建安诗耶？观其纵横踯踏、睥睨千古，绝无丝毫曹、刘余习。鲍照之才，迥出侪偶，而杜甫称其"俊逸"，[9]夫"俊逸"则非建安本色矣。千载后无不击节此两人之诗者，正以其不袭建安也。奈何去古益远，翻以此绳人耶？

且夫《风》《雅》之有正有变，其正变系乎时，谓政治风俗之由得而失，由隆而污。此以时言诗，时有变而诗因之。时变而失正，诗变而仍不失其正。故有盛无衰，诗之源也。吾言后代之诗，有正有变，其正变系乎诗，谓体格、声调、命意、措辞新故升降之不同。此以诗言时，诗递变而时随之，故有汉、魏、六朝、唐、宋、元、明之互为盛衰。惟变以救正之衰。故递衰递盛，诗之流也。从其源而论，如百川之发源，各异其所从出，虽万派而皆朝宗于海，无弗同也。从其流而论，如河流之经行天下，而忽播为九河，河分九而俱朝宗于海，则亦无弗同也。

历考汉魏以来之诗，循其源流升降，不得谓正为源而长盛，变为流而始衰。惟正有渐衰，故变能启盛。如建安之诗，正矣，盛矣。相沿久而流于衰，后之人力大者大变，力小者小变。六朝诸诗人，间能小变，而不能独开生面。唐初沿其卑靡浮艳之习，句栉字比，非古非律，诗之极衰也。而陋者必曰：此诗之相沿至正也。不知实正之积弊而衰也。迨开、宝诸诗人，始一大变，彼陋者亦曰：此诗之至正也。不知实因正之至衰变而为至盛也。盛唐诸诗唯能不为建安之古诗，吾乃谓唐有古诗。若必摹汉魏之声调字句，此汉魏有诗，而唐无古诗矣。且彼所谓陈子昂"以其古诗为古诗"，正惟子昂能自为古诗，所谓为子昂之诗耳。然吾犹谓子昂古诗尚蹈袭汉魏蹊径，竟有全似阮籍《咏怀》之作者，失自家体段，犹訾子昂不能以其古诗为古诗，乃翻勿取其自为古诗，不亦异乎！杜甫之诗，包源流，综正变，自甫以前，如汉魏之浑朴古雅，六朝之藻丽秾纤、澹远韶秀，甫诗无一不备。然出于甫，皆甫之诗，无一字句为前人之诗也。自甫以后，在唐如韩愈、李贺之奇奡，刘禹锡、杜牧之雄杰，刘长卿之流利，温庭筠、李商隐之轻艳，以至宋、金、元、明之诗家，称巨擘者，无虑数十百人，各自炫奇翻异。而甫无一不为之开先。此其巧无不到、力无不举，长盛于千古，不能衰，不可衰者也。今之人固群然宗杜矣，亦知杜之为杜，乃合汉魏六朝并后代千百年之诗人而陶铸之者乎！唐诗为八代以来一大变。韩愈为唐诗之一大变，其力大，其思雄，崛起特为鼻祖。宋之苏、梅、欧、苏、王、黄，皆愈为之发其端，可谓极盛。而俗儒且谓愈诗大变汉魏，大变盛唐，格格而不许。何异居蚯蚓之穴，习闻其长鸣，听洪钟之响而怪之，窃窃然议之也。

且愈岂不能拥其鼻、肖其吻，而效俗儒为建安、开、宝之诗乎哉！开、宝之诗，一时非不盛，递至大历、贞元、元和之间，沿其影响字句者且百年，此百余年之诗，其传者已少殊尤出类之作，不传者更可知矣。必待有人焉起而拨正之，则不得不改弦而更张之。愈尝自谓“陈言之务去”[10]，想其时陈言之为祸，必有出于目不忍见、耳不堪闻者。使天下人之心思智慧，日腐烂埋没于陈言中，排之者比于救焚拯溺，可不力乎！而俗儒且栩栩然俎豆愈所斥之陈言，以为密异而相授受，可不哀耶！故晚唐诗人，亦以陈言为病，但无愈之才力，故日趋于尖新纤巧。俗儒即以此为晚唐诟厉，呜呼，亦可谓愚矣。

至于宋人之心手日益以启，纵横钩致，发挥无余蕴。非故好为穿凿也，譬之石中有宝，不穿之凿之，则宝不出。且未穿未凿以前，人人皆作模棱皮相之语，何如穿之凿之之实有得也。如苏轼之诗，其境界皆开辟古今之未有，天地万物，嬉笑怒骂，无不鼓舞于笔端，而适如其意之所欲出。此韩愈后之一大变也。而盛极矣。自后或数十年而一变，或百余年而一变，或一人独自为变，或数人而共为变，皆变之小者也。其间或有因变而得盛者，然亦不能无因变而益衰者。

大抵古今作者，卓然自命，必以其才智与古人相衡，不肯稍为依傍，寄人篱下，以窃其余唾。窃之而似，则优孟衣冠，窃之而不似，则画虎不成矣。故宁甘作偏裨，自领一队，如皮、陆[11]诸人是也。乃才不及健儿，假他人余焰，妄自僭王称霸，实则一土偶[12]耳。生机既无，面目涂饰，洪潦一至，皮骨不存，而犹侈口而谈，亦何谓耶？

惟有明末造，诸称诗者专以依傍临摹为事，不能得古人之兴会神理，句剽字窃，依样葫芦，如小儿学语，徒有喔咿，声音虽似，都无成说，令人哕[13]而却走耳。乃妄自称许曰：“此得古人某某之法”。尊盛唐者，盛唐以后，俱不挂齿。近或有以钱、刘[14]为标榜者，举世从风，以刘长卿为正派。究其实不过以钱、刘浅利轻圆，易于摹仿，遂呵宋斥元。又推崇宋诗者，窃陆游、范成大与元之元好问诸人婉秀便丽之句，以为秘本。昔李攀龙袭汉魏古诗乐府，易一二字，便居为己作，今有用陆、范及元诗句，或颠倒一二字，或全窃其面目，以盛夸于世，俨主骚坛，傲睨今古，岂惟风雅道衰，抑可窥其术智矣。

注释

[1] 饭土簋(guǐ)：土簋，陶制的食器。《史记·秦始皇本纪》："饭土簋。"啜土铏(xíng)：铏，古代盛羹的鼎，两耳三足，有盖，常用于祭祀。《仪礼·公食大夫礼》："宰夫设铏四于豆西东上。"臛(huò)：肉羹。臇(juǎn)：汁少的羹。炰(páo)：烤肉。脍(kuài)：细切的肉。

[2] 土鼓：上古时的乐器。《礼记·礼运》："蒉桴而土鼓。"郑注："土鼓，筑土为鼓也。"康衢：传说为尧时的童谣。见《列子·仲尼》引。

[3] 九宫南谱：南谱，南方的曲调，明沈璟曾作《南九宫十三调曲谱》，选录当时流行的南方曲谱七百多种。宫本是中国传统音乐中指调高的术语。《击壤》：我国上古时期歌谣，其词为："日出而作，日没而息。凿井而饮，耕田而食。帝力于我何有哉！"

[4] 绨(tí)锦：古代一种粗厚光滑的丝织品。《汉书·文帝纪赞》："身衣弋绨、绨锦。"

[5] 俪皮：成对的鹿皮，上古以此作为定婚礼物。

[6] 虞廷喜起之歌：起之歌，传为舜时的歌谣，《尚书·益稷》："帝乃歌曰：股肱喜哉，元首起哉，百工熙哉。"

[7] 诗盛于邺下：此指曹操父子为代表的文人集团。邺下，为曹操的封地，在今河北省境。

[8]《巷伯》投畀之章：《巷伯》为《诗经·小雅》篇名。其中有："彼谮人者，谁适与谋？取彼谮人，投畀豺虎。豺虎不食，投畀有北。有北不受，投畀有昊！"

[9] "鲍照之才"句：唐杜甫有"清新庾开府，俊逸鲍参军"的诗句。

[10] 陈言之务去：唐韩愈《答李翊书》："当其取于心而注于手也，惟陈言之务去，戛戛乎其难哉！"

[11] 皮、陆：晚唐诗人皮日休(约834—883)和陆龟蒙(？—881)。

[12] 土偶，即泥人。

[13] 哕(yuě):呕吐。

[14] 钱、刘:唐诗人钱起(720—780)、刘长卿(?—791)。

内篇下

一

大凡人无才则心思不出,无胆则笔墨畏缩,无识则不能取舍,无力则不能自成一家。而且谓古人可罔,世人可欺,称格称律,推求字句,动以法度紧严,扳驳铢两,内既无具,援一古人为门户,借以压倒众口,究之何尝见古人之真面目,而辨其诗之源流本末正变盛衰之相因哉。更有窃其腐余,高自论说,互相祖述,此真诗运之厄。故窃不揣,谨以数千年诗之正变盛衰之相因哉! 略为发明,以俟古人之复起,更列数端于左。

或问于余曰:"诗可学而能乎?"曰:"可。"曰:"多读古人之诗而求工于诗而传焉,可乎?"曰:"否。""诗既可学而能,而又谓读古人之诗以求工为未可,窃惑焉,其义安在?"

余应之曰:诗之可学而能者,尽天下之人皆能读古人之诗而能诗,今天下之称诗者是也,而求之工而可传者,则不在是。何则? 大凡天资人力,次序先后,虽有生学困知之不同,而欲其诗之工而可传,则非就诗以求诗者也。我今与子以诗言诗,子固未能知也。不若借事物以譬之,而可晓然矣。

今有人焉,拥数万金而谋起一大宅,门堂楼庑,将无一不极轮奂之美。[1]是宅也,必非凭空结撰,如海上蜃,如三山[2]之云气。以为楼台,将必有所托焉。而其基必不于荒江、穷壑、负郭、僻巷、湫隘、卑湿之地,将必于平直高敞、水可舟楫、陆可车马者,然后始基而经营之,大厦乃可次第而成。我谓作诗者,亦必先有诗人之基焉。诗之基，其人之胸襟是也。有胸襟，然后能载其性情智慧、聪明才辨以出，随遇发生，随生即盛。千古诗人推杜甫，其诗随所遇之人、之境、之事、之物，无处不发其思君王、忧祸乱、悲时日、念友朋、吊古人、怀远道，凡欢愉、幽愁、离合、今昔之感，一一触类而起；因遇得题，因题达情，因情敷句，皆因甫有其胸襟以为基。如星宿之海[3]，万源从出；如钻燧之火，无处不发；如肥土沃壤，时雨一过，夭乔[4]百物，随类而兴，生意各别，而无不具足。即如甫集中《乐游园》[5]七古一篇。时甫年才三十余，当开、宝盛时，使今人为此，必铺陈扬颂，藻丽雕缋[6]，无所不极。身在少年场中，功名事业，来日未苦短也，何有乎身世之感？乃甫此诗，前半即景事，无多排场，忽转“年年人醉”一段，悲白发，荷皇天，而终之以“独立苍茫”。此其胸襟之所寄托何如也。余又尝谓晋王羲之独以法书立极，非文辞作手也。兰亭之集，时贵名流毕会，使时手为序，必极力铺写，谀美万端，决无一语稍涉荒凉者。而羲之此序，寥寥数语，托意于仰观俯察，宇宙万汇，系之感忆，而极于死生之痛，则羲之之胸襟，又何如也。由是言之，有是胸襟以为基，而后可以为诗文。不然，虽日诵万言，吟千首，浮响肤辞，不从中出，如剪彩之花，根蒂既无，生意自绝，何异凭虚而作室也。

乃作室者，既有其基矣，必将取材，而材非培塿[7]之木、拱把之桐梓，取之近地阛阓[8]村市之间而能胜也。当不惮远且劳，求荆湘之梗楠，江汉之豫章，若者可以为栋为榱，若者可以为楹为柱，方胜任而愉快，乃免支离屈曲之病。则夫作诗者，既有胸襟，必取材于古人，原本于《三百篇》、楚骚，浸淫于汉、魏、六朝、唐、宋诸大家，皆能会其指归，得其神理。以是为诗，正不伤庸，奇不伤怪，丽不伤浮，博不伤僻，决无剽窃吞剥之病。乃时手每每取捷径于近代当世之闻人，或以高位，或以虚名，窃其体裁、字句，以为秘本，谓既得所宗主，即可以得其人之赞扬奖借，生平未尝见古人，而才名已早成矣。何异方寸之木，而遽高于岑楼耶。若此等之材，无论不可为大厦，即数椽茅把之居，用之亦不胜任，将见一朝堕地，腐烂而不可支。故有基之后，以善取材为急急也。

既有材矣，将用其材，必善用之用而后可。得工师大匠指挥之，材乃不枉，为栋为梁，为榱为楹，悉当而无丝毫之憾。非然者，宜方者圆，宜圆者方，枉栋之材而为桷，枉柱之材而为楹，天下斫小之匠人宁少耶！世固有成诵古人之诗万首，涉略经史集亦不下数十万言，逮落笔则有俚俗庸腐，窒板拘牵，隘小肤冗种种诸习。此非不足于材，有其材而无匠心，不能用而枉之故也。夫作诗者，要见古人之自命处、着眼处、作意处、命辞处、出手处，无一可苟，而痛去其自己本来面目，如医者之治结疾，先尽荡其俗垢，以理其清虚，而徐以古人之学识神理充之。久之，而又能去古人之面目，然后匠心而出，我未尝摹拟古人，而古人且为我役。彼作室者，既善用其材而不枉，宅乃成矣。

宅成，不可无丹雘赭垩之功，一经俗工绚染，徒为有识所嗤。夫诗，纯淡则无味，纯朴则近俚，势不能如画家之有不设色。古称非文辞不为功，文辞者，斐然之章采也。必本之前人，择其丽而则、典而古者，而从事焉。则华实并茂，无夸缛斗炫之态，乃可贵也。若徒以富丽为工，本无奇意，而饰以奇字，本无异物，而加以异名别号，味如嚼蜡。展诵未竟，但觉不堪。此乡里小儿之技，有识者不屑为也。故能事以设色布采终焉。

然余更有进。此作室者，自始基以至设色，其为宅也，既成而无余事矣。然自康衢而登其门，于是而堂、而中门，又于是而中堂、而后堂、而闺闼、而曲房、而宾席东厨之室，非不井然秩然也。然使今日造一宅焉如是，明日易一地而更造一宅焉，而亦如是，将百十其宅，而无不皆如是，则亦可厌极矣。其道在于善变化，变化岂易语哉！终不可易曲房于堂之前，易中堂于楼之后，入门即见厨，而联宾坐于闺闼也。惟数者一一各得其所，而悉出于天然位置，终无相踵沓出之病，是之谓变化。变化而不失其正，千古诗人惟杜甫为能。高、岑、王、孟诸子，设色止矣。皆未可语以变化也。夫作诗者，至能成一家之言足矣。此犹清、任、和三子之圣，各极其至。而集大成，圣而不可知之之谓神，惟夫子。杜甫，诗之神者也。夫惟神，乃能变化。子言多读古人之诗而求工于诗者，乃囿于今之称诗者论也。

注释

［1］庑（wǔ）：堂下周围的廊屋。轮奂之美：意即美轮美奂。《礼记·檀弓》："美哉轮焉，美哉奂焉。"

［2］三山：传说中的方丈、瀛洲、蓬莱三座神山。

［3］星宿之海：黄河的源头，在青海。

［4］夭乔：形容植物生机勃勃的样子。或作"夭矫"。

［5］乐游园：唐杜甫《乐游园》诗云："乐游古园崒森爽，烟绵碧草萋萋长。公子华筵势最高，秦川对酒平如掌。长生木瓢示真率，更调鞍马狂欢赏。青春波浪芙蓉园，白日雷霆夹城仗。阊阖晴开昳荡荡，曲江翠幕排银榜。拂水低徊舞袖翻，缘云清切歌声上。却忆年年人醉时，只今未醉已先悲。数茎白发那抛得，百罚深杯亦不辞。圣朝亦知贱士丑，一物自荷皇天慈。此身饮罢无归处，独立苍茫自咏诗。"

［6］雕缋（huì）：繁缛的雕饰。

［7］培塿：矮小的土丘。

［8］阛阓（huánhuì）：街市。

二

或曰："今之称诗者，高言法矣。作诗者果有法乎哉？且无法乎哉？"

余曰：法者，虚名也。非所论于有也，又法者，定位也，非所论于无也。子无以余言惝恍河汉，当细为子晰之。

自开辟以来，天地之大，古今之变，万汇之赜，日星河岳，赋物象形，兵刑礼乐，饮食男女，于以发为文章，形为诗赋，其道万千，余得以三语蔽之：曰理、曰事、曰情，不出乎此而已。然则诗文一道岂有定法哉！先揆乎其理，揆之于理而不谬，则理得；次征诸事，征之于事而不悖，则事得；终絜诸情[1]，絜之于情而可通，则情得。三者得而不可易，则自然之法立。故法者，当乎理，确乎事，酌乎情，为三者之平准，而无所自为法也。故谓之曰虚名。又法者，国家所谓之律也，自古之五刑[2]宅就以至于今，法亦密矣。然岂无所凭而为法哉！不过揆度于事、理、情三者之轻重大小上下，以为五服五章、刑赏生杀之等威、差别，于是事、理、情当于法之中。人见法而适惬其事、理、情之用，故又谓之曰定位。

乃称诗者，不能言法所以然之故，而哓哓[3]曰："法。"吾不知其离一切以为法乎？将有所缘以为法乎？离一切以为法，则法不能凭虚而立。有所缘以为法，则法仍托他物以见矣。吾不知统提法者之于何属也。彼曰：凡事凡物皆有法，何独于诗而不然。是也。然法有死法，有活法。若以死法论，今誉一人之美，当问之曰："若固眉在眼上乎，鼻口居中乎，若固手操作而足循履乎？"夫妍媸万态，而此数者必不渝。此死法也。彼美之绝世独立，不在是也。又朝庙享燕以及士庶宴会，揖让升降，叙坐献酬，无不然者。此亦死法也。而格鬼神、通爱敬，不在是也。然则彼美之绝世独立，果有法乎？不过即耳目口鼻之常默然神明之。而神明之法，果可言乎？彼享宴之格鬼神、合爱敬，果有法乎？不过即揖让献酬而感通之。而感通之法，又可言乎？死法，则执涂之人能言之。若曰活法，法既活而不可执矣。又焉得泥于法！而所谓诗之法，得毋平平仄仄之拈乎？村塾中曾读《千家诗》者，亦不屑言之。若更有进，必将曰：律诗必首句如何起，三四如何承，五六如何接，末句如何结，古诗要照应，要起伏，析之为句法，总之为章法。此三家村伯相传久矣，不可谓称诗者独得之秘也。若舍此两端，而谓作诗另有法，法在神明之中，巧力之外，是谓变化生心。变化生心之法，又何若乎？则死法为定位，活法为虚名，虚名不可为有，定位不可以为无。不可为无者，初学能言之，不可为有者，作者之匠心变化，不可言也。

夫识辨不精，挥霍无具，徒倚法之一语，以牢笼一切，譬之国家有法，所以儆愚夫愚妇之不肖而使之不犯，未闻与道德仁义之人议论习肄，而时以五刑五罚之法恐惧之而迫胁之者也。惟理、事、情三语，无处不然。三者得，则胸中通达无阻，出而敷为辞，则夫子所云“辞达”[4]。“达”者，通也，通乎理，通乎事，通乎情之谓。而必泥乎法，则反有所不通矣。辞且不通，法更于何有乎？

曰理、曰事、曰情三语，大而乾坤以之定位[5]，日月以之运行，以至一草一木一飞一走，三者缺一，则不成物。文章者，所以表天地万物之情状也。然具是三者，又有总而持之、条而贯之者，曰气。事、理、情之所为用，气为之用也。譬之一木一草，其能发生者，理也；其既发生，则事也；既发生之后，夭乔滋植，情状万千，咸有自得之趣，则情也。苟无气以行之，能若是乎？又如合抱之木，百尺干霄，纤叶微柯，以万计，同时而发，无有丝毫异同，是气之为也，苟断其根，则气尽而立萎，此时理事情，俱无从施矣。吾故曰三者借气而行者也。得是三者，而气鼓行于其间，絪缊磅礴，随其自然所至即为法，此天地万象之至文也。岂先有法以驭是气者哉！不然，天地之生万物，舍其自然流行之气，一切以法绳之，夭矫飞走，纷纷于形体之万殊，不敢过于法，不敢不及于法，将不胜其劳，乾坤亦几乎息矣。

草木气断则立萎，理事情俱随之而尽，固也。虽然，气断则气无矣，而理事情依然在也。何也？草木气断，则立萎，是理也。萎则成枯木，其事也。枯木岂无形状？向背、高低、上下，则其情也。由是言之，气有时而或离，理事情无之而不在。向枯木而言法，法于何施？必将曰：法将析之以为薪，法将斫之以为器。若果将以为薪、为器，吾恐仍属之事理情矣，而法又将遁而之他矣。

天地之大文，风云雨雷是也。风云雨雷，变化不测，不可端倪，天地之至神也，即至文也。试以一端论：泰山之云，起于肤寸，不崇朝[6]而遍天下。吾尝居泰山之下者半载，熟悉云之情状：或起于肤寸，瀰沦[7]六合；或诸峰竞出，升顶即灭；或连阴数月；或食时即散；或黑如漆；如白如雪；或大如鹏翼；或乱如散鬈[8]；或块然垂天，后无继者;或联绵纤微,相续不绝;又忽而黑云兴,士人以法占之,曰"将雨",竟不雨;又晴云出,法占者曰"将晴",乃竟雨。云之态以万计,无一同也。以至云之色相,云之性情,无一同也。云或有时归,或有时竟一去不归,或有时全归,或有时半归,无一同也。此天地自然之文,至工也。若以法绳天地之文,则泰山之将出云也,必先聚云族而谋之曰:吾将出云,而为天地之文矣,先之以某云,继之以某云,以某云为起,以某云为伏,以某云为照应、为波澜,以某云为逆入,以某云为空翻,以某云为开,以某云为阖,以某云为掉尾。如是以出之,如是以归之,一一使无爽,而天地之文成焉。无乃天地之劳于有泰山,泰山且劳于有是云,而出云且无日矣!苏轼有言:"我文如万斛源泉,随地而出。"亦可与此相发明也。

注释

[1] 絜(qiè)诸情:统之于情。絜,通挈,统摄。

[2] 五刑:古代五种刑法:宫(阉割生殖器)、刵(断足)、墨(刺面染黑)、劓(割鼻子)、大辟(死刑)。

[3] 哓哓(xiāo):本指鸟雀因恐惧而发出的鸣叫声,此指杂乱的言说。

[4] 辞达:《论语·卫灵公》:"子曰:辞达而已矣。"

[5] 乾坤以之定位:《周易·说卦》:"天地定位,山泽通气。"

[6] 崇朝:同"终朝",一个早晨,形容很短的时间。

[7] 瀰沦:同"弥纶",包裹,综括。《周易·系辞上》:"易与天地准,故能弥纶天地之道。"

[8] 散鬊(shùn):乱发。

三

或曰:先生言作诗,法非所先,言固辩矣。然古帝王治天下,必曰大经大法。然则法且后乎哉?

余曰:帝王之法,即政也。夫子言"文武之道,布在方策"[1]。

此一定章程，后人守之，苟有毫发出入，则失之矣。修德贵日新，而法者旧章，断不可使有毫发之新。法一新，此王安石之所以亡宋也。若夫诗，古人作之，我亦作之，自我作诗，而非述诗也。故凡有诗，谓之新诗。若有法，如教条政令而遵之，必如李攀龙之拟古乐府然后可。诗，末技耳。必言前人所未言，发前人所未发，而后为我之诗。若徒以效颦效步为能事，曰：此法也。不但诗亡，而法且亡矣。余之后法，非废法也，正所以存法也。夫古今时会不同，即政令尚有因时而变通之，若胶固不变，则新莽之行周礼[2]矣。奈何风雅一道，而踵其谬戾哉！

曰理、曰事、曰情，此三言者足以穷尽万有之变态。凡形形色色，音声状貌，举不能越乎此。此举在物者而为言，而无一物之或能去此者也。曰才、曰胆、曰识、曰力，此四言者所以穷尽此心之神明。凡形形色色，音声状貌，无不待于此而为之发宣昭著。此举在我者而为言，而无一不如此心以出之者也。以在我之四，衡在物之三，合而为作者之文章。大之经纬天地，细而一动一植，咏叹讴吟，俱不能离是而为言者矣。

在物者前已论悉之，在我者虽有天分之不齐，要无不可人力充之。其优于天者，四者具足，而才独外见，则群称其才。而不知其才之不能无所凭而独见也。其歉乎天者，才见不足，人皆曰才之歉也，不可勉强也。不知有识以居乎才之先，识为体而才为用，若不足于才，当先研精推求乎其识。人惟中藏无识，则理、事、情错陈于前，而浑然茫然，是非可否，研媸黑白，悉眩惑而不能辨，安能其敷而出之为才乎？文章之能事，实始乎此。彼无识者，既不能知古来作者之意，并不自知其何所兴感，触发而为诗，或亦闻古今诗家之诗，所谓体裁格力声调兴会等语，不过影响于耳，含糊于心，附会于口。而眼光从无着处，腕力从无措处。即历代之诗陈乎前，何所抉择，何所适从，人言是，则是之，人言非，则非之。夫非必谓人言之不可凭也。而彼先不能得我心之是非而是非之，又安能知人言之是非而是非之也。有人曰:诗必学汉魏、学盛唐。彼亦曰:学汉魏、学盛唐。从而然之。而学汉魏与盛唐所以然之故,彼不能知,不能言也。即能效而言之,而终不能知也。又有人曰:诗当学晚唐、学宋、学元。彼亦曰:学晚唐、学宋、学元。又从而然之。而置汉魏与盛唐所以然之故,彼又终不能知也。或闻诗家有宗刘长卿者矣,于是群然而称刘随州[3]矣。又或闻有崇尚陆游者矣,于是人人案头无不有《剑南集》[4],以为秘本,而遂不敢他及也。如此等类,不可枚举一概,人云亦云,人否亦否,何为者耶?

夫人以著作自命,将进退古人,次第前哲,必具有只眼而后泰然有自居之地。倘议论是非,聋瞀[5]于中心,而随世人之影响而附会之,终日以其言语笔墨为人使令驱役,不亦愚乎?且有不自以为愚,旋愚成妄,妄以生骄,而愚益甚焉。原其患始于无识,不能取舍之故也。是即吟咏不辍,累牍连章,任其涂抹,全无生气,其为才耶,为不才耶?

惟有识,则是非明,是非明,则取舍定,不但不随世人脚跟,并亦不随古人脚跟。非薄古人为不足学也;盖天地有自然之文章,随我之所触而发宣之,必有克肖其自然者,为至文以立极;我之命意发言,自当求其至极者。昔人有言:“不恨我不见古人,恨古人不见我。”又云:“不恨臣无二王法,但恨二王无臣法。”[6]斯言特论书法耳,而其人自命如此;等而上之,可以推矣。譬之学射者,尽其目力臂力,审而后发,苟能百发百中,即不必学古人,而古有后羿、养由基其人者,自然来合我矣。我能是,古人先我而能是,未知我合古人欤?古人合我欤?高适有云:“乃知古时人,亦有如我者。”[7]岂不然哉!故我之著作与古人同,所谓其揆之一;即有与古人异,乃补古人之所未足,亦可言古人补我之所未足,而后我与古人交为知己也。惟如是,我之命意发言,一一皆从识见中流布。识明则胆张,任其发宣而无所于怯,横说竖说,左宜而右有,直造化在手,无有一之不肖乎物也。

且夫胸中无识之人,即终日勤于学,而亦无益,俗谚谓为“两脚书橱”。记诵日多,多益为累。及伸纸落笔时,胸如乱丝,头绪既纷,无从割择,中且馁而胆愈怯,欲言而不能言。矜持于铢两尺矱之中,既恐不合于古人,又恐贻讥于今人。如三日新妇动恐失礼。又如跛者登临,举恐失足。文章一道,本抒写挥洒乐事,反若有物焉以桎梏之,无处非碍矣。于是,强者必曰:古人某某之作如是,非我则不能得其法也。弱者亦曰:古人某某之作如是,今之闻人某某传其法如是,而我亦如是也。其黠者心则然而秘而不言,愚者心不能知其然,徒夸而张于人,以为我自有所本也。更或谋篇时,有言已尽,本无可赘矣,恐方幅不足,而不合于格,于是多方拖沓以扩之,是蛇添足也。又有言尚未尽,正堪抒写,恐逾于格而失矩度,亟阖而已焉:是生割活剥也。之数者,因无识,故无胆,使笔墨不能自由,是写操觚家[8]之苦趣,不可不察也。

世贤有言:“成事在胆”,“文章千古事”[9]。苟无胆,何以能千古乎!吾故曰:无胆则笔墨畏缩,胆既诎矣,才何由而得伸乎?惟胆能生才,但知才受于天,而抑知必待扩充于胆邪?

吾见世有称人之才,而归美之曰:能敛才就法。斯言也,非能知才之所由然者也。夫才者,诸法之蕴隆发现处也。若有所敛而为就,则未敛未就以前之才,尚未有法也。其所为才,皆不从理、事、情而得,为拂道悖德之言,与才之义相背而驰者,尚得谓之才乎!夫于人所不能知,而惟我有才能知之,于人之所不能言,而惟我有才能言之,纵其心思之氤氲磅礴,上下纵横,凡六合之外,皆不得而囿之,以是措而为文辞,而至理存焉。万事备焉,深情托焉,是之谓有才。若欲其敛以就法,时此固掉臂游行于法中久矣。不知其所就者,又何物也。必将曰:所就者,乃一定不迁之规矩。此千万庸众人皆可共趋之而由之,又何以于才之敛耶?故文章家止有以才御法而驱使之,决无就法而为法之所役,而犹欲诩其才者也。吾故曰:无才则心思不出。亦可曰:无心思则才不出。而所谓规矩者,即心思之肆应各当之所为也。盖言心思,则主乎内以言才,言法,则主乎外以言才。主乎内,心思无处不可通，吐而为辞，无物不可通也。夫孰得而范围其言乎？主乎外，则囿于物而反有所不得于我心，心思不灵，而才销铄也。

吾尝观古之才人，合诗与文而论之，如左丘明、司马迁、贾谊、李白、杜甫、韩愈、苏轼之徒，天地万物皆递开辟于其笔端，无有不可举，无有不能胜，前不必有所承，后不必有所继，而各有其愉快。如是之才，必有其力以载之；惟力大而才能坚，故至坚而不可摧也。历千百代而不朽者以此。昔人有云："掷地须作金石声。"[10]六朝人非能知此义者，而言金石，喻其坚也。此可以见文家之力。力之分量，即一句一言，如植之则不可仆，横之则不可断，行则不可遏，住则不可迁。《易》曰："独立不惧。"此言其人，而其人之文当亦如是也。譬之两人焉，共适于途，而值羊肠、蚕丛[11]、峻栈、危梁之险。其一弱者，精疲于中，形战于外，将裹足而不前，又必不可已而进焉。于是步步有所凭藉，以为依傍，或藉人之推之、挽之，或手有所持而扪，或足有所缘而践。即能前达，皆非其人自有之力，仅愈于木偶为人舁之而行耳。其一为有力者，神旺而气足，径往直前，不待有所攀援假借，奋然投足，反趋弱者扶掖之前。此直以神行而形随之，岂待外求而能者！故有境必能造，有造必能成。吾故曰：立言者无力则不能自成一家。夫家者，吾固有之家也。人各有其家，在己力而成之耳，岂有依傍想象他人之家以为我之家乎！是犹不能自求家珍，穿窬[12]邻人之物以为己有，即使尽窃其连城之璧，终是邻人之宝，不可为我家珍。而识者窥见其里，适供其哑然一笑而已。故本其所自有者而益充而广大之以成家，非其力之所自致乎！

力有大小，家有巨细。吾又观古之才人，力足以盖一乡，则为一乡之才；力足以盖一国，则为一国之才；力足以盖天下，则为天下之才。更进乎此，其力足以十世，足以百世，足以终古，则其立言不朽之业，亦垂十世，垂百世，垂终古，悉如其力以报之。试合古今之才，一一较其所就，视其力之大小远近，如分寸铢两之悉称焉。又观近代著作之家，其诗文初出，一时非不纸贵，后生小子，以耳为目，互相传诵，取为模楷。及身没之后,声问即泯,渐有起而议之者,或间能及其身后。而一世再世,渐远而无闻焉。甚且诋毁丛生,是非竞起,昔日所称其人之长,将为今日之短。可胜叹哉！即如明三百年间,王世贞、李攀龙辈鸣盛于嘉隆间,终不如明初之高、杨、张、徐,[13]犹得无毁于今日人之口也。钟惺、谭元春之矫异于末季,又不如王、李之犹可及于再世之余也。是皆其力所至远近之分量也。统百代而论诗,自《三百篇》而后,惟杜甫之诗,其力能与天地相终始,与《三百篇》等。自此以外,后世不能无入者主之,出者奴之,诸说之异同,操戈之不一矣。其间又有立可以百世,而百世之内,互有兴衰者,或中湮而复兴,或昔非而淮是,又似乎世会使之然。生前或未有推重之,而后世忽崇尚之,如韩愈之文,当愈之时,举世未有深知而尚之者。二百余年后,欧阳修方大表章之,天下遂翕然宗韩愈之文,以至于今不衰。信乎！文章之力有大小远近,而又盛衰乘时之不同如是。欲成一家言,断宜奋其力矣。夫内得之于识而出之而为才,惟胆以张其才,惟力以克荷之。得全者其才见全,得半者其才见半,而又非可矫揉蹴至之者也,盖有自然之候焉。千古才力之大者,莫有及于神禹。神禹平成天地之功,此何等事！而孟子以为行所无事,不过顺水流行坎止自然之理,而行疏瀹排决之事,岂别有治水之法,有所矫揉以行之者乎？不然者,是行其所有事矣。大禹之神力,远及万万世,以文辞立言者,虽不敢几此,然异道同归,勿以篇章为细务自逊,处于没世无闻已也。

大约才、识、胆、力,四者交相为济,苟一有所歉,则不可登作者之坛。四者无缓急,而要在先之以识,使无识,则三者俱无所托。无识而有胆,则为妄,为鲁莽,为无知,其言背理叛道,蔑如也。无识而有才,虽议论纵横,思致挥霍,而是非淆乱,黑白颠倒,才反为累矣。无识而有力,则坚僻妄诞之辞,足以误人而惑世,为害甚烈。若在骚坛,均为风雅之罪人。惟有识则能知所从,知所奋,知所决,而后才与胆力,皆确然有以自信,举世非之,举世誉之,而不为其所摇。安有随人之是非以为是非者哉！其胸中之愉快自足,宁独在诗文一道已也。

胆既诎矣，才何由而得伸乎？然人安能尽生而具绝人之姿，何得易言有识！其道宜如《大学》之始于格物。诵读古人诗书，一一以理、事、情格之，则前后中边，左右向背，形形色色，殊类万态，无不可得，不使有毫发之罅，而物得以乘我焉。如以文为战，而进无坚城，退无横阵矣。若舍其在我者，而徒日劳于章句诵读，不过剿袭、依傍、摹拟、窥伺之术，以自跻于作者之林，则吾不得而知之矣。

注释

［1］“文武之道”二句：《礼记·中庸》：“哀公问政，子曰：文武之政，布在方策。”

［2］新莽之行周礼：王莽代汉，立国号为新。初立国时，以周礼治国。

［3］刘随州：刘长卿，曾任随州刺史，有《刘随州集》。

［4］《剑南集》：宋陆游有《剑南诗稿》。

［5］瞀（mào）：目盲，引申为愚昧无知。

［6］“不恨我不见古人”四句：为南朝齐书法家张融之语。《南史·张融传》：“融善草书，常自美其能。（齐高）帝曰：‘卿书殊有骨力，但恨无二王法。’答曰：‘非恨臣无二王法，亦恨二王无臣法。’……常叹云：‘不恨我不见古人，所恨古人又不见我。’”

［7］“乃知古时人”二句：见唐高适《苦雪》组诗之四。

［8］操觚家：指作家。觚，木简。《文赋》：“或操觚以率尔。”

［9］“文章千古事”：唐杜甫《偶题》：“文章千古事，得失寸心知。”

［10］掷地须作金石声：《世说新语·文学》：“孙兴公作《天台赋》成，以示范荣期，云：‘卿试掷地，要作金石声。’范曰：‘恐子之金石，非宫商中声。’”

［11］蚕丛：传说中的上古蜀王名，以此代指蜀道之险。唐李白《蜀道难》：“蚕丛与鱼凫，开国何茫然。”

［12］窬（yú）：门旁的小洞，一般供鸡狗等出入。《汉书·胡建传》：“穿窬不由路。”

［13］高、杨、张、徐：明文学家高启（1311—1375）、杨基（1326—1378?）、张羽（1333—1385）、徐贲（？—1379）。

四

或曰:“先生发挥理、事、情三言,可谓详且至矣。然此三言固文家之切要关键,而语于诗,则情之一言,义固不易,而理与事,似于诗之义未为切要也。先儒云:‘天下之物,莫不有理。’[1]若夫诗,似未可以物物[2]也。诗之至处,妙在含蓄无垠,思致微渺,其寄托在可言不可言之间,其指归在可解不可解之会;言在此而意在彼,泯端倪而离形象,[3]绝议论而穷思维,引人于冥漠恍惚之境,所以为至也。若一切以理概之,理者,一定之衡,则能实而不能虚,为执而不为化,非板则腐,如学究之说书,闾师[4]之读律,又如禅家之参死句,不参活句,[5]窃恐有乖于风人之旨。以言乎事,天下固有有其理而不可见诸事者,若夫诗,则理尚不可执,又焉能一一征之实事者乎?而先生断断焉必以理事二者与情同律乎诗,不使有毫发之或离,愚窃惑焉!此何也?”

予曰:子之言诚是也。子所以称诗者,深有得乎诗之旨者也。然子但知可言、可执之理之为理,而抑知名言所绝之理之为至理乎?子但知有是事之为事,而抑知无是事之为凡事之所出乎?可言之理,人人能言之,又安在诗人之言之!可征之事,人人能述之,又安在诗人之述之!必有不可言之理,不可述之事,遇之于默会意象之表,而理与事无不灿然于前者也。

今试举杜甫集中一二名句,为子晰而剖之,以见其概,可乎?

如《玄元皇帝庙作》“碧瓦初寒外”句,逐字论之:言乎外,与内为界也。初寒何物,可以内外界乎?将碧瓦之外,无初寒乎?寒者,天地之气也。是气也,尽宇宙之内,无处不充塞,而碧瓦独居其外,寒气独盘踞于碧瓦之内乎?寒而曰初,将严寒或不如是乎?初寒无象无形,碧瓦有物有质,合虚实而分内外,吾不知其写碧瓦乎?写初寒乎?写近乎?写远乎?使必以理而实诸事以解之,虽稷下谈天之辩,[6]

恐至此亦穷矣。然设身而处当时之境会，觉此五字之情景，恍如天造地设，呈于象，感于目，会于心。意中之言，而口不能言；口能言之，而意又不可解。划然示我以默会想象之表，竟若有内有外，有寒有初寒，特借碧瓦一实相发之，有中间，有边际，虚实相成，有无互立，取之当前而自得，其理昭然，其事的然也。昔人云："王维诗中有画。"凡诗可入画者，为诗家能事，如风云雨雪，象象之至虚者，画家无不可绘之于笔。若初寒内外之景色，即董、巨复生，恐亦束手搁笔矣。天下惟理、事之入神境者，固非庸凡人可摹拟而得也。

又《宿左省作》"月傍九霄多"[7]句；从来言月者，只有言圆缺，言明暗，言升沉，言高下，未有言多少者。若俗儒，不曰"月傍九霄明"，则曰"月傍九霄高"，以为景象真而使字切矣。今日"多"，不知月本来多乎？抑傍九霄而始多乎？不知月多乎？月所照之境多乎？有不可名言者。试想当时之情景，非言明、言高、言升可得，而惟此"多"字可以尽括此夜宫殿当前之景象。他人共见之，而不能知、不能言；惟甫见而知之，而能言之。其事如是，其理不能不如是也。

又《夔州雨湿不得上岸作》"晨钟云外湿"[8]句；以晨钟为物而湿乎？云外之物、何啻以万万计！且钟必于寺观，即寺观中，钟之外，物亦无算，何独湿钟乎？然为此语者，因闻钟声有触而云然也。声无形，安能湿？钟声入耳而有闻，闻在耳，止能辨其声，安能辨其湿？曰云外，是又以目始见云，不见钟，故云云外。然此诗为雨湿而作，有云然后有雨，钟为雨湿，则钟在云内，不应云外也。斯语也，吾不知其为耳闻耶？为目见耶？为意揣耶？俗儒于此，必曰"晨钟云外度"，又必曰"晨钟云外发"，决无下"湿"字者。不知其于隔云见钟，声中闻湿，妙悟天开，从至理实事中领悟，乃得此境界也。

又《摩诃池泛舟作》"高城秋自落"[9]句；夫秋何物，若何而落乎？时序有代谢，未闻云落也。即秋能落，何系之以高城乎？而曰高城落，则秋实自高城而落，理与事俱不可易也。

以上偶举杜集四语，若以俗儒之眼观之，以言乎理，理于何通？

以言乎事，事于何有？所谓言语道断，思维路绝。然其中之理，至虚而实，至渺而近，灼然心目之间，殆如鸢飞鱼跃之昭著也。理既昭矣，尚得无其事乎？古人妙于事理之句，如此极多，姑举此四语以例其余耳。其更有事所必无者。偶举唐人一二语：如"蜀道之难，难于上青天""似将海水添宫漏""春风不度玉门关""天若有情天亦老""玉颜不及寒鸦色"等句，[10]如此者，何止盈千累万！决不能有其事，实为情至之语。夫情必依乎理，情得然后理真，情理交至，事尚不得耶？要之作诗者，实写理、事、情，可以言言，可以解解，即为俗儒之作。惟不可名言之理，不可施见之事，不可径达之情，则幽渺以为理，想象以为事，惝恍以为情，方为理至、事至、情至之语。此岂俗儒耳目心思界分中所有哉？则余之为此三语者，非腐也，非僻也，非锢也。得此意而通之，宁独学诗？无适而不可矣。

注释

[1] 天下之物，莫不有理：宋明理学强调天下一物，有一理。宋朱熹《大学章句集解》："盖人心之灵莫不有知，而天下之物莫不有理，惟于理有未穷，故其知有不尽也。"

[2] 未可以物物：此言诗不能以"物"之眼光观之，即不能将其作为一般外在世界的描绘。"以物"乃以物态化的眼光，后一"物"乃观之。

[3] 泯端倪而离形象：意即超越具体的感性。泯，同"泯"，泯没。

[4] 闾师：乡里之老师，此指私塾老师。

[5] 禅家之参死句，不参活句：此为南宗禅系的重要思想，据说始于曹洞，在临济、云门诸宗也受到重视，如云门宗的德山缘密禅师说："但参活句，莫参死句。活句下荐得，永劫无滞。"（《五灯会元》卷十五）

[6] 稷下谈天之辩：即战国时齐国稷下辩士谈天论地，有所谓"谈天衍，雕龙奭"的说法。

[7] 月傍九霄多：唐杜甫《宿左省作》："花隐掖垣暮，啾啾栖鸟过。星临万户动，月傍九霄多。不寝听金钥，因风想玉珂。明朝有封事，数问夜如何。"

[8] 晨钟云外湿：唐杜甫《船下夔州郭宿，雨湿不得上岸，别王十二判官》：

“依沙宿舸船，石濑月娟娟。风起春灯乱，江鸣夜雨悬。晨钟云外湿，胜地石堂烟。柔橹轻鸥外，含凄觉汝贤。”

[9] 高城秋自落：唐杜甫《晚秋陪严郑公摩诃池泛舟》：“湍驶风醒酒，船回雾起堤。高城秋自落，杂树晚相迷。坐触鸳鸯起，巢倾翡翠低。莫须惊白鹭，为伴宿清溪。”

[10] 似将海水添宫漏：唐李益《宫怨》：“似将海水添宫漏，共滴长门一夜长。”玉颜不及寒鸦色：唐王昌龄《相和歌辞·长信怨》：“奉帚平明金殿开，暂将团扇共裴回。玉颜不及寒鸦色，犹带昭阳日影来。”

五

或曰：“先生之论诗，深源于正变盛衰之所以然，不定指在前者为盛，在后者为衰，而谓明二李[1]之论为非，是又以时人之模棱汉魏、貌似盛唐者，熟调陈言，千首一律，为之反复以开其痼习、发其愦蒙。乍闻之，似乎矫枉而过正，徐思之，真膏肓之针砭也。然则，学时人者，且置汉魏初唐诗勿即寓目，恐从是入手，未免熟调陈言，相因而至，我之心思终于不出也。不若即于唐以后之诗而从事焉，可以发其心思，启其神明，庶不堕蹈袭相似之故辙，可乎？”

余曰：吁！是何言也。余之论诗，谓近代之习，大概斥近而宗远，排变而崇正，为时取其中而过其实。故言非在前者之必盛，在后者之必衰。若子之言，将谓后者之居于盛，而前者反居于衰乎？吾见历来之论诗者，必曰：苏李不如三百篇，建安、黄初不如苏李，六朝不如建安、黄初，唐不如六朝。而斥宋者，至谓不仅不如唐，而元又不如宋。惟有明二三作者，高自位置，惟不敢自居于三百篇，而汉魏、初唐居然兼总而有之，而不少让。平心而论，斯人也，实汉魏唐人之优孟耳。窃以为相似而伪，无宁相异而真，故不必泥前盛后衰为论也。

夫自三百篇而下，三千余年之作者，其间节节相生，如环之不断，如四时之序，衰旺相循而生物，而成物，息息不停，无可或间也。吾前言踵事增华,因时递变,此之谓也。故不读“明”“良”[2]《击壤》之歌,不知三百篇之工也。不读三百篇,不知汉魏诗之工也。不读汉魏诗,不知六朝诗之工也。不读六朝诗,不知唐诗之工也。不读唐诗,不知宋与元诗之工也。夫惟前者启之,而后者承之而益之。前者创之,而后者因之而广大之。使前者未有是言,则后者亦能如前者之初有是言。前者已有是言,则后者乃能因前者之言而另为他言。总之,后人无前人,何以有其端绪,前人无后人,何以竟其引伸乎。诸地之生木然,《三百篇》则其根,苏李诗则其萌芽由蘖,建安诗则生长至于拱把,六朝诗则有枝叶,唐诗则枝叶垂荫,宋诗则能开花,而木之能事方毕。自宋以后之诗,不过开花而谢,花谢而复开,其节次虽层层积累,变换而出,而必不能不从根柢而生者也。故无根则由蘖何由生,无由蘖则拱把何由长?不由拱把则何自而有枝叶垂荫而花开花谢乎?若曰,审如是,则有其根斯足矣。凡根之所发,不必问也;且有由蘖及拱把成其为木,斯足矣,其枝叶与花,不必问也。则根特蟠于地而具其体耳,由蘖萌芽仅见其形质耳,拱把仅生长而上达耳,而枝叶垂荫,花开花谢,可遂以已乎?故止知有根芽者,不知木之全用者也;止知有枝叶与花者,不知木之大本者也。由是言之,诗自三百篇以至于今,此中终始相承相成之故,乃豁然明矣。岂可以臆划而妄断者哉!

大抵近时诗人,其过有二:其一奉老生之常谈,袭古来所云忠厚和平、浑朴典雅、陈陈皮肤之语,以为正始在是,元音复振,动以道性情,托比兴为言。其诗也,非庸非腐,非腐非俚。其人且复鼻孔撩天,摇唇振履,面目与心胸,殆无处可以位置。此真虎豹之鞟[3]耳。其一好为大言,遗弃一切,掇采字句,抄集韵脚。睹其成篇,句句可划,字字可断。其怪戾则自以为李贺,其浓抹则自以为李商隐,其涩险自以为皮陆,其拗拙则自以为韩孟。土苴建安,弁髦初盛。[4]后生小子,诧为新奇,竞趋而效之,所云牛鬼蛇神,夔蛟[5]魍魉,揆之风雅之义,风者真不可以风,雅者则以丧其雅。尚可言耶?吾愿学诗者,必从先型以察其源流，识其升降。读《三百篇》而知其尽美矣，尽善矣。然非今之人所能为。即今之人能为之，而亦无为之之理，终亦不必为之矣。继之而读六朝之诗，亦可谓美矣，亦可谓善矣，我可以择而间为之，亦可以恝而置之[6]。又继之而读唐人之诗，尽美尽善矣，我可尽其心以为之，又将变化神明而达之。又继之而读宋之诗，元之诗，美之变而仍美，善之变而仍善矣。吾纵其所如，而无不可为之，可以进退出入而为之。此古今之诗相承之极致，而学诗者循序反复之极致也。

原夫创始作者之人，其兴会所至，每无意而出之，即为可法可则。如《三百篇》中，里巷歌谣、思妇劳人之吟咏居其半。彼其人非素所诵读、讲肄推求而为此也，又非有所研精极思、腐毫辍翰而始得也。情偶至而感，有所感而鸣，斯以为风人之旨，遂适合于圣人之旨而删之为经以垂教。非必谓后之君子，虽诵讲习，研精极思，求一言之几于此而不能也。乃后之人，颂美、训释《三百篇》者，每有附会。而于汉魏、初唐亦然，以为后人必不能及。乃其弊之流，且有逆而反之。推崇宋元者，菲薄唐人，节取中、晚者，遗置汉魏。则执其源而遗其流者，固以非矣。得其流而弃其源者，又非之非者乎！然则学诗者，使竟从事于宋元近代，而置汉魏唐人之诗而不问，不亦大乖于诗之旨哉！

注释

[1] 二李：李东阳、李攀龙。

[2] 明、良：《尚书·益稷》："乃赓载歌曰：元首明哉！股肱良哉！庶事康哉！"

[3] 虎豹之鞟：《论语·颜渊》："棘子成曰：君子质而已矣，何以文为？子贡曰：惜乎！夫子之说，君子也。驷不及舌。文犹质也，质犹文也。虎豹之鞟犹犬羊之鞟。"

[4] 土苴建安：苴，鞋底的草垫。土苴建安，低评建安诗歌。弁髦初盛：指

以初唐盛唐之诗为时髦。弁髦,入时的装束打扮。

[5] 夔:传说中一条腿的怪物。蚿(xián):古书上指一种节肢动物,有很多腿,名马陆。

[6] 恝(jiá)而置之:淡然处之。恝,不经心,不在意。

解 说

这里简要谈五个问题。

一、对"在物之三"的理解

《原诗》所谓原诗之本源,不仅从诗歌发展中,为诗歌寻找正变的源流,寻找"史"的正脉,同时,还在诗歌意象构成中,寻找诗之"本"。这个意象构成上的"本",就是其"外三内四"说。《内篇下》云:"以在我之四,衡在物之三,合而为作者之文章。大之经纬天地,细而一动一植,咏叹讴吟,俱不能离是而为言者矣。""外三内四"之说,是叶燮诗学思想的枢纽,也是其最具美学价值的部分。

他所说的"在物之三"就是理、事、情三者。叶燮认为,世界上万事万物都不离此三者,大而天地日月,细而一草一木,均不离此三。三者缺一,则不成物。也就是说此三者是世界的基本构成元素。但叶燮的立意绝不在说明世界万物的存在特征,而在于为诗歌意象创造寻找一个内在根源。因为,在他看来,诗歌乃至一切文章,都在"表天地万物之情状",探讨"在物之三"是为了深入讨论审美意象构成的特点。所以,此三者不是一个简单的万物存在构成论,而是审美意象构成论。

叶燮从物的存在特征角度,为此三者立下一个基本解释:"其能发生者,理也;其既发生,则事也;既发生之后,夭乔滋植,情状万千,咸有自得之趣,则情也。"理,是物所以存在的最终根源,是物之本。

事，是物呈现的具体形态，是物之形。情，是由物的存在所显现出的情韵意味，是物之神。形由理出，神赖形生，无理则无物，无物则无情。理是“未发”的根源，事是“既发”的现实，情是由“既发”的现实中透出的意味。

叶燮认为，审美意象构成具有此三因素，不仅是必须的，也是必然的。诗歌意象创造就是创造特殊的理、事、情。他认为，无论文章还是诗歌，都在于得此三者，“先揆乎其理，揆之于理而不谬，则理得；次征诸事，征之于事而不悖，则事得；终絜诸情，絜之于情而可通，则情得”，艺术创作的过程就是“当乎理，确乎事，酌乎情”，平准三者，以求最佳的表现。诗歌意象构成的最高原则，就是理义、色相、性情三者之间的和谐融合。

但诗歌中的理，并非抽象的概念；事，也不是具体的现象；而情，也不是平常的琐碎的情感。对此，叶燮有很明确的表达。这也是《原诗》颇有心得的地方。关于理，叶燮认为，诗歌意象构成之理，并非抽象的概念、名言，不是那人人可以言之的道理，他以“名言所绝之理”名此理。一切概念之理，都是“一定之衡”，如果执于“可言、可执之理”，则“非板则腐”，与真正的艺术意象世界相违背。关于事，叶燮借提问者的话说：“若夫诗，似未可以物物。”审美意象世界虽然有具体的形象，但又不能执于“色相”，不能以有形存在的质实的“物”观之，叶燮说：“若夫诗，则理尚不可执，又焉能一一征之实事者乎？”而情，更应是作者的内在情感和外在对象的融合，而不能是纯然的情感抒发。

可见，审美意象中的世界，是特殊的理、事、情所组成的创造的世界，是作者在审美体验过程中发现的新世界。他说：“可言之理，人人能言之，又安在诗人之言之！可征之事，人人能述之，又安在诗人之述之！必有不可言之理，不可述之事。”

正因如此，审美创造的过程就是对理、事、情发现的过程。如何发现，叶燮认为，只能来源于妙悟。他说：“诗之至处，妙在含蓄无垠，思致微渺，其寄托在可言不可言之间，其指归在可解不可解之会；言在此而意在彼，泯端倪而离形象，绝议论而穷思维，引人于冥漠恍惚之境，所以为至也。”诗要得理、得事、得情，就必须去常理、常事、常情，必断绝名言概念的追寻，超越具体的色相世界，放弃那些僵化的寄托，而进入“微渺”“冥漠恍惚”的深层契合中。如云之“色相”多变，“性情”万千，行到水穷处，坐看云起时，随云起云舒，共天地缱绻往复。云的妙处在其“无心”，而不是劳心计较。叶燮有一段极精彩的论述：“要之作诗者，实写理、事、情，可以言言，可以解解，即为俗儒之作。惟不可名言之理，不可施见之事，不可径达之情，则幽渺以为理，想象以为事，惝恍以为情，方为理至、事至、情至之语。”

所谓“幽渺以为理，想象以为事，惝恍以为情”，就是自然天成之法，如万斛泉涌不择地而出的随意流转，也就是他所说的虚而不实的创造方式。不粘不滞，优游自在，从容东西，以一心独往，万象为之洞开。由此，叶燮建立了自己审美创造的活法理论，他的活法不是禅家后学参死句活句的形式功课，而是心灵深层的契会。是“不知知，不解解”的大知、大解，是当下即成的颖悟，是物我之间的“灼然”融凝。这是他由理事情来谈诗法的最终落实处。

叶燮通过以理、事、情为构成要素的审美意象构成理论的论述，逻辑地导出了他的意象创造途径理论——审美妙悟，并进而建立自己的自然天成的活法。而《内篇上》的文学发展正变观，最终也落实在这当下即成的心灵创造中。心悟乃变之本。这是叶燮诗论的一条隐在的线索。

二、关于气

叶燮在提出理、事、情的同时，又举出“气”的概念。认为，气是统摄这三者的纽带。所谓“然具是三者，又有总而持之、条而贯之者，曰气”。理、事、情是审美意象构成的三个元素，然无气之统摄，则无真实之意义。从他的论述中，大致可以看出，他所说的气和理、事、情之间存在着如下之关系:首先,“事、理、情之所为用,气为之用也。”三者为体,气为用。此就体用言之。其次,气乃自然流行运演之节奏,所谓“得是三者,而气鼓行于其间,氤氲磅礴,随其自然所至即为法,此天地万象之至文也”。此就运动言。复次,气即生机。他指出,“气有时而或离,理事情无之而不在”,也就是说,气可以独立于三者而存在,气的存在使理、事、情三者的显现富有生机。此就活力言。

《原诗》中气的学说并非其重点,在这方面并没有多少理论突破,它所依据的是理学中的理气学说。朱熹就曾说过:“天下未有无理之气,亦未有无气之理”,理是气之本,气是理之用。明清理学还有一种理气合一的主张,理即是气,气即是理。叶燮的学说中明显有理学的影子,他正是在理本气用的基础来论气的。不过他将气化为一种诗学中的生机活力的根源,成为他的诗学理论的有机组成部分。

三、“在我之四”和胸襟说

叶燮以才、胆、识、力为“在我之四”,并以“识”作为其他三者的基础,强调四者兼济,以识为主。此说在中国文学和艺术理论史上多有所论,如明李贽就曾提出兼容才、胆、识而以识为主的观点①,叶燮做了自己的概括,其概括条理分明,切中审美心理之内在肌理,但在理论上创意不明显。值得注意的是,叶燮通过此四点的细致分辨,突显了“我”在审美过程中的统领作用,以“不恨臣无二王法,恨二王我臣法”的精神去创造,对当时萎靡的复古风气确具有针砭作用,在理论上突出创造力的价值也是值得肯定的。

另外,叶燮提出的胸襟说倒是值得注意。自北宋以来,中国美学就将人品和艺术创造联系起来,郭若虚的《图画见闻志》更是以心印

① 《杂述》:“是才与胆皆因识见而后充者也;空有其才而无其胆,则有所怯而不敢;空有其胆而无其才,则不过冥行妄作之人耳。”(《焚书》卷四)

说为基础,强调有一等之人品,方有一等之艺术。这在后代几成共识。中国美学强调审美过程不仅是对美的把握,更重要的是人生的历练、审美的深入和人生真实意义的揭示。如竹子是中国画家喜欢表现的对象,不仅在于其美,更在于其是人品的象征物。审美与人生合一的追求,对审美过程提出了更特别的要求。《原诗》将"胸襟说"放到《内篇下》论述诗之本的地位上来说,将其视为"物三我四"之首,也可看出这一倾向性。叶燮指出,写一首好诗,如造一大宅,胸襟就是地基,"诗之基,其人之胸襟是也。有胸襟,然后能载其性情智慧、聪明才辨以出,随遇发生,随生即盛"。他认为,杜甫和王羲之之所以能高出群表,就在于他们有高人的胸襟。

四、"外三内四"说的理学本质

叶燮是一位儒家学者,他和当时的理学家陆陇其等过从甚密,《清史稿》四百八十四载,叶燮晚年落官,"时嘉定知县陆陇其亦被劾,燮以与陇其同罢为幸。性喜山水,纵游宇内名胜几遍"。并讲学乡里,学者称其为横山先生。从《己畦文集》中可以看出,他对正统程朱理学有很深的造诣。其为学旨向也与"二陆"(世仪、陇其)相近,宗程朱,贬陆王。其论诗思想也不脱讲学家门径。

叶燮在给友人的信中有这样一段话:"仆尝有《原诗》一编,以为盈天地间万有不齐之物之数,总不出乎理、事、情三者。故圣人之道自格物始,盖格夫凡物之无不有理、事、情也。为文者亦格之文为物而已矣。夫备物者莫大于天地,而天地备于六经。六经者,理、事、情之权舆也。"他认为,"理者与道为体,事与情总贯乎其中,惟明其理乃能出之而成文。"①

我们不能说,叶燮的"外三内四"说就来自格物致知的学说,但其中确也具有此一学说的深深印迹。《原诗·内篇下》云:"其道宜

① 《己畦文集》卷十三《与友人论文书》。

如《大学》之始于格物。诵读古人诗书，一一以理、事、情格之，则前后中边，左右向背，形形色色，殊类万态，无不可得，不使有毫发之罅，而物得以乘我焉。”在二程“格犹穷也，物犹理也”，“格物”与“穷理”原为一体，天下万物，无一非理。而格物，就是穷天理流行之妙。而叶燮的“外三”中，以理为本，“天下万物，无一非理”，审美认识过程就是格物的过程，格物就是穷理，穷得理方有诗文之妙境，其中具有明显的内在联系性。叶燮的格万物之理，虽也有幽渺虚灵之性，所谓“然其中之理，至虚而实，至渺而近，灼然心目之间，殆如鸢飞鱼跃之昭著也”，但也不脱理学天理流行之痕迹。这说明，叶燮的美学是在儒家美学基础上形成的学说。

当然其理虽以六经为权舆，但叶燮的诗学是以创造为基础的，他在论述诗之理时，无法不面对诗歌的审美特性和创造精神，当他面对艺术本身的时候，他得出了艺术创造过程必须排除概念名言求取此理的可能性，而推崇当下即成的致思途径。六经的成法和他不宗一法的创造活法显然构成了矛盾。

五、叶燮美学思想的地位

叶燮的诗学思想在其问世之后的18、19世纪并没有引起太多的注意，虽然有些论者给予其较高的评价，但在诗学界的影响并不大。和清代出现的性灵说、神韵说、格调说等完全不能相比。但20世纪的后半叶，叶燮的思想受到学界的高度关注，其影响从诗学旁及美学界，《原诗》被视为中国美学史上与《文心雕龙》地位相当的美学著作，甚至有的论者认为其美学价值超过《文心雕龙》，并认为叶燮建立了一个崭新的美学体系。

叶燮的确是一位思想敏锐富于创造的学者，他在诗学方面具有精深的造诣。《原诗》直面当时复古风气甚浓的诗坛，提出了文学发展的正变观，的确有针砭时世的作用；他提出不依傍他人、脱胎于自心的创造观，也可看出其进步的文学观念。《原诗》的确是一部不

同凡响的著作,但我对学界的一些观点有不同的看法。这里谈两点:

第一点,《原诗》是一部具有体系的诗学著作,但并不意味其创立了一个新的美学体系。从《原诗》的四卷情况看,叶燮的思路是清晰的,他模仿传统诸子著作的方式,分为内篇、外篇,内外篇各厘为二,因有四卷之分。卷一(内篇上)谈文学的发展观,卷二(内篇下)谈诗的意象构成和创作途径;卷三(外篇上)论诗中的诸原则,卷四(外篇下)选说各时代有代表性的诗人、诗作,其后则对诗歌的各种体制作了一一区分。内外篇写法迥然有异,内篇讨论诗歌创作的基础问题,上是"史"观,下是"法"论,论题集中,条理秩然。而外篇则羽翼内篇之论,是诗歌原则之落实,所以外篇是散论。内篇才是真正的诗之"原",外篇是诗之"原"的延伸。正如作者之友沈珩在《原诗叙》中所言:"内篇,标宗旨也;外篇肆博辩也。非以诗言诗也。"沈珩说,"自古宗工宿匠,所以称诗之说仅一支一节之琐者耳,未尝有创辟其识,综贯成一家言,出以砭其迷,开其悟",评价颇允当。《原诗》是一部有体系的诗学著作。这在中国古代文学批评史上的确不多见。但据此并不能说《原诗》建立了一个完整的美学体系,甚至不能说,《原诗》是一部有体系的美学著作。因为,是书所探讨的具有美学意义的问题,若放到中国美学的整体框架上看,其系统性并不突出。很难说其建立了一个美学体系。

第二点,《原诗》的美学思想集中体现在他的"外三内四"说中,从理、事、情三者谈意象创造的特点,尤见其贡献。它所提出的"幽渺以为理,想象以为事,惝恍以为情"的独特观念,强调以虚灵不昧的妙悟去创造,这也是颇有自得之见的。但叶燮的美学思想较多体现在对前代美学思想的总结和整合上,其"外三内四"以及关于气的理论,大都不出前人所论之视域。叶燮美学思想特点更多地体现在其综合性方面,而不是其创造性。

参考文献

霍松林校注:《原诗》,北京:人民文学出版社,1979年。

蒋凡:《叶燮和原诗》,上海:上海古籍出版社,1985年。

叶朗:《中国美学史大纲》,上海:上海人民出版社,1985年。

苦瓜和尚画语录

［清］石涛

石涛(1642—约1707),全州(今属广西桂林)人,原姓朱,名若极,明皇室靖江王朱守谦后代。父亨嘉袭封靖江王,在南明王朝的内乱中被杀,此时石涛还不足五岁,为避难而进入佛门,后得法于旅庵本月,法名原济(又作元济),号石涛,另有苦瓜和尚、瞎尊者、零丁老人、大涤子等号。

石涛一生云游四方,早年居安徽宣城广教寺,前后达十多年,这里是临济宗的祖庭。并多次上黄山,创作大量的绘画,成为“黄山画派”的重要成员,号称“黄山是我师,我是黄山友”。1680年后至江宁(今南京),住在大报恩寺旁的一枝阁中,号“一枝叟”。1690年有一次北上之行,客居京、津两地,1693年南归,晚年定居扬州,作大涤草堂,隐居于此。晚年与居南昌的八大山人书信往来,两位伟大艺术家结下深厚友情。

齐白石曾说:“下笔谁敢泣鬼神,二千余载只斯僧。”石涛是一位杰出的画家、书法家、诗人,他以纵横排奡、奔放激荡的笔致,创造了独特的艺术世界。吴昌硕曾说石涛“画中有诗,诗中有禅,如此雄奇,世所罕见”。石涛一生出入儒佛道三家,晚年弃佛入道教之门,五十岁后,还有一段学《易》的经历,中国哲学和艺术传统的滋养,成就了这位天才艺术家。

《苦瓜和尚画语录》,这部中国传统美学的经典之作,是石涛一生思考的凝结,大致成书于1697到1700年间。关于这部著作,主要有两个版本系统,一是以汪绎辰钞本和知不足斋丛书本为代表的《画语录》一系版本,二是以《画法秘谈》和《画谱》为代表的《画谱》一系版本,两个版本系统有较大差异。

石涛去世后,休宁汪绎辰雍正辛亥(1731)有这本书的钞本行世,题名《苦瓜和尚画语录》,今藏南京图书馆。目前所见《画语录》一系的最早刊本《知不足斋丛书》本,即以此为底本。后有《昭代丛书》本、《翠琅玕丛书》本、《四铜鼓斋画论集刻》本、《十二砚斋四种》本、《清瘦閤读画十八种》本、《论画辑要》本等,各本文字偶有出入,相差不大,都属于此一系版本的传承。

另一传承谱系中的《画法秘谈》本,苏富比纽约2017秋拍拍出,为石涛手书真迹,作于1705年前后。1960年,上海博物馆影印公布了该馆所藏康熙年间藏本《画谱》,《画谱》本与《画法秘谈》有大体相同的书写内容,在书写上也有密不可分的关系,甚至许多错误也是相同的。《画谱》本可能是根据《画法秘谈》稿本刻出的。

本文所录文字,以《画语录》本为底本,并参校《画法秘谈》一系版本。所涉版本如下:

1.《清湘大涤子画法秘谈》稿本,这里简称"画法秘谈本"。

2. 大涤堂《画谱》刻本,藏上海博物馆,刊刻于康熙庚寅(1710)。这里简称"画谱本"。

3. 汪绎辰《苦瓜和尚画语录》精钞本,这里简称"汪钞本"。

4. 知不足斋丛书本:《画语录》一卷,清乾隆至道光间(1736—1850)长塘鲍氏刊刻,这里简称"知不足斋本"。

5. 昭代丛书本:《画语录》,清道光十三至二十四年(1833—1844)世楷堂刻本,这里简称"昭代丛书本"。

6. 四铜鼓斋论画集刻十二种本:《苦瓜和尚画语录》一卷,道光二十六年(1846年)华亭张祥和刻,这里简称"四铜鼓斋本"。

7. 绘事晬编本:《苦瓜和尚画语录》,道光二十九年(1849)邹钟灵辑,这里简称“绘事晬编本”。

8. 翠琅玕馆丛书本:《苦瓜和尚画语录》,刊于清光绪年间。

9. 清瘦阁读画十八种本:《画语录》,光绪二十六年(1900)刻本,徐文清辑。

10. 论画辑要本:商务印书馆1928年铅印本。

11. 中国画论丛书本:俞剑华标点注译《石涛画语录》,这里简称“俞剑华标点注译本”。

一画章第一

太古无法,太朴不散。[1]太朴一散,而法立矣。[2]法于何立?立于一画。[3]一画者,众有之本,万象之根。[4]见用于神,藏用于人,而世人不知。[5]所以一画之法,乃自我立。[6]立一画之法者,盖以无法生有法,以有法贯众法也。[7]

夫画者,从于心者也。[8]山川人物之秀错,鸟兽草木之性情,池榭楼台之矩度,[9]未能深入其理,曲尽其态,终未得一画之洪规[10]也。行远登高,悉起肤寸[11],此一画收尽鸿濛[12]之外,即亿万万笔墨,未有不始于此而终于此,惟听人之握取之耳。[13]

人能以一画具体而微,[14]意明笔透。腕不虚,则画非是;画非是,则腕不灵。动之以旋,润之以转,居之以旷,出如截,入如揭。[15]能圆能方,能直能曲,能上能下,左右均齐,凸凹突兀,断截横斜,[16]如水之就深,如火之炎上,自然而不容毫发强也。[17]用无不神而法无不贯也,理无不入而态无不尽也。

信手一挥,山川人物,鸟兽草木,池榭楼台,取形用势[18],写生揣意,运情摹景,显露隐含。人不见其画之成,画不违其心之用。[19]

盖自太朴散而一画之法立矣,[20]一画之法立而万物著矣。我故曰:“吾道一以贯之。”[21]

注释

［1］太古：指远古。《礼记·郊特牲》："太古冠布。"郑玄注："唐、虞以上曰太古。"太朴：浑然未分之世界，称为朴，或者太朴。《老子》第二十八章："朴散以为器。"《淮南子·缪称训》："朴至大而无形者。"石涛借此概念指浑然未分之世界（非空间性），与太古（非时间性）相应。

［2］太朴一散，而法立矣：画法秘谈本、画谱本作"太朴一散，而法自立矣"。

［3］法于何立：论画辑要本无"于"字。法，此概念石涛由佛经借来，一切有形的存在与无形的意识、概念都可以称为"法"，与一般意义上的"法度"有别。一画：指天地间一切存在中所蕴涵的生命创造精神。画家在当下直接的体验中去除遮蔽，彰明此一精神，即归于一画。

［4］"一画者"三句：一画是天地间一切存在的根本。众有：一切存在。

［5］"见用于神"三句：一画作为一种生命创造精神，是天地自然中所蕴藏的神妙莫测的创造动能，是人一切文化创造的内在力量，人们在冥然不觉中，这样的创造精神也在起作用。神：《易传·系辞上》："阴阳不测之谓神。"世人不知：化用《易传·系辞上》"百姓日用而不知"之语。

［6］一画之法，乃自我立：一画之法自人的本心而立，在当下直接的体验中产生。我，指自我。

［7］无法生有法：一画作为创造动能，具有生有万物、化生一切的生长性功能。以有法贯众法：天下万事万物虽有差殊，均本于创造而生，创造的精神贯通众有，故以一通万。

［8］夫画者，从于心者也：绘画，是从人心灵流出的。隐含的意思是，绘画也与天地造化一样，是由创造的动能溢出的。此句画法秘谈本、画谱本作"夫画者，法之表也"。

［9］秀错：形容山川万物铺列杂陈之状。性情：本性情貌。矩度：具体的形貌特征。

［10］洪规：最高规则。唐王勃《益州夫子庙碑》："奉洪规而篱室。"画论辑要本作"洪矩"，误。

［11］肤寸：形容极短的长度。

［12］鸿濛：又作鸿蒙、澒濛。中国古代哲学中形容天地原初状态的术语之

一。石涛题跋中多用此概念,如其云:“透过鸿濛之理,堪留百代之奇。”(《大涤子题画诗跋》)

[13] 惟听人之握取之耳:画法秘谈本、画谱本作“惟听人之取法耳”。

[14] 人能以一画具体而微:论画辑要本此句无“人”字。具体而微:指微小而具体。《孟子·公孙丑上》:“冉牛、闵子、颜渊则具体而微。”

[15] 动之以旋,润之以转,居之以旷:俞剑华标点注译本释为:“用笔回旋使它生动,宛转使它润泽,从容使它妥帖。”出如截:出笔果断有力,斩钉截铁。入如揭:收笔干净利索,不拖泥带水。润之以转,画法秘谈本作“润之转”。

[16] 能圆能方,能直能曲,能上能下,左右均齐,凸凹突兀,断截横斜:画法秘谈本、画谱本简为“方圆直曲,上下左右”两句。

[17] “如水之就深”三句:就像水往下流,火苗往上蹿,自然而然,没有一丝勉强。强,勉强。

[18] 取形用势:形,具体的山川形象。势,山川形象之间构成的动势。

[19] 信手一挥,山川人物,鸟兽草木,池榭楼台,取形用势,写生揣意,运情摹景,显露隐含,人不见其画之成,画不违其心之用:画法秘谈本、画谱本删此十句。

[20] 盖自太朴散而一画之法立矣:知不足斋本作“盖法太朴散而一画之法立矣”,误“自”为“法”。此据汪钞本。

[21] 吾道一以贯之:《论语·里仁》:“子曰:‘参乎,吾道一以贯之。’”石涛借以说我的论画也可以说“一以贯之”,以“一画”贯之也。“我故曰,吾道一以贯之”:画法秘谈本、画谱本作“孔子曰:‘吾道一以贯之。’岂虚语哉!”

了法章第二

规矩者,方圆之极则也;天地者,规矩之运行也。[1]世知有规矩,而不知夫乾旋坤转[2]之义。此天地之缚人于法,人之役法于蒙。[3]虽攘先天后天之法,终不得其理之所存。[4]所以有是法不能了者,反为法障之也。[5]古今法障不了,由一画之理不明。[6]一画明,则障不在目,而画可从心。[7]画从心,而障自远矣。[8]

夫画者，形天地万物[9]者也。舍笔墨，其何以形之哉！墨受于天，浓淡枯润随之。笔操于人，勾皴烘染[10]随之。

古之人，未尝不以法为也。无法则于世无限焉。[11]是一画者，非无限而限之也，非有法而限之也。[12]法无障，障无法。[13]法自画生，障自画退。[14]法障不参，而乾旋坤转之义得矣，[15]画道彰矣，一画了矣。

注释

[1] 极则：最高标准。天地者，规矩之运行也：天地依循一定的规则运行，自有其法度。此句画法秘谈本、画谱本作“天地，规矩之运行也”，漏“者”字。

[2] 乾旋坤转：同于《画语录·山川章》所说的“天地权衡”，都是强调天地充满永无止息的运动。《易传》以乾坤为“易之门户”，《周易·系辞上》：“乾坤其易之蕴邪？乾坤成列，而易立乎其中矣。乾坤毁，则无以见易；易不可见，则乾坤或几乎息矣。”乾为阳，坤为阴，阴阳相摩相荡，由此而成天地变化之势。一画即乾旋坤转、天地权衡，具有生生不已的创造精神。

[3] 天地缚人于法：天地间万事万物都有规则法度，人如果不发挥自己的创造力，匍匐在万法之下，只能为其所束缚。人之役法于蒙：人为种种外在法度限制，变成法度知识的奴隶，即落入蒙昧之地。蒙，蒙昧。画法秘谈本作“人之法于蒙”，漏“役”字。

[4] 攘：俞剑华标点注译本释为“窃取”。先天后天之法：《周易·乾·文言》：“先天而天弗违，后天而奉天时。”《易传》推崇的“大人”，秉有崇高的德行，预测在天象之前，天象出现正吻合而不违背；行动在天象出现之后，而能奉行天地的法则。前者强调其预见性，后者强调顺应天地法则。石涛这里借用传统哲学的问题来说明，虽然口口声声说预先觉知、顺应天地，但都有一个外在的法度在，终究不知道最根本的道理存在于何处。石涛认为，不能从外在世界讨生活，而要从自己内在的生命觉性中发掘真精神。天地之“理”（创造精神）内化为人的创造精神，而不是一套供人们效法的准则。终不得其理之所存：画法秘谈本作“终不得其之理所存”。

[5] 是法：指乾旋坤转的变化之法。不能了者：了，明了。法障之：为外在法度所遮蔽。

［6］古今法障不了，由一画之理不明：此二句画法秘谈本、画谱本无。

［7］障不在目，而画可从心：绘画是人心灵体验的记录，必须由内在的创造精神所发动。若停留在“目”，一味受感官获取的外在知识、形式束缚，终究会对人的创造力构成障碍。

［8］画从心，而障自远：如果画者由深心中的创造动能出发，那外在的知识、形式等障碍就会远遁。

［9］形天地万物：形象地呈现天地万物。

［10］勾：勾勒，中国画技法之一，指绘画先勾出轮廓外形。烘：烘托法，中国画技法之一，以水墨或淡彩在物象的外围轮廓涂抹渲染。染：渲染法，中国画技法之一，以水墨或色彩渲染物象，以表现物体的质感和立体感。

［11］未尝不以法为：未尝不遵循具体的法度。无法则于世无限焉：意为，无法就没有存在的具体规定性了。世，存在。限，分限，界限，引申为规定性。“夫画者，形天地万物者也。舍笔墨，其何以形之哉！墨受于天，浓淡枯润随之。笔操于人，勾皴烘染随之。古之人，未尝不以法为也。无法则于世无限焉。是一画者，非无限而限之也，非有法而限之也”，此十四句话，画法秘谈本、画谱本删去。

［12］是一画者，非无限而限之也，非有法而限之也：一画所包括的这两方面特点，是石涛论一画的重要意旨。非无限而限之，一画不是以“没有法的限制”来限制画家的思维。非有法而限之，指一画也不是提倡具体的法度来限制画家思维。前者是“不舍一法”，后者是“不立一法”。也就是《变化》章所说的“至人无法。非无法也，无法而法，乃为至法”。

［13］法无障，障无法：一画之法，是一无遮蔽之法。若有遮蔽，则无一画之法。

［14］法自画生：一画之法，在我当下此在的绘画创造中产生，在我的生命体验中成立。障自画退：在自我当下的创造中，一切外在于我的知识法度都会隐去。

［15］参：参入。而乾旋坤转之义得矣：论画辑要本无“而”字。

变化章第三

古者，识之具也。[1]化者，识其具而弗为也。[2]具古以化，未见夫人也。[3]尝憾其泥古不化者，是识拘之[4]也。识拘于似则不广，[5]故君子惟借古以开今也。

又曰："至人无法。"非无法也，无法而法，乃为至法。[6]

凡事有经必有权，[7]有法必有化。一知其经，即变其权；一知其法，即功于化。[8]

夫画，天下变通之大法[9]也，山川形势之精英也，古今造物之陶冶也，阴阳气度之流行也，借笔墨以写天地万物，而陶泳[10]乎我也。

今人不明乎此，动则曰："某家皴点，可以立脚；非似某家山水，[11]不能传久"；"某家清澹，可以立品；非似某家工巧，只足娱人"。是我为某家役，非某家为我用也。纵逼似某家，亦食某家残羹耳，于我何有哉！

或有谓余曰："某家博我也，某家约我也，[12]我将于何门户，于何阶级，于何比拟，于何效验，于何点染，于何鞹皴，[13]于何形势，能使我即古而古即我？"[14]如是者，知有古而不知有我者也。

我之为我，自有我在。古之须眉，不能生在我之面目；古之肺腑，不能安入我之腹肠。我自发我之肺腑，揭我之须眉。纵有时触着某家，是某家就我也，非我故为某家也。天然授之也，我于古何师而不化之有？[15]

注释

[1] 古者，识之具也：传统是以知识的累积为特征的。具，具备，引申为累积。

[2] 化者，识其具而弗为也：化，就是认识了解传统知识法度的累积性特征，而不为其所局限。

[3] 具古以化，未见夫人也：古法了然于胸，又能出入变化，不为所拘，这样的人很难见到。此二句画法秘谈本、画谱本无。

[4] 是识拘之：汪钞本作"是识之拘"。

[5] 识拘于似则不广：画家的知识和见闻如果仅限于模仿古人，就难以拓展自己的创造力。广，拓展自己的心胸。

［6］ 至人无法：宋苏辙诗云："至人无心亦无法，一物不见谁为敌。"（《次韵子瞻送杨杰主容奉诏同高丽僧游钱塘》）至人，最高境界的人。《庄子·逍遥游》："至人无己。"无法而法：此依佛学立论，大乘佛学强调法无定法，不落有无两边。"又曰：至人无法。非无法也，无法而法，乃为至法"数句，画法秘谈本、画谱本作"故至人无法，无法而法，乃为至法"。

［7］ 凡事有经必有权：经权概念取自佛学。僧肇有两种般若之论，一是实相般若，它"处有而不染""不厌有而观空"，此为经。一是沤和般若，所谓"方便"，此为"权"。《不真空论》："沤和般若者，大慧之称也。诸法实相，为之般若，能不形证，沤和功也。适化众生，谓之沤和。不染尘累，般若力也。然则般若之门观空，沤和之门涉有。涉有未始迷虚，故常处有而不染；不厌有而观空，故观空而不证。是谓一念之力，权慧具矣。一切之力，权慧具矣。"故僧肇说："见变动乃谓之权。"

［8］ 功于化：通过变化创造来显示其功能。"凡事有经必有权，有法必有化。一知其经，即变其权；一知其法，即功于化"数句，画法秘谈本、画谱本作"盖有法必有化，化然后为无法"。

［9］ 天下变通之大法：画法秘谈本、画谱本作"天地变通之大法"。

［10］ 陶泳：陶铸融会。

［11］ 非似某家山水：汪钞本作"非以某家山水"，知不足斋本、昭代本均作"非似某家山水"，此据以改。

［12］ 博我：使我广博。约我：使我简要清通。

［13］ 效验：证验。鞹（kuò）：去毛的兽皮。同"鞟"。《论语·颜渊》："虎豹之鞟，犹犬羊之鞟。"此用为勾勒，中国画技法之一。

［14］ "或有谓余曰：'某家博我也，某家约我也，我将于何门户，于何阶级，于何比拟，于何效验，于何点染，于何鞹皴，于何形势，能使我即古而古即我？'如是者，知有古而不知有我者也"，此一段话，画法秘谈本、画谱本全删。

［15］ 自"我之为我"至"我于古何师而不化之有"，画法秘谈本、画谱本作："我之为我，自有我在。孔子曰：'我非生而知之者，好古，敏以求之也。'夫好古敏求，则变化出矣。"

尊受章第四

受与识，先受而后识也。识然后受，非受也。[1]古今至明之士，藉其识而发其所受,知其受而发其所识。[2]不过一事之能,其小受小识也。未能识一画之权,扩而大之也。[3]

夫一画,含万物于中。[4]画受墨,墨受笔,笔受腕,腕受心。[5]如天之造生,地之造成,[6]此其所以受也。

然贵乎人能尊。得其受而不尊,自弃也。[7]得其画而不化,自缚也。[8]夫受,画者必尊而守之,强而用之,无间于外,无息于内。[9]《易》曰:“天行健,君子以自强不息。”此乃所以尊受者也。[10]

注释

[1] 受与识:此处之受,就广义的感受而言。识,指知识理性活动。识然后受,非受也:以知识法定控制的感受,不是真受。识然后受,汪钞本作“识后受”。“受与识,先受而后识也。识然后受,非受也”数句,画法秘谈本、画谱本作:“受与识,先受而后识也,识然后受也。”遗漏“非受”二字,抹去了“尊受”——以受为第一性的基本观点。

[2] 藉其识而发其所受:意为识可以助受,石涛并不排斥理性在艺术创造中的支持作用。藉,借助。四铜鼓斋本作“借”,二字可互通。发,引发。知其受而发其所识:意为受可以增加见识,如石涛强调搜尽奇峰打草稿,也是见识的提升。

[3] “不过一事之能”四句:此四句区别了小受和大受,小受是一般的感受,大受是一画之受;小受是差别之受,大受是本觉之受。一画之受,是对小受的“扩而大之”,然此扩大不是量上的增多,而是质的提升,由表层感受过渡到本然之受,由差别之受过渡到不二之受,由情感之受过渡到无念之受。

[4] 夫一画,含万物于中:一画是天下万事万物中蕴涵的创造动能。此句与《一画》章所言“一画者,众有之本,万象之根”意思相近。

[5] 画受墨:意为“画受于墨”,画成于墨,画来自墨之付授。受,同“授”,古代汉语“受授不分”(王筠《说文字例》)。以下之“墨受笔,笔受腕,腕受心”结构同此。由画到墨,由墨到笔,由笔到腕,由腕到心,最终落实于画者之心,所谓“画者,从于心者也”,心,非言意志、情感等,而是发自生命深层的创造精神。

[6] 天之造生,地之造成:此意取自《易传》。易以乾坤为易之门户,乾是元创力(生),坤是化成力(成)。天地蕴涵着生成万物之创造精神。石涛以此

说明,画家作画是由真实的生命感受转出,由创造体验转出,一如万物由天地的创化所成。

[7] 得其受而不尊,自弃也:绘画得之于人直接的生命创造精神,画家如果不尊重自己内在真实的生命体验,而乞灵于古法名派,实是自暴自弃。

[8] 得其画而不化,自缚也:得其画,包括自然和历史两方面,得自然、历史之助而使画者有作画的可能。《兼字》章说:"天能授人以画,不能授人以变。"天地自然赐给画者具体的山川外物之形象,使人摹之而为画;漫长的历史中有绘画的承传,使人可资取而作画。自然和历史赐给人画之法,却不能代替画者自己的变化创造。"然贵乎人能尊。得其受而不尊,自弃也。得其画而不化,自缚也":此数语论画辑要本作:"然贵乎人能尊,其受而不尊,其自弃也。得其化而不化,自缚也。"

[9] 强而用之:画者当自强,发掘自己的生命创造力而为画。无间于外:此句意为与世界相融为一,勿以法而分别之。间,间离。无息于内:画者不要使自己内心的创造动能消歇,使活泼的生命体验淡去。息,消歇。无息于内,汪钞本作"无息于中"。

[10] 此章作结,以"天行健,君子以自强不息"这一熟语来概括其"尊受"思想,无非是强调画者必须尊重自己内在的创造力,天地的创造精神在人的一心中,不要反其道而求之。道不外觅,道在心中。"此乃所以尊受之也",画谱本作"此乃以尊受之也",漏"所"字。

笔墨章第五

古之人,有有笔有墨者,亦有有笔无墨者,亦有有墨无笔者。[1]非山川之限于一偏,而人之赋受不齐也。[2]

墨之溅笔也以灵,笔之运墨也以神。[3]墨非蒙养不灵,笔非生活不神。[4]能受蒙养之灵,而不解生活之神,是有墨无笔也。能受生活之神,而不变蒙养之灵,是有笔无墨也。[5]

山川万物之具体:有反有正,有偏有侧,有聚有散,有近有远,有内有外,有虚有实,有断有连,有层次,有剥落,有丰致,有飘渺,此生活之大端也。[6]

故山川万物之荐灵[7]于人，因人操此蒙养、生活之权。苟非其然，焉能使笔墨之下，有胎有骨，有开有合，[8]有体有用，有形有势，有拱有立，有蹲跳，有潜伏，有冲霄，有崱岁[9]，有磅礴，有嵯峨[10]，有巑岏[11]，有奇峭，有险峻，一一尽其灵而足其神！

注释

［1］“有有笔有墨者”三句：有笔有墨、有笔无墨、有墨无笔是唐代水墨画出现之后在笔墨方面的不同创作面貌。《图画见闻志》卷二载荆浩曾言：“吴道子画山水有笔而无墨，项容有墨而无笔，吾当采二子所长，成一家之体。”石涛借此画学命题，讨论他的重视生命创造的艺术哲学。

［2］山川之限于一偏：意为在山水画表现上有所偏重。赋受：禀赋。

［3］墨之溅笔也以灵，笔之运墨也以神：灵和神在石涛画学语汇中有不同的内涵，石涛认为，笔应做到神，墨要做到灵。勾勒皴擦属笔，主于骨梗轮廓之线条；墨染烘托属墨，主于色文墨章之块面。笔显于线，属阳；墨隐于形，属阴。所以在用笔上要腾龙起蛇，神妙莫测；在用墨上要氤氲恣肆，灵韵飘拂。

［4］墨非蒙养不灵，笔非生活不神：“蒙养”和“生活”是理解石涛画学体系的一对基础概念。蒙养语本《周易》蒙卦，该卦彖辞云：“蒙以养正，圣功也。”生活意近“生生”，与今人所说“生命”一词意思相近。

［5］不变蒙养之灵：变，画法秘谈本、通行本（包括昭代丛书本、知不足斋本）均作“变”。清汪研山《清湘老人题记》一段引述此语，作“受生活之神，不参蒙养之灵”，“变”或“参”之误，作“参”意更胜。参，参透，洞悟。“能受生活之神，而不变蒙养之灵，是有笔无墨也”数句，画法秘谈本无，画谱本补上。

［6］山川万物之具体：具体，犹《一画》章所言“具体而微”，指活泼生命精神的具体呈现。剥落：指凋零。丰致：丰满的情致。生活之大端：生活，指活泼的生命精神。从体上说，是生理；从用上说，是生机；从相上说，是生意。三者一体，山川万物的荣枯、起伏、断连、聚散等，是其外在呈现，故言“大端”。

［7］荐灵：显露灵气。石涛多用此概念，如《画语录》之《运腕》章“则川岳荐灵”，《资任》章“山之荐灵也以神”。

［8］因人操此蒙养、生活之权：画法秘谈本漏“之”字。有开有合：知不足

斋本作“有开有含”,据他本改。画法秘谈本、画谱本作“有开有阖”。开合,或作“开阖”,不作“开閤”。

[9] 崱屴(zèlì):山峰高峻貌。南朝梁江淹《兔园赋》:“崩石梧岸,崱屴藏阴。”唐杜甫《封西岳赋》:“素虬超崱屴。”仇兆鳌注:“崱屴,山峻也。”

[10] 嵯峨:论画辑要本作“嵯嶒”,误。

[11] 巑岏(cuánwán):《楚辞·九叹》:“登巑岏以长企兮。”王逸注:“巑岏,锐山也。”形容山又高又尖的样子。

运腕章第六

或曰:“绘谱、画训,[1]章章发明,用笔用墨,处处精细。自古以来,从未有山海之形势,驾诸空言,托之同好。想大涤子[2]性分太高,世外立法,不屑从浅近处下手耶!”

异哉斯言也!受之于远,得之最近;识之于近,役之于远。[3]一画者,字画下手之浅近功夫也;变画者,用笔用墨之浅近法度也;山海者,一丘一壑之浅近张本[4]也;形势者,鞹皴之浅近纲领也。

苟徒知方隅之识,则有方隅[5]之张本。譬如方隅中有山焉,有峰焉,斯人也,得之一山,始终图之,得之一峰,始终不变。[6]是山也,是峰也,转使脱瓿[7]雕凿于斯人之手,可乎不可乎?且也形势不变,徒知鞹皴之皮毛;画法不变,徒知形势之拘泥;蒙养不齐,[8]徒知山川之结列;山林不备,徒知张本之空虚。[9]欲化此四者,必先从运腕入手也。

腕若虚灵,则画能折变。笔如截揭,则形不痴蒙。[10]腕受实,则沉着透彻;腕受虚,则飞舞悠扬;腕受正,则中直藏锋;腕受仄,[11]则敧斜尽致;腕受疾,则操纵得势;腕受迟,则拱揖有情;腕受化,则浑合自然;腕受变,则陆离谲怪;腕受奇,则神工鬼斧;腕受神,则川岳荐灵。

注释

[1] 绘谱、画训:概指中国古代绘画创作技法和绘画品评方面的书籍,有画品、画格、画谱、画记、画诀等。

[2] 大涤子:石涛于康熙丁丑(1697)在扬州建大涤堂,入住之后,离开佛门,成为在家修行的道教徒,自号大涤子。《画语录》成书当在1697年之后。

[3] 识之于近,役之于远:意为识见如果很短浅,就会拙于深远之观。

[4] 张本:布置,计划。

[5] 方隅:指一定范围的区域。宋林希逸《老子鬳斋口义》卷下:"虽有东西南北,孰见其方隅哉!"

[6] 始终不变:画法秘谈本、画谱本误作"始中不变","中"为误字。

[7] 转使脱瓿(bù):指反复使人刻画雕凿。转,反复。瓿,以青铜或陶制成的盛酒容器。

[8] 蒙养不齐:指不能契合蒙养创造之功。齐,如《庄子》"齐物"之"齐",同于物。

[9] 徒知张本之空虚:画法秘谈本作"徒知本之空虚",脱"张"字。

[10] 截揭:斩截快捷而不疑。痴蒙:意同于郭若虚《图画见闻志》卷一所言"三病"中的"刻"之病:"刻者运笔中疑,心手相戾,勾画之际,妄生圭角也。"

[11] 腕受仄:画法秘谈本、画谱本作"腕受反"。

氤氲章第七

笔与墨会,是为氤氲[1];氤氲不分,是为混沌。辟混沌[2]者,舍一画而谁耶?画于山则灵之,画于水则动之,画于林则生之,[3]画于人则逸之。得笔墨之会,解氤氲之分,作辟混沌手,传诸古今,自成一家,是皆智得之也。[4]

不可雕凿,不可板腐,不可沉泥,不可牵连,不可脱节,不可无理。[5]在于墨海中立定精神,[6]笔锋下决出生活,尺幅上换去毛骨,[7]混沌里放出光明。纵使笔不笔,墨不墨,画不画,自有我在。[8]盖以运夫墨,非墨运也;[9]操夫笔,非笔操也;脱夫胎,非胎脱也。

自一以分万，自万以治一。[10]化一而成絪緼，天下之能事毕矣。

注释

［1］ 絪緼：汪钞本、知不足斋本、昭代本等均作“絪緼”，画法秘谈本、画谱本作“絪緼”，意同。此为中国哲学术语，指阴阳二气交化流行的状态。王夫之《周易外传》说：“大哉！絪緼之为德乎。”本出自《周易·系辞下传》：“天地絪緼，万物化醇。”北宋张载《正蒙·太和》说：“太和所谓道，中涵浮沉、升降、动静相感之性，是生絪緼、相荡、胜负、屈伸之始。”王夫之释云：“絪緼，太和未分之本然。”石涛取中国哲学的“絪緼”之意，来表达他的笔与墨会的思想。道教以絪緼为二气交媾，宋俞琰《周易参同契发挥》卷上云：“作丹之时，但恐心猿奔逸于外尔，苟能收视返听，凝神片时，使二物归于黄道，而不失其中，则絪緼交媾，结成一滴露珠，而飞落丹田中矣。”道教的思想可能也为石涛立论所参。

［2］ 混沌：为石涛习用概念之一。其题画有言：“出笔混沌开，入拙聪明死。”本章云：“混沌里放出光明。”他比喻画家作画，是“辟混沌手”。在中国哲学中，混沌用来形容天地未分前的混然整全状态，《列子·天瑞》：“混沌为朴。”《鬼谷子》：“神道混沌为一。”石涛借此表达去除遮蔽、归复本真、汲取创造伟力的思想。石涛运用混沌概念与传统哲学有不同，其中融入他对墨法的看法，混沌重在其未分，絪緼重在其流荡。

［3］ 画于林则生之：此句画法秘谈本、画谱本无。

［4］ 智得之：以智慧得之。此“智”不作知识讲，而指灵魂的觉性。《维摩诘经》：“可以智识，不可以识识。”以“智识”，就是以妙悟之性去切入。是皆智得之也：画法秘谈本作“皆知得之也”。

［5］ 板腐：板滞。郭若虚《图画见闻志》提出的“三病”说，其一为“版”，所谓“版者腕弱笔痴，全亏取与，物状平褊，不能圆浑也”，即同于石涛这里所说的板腐。沉泥：指笔墨的拘泥、局碍，此难得絪緼流荡之笔墨效果。无理：传统画学强调山水家要智周物理，不能失其统绪。

［6］ 在于墨海中立定精神：画法秘谈本、画谱本作“在墨海里立定精神”。

［7］ 尺幅上换去毛骨：换去毛骨，指夺胎换骨。与下文之“脱夫胎，非胎脱”意同。

[8]“纵使笔不笔”四句：意为纵然是笔墨表现等不似古人，然自有我在，有创造在，即是合于“一画”之法。

[9] 运夫墨，非墨运：我运墨，而不是为墨所运。意即以自我创造之心控制创造过程，不做传统程式的奴隶。下两句语义结构与此同。

[10] 自一以分万，自万以治一：这里反映了石涛重要的思维方法，此方法从传统哲学中来。如在华严哲学中，有一即一切、一切即一的思想；在禅宗中有“一月普现一切水，一切水月一月摄”（《永嘉证道歌》）的观念（北宋理学有“理一分殊”的观点，也受此影响，但思想有差异），等等。一和万之间的关系不是量的关系，而是本体和大用之关系。石涛借此强调一画为本，而各个不同的创造都来自这个本，没有这个本，就没有真正的创造。自一以分万：画法秘谈本、画谱本作“自一以至万”。

山川章第八

得乾坤之理者，山川之质也；得笔墨之法者，山川之饰也。[1]知其饰而非理，其理危矣；知其质而非法，其法微矣。[2]是故古人知其微、危，必获于一。[3]一有不明，则万物障。一无不明，则万物齐。[4]画之理，笔之法，不过天地之质与饰也。[5]

山川，天地之形势也。风雨晦明，山川之气象也；疏密深远，山川之约径[6]也；纵横吞吐，山川之节奏也；阴阳浓淡，山川之凝神[7]也；水云聚散，山川之联属也；蹲跳向背，山川之行藏也。

高明者，天之权也；博厚者，地之衡也。[8]风云者，天之束缚山川也；水石者，地之激跃山川也。非天地之权衡，不能变化山川之不测；[9]虽风云之束缚，不能等九区之山川于同模；[10]虽水石之激跃，不能别山川之形势于笔端。[11]

且山水之大，广土千里，结云万里，罗峰列嶂。以一管窥之，即飞仙恐不能周旋也；以一画测之，即可参天地之化育也。[12]测山川之形势，度地土之广远，审峰嶂之疏密，识云烟之蒙昧。正踞千里，邪睨万重，统归于天之权、地之衡也。天有是权，能变山川之精灵；地有是衡，能运山川之气脉；我有是一画，能贯山川之形神。

此予五十年前，未脱胎于山川也，[13]亦非糟粕其山川，而使山川自私也。[14]山川使予代山川而言也，[15]山川脱胎于予也，予脱胎于山川也，[16]搜尽奇峰打草稿也，山川与予神遇而迹化也。所以终归之于大涤也。

注释

[1] 得乾坤之理者，山川之质也：乾坤之理，指天地的内在精神，此“精神”并非指天地具有人的意识（意）、情感（情）、理性（理），而是指其中孕育的生生不已、变化万千的创造伟力。质，内质。饰，外在形式。此二句将笔墨之道定性为：山水画是利用笔墨将人原初生命创造精神表现出来的艺术，笔墨是显露生命创造精神的外在形式。

[2] 知其饰而非理，其理危矣：只知道外在的笔墨形式呈露，而忘记了内在的乾坤创造之理的表达，山水画便失去了生命。危，危亡难存。知其质而非法，其法微矣：山水家不能以为，作画只是为了表达虚化的内在精神，重“质”，而笔墨只不过是形式因素而已，忽视了笔墨、丘壑本身的独立自足意义，造成笔墨丘壑本身的暗弱不显。微，隐匿不显，衰微，微缺。石涛奉行的是即笔墨即丘壑即生机的生命一体观，不能以形式与内容、媒介与实诣的二分观来看待。

[3] 是故古人知其微、危，必获于一：高明的画者知道内在生机与笔墨丘壑一体难分，不可轩轾，因为他胸中有“一画”——浑然一体的生命创造精神。“知其饰而非理，其理危矣；知其质而非法，其法微矣。是故古人知其微、危，必获于一”，此数句画法秘谈本、画谱本作“知其饰而非理，其理危矣；知其质而非法，其法微危，必获于一”，有遗漏，造成意义不清。

[4] 一有不明：“一”指质饰一体、生机贯通的“一画”观。万物齐：齐同万物，即契合万物，无分主客。山水即是我，我即是山水，水墨氤氲而成的丘壑是我的代言者。此即今人所谓一片山水就是一片心灵的境界。

[5] 画之理，笔之法，不过天地之质与饰也：山水画是因为要表达乾坤之理（生命创造精神）而存在，笔墨就是它的语言。这就像天地万物生意盎然，是由内在的生理脉运控制一样。石涛画学与传统哲学的一些思想不同，他不从效法天地、模仿天地的角度谈天地的创造精神，而认为人与万物一体，人的内在创造

本体就是天地创造精神的体现。人即是天,不是人效法天。否则天地就变成了一种外在的法度了。

[6] 约径:幽深曲折之途径。约,本指环绕,引申为曲折盘旋。

[7] 凝神:凝结的气象。

[8] “高明者,天之权也”四句:《礼记 · 中庸》:“故至诚无息。不息则久,久则征;征则悠远,悠远则博厚,博厚则高明。博厚,所以载物也;高明,所以覆物也;悠久,所以成物也。博厚配地,高明配天,悠久无疆。”权、衡均指称物工具,后引申为比较、审度。石涛此处所说的天权地衡,与《一画》章所言“乾旋坤转”意同,指天地永不止息的创造。博厚:论画辑要本作“博爱”,误。

[9] 非天地之权衡,不能变化山川之不测:山川变化多端,是由天地权衡、乾旋坤转所操纵的。

[10] 虽风云之束缚,不能等九区之山川于同模:虽然山川万物笼括在云烟雾霭之中,远视混沌一片,似无差别,然而山各有象,水各有源,庐、黄、嵩、华,面目各异,造化有一双神奇的手,使山川草木生面独开。九区,古代中国人分天下为九州,或九区,意即天下。

[11] 此段意在强调天地的“权衡”作用,要表现出天地的精神。风云属天,水石属地,如果不能以高明博厚的天地精神为主宰,画出变幻莫测的山川气象,纵然你风云水石的形象画得多准确,也难以显现出生机活泼的世界,容易落入前人的窠臼。山水画家不能迷恋于与别家别派山川之形象不同的追求。不能别山川之形势于笔端:汪钞本此句漏“别”字。

[12] 参天地之化育:《礼记 · 中庸》:“唯天下至诚,为能尽其性;能尽其性,则能尽人之性;能尽人之性,则能尽物之性;能尽物之性,则可以赞天地之化育;可以赞天地之化育,则可以与天地参矣。”石涛抓住此段论述的实质,他说“一画测之,即可参天地之化育”,即超越人与世界的判隔,浑融一体,不从外在世界寻觅规摹的法度,自一心中转出,便是与天地参矣,天地在内而不在外。

[13] “此予五十年前”二句意为:五十年前,我还没有从天地中脱胎而出,即我还没有出生。此处所言五十年前,是约数。《画语录》可能非一时所作,但成于晚年定居扬州时则可肯定,从此书多处提及“大涤子”一语看,石涛使用“大涤子”之号在 1697 年大涤堂落成之后。《画语录》成书当在此之后,石涛生于 1642 年,成书之时石涛五十多岁,故有“五十年前”之说。

[14] 糟粕其山川：以山川为糟粕，指不尊重山川。而使山川自私：使山川隐而不彰，得不到表达。

[15] 山川使予代山川而言：山川以我为其代言人。中国古人认为，人为五行之秀，实天地之心，天不能言，而人代言之，所以，人是天地的代言人。石涛正暗用此典。"山川使予代山川而言"以及下文三处之"予"字，汪钞本作"余"。

[16] 俞剑华标点注译本引《参同契》"作丹之时，脱胎而入口，功成之后，脱胎而出壳"说："按这是道教修炼之事。"此可备一说。

皴法章第九

笔之于皴也，开生面[1]也。山之为形万状，则其开面非一端。世人知其皴，失却生面。纵使皴也，于山乎何有！

或石或土，徒写其石与土，此方隅之皴也，非山川自具之皴也。[2]如山川自具之皴，则有峰名各异，体奇面生，具状不等，[3]故皴法自别。有卷云皴、劈斧皴、披麻皴、解索皴、鬼面皴、骷髅皴、乱柴皴、芝麻皴、金碧皴、玉屑皴、弹窝皴、矾头皴、没骨皴，皆是皴也。[4]必因峰之体异，峰之面生。峰与皴合，皴自峰生。峰不能变皴之体用，皴却能资峰之形势。[5]不得其峰，何以变？不得其皴，何以现？峰之变与不变，在于皴之现与不现。

皴有是名，峰亦有是形。[6]如天柱峰、明星峰、莲花峰、仙人峰、五老峰、七贤峰、云台峰、天马峰、狮子峰、蛾眉峰、琅琊峰、金轮峰、香炉峰、小华峰、匹练峰、回雁峰。是峰也居其形，是皴也开其面。

然于运墨操笔之时，又何待有峰皴之见？一画落纸，众画随之；一理才具，众理付之。审一画之来去，达众理之范围；山川之形势得定，古今之皴法不殊。

山川之形势在画，画之蒙养在墨，墨之生活在操，操之作用在持。善操运者，内实而外空。因受一画之理，而应诸万方，所以毫无悖谬。亦有内空而外实者，因法之化，不假思索，外形已具，而内不载也。是故古之人，虚实中度，内外合操，画法变备，无疵无病。得蒙养之灵，运用之神，正则正，仄则仄，[7]偏侧则偏侧。若夫面墙[8]尘蔽而物障，有不生憎于造物者乎！[9]

注释

［1］开生面：创造出活泼的形式。生面，即生之面，指画中呈现的山川之活泼形式，古代画论所谓“生香活态”。唐杜甫《丹青引》：“凌烟功臣少颜色，将军下笔开生面。”

［2］方隅之皴：只画出山石外形之皴，失去山石的内在生命联系。方隅，此指外形。山川自具之皴：即体现出山石内在生命联系的皴。

［3］具状不等：画谱本作“其壮不等”，误。

［4］卷云皴：皴法如卷云，李成、郭熙多用之。劈斧皴：又称斧劈皴，分为大斧劈、小斧劈。一般认为北宗画家多用之。披麻皴：又称麻皮皴，一般认为乃南宗画家的主要皴法。解索皴：皴如解索，有直解索、横解索，王蒙善此皴。鬼面皴：又称鬼脸皴，荆浩善用之。骷髅皴：皴如骷髅，明吴小仙善用之。乱柴皴：皴之线条如乱柴，元人多用之。芝麻皴：又称雨点皴，范宽善用之。金碧皴：指唐代大小李金碧山水所用皴法。玉屑皴：形如玉屑，有金碧辉煌的效果。弹窝皴：又称弹涡皴，唐阎次平善用之。矾头皴：描写小山石的皴法。没骨皴：此法五代徐崇嗣善用之。鬼面皴、骷髅皴：画法秘谈本、画谱本作“骷髅皴、鬼脸皴”。金碧皴、玉屑皴：画法秘谈本、画谱本作“雨点皴、玉屑皴、金碧皴”，多出雨点皴，且顺序有别。芝麻皴与雨点皴为同一种皴法，画谱本将二皴并列。芝麻皴、金碧皴、玉屑皴，汪钞本作“金碧皴、玉屑皴、芝麻皴”，顺序也有别。

［5］皴却能资峰之形势：汪钞本、画法秘谈本、画谱本“势”作“声”。

［6］峰亦有是形：汪钞本作“峰亦有是名”，误。

［7］仄则仄：画法秘谈本、画谱本作“反则反”。

［8］面墙：形容面对着墙壁站立，一片茫然。《颜氏家训·勉学》：“世人婚冠未学，便称迟暮，因循面墙，亦为愚耳。”

［9］不生憎于造物者：为造物者所憎。意为不能真实地表现对象，没能做好山川的代言人。

境界章第十

分疆三叠两段，[1]似乎山水之失。然有不失之者，如自然分疆者，“到江吴地尽，隔岸越山多”[2]是也。每每写山水，如开辟分破[3]，毫无生活，见之即知。

分疆三叠者，一层地，二层树，三层山。望之何分远近？写此三叠，奚啻印刻？[4]两段者，景在下，山在上，俗以云在中，分隔做两段。[5]

为此三者，先要贯通一气，不可拘泥。分疆三叠两段，[6]偏要突手作用，才见笔力。即入千峰万壑，俱无俗迹。为此三者入神，[7]则于细碎有失，亦不碍矣。

注释

[1] 分疆：布局，属于绘画经营位置方面的技法问题。本意为分界。明李东阳《麓堂诗话》云：“汉魏六朝唐宋元诗，各自为体，譬之方言，秦晋吴越闽楚之类，分疆画地，音殊调别，彼此不相入。”石涛用以为画面中结构之安排。三叠两段：汪钞本误为“三叠两叠”。

[2] 到江吴地尽，隔岸越山多：据宋计有功《唐诗纪事》卷七七，唐代诗僧处默《题圣果寺》诗云：“路自中峰上，盘回出薜萝。到江吴地尽，隔岸越山多。古木丛青霭，遥天浸白波。下方城郭近，钟磬杂笙歌。”此中所言之江，指钱塘江。

[3] 开辟分破：画法秘谈本、画谱本作“辟开分破”。

[4] 奚啻：何止。啻：汪钞本作“翅”。印刻：画法秘谈本、画谱本作“刻印”。

[5] 分隔做两段：画法秘谈本、画谱本作“分隔做两段”，而汪钞本、知不足斋本等均作“分明隔做两段”，多出“明”字，误。

[6] 三叠两段：汪钞本误作“三叠两想”。

[7] 为此三者入神：论画辑要本作“此三者入神”。

蹊径章第十一

写画有蹊径六则:[1] 对景不对山,对山不对景,倒景,借景,截断,险峻。此六则者,须辨明之。

对景不对山者,[2] 山之古貌如冬,景界如春,此对景不对山也。

树木古朴如冬,其山如春,此对山不对景也。

如树木正,山石倒;[3] 山石正,树木倒,皆倒景也。

如空山杳冥,无物生态,借以疏柳、嫩竹、桥梁、草阁,[4] 此借景也。

截断者,无尘俗之境,山水树木,剪头去尾,笔笔处处,皆以截断。而截断之法,非至松之笔[5],莫能入也。

险峻者,人迹不能到,无路可入也。如岛山渤海、蓬莱方壶,非仙人莫居,非世人可测,此山海之险峻也。若以画图险峻,只在峭峰、悬崖、栈道崎岖之险耳。[6] 须见笔力是妙。

注释

[1] 写画有蹊径六则:画法秘谈本、画谱本均作"写山有蹊径六则"。蹊径,意为创造法式。

[2] 对景不对山:强调景的跃出,与山的整体时间特征构成了错位,如中国画中的雪中芭蕉即属于此类时间错位。对,在此用为以何为重点。

[3] 如树木正,山石倒:汪钞本作"如树木山石倒",漏一"正"字。

[4] 借以:画法秘谈本、画谱本均作"借此"。桥梁:汪钞本误作"槁梁"。

[5] 至松之笔:大手笔。

[6] 峭峰、悬崖:画法秘谈本、画谱本均作"削峰、悬崖"。栈道崎岖:汪钞本、知不足斋本、昭代本均作"栈直崎岖",而画法秘谈本、画谱本、四铜鼓斋本等作"栈道崎岖",后者是。

林木章第十二

古人写树，或三株、五株、九株、十株，令其反正阴阳，各自面目，参差高下，生动有致。吾写松柏、古槐、古桧[1]之法。如三五株，其势似英雄起舞，俯仰蹲立，蹁跹排宕，或硬或软。运笔运腕，大都多以写石之法写之。五指、四指、三指，皆随其腕转，与肘伸去缩来，齐并一力。其运笔极重处，却须飞提纸上，消去猛气。所以或浓或淡，虚而灵，空而妙。大山亦如此法，余者不足用。生辣[2]中求破碎之相，此不说之说矣。

注释

[1] 古桧：画法秘谈本、画谱本均误作“古绘”。

[2] 生辣：此为古代绘画的重要境界。清戴熙《习苦斋画絮》卷四：“董尚书（按指董其昌）临北苑巨幛，笔势奋迅，墨气飞动，真不愧‘生辣’二字。”

海涛章第十三

海有洪流，山有潜伏[1]；海有吞吐，山有拱揖；海能荐灵，山能脉运。[2]

山有层峦叠嶂，邃谷深崖，[3]巑岏突兀，岚气雾露，烟云毕至，犹如海之洪流，海之吞吐。此非海之荐灵，亦山之自居于海[4]也。

海亦能自居于山也。海之汪洋，海之含泓，海之激笑，[5]海之蜃楼雉气，海之鲸跃龙腾[6]，海潮如峰，海汐如岭。此海之自居于山也，非山之自居于海也。

山海自居若是，而人亦有目视之者。如瀛洲、阆苑、弱水、[7]蓬莱、元圃、方壶，纵使棋布星分，亦可以水源龙脉，推而知之。

若得之于海，失之于山，得之于山，失之于海，是人妄受之也。我之受也，山即海也，海即山也。山海而知我受也，皆在人一笔一墨之风流也。[8]

注释

[1] 起伏：知不足斋本作“潜伏”，据汪钞本改。

[2] 荐灵：显示出灵动之势。脉运：指山绵延的气脉。清初王原祁提出山之“龙脉说”，其《雨窗漫笔》云：“龙脉为画中气势源头，有斜有正、有浑有碎、有断有续、有隐有现谓之体也。开合从高至下，宾主历然，有时结聚，有时澹荡，峰回路转、云合水分，俱从此出；起伏由近及远，向背分明，有时高耸，有时平修欹侧，照应山头、山腹、山足，铢两称者，谓之用也。若知有龙脉而不辨开合起伏，必至拘索失势；知有开合起伏而不本龙脉，是谓顾子失母。”王原祁对石涛绘画成就予以很高评价，并有与石涛合作作品传世。石涛的山之脉运观或与其有关。

[3] 邃谷深崖：画法秘谈本作“邃谷深岩”。

[4] 山之自居于海：指山的气脉绵延中就具有海的激荡吞吐的特点。

[5] 含泓：汪洋浩瀚之貌。激笑：笑，汪钞本、知不足斋本作“笑”，四铜鼓斋本作“啸”，“笑”与“啸”通。

[6] 龙腾：汪钞本作“飞腾”，据他本改。

[7] 阆苑、弱水：皆为传说中的神所。《艺文类聚》卷九六：“昆仑山之弱水，非乘龙不得至。”

[8] 皆在人一笔一墨之风流也：画法秘谈本、画谱本无此句。

四时章第十四

凡写四时之景，风味不同，阴晴各异，审时度候为之。

古人寄景于诗，其春曰：“每同沙草发，长共水云连。”[1] 其夏曰：“树下地常荫，水边风最凉。”[2] 其秋曰：“寒城一以眺，平楚正苍然。”[3] 其冬曰：“路渺笔先到，池寒墨更圆。”[4] 亦有冬不正令者，其诗曰：“雪悭天欠冷，年近日添长。”[5] 虽值冬似无寒意，亦有诗曰:“残年日易晓,夹雪雨天晴。”[6]以二诗论画,“欠冷”“添长”“易晓”“夹雪”,摹之不独于冬,推于三时,[7]各随其令。亦有半晴半阴者,如:“片云明月暗,斜日雨边晴。”[8]亦有似晴似阴者:“未须愁日暮,天际是轻阴。”[9]

予拈诗意以为画意,未有景不随时者。满目云山,随时而变。以此哦之,可知画即诗中意,诗非画里禅乎!

注释

[1] 每同沙草发,长共水云连:唐皇甫冉《赋得海边树》:“历历缘荒岸,溟溟入远天。每同沙草发,长共水云连。摇落潮风早,离披海雨偏。故伤游子意,多在客舟前。”

[2] 树下地常荫,水边风最凉:宋葛天民《夏日》:“晓荷承坠露,晚岫障斜阳。树下地常荫,水边风最凉。蝉移惊鹊近,鹭起得鱼忙。独坐观群动,闲消夏日长。”

[3] 寒城一以眺,平楚正苍然:南齐谢朓《宣城郡内登望》:“借问下车日,匪直望舒圆。寒城一以眺,平楚正苍然。山积陵阳阻,溪流春谷泉。威纡距遥甸,巉岩带远天……”

[4] 路渺笔先到,池寒墨更圆:不详所出。曾出现于石涛款《望绿堂山水册》(今藏瑞典斯德格尔摩远东博物馆)题识中。此句写寒秋之景。

[5] 雪悭(qiān)天欠冷,年近日添长:宋葛天民《湖堤晚步》:“照影怜寒水,关情奈夕阳。雪悭天欠冷,年近日添长。好句谁相寄,浮生各自忙。有身聊顿入,亡事可思理。”悭,少。

[6] 残年日易晓,夹雪雨天晴:宋宋自逊《一室》:“一室冷如冰,梅花相对清。残年日易晓,夹雪雨难晴。身计茧千绪,世纷棋一枰。曲生差解事,谈笑破愁城。”

[7] 推于三时:论画辑要本作“推之三时”。

[8] 片云明月暗,斜日雨边晴:宋唐庚《杂诗》:“水过渔村湿,沙宽牧地平。片云明外暗,斜日雨边晴。山转秋光曲,川长暝色横。瘴乡人自乐,耕钓各浮生。”明月暗,原诗作“明外暗”,乃石涛误记。

[9] 未须愁日暮,天际是轻阴:宋程颢《陈公廙园修禊事席上赋》:“盛集兰

亭旧，风流洛社今。坐中无俗客，水曲有清音。香篆来还去，花枝泛复沉。未须愁日暮，天际是轻阴。”

远尘章第十五

人为物蔽，则与尘交；人为物使，则心受劳。劳心于刻画而自毁，蔽尘于笔墨而自拘，此局隘人也。但损无益，终不快其心也。我则物随物蔽，尘随尘交，则心不劳，心不劳则有画矣。[1]

画乃人之所有，一画人所未有。[2]夫画贵乎思，思其一，则心有所著而快，[3]所以画则精微之入，不可测矣。[4]想古人未必言此，特深发之。[5]

注释

[1]“我则物随物蔽，尘随尘交”四句：不落有无两边，既非法，不为俗法所拘牵；又非非法，不刻意避尘去蔽，自由洒落，不滞一相。

[2]画乃人之所有，一画人所未有：山川气象、林木溪涧等，人人画中皆有，真正的画者作画只是记录当下直接的生命体验，它是人所未有的，是独自的创造。

[3]思其一，则心有所著而快：思其一，即秉持一画，臻于无对待、无分别之境界，物与我、心与手、笔与墨自然通畅，无所判隔。心有所著：自我纯粹的生命体验赖笔墨而传达，使其有所着落。快：畅然的情怀。

[4]画则精微之入，不可测矣：精微，当下发现的本原生命感受。入：切入。不可测：不可以知识去把握，不可以法度去限制，是偶然的生成。

[5]想古人未必言此，特深发之：我的体验，是由深心中发现的，是唯一的、自我的，不待他而成，“古人”当然不会言此。此句画法秘谈本、画谱本无。

脱俗章第十六

愚者与俗同识。[1]愚不蒙则智，俗不溅则清。俗因愚受，愚因蒙昧。

故至人不能不达,不能不明。达则变,明则化。受事则无形,治形则无迹。运墨如已成,操笔如无为。尺幅管天地山川万物而心淡若无[2]者,愚去智生,俗除清至也。

注释

[1] 愚者与俗同识:识,汪钞本作"识",他本多作"讥",误。据汪钞本改。画谱本亦作"识"。

[2] 心淡若无:《庄子·天道》:"圣人之心静乎!天地之监也,万物之镜也。夫虚静恬淡寂漠无为者,天地之平而道德之至,故帝王圣人休焉。"

兼字章第十七

墨能栽培山川之形,笔能倾覆山川之势,[1]未可以一丘一壑而限量之也。古今人物,无不细悉,必使墨海抱负,笔山驾驭,然后广其用。[2]所以八极之表,九土之变,五岳之尊,四海之广,放之无外,收之无内。[3]

世不执法,天不执能。不但其显于画,而又显于字。[4]字与画者,其具两端,其功一体。

一画者,字画先有之根本也;字画者,一画后天之经权也。[5]能知经权而忘一画之本者,是由子孙而失其宗支[6]也;能知古今不泯而忘其功之不在人者,亦由百物[7]而失其天之授也。

天能投人以法,不能授人以功;天能授人以画,不能授人以变。人或弃法以伐功[8],人或离画以务变。是天之不在于人,[9]虽有字画,亦不传焉。

天之授人也,因其可授而授之,亦有大知而大授,小知而小授也。所以古今字画,本之天而全之人也。自天之有小授,[10]而人之大知小知者,皆莫不有字画之法存焉,而又得偏广者也。[11]我故有兼字[12]之论也。

注释

[1] 培：孕育，表现。倾覆：倾泻，圆满呈现。

[2] 墨海抱负，笔山驾驭：墨海、笔山，形容画者用力之勤也，何以如此，因受表现天地创造力之大任，由此抱负去驾驭笔墨，翻为新章。广其用：推广其功用，无所用为用，是为大用。

[3] 放之无外，收之无内：无外，言其至大无限之量；无内，言其至细无遗之能。真正的画者由“一画”出发，画乃是当下直接生命体验的记录，所以当下圆满，无稍欠缺。八极之表、九土之变、五岳之尊、四海之广，均在说明“一画”之一无量、无量一的特征。

[4] 世不执法，天不执能。不但其显于画，而又显于字：世不私其法，天不私其能，字画就是其外在的显现。世，指世界。天，指天地。此句从逻辑（天）和历史（世）角度说明，字与画的产生有本然的内在逻辑，是历史的积淀而成，二者具有与生俱来的联系性。执，私自拥有。

[5] 一画者，字画先有之根本也；字画者，一画后天之经权也：“先有”“后天”并不是时间的先后，而是说一画为根本，字画创造由一画而出。经权：偏意复词，即权变。字画由“一画”之本根中产生，只是表达“一画”的权变法门，意思是说，书法与绘画都是为了记录人当下直接的生命体验而产生。

[6] 宗：祖宗。支：宗族的派系分支。

[7] 由：同“犹”。百物：画法秘谈本、画谱本作“万物”。

[8] 伐功：自矜其功。《老子》第二十二章：“不自伐，故有功；不自矜，故长。”

[9] 是天之不在于人：画法秘谈本、画谱本作“天之在于人”，均落了一个“不”字，遂使意思不可解。

[10] 自天之有小授：画法秘谈本作“自天有小受”，汪钞本作“自天之有所授”，画谱本作“自天之有此授”，画法秘谈本是。

[11] 而又得偏广者：论画辑要本作“而又得遍广者”，误。

[12] 兼字：兼通字画。兼，兼通，兼有。

资任章第十八

古之人，寄兴于笔墨，假道于山川，不化而应化，无为而有为，[1]身不炫而名立。因有蒙养之功，生活之操，载之寰宇，已受山川之质也。

以墨运观之，则受蒙养之任；以笔操观之，则受生活之任；以山川观之，则受胎骨之任；以皴皴观之，则受画变之任。以沧海观之，[2]则受天地之任；以坳堂[3]观之，则受须臾之任；以无为观之，则受有为之任；以一画观之，则受万画之任；以虚腕观之，则受颖脱之任。有是任者，必先资其任之所任，然后可以施之于笔。如不资之，则局隘浅陋，有不任其任之所为。

且天之任于山无穷：山之得体也以位，山之荐灵也以神，山之变幻也以化，山之蒙养也以仁，[4]山之纵横[5]也以动，山之潜伏也以静，山之拱揖也以礼，山之纡徐[6]也以和，山之环聚也以谨，[7]山之虚灵也以智，山之纯秀也以文，山之蹲跳也以武，山之峻厉也以险，山之逼汉[8]也以高，山之浑厚也以洪[9]，山之浅近也以小。此山天之任而任，非山受任以任天也。[10]人能受天之任而任，非山之任而任人也。[11]由此推之，此山自任而任也，不能迁山之任而任也，是以仁者不迁于仁而乐山也。[12]

山有是任，水岂无任耶？水非无为而无任也。夫水，汪洋广泽也以德，卑下循礼[13]也以义，潮汐不息也以道，决行激跃也以勇，潆洄平一也以法，盈远通达也以察，沁泓鲜洁也以善，折旋朝东也以志。[14]其水见任于瀛潮[15]、溟渤之间者，非此素行其任[16]，则又何能周天下之山川，通天下之血脉乎？人之所任于山不任于水者，[17]是犹沉于沧海而不知其岸也，亦犹岸之不知有沧海也。是故知者知其畔岸，逝于川上，听于源泉而乐水也。

非山之任，不足以见天下之广；非水之任，不足以见天下之大。

非山之任水，不足以见乎周流；非水之任山，不足以见乎环抱。[18]山水之任不著，则周流环抱无由；周流环抱不著，则蒙养生活无方。蒙养生活有操，则周流环抱有由；周流环抱有由，则山水之任息[19]矣。

吾人之任山水也，任不在广，则任其可制；任不在多，则任其可易。非易不能任多，非制不能任广。任不在笔，则任其可传；任不在墨，则任其可受；任不在山，则任其可静；任不在水，则任其可动；任不在古，则任其无荒，[20]任不在今，则任其无障。是以古今不乱，笔墨常存，因其浃洽[21]斯任而已矣。然则此任者，诚蒙养生活之理。

以一治万，以万治一。不任于山，不任于水，不任于笔墨，不任于古今，不任于圣人。是任也，是有其资也。[22]

注释

［1］不化而应化：不化，不为万物所化，超然于万物之上。应化，随运任化。《淮南子·精神训》："不化应化，千变万化，而未始有极。"无为而有为：意为不强为，顺应自然之道，淡然自处，自由自在，所以能有绝大创造。

［2］以沧海观之：汪钞本此句落一"观"字。

［3］坳堂：形容极小的地方。《庄子·逍遥游》："覆杯水于坳堂之上，则芥为之舟；置杯焉则胶，水浅而舟大也。"

［4］山之蒙养也以仁：山以仁体现出天地蒙养之功。《论语·雍也》："子曰：知者乐水，仁者乐山；知者动，仁者静；知者乐，仁者寿。"

［5］山之纵横：知不足斋本作"山之纵衡"，论画辑要本作"山之从横"，据汪钞本改。

［6］纡（yū）徐：又作"纡余"，迂回曲折。

［7］山之环聚也以谨：山体参差错落，相互连接，犹如人恭敬庄重地相聚。

［8］逼汉：逼近云霄。

［9］洪：形容山体广大无边貌。

［10］此山天之任而任：此句的结构是"山之任在受天之任"，意为山之"以位""以化""以仁"等乃是资取了天地精神。非山受任以任天：其意为"非山自受其任而任使天"，意思是，山的化、神、仁、洪等特点，不是山另外具有而立于天

地之间,从而丰富了天地,它本来就是天地中所具有的。此二句在于强调山的一切特点都是本乎天,资取于天。此山天之任而任,俞剑华标点注译本以为当作“此山受天之任而任”。

[11] 人能受天之任而任:画家之任(创造行为),必须酌取天地之滋养(受天之任)。非山之任而任人:并非停留在山的表相特征(山之任)上,而由其控制人(任人)。

[12] 此山自任而任:山自我任持,不为他所控制(任),即自然而然,就是“天任”。石涛认为,大自然是“自任”和“天任”的统一,只有“自任”,才能得“天任”,“天任”就是自然而然。不能迁山之任而任也:画家作山不能离开山之特点谈天地精神,即山即天,即自任即天任。是以仁者不迁于仁而乐山:只有具有仁的情怀,才能在山中得到仁的快乐。

[13] 卑下循礼:画谱本作“中下循礼”,误。

[14] 此段关于水的论述吸收了中国传统思想的一些观点。《孟子·离娄下》:“源泉混混,不舍昼夜,盈科而后进,放乎四海。”《荀子·宥坐》:“夫水,大遍与诸生而无为也,似德。其流也埤下,裾拘必循其理,似义。其洸洸乎不淈尽,似道。若有决行之,其应佚若声响,其赴百仞之谷不惧,似勇。主量必平,似法。盈不求概,似正。淖约微达,似察。以出以入,以就鲜洁,似善化。其万折也必东,似志。是故君子见大水必观焉。”《春秋繁露·山川颂》:“水则源泉混混沄沄,昼夜不竭,既似力者;盈科后行,既似持平者;循微赴下,不遗小间,既似察者;循溪谷不迷,或奏万里而必至,既似知者;障防山而能清净,既似知命者;不清而入,洁清而出,既似善化者;赴千仞之壑,入而不疑,既似勇者;物皆困于火,而水独胜之,既似武者;咸得之而生,失之而死,既似有德者。”

[15] 瀛潮:知不足斋本、昭代本作“瀛海”。

[16] 素行其任:直取天地精神。

[17] 人之所任于山不任于水者:画法秘谈本、画谱本作“人之所任于水者”,漏录。

[18] 非水之任山,不足以见乎环抱:此句画法秘谈本、画谱本漏“山”字。

[19] 息:生息。

[20] 任不在古,则任其无荒:绘画创造不在于下笔就是古法,而在于不为成法所迷乱。荒,迷乱。

[21] 浃洽：浃，通达，理解。如《荀子·解蔽》："其所以贯理焉，虽亿万已不足以浃万物之变，与愚者若一。"洽，契合。

[22] 资，画法秘谈本、画谱本均作"实"。画法秘谈本、画谱本以下尚有文字："总而言之，一画也，无极也，天地之道也。"

解　说

首先说说《画语录》的篇章结构。

《画语录》是一篇精心结构、具有严密理论系统的论画之作。其十八章围绕"一画"这一中心概念而展开，依次分为本论、形式论、功夫论三个方面。若细分，包括画之枢纽、一画特质、笔墨精神、画之文法和画心培植五个部分。前两个部分是对"一画"本身的讨论，意在说清"一画"的基本内涵，这是本论。中间两个部分，属于形式方面的探讨，谈"一画"在形式上的落实，侧重于笔墨和构成两个方面。最后一个部分则属于功夫论，即画家如何培养出一颗贯穿天地的"画心"，使"一画"的精神得以彰显出来，此为创造之根本。石涛的"一画"，是一种表现大化生机的创造哲学，这条线索是贯穿十八章的主脉。

一、画之枢纽

第一章《一画》说"一画"概念的基本内涵，处于全文的枢纽位置。

此章主要谈了三层意思。第一，从生成角度谈"一画"，它是众有之本，万象之根，是见用于神、藏用于人的生命创造精神。见用于神，说其阴阳互荡、具有神妙莫测之创造功能；藏用于人，说人人生命中都有这样的创造精神。第二，说"一画者，从于心者也"的道理，"一画"非得之于外，而是藏在人的心灵中，在人面对世界、体验万象的心灵陶泳中呈现出来。第三,说“一画”“具体而微”的道理,“一画”落实于笔墨之操运,反映在腕上之功夫。“一画”无所不在,由心而出,在肘中,在腕下,在笔情墨趣里,在山川丘壑的形象里。它“以一分万”,万万千种变化,又归于“一画”,故云“以万治一”。

一画,受之于天,出自于心,形之于腕,统此脉络,是谓“一以贯之”。石涛论画提出“一画”,哪里是故弄玄虚,说大道理,他说的是作为一个画家最浅近的道理。他归结道:画家作画要向内,将自己的生命创造力释放出来。

石涛“一画”说的理论脉络是:一画是天地万物所蕴涵的生命创造精神,也潜藏在每一个画家的心灵深层,画家作画不是向外寻求,以期合于外在的种种法度,而是去除心中遮蔽,将内在的创造力发掘出来。一画,是画家当下直接心灵体验的记录。

二、一画特质

《了法》《变化》《尊受》这三章是对“一画”说基本特点的分说。

第二章《了法》从“法”的角度说明“一画”的特点。他提出“一画”说,是建立一种法度,这是一种不有不无、无古无今、超越人我分别、一任创造动能自由释放的法度,这个“法”是自我的、当下成立的,所以此章主旨落在“法自画生”——法由我心中出,由我笔下生,在我“临时间”的运笔挥毫中定。

由本章的思路可以看出,他不是反对其他法度,而是在建立自我的法度。他的法度,就是对法的超越。法是无定的,定就不是他要遵从的法度。没有规矩不能成方圆,但当规矩成为一种限定性因素,便成了创造的桎梏。所以本章强调,规矩有两面,一是体上的确定性,一是用上的变化性(乾旋坤转)。

第三章《变化》接着《了法》的论述,专论变化的道理。强调一画是“天下变通之大法”。他引入经权、变化两对概念,说明一画是一种变动不居的生命呈现之道。

此章重点剖析如何对待“古”和“我”的问题。就“古”而言，石涛认为，“具古以化”，不是做“古”的奴隶，而是对“古”的超越。超越“古”，不执着是古非古的斟酌。就“我”而言，虽然石涛强调“我之为我，自有我在。古之须眉，不能生在我之面目；古之肺腑，不能安入我之腹肠”，他在大量画跋中也谈到类似观点，但这不是突出“主体性”的问题，也不是以“我”为中心，而是放下人我之别，在无我无他、无今无古的境界中去创造。

第四章《尊受》则是谈他为什么将生命创造作为“一画”说基本内涵的考虑。一画“受”之于天地。天之创生，地之化成，人的生命来之于天地，也自然禀受着生生不已的精神，它潜藏在人生命的深层，是人的“真性”。对于这样的赋受，人要尊重它，即所谓“尊受”。尊受不是态度上的尊重，受天地之赐予，最好的回报方式，就是创造（石涛此处虽未言及，或受到佛教法身佛、化身佛、报身佛“三身佛”观念的影响）。

本章中透露出石涛一个极为重要的观点，就是超越传统哲学的效法天地说。效法天地，是《易传》以来中国哲学的根本原则。但在石涛看来，如以这样的原则去创造，那么天地就构成了一个外在于我的法则，此便走向石涛“一画”说的反面。石涛所说的天地创造精神，内化入人的生命自性之中，人的生命是天地之创造，也具有天地创造精神的禀赋，画者的“尊受”，其实就是从真实的生命体验出发，广纳世界，陶泳心灵，将天地“自强不息”的创造精神发掘出来。尊受，最终落实在对自我真实生命体验的尊重上。

三、笔墨精神

自《笔墨》《运腕》一直到《四时》，共十章的内容，一一讨论形式法则中如何贯彻“一画”、超越法度的问题，所谓“一画落纸，众画随之”。十章中，前五章属于笔墨论，后五章属于形式构成论。

在笔墨论中,《笔墨》章是笔墨的总论。此章讨论笔墨是“一画”得以实施的手段。一画之道具体到画中,就是笔墨之道。石涛一生艺术追求,在笔墨方面积累了丰富的经验,本章体现出他这方面深邃的见解。笔墨问题是元代以来文人画理论关注的中心之一,人们对笔墨的认识,两宋时,媒介论的观点占主导,而元明以来,绘画本体存在论又占主流位置。即变“工具之笔墨”为“生命之笔墨”。在这时期文人画理论中,由笔墨创造丘壑、由丘壑呈现气象的“笔墨—丘壑—气象”一体观念中,笔墨处于关键位置,它既是呈露画面中山川形势的手段,也是显现绘画气象(境界)的活的生命实体。石涛正是在这个思想基础上来论笔墨的。

本章提出的“蒙养”“生活”二概念,是石涛画学思想的重要发明,是揭开笔墨秘密的创造性见解。这对概念以呈现造化生机为基元,以一气贯通的生命整体观为理想。他的有笔有墨论,是蒙养、生活的融合论,是山川丘壑与自我生命的一体论,他将笔墨视为一个大化流衍的宇宙。

第六章《运腕》,是“用笔用墨”论。腕是笔墨施行的发出者,全章理论核心落在“一画者,字画下手之浅近功夫也”这句话上。画受墨,墨受笔,笔受心,以发自本心的创造精神去统摄运腕之道,就会下笔如有神。

第七章《絪缊》,主要谈笔与墨会的问题,重在交会,在融和。笔墨之行,犹如阴阳二气交会摩荡,絪缊流荡如见宇宙创化之初,所谓“混沌里放出光明”,这是对笔墨交会理想境界的描述。

第八章《山川》,在笔墨—丘壑—气象的一体结构中,山川意象是通过笔墨创造出来的。本章强调,画中的山川意象是人在生命体验中发现的,笔墨呈现的不是外在山川形象,而是由山川所负载的画家的独特生命体验。这篇《山川》,与其说讨论如何表现山川,倒不如说要点在怎样发现山川。本章提出,“笔墨之法”(饰)必须与“乾旋坤转”(质)融合一体,才能尽山川之妙。本章提出的“迹化”,就是笔墨、山川和造化生机在人当下体验中的合一论，也就是本章所说的“我有是一画，能贯山川之形神”。

第九章《皴法》，重在从“笔”的角度，谈山石外在轮廓的表现，它与《氤氲》的内容相伴而行，《氤氲》侧重从墨色、晕染的角度谈形式创造中的“一画”法则，而此章则侧重从线条角度谈“一画”的运用。本章将皴法放到“一画”的理论背景中来讨论，认为勾皴的本质是为天地“开生面”——表现活泼泼的造化生机。仅重视外形的刻画，是一种错误的倾向。石涛指出，古往今来人们创造出披麻、斧劈等等皴法，为人们习画、风格延传提供基础，但也极易形成一种限隔。画家应直面山川形势，不能在采用哪家皴法上兜圈圈。

四、画之文法

如同写文章，须有一定文法，以下五章的形式构成论，是讨论绘画的文法问题，涉及布局谋篇、视觉流动、时间空间、程式化、节奏感等。石涛不是从技法角度触及时间、空间、位置等问题，而是讨论如何将“一画”创造哲学贯穿进诸形式因素中。

第十章《境界》属经营位置论，“六法”中就有此一法。本章由历史中形成的“三叠两段”构图法说起，石涛认为，不能为这些固定的法式所束缚，重要的是从心灵出发，在当下直接的体验中寻找动力，不能追求外在的“似乎”。石涛提出一种“自然分疆”的经营位置法，也就是本章章名的“境界”创造，要以生命境界的创造去统摄位置的考量。

第十一章《蹊径》讨论绘画的空间问题，本章主旨落在：“寓意于笔墨蹊径之外”，即是以“一画”的原则控制空间呈现形式。讨论对景不对山、对山不对景、倒景、借景、截断、险峻六种“写画蹊径”，也即六种空间组合形式。这些都非“平常蹊径”，多是出人意表的构图式，石涛认为此类“非常”的空间组合，无非是要打破一切法度的限制，而不在对险奇等空间形式的偏爱。

第十二章《林木》,由山水画中林木的布置谈绘画中“程式”的问题。林木作为传统山水画的特殊语言,具有极强的表现力。宋元以来形成的枯木寒林的传统,反映出文人画独特的境界追求,也显示出宋元以来中国画发展中越来越突出的“程式化”特点。石涛认为,重要的不是林木本身的布置,而在于以“一画”精神去统领。如他所说:“以我襟含气度,不在山川林木之内,其精神驾驭于山川林木之外,随笔一落,随意一发,自成天蒙。”

第十三章《海涛》,谈绘画的节奏问题,也就是我们今天所说的绘画“音乐感”问题。石涛的画之所以高出群伦,在于他的画有一种极尽变化的“节奏感”。这是我们看《搜尽奇峰打草稿》《细雨虬松图》等石涛名作时的突出感受。黄山,又名黄海,这位由黄山培养出来的艺术家,对“山即海,海即山”的自然精神有特别的体会。此章强调,要以“一画”的创造哲学贯通山海形式,超越仁者乐山、智者乐水的僵化呈现模式,以意识的手,抚摩山川大地。他说山海之妙,“皆在人一笔一墨之风流也”,在当下此在的生命体验,在画中的特有韵律。

第十四章《四时》,讨论时间性问题,其主旨如他诗中所说:“老涛不会论春冬,四时之气随予草。”不问四时,超越在时间流转中出现的变化表象,看世界的真实。本章结末说:“画即诗中意,诗非画里禅乎!”以禅去统诗、画,禅是一种不问四时的寂寞精神,在寂寞中展示生命的创造。

五、画心培植

最后的《远尘》《脱俗》《兼字》《资任》四章,侧重从艺术家心灵培植的角度延伸“一画”讨论。《远尘》说尘在何处,《脱俗》言雅在哪里,《兼字》敷衍兼通天地之法门,《资任》宣畅资取天地之大任,四者谈人要养得一种清澈的意、宽快的心和创造的情怀——即“一画”的精神。

第十五章《远尘》，讨论心灵的遮蔽问题，其所谓“尘”，不是外在的“客尘”，而是人的情识计度等内在执着所造成的，“尘”在心中。所以，“远尘”，不是空间的远遁，关键在去除心灵的遮蔽。石涛开出的良方是：“物随物蔽，尘随尘交”，就在俗物中，就在尘染里，濯炼自己的清澈精神。

第十六章《脱俗》，是《远尘》章的深化。《远尘》侧重于和光同尘，《脱俗》侧重于俗中见雅。文人画的理想世界是优雅、清高的，但石涛认为，此一理想必于俗世中成就，在具体的生活中，在直接的感受中，才能“脱夫胎，非胎脱矣”。

第十七章《兼字》，是十八章中最为晦涩的篇章之一。其所谓“兼”者，由笔墨的通会，说书画相通，再由书画相通，谈“一画”贯通书画乃至整个艺术的道理。石涛提出“兼字”说，本质上是在字画一体、书画相通学说基础上，来申说他的“融通天地创造精神”的“一画”思想。兼字，就是“天人相兼”——由绘画到书法，由书法到汉字，由汉字而泛观天地万象的“文”的呈现，观照人在大地上书写“字”的创造，强调人向内在世界发掘生命创造精神的逻辑。

第十八章《资任》，作为全文的结末，石涛以激昂的笔调，来写人资取天地创造精神、资养生命真性的问题。如同佛教所说的“资粮位”。吮吸造化的精气元阳，才会有真正的创造。天之所受，必因其可受而授之。人如果没有昂奋的创造精神、活泼的体验神情，天所赐之真性便掩而不彰。石涛以诗意的笔调说，人在天地中，必须有所创造，才能配得上这样的存在。四时运行，即便草木虫鱼，无时无处不在创造，人禀赋天地清刚之气，如没有创造，其存在的意义就会暗淡。本章带有呼应第一章《一画》之意。

十八章内容，分为几个单元，或总言，或分说，或就精神的超越说，或就形式的腾挪言，将作为生命创造的“一画”精神贯穿在绘画创造和赏鉴的诸因素中。结构严谨，涉及问题多而条理秩然，言辞简约而义理渊奥。仅就形式而言，乃是中国古代画史、画论、画谱、画法、画训、画录之类著作所未曾有者。及其所言之原则、之理论细目，皆是画者登堂入室必经之途径，如同一篇谋攻布阵之兵书，给领军用兵者提供"善之善者"之大原则。石涛想让人们知道，画说十八章，实是作为一个用笔用墨者所不可忽视之门径。

接下来简要说说《画语录》诸概念。

一、一画

第一，"一画"是不二之法。

石涛的"一画"，是画之"一"，这是绘画创作的最高法则，是一个不为任何先行法则羁束的创造原则。世人说的是"有"或"无"，他说的是"一"。他的"一"，不是数量上的"一"，不是一笔一画，是超越有和无、主观和客观、现象与本体等的纯粹体验境界。他的一画之法，是为了建立一种无所羁束、从容自由、即悟即真的绘画大法。

"一画"是无分别、无对待的，是"不二之法"，这不二之法，没有时间的分际，不是先有一，再有二，以至万有。《一画》虽然说"太古无法，太朴不散。太朴一散，而法立矣。法于何立？立于一画"，但这并不等于说，它是一个时间的展开过程，或是由太朴分出一画、由一画分出万有的渐次延伸。

同时，"一画"也不是在空间中延展的序列，如由一点一画推开去。《画语录》说"自一以分万，自万以治一"，这个"一"不能以量上观。如禅家所说，一切量上之观尽皆戏论。由一到万，不是体量上的扩大。"一"标示的是圆满俱足的境界，而不是滋生万有的物质化的种子。

在彻悟境界中，当下就是全部，此在即是圆满。"一画"是其大无外、其小无内的创造智慧，如同慧能所说："心量广大，遍周法界，用即了了分明，应用便知一切，一切即一，一即一切，来去自由，心体无滞，即是般若。”①

第二，“一画”的根本在生命创造。

一画之法，乃自我立。石涛提出“一画”说，是要申说他强调个体创造力的思想。

《一画》说：“一画之法，乃自我立。”《远尘》说：“画乃人之所有，一画人所未有。”这两处常常被误解成：“一画”别人没有提出过，是我石涛第一次提出的。将这两段话看作是著作权的问题。有论者甚至指责石涛：“一画”并不是石涛第一次提出②。用石涛的话说，这真是“冤哉”！

这里的“我”不是石涛，而是自我（self）。一画之法，是我心中之法。立一画之法，就是从从属性的劳作中解脱出来，做自己的主人。这是石涛毕生之呼吁，是石涛整体画学思想的直接驱动力。他正是感到人云亦云的东西多了，口口声声要复古的作手多了，载道、立德之类的空洞叙述多了，才别出心裁地提出“一画”说。

明末以来的画坛，动辄某家某派，人们簇拥着荆关董巨刘李马夏等先哲的法门，宋元时那种独创性的艺术灵性渐渐萎弱。石涛想拯救这样的颓势。他说：“我之为我，自有我在。古之须眉，不能生在我之面目；古之肺腑，不能安入我之腹肠。我自发我之肺腑，揭我之须眉。纵有时触着某家，是某家就我也，非我故为某家也。天然授之也，我于古何师而不化之有？”（《画语录·变化》）在反复的“我”的咏叹中，石涛认为，我之所以要回到“一画”，是要回到生命的本然，

---

① 《坛经·般若品第二》，宗宝本。

② 苏东天先生《石涛“一画章”析疑》解释“一画之法，乃自我立”时说：“一画之法，是由石涛创立的，以前没有人提出过。”并进而讥讽石涛抢他人之功（《朵云：中国绘画研究季刊》，1992年第4辑，上海：上海书画出版社，第59页）。吴冠中先生《我读（石涛画语录）》：“石涛之前存在着各种画法，而他大胆宣言：‘所以一画之法，乃自我立。’”（《中国文化》，1995年第12期，北京：文化艺术出版社）又，吴先生在另一论文中指出：“石涛狂妄地说，一画之法自我开始。”（《再谈石涛画语录》，《美术研究》，1997年第1期）吴先生原是想通过这样的解读肯定石涛一画的独创性的，但此思路似可再酌。

那是我的权力，是“天然授之也”。“天生一人自有一人之用”①，我尽可秉持这一天赋权力去创造，不必自卑，不必藏头护尾，纵然有时似某家，那又有什么关系，那是“某家就我，非我故为某家也”，某家不是我的主人，我的主人就是我。

一画之法，“见用于神，藏用于人，而世人不知”，它是天地万物蕴藏的神妙莫测的创造精神，也是每一个人生命深层所具有的创造动能，虽然人们往往并不知道它的存在。在这一点上，石涛是深受大乘佛学思想影响的。佛经中说：“一切众生悉有佛性，佛法众僧，无有差别。”②每一个人都有灵明，都有如来藏清净之心。石涛提出“一画”之法，其实是要通过绘画，将人们内心这个自觉的灵明发掘出来。“一画”不光是绘画创造之法，也是生命存在之法。

石涛认为，前人画迹犹在，山川就在目前，作画之时，停留于外在山川之景，心系前人之法，都是不通的道路。惟有心存一画，“高睨摩空”，无古无今，无山无水，无人相，无我相，在纯粹体验中创造，及其所得，也邈不知其所由。石涛认为：立一画之法，就是立创造之法。只有秉持一画之法去创造，才能无恨于古人，无恨于笔墨，无恨于山川。

第三，“一画”是当下直接生命体验的记录。

石涛提倡“一画”，强调书画是一己心灵的作业，必须有独特的生命体验。绘画是生命体验的记录。

石涛指出，沉溺于技巧之中，也不可能臻于绘画的高境。绘画不是逞才斗技的地方。画道固然离不开技巧，技巧乃为表达人的精神所用，人不是技巧的奴隶，用他的话说，“运夫墨，非墨运也，操乎笔，非笔操也”。他之处，绘画也不能从模拟形似出发，不能为知识法度

---

① 石涛多次谈到此一问题。他的这一思想似受李贽影响。李贽说：“夫天生一人，自有一人之用，不待取给于孔子而后足也。若必待取足于孔子，则千古以前无孔子，终不得为人乎?”(《答耿中丞》，《焚书》卷一，北京：中华书局，1975年，第16页)

② 《大般涅槃经》卷一九《德王品》，收在《大正藏》第三十八册。

所控制，不能沉溺于技巧之中，必须有自己真正的体会，有自己独特的生命感悟，将此感悟画出来，方是正道。石涛“一画”的本质，其实就是妙悟。

第四，归复真性方有“一画”。

一画之悟，乃自性起。石涛提倡“一画”是要彰明“性”的觉体。“一画”包括体用两端，性为体，悟为用。生命创造的体验活动乃是性体之大用。

“一画”说要解放个体的创造力，但不代表“一画”说是一个洋溢着强烈主观主义色彩的学说。有论者认为，石涛受心学影响，沾染上晚明的狂禅之风。石涛个性中确有狂的成分，他的艺术风格确有狂狷纵横之气，其掀天掀地之文，纵横恣肆之画，诡谲奇瑰之书法，都饱含着激昂流荡的气势，都具有浪漫高标的“大涤子”风采。这也是石涛的特色。

但是，深入研摩石涛的文字，就可发现，石涛并不是简单地“从于心”，而是“根于性”，由“性”而起，才是他的“一画”说最终的落脚。“一画”所要彰明的不是心的本体，而是性的本体。石涛说要回到一画，也就是回复人的自在之性。在性中，才能没有机心，才能真正与山光水色相照面。以一性通万象，也以一性控笔墨。石涛强调一法统万法，这个万法只能在“性”中显现，而不能通过知识所达至。如慧能所说：“于自性中，万法皆现。”

如果用一句话来概括：石涛的“一画”，就是天地万物本来具有的生命创造力。他论画以“一画”贯之，就是强调以自我体验去发掘这一自性中本有的创造精神。

“一画”的实质，是一种提倡独立生命创造的原则。它强调在当下直接的生命体验中，荡涤一切外在束缚（包括知识、欲望等），归复自我的真性，让生命创造精神得到彻底呈露。

如果说到评价，石涛的“一画”是一独创性的概念，以这一概念为中心所建立的画学理论体系，反映出他对艺术的独特理解。这一独创性概念所涵括的思想，是对唐宋以来传统艺术越发重视个体生命体验理论的总结。由外在从属性的作为，到内在生命本明的发现，这一转向是符合艺术创作内在规律的。由此艺术创造方式，所生发出的人生态度，对人生命存在价值的肯定极具意义。正是在这个意义上可以说，石涛的“一画”之法，不仅是一种艺术创造之法，也是生命存养之方。

二、尊受

石涛的“受”是他一画思想的重要组成部分，他的“受”包括两个重要方面，一是感觉，一是直觉。

石涛论画突出直接感受的地位，将其作为创作起点，这和外师造化的传统画学是一致的。在他看来，绘画创作应该直接面对境相，当下参取，而不应该在暗室里独自扪摸，更不应该只在古人的卷轴里徜徉难返。绘画是心的活动，是心灵的艺术，必须由心生出，不应当停留在技巧的追求上。心灵需要外在对象的直接刺激，在直接刺激中产生创作的灵感，方是创作正途。同时，绘画艺术思维应该重视眼、耳、身等器官与对象的直接接触，而不能诉诸理性活动。所以他说：“搜遍奇峰打草稿”，山山水水，就是他的粉本，心中的意念是在目与万物绸缪、身与山水盘桓中产生的。

同时，石涛提倡直接感受，还在于突出心物之间的相互感发作用。在佛学中，受是领纳，它是一种结果，它为何会领纳，那是因为人的根性在与外在境相的直接接触中引起心理反应，产生某种情绪倾向，从而被主体的心王所领纳。石涛推崇感受，也表明他重视心物之间的感应关系，感受是心物契合的前提。如他说：“我写此纸时，心入春江水。江花随我开，江水随我起。”在直接的照面中，一切俗念、欲望、理性控制的欲望都退出，心为眼前的物所感发，物为心意所晕染，心灵随着外物的起伏萦回而运动，这就是一种深沉的应和关系。我应和物，也可以说物应和我。

因此，他提出感受对象，不能以眼耳身等的简单接触代替心的接触，而应以心去统领感官，去合于外物，以心灵的眼去打量外物，以心灵的耳去谛听外物的声音。如他特别重视对山水中一种无所不在的音乐节奏的感受。他在题画诗中写道："山水有清音，得者寸心知。"他在一则题兰竹诗中写道："是竹是兰皆是道，乱涂大叶君莫笑。香风满纸忽然来，清湘倾出西厢调。"

作为感觉的意义，受包括三个主要的层次：感觉—被感觉推动的情感—由情感和感觉共同作用所形成的领纳。石涛论画不是简单地主情，而是"尊受"，就是看重了这个概念中所包括的情感、感觉和意象构成的复杂肌理。石涛强调"受"而不是强调"情"，意在表达这样的思想：绘画创造不是主体所独有的，心必有所受，受标示的就是一个由感觉、感情所组成的关系性存在。感觉是在对象的作用下引起的，感情是在受的过程中形成的，是外在对象刺激中产生的感情，他所受纳的成果——意象，是在情感和感觉共同推动下产生的。这是石涛画学思想最细微的部分。

石涛"尊受"之受的另一个层次就是直觉洞见。如果说石涛的"尊受"说就是提倡直接感受，这是不够的。在石涛看来，受有层次之分，直接的感受固然重要，但还是初步的，因为感受的对象有限制，感受的层次也有限制，一般的感受只能说一种差别之受，是诸根性对外在对象的受，并没有达到纯而不杂的境界。石涛用"小受"命之。而石涛的一画之法是不二之法，是无差别的独特心灵境界，它是随物而起当下直接的感受，是非共相的。所以石涛论尊受，自然又从作为小受的感觉，过渡到他的最高的受：一画之受。

一画之受，就是直觉，是一种不夹杂任何知识、欲念、情感的纯然之受，是对本性的洞见。石涛将其称为"大受"。小受是差别之受，大受是本觉之受，由感觉到直觉，便形成了石涛"尊受"说的内在理论结构。石涛虽然强调直觉领受的根本性特征，但并不由此排斥作为较浅层次的感觉之受。相反，他认为，由一般的感觉之受,推动情感的产生,使心体注目于外在的对象,神迷于心物之间的契合,并且增强心灵的识见,为直觉洞见奠定基础。在这里石涛显示出和佛学的差异。因为在佛学中,一般的根性之感受如大海之泡沫,虚妄不真,是对人本性的遮蔽,而石涛则将其看成导入他的一画之大受的必要前提。石涛说:“不过一事之能,其小受小识也,未能识一画之权,扩而大之也。”一画之受,是对小受的“扩而大之”,当然这里的扩大绝不是量上的增多,而是本质上的提升,是由表层感受过渡到本然之受,由差别之受过渡到不二之受,由情感之受过渡到无念之受。用他的一联题画诗表示,就是“一念万年鸣指间,洗空世界听霹雳”。

在石涛画学体系中,受和识是蒂萼相生的一对概念。首先,在识与受二者之间,受是第一性的,识是第二性的。他认为如果以识为主去受,就不是真正的受了。受在这里是感觉的,是对外在境相的直接领纳,石涛论画提倡随转随出,自然而然,即景随缘。而识是知识,是理性,如果作画以这种先入的知识形式控制,那么构思的过程将会变成知识的演练过程,就会出现他所说的“某家博我也,某家约我也,我将于何门户,于何阶级,于何比拟,于何效验,于何点染,于何鞹皴,于何形势,能使我即古而即我”的情况,这样,就是知有古而不知有我,我的直接感受让位于先入的知识形式。在观物之顷,如果不能放弃理性的努力,我和物之间直接照面的境界就不会形成。

其次,作为感觉的受又离不开识。受和识二者可以互相作用。也就是他所说的“藉其识而发其所受,知其受而发其所识”。石涛固然强调直接感受,但对人知识的获取、理性力量的加强以至对传统之法的充分吸纳并不反对,认为这些“识”对于一个有成就的画家来说是不可缺少的。在石涛留下的文字中,我们可以看到他对古代大师之作的重视,他有一首题画诗就谈到了他这方面的态度:“不道古人法在肘,古人之法在我偶。以心合心万类齐,以意释意意应剖。”他之所以要超越古法,是不使这样的古法时时“在肘”,在肘就会使得自己下笔如有“绳”,这就是“先识而后受”,古法成了创造的桎梏。而石涛强调的是,古人之法成为自己知识的沉淀,成为发动新的创造的推动力量,成为创造的起点,成为我的“偶”——创造的支持力量,这才是一个创作者应取的态度。更进一步,石涛虽然强调直接的感受,正像佛学所说的,心是受之“王”,但不同的心灵会有不同的受,玲珑之心会有玲珑之受,干涸心灵会有干涸之受,识见的匮乏将会导致识的肤浅,而知识会将感受的灵府装点得更加透灵,只要他不用这识去代替受,而以这识去引发或者推动受,将会有更多更广更深的领纳。

石涛还将“尊受”学说上升到天人关系来加以讨论。天人关系是石涛“尊受”说的理论落脚点。这里涉及“授”与“受”的问题。在汉字中,受本来就含有授予和接受双重意思。石涛在自己的论述中,即巧妙地暗含了这个意思。他的受也有创作者和对象(天人)两个向度。从天一方说,是授予;从人一方来说,是接受。天何以能授予人,在于人值得授予。所以天之授人也,在于可授而授之也。人有不同,人的创作心灵有层次之别,所以,天对于人大知大授也,小知小授也。所以,天之授予人的关键在于人,也就是石涛所说的“本之天而全之人”。由本之天的角度说,石涛认为天地的精神就是创造的精神,天行健,所以人作画本之天,就是要承继天的这种创造的精神。天可以赋予人以创造力,但关键还在人,人不是匍匐在天地的脚下,吮吸天地的精神就完事,而是要自强不息,创造不已,才能接受天的赋予。所以他说天能授人以法,不能授人以功,天能授人以画,不能授人以变。所谓“功”“变”和前文所说的“化”是一个意思,就是乾旋坤转之力,就是法无定法的创造。

三、蒙养与生活

“蒙养”和“生活”,这从中国古代语言中承继的一对概念,石涛赋予其新颖的意义,成为其画学理论体系的一对重要概念。

石涛的“蒙养”概念有三层意义：

第一，天蒙——顺应自然之道。《周易》蒙卦，下坎上艮，坎为水，艮为山，山水合而为此卦之卦象，所以象传说：“山下有泉，蒙，君子以果行育德。”石涛为何要引入蒙卦？可能首先就出于此一考虑，因为石涛是一位山水画家，他的《画语录》是论述山水画创作问题的，所以石涛巧妙地取来有山水之象的蒙卦，深化他对山水精神的理解。

石涛认为，山水画创作不是涂抹山水的外在表相，而是要纵山水之深层，注意那个山水发于兹起于兹的因素，这也就是中国山水画理论中的“须明物象之原”（荆浩语）。正是在这个意义上，石涛有时将蒙称为“天蒙”。他说：“写画凡未落笔，先以神会，至落笔时，勿促迫，勿怠缓，勿陡削，勿散神，勿太舒，务先精思天蒙，山川步武，林木位置，不是先生树后布地，入于林出于地也。以我襟含气度，不在山川林木之内，其精神驾驭于山川林木之外，随笔一落，随意一发，自成天蒙，处处通情，处处醒透，处处脱尘而生活，自脱天地牢笼之手，归于自然矣。”（据《虚斋名画录》卷十引）这个“天蒙”在石涛看来，就是山川的本然之理。

第二，鸿濛——蒙养与一画之关系。石涛引入蒙养概念，是为了深化他的“一画”学说，他的蒙养从一个角度言之就是元气。他在一则题画跋中谈到了蒙养的问题，他说：“写画一道，须知有蒙养。蒙者，因太古无法；养者，因太朴不散。不散所养者，无法而蒙也。未曾受墨，先思其蒙；既而操笔，复审其养。思其蒙而审其养，自能开蒙而全古，自能尽变而无法，自归于蒙养之道也。”（《大涤子题画诗跋》卷一）这一则题跋深化了《画语录》第一章的内容。石涛说“蒙者，因太古无法；养者，因太朴不散”，蒙养就是道、无，就是滋生种子的创化之元。石涛论画强调一画，一画由蒙养来，蒙养就是它的一画之原、物象之原。石涛引入的三个概念：鸿濛、混沌、氤氲，这三个概念都是中国哲学中的重要概念，石涛用它们来表现创造之根源。石涛引入蒙养这一概念，从一个角度言之，就是强调回到天蒙，回到恍惚幽渺的鸿蒙状态，从而取来造化之元气，发为绘画中阴阳摩荡的笔墨形式。他的主要目的就是说明笔墨取自天地的道理。

第三，童蒙——艺术真实论思想。汉语中有所谓反训一法，即一字可有相反两种意义，如落成之落，既有终极的意思，又有开始的意思。《周易》的“易”在《乾凿度》看来，既有“变易”义，又有“不易”义。石涛就是在完全相反的意义上使用“蒙”。作为天蒙的蒙，是天地的原发精神，是化生万物的鸿蒙状态，是一种本然的不夹杂人的概念意志的世界。石涛认为，绘画创作必须追摩这种原发的精神，所谓“随意一发，自成天蒙，处处通情，处处醒透”，天蒙是万有之质，是控驭着大自然的内在力量。

但在石涛的语汇中，蒙的另一义为蒙昧。蒙是愚昧不明，是一种染著的状态，心灵暗昧，下笔滞碍。《画语录·了法》：“世知有规矩，而不知夫乾旋坤转之义。此天地之缚人于法，人之役法于蒙。”“役法于蒙”的“蒙”就是法障，心溺于重重束缚而难以自拔。《脱俗》说：“愚者与俗同识。愚不蒙则智，俗不溅则清。俗因愚受，愚因蒙昧。”这里的蒙也是蒙昧、愚昧的意思，不是说其无知，而是指心灵的尘染，蒙因俗起，所以要远尘。

石涛说：“蒙者，因太古无法”，无法而蒙，而这里说“役法于蒙”，无法为蒙，有法也为蒙，然此蒙非彼蒙，前者为鸿蒙原初之蒙，后者为尘染不纯之蒙；前者因蒙而自然显露，后者因蒙而遮蔽；前者为真实无妄之体，后者为虚伪不实之用；前者蒙而不昧，后者因蒙而蠢。石涛在这里将蒙相反两义统一于一字中，巧妙地传达了自己的思想，就是：以蒙去蒙，以无法去有法，以拙朴去机巧。

石涛要归于蒙养大道，要“齐蒙养”，也就是用蒙养原初之道启为尘所蒙之心。“蒙养”乃《周易》“蒙以养正”的缩略语，“蒙以养正”可以从相反两个方面来理解：一是使蒙昧之人通过养（教育）而归于正；一是以蒙来养正，此蒙不是启蒙之对象，而是用以发人之蒙的。石涛这里强调的回归童蒙的思想,表达的是一种艺术真实论思想。

在石涛看来,蒙在一定意义是一种童蒙,即是真,石涛并不认为画家深入自然,是启自然之愚昧,而是要以鸿蒙之道启我之蒙昧,在他看来,自然的原初状态就是一种童蒙,正像老子所说的“婴孩之心”,李贽所说的“最初一念之本心”的童心,它是真实无妄的。而处于尘俗中的画家,就是处于蒙昧之中,丢失了贞一之理,画家平素的心胸还需要提升,需要净化和深化,因为杂而不纯,缺而不备,造成了心灵上的蒙昧。石涛就是要用纯一未发的蒙,来发溺于俗尚中的蒙昧,从而助其学、养其正。

由此可见,他所谓“未曾受墨,先受其蒙,既而操笔,复审其养,思其蒙而审其养,自能开蒙而全古,自能尽变而成法”,就是对纯一圆融之理的回归,这就是他的“蒙以养正”——以纯一不杂之天蒙养性灵之蒙昧——的真实涵义。

再说“生活”。

“生活”一语是古代汉语中早就存在的一个合成词,石涛在其中注入了丰富的画学内涵,使其成为一个与“蒙养”相对的概念。在《画语录》中,石涛提出了“操蒙养生活之权”的问题,认为表现山川万物必须识得“生活之大端”。他说“墨非蒙养不灵,笔非生活不神”,所以,在他看来,对“生活”的追踪也成为一个画家必修的功课。石涛予“生活”以很高的位置,他说要“于墨海中立定精神,笔锋下决出生活”,他在题画跋中称:“处处通情,处处醒透,处处脱尘而生活。”“生活”是石涛审美理想之重要组成部分。

石涛所使用的是“生活”一语的古义,他的“生活”一语意同“生生”,也就是今人所说的“生命”,而仅仅从生活体验或者从外在世界的美的角度都不足以表达石涛“生活”一语的确切内涵。联系石涛的整体绘画理论体系,可以发现,石涛的“生活”一语主要包含以下意义:

首先指万物的生香活态，即宋明理学所强调的活泼泼的意思。石涛认为，绘画艺术必须要有活泼泼的韵致，一切僵化、枯死、静止的表达都与这一审美理想不类，绘画要有活泼的精神，令人观之而神移魄动，石涛用“生面”一语，来概括这种生香活态，所谓“生面”，就是生动活泼的外在韵致。

其次指生机。即生生相连、彼此激荡的“势”。石涛受到中国气化哲学影响，认为，天地为一气流荡的空间，气分阴阳，阴阳摩荡，构成了内在张力，这就是“势”。他在一段对“生活”的具体解说中，充分表达这一意思：“山川万物之具体：有反有正，有偏有侧，有聚有散，有近有远，有内有外，有虚有实，有断有连，有层次，有剥落，有丰致，有飘渺，此生活之大端也。”这里的“生活之大端”并非山川的具体形象，而是在山川形式中所包容的“势”，石涛所谓“有反有正”等论述，意在强调大自然原是一个彼摄互荡的有机生命体，生命体之间形成的“势场”，形成了极大的生命张力，绘画就要追摩出这种张力。

三是生理。这是生命的最深层，外在生动活泼的形态来自对象内部无所不在的生机，即势，也就是自然内在的节奏。而生理是处于对象的最核心的层次，是控制着自然运动的“质”，生意和生机节奏，都属于“饰”。山川“质”和“饰”的关系是道和器的关系，山川之质是体，山川之饰是用。

石涛艺术哲学的一个鲜明倾向，就是认为天地的本质是“生”，是无所不在的创造力。他的“生活”概念包括这三个层次，实际上是对中国生生哲学的继承。在石涛的“生活”概念中，生意、生机、生理三者是一体贯通的，生理为本，生意是外在显现，而生机乃是由生理之本转为生意的中介环节。

再说“蒙养”与“生活”的关系。

作为一对概念，二者既有联系，又有区别。在《画语录》中，涉及二者联系的有《笔墨》《运腕》《絪缊》《皴法》《资任》诸章，其中尤以

《笔墨》和《资任章》最为集中。在《笔墨》中，石涛从具体的技法入手，谈蒙养和生活的关系；在《资任》中，石涛从穷山川之质、天地精神的角度，谈二者的关系。《笔墨》着眼于形而下的技法，《资任》着眼于形而上的道。另外，石涛还指出，蒙养和生活落实到绘画中，还具有不同的审美特性，他说："墨之蒙养以灵，笔之生活在神。"石涛指出，蒙养、生活有别，然而又有内在的联系，所以他在《资任》中详细地分析了二者统合的特点。

石涛将蒙养于生活和笔墨联系起来。《笔墨》云："古之人，有有笔有墨者，亦有有笔无墨者，亦有有墨无笔者。非山川之限于一偏，而人之赋受不齐也。墨之溅笔也以灵，笔之运墨也以神。墨非蒙养不灵，笔非生活不神。能受蒙养之灵，而不解生活之神，是有墨无笔也。能受生活之神，而不变蒙养之灵，是有笔无墨也。"

石涛别出心裁地将蒙养、生活和笔墨联系起来，他认为，作画要将蒙养和生活结合起来，不能有了蒙养而缺少了生活，或者有了生活而缺少了蒙养，这都和笔墨的运用有直接关系。石涛指出，如果注意蒙养而忽视了生活，就是有墨无笔；注意到了生活而忽视了蒙养，就是有笔无墨。

石涛的蒙养有天地未开、元化初创之意。这便与墨联系起来，因为墨韵酣畅，淋漓流荡，正可见"天地真元气象"。从唐代以来，中国画就注意到通过酣畅淋漓的笔墨表达画家对宇宙的感觉。如杜甫的"墨气淋漓障犹湿"受到后代画家的普遍推重，就在于这句诗中表达出笔墨和宇宙纵深的联系。托名王维的《山水论》赞扬水墨，说其"肇自然之性，成造化之功"；北宋二米的云山墨戏之所以被后代视为南宗画的正宗，就在于其可在烟云飘渺之中，表现一种宇宙感。被称为南宗大家的黄公望也因其笔墨苍莽雄浑，被目为"俨然元化气象"。石涛将蒙养和墨联系起来，其画学背景正是这一传统。

石涛还将蒙养和灵联系起来，将生活和神联系起来，这也反映了石涛独特的审美观念。他说:“墨非蒙养不灵,笔非生活不神。”笔与墨是蒙养生活在技法上的落实,而神与灵又是在审美境界上的落实。石涛对神与灵是有所区分的,他要通过这一区分表现他的特别的思想。石涛这里涉及三种不同的神灵,一是天地的神灵,二是人的神灵,三是笔墨中所体现的神灵。这三种神灵一体相连。

四、资任

石涛“资任”概念素称难解。《画语录》共十八章,《资任》为最后一章,处于全文总结的位置,具有收摄全篇的意思,石涛这样安排有他特别的用意;《资任》又是十八章中最长的一章,石涛在不同的意义层次上运用“资任”这一概念,赋予其丰富的内涵,所以这一概念和《画语录》整个思想具有密切关系。对这个概念的解读是把握石涛绘画理论体系不可忽视的环节。

在《资任》章的八百多字的篇幅中,“资”出现了三次,“任”出现了六十六次。“资任”是一个偏正结构,“资”是资取、酌取的意思,“资任”也就是取任,中心词是“任”。《资任》主要谈的是“任”的问题。在《资任》中,六十六个“任”字根据不同的表达需要,分别形成几组不同的意思,分别是:受任、取任、胜任、保任和自任。几组意义之间互相关联,构成一种独特的意义系统,这一意义系统正是石涛所要突显的理论要义。

第一,受任。

《资任》开篇一段是一篇之主旨:“古之人,寄兴于笔墨,假道于山川,不化而应化,无为而有为,身不炫而名立。因有蒙养之功,生活之操,载之寰宇,已受山川之质也。”这段话无一言及“任”,却为本章“资任”的论述奠定了基调,即:山水画不是徒呈外在形貌的工具,而是通过笔墨,假借山川表现天地的内在之“质”与“乾坤之理”,表现大自然深层的蒙养生活之理。这是天赋之大任,如同孟子所说的

“天将降大任于斯人”，画家作画必须担当起表达山川蒙养生活之理的大任。这就是他“受任”说。以这样的“任”作为自己的目标，才是高明的画家，才能算是“真担当”。

石涛将表现天地精神的弘任分解到具体的创作中去。他说：“以墨运观之，则受蒙养之任；以笔操观之，则受生活之任；以山川观之，则受胎骨之任；以皴皴观之，则受画变之任。以沧海观之，则受天地之任；以坳堂观之，则受须臾之任；以无为观之，则受有为之任；以一画观之，则受万画之任；以虚腕观之，则受颖脱之任。”

墨运、笔操两句是从笔墨上进行总概的，即山水画以表现天地蒙养、生活之理为根本任务。“以山川观之，则受胎骨之任”，意思是：从山水画的基本构架看，它脱胎于元化（胎），显现于天地之间（骨），所以山水画必须要表达出这种“胎骨”，而不能空陈形似，就像《山川》所说的要将山川的质和饰结合起来。“以皴皴观之，则受画变之任”，皴皴是笔的体现，所以“笔之于皴也，开生面也”（《皴法》），皴法各具其形，从皴法来看，山水画必须表现出“画变”，即开生面，将自然生机勃勃的精神表现出来。“以沧海观之，则受天地之任”，此句从大的方面着眼，强调对广大旷远形象的描绘，要表现出海天苍茫、天迥地阔的境界；而“以坳堂观之，则受须臾之任”则是就小的方面来谈的，即通过一尘一沤一叶，表达时光短暂、人生如雪泥鸿爪的感叹。“以无为观之，则受有为之任”，是说创作者要无为不作，因为只有无为才能有为，所以，画家之所以要无为，那是因为他们担当了有为的大任。“以一画观之，则受万画之任”，为何要归于一画？那是因为画家担当了要表现天地生机活态（万画）的大任。“以虚腕观之，则受颖脱之任”，画家作画为何要虚腕？因为画家要神明变化、从容优游，如《运腕》所说的：“腕若虚灵，画能折变。”

第二，取任。

《资任》在谈受任之后，笔锋一转，谈资任的问题：“有是任者，必先资其任之所任,然后可以施之于笔。如不资之,则局隘浅陋,有不任其任之所为。”

“有是任”指表达山川蒙养生活之弘任。“必先资其任之所任”,资即资取、酌取。“资其任”的“任”,是天地之“任”,这个“任”显然不能解为任务,而是天地的化育力或创造精神。“必先资其任之所任”的意思是:绘画以表现天地精神为大任,要完成这一大任,必须循其本,即酌取天地的创造精神才能实现。如果仅局限于绘画的技法或者停留在涂抹事物的外在形态上,则“不任其任之所为”(意思是:其所为则不能胜任表现天地精神的大任)。石涛这里说的取任,就是取天之任,正像牟宗三所说的,这个天或者天道,也就是“创造性的本身(creativity itself)”①。根据这一思路,石涛接下去论述如何“取任”,即如何酌取天地创造力的问题。

石涛这里的“任”正是使用了孕育、滋生、滋养的意思。他的“且天之任于山无穷……”正是古汉语的惯常表达结构。石涛汲取中国生生哲学的精华,认为生生是宇宙的本质,天道即生生,宇宙间充满了无所不在的化育力,大化流衍,阴阳摩荡,而成盎然的生机世界。天地是一切生命的源泉,创造是天地最根本的精神,所谓创造就是生生不息、新新不停的精神。

第三,胜任。

石涛为画家悬一至高目标,即表现天地蒙养之理,石涛认为,要完成这一“代山川为言”的大任,必有所资取,依其逻辑,即酌取天地之精神,也就是原其本然,即“不化而应化,无为而有为”。不过,应化自然、无为不作是一总体原则,要求艺术家顺应自然,并不是让人匍匐在自然的脚下,做天地的奴隶;无为正是为了有为,回归一画不是为了回到绝对的零点;空诸万有,并不是像佛教那样要进入绝对的寂灭之中,而是要在空中追求灵动的意象创造;吮吸造化的精气元

① 牟宗三:《中国哲学的特征》,上海:上海古籍出版社,1998年,第22页。

阳，是为了铸造自己的创作精魂。所以石涛说："本之天而全之人。"本之天，天为本；全之人，在于发挥人的创造力，合天人之力，方可启动创化母机。天是人心中之天发现的世界，所以，石涛最终落实为个体的创造，并不是仰戴天的赐予。我们读石涛以下这段话，就可以知道他的理论倾向了："墨能栽培山川之形，笔能倾覆山川之势，……必使墨海抱负，笔山驾驭，然后广其用。所以八极之表，九土之变，五岳之尊，四海之广，放之无外，收之无内。"（《兼字》）

正是据于此，石涛提出"天之授人也，因其可授而授之"。（《兼字》）于此，石涛提出一个"胜任"的问题，这就是他在《资任》中所说的"浃洽斯任"。他说："人能受天之任而任，非山之任而任人也。"天地赋予人以生命，人生命的展开过程，就是天赋生生精神的铺展过程，人以及天地中的一切都源于创化，人和万物有同样的根源，也有同样的权利，所以他说："非山之任而任人也。"但人和山川的共通，是源头上的共通，所以人不能为山川的形式所束缚，人应该在山川之"质"上和天地实现共通，从而成为山川的代言人。他说："天能投人以法，不能授人以功；天能授人以画，不能授人以变。""凡事有经必有权，有法必有化，一知其经，即变其权；一知其法，即功于化。"本于天是经，是法，出乎我是权，是变；尊于法又变法，出乎恒成之道，又将这道化为自强不息的创造行为，权变在我手，创造的枢纽由我紧握，这就是本乎天而全乎人。石涛说："以一画测之，即可参天地之化育。"《中庸》中说"参赞化育"以及《易传》中所说的"裁成辅相"，都强调人合于天地之道，就能齐同天地，加入天地的创造序列，辅助赞襄天地的运动，这时天地的创造也就是我的创造，我不是天地的虔诚膜拜者，而和天地一样，都是创造之神。

第四，保任。

保任一意，也是石涛"资任说"的潜在意义，是石涛"资任说"的重要理论环节之一。这一语义也有汉语的语义阐释基础。"任"在汉语中有保任意。《淮南子·说山训》："不孝弟者，或詈父母，生子者，所不能任其必孝也，然犹养而保之。”高诱注：“任，保也。”

《资任》说：“人之所任于山不任于水者，是犹沉于沧海而不知其岸也，亦犹岸之不知有沧海也。是故知者知其畔岸，逝于川上，听于源泉而乐水也。”此中之“任”并非如有些研究者所解的“相信”“信任”①，而是“保任”。他说的是由观水而起意，由意而润心，最终怡然而得心灵之提升。因此，这里的“任于山”“任于水”即是从山水中得到性灵的颐养，所以解为“保任”更合适些。上节论山之语“仁者不迁于仁而乐山”，也强调通过观照得到性灵的提升。他所说的仁智之乐，并不是道德印证的愉悦，而是山水蒙养生活精神所引起的性灵提升。石涛谈蒙养，也将保任颐养的思想置于其中。接受了天地的大任，只有保任颐养，才能胜任。

第五，自任。

依石涛，天地中的山水草木花鸟虫鱼均是天地滋化而生，均由天之任而来，人的生命也是由天任之。万物均受任于天，这是就其本源而言。但石涛的目的并不在于为他的绘画主张找一个本体论的根源，而重在从天任万物、万物受任于天中引出“自任”的学说，这是他创造性的画学所需要的。

万物受任于天，皆有其存在之合理性，也决定了存在的差异性。石涛伸展个性的画学非常重视这种差异性。万物本于天，因而各得其性，其性之完满展开，即自然，即本性。所以石涛的“自任”也就是万物的自在呈现。虽然万物都是生生联系中一个纽结，但都有其存在之特点，丧失了这一特点，也就丧失了存在的可能性，即失去了“自性”，负于天之所任。

万物各有自性，人也有其自性。石涛由此展张了他对人受任于天因而自任其性的思想，所谓“天生自有一人职掌一人之事”正是指

① 如黄兰波：《石涛画语录译解》（北京：朝花美术出版社，1963年）将“任于山不任于水”之“任”解为“信”和“相信”（文见该书第64、68页）。

此。他说："我之为我，自有我在。古之须眉，不能生在我之面目；古之肺腑，不能安入我之腹肠。我自发我之肺腑，揭我之须眉。"我就是一个完足，就是一个充满，这是天资之性、天赋之权，古人不能剥夺我，古人以其差异性展现了他的独创性，我也应以我的差异性展现我的独创，一切外在的力量均不可剥夺我的权利。我只要做到自任，自性展露，才不枉于天任；回到一画，回到蒙养之源初，即回归自性；回到纯一不杂的本性，就是自性。

从这样的思路看石涛《资任》，一些一直疑窦丛生的论述，可能会涣然冰释。他说："此山自任而任也，不能迁山之任而任也"；"其水见任于瀛海、溟渤之间者，非此素行此任，则又何能通天下之血脉乎"。这里的"自任"，即"自我任持"①，"见任"即显现自我任持的特点，正因为"自任其任""素行其任"，山才谓之山，水才谓之水。进之，石涛提出"人能受天之任而任，非山之任而任也"，人受任于天，自有天任之权，故必须自我任持，所以山水不能任使我，山水不能改变我的质态，一如古人不能改变我一样。

故此，他在《画语录》的结尾语气极为激昂而又斩截地说："以一治万，以万治一。不任于山，不任于水，不任于笔墨，不任于古今，不任于圣人。是任也，是有其资也。"由此可见，他所谓资取山川之任，也就是资取山川蒙养生活之精神，资取一画，或者叫作破有法而至无法；他的资任，就是独任其任，任性灵在高天中飞扬，性灵的飞扬原本是造化所钟，是天之所任，是创化之元的体现。传统的力量（古）、时尚的力量（今）、权威的力量（圣）、一切既成的规则（笔墨）、一切有形的物态（山水之形），都不能牢笼我，——我就是我！资任自然，实

① 这里所用的"任持"一语出自佛学。唯识论认为，法性有一重要特点，就是自体任持，万相根源于一法之性，必有任持，不舍自性，山林任持山林之自性，方为山林，红叶任持红叶之自性，方为红叶，万法不逾自性，一逾自性，即同他流，红黄间出，自性即失。熊十力先生说："凡言法者，即明其本身是能自任持，而不至舍失其自体也。"（《十力语要》）

是资任我；资任在外，实是资任在内；到造化中求创造，实是到深心中求创造。所以，石涛的资任说，归结起来，实在是：不任于山，不任于水，不任于古今，任之在我也！是其所资也！

石涛的“自任”从另一角度言之，就是随运任化。自我任持和随运任化表面上看是矛盾的，其实并不矛盾。自我任持并不是固守自我、拒绝外物，那不是自性展张，而是自迷，是我执，自我任持即是解除外在法相和内在法理的束缚，进入无法的境界，从而与山光水色、岚霁烟霞相优游，这就是随运任化。

石涛的“资任”说包括五方面的内容：受任、取任、胜任、保任和自任，它们分属于不同的理论层次，从而构成一个自在循环的理论系统。在论述山水画创作问题时，受任确立了山水画创作的根本目标（即表现天地蒙养生活之理）；取任强调的是要完成这一目标所要选取的创作途径（即原其本然，酌取天地创造精神来创造山川境界）；胜任是从德配天地的角度，强调只有掘发画家生命深层的创造活力，才能有真担当；保任强调只有在造化中颐养，才能去除平庸和俚俗，将创造活力掘发出来；自任则是《资任》的落脚点，即资任在我。

这五个理论层次贯通一如，密合无间，诸义项之间构成了一个潜在的理论脉络，反映了“资任”说所包含的鲜明的理论倾向，即对人的创造力的资取。

参考文献

傅抱石：《明末石涛上人朱若极年谱》，见《新编中国名人年谱集成》第5辑，台北：商务印书馆，1978年。

郑拙庐：《石涛研究》，北京：人民美术出版社，1961年。

杨成寅：《石涛画学本义》，杭州：浙江人民美术出版社，1996年。

姜一涵：《石涛画语录研究》，台北：中国文化大学出版部，1982年。

韩林德：《石涛画语录研究》，南京：江苏美术出版社，1989年。

韩林德:《石涛评传》,南京:南京大学出版社,1998 年。
叶朗:《中国美学史大纲》,上海:上海人民出版社,1985 年。
朱良志:《〈石涛画语录〉讲记》,北京:中华书局,2018 年。

艺　概

［清］刘熙载

刘熙载（1813—1881），字伯简，号融斋，晚号寤崖子，江苏兴化人。道光二十四年（1844）进士，官至广东学政，补左春坊左中允，晚年主讲于上海龙门书院。著有《艺概》《昨非集》《说文叠韵》《持志塾言》等。《艺概》成书于1873年，1877年有岭南刊本等问世，20世纪初有四川成都官书局刻本、开明书店印行本等。

《艺概》共六卷，分为文概、诗概、赋概、词曲概、书概、经义概。所谓“概”者，概要也，通论除经义概之外的六种文学艺术形式，在具体的论述上，受到《文心雕龙》的影响，模仿“原始以表末，释名以章义，选文以定篇，敷理以举统”（《文心雕龙·序志》）的方法，对各类文学艺术形式从体制特点、历史发展、重要作品举论以及理论钩深等方面，一一论列。在写作方法上，也受到传统诗话、词话的影响，自由置论，结篇松散，但又与其有所不同，这就是在每一“概”，都有贯彻其中的内在脉络，形成了本书形式上松散结构，内容上却谨然有序的特点。刘熙载在《艺概》序言中说：“余平昔言艺，好言其概，……庄子取‘概乎皆尝有闻’；太史公叹‘文辞不少概见’，‘闻’‘见’皆以‘概’为言，非限于一曲也。盖得其大意，则小缺为无伤，且触类引伸，安知显缺者非即隐备者哉！”

从美学价值看，有论者认为，这是继《文心雕龙》之后又一部体大思精的著作，亦有论者认为，此书可以说是中国传统美学的总结性著作。我虽然不完全同意这些看法，但对此书的价值深信不疑。《艺概》是一部具有典型的中国作风中国气派的美学著作，这个“概”可以说是中国美学精神之“概”，不仅在形式上反映了中国美学的特点，在精神气质上也体现了中国美学的内脉。

本文据清同治刻古桐书屋六种本。

文　概

《左氏》叙事，纷者整之，孤者辅之，板者活之，直者婉之，俗者雅之，枯者腴之。剪裁运化之方，斯为大备。

杜元凯[1]序《左传》云：“其文缓。”吕东莱[2]谓：“文章从容委曲而意独至，惟左氏所载当时君臣之言为然，盖系圣人余泽未远，涵养自别，故其辞气不迫如此。”此可为元凯下一注脚，盖“缓”乃无矜无躁，不是弛而不严也。

孟子之文，至简至易，如舟师执柁，中流自在，而推移费力者不觉自屈，龟山杨氏[3]论《孟子》“千变万化，只说从心上来”，可谓探本之言。

庄子寓真于诞，寓实于玄，于此见寓言之妙。

文之神妙，莫过于能飞。庄子之言鹏曰“怒而飞”，今观其文，无端而来，无端而去，殆得“飞”之机者。乌知非鹏之学为周耶？

意出尘外，怪生笔端，庄子之文，可以是评之。其根极则《天下篇》已自道矣，曰：“充实不可以已。”

太史公文，精神气血，无所不具。学者不得其真际而袭其形似，此庄子所谓“非生人之行而至死人之理，适得怪焉”[4]者也。

文如云龙雾豹，出没隐见，变化无方，此《庄》、《骚》、太史所同。

太史公文，如张长史于歌舞战斗[5]，悉取其意与法以为草书。其秘要则在于无我，而以万物为我也。

文或结实，或空灵，虽各有所长，皆不免著于一偏。试观韩文，结实处何尝不空灵，空灵处何尝不结实。

东坡文虽打通墙壁说话，然立脚自在稳处。譬如舟行大海之中，把柁未尝不定，视放言而不中权者异矣。

文贵备四时之气，然气之纯驳厚薄，尤须审辨。

文之要，本领气象而已。本领欲其大而深，气象欲其纯而懿。

白贲占于贲之上爻，乃知品居极上之文，只是本色。[6]

文尚华者日落，尚实者日茂。其类在色老而衰，智老而多矣。

文贵法古，然患先有一古字横在胸中。盖文惟其是，惟其真。舍是与真，而于形模求古，所贵于古者果如是乎？

《易·系传》："物相杂故曰文。"《国语》："物一无文。"[7]徐锴《说文通论》："强弱相成，刚柔相形，故于文，人乂为文。"《朱子语录》："两物相对待故有文，若相离去，便不成文矣。"[8]为文者，盍思文之所由生乎！

《左传》："言之无文，行而不远。"[9]后人每不解何以谓之无文，不若仍用外传作注，曰："物一无文。"

《国语》言"物一无文"，后人更当知物无一则无文。盖一乃文之真宰，必有一在其中，斯能用夫不一者也。

注释

［1］杜元凯：杜预，字元凯，作《春秋左氏传注》。

［2］吕东莱：吕祖谦（1137—1181），南宋哲学家。《艺概》所引语见《东莱左传博议》。

［3］龟山杨氏：杨时（1053—1135），北宋哲学家，著有《龟山文集》。

［4］"非生人"二句：《庄子·天下》："慎到之道，非生人之行而至死人之理，适得怪焉。"

［5］张长史于歌舞战斗：张长史，唐代书法家张旭。唐韩愈《送高闲上人序》："往时张旭善草书，不治他伎。喜怒窘穷，忧悲愉佚，怨恨思慕，酣醉无聊不平，有动于心，必于草书焉发之。观于物，见山水崖谷，鸟兽虫鱼，草木之花实；日月列星，风雨水火，雷霆霹雳，歌舞战斗，天地事物之变；可喜可愕，一寓

于书。”

[6] “白贲占于贲之上爻”三句:《周易·贲·上九》:“白贲,无咎。”贲卦主要是谈文饰的卦,而在最上爻,却谈“白贲”(不要文饰)。这是《周易》“亢龙有悔”哲学思想的体现。中国美学于此引发出绚烂之极,归于平淡的思想。《文心雕龙·情采》:“贲象穷白,贵乎反本。”

[7] 物一无文:见《国语·郑语》:“声一无听,物一无文,味一无果,物一不讲。”

[8] 所引见《朱子语类》卷七十六,原作:“物相杂故曰文,如有君又有臣,便为君臣之文。是两物相对待在这里,故有文;若相离去不相干,便不成文矣。”

[9] 见《左传·襄公二十五年》:“仲尼曰:《志》有之:言以足志,文以足言。不言,谁知其志?言之无文,行而不远。”

诗　概

《诗纬·含神雾》曰:“诗者,天地之心。”《文中子》曰:“诗者,民之性情也。”[1]此可见诗为天人之合。

“心之忧矣,其谁知之”,此诗之忧过人也。“独寐寤言,永矢弗告”,此诗之乐过人也。[2]忧世乐天,固当如是。

“皎皎白驹,在彼空谷”,出乎外也。“我任我辇,我车我牛”,入乎中也。“雝雝鸣雁,旭日始旦”,宜其始也。“风雨如晦,鸡鸣不已”,持其终也。[3]

真西山[4]《文章正宗纲目》云:“《三百五篇》之诗,其正言义理者盖无几,而讽咏之间,悠然得其性情之正,即所谓义理也。”余谓诗或寓义于情而义愈至,或寓情于景而情愈深,此亦《三百五篇》之遗意也。

《古诗十九首》与苏、李同一悲慨,然古诗具有豪放旷达之意,与苏、李之于委曲含蓄,有阳舒阴惨之不同。知人论世者,自能得诸言外,固不必如钟嵘《诗品》谓《古诗》“出于国风”,李陵“出于楚辞”也。

李陵赠苏武五言但叙别愁，无一语及于事实，而言外无穷，使人黯然不可为怀。

《十九首》凿空乱道，读之自觉四顾踌躇，百端交集。诗至此，始可谓其中有物也已。

诗可数年不作，不可一作不真。陶渊明自庚子距丙辰十七年间，[5]作诗九首，其诗之真，更须问耶？彼无岁无诗，乃至无日无诗者，意欲何明？

陶诗"吾亦爱吾庐"，我亦具物之情也。"良苗亦怀新"，物亦具我之情也。[6]《归去来兮辞》亦云："善万物之得时，感吾生之行休。"

陶诗云："愿言蹑清风，高举寻吾契。"又云："即事如已高，何必升华嵩。"[7]可见其玩心高明，未尝不脚踏实地，不是偶然无所归宿也。

太白诗以《庄》《骚》为大源，而于嗣宗之渊放、景纯之俊上、明远之驱迈、玄辉之奇秀，[8]亦各有所取，无遗美焉。

李诗凿空而道，归趣难穷，由风多于雅，兴多于赋也。

幕天席地，友月交风，原是平常过活，非广己造大也。太白诗当以此意读之。

太白诗言侠、言仙、言女、言酒，特借用乐府形体耳。读者或认作真身，岂非皮相。

"有时白云起，天际自舒卷"，"却顾所来径，苍苍横翠微"，[9]即此四语，想见太白诗境。

杜诗高、大、深俱不可及。吐弃到人所不能吐弃为高，涵茹到人所不能涵茹为大，曲折到人所不能曲折为深。

杜诗只"有""无"二字足以评之。有者，但见性情气骨也；无者，不见语言文字也。

杜陵云："篇终接混茫。"夫篇终而接混茫，则全诗亦可知矣。且有混茫之人，而后有混茫之诗，故庄子云："古之人在混茫之中。"[10]

东坡诗善于空诸所有，又善于无中生有，机括实自禅悟中来。以辩才三昧而为韵言，固宜其舌底澜翻如是。

以鸟鸣春，以虫鸣秋，此造物之借端托寓也，绝句之小中见大似之。

绝句取径贵深曲，盖意不可尽，以不尽尽之。正面不写写反面，本面不写对面、旁面。须知睹影知竿乃妙。

乐之所起，雷出地，风过箫，发于天籁，无容心焉。而乐府之所尚可知。

文所不能言之意，诗或能言之。大抵文善醒，诗善醉，醉中语亦有醒时道不到者。盖其天机之发，不可思议也。

诗之所贵于言志者，须是以直温宽栗为本。不然，则其为志也荒矣，如《乐记》所谓“乔志”“溺志”[11]是也。

“昔我往矣，杨柳依依。今我来思，雨雪霏霏。”雅人深致，正在借景言情。若舍景不言，不过曰春望冬来耳，有何意味？然“黍稷方华，雨雪载途”[12]，与此又似同而异，须索解人。

山之精神写不出，以烟霞写之；春之精神写不出，以草树写之。故诗无气象，则精神亦无所寓矣。

凡诗迷离者要不间，切实者要不尽，广大者要不廓，精微者要不僻。

诗要超乎“空”“欲”二界。空则入禅，欲则入俗。超之之道无他，曰“发乎情止乎礼乎”而已。

诗质要如铜墙铁壁，气要如天风海涛。

诗不可有我而无古，更不可有古而无我。典雅、精神，兼之斯善。

诗中固须得微妙语，然语语微妙，便不微妙。须是一路坦易中，忽然触著，乃足令人神远。

花鸟缠绵，云雷奋发，弦泉幽咽，雪月空明；诗不出此四境。

注释

[1]《诗纬》：乃汉代纬书。《文中子》：即《中说》，隋哲学家王通（584—

618）私谥文中子，故《中说》又名《文中子》。

［2］“心之忧矣”二句：出自《诗经·魏风·园有桃》。“独寐寤言”二句：出自《诗经·卫风·考槃》。

［3］“皎皎白驹”二句：出自《诗经·小雅·白驹》。“我任我辇”二句：出自《诗经·小雅·黍苗》。“雝雝鸣雁”二句：出自《诗经·邶风·匏有苦叶》。“风雨如晦”二句：出自《诗经·郑风·风雨》。

［4］真西山：真德秀（1178—1235），南宋理学家，学者称其为西山先生。

［5］自庚子距丙辰十七年：即东晋340—356年。

［6］吾亦爱吾庐：《读山海经十三首》之一：“孟夏草木长，绕屋树扶疏。众鸟欣有托，吾亦爱吾庐。”良亩亦怀新：晋陶渊明《癸卯岁始春怀古田舍二首》之二：“秉耒欢时务，解颜劝农人。平畴交远风，良苗亦怀新。”

［7］“愿言蹑清风”二句：出自晋陶渊明《桃花源诗》。“即事如已高”二句：出自陶渊明《五月旦作和戴主簿》。

［8］嗣宗：阮籍（210—263），字嗣宗，三国魏文学家、思想家。景纯：郭璞（276—324），字景纯，西晋文学家。明远：鲍照（约414—466），字明远，南朝宋文学家。玄辉：谢朓（464—499），字玄晖，南朝齐诗人。

［9］“有时白云起”二句：唐李白《望终南山寄紫阁隐者》：“出门见南山，引领意无限。秀色难为名，苍翠日在眼。有时白云起，天际自舒卷。心中与之然，托兴每不浅。何当造幽人，灭迹栖绝巘。”“却顾所来径”二句：唐李白《下终南山过斛斯山人宿置酒》：“暮从碧山下，山月随人归。却顾所来径，苍苍横翠微。相携及田家，童稚开荆扉。绿竹入幽径，青萝拂行衣。……”

［10］篇终接混茫：唐杜甫《寄彭州高三十五使君适虢州岑二十七长史参三十韵》：“故人何寂寞？今我独凄凉。老去才难尽，秋来兴甚长。物情尤可见，词客未能忘。海内知名士，云端各异方。高岑殊缓步，沈鲍得同行。意惬关飞动，篇终接混茫。”古之人在混茫之中：《庄子·缮性》：“古之人，在混芒之中，与一世而得澹漠焉。”

［11］乔志、溺志：《礼记·乐记》：“宋音燕女溺志，卫音趋数烦志，齐音敖辟乔志。”

［12］“黍稷方华”二句：《诗经·小雅·出车》：“昔我往矣，黍稷方华。今我来思，雨雪载途。”

赋　概

屈子之缠绵，枚叔、长卿之巨丽，[1]渊明之高逸，宇宙间赋，归趣总不外此三种。

春有草树，山有烟霞，皆是造化自然，非设色之可拟。故赋之为道，重象尤宜重兴。兴不称象，虽纷披繁密而生意索然，能无为识者厌乎。

在外者物色，在我者生意，二者相摩相荡而赋出焉。若与自家生意无相入处，则物色只成闲事，志士遑问及乎？

赋取穷物之变。如山川草木，虽各具本等意态，而随时异观，则存乎阴阳晦明风雨也。

赋家之心，其小无内，其大无垠，故能随其所值，赋像班形，所谓“惟其有之，是以似之”也。

赋以象物，按实肖象易，凭虚构象难。能构象，象乃生生不穷矣。唐释皎然以“作用”论诗，可移之赋。

注释

[1] 枚叔：枚乘（？—前140），字叔，西汉辞赋家。长卿：司马相如（前179—前117），西汉辞赋家，字长卿。

词 曲 概

《说文》解“词”字曰：“意内而言外也。”徐锴[1]《通论》曰：“音内而言外，在音之内，在言之外也。”故知词也者，言有尽而音意无穷也。

东坡《定风波》云，“尚余孤瘦雪霜姿”；《荷华媚》云，“天然地别是风流标格”——“雪霜姿”“风流标格”，学坡词者，便可从此领取。

同甫《水龙吟》云："恨芳菲世界，游人未赏，都付与莺和燕。"言近指远，直有宗留守大呼渡河之意。[2]

陆放翁词，安雅清赡，其尤佳者在苏、秦间。然乏超然之致，天然之韵，是以人得测其所至。

东坡谓陶渊明诗："癯而实腴，质而实绮。"[3]余谓元刘静修之词亦然。

黄鲁直跋东坡《卜算子》"缺月挂疏桐"一阕云："语意高妙，似非吃烟火食人语，非胸中有万卷书，笔下无一点尘俗气，孰能至此！"余案：词之大要，不外厚而清。厚，包诸所有；清，空诸所有也。

词尚清空妥溜，昔人已言之矣。惟须妥溜中有奇创，清空中有沈厚，才见本领。

词，淡语要有味，壮语要有韵，秀语要有骨。

词之妙，莫妙于以不言言之。非不言也，寄言也。如寄深于浅，寄厚于轻，寄劲于婉，寄直于曲，寄实于虚，寄正于余，皆是。

司空表圣云："梅止于酸，盐止于咸，而美在酸咸之外。"严沧浪云："妙处透彻玲珑，不可凑泊，如水中之月，镜中之象。"此皆论诗也，词亦以得此境为超诣。

词贵得本地风光，张子野游垂虹亭，作《定风波》云："见说贤人聚吴分，试问，也应傍有老人星。"是时子野年八十五，而坐客皆一时名人，意确切而语自然，洵非易到。

昔人论词要"如娇女步春"，余谓更当有以益之，曰：如异军特起，如天际真人。

词或前景后情，或前情后景，或情景齐到，相间相融，各有其妙。

一转一深，一深一妙，此骚人三昧，倚声家得之，便自超出常境。

空中荡漾最是词家妙诀。上意本可接入下意，却偏不入。而于其间传神写照，乃愈使下意，栩栩欲动。楚辞所谓"君不行兮夷犹，蹇谁留兮中洲"[4]也。

姜白石词幽韵冷香，令人挹之无尽，拟诸形容，在乐则琴，在花则梅也。

词家称白石曰“白石老仙”,或问毕竟与何仙相似,曰:“藐姑冰雪,[5]盖为近之。”词或前景后情,或前情后景,或情景齐到,相间相融,各有其妙。

词要放得开,最忌步步相连;又要收得回,最忌行行愈远。必如天上人间,去来无迹,斯为入妙。

“词眼”二字,见陆辅之《词旨》。其实辅之所谓眼者,仍不过某字工,某句警耳。余谓眼乃神光所聚,故有通体之眼,有数句之眼,前前后后无不待眼光照映。若舍章法而专求字句,纵争奇竞巧,岂能开阖变化,一动万随耶?

词之为物,色香味宜无所不具。以色论之,有借色,有真色。借色每为俗情所艳,不知必先将借色洗尽,而后真色见也。

注释

[1] 徐锴(920—974),五代北宋初年语言文字学家。

[2] 同甫:陈亮(1143 —1194),字同甫,南宋哲学家、文学家,学者称龙川先生,有《龙川词》。宗留守大呼渡河之意:宗留守,南宋抗金名臣宗泽。《宋史·宗泽传》云:“泽前后请上还京二十余奏,每为潜善等所抑,忧愤成疾,……泽叹曰:‘出师未捷身先死,长使英雄泪满襟。’翌日,风雨昼晦,泽无一语及家事,但连呼‘过河’者三而薨,都人号恸。”

[3] 癯(qú)而实腴,质而实绮:宋苏轼《追和陶渊明诗引》:“吾于诗人,无所甚好,独好渊明之诗。渊明作诗不多,然其诗质而实绮,癯而实腴。”癯,瘦。

[4] “君不行兮夷犹”二句:语出《楚辞·九歌·湘君》。

[5] 藐姑冰雪:《庄子·逍遥游》:“藐姑射之山,有神人居焉,肌肤若冰雪,绰约若处子。不食五谷,吸风饮露,乘云气,御飞龙,而游乎四海之外。”

书　概

圣人作《易》,立象以尽意。意,先天,书之本也;象,后天,书之用也。

孙过庭《书谱》云："篆尚婉而通。"余谓此须婉而愈劲，通而愈节，乃可。不然，恐涉于描字也。

篆书要如龙腾凤翥，观昌黎歌《石鼓》可知。或但取整齐而无变化，则椠人[1]优为之矣。

古人草书，空白少而神远，空白多而神密。俗书反是。

怀素自述草书所得，谓观夏云多奇峰，尝师之。然则学草者径师奇峰可乎？曰：不可。盖奇峰有定质，不若夏云之奇峰无定质也。

他书法多于意，草书意多于法。故不善言草者，意法相害；善言草者，意法相成。草之意法，与篆隶正书之意法，有对待，有旁通；若行，固草之属也。

昔人言："为书之体，须入其形，以若坐、若行、若飞、若动、若往、若来、若卧、若起、若愁、若喜状之"，[2]取不齐也。然不齐之中，流通照应，必有大齐者存。故辨草者，尤以书脉为要焉。

草书之笔画，要无一可以移入他书，而他书之笔意，草书却要无所不悟。

草书尤重笔力。盖草势尚险，凡物险者易颠，非具有大力，奚以固之？

草书尤重筋节，若笔无转换，一直溜下，则筋节亡矣。虽气脉雅尚绵亘，然总须使前笔有结，后笔有起，明续暗断，斯非浪作。

草书渴笔，本于飞白。[3]用渴笔分明认真，其故不自渴笔始。必自每作一字，笔笔皆能中锋双钩得之。

欲作草书，必先释智遗形，以至于超鸿蒙，混希夷，然后下笔。古人言"匆匆不及草书"[4]，有以也。

蔡邕洞达，钟繇茂密。余谓两家之书同道，洞达正不容针，茂密正能走马。此当于神者辨之。

崔子玉[5]《草书势》云："放逸生奇。"又云："一画不可移。""奇"与"不可移"合而一之，故难也。

张伯英[6]草书隔行不断，谓之"一笔书"，盖隔行不断，在书体均齐者犹易，惟大小疏密，短长肥瘦，倏忽万变，而能潜气内转，乃称神境耳。

索靖书如飘风忽举，鸷鸟乍飞，其为沉着痛快极矣。论者推之为北宗，以欧阳信本书为其支派，说亦近是，然三日观碑之事，不足引也。[7]

右军书"不言而四时之气亦备"[8]，所谓"中和诚可经"也。以毗刚毗柔之意学之，总无是处。

右军书以二语评之，曰：力屈万夫，韵高千古。

北书以骨胜，南书以韵胜。然北自有北之韵，南自有南之骨也。

南书温雅，北书雄健。南如袁宏之《牛渚讽咏》[9]，北如斛律金之《敕勒歌》。然此只可拟一得之士，若母群物而腹众才者，风气固不足以限之。

李阳冰篆活泼飞动，全由力能举其身。一切书皆以身轻为尚，然除却长力，别无轻身法也。

欧、虞并称，其书方圆刚柔，交相为用。善学虞者和而不流，善学欧者威而不猛。

孙过庭草书，在唐为善宗晋法。其所书《书谱》，用笔破而愈完，纷而愈治，飘逸愈沈著，婀娜愈刚健。

书之要，统于"骨气"二字。骨气而曰洞达者，中透为洞，边透为达。洞达则字之疏密肥瘦皆善，否则皆病。

书家于提、按二字，有相合而无相离。故用笔重处正须飞提，用笔轻处正须实按，始能免堕，飘二病。书有振、摄二法。索靖之笔短意长，善摄也；陆柬之[10]之节节加劲，善振也。

行笔不论迟速，期于备法。善书者虽速而法备，不善书者虽迟而法遗。然或遂贵速而贱迟，则又误矣。

古人论用笔，不外疾、涩二字。涩非迟也，疾非速也。以迟速为疾涩而能疾涩者，无之！

用笔者皆习闻涩笔之说，然每不知如何得涩。惟笔方欲行，如有物以拒之，竭力而与之争，斯不期涩而自涩矣。涩法与战掣同一机窍，[11]第战掣有形，强效转至成病，若涩之隐以神运耳。

结字疏密须彼此互相乘除，故疏不嫌疏，密不嫌密也。然乘除不惟于疏密用之。

字形有内抱，有外抱。如上下二横，左右二竖，其有若弓之背向外，弦向内者，内抱也。背向内，弦向外者，外抱也。篆不全用内抱，而内抱为多；隶则无非外抱。辨正、行、草书者，以此定其消息，便知于篆隶孰为出身矣。

书一于方者，以圆为模棱；一于圆者，以方为径露。盖思地矩天规，不容偏有取舍。

书宜平正，不宜敧侧。古人或偏以敧侧胜者，暗中必有拨转机关者也。《画诀》有“树木正，山石倒；山石正，树木倒”，[12]岂可执一石一木论之。

书要有曲而直体，直而有曲致。若弛而不严，剽而不留，则其所前曲直者误矣。

书要兼备阴阳二气。大凡沉著屈郁，阴也；奇拔豪达，阳也。

高韵深情，坚质浩气，缺一不可以为书。

书要力实而气空，然求空必于其实，未有不透纸而能离纸者也。

字要有果敢之力，骨也；有含忍之力，筋也。用骨得骨，故取指实，要筋得筋，故取腕悬。

凡论书气，以士气为上。若妇气、兵气、村气、市气、匠气、腐气、伧气、俳气、江湖气、门客气、酒肉气、蔬笋气，皆士兵之弃也。

书要心思微，魄力大。微者条理于字中，大者旁礴乎字外。

笔画少处，力量要足，以当多；瘦处，力量要足，以当肥。信得“多少”“肥瘦”形异而实同，则书进矣。

司空表圣之《二十四诗品》，其有益于书也，过于庾子慎[13]之《书品》。盖庾《品》只为古人标次第，司空《品》足为一已陶胸次也。

此惟深于书而不狃于书者知之。

书与画异形而同品。画之意象变化,不可胜穷,约之,不出神、能、逸、妙四品而已。

论书者曰"苍"、曰"雄"、曰"秀",余谓更当益一"深"字。凡苍而涉于老秃,雄而失于粗疏,秀而入于轻靡者,不深故也。

学书者始由不工求工,继由工求不工。不工者,工之极也。《庄子·山木篇》:"既雕既琢,复归于朴",善夫!

怪石以丑为美,丑到极处,便是美到极处。一丑字中丘壑未易尽言。

俗书非务为妍美,则故托丑拙。美丑不同,其为为人之见一世。

杨子以书为心画,故书也者,心学也。心不若人而欲书之过人,其勤而无所也宜矣。

笔性墨情,皆以其人之性情为本。是则理性情者,书之首务也。

书要有为,又要无为,脱略安排俱不是。

书,阴阳刚柔不可偏陂,大抵以合于《虞书》九德为尚。

书,如也,如其学,如其才,如其志,总之曰如其人而已。

写字者,写志也。故张长史授颜鲁公曰:"非志士高人,讵可与言要妙?"

宋画史解衣槃礴,[14]张旭脱帽露顶,不知者以为肆志,知者服其有志不纷。

钟繇《笔法》云:"笔迹者,界也;流美者,人也。"右军《兰亭序》言"因寄所托","取诸怀抱",似亦隐寓书旨。

张融[15]云:"非恨臣无二王法,恨二王无臣法。"余谓但观此言,便知其善学二王。倘所谓见过于师,仅堪传授者与?

东坡论吴道子书"出新意于法度之中,寄妙理于豪放之外"。推之于书,但尚法度与豪放,而无新意妙理,末矣。

学书通于学仙,炼神最上,炼气次之,炼形又次之。

书贵入神,而神有我神他神之别。入他神者,我化为古也;入我神者，古化为我也。

书当造乎自然。蔡中郎但谓书肇于自然，此立天定人，尚未及乎由人复天也。

学书者有二观，曰观物，曰观我。观物以类情，观我以通德。如是则书之前后莫非书也，而书之时可知矣。

注释

［1］椠(qiàn)人：指刻工。古代削木为牍，没有书写过的素牍叫椠。

［2］"为书之体"以下数句：语见东汉蔡邕《笔论》。

［3］渴笔：书法笔法术语，笔中含墨较少，书成丝丝露白，称为渴笔。飞白：古代书体之一，又称草篆，传东汉蔡邕善飞白。今人将书法笔画中干枯的笔触也称为飞白。

［4］匆匆不及草书：本作"匆匆不暇草书"，语出晋卫恒《四体书势》。对此语历来有不同的解释，或以为意即匆忙之间无法写好草书，或以为是因时间匆忙，不暇他书，所以写下草书。刘熙载于此用的是前一种意思。

［5］崔子玉(77—142)：汉代书法家崔瑗，字子玉，书法李斯，精篆书。

［6］张伯英：张芝(？—约192)，字伯英，汉代书法家。唐张怀瓘《书断》上："然伯英学崔、杜之法，温故知新，因而变之以成今草，转精其妙，字之体势，一笔而成，偶有不连而血脉不断，及其连者，气候通其隔行，唯王子敬明其深指，故行首之字，往往继前行之末，世称一笔书者，起自张伯英，即此也。"

［7］索靖(239—303)：晋书法家。欧阳信本：欧阳询(557—641)，字信本，唐代书法家。

［8］不言而四时之气亦备：唐李嗣真《书后品》："右军正体，如阴阳四时，寒暑调畅，岩廊宏敞，簪裾肃穆。"

［9］袁宏之《牛渚讽咏》：晋袁宏，字彦伯，小字虎。《续晋阳秋》曰："虎少有逸才，文章绝丽，曾为《咏史诗》，是其风情所寄。少孤而贫，以运租为业，谢尚时镇牛渚，乘秋佳风月，微服泛江，会虎在运租船中讽咏。声既清会，辞又藻拔，非尚所曾闻。乃遣问讯，答曰：是袁临汝郎诵诗。即其咏史之作也。"

［10］陆柬之：唐代书法家，虞世南甥。传世墨迹有《文赋》等。

［11］涩法：刘熙载论书主疾、涩并用，此受王羲之影响，王羲之谓："势疾则

涩。”(《记白云先生书诀》)战掣:又称“颤笔”“战笔”,运笔时笔锋微微向笔画两侧颤动行进,以创造遒劲而富有变化的线条。

[12] 此画诀语,见《苦瓜和尚画语录》:“如树木正,山石倒;山石正,树木倒,皆倒景也。”

[13] 庾子慎:庾肩吾,字子慎,新野人,梁度支尚书,著有《书品》一卷。此书以三品品书,每品中又分三等,共九等。

[14] 宋画史解衣槃礴羸:《庄子·田子方》:“宋元君将画图,众史皆至,受揖而立;舐笔和墨,在外者半。有一史后至者,儃儃然不趋,受揖不立,因之舍。公使人视之,则解衣般礴羸。君曰:可矣,是真画者也。”

[15] 张融:南朝齐书法家,字思光。

解　说

刘熙载是一位哲学家,他对儒家哲学有较深的造诣,其美学思想可以说是其易学思想的展开。宗白华先生说:中国人的根本宇宙观是《易经》上所说的“一阴一阳之谓道”。中国美学贯彻了此一精神。刘熙载的美学实际上就是以此为思想基础的。

刘熙载说:“道只是个常,常必合对待与流行者观之。遇盈谓盈,遇虚谓虚,遇消谓消,遇息谓息,难以知常矣。”(《持志塾言》下)

所谓“对待”和“流行”本是南宋哲学家朱熹对《周易》精神的概括。他以为,《周易》的“一阴一阳之谓道”的哲学就是以此二翼而展开的。他以为,“易只是一阴一阳”,而阴阳体现为“对待”和“流行”二端。从“对待”的角度看,世界的一切都可以分为阴阳二端,世界的一切都具有相互对待之关系,都是联系的存在。易以阴阳两个符号去范围天地、包括人伦,就是为了复演世界的这一关系。从“流行”的角度看,阴阳相联的世界,是一个相摩相荡的世界,一个运演不息的展开过程,流行不已、生生不息,剥尽复来,损后益至,泰去否归,流转如如。《周易》“一阴一阳之谓道”的哲学精髓,体现为联系和变易两端，“对待”是“流行”中的“对待”，“流行”是“对待”中的“流行”。

刘熙载视此为“常道”。这个“常道”被他当作中国艺术、美学的常道。刘熙载认为，宇宙为一生命世界，一流动欢畅之大全体，一切对象为一彼摄相因、此起彼伏、相反相成的关系性的存在，正因其彼此之间既联系又冲荡的关系，成就一盎然的生命空间。艺术家之创造，必须要契合这大化运行的节奏，去摄取生命的精意。这就是刘熙载艺术哲学的基础。

刘熙载扣住这一“常道”，从中抽绎出一些重要的思想。他说：

> 《易·系传》：“物相杂故曰文。”《国语》：“物一无文。”徐锴《说文通论》：“强弱相成，刚柔相形，故于文，人乂为文。”《朱子语录》：“两物相对待故有文，若相离去，便不成文矣。”为文者，盍思文之所由生乎！
>
> 《左传》：“言之无文，行之不远。”后人每不解何以谓之无文，不若仍用外传作注，曰：“物一无文。”

刘熙载继承中国哲学“物一无文”的思想。在中国早期典籍中，“文”所表达的意思很普泛，它是和自然相对的一个概念，一切人所创造的文化都可叫作“文”。但在汉字中，“文”本是一种交叉纹理的象形符号，汉字中所隐含的交叉互动、相互关系的内涵成了中国人对人文看法的“基因”。似乎《周易·系辞上》的“物相杂，故曰文”和《国语·郑语》中的“物一无文”都与此有关系。刘熙载所引录的朱熹“两物相对待故文；若相离去，便不成文矣”的观点也是如此。中国哲学的核心在于“生生”，“生生”在于世界的运动，而运动奠基于世界的“对待”之关系。

刘熙载就是从“对待”中去发现他的生命美学的秘密的。

如他论述艺术形式法则，就是在“对待”中追求艺术生命“流行”之妙理。他在论文章写作时说：“通其变，遂成天地之文，一阖一辟谓之变，然则文法之变可知已矣。”

他在论述书法的形式法则时，多次展开类似的思考，他说：“书，阴阳刚柔不可偏陂，大抵以合于《虞书》九德为尚。”“书要兼备阴阳二气。大凡沉著屈郁，阴也；奇拔豪达，阳也。”一阴一阳之谓道，书法生命构成亦当作如是观。阴阳相对，故有联系；相摩相荡，产生节奏。刘熙载抓住书法节奏这一灵魂，对书法进行纵深论述，将欲取之，必固与之；将欲扬之，必固抑之；将欲飞之，必固敛之。收处就是放处，伏处就是起处，枯处就是生处，丑处就是美处，拙处就是工处。如他说：

> 学书者始由不工求工，继由工求不工。不工者，工之极也。
>
> 怪石以丑为美，丑到极处，便是美到极处。一丑字中丘壑未易尽言。
>
> 昔人言：“为书之体，须入其形，以若坐、若行、若飞、若动、若往、若来、若卧、若起、若愁、若喜状之”，取不齐也。然不齐之中，流通照应，必有大齐者存。
>
> 蔡邕洞达，钟繇茂密。余谓两家之书同道，洞达正不容针，茂密正能走马。
>
> 古人论用笔，不外疾、涩二字。涩非迟也，疾非速也。

工与不工、齐与不齐、静与动、长与短、疏与密、迟与速、疾与涩，等等，它们之间相互关联，不可分割，从而成就独特的艺术节奏。

刘熙载对物我关系的论述也富有此一色彩。中国古代哲学有“经天纬地谓之文”的说法，《易传》中有“参伍错综”的哲学。在外为天文，在内为人文，天文和人文错综其数，所谓“观乎天文，以察时变；观乎人文，以化成天下”；“仰观宇宙之大，俯察品类之盛”等等，都强调世界是联系的世界，世界在对待中流行，必须以流动的眼光“流观”这个世界，俯仰优游，从容迭宕。刘熙载以这一“游”的精神来构筑他的艺术创造论。他在论赋体时说：“在外者物色，在我者生意，二者相摩相荡而赋出焉。”一切艺术创造都来源于物我之间的相互“摩荡”。所以，他论诗时说：“《诗纬·含神雾》曰：‘诗者，天地之心。’《文中子》曰：‘诗者，民之性情也。’此可见诗为天人之合。”论书法时说：“学书者有二观，曰观物，曰观我。观物以类情，观我以通德。如是则书之前后莫非书也，而书之时可知矣。”一脉艺术的清流在天人之间流动，一腔艺术的情怀在天人之间舒卷。用他在《持志》中的话说就是：“人与天地相感应，只为元来是一个。”

这种精神化为一种不粘不滞的创造方式，不滞于一点，不局于一曲，形成刘熙载美学的独特内涵。如他欣赏的“赋家之心”：“赋家之心，其小无内，其大无垠，故能随其所值，赋像班形。”随其所值，而俯仰自如，这充满了活泼泼的美学情调。他说：“陶诗‘吾亦爱吾庐’，我亦具物之情也。‘良苗亦怀新’，物亦具我之情也。《归去来兮辞》亦云：‘善万物之得时，感吾生之行休。’”万物皆流，天地为一，艺术家之心乃是对世界的深情关注，在艺术家的流观中，我也具物之情，物也具我之意，物我一如，款款相合，物我之间有深沉的优游潆洄。

正因此，人与自然的关系，不是何者为主、何者为次的主次关系，而是深沉的交融。他有一则很著名的话：“书当造乎自然。蔡中郎但谓书肇于自然，此立天定人，尚未及乎由人复天也。”匍匐在自然之下，并不是艺术的坦途；对自然的气指颐使，并不能成就“大人主义”的情怀。“造乎自然”是艺术家的唯一门径，立足于人与自然深沉契合中的创造，而不是强调对自然的片面、廉价的服从，才能创造出真正的艺术作品。

更进一步，刘熙载论艺强调“物一无文”，同时又强调“物无一则无文”。前者的“一”是单一，后者的“一”乃统一，总合。《文概》云：“《国语》言‘物一无文’，后人更当知物无一则无文。盖一乃文之真宰，必有一在其中，斯能用夫不一者也。”其思想根源显然来自《周易》，是“一阴一阳之谓道”这个命题所含之意。《周易》认为，“易有太极，是生两仪”，分而为阴阳相摩相荡，是为动，然而“天下之动，贞夫一者”。刘熙载正以这个“一”为艺术的灵魂，二为杂多，一为统领。二而为一，故守常处变，静而不乱。一而分二，故动出应多，流转不息。如他谈书法时，既注意到阴阳相摩相荡所产生的种种变化，同时又以“一”统领之，控驭之。如他说：“崔子玉《草书势》云：‘放逸生奇。'又云:'一画不可移。''奇'与'不可移'合而一之,故难也。张伯英草书隔行不断,谓之'一笔书',盖隔行不断,在书体均齐者犹易,惟大小疏密,短长肥瘦,倏忽万变,而能潜气内转,乃称神境耳。""奇"是荡迹回环,是放;"一画"是内在气脉,是收。正如他对"一笔书"的诠释,并非是笔画相连不断,而是潜气内转,有内在的生命之流,这就是"一"。

刘熙载还在"一"的基础上,置入他的自然为上的美学观念。归于一,就是归于天,归于本,归于自然而然的呈现方式。文本同而末异,艺道变化,无所不有,然会之有元,归之有本,回复常道,乃为艺不刊之法则。他在《游艺约言》中写道:"无为者,性也,天也。有为者,学也,人也。学以复性,人以复天,是有为仍蕲至于无为也,画家逸品出能品之上,意之所通者广矣。""作书当如自天而来,不然,则所谓为者败之,执者失之,昔人谓好诗必是拾得,书亦尔尔。"无为为本,有为为用;无为为天然本性,有为为变化万方。艺术创造,妙在能变,然变中有常,万变不离宗极。这个宗极就是自然之性。"文莫贵于深造自得。深造,人之尽也;自得,天之道也。"刘熙载于此要表现的美学思想是:既要放逸于创造,又要返归于天然,方能合天人之道。

他对"饰"的解释颇有思致,《游艺约言》云:"文之不饰者,乃饰之极,盖人饰不如天饰也。是故易言白贲。"《艺概》云:"白贲占于贲之上爻,乃知品居极上之文,只是本色。"这正是刘勰所说的"贲象穷白,贵乎反本"。饰而不饰,方有大妙。用一句刘熙载所引录的禅语概括,就是"本地风光"。

参考文献

王气中笺注:《艺概笺注》,贵阳:贵州人民出版社,1986 年。

薛正兴点校:《刘熙载文集》,南京:江苏古籍出版社,2000 年。

刘立人、陈文和点校:《刘熙载集》,上海:华东师范大学出版社,1992 年。

《刘熙载传》,《民国续修兴化县志·人物志》。

《刘熙载传》,《清代朴学大师传·小学家列传》第十二。

余木编:《刘熙载年表》,《刘熙载美学思想研究论文集》附录一,成都:四川大学出版社,1993年。

相川政行:《刘融斋先生略年谱稿》,《东京学艺大学纪要》第三十二辑,1980年。

夏敬观:《刘融斋诗概诠说》,《同声》,1941年11月—1942年3月。

徐林祥主编:《刘熙载美学思想研究论文集》,成都:四川大学出版社,1993年。

叶朗:《中国美学史大纲》,上海:上海人民出版社,1985年。

人间词话

［清末民初］王国维

王国维（1877—1927），字静安（或作静庵），号观堂，浙江海宁人。早年在通州师范学堂、江苏师范学堂任教，后避难日本，回国后到上海应英籍犹太商人哈同之聘，主编《学术丛编》杂志，1922年被聘为北京大学研究所国学门通信导师，1923年做清逊帝溥仪的南书房行走，1925年任清华研究院教授，为著名的清华四导师之一，1927年自沉于颐和园昆明湖。是我国近代历史上的著名学者，在古文字研究、西北史地和蒙古史料研究、中国戏曲史研究、词学研究等方面都做出重要贡献。王国维又是对中国美学做出重要贡献的学者，《人间词话》便是他在美学方面的代表作。

本文所录为《人间词话》全部内容。据中华书局2012年出版的徐调孚校注本。

一

词以境界为最上。有境界则自成高格，自有名句。五代北宋之词所以独绝者在此。

二

有造境，有写境，此理论与写实二派之所由分。然二者颇难分别。因大诗人所造之境，必合乎自然，所写之境，亦必邻于理想故也。

三

有有我之境，有无我之境。“泪眼问花花不语，乱红飞过秋千去”，[1]“可堪孤馆闭春寒，杜鹃声里斜阳暮”，[2]有我之境也。“采菊东篱下，悠然见南山”，“寒波澹澹起，白鸟悠悠下”，[3]无我之境也。有我之境，以我观物，故物皆著我之色彩。无我之境，以物观物，[4]故不知何者为我，何者为物。古人为词，写有我之境者为多，然未始不能写无我之境，此在豪杰之士能自树立耳。

注释

［1］词见南唐冯延巳《阳春集》，词牌为《鹊踏枝》，但李清照在其《临江仙》序中说，此词为欧阳修所作，南宋黄升《花庵词选》也题作欧词，当为可信。

［2］词见秦观《踏莎行》：“雾失楼台，月迷津渡。桃源望断无寻处。可堪孤馆闭春寒，杜鹃声里斜阳暮。　驿寄梅花，鱼传尺素。砌成此恨无重数。郴江幸自绕郴山，为谁流下潇湘去。”

［3］见元好问《颍亭留别》：“故人重分携，临流驻归驾。乾坤展清眺，万景若相借。北风三日雪，太素秉元化。九山郁峥嵘，了不受陵跨。寒波澹澹起，白鸟幽幽下。怀归人自急，物态本闲暇。壶觞负吟啸，尘土足悲咤。回首亭中人，平林澹如画。”

［4］关于以物观物，中国古代哲学有类似的论述。《庄子·山木》：“若夫乘道德而浮游则不然。无誉无訾，一龙一蛇，与时俱化，而无肯专为；一上一下，以和为量，浮游乎万物之祖；物物而不物于物，则胡可得而累邪！”宋邵雍《观物内篇》：“人之所以能一万物之情者，谓其圣人之能反观也。所以谓之反观者，不

以我观物也；不以我观物者，以物观物之谓也。既能以物观物，又安有我于其间哉？”

四

无我之境，人唯于静中得之。有我之境，于由动之静时得之。故一优美，一宏壮也。[1]

注释

[1] 关于壮美和优美的区分，王国维多有论及，如《红楼梦评论》云：“美之为物有二种：一曰优美，二曰壮美。苟一物焉，与吾人无利害之关系，而吾人之观之也，不观其关系，而但观其物；或吾人之心中，无丝毫生活之欲存，而其观物也，不视为与我有关系之物，而但视为外物，则今之所观者，非昔之所观者也。此时吾心宁静之状态，名之曰优美之情，而谓此物曰优美。若此物大不利于吾人，而吾人生活之意志为之破裂，因之意志遁去，而知力得为独立之作用，以深观其物，吾人谓此物曰壮美，而谓其感情曰壮美之情。”

五

自然中之物，互相关系，互相限制。然其写之于文学及美术中也，必遗其关系、限制之处。故虽写实家，亦理想家也。又虽如何虚构之境，其材料必求之于自然，而其构造，亦必从自然之法则，故虽理想家，亦写实家也。

六

境非独谓景物也。喜怒哀乐，亦人心中之一境界。故能写真景物、真感情者，谓之有境界。否则谓之无境界。

七

"红杏枝头春意闹",[1]著一"闹"字,而境界全出。"云破月来花弄影",[2]著一"弄"字,而境界全出矣。

注释

[1] 见宋祁《玉楼春》:"东城渐觉风光好,縠(hú)皱波纹迎客棹。绿杨烟外晓寒轻,红杏枝头春意闹。浮生长恨欢娱少,肯爱千金轻一笑。为君持酒劝斜阳,且向花间留晚照。"

[2] 见张先《天仙子》〔中吕调〕:"水调数声持酒听,午醉醒来愁未醒。送春春去几时回,临晚镜,伤流景。往事后期空记省。　沙上并禽池上暝,云破月来花弄影。重重帘幕密遮灯,风不定,人初静。明日落红应满径。"

八

境界有大小,然不以是而分优劣。"细雨鱼儿出,微风燕子斜",[1]何遽不若"落日照大旗,马鸣风萧萧"。[2]"宝帘闲挂小银钩",[3]何遽不若"雾失楼台,月迷津渡"也。

注释

[1] 见杜甫《水槛遣心二首》之一:"去郭轩楹敞,无村眺望赊。澄江平少岸,幽树晚多花。细雨鱼儿出,微风燕子斜。城中十万户,此地两三家。"

[2] 见杜甫《后出塞五首》之二:"朝进东门营,暮上河阳桥。落日照大旗,马鸣风萧萧。平沙列万幕,部伍各见招……"

[3] 见秦观《浣溪沙》:"漠漠轻寒上小楼,晓阴无赖似穷秋。淡烟流水画屏幽。自在飞花轻似梦,无边丝雨细如愁。宝帘闲挂小银钩。"

九

严沧浪《诗话》谓:“盛唐诸公,唯在兴趣。羚羊挂角,无迹可求。故其妙处,透澈玲珑,不可凑拍。如空中之音,相中之色,水中之影,镜中之象,言有尽而意无穷。”[1]余谓:北宋以前之词,亦复如是。然沧浪所谓“兴趣”,阮亭[2]所谓“神韵”,犹不过道其面目。不若鄙人拈出“境界”二字,为探其本也。

注释

[1]《沧浪诗话》原作:“盛唐诸人,惟在兴趣,羚羊挂角,无迹可求。故其妙处,透彻玲珑,不可凑泊,如空中之音、相中之色、水中之月、镜中之象,言有尽而意无穷。”

[2] 阮亭:清诗人王士祯,号阮亭,又号渔阳山人。其论诗提出“神韵说”。

十

太白纯以气象胜。“西风残照,汉家陵阙”,[1]寥寥八字,遂关千古登临之口。后世唯范文正之《渔家傲》[2]、夏英公之《喜迁莺》[3]差足继武,然气象已不逮矣。

注释

[1] 李白《忆秦娥》:“箫声咽,秦娥梦断秦楼月。秦楼月,年年柳色,霸陵伤别。乐游原上清秋节,咸阳古道音尘绝。音尘绝,西风残照,汉家陵阙。”

[2] 范文正即范仲淹,其词《渔家傲·秋思》:“塞下秋来风景异,衡阳雁去无留意。四面边声连角起,千嶂里,长烟落日孤城闭。　　浊酒一杯家万里,燕然未勒归无计。羌管悠悠霜满地,人不寐,将军白发征夫泪。”

[3] 夏英公即夏竦,其词《喜迁莺》:“霞散绮,月沈钩,帘卷未央楼。夜凉银汉截天流,宫阙锁清秋。　　瑶阶曙,金盘露,凤髓香和烟雾。三千珠翠拥宸

游，水殿按凉州。”（他本文字稍异，此据《全宋词》）

十一

张皋文谓飞卿之词“深美闳约”，[1]余谓此四字，唯冯正中[2]足以当之。刘融斋谓“飞卿精妙绝人”，[3]差近之耳。

注释

[1] 张皋文：清词评家张惠言。其《词选叙》云：“唐之词人，温庭筠最高，其言深美闳约。”

[2] 冯正中：南唐词人冯延巳。

[3] 刘融斋：清艺术评论家刘熙载。《艺概 · 词曲概》：“温飞卿词精妙绝人，然类不出乎绮怨。”

十二

“画屏金鹧鸪”，[1]飞卿语也，其词品似之。“弦上黄莺语”，[2]端己语也，其词品亦似之。正中词品，若欲于其词句中求之，则“和泪试严妆”，[3]殆近之欤。

注释

[1] 见温庭筠《更漏子》：“柳丝长，春雨细，花外漏声迢递。惊塞雁，起城乌，画屏金鹧鸪。　香雾薄，透帘幕，惆怅谢家池阁。红烛背，绣帘垂，梦长君不知。”

[2] 见韦庄《菩萨蛮》：“红楼别夜堪惆怅，香灯半卷流苏帐。残月出门时，美人和泪辞。　琵琶金翠羽，弦上黄莺语。劝我早归家，绿窗人似花。”

[3] 见冯延巳《菩萨蛮》：“娇鬟堆枕钗横凤，溶溶春水杨花梦。红烛泪阑干，翠屏烟浪寒。　锦壶催画箭，玉佩天涯远。和泪试严妆，落梅飞晓霜。”

十三

南唐中主词："菡萏香销翠叶残，西风愁起绿波间。"[1]大有众芳芜秽，美人迟暮之感。乃古今独赏其"细雨梦回鸡塞远，小楼吹彻玉笙寒"，故知解人正不易得。

注释

[1] 见李璟《浣溪沙》："菡萏香销翠叶残，西风愁起绿波间。还与韶光共憔悴，不堪看。　细雨梦回鸡塞远，小楼吹彻玉笙寒。多少泪珠无限恨，倚阑干。"

十四

温飞卿之词，句秀也。韦端己之词，骨秀也。李重光之词，神秀也。

十五

词至李后主而眼界始大，感慨遂深，遂变伶工之词而为士大夫之词。周介存置诸温、韦之下，可谓颠倒黑白矣。[1]"自是人生长恨水长东"，"流水落花春去也，天上人间"，[2]《金荃》《浣花》，[3]能有此气象耶。

注释

[1] 清周济《介存斋论词杂著》云："毛嫱、西施，天下之美妇人也。严妆佳，淡妆亦佳，粗服乱头，不掩国色。飞卿，严妆也；端己，淡妆也；后主则粗服乱头矣。"

[2] 词见李煜《乌夜啼》:“林花谢了春红,太匆匆。无奈朝来寒雨晚来风。胭脂泪,留人醉。几时重。自是人生长恨水长东。”又,《浪淘沙》:“帘外雨潺潺,春意阑珊。罗衾不耐五更寒。梦里不知身是客,一晌贪欢。 独自莫凭阑,无限江山,别时容易见时难。流水落花春去也,天上人间。”

[3] 《金荃》:温庭筠有《金荃集》(或谓《金奁集》)。《浣花》:韦庄有《浣花集》。

十六

词人者,不失其赤子之心者也。故生于深宫之中,长于妇人之手,是后主为人君所短处,亦即为词人所长处。

十七

客观之诗人,不可不多阅世。阅世愈深,则材料愈丰富,愈变化,《水浒传》《红楼梦》之作者是也。主观之诗人不必多阅世。阅世愈浅,则性情愈真,李后主是也。

十八

尼采谓:“一切文学,余爱以血书者。”后主之词,真所谓以血书者也。宋道君皇帝《燕山亭》[1]词亦略似之。然道君不过自道身世之戚,后主则俨有释迦、基督担荷人类罪恶之意,其大小固不同矣。

注释

[1] 宋徽宗《燕山亭》(北行见杏花):“裁剪冰绡,打叠数重,淡着燕脂匀注。新样靓妆,艳溢香融,羞杀蕊珠宫女。易得凋零,更多少、无情风雨。愁苦,闲院落凄凉,几番春暮?凭寄离恨重重,双燕何曾,会人言语?天遥地远,万水千山,知他故宫何处?怎不思量?除梦里有时曾去。无据,和梦也新来不做。”

十九

冯正中词虽不失五代风格，而堂庑[1]特大，开北宋一代风气。与中、后二主词皆在《花间》[2]范围之外，宜《花间集》中不登其只字也。

注释

［1］堂庑（wú）：殿堂，这里用为气象。

［2］《花间》：后蜀赵崇祚于广政三年（940）编成《花间集》十卷，选录温庭筠、韦庄等十八位"诗客曲子词"，凡五百首。风格绮丽。后人称为"花间派"。

二十

正中词除《鹊踏枝》《菩萨蛮》十数阕最煊赫外，如《醉花间》之"高树鹊衔巢，斜月明寒草"[1]，余谓韦苏州之"流萤渡高阁"、[2]孟襄阳之"疏雨滴梧桐"[3]不能过也。

注释

［1］见冯延巳《醉花间》："晴雪小园春未到，池边梅自早。高树鹊衔巢，斜月明寒草。山川风景好，自古金陵道。少年看却老。相逢莫厌醉金杯，别离多，欢会少。"

［2］见韦应物《寺居独夜，寄崔主簿》："幽人寂不寐，木叶纷纷落。寒雨暗深更，流萤渡高阁。坐使青灯晓，还伤夏衣薄。宁知岁方晏，离居更萧索。"

［3］孟浩然有"微云淡河汉，疏雨滴梧桐"残句，收在《全唐诗》卷一百六十。

二一

欧九《浣溪沙》词"绿杨楼外出秋千"，晁补之谓只一"出"字，便后人所不能道。[1]余谓此本于正中《上行杯》词“柳外秋千出画墙”[2]，但欧语尤工耳。

注释

[1] 南宋吴曾《能改斋漫录》卷十六记晁补之云：“欧阳永叔《浣溪沙》云：‘堤上游人逐画船，拍堤春水四垂天，绿杨楼外出秋千。’要皆绝妙，然只是一‘出’字，自是后人道不到处。”

[2] 见冯延巳《上行杯》：“落梅著雨消残粉，云重烟轻寒食近。罗幕遮香，柳外秋千出画墙。　春山颠倒钗横凤，飞絮入帘春睡重。梦里佳期，只许庭花与月知。”

二二

梅圣俞《苏幕遮》[1]词：“落尽梨花春事了，满地斜阳，翠色和烟老。”刘融斋谓“少游一生，专学此种”[2]。余谓冯正中《玉楼春》[3]词：“芳菲次第长相续，自是情多无处足。尊前百计得春归，莫为伤春眉黛蹙”，永叔一生似专学此种。

注释

[1] 梅圣俞即梅尧臣，其词《苏幕遮》：“露堤平，烟墅杳。乱碧萋萋，雨后江天晓。独有庾郎年最少。窣地春袍，嫩色宜相照。　接长亭，迷远道。堪怨王孙，不记归期早。落尽梨花春又了。满地残阳，翠色和烟老。”

[2] 见刘熙载《艺概·词曲概》：“少游词有小晏之妍，其幽趣则过之。梅圣俞苏幕遮云：‘落尽梨花春又了，满地斜阳，翠色和烟老。’此一种，似为少游开先。”

[3] 冯正中即冯延巳，作《玉楼春》，又题为欧阳修所作。

二三

人知和靖《点绛唇》[1]、圣俞《苏幕遮》、永叔《少年游》[2]三阕为咏春草绝调。不知先有正中“细雨湿流光”五字，皆能摄春草之魂者也。

注释

[1] 和靖即林逋，其词《点绛唇》：“金谷年年，乱生春色谁为主。余花落处，满地和烟雨。　又是离歌，一阕长亭暮。王孙去，萋萋无数，南北东西路。”

[2] 永叔即欧阳修，其词《少年游》：“阑干十二独凭春，晴碧远连云。千里万里，二月三月，行色苦愁人。　谢家池上，江淹浦畔，吟魄与离魂。那堪疏雨滴黄昏。更特地、忆王孙。”

二四

《诗·蒹葭》[1]一篇，最得风人深致。晏同叔之“昨夜西风凋碧树，独上高楼，望尽天涯路”[2]，意颇近之，但一洒落，一悲壮耳。

注释

[1]《诗经·秦风·蒹葭》：“蒹葭苍苍，白露为霜。所谓伊人，在水一方，溯洄从之，道阻且长。溯游从之，宛在水中央。　蒹葭萋萋，白露未晞。所谓伊人，在水之湄。溯洄从之，道阻且跻。溯游从之，宛在水中坻。　蒹葭采采，白露未已。所谓伊人，在水之涘。溯洄从之，道阻且右。溯游从之，宛在水中沚。”

[2] 词见晏殊《鹊踏枝》：“槛菊愁烟兰泣露。罗幕轻寒，燕子双飞去。明月不谙离恨苦，斜光到晓穿朱户。　昨夜西风凋碧树。独上高楼，望尽天涯路。欲寄彩笺兼尺素，山长水阔知何处。”

二五

“我瞻四方，蹙蹙靡所骋”，[1]诗人之忧生也。“昨夜西风凋碧树。独上高楼,望尽天涯路”似之。“终日驰车走,不见所问津”[2],诗人之忧世也。“百草千花寒食路,香车系在谁家树”[3]似之。

注释

［1］见《诗经·小雅·节南山》:“驾彼四牡,四牡项领。我瞻四方,蹙蹙靡所骋。”

［2］见陶渊明《饮酒》第二十。

［3］词见冯延巳《鹊踏枝》。

二六

古今之成大事业、大学问者,必经过三种之境界。“昨夜西风凋碧树,独上高楼,望尽天涯路”,此第一境也。“衣带渐宽终不悔,为伊消得人憔悴”,[1]此第二境也。“众里寻他千百度,回头蓦见,那人正在,灯火阑珊处”,[2]此第三境也。此等语皆非大词人不能道。然遽以此意解释诸词,恐为晏、欧诸公所不许也。

注释

［1］见柳永《凤栖梧》:“伫倚危楼风细细。望极春愁,黯黯生天际。草色烟光残照里,无言谁会凭阑意。　拟把疏狂图一醉。对酒当歌,强乐还无味。衣带渐宽终不悔,为伊消得人憔悴。”(此诗王国维自注:“欧阳永叔。”故后才有“恐为晏、欧诸公所不许”之语。)

［2］见辛弃疾《青玉案》〔元夕〕:“东风夜放花千树。更吹落、星如雨。宝马雕车香满路。凤箫声动,玉壶光转,一夜鱼龙舞。蛾儿雪柳黄金缕。笑语盈盈暗香去。众里寻他千百度,蓦然回首,那人却在,灯火阑珊处。”

二七

永叔“人间自是有情痴,此恨不关风与月”[1],“直须看尽洛城花，始与东风容易别”，于豪放之中有沉着之致，所以尤高。

注释

[1] 见欧阳修《玉楼春》：“尊前拟把归期说，未语春容先惨咽。人生自是有情痴，此恨不关风与月。　离歌且莫翻新阕。一曲能教肠寸结。直须看尽洛城花，始共春风容易别。”

二八

冯梦华《宋六十一家词选·序例》谓：“淮海、小山，[1]古之伤心人也。其淡语皆有味，浅语皆有致。”余谓此唯淮海足以当之。小山矜贵有余，但可方驾子野、方回，[2]未足抗衡淮海也。

注释

[1] 淮海：秦观，号淮海居士，有《淮海集》。小山：晏几道，号小山，有《小山词》。二人均为北宋词人。

[2] 子野：张先，字子野，有《张子野词》。方回：贺铸，字方回，有词集《贺方回词》（或称《东上词》）。二人均为北宋词人。

二九

少游词境最为凄婉。至“可堪孤馆闭春寒，杜鹃声里斜阳暮”。　则变而凄厉矣。东坡赏其后二语，犹为皮相。[1]

注释

[1] 《魏庆之词话》：“少游到郴州作长短句云：‘雾失楼台，月迷津渡。桃源望断无寻处。可堪孤馆闭春寒，杜鹃声里斜阳暮。　驿寄梅花，鱼传尺素。砌成此恨无重数。郴江幸自绕郴山，为谁流下潇湘去。’东坡绝爱其尾声两句，自书于扇曰：‘少游已矣，虽万人何赎。’”

三十

“风雨如晦，鸡鸣不已”，[1]“山峻高以蔽日兮，下幽晦以多雨。霰雪纷其无垠兮，云霏霏而承宇”，[2]“树树皆秋色，山山尽落晖”，[3]“可堪孤馆闭春寒，杜鹃声里斜阳暮”，气象皆相似。

注释

[1] 出自《诗经·郑风·风雨》。

[2] 出自《楚辞·九章·涉江》。

[3] 出自王绩《野望》：“东皋薄暮望，徙倚欲何依？树树皆秋色，山山唯落晖。牧人驱犊返，猎马带禽归。相顾无相识，长歌怀采薇。”

三一

昭明太子称陶渊明诗“跌宕昭彰，独超众类，抑扬爽朗，莫之与京”。王无功称薛收赋“韵趣高奇，词义旷远，嵯峨萧瑟，真不可言”[1]。词中惜少此二种气象，前者唯东坡，后者唯白石，略得一二耳。

注释

[1] 出自《王无功集》卷下《答冯子华处士书》，此言乃评薛收《白牛溪赋》语。

三二

词之雅郑，在神不在貌。永叔、少游虽作艳语，终有品格。方之美成[1]，便有淑女与倡伎之别。

注释

[1] 美成：周邦彦，北宋词人，字美成，有《清真居士集》，已佚，今存《片玉集》。

三三

美成深远之致不及欧、秦，唯言情体物，穷极工巧，故不失为第一流之作者。但恨创调之才多，创意之才少耳。

三四

词忌用替代字。美成《解语花》之"桂华流瓦"[1]，境界极妙，惜以"桂华"二字代月耳，梦窗以下，则用代字更多。其所以然者，非意不足，则语不妙也。盖意足则不暇代，语妙则不必代。此少游之"小楼连苑""绣毂雕鞍"所以为东坡所讥也。[2]

注释

[1] 见周邦彦《解语花》："风销焰蜡，露浥烘炉，花市光相射。桂华流瓦，纤云散，耿耿素娥欲下。……"

[2] 杨万里《诚斋诗话》："客有自秦少游许来见东坡。坡问少游近有何诗句，客举秦《水龙吟》词云：'小楼连苑横空，下临绣毂雕鞍骤。'坡笑曰：'又连苑，又横空；又绣毂，又雕鞍，又骤，也劳攘。'坡亦有此词云：'燕子楼中，佳人何在，空锁楼中燕。'"

三五

沈伯时《乐府指迷》云："说桃不可直说破桃，须用'红雨''刘郎'等字。说柳不可直说破柳,须用'章台''灞岸'等字。"若惟恐人不用代字者。果以是为工,则古今类书具在,又安用词为耶。宜其为提要所讥也。

三六

美成《苏幕遮》词:"叶上初阳乾宿雨。水面清圆,一一风荷举。"[1]此真能得荷之神理者。觉白石《念奴娇》《惜红衣》[2]二词,犹有隔雾看花之恨。

注释

[1] 见周邦彦《苏幕遮》:"燎沈香,消溽暑。鸟雀呼晴,侵晓窥檐语。叶上初阳干宿雨。水面清圆,一一风荷举。　故乡遥,何日去。家住吴门,久作长安旅。五月渔郎相忆否。小楫轻舟,梦入芙蓉浦。"

[2] 姜夔《念奴娇》:"闹红一舸,记来时、尝与鸳鸯为侣。三十六陂人未到,水佩风裳无数。翠叶吹凉,玉容销酒,更洒菰蒲雨。嫣然摇动,冷香飞上诗句。　日暮。青盖亭亭,情人不见,争忍凌波去。只恐舞衣寒易落,愁入西风南浦。高柳垂阴,老鱼吹浪,留我花间住。田田多少,几回沙际归路。"又,《惜红衣》云:"簟枕邀凉,琴书换日,睡余无力。细洒冰泉,并刀破甘碧。墙头唤酒,谁问讯、城南诗客。岑寂,高柳晚蝉,说西风消息。虹梁水陌。鱼浪吹香,红衣半狼藉。维舟试望故国,眇天北。可惜渚边沙外,不共美人游历。问甚时同赋,三十六陂秋色。"

三七

东坡《水龙吟·咏杨花》[1],和韵而似原唱。章质夫词,原唱而似和韵。才之不可强也如是。

注释

[1] 苏轼《水龙吟·咏杨花》:"似花还似非花,也无人、惜从教坠。抛家傍路,思量却是,无情有思。萦损柔肠,困酣娇眼,欲开还闭。梦随风万里,寻郎去处,又还被、莺呼起。　　不恨此花飞尽,恨西园、落红难缀。晓来雨过,遗踪何在?一池萍碎。春色三分,二分尘土,一分流水。细看来、不是杨花,点点是、离人泪。"章质夫原词:"燕忙莺懒花残,正堤上、柳花飘坠。轻飞点画,青林谁道,全无才思。闲趁游丝,静临深院,日长门闭。傍珠帘散漫,垂垂欲下,依前被,风扶起。　　兰帐玉人睡觉,怪春衣、雪沾琼缀。绣床旋满,香毬无数,才圆却碎。时见蜂儿,仰粘轻粉,鱼吹池水。望章台路杳,金鞍游荡,有盈盈泪。"

三八

咏物之词,自以东坡《水龙吟》为最工,邦卿《双双燕》[1]次之。白石《暗香》《疏影》,格调虽高,然无一语道着,视古人"江边一树垂垂发"[2]等句何如耶!

注释

[1] 邦卿即史达祖,其词《双双燕·咏燕》:"过春社了,度帘幕中间,去年尘冷。差池欲住,试入旧巢相并。还相雕梁藻井,又软语商量不定。飘然快拂花梢。翠尾分开红影。芳径,芹泥雨润。爱贴地争飞,竞夸轻俊。红楼归晚,看足柳昏花暝。应自栖香正稳,便忘了天涯芳信。愁损翠黛双蛾,日日画阑独凭。"

[2] 出自杜甫《和裴迪》诗。

三九

白石写景之作,如"二十四桥仍在,波心荡、冷月无声",[1]"数峰清苦,商略黄昏雨",[2]"高树晚蝉,说西风消息",虽格韵高绝,然如雾里看花,终隔一层。梅溪[3]、梦窗诸家写景之病,皆在一"隔"

字。北宋风流，渡江遂绝，抑真有运会存乎其间耶。

注释

［1］姜夔《扬州慢》："淮左名都，竹西佳处，解鞍少驻初程。过春风十里，尽荠麦青青。自胡马窥江去后，废池乔木，犹厌言兵。渐黄昏、清角吹寒，都在空城。杜郎俊赏，算而今、重到须惊。纵豆蔻词工，青楼梦好，难赋深情。二十四桥仍在，波心荡冷月无声。念桥边红药，年年知为谁生？"

［2］姜夔《点绛唇》："燕雁无心，太湖西畔随云去。数峰清苦，商略黄昏雨。　　第四桥边，拟共天随住。今何许？凭阑怀古，残柳参差舞。"

［3］梅溪：史达祖，字邦卿，号梅溪。

四十

问隔与不隔之别，曰：陶谢之诗不隔，延年[1]则稍隔矣。东坡之诗不隔，山谷则稍隔矣。"池塘生春草""空梁落燕泥"[2]等二句，妙处唯在不隔。词亦如是，即以一人一词论，如欧阳公《少年游》咏春草上半阕云："阑干十二独凭春，晴碧远连云。千里万里，二月三月，行色苦愁人。"语语都在目前，便是不隔。至云："谢家池上，江淹浦畔。"则隔矣。白石《翠楼吟》[3]："此地，宜有词仙，拥素云黄鹤，与君游戏。玉梯凝望久，叹芳草、萋萋千里。"便是不隔。至"酒祓清愁，花消英气。"则隔矣。然南宋词虽不隔处，比之前人，自有浅深厚薄之别。

注释

［1］延年：颜延之，字延年。南朝宋诗人。

［2］池塘生春草：为谢灵运《登池上楼》诗句。空梁落燕泥：为薛道衡《昔昔盐》诗句。

［3］姜夔《翠楼吟》："月冷龙沙，尘清虎落，今年汉酺初赐。新翻胡部曲，听毡幕、元戎歌吹，层楼高峙。看槛曲萦红，檐牙飞翠。人姝丽。粉香吹下，夜

寒风细。　　此地，宜有词仙，拥素云黄鹤，与君游戏。玉梯凝望久，叹芳草、萋萋千里。天涯情味。仗酒祓清愁，花销英气。西山外。晚来还卷，一帘秋霁。”

四一

“生年不满百，常怀千岁忧。昼短苦夜长，何不秉烛游。”“服食求神仙，多为药所误。不如饮美酒，被服纨与素。”[1]写情如此，方为不隔。“采菊东篱下，悠然见南山。山气日夕佳，飞鸟相与还。”“天似穹庐，笼盖四野。天苍苍，野茫茫，风吹草低见牛羊。”写景如此，方为不隔。

注释

［1］分别见《古诗十九首》第十五、十三。

四二

古今词人格调之高，无如白石。惜不于意境上用力，故觉无言外之味，弦外之响，终不能与于第一流之作者也。

四三

南宋词人，白石有格而无情，剑南[1]有气而乏韵。其堪与北宋人颉颃者，唯一幼安[2]耳。近人祖南宋而祧北宋，以南宋之词可学，北宋不可学也。学南宋者，不祖白石，则祖梦窗，以白石、梦窗可学，幼安不可学也。学幼安者率祖其粗犷滑稽，以其粗犷滑稽处可学，佳处不可学也。幼安之佳处，在有性情，有境界。即以气象论，亦有“横素波、干青云”[3]之概，宁后世龌龊小生所可拟耶。

注释

［1］剑南：陆游，有《剑南诗稿》。

［2］幼安：辛弃疾，字幼安，号稼轩。

［3］横素波、干青云：萧统《陶渊明集序》谓渊明："横素波而傍流，干青云而直上。"

四四

东坡之词旷，稼轩之词豪。无二人之胸襟而学其词，犹东施之效捧心也。

四五

读东坡、稼轩词，须观其雅量高致，有伯夷、柳下惠之风。白石虽似蝉蜕尘埃[1]，然终不免局促辕下。

注释

［1］蝉蜕尘埃：从污浊之中脱颖而出。如《文心雕龙·辨骚》形容楚辞"蝉蜕秽浊之中，浮游尘埃之外。"

四六

苏、辛，词中之狂。白石犹不失为狷。若梦窗、梅溪、玉田、草窗、西麓辈，[1]面目不同，同归于乡愿而已。

注释

［1］玉田：张炎，字叔夏，号玉田，有《山中白云》词集。草窗：南宋词人周密，号草窗，有《草窗词》。西麓：本作"中麓"，误，应为"西麓"。南宋词人陈允平，字君衡，又号西麓，有《日湖渔唱》。张炎《词源》："词欲雅而正，志之所至，

一为物所役，则失其雅正之音。近代陈西麓所作，亦有佳者。”

四七

稼轩《中秋饮酒达旦，用天问体作木兰花慢以送月》曰：“可怜今夜月，[1]向何处、去悠悠。是别有人间，那边才见，光景东头。”词人想像，直悟月轮绕地之理，与科学家密合，可谓神悟。

注释

[1] 可怜今夜月：当作“可怜今夕月”。

四八

周介存谓：“梅溪词中，喜用‘偷’字，足以定其品格。”[1]刘融斋谓：“周旨荡而史意贪。”[2]此二语令人解颐。

注释

[1] 见周济《介存斋论词杂著》。

[2] 语出刘熙载《艺概·词曲概》。“周旨荡”，谓周邦彦词不合雅正之旨。“史意贪”，是说史达祖词有欲望之意，略少君子之心。

四九

介存谓梦窗词之佳者，如“水光云影，摇荡绿波，抚玩无极，追寻已远”。余览梦窗《甲乙丙丁稿》中，实无足当此者。有之，其“隔江人在雨声中，晚风菰叶生秋怨”[1]二语乎。

注释

[1] 见吴文英《踏莎行》:"润玉笼绡,檀樱倚扇。绣圈犹带脂香浅。榴心空叠舞裙红,艾枝应压愁鬟乱。　　午梦千山,窗阴一箭。香瘢新褪红丝腕。隔江人在雨声中,晚风菰叶生秋怨。"

五十

梦窗之词,余得取其词中之一语以评之,曰"映梦窗,零乱碧"[1]。玉田之词,余得取其词中之一语以评之曰"玉老田荒"[2]。

注释

[1] 见吴文英《秋思》〔荷塘为括苍名姝求赋其听雨小阁〕上半阕:"堆枕香鬟侧。骤夜声、偏称画屏秋色。风碎串珠,润侵歌板,愁压眉窄。动罗箑清商,寸心低诉叙怨抑。映梦窗,零乱碧。待涨绿春深,落花香泛,料有断红流处,暗题相忆。"

[2] 见张炎《祝英台近》〔与周草窗话旧〕:"水痕深,花信足,寂寞汉南树。转首青阴,芳事顿如许。不知多少消魂,夜来风雨。犹梦到、断红流处。　　最无据。长年息影空山,愁入庾郎句。玉老田荒,心事已迟暮。几回听得啼鹃,不如归去。终不似、旧时鹦鹉。"

五一

"明月照积雪""大江流日夜""中天悬明月""黄河落日圆",[1]此种境界,可谓千古壮观。求之于词,唯纳兰容若塞上之作,如《长相思》之"夜深千帐灯"、《如梦令》之"万帐穹庐人醉,星影摇摇欲坠",[2]差近之。

注释

[1] 明月照积雪:见谢灵运《岁暮》:"明月照积雪,朔风劲且哀。"大江流日

夜：见谢朓《暂使下都夜发新林至京邑赠西府同僚》："大江流日夜，客心悲未央。"中天悬明月：见杜甫《后出塞》："中天悬明月，令严夜寂寥。"黄河落日圆：见王维《使至塞上》："大漠孤烟直，长河落日圆。"（此处引作"黄河"，误。）

［2］夜深千帐灯：见纳兰性德《长相思》："山一程，水一程。身向榆关那畔行，夜深千帐灯。风一更，雪一更。聒碎乡心梦不成，故园无此声。""万帐穹庐人醉"二句：见纳兰性德《如梦令》："万丈穹庐人醉，星影摇摇欲坠。归梦隔狼河，又被河声搅碎。还睡还睡，解道醒来无味。"

五二

纳兰容若以自然之眼观物，以自然之舌言情。此由初入中原，未染汉人风气，故能真切如此。北宋以来，一人而已。

五三

陆放翁《跋花间集》谓："唐季五代，诗愈卑，而倚声者辄简古可爱。能此不能彼，未易以理推也。"《提要》驳之谓："犹能举七十斤者，举百斤则蹶，举五十斤则运掉自如。"其言甚辨。然谓词必易于诗，余未敢信。善乎陈卧子之言曰："宋人不知诗而强作诗，故终宋之世无诗。然其欢愉愁怨之致，动于中而不能抑者，类发于诗余，故其所造独工。"[1] 五代词之所以独胜，亦以此也。

注释

［1］见陈子龙《王介人诗余序》。

五四

四言敝而有楚辞，楚辞敝而有五言，五言敝而有七言，古诗敝而有律绝，律绝敝而有词。盖文体通行既久，染指遂多，自成习套。豪杰之士，亦难于其中自出新意，故遁而作他体，以自解脱。一切文体所以始盛终衰者，皆由于此。故谓文学后不如前，余未敢信。但就一体论，则此说固无以易也。

五五

诗之三百篇、十九首，词之五代、北宋，皆无题也。非无题也。诗词中之意，不能以题尽之也。自《花庵》《草堂》[1]，每调立题，并古人无题之词亦为之作题。如观一幅佳山水，而即曰此某山某河，可乎。诗有题而诗亡，词有题而词亡。然中材之士，鲜能知此而自振拔者矣。

注释

[1]《花庵》:《花庵词选》，南宋黄昇（花庵）编，二十卷。《草堂》:《草堂诗馀》，南宋何士信编，四卷。

五六

大家之作，其言情也必沁人心脾，其写景也必豁人耳目。其辞脱口而出，无矫揉妆束之态。以其所见者真，所知者深也。诗词皆然。持此以衡古今之作者，可无大误矣。

五七

人能于诗词中不为美刺投赠之篇，不使隶事之句，不用粉饰之字，则于此道已过半矣。

五八

以《长恨歌》之壮采，而所隶之事，只“小玉双成”四字，才有余也。梅村歌行，则非隶事不办。白、吴优劣，即于此见。不独作诗为然，填词家亦不可不知也。

五九

近体诗体制，以五七言绝句为最尊，律诗次之，排律最下。盖此体于寄兴言情，两无所当，殆有均之骈体文耳。词中小令如绝句，长调似律诗，若长调之百字令、沁园春等，则近于排律矣。

六十

诗人对宇宙人生，须入乎其内，又须出乎其外。入乎其内，故能写之。出乎其外，故能观之。入乎其内，故有生气。出乎其外，故有高致。美成能入而不出。白石以降，于此二事皆未梦见。

六一

诗人必有轻视外物之意，故能以奴仆命风月。又必有重视外物之意，故能与花鸟共忧乐。

六二

“昔为倡家女，今为荡子妇。荡子行不归，空床难独守。”“何不策高足，先据要路津。无为久贫贱，轗轲长苦辛。”[1]可谓淫鄙之尤。

然无视为淫词、鄙词者，以其真也。五代北宋之大词人亦然。非无淫词，读之者但觉其亲切动人。非无鄙词，但觉其精力弥满。可知淫词与鄙词之病，非淫与鄙之病，而游词之病也。“岂不尔思，室是远而。”而子曰：“未之思也，夫何远之有。”[2]恶其游也。

注释

[1] 均出自《古诗十九首》。

[2] 见《论语·子罕》：“‘唐棣之华，偏其反而。岂不尔思？室是远而。’子曰：‘未之思也，夫何远之有？’”

六三

“枯藤老树昏鸦。小桥流水平沙。古道西风瘦马。夕阳西下。断肠人在天涯。”此元人马东篱《天净沙》小令也。寥寥数语，深得唐人绝句妙境。有元一代词家，皆不能办此也。

六四

白仁甫《秋夜梧桐雨》剧，沉雄悲壮，为元曲冠冕。然所作天籁词，粗浅之甚，不足为稼轩奴隶。岂创者易工，而因者难巧欤。抑人各有能有不能也。读者观欧、秦之诗远不如词，足透此中消息。

解　说

《人间词话》在美学上的主要贡献是其境界理论，这一理论与王国维的人生哲学思想及其对美学本质的看法密切相关。所以，这是厘清王国维《人间词话》美学脉络不可忽视的下手处。

一、超功利美学观

超功利是王国维美学思想的基础，这一思想主要受到康德和叔本华影响。康德认为“鉴赏是凭借完全无利害观念的快感和不快感对某一对象或其表现方法的一种判断力”①，以超功利为审美判断的主要特征。而叔本华的唯意志哲学更突出了非功利的色彩。

王国维在谈到叔本华哲学时说：“有唯美之为物，不与吾人之利害相关系，而吾人观美时，亦不知有一己之利害。”（《叔本华之哲学及其教育学说》）。王国维说：“美之性质，一言以蔽之曰：可爱玩而不可利用者也。虽美之为物有时亦足供吾人之利用，但人之视为美时，决不计及其可利用之点。其性质如是，故其价值亦存于美之自身而不存乎其外。”②他给美下的简单定义就是“可爱玩”而“不可利用”。“可利用”就是有目的的，功利的，为五斗米折腰的，它是为欲望所控制的认识活动，这样的活动不是纯粹认识。而“可爱玩”虽不能给自己以外在利益，但却使人悠然起“爱”之心，欣然生“玩”之意，心灵与其相卷相舒，往复回环，此便是美。

王国维在德国古典哲学的基础上，更强调审美与人的终极目的的合一性。他将审美当作人性完善的根本通道。他认为，美之价值非功利之价值，其价值在其自身。美在无功利境界中给人以安慰，给人以欢乐，予人生命的信心。美的认识虽然不关乎利害，却关乎人的本性。他说：“故欲学术之发达必视学术为目的，而不视为手段而后可。汗德③伦理学之格言曰：当视人为一目的，不可视为手段。岂特人之对人当如是而已乎，对学术亦何独不然。”（《论近年之学术界》）审美是对人之“性”的复归。他说：“夫人之所以异于禽兽者，岂不以其有纯粹之知识与微妙之感情哉。至于

---

① 《判断力批判》中译本上卷，商务印书馆，1964年，第47页。

② 《古雅之在美学上之位置》，见《王国维遗书·静庵文集续编》。

③ 汗德：即康德。

生活之欲，人与禽兽无以或异。后者政治家及实业家之所供给，前者之慰藉满足非求诸哲学及美术不可。就其所贡献于人之事业言之，其性质之贵贱固以殊矣。至就其功效之所及言之，则哲学家与美术家之事业，虽千载以下，四海以外，苟其所发明之真理，与其所表之之记号尚存，则人类之知识感情由此而得其满足慰藉者，曾无以异于昔，而政治家及实业家之事业，其及于五世十世者希矣。此又久暂之别也。然则人而无所贡献于哲学美术斯亦已耳，苟为真正之哲学家美术家，又何慊乎政治家哉。”由此，他给“美术家”（艺术家）以极高的位置，在《文学与教育》一文中，他写道：“生百政治家，不如生一大文学家。何则？政治家与国民以物质上之利益，而文学家与以精神上之利益。失精神之于物质，二者孰重？且物质上之利益，一时的也；精神上之利益，永久的也。”在他的眼光中，功利和审美，高下判如霄壤。

他取来席勒“游戏”一说，为他论证审美与人生价值的合一性下注脚。他说：“文学者，游戏的事业也。人之势力用于生存竞争而有余，于是发而为游戏。”（《文学小言》）“诗人视一切外物，皆游戏之材料也。然其游戏，则以热心为之。故诙谐与严重二性质，亦不可缺一也。”（《人间词话删稿》）“文学、美术亦不过成人之精神的游戏。”（《文学小言》）“游戏”说来自德国哲学家席勒①。人们在生存竞争之余，往往借助文艺摹写自己所观察之事物、咏叹自己之感情，以发泄所储蓄之势力，从中得到快乐。所谓“游戏”，即摆脱“生存竞争”，宣泄心灵中的原初的冲动。按照席勒的观点，只有当人游戏的时候，他才是真正意义上的人，王国维也将游戏作为

① 王国维在《人间嗜好之研究》中，明确表明此观点来自席勒：“若夫最高尚之嗜好，如文学、美术，亦不外势力之欲之发表。希尔列尔既谓儿童之游戏存于用剩余之势力矣，文学美术亦不过成人之精神的游戏。故其渊源之存于剩余之势力，无可疑也。且吾人内界之思想感情，平时不能语诸人或不能以庄语表之者，于文学中以无人与我一定之关系故，故得倾倒而出之。易言以明之，吾人之势力所不能于实际表出者，得以游戏表出之是也。”希尔列尔即席勒。

完满纯净人性的表征。他所说的诗人应该有“赤子之心”，就是这种具有游戏心灵的人。游戏的心灵是自由的心灵，解脱了一切束缚，超越了一切功利，淡去了所有的欲望，自己和自己的内在真性做游戏。

基于此，王国维认为，美的无功利性决定美是一种高尚纯洁的认识活动，即美具有纯粹性。他说：“盖人心之动，无不束缚于一己之利害；独美之为物，使人忘一己之利害而入高尚纯洁之域，此最纯粹之快乐也。”（《论教育之宗旨》）审美乃实现人生终极价值之必然。

当然，王国维并不认为一切艺术都能示人以解脱之道。其美学中“眩惑”一概念颇引人注意。这一概念是对叔本华《作为意志和表象的世界》中“媚美”一语的翻译。他说，像《招魂》《七发》之所陈，周昉、仇英之所绘；《西厢记》之《酬柬》，《牡丹亭》之《惊梦》，伶元之传飞燕，杨慎之赝《秘辛》，诸如此类，不但不能净化人的灵魂，使人解脱于欲望之海，而使人“复归于生活之欲”，他说：“故眩惑之于美，如甘之于辛，火之于水，不相并立者也。吾人欲以眩惑之快乐，医人世之苦痛，是犹欲航断港而至海，入幽谷而求明，岂徒无益，而又增之，则岂不以其不能使人忘生活之欲，及此欲与物之关系，而反鼓舞之也哉！”这样的观点使人联想到宋明理学的思想。《宣和画谱》卷七曾经谈到过五代时一幅名画《韩熙载夜宴图》，有这样的评价：“世有《韩熙载夜宴图》。李氏虽僭伪一方，亦复有群臣上下矣，至于写臣下私亵以观，则泰至多奇乐，如张敞所谓不特画眉之说，已自失体，又何必令传于世哉？一阅而弃之可也。”王国维这一理论的偏颇是显而易见的，这也是传统超功利美学观本身的缺陷。

二、“审美静观”说

“静观”说在王国维美学体系中占有相当重要的位置。

叔本华的唯意志论哲学认为，人生活在这个世界上，很难摆脱生存意志的束缚，意志和表象是世界的本体，而意志是不能遏止的盲目冲动，它会搅动人无边的欲望，人的痛苦就从这欲望中而来。叔本华从其悲观主义引申出的结论，是道德上的博爱和审美上的静照。博爱使人认识到自己和人类意志原本为一体，从而放弃自己的欲求，从功利中超然而出，这是受到基督教和佛教影响的结果。而人们通过审美观照，也可放弃欲望追求，实现精神上的超越。建立自己的美学观。王国维吸取叔本华的唯意志论哲学精髓。他虽然不能同意叔本华通过博爱达到超越欲望的途径①，但对叔本华提出的通过审美静观达到对欲望的超越则持认同态度。受叔本华影响，审美静观说成为王国维美学的重要理论。这一理论贯穿在他整个美学思想中。王国维说："叔氏哲学全体之特质，亦有可言者。其最重要者，叔氏之出发点在直观（即知觉），而不在概念是也。"在《〈红楼梦〉评论》中他指出，人生是一场折磨并有着无尽痛苦的噩梦，生活的本质就是满足欲望（即叔氏所谓生存意志），而欲望无止尽，一个欲望满足了，新的欲望就会产生，永远不能满足，不满足就会产生痛苦、悲哀，他说："故人生者，如钟表之摆，实往复于苦痛与厌倦之间者也。""故欲与生活，与苦痛，三者一而已矣。"如何解脱这些痛苦，审美静观是唯一真切的道路，融化在审美温馨宁静的气氛中，在艺术中实现自己性灵的高蹈，就会抚慰人们因欲望折磨痛苦的心灵，获得短暂的安宁。他说："艺术在描写人生之痛苦与其解脱之道，而使吾侪冯生之徒，于桎梏之世界，离此生活之欲之争斗，而得其暂时之平和，此一切美术之目的也。"

王国维认为真正的艺术应是"静观"之艺术，他说："夫美术者，实以静观中所得之实念，寓诸一物焉而再现之。"（《叔本华与

① 他说："彼之说博爱也，非爱世界也，爱其自己的世界而已。其说灭绝也，非真欲灭绝也，不满足于今日之世界而已。"就是说所谓博爱并不能彻底的超越，其实还是欲望的一种表现。由此他判定："叔氏之说，半出于主观的气质，而无关于客观的知识。"

尼采》)“静观”是超功利美学观的基础。在王国维看来,艺术之所以能示人以解脱之道,就在于它可以撩起污浊不堪的生活表象,攫取自然人生中的美的底蕴,从而拯救人的痛苦的灵魂,但那些浸染着浓厚政治伦理的所谓艺术,非但不能使人解脱,反而会把人诱惑入痛苦的深渊。只有直观之艺术才能担当去拯救人类的重责。艺术家以直观之法去观察自然人生,又以直观之法创造出美的艺术形象,鉴赏者在审美过程中,迫于艺术的强大魅力,随即从欲望和痛苦的束缚中跳出,徜徉于艺术的天国中,达到对艺术的直观。艺术作品应该像《红楼梦》那样以生活为炉、以痛苦为炭,以直观煽起熊熊烈焰,铸成解脱之鼎。

直观是一种认识活动,是一种完全摆脱意欲而自存的认识活动。叔本华在《作为意志和表象的世界》中有一段著名的表述:“把人的全副精神能力献给直观,浸沉于直观,并使全部意识为宁静地观审恰在眼前的自然对象所充满,不管这对象是风景,是树木,是岩石,是建筑物或其他什么,人在这时,按一句有意味的德国成语来说,就是人们自失于对象之中了,也即是说人们忘记了他的个体,忘记了他的意志。”王国维把直观的特点概括为二:一是绝欲。他说:“欲者不观,观者不欲”,“使吾人超然于利害之外,而忘物我之关系,此时也,吾人之心无希望,无空疏,非复欲之我,而但知之我也”。这就是说,直观首先要把生活中的得失兴衰、荣辱忧乐等置于脑后,廓清意欲,然后才能观出最深的物。二是凝神观审。直观的核心在于主体的对象化,与客体靠得越近,直观的效果就会越好,只有主体精神专注,浸心观审,最后忘却自我,与外物化而为一,才能真正地发现美。

王国维认为艺术静观是一种特别的审美活动。它的观照对象不是平常的人和物,而是一种永恒的抽象形式——理念。他说:“美之知识,实念之知识。”这个“实念”(按即理念)就是叔本华所说的物自身的真相,是意志的直接客体化。王国维指出,直观中要既观物又观我,物和我都具有两种形式,一种是较低级的形式,即个别的具体的人和具体的物，一种是高级的形式，我是抽象的普遍的我，他说："观之之我，非特别之我，而纯粹无我欲之我。"物也不是那种具体的物，"无不与利害相关"的对象，而是一种能代表"物之全种"的抽象的超时空的永恒的形式，如他所举的陶渊明"采菊东篱下，悠然见南山"中的南山一样，它既非别人眼中所见的南山，也非作者平素所见之南山，此时它已成为美的化身，这种高级的抽象的物和我就是所谓物的理念和我的理念。

王国维将直观说作为其意境产生的基础。他说："原夫文学之所以有意境者，以其能观也。"他把文学艺术的意境归结为直观的结果。并从直观角度研究意境，开辟了意境研究的新天地。王国维在以直观去研究意境时，深入探讨了心物关系，他认为，文学作品中必有情景二元质，缺一不可。由于情景结合的程度不同，会产生两个意境等级："上焉者意与境浑，其次或以境胜，或以意胜。""以境胜"，就是"境多于意"，即写景色的成分大于抒情；"以意胜"，就是"意余于境"，即抒情的成分大于写景。二者都未臻于情景结合之佳境——情景浑然一体。他提出情景结合的三种方式。第一，融情于景，诗人在创作中，每每要把自己的主观倾向和意志偏爱外射给被观照的物，使"物皆著我之色彩"。第二，即景生情，在审美静观中，往往有来自客体方面的强大吸引力，从而激起主体的情感波动，并下意识地模仿物的特征，寻求与物的一致。第三，美的意境产生于融情于景、即景生情的双向流动中，而不限于一个方面，一味融情于景，只是"观我"，没有来自客体方面的作用，往往情不能没入景中，会产生"以意胜"的作品。一味即景生情，只是"观物"，没有主观情感的积极作用，也不能使情景融为一体，会产生"以境胜"的作品。因此，作家在创作构思中，必须既"观我"，又"观物"，情景往复回环，渐进深入，最后主客体参伍错综，产生了"意与境浑"的美的结晶体。

王国维如此推崇直观说，其中一个重要原因，就是为他那重自然的艺术观寻求哲学根据，主体对象化是直观的根本标准。艺术家要创造出好作品，必须使主体客体靠近，用王国维翻译的叔本华的一句话说，就是“唯自然能言自然，唯自然能知自然”。王国维认为，艺术作品应该有意境，但这种意境不应是精雕细刻的产物，应该在直观中自然而然地获得。

以上两个问题是王国维意境论的美学基础，下面来看主要体现于《人间词话》中的王国维意境说。

三、环绕境界说诸问题

其一，从其哲学美学思想中寻绎境界说的肌理。

我想从《人间词话》写作的背景说起。王国维早年从事哲学研究，遍寻西方哲学，对康德、叔本华、尼采哲学特别倾心。1907 年，他在又称“三十自序”的《静安文集·自序(二)》中写道：“余疲于哲学有日矣。哲学上的诸说大都可爱者不可信，可信者不可爱。余知真理，而余又爱其谬误。伟大之形而上学，高严之伦理学与纯粹之美学，此吾人所酷嗜也，然求其可信者则宁在知识论上之实证论，伦理学上之快乐论与美学上之经验论。知其可信而又不能爱，觉其可爱而又不能信，这近二三年来之最大烦闷。而近日之嗜好所以渐由哲学而移于文学，而欲于其中求直接之慰藉者也。”此段话中的“求直接之慰藉”一句值得重视，解脱人生之痛苦，为王国维所悬一切学术研究和文学艺术活动的最高目的，学是为了安顿灵魂。王国维醉心于中西哲学之中，非为学术而求之，而为心灵之落实。王国维移哲学而至文学艺术领域，不是以哲学不能解脱人生痛苦故而抛弃之，而是觉得哲学与文学艺术相比，对人生的慰藉处于间接的位置，在“知”的纠缠中，如同禅宗所说的，像一棵大树为葛藤所缠绕，带来无穷的痛苦。对于哲学，他是“疲”，而不是“厌”。王国维受到西方实证主义哲学的影响，是一位在学说上绝不苟且的学者，他在《国学丛刊·序》中说：“夫天下之事物，自科学观之，与史学上观之，其立论各不同。自科学上观之，则事物必尽其真，而道理必求其是。凡吾智之所不能通，而吾心之所不安者，虽圣贤言之，有所不信焉；虽圣贤行之，有所不慊焉。”他为学“道理必求其是”，而根据他当时的思想状况，他无法达到这一目的。他移哲学而至文学创作和文学艺术之研究，不是放弃了早年在哲学探求中定下的思想基调，而是在文学艺术中追求在哲学中难以得到的思想慰藉。早年研究哲学时，他说自己：“体素羸弱，性复忧郁，人生之问题，日往复于目前，自是始决从事于哲学。”而他移哲学而至文学，几乎可以说出于同样的原因，还是这个“人生之问题，日往复于目前”，使他选择了文学。在哲学和文学艺术二者之间，他更对文学艺术对人生境界的呈现深信不疑。他说：“有兹一物焉，使吾人超然于利害之外，而忘物与我之关系”，那就是“美术”（艺术）。

这可能有两个契机，一是早年自日本归来，学西洋哲学，并进而以叔本华哲学研究《红楼梦》。王国维说：“余之研究哲学始于辛、壬之间。癸卯春，始读汗德之《纯理批评》，苦其不可解，读几半而辍。嗣读叔本华之书而大好之，自癸卯之夏以至甲辰之冬，皆与叔本华之书为伴侣之时代也。其所尤惬心者则在叔本华之《知识论》，汗德之说得因之以上窥。然于其人生哲学，其观察之精锐与议论之犀利，亦未尝不心怡神释也。后渐觉其有矛盾之处。去夏所作《〈红楼梦〉评论》，其立论虽全在叔氏之立脚地。”他在《〈红楼梦〉评论》中说：“故美术之为物，欲者不观，观者不欲。而艺术之美可以优于自然之美者，全存于使人易忘物我之关系也。……吾人且持此标准，以观我国之美术。而美术中以诗歌、戏曲、小说为其顶点，以其目的在描写人生故。吾人于是得一绝大著作曰《红楼梦》。”在他看来，“《红楼梦》一书，非徒提出此问题，又解决之者也”。即是说，《红楼梦》不仅描写悲剧性的人生处境，同时也开出了解脱之方。这次尝试可能是其移哲学于文学艺术的先声。

二是《人间词》的创作。王国维自二十八岁开始填词，1906 年至 1907 年，他分别推出了自己的《人间词》甲稿和乙稿。取“人间”二字，就是以词来解决自己的人生问题，正像他在词中所说的："人生只似风前絮，欢也飘星，悲也飘零，都作连江点点萍"（《采桑子》，见《人间词甲稿》）；"阅尽天涯离别苦，不道归来，零落花如许。花底相看无一语，绿窗春与天俱莫。　待把相思灯下诉，一缕新欢，旧恨千千缕。最是人间留不住，朱颜辞镜花辞树"（《蝶恋花》，见《人间词甲稿》）。

《人间词话》大致作于1908年到1910年间，其构思大致在1906年就已开始，与《人间词话》大致相同的两段文字见于1906年在《教育世界》发表的《文学小言》①。王国维由哲学移于美学，与上面所言以哲学解读文学的努力是分不开的。正是这种尝试，唤起王国维由美学角度对人生问题的直接关注。《人间词话》就是在这样的思想背景下产生的，所以这部词话与以往一切词话所不同的，乃是此书探讨的不是一般的文学理论问题，甚至不是一般的美学问题，而是通过"词"这一文学形式的阐释，表达自己的人生思考。在思想脉络上，此书仍然表现出与王国维前期哲学探讨丝丝相联之处。或者可以说，他是以词学的方式继续做他的哲学文章和人生思考。所以，理解王国维的境界说必须将其放到他的哲学美学思想背景中寻求解释，而不能仅从中国传统文论的概念中推演。

其二，关于"境界"和"意境"。

《人间词话》第一则即云："词以境界为最上。有境界则自成高格。"境界是《人间词话》的核心概念。但《人间词话》第四十二则云："古今词人格调之高，无如白石。惜不于意境上用力，故觉无言外之味，弦外之响，终不能与于第一流之作者也。"此中言"意境"，与"境界"不同，二者意思是否有不同？

在《人间词话》及其删稿中，大都用"境界"，"意境"一词很少

① 一段为："古今成大事业大学问者，不可不历三种之阶级……"；一段为"诗至唐中叶之后，殆为羔雁之具矣。……"

见。但在稍早之《人间词乙稿·序》(托名樊志厚,实为王国维)及其他哲学美学著作中,又多言“意境”,而很少用“境界”。如《人间词乙稿·序》云:“文学之事,其内足以摅己,而外足以感人者,意与境而已。上焉者意与境浑,其次或以境胜,或以意胜。苟缺其一,不足以言文学。原夫文学之所以有意境者,以其能观也。出于观我者,意余于境,而出于观物者,境多于意。然非物无以见我,而观我之时,又自有我在。故二者常互相错综,能有所偏重,而不能有所偏废也。文学之工与不工,亦视其意境之有无,与其深浅而已。”此处不仅不用“境界”,而且将“意”与“境”二者分而用之,表达不同的内容。在《论哲学家与美术家之天职》中,王国维说:“今夫人积年月之研究,而一旦豁然悟宇宙人生之真理,或以胸中惝恍不可捉摸之意境,一旦表诸文字、绘画、雕刻之上,此固彼天赋之能力之发展,而此时之快乐,决非南面王之所能易者也。”

考其义,“意境”与“境界”并无区别,王国维在使用二概念时,并没有特别区分。《人间词话》第六则云:“境非独谓景物也。喜怒哀乐,亦人心中之一境界。故能写真景物、真感情者,谓之有境界。否则谓之无境界。”而在成书于《人间词话》之后的《宋元戏曲史》中,王国维表达和此段大致相同的意思,却使用“意境”一语,如其云:“然元剧最佳之处,不在其思想结构,而在其文章。其文章之妙,亦一言以蔽之,曰:有意境而已矣。何以谓之有意境?曰:写情则沁人心脾,写景则在人耳目,述事则如其口出是也。”

“境界”有时又简称为“境”,如上所引之“境非独谓景物也。喜怒哀乐,亦人心中之一境界。故能写真景物、真感情者,谓之有境界。否则谓之无境界。”“境”就是“境界”的简称。

需要说明的是,王国维在词境界之外,又提到人生境界说。他说:“古今之成大事业、大学问者,必经过三种之境界。‘昨夜西风凋碧树,独上高楼,望尽天涯路’,此第一境也。……”这与作为词境的境界是两个具有不同内涵的概念。在这个意义上,它是不能与“意境”相通的，不能说“人生意境”。

其三，关于境界之“探其本”。

《人间词话》云：“严沧浪《诗话》谓：‘盛唐诸公，唯在兴趣。羚羊挂角，无迹可求。故其妙处，透澈玲珑，不可凑拍。如空中之音，相中之色，水中之影，镜中之象，言有尽而意无穷。’余谓：北宋以前之词，亦复如是。然沧浪所谓‘兴趣’，阮亭所谓‘神韵’，犹不过道其面目。不若鄙人拈出‘境界’二字，为探其本也。”

王国维又于《人间词话删稿》中说：“言气质，言神韵，不如言境界。有境界，本也。气质、神韵，末也。有境界而二者随之矣。‘西风吹渭水，落叶满长安’，美成以之入词，白仁甫以之入曲，此借古人之境界为我之境界者也。然非自有境界，古人亦不为我用。”

宋严羽标举“别材”“别趣”说，认为诗具有特殊的材质，要求有特殊的韵味，非知识的把握可以达到，非限性限义的理性阐释所能穷尽。诗来自心灵之妙悟，诗要有独特的趣味。必须“言有尽意无穷”，必须“透澈玲珑”，具有可玩味的内在意义空间。所言之“兴趣”说，一方面深入创造中，一方面又延展到鉴赏，强调艺术创造要一心独往，当下“兴感”——直接妙悟，在艺术鉴赏上要趣味幽永，令人瞻玩不绝。

清王渔洋标举“神韵”说，渔洋早年选《唐律绝句五七言》，名曰《神韵集》，即启此说之机，一直到晚年，奉此不辍。渔洋提出神韵说，与反对明前后七子和清初诗坛之格调说有关。渔洋承沧浪说而大申唐音，贬斥宋诗。重意外之趣，重兴象飘逸，欣赏不粘不滞、玲珑活络的美感。其神韵在丰神之蕴藉，在神味之渊永，在平淡之天然，唐诗于雄浑豪健之中蕴含神韵风调之致，则是其最高审美理想。同时，神韵说重逸气，重性分，推崇萧散历落、空灵寂寥之境界，以禅家境界拓诗家门户。在学术渊源上，于唐司空图和宋严羽二家之说最为称许。前人说其“尝推本司空表圣味在酸咸之外，及严沧浪以禅喻诗之旨，而益申其说，盖自来论诗者或尚风格，或矜才调，或崇法律，而公则独标神韵，神韵得而风格、才调、法律三者悉举诸此矣”① 渔洋于《鬲津草堂诗集序》中说：“昔司空表圣作《诗品》凡二十四，有谓《冲淡》者曰：‘遇之匪深，即之愈稀’；有谓《自然》者曰：‘俯拾即是，不取诸邻’；有谓《清奇》者曰：‘神出古异，淡不可收’——是三者，之最上。”又在《昼溪西堂诗序》中说：“严沧浪以禅喻诗，余深契其说……妙谛微言，与世尊拈花，迦叶微笑，等无差别。通其解者，可语上乘。”②均可见其学术之渊源。

严羽和王士禛二家所言，均受禅宗影响，均标举空灵妙远之韵，均将言有尽而意无穷的美感作为判分诗品高下的根本标志，均以唐诗为最高的审美风范。王国维的境界说于二家取资颇多。所言之境界，也是从诗的创造和鉴赏角度来谈诗的韵味的。但王国维境界说，与二家之说有相当大的不同。这倒并不是有的论者所说的：二家之说主于空灵，王氏之说主于质实；二家之说流于主观，王氏之说在主客之间寻求解释。其根本差异还是在学说的基础上：二家的学说基础是庄禅，王氏的学说基础是康德和叔本华。二家学说强调的是当下的兴感和超越于言象之外的意韵，而王氏侧重在人间痛苦的解脱，在或宏壮或优美的境界中实现性灵的超越，境界是人的内在“游戏”性灵透升上去的精神意度。二家之说重在诗本身的韵味（当然也有和人生相关的意义诉求），王氏之说重在人生的价值（当然也有诗味美感本身）。我理解，王氏自标其境界说为“探其本”之说，可能正在其涤荡心灵之欲望、解脱人间之痛苦这个根本目的上，所谓“有境界，本也。气质、神韵，末也。有境界而二者随之矣”，正是就此而言。对于人生痛苦之解脱而言，王氏自以为其说真正算得上单刀直入，从根本上做起。而在他看来，像严羽一味妙悟，虽称从顶𩕳上做来，究竟与人生的拯救意稍隔一层，故斥之以“末”。当然，王国维此

① 杨绳武：《资政大夫经筵讲官刑部尚书王公神道碑铭》，《清文录》五十五。

② 《蚕尾续文》二。

一评价很难说得上公允。

境界,或称意境,乃是中国传统美学的重要概念之一,自中唐以来已经形成了丰富而深厚的内涵。王国维为什么说乃“鄙人拈出”?我以为,这一判断是和上面所说的“探其本”的说法相联系的。虽然境界为中国传统美学所固有,这王国维不是不知道,其所谓“自家拈出”云云,乃是因为其“境界”说已经和传统的境界理论有河汉云泥之别,他的境界说是以西方哲学和美学思想为经,以中国艺术为纬,重新织出的锦绣。

其四,有我之境和无我之境。

王国维说:“有我之境,以我观物,故物皆著我之色彩。无我之境,以物观物,故不知何者为我,何者为物。古人为词,写有我之境者为多,然未始不能写无我之境,此在豪杰之士能自树立耳。”这一观点可能与庄子的“物化”说、邵雍的物我关系理论有关——不少学者谈到此渊源——其实核心思想仍然是康德、叔本华哲学和美学思想。因为,王国维有我之境和无我之境的“境界”说是与其“宏壮”“优美”二概念相联系的,甚至可以说,正是为了阐释“宏壮”“优美”二概念在“探其本”上的意义,他提出了二境说。

他说:“无我之境,人唯于静中得之。有我之境,于由动之静时得之。故一优美,一宏壮也。”这是我们理解其二境说的一段重要表述。王国维的“宏壮”“优美”说来自康德的美的范畴论,他在《叔本华之哲学及其教育学说》中说过:“而美之中,又有优美与壮美之别。今有一物,令人忘利害之关系,而玩之而不厌者,谓之曰优美之感情。若其物不利于吾人之意志,而意志为之破裂,唯有知识冥想其理念者,谓之曰壮之感情。”在《〈红楼梦〉评论》中说:“而美之为物有二种:一曰优美,一曰壮美。苟一物焉,与吾人无利害之关系,而吾人之观之也,不观其关系,而但观其物;或吾人之心中无丝毫生活之欲存,而其观物也,不视为与我有关系之物,而但视为外物,则今之所观者,非昔之所观者也。此时吾心宁静之状态,名之曰优美之情,而谓此物曰优美。若此物大不利于吾人，而吾人生活之意志为之破裂，因之意志遁去，而知力得为独立之作用，以深观其物，吾人谓此物曰壮美，而谓其感情曰壮美之情。”

在他看来，有我之境和无我之境，虽有不同，但都是审美超越活动，这两重境界都是在直观中获得的。无论是有我之境，还是无我之境，在没有进入审美静观之前，都是有欲望的，只是前者强烈些，往往表现为冲动的激情，后者微弱些，处在相对宁静平衡的状态中。所谓有我之境，是在直观中，对象的不可估量的伟大或雄强的气势显现出人的力量的渺小，并带来内在情感的压力，从而促使内在理性的超感性力量进行调节，将人的欲望驱赶走，带有强制性，所以，称其为“壮美”。王国维称之为“动之静时得之”，就是先有激烈的冲突（“动”），最终通过一个强大的外在力量的作用，使“吾人生活之意志为之破裂”，从而深观其物（“静时”），完成审美超越。无我之境是由于审美主体专注于凝神观照，使本来较微弱的意欲在不知不觉中失落了，所以称其为“优美”。所谓从“静中”得之。直观的结果，使二者得到欲望的净除、精神的解脱，主体最大限度地向客体靠近，最后主客相融，意境由是而生。

有我之境和无我之境的学说与其“一切之美，形式之美也”的看法密切相关。他在阐释宏壮和优美时说：“其快乐存于使人忘物我之关系。”一般的物我关系是对立的，是欲望产生的根源，在王国维看来，审美之所以能抚慰人的灵魂，使人超越于欲望之上，在一定程度上可以说，就是超越物我关系，从欲望缠绕的物我关系变成纯粹观照之物我。使得观照之对象由“特别之物”（即具体的存在物），变成“此物之种类之形式”（纯粹形式）；使观照者从“特别之我”（即具体一般意志的心灵），变成“纯粹无欲之我”，此种是“我的种类”“我的理念”。他说：“唯美之为物，不与吾人之利害相关系；而吾人观美时，亦不知有一己之利害。何则？美之对象，非特别之物，而此物之种类之形式；以观之之我，非特别之我，而纯粹无欲之我也。”（《叔本华之哲学及其教育学说》)二境说中的“有我”和“无我”是就观照过程的不同特点而言的,而就其结果而言,都是对物我关系的超越,都是“无我”“无物”。此纯粹观照之自我与纯粹观照之对象,就是王国维所阐述的“纯粹形式”。他在《古雅之在美学上之地位》中说:“一切之美,形式之美也。就美之自身言之,则一切优美皆存于形式之对称、变化及调和。至宏壮之对象,汗德虽谓之无形式,然以此种无形式之形式能唤起宏壮之情,故谓之形式之一种无不可也。”

当然,所谓“纯粹形式”,并非与我无关的外在存在,其实是负载着“实念”(理念)的形式,王国维在强调“一切之美,形式之美也”的同时,又说:“美之知识,乃‘实念’之知识也”。此二者结合起来,方可得王国维形式美学之真髓。只有在这个意义上我们才能理解王国维的“合乎自然”和“邻于理想”说。《人间词话》云:“因大诗人所造之境,必合乎自然,所写之境,亦必邻于理想故也。”合乎自然,取其彻底的客观性,如其所引叔本华云“天才就是彻底的客观性”;“邻于理想”,在形式中显现出对象之“理念”,此理念正是“纯粹无欲之我”所直观的“对象”的本质意义。“纯粹无欲之我”,在忘物忘我之境界中,达到了性灵的快乐体验。王国维说:“故能写真景物,真感情者,谓之有境界。”所谓“真景物”就是显现理念的形式,是一种抽象的永恒的物。在艺术作品中的具体表现是珠圆玉润,四照玲珑,得物之“神理”,摄物之魂灵。所谓“真感情”也就是所谓“理念”,诗人在创作中能以人类感情替代一己之感情,在具体表现上不矫不伪,纯真自然,他所说的游戏之心、赤子之心、童心都是“真感情”,审美静观的任务就是在观我、观物中观出“真感情、真景物”,并使二者融融相合,创造出“纯粹之形式”。

其五,隔与不隔。

《人间词话》提出“隔”与“不隔”说,这本来并不是王国维美学体系中的核心概念,但因朱光潜一篇文章,而引起当代学者讨论的兴趣。朱光潜从诗的隐与显的角度来看待王国维此学说,他说:“王先生论隔与不隔的分别，说隔如‘雾里看花’，不隔为‘语语都在目前’，也嫌得不妥当。因为诗原来有‘显’与‘隐’的分别。王先生的话，偏重‘显’了。”

中国美学重视含蓄，推崇隐的妙处，这是中国美学最基本的思想。明谢榛谓作诗“妙在含糊”，董其昌谓作画“正如隔帘看花，意在远近之间”，清恽南田云“山水要迷离”，等等，这些表述都意在说明，迷离微茫能产生比清晰直露更好的美感。但王国维推崇“不隔”的美感，并不以此来反对朦胧模糊的美感。他说：“问隔与不隔之别，曰：陶谢之诗不隔，延年则稍隔矣。东坡之诗不隔，山谷则稍隔矣。‘池塘生春草’‘空梁落燕泥’等二句，妙处唯在不隔。词亦如是，即以一人一词论，如欧阳公《少年游》咏春草上半阕云：‘阑干十二独凭春，晴碧远连云。千里万里，二月三月，行色苦愁人。’语语都在目前，便是不隔。至云：‘谢家池上，江淹浦畔。’则隔矣。白石《翠楼吟》：‘此地，宜有词仙，拥素云黄鹤，与君游戏。玉梯凝望久，叹芳草、萋萋千里。’便是不隔。至‘酒祓清愁，花消英气。’则隔矣。然南宋词虽不隔处，比之前人，自有浅深厚薄之别。”

王国维是就意象呈现的特点来谈隔与不隔的。他所谓“不隔”就是“语语都在目前”，就是“自然神妙”，这天机自发的就是真景物、真感情，解除了物与人的冲突，王国维将其表述为“解其关系限制之处”，一任天机鼓吹。这正是他在《人间词话》所说的，有意境的作品应该“其言情也必沁人心脾，其写景也必豁人耳目，其辞脱口而出，无矫揉妆束之态”。如他举周邦彦《苏幕遮》：“叶上初阳乾宿雨。水面清圆，一一风荷举”，既得自然神理，又追诗外之趣，乃为有意境之佳制。

可见，推崇不隔的意象呈现方式，和他的自然哲学是相联系的，如他所说的“唯自然能知自然，唯自然能言自然”，“以自然之眼观物，以自然之舌言情”。他所批评的：“白石写景之作，如‘二十四桥仍在，波心荡、冷月无声’，‘数峰清苦，商略黄昏雨’，‘高树晚蝉，说西风消息’，虽格韵高绝，然如雾里看花，终隔一层。”此中之“雾里看花”，是说因雕刻过分，意象不明,无当下即成之妙。

有的论者将“不隔”的学说和禅宗的“见则当下便见”的“目前”学说联系起来,二者的确有相近的内涵,但从学说渊源上看,王国维“不隔”学说主要是受康德、叔本华的形式主义美学的影响,其精神内脉与禅宗有相当大的差异。

由上分析,我以为,可以说王国维是现代中国美学之开启者,但不能说他的美学是中国传统美学的总结。

王国维的美学主要是在康德、叔本华等西方美学基础上形成的新的美学系统,虽然他也尝试吸收中国美学的成就,但其学说基础是西方的。他所使用的美学概念主要有两种类型,一是直接从西方借用而来,如“宏壮”“优美”“眩惑”,一是改造传统美学概念,如其美学的中心概念“意境”,以及“古雅”“隔”“不隔”“有我之境”“无我之境”等。即如“意境”而言,它已经不是中国传统美学意义上的“意境”,这个概念中灌装的主要是西方哲学和美学的内涵。《人间词话》所采用的是中国古代诗话词话的评点方式,他所评述的对象是中国文学中的一种形式(其中也包括少量的诗和曲),他所使用的许多概念表面上看是中国的,但其学术的内核是西方的。他在融合中西美学的努力中,不是移西方之花接中国美学之木,而是将中国美学和艺术理论作为解读西方哲学美学的资料。王国维的美学贡献在于大量介绍西方美学的成果,并尝试以西方美学来解释中国艺术理论和实践,其理论本身具有一定的创造性,也在一定程度上反映了西方美学和中国美学融合的早期风貌。但王国维美学没有体现出对中国传统美学总结这一特征,在更大的程度上标示的是偏离中国传统美学,走向西方、走向现代的进程。

参考文献

《王国维遗书》,上海:上海书店出版社,1983年。

《王国维先生全集》初编、续编，台北：大通书局，1976年。

姚淦铭、王燕编：《王国维文集》，北京：中国文史出版社，1997年版。

佛雏校辑：《王国维哲学美学论文辑佚》，上海：华东师范大学出版社，1993年。

姚柯夫编：《人间词话及评论汇编》，北京：书目文献出版社，1983年。

佛雏：《王国维诗学研究》，北京：北京大学出版社，1987年。

陈元晖：《王国维与叔本华哲学》，北京：中国社会科学出版社，1981年。

聂振斌：《王国维美学思想述评》，沈阳：辽宁大学出版社，1997年。

叶嘉莹：《王国维及其文学批评》，广州：广东人民出版社，1982年。

袁英光、刘寅生：《王国维年谱长编》，天津：天津人民出版社，1996年。